I0305874

Anonymous

Zentidistanzen zur Bestimmung der Höhenlage der Nordsee-inseln

Helgoland, Neuwerk und Wanderoog

Anonymous

Zentidistanzen zur Bestimmung der Höhenlage der Nordsee-inseln
Helgoland, Neuwerk und Wanderoog

ISBN/EAN: 9783337149321

Printed in Europe, USA, Canada, Australia, Japan

Cover: Foto ©ninafisch / pixelio.de

More available books at **www.hansebooks.com**

VERÖFFENTLICHUNG
DES KÖNIGL. PREUSSISCHEN GEODÄTISCHEN INSTITUTES

ZENITDISTANZEN

ZUR BESTIMMUNG DER HÖHENLAGE DER NORDSEE-INSELN

HELGOLAND
NEUWERK UND WANGEROOG

SOWIE

DES LEUCHTTURMES AUF ROTER SAND

ÜBER DEN FESTLANDSPUNKTEN

CUXHAVEN UND SCHILLIG

BERLIN
DRUCK UND VERLAG VON P. STANKIEWICZ' BUCHDRUCKEREI
1895

VORWORT.

Der nunmehr seit Jahresfrist dem Geodätischen Institut durch den Tod entrissene Sektionschef Prof. Dr. Amand Fischer war von mir im Jahre 1890 beauftragt worden, die in den Jahren 1878, 1881 und 1888 zur Bestimmung der Höhenlage von Helgoland über dem Festlande gemessenen Zenitdistanzen, nebst den zu ihrer Verwertung erforderlichen Angaben über die örtlichen Verhältnisse der Beobachtungsstationen, zur Veröffentlichung zu bringen und dadurch nicht nur diese Beobachtungsergebnisse der allgemeinen Benutzung zugänglich zu machen, sondern auch die im Institut selbst noch auszuführenden, sich anschliessenden Höhenberechnungen und Refraktionsstudien zu erleichtern. Nachdem zunächst die Drucklegung der dreissig Bogen füllenden Zenitdistanzen erfolgt war, erkrankte Professor Fischer; am 17. Mai 1894 erlag er seinen schweren Leiden. Es war ihm nicht möglich gewesen, für den Text, welcher die Tabellen begleiten sollte, ein druckfertiges Manuskript herzustellen. Nur wenige Teile fanden sich druckreif vor; für die anderen dagegen waren nur Aufzeichnungen vorhanden, die noch der Verarbeitung bedurften.

Da ich selbst ein grosses Interesse an der Diskussion der Beobachtungen für die Höhenbestimmung von Helgoland nehme — zu der Organisation der Messungen von 1888 habe ich ohnehin wesentlich beigetragen — so entschloss ich mich, die nicht leichte, eine vollständige Durcharbeitung des ganzen Materials erfordernde Ergänzung des Manuskriptes selbst auszuführen. —

Über das Ergebnis der umfangreichen Messungen für die Bestimmung der Höhenlage von Helgoland möchte ich nun gleich an dieser Stelle nach den bereits seit zehn Jahren im Institut fertig vorliegenden Berechnungen eine kurze Mitteilung machen.

Für jede der drei Linien Wangeroog-Neuwerk, Wangeroog-Helgoland und Neuwerk-Helgoland wurden bei den eben erwähnten Berechnungen aus den im Jahre 1878 angestellten Beobachtungen die gleichzeitigen gegenseitigen Zenitdistanzmessungen ausgesucht und in üblicher Weise zur Ermittelung der Höhenunterschiede der Horizontalaxen der zum Zwecke der Messung auf Wangeroog, Neuwerk und Helgoland aufgestellten drei Universalinstrumente verwendet. Die folgende Tabelle zeigt die aus den

Einzelwerten abgeleiteten Tagesmittel. Der Einheit der mit kleinen Zahlen beigedruckten Gewichte entspricht eine Bestimmung aus je einer Einstellung in Zenitdistanz an beiden Enden der betreffenden Linie.

1878	{Neuwerk / Wangeroog}		{Helgoland / Wangeroog}		{Helgoland / Neuwerk}	
Aug. 6	7ᵐ,531	30	.	.	.	.
„ 8	3,488	15	27ᵐ,508	1	.	.
„ 9	4,674	1	26,543	4	.	.
„ 10	7,142	43	.	.	.	.
„ 15	1,100	21	25,390	15	.	.
„ 18	.	.	25,152	6	.	.
„ 19	2,464	6	25,433	33	.	.
„ 20	.	.	24,492	55	.	.
„ 21	.	.	24,712	18	.	.
„ 22	2,121	27	25,142	36	23ᵐ,079	34
„ 23	2,429	25	25,782	14	23,019	33
„ 25	.	.	.	.	25,286	12
„ 26	1,688	3	25,896	3	.	.
„ 27	2,069	11	25,501	3	21,860	6
„ 28	1,369	17	25,524	10	22,992	17
„ 30	0,479	7	25,702	4	24,258	12
Sept. 1	1,469	1	.	.	.	.

Die Tagesmittel zeigen nach dieser Zusammenstellung sehr starke Unterschiede; die Grenzwerte sind:

0ᵐ,5 und 7ᵐ,5 für Wangeroog-Neuwerk,
24,5 „ 27,5 „ Wangeroog-Helgoland,
21,9 „ 25,3 „ Neuwerk-Helgoland.

Scheidet man aber die wegen besonders ungünstiger Heliotroplichter verdächtigen Ergebnisse der vier Tage August 6, 8, 9 und 10 aus, so gehen für die beiden ersten Linien die oberen Grenzen auf 2,5 m bezw. 25,9 m herab und die Gesamtmittel werden mit ihren aus den Abweichungen der Tagesmittel berechneten mittleren Fehlern:

$$\left\{\begin{matrix} N \\ W \end{matrix}\right\} = 1^{m},348 \pm 0^{m},150 \qquad \left\{\begin{matrix} H \\ W \end{matrix}\right\} = 25^{m},154 \pm 0^{m},145 \qquad \left\{\begin{matrix} H \\ N \end{matrix}\right\} = 23^{m},330 \pm 0^{m},338.$$

Diesen Werten stelle ich jetzt diejenigen gegenüber, die sich mit Benutzung des geometrischen Nivellementsnetzes auf dem Festlande und der Anschlüsse von Wangeroog und Neuwerk an dasselbe, sowie unter der Annahme ergeben, dass die Mittelwasser zu Helgoland und zu Cuxhaven gleich hoch seien. Nach den §§ 9 12 auf S. (16) (22)

sind dementsprechend die Höhen der Horizontalaxen der betreffenden Instrumente über Normal-Null:

$$H = 57^{m}{,}280 \qquad W = 31^{m}{,}425 \qquad N = 32^{m}{,}787.$$

Hiermit folgt:

$$\begin{Bmatrix} N \\ W \end{Bmatrix} = 1^{m}{,}362 \qquad \begin{Bmatrix} H \\ W \end{Bmatrix} = 25^{m}{,}855 \qquad \begin{Bmatrix} H \\ N \end{Bmatrix} = 24^{m}{,}493.$$

Angesichts der guten Übereinstimmung des ersten dieser drei Werte mit dem trigonometrischen Ergebnis befremdet die starke Abweichung für die beiden andern umsomehr. Indessen zeigt sich bei weiterer Untersuchung der trigonometrischen Einzelergebnisse, dass starke systematische Einflüsse vorgekommen sein müssen und dass die angegebenen mittleren Fehler keinen richtigen Maassstab der Genauigkeit bieten. Besonders tritt bei den Bestimmungen der beiden Höhendifferenzen mit Neuwerk ein starker Einfluss der Gezeiten hervor, der dadurch entsteht, dass die Nordsee bei Ebbe um Neuwerk herum weithin trocken liegt.

Unter diesen Umständen habe ich, um zu plausibelen Werten zu gelangen, eine Auslese der trigonometrischen Ergebnisse vorgenommen und nur diejenigen beibehalten, wo der Wert gewisser Gruppenmittel von Einzelbestimmungen für $\begin{Bmatrix} N \\ W \end{Bmatrix}$ bis auf wenigstens ein Drittel Meter dem oben angegebenen Betrage von 1,362 m, welcher nach seiner Entstehung vergleichsweise als recht genau betrachtet werden kann, nahekommt. Man wird annehmen dürfen, dass die mit diesen Bestimmungen von $\begin{Bmatrix} N \\ W \end{Bmatrix}$ gleichzeitigen Bestimmungen der beiden andern Höhenunterschiede auch nahezu normal sind, zumal dann, wenn Beobachtungen bei sehr schlechten und bei doppelten Heliotroplichtern ausgeschlossen werden. Nach diesem Verfahren fand ich:

	$\begin{Bmatrix} N \\ W \end{Bmatrix}$		$\begin{Bmatrix} H \\ W \end{Bmatrix}$		$\begin{Bmatrix} H \\ N \end{Bmatrix}$	
Aug. 15	$= 1^{m}{,}100$	11	$= 25^{m}{,}251$	10	= .	.
„ 16	1,688	3	25,896	3	.	.
„ 23	1,549	14	25,722	16	$24^{m}{,}338$	4
„ 28	1,220	14	25,345	10	23,904	10

Der mittlere Fehler einer Bestimmung vom Gewicht 1 wird aus den Abweichungen gegen die Gruppenmittel berechnet für 41,7 km Entfernung gleich ± 0,59 m; für die einzelne Zenitdistanz folgt damit der sehr plausibele Betrag des mittleren Fehlers von ± 4″.

Durch einfache Mittelbildung folgt weiter:

	$\begin{Bmatrix} N \\ W \end{Bmatrix}$	$\begin{Bmatrix} H \\ W \end{Bmatrix}$	$\begin{Bmatrix} H \\ N \end{Bmatrix}$
Aug. 15 u. 16:	$= 1^{m}{,}394 \pm 0^{m}{,}182$	$= 25^{m}{,}574 \pm 0^{m}{,}169$	= . .
„ 23 „ 28:	$1{,}385 \pm 0{,}122$	$25{,}534 \pm 0{,}125$	$24^{m}{,}121 \pm 0^{m}{,}209$

und hieraus durch Vereinigung nach Maassgabe der mittleren Fehler:

Aug. 15, 26, 23 u. 28: $\left\{\frac{N}{W}\right\} = 1^{m}387 \pm 0^{m}095$ $\left\{\frac{H}{W}\right\} = 25^{m}548 \pm 0^{m}100$ $\left\{\frac{H}{N}\right\} = 24^{m}121 \pm 0^{m}209$.

Es trifft sich günstig, dass $\left\{\frac{N}{W}\right\}$ für beide Paare von Tagen dem oben als Richtschnur hingestellten Werte 1,362 m nahezu gleich ist; man kann daher den entsprechenden Werten von $\left\{\frac{H}{W}\right\}$ und $\left\{\frac{H}{N}\right\}$ jetzt wohl mehr Vertrauen entgegenbringen, als den früher angegebenen allgemeinen Mittelwerten. Die berechneten mittleren Fehler sind allerdings noch nicht vollständig; denn sie berücksichtigen jetzt nach ihrer Berechnungsweise wesentlich nur die regellosen Fehlerursachen. Die Schätzung der ganzen Unsicherheit erfordert aber noch die Berücksichtigung gewisser systematischer und konstanter Fehler. In dieser Hinsicht möge folgendes bemerkt werden.

Zunächst tritt bei Vergleichung der Ergebnisse für Aug. 15 bis 28 hervor, dass alle drei Höhenunterschiede gleichzeitig kleiner oder grösser auftreten. Es kann dies ein zufälliges Zusammentreffen sein, aber auch einen systematischen Einfluss der Refraktion verraten; doch darf man hoffen, dass in den Mittelwerten diese systematischen Einflüsse sehr vermindert sind. Immerhin ist zu beachten, dass es nicht möglich gewesen ist, die Auswahl der Ergebnisse so zu treffen, dass $\left\{\frac{N}{W}\right\}$ im Mittel genau gleich 1,362 m wurde, dass ausserdem an dem Ergebnis von 1,387 m immer noch der m. F. ± 0,095 m haftet, und dass endlich sogar der Betrag von 1,362 m nicht als völlig fehlerfrei betrachtet werden kann.

Die hierdurch in $\left\{\frac{H}{W}\right\}$ und $\left\{\frac{H}{N}\right\}$ entstehenden m. F. schätze ich auf ± 0,1 m.

Eine weitere Quelle systematischer Fehler ist in der mit der Höhe veränderlichen Krümmung der Lichtstrahlen zu erblicken; sie kann bei den beiden Linien mit Helgoland von Einfluss gewesen sein, weil hier die Endpunkte sehr ungleiche Höhenlage haben. Für alle drei Linien gehen die Lichtstrahlen ausserdem nahe ihrer Mitte fast bis zum Meeresspiegel hinab (bei Wangeroog-Helgoland indessen etwa 6 m weniger tief als bei den beiden anderen Linien). Nun fand ich bei den oben angegebenen, durch Auslese erhaltenen Höhenbestimmungen den mittleren Refraktionskoefficienten nur wenig schwankend und für alle drei Linien nahezu gleich gross; im Mittel gaben ihn Wangeroog-Neuwerk und Neuwerk-Helgoland gleich 0,153, während Wangeroog-Helgoland 0,144 hatte. Mit Rücksicht auf die Höhenlage der Linien müsste man hieraus für die betreffenden Luftschichten auf eine geringe Abnahme des Refraktionskoefficienten mit der Höhe schliessen. Bei den Beobachtungen zwischen Schillig und Wangeroog im Jahre 1888 zeigte sich jedoch statt dessen unter ähnlichen Umständen eine starke Zunahme. Bis auf weitere Klarstellung der obwaltenden Verhältnisse nehme ich mit Rücksicht auf diesen Widerspruch den Betrag des Einflusses der ungleichförmigen Krümmung des Lichtstrahles auf die für $\left\{\frac{H}{W}\right\}$ und $\left\{\frac{H}{N}\right\}$ gegebenen Werte in

Form eines mittleren Fehlers nach einer von mir eingehend ausgeführten Schätzung zu ± 0,1 bis 0,2 m an.

Einen konstanten Fehler in der Ermittelung der Höhenlage von Helgoland erzeugt ferner die Abweichung des Geoids von der Form des zur Berechnung angewandten Ellipsoids. Dabei spielen aber nicht die Lotabweichungen selbst eine Rolle, wie man vielfach angenommen hat, sondern nur ihre zweiten und höheren Differentialquotienten in Bezug auf die Horizontaldistanz.*) Nach vorläufigen Ermittelungen vergrössert diese Ursache die Höhe von Helgoland nur um einige Centimeter.

Endlich ist noch eine mittlere Unsicherheit für $\left\{{H \atop W}\right\}$ und $\left\{{H \atop N}\right\}$ wegen der angewandten Werte der Biegungen und der Teilungsfehler der Universalinstrumente im Betrage von knapp ± 0,1 m anzusetzen; vergl. § 19, S. (44).

Geht man nunmehr von den oben mitgeteilten Höhen 31,425 m für Wangeroog und 32,787 m für Neuwerk mittelst der Endwerte 25,548 m von $\left\{{H \atop W}\right\}$ und 24,121 m von $\left\{{H \atop N}\right\}$ nach Helgoland über, so folgt für dieses die Höhe gleich 56,973 m bezw. 56,908 m, im Mittel etwa 56,96 m, über Normal-Null, während die Annahme gleicher Höhen der Mittelwasser zu Cuxhaven und Helgoland zu 57,280 m geführt hatte. Jene beiden Einzelergebnisse sind auf ± 1/4 m m. F. unsicher; da sie wesentliche Fehlerquellen miteinander gemeinsam haben, so kann ihre Mittelbildung die Genauigkeit nicht viel verbessern. Die im § 9, auf S. (16), angegebene Höhenquote 56,50 m für die Oberfläche des astronomischen Pfeilers von 1878, *A. P.*, stellt sich als eine plausibele Abrundung der aus der mittleren Quote 56,96 m der Horizontalaxe des Universalinstruments folgenden Höhenzahl 56,47 dar.

Liegt nun hiernach zufolge der Messungen aus dem Jahre 1878 das Mittelwasser zu Helgoland um nahezu 0,3 m tiefer als dasjenige zu Cuxhaven, so folgt dagegen aus den Beobachtungen des Jahres 1881 nach den mir vorliegenden älteren Berechnungen der weit grössere Wert von 1,3 m. Zur Ermittelung dieses Wertes sind überdies nur die Messungen bei Flut benutzt. Diejenigen bei Ebbe geben noch erheblich mehr. Jedoch verdienen die Ergebnisse vom Jahre 1881 wenig Vertrauen, da sich die Beobachtungen auf eine einzige Linie beschränken und da somit die Kontrolle des Luftzustandes durch den Höhenunterschied Wangeroog-Neuwerk fehlt. —

Die schon begonnene eingehendere Verarbeitung des gesamten Beobachtungsmaterials der drei Jahre 1878, 81 und 88 wird fortgesetzt. Insbesondere bleibt eine Diskussion auf Grund anderer Formeln als der üblichen vorbehalten. An dem einen Resultat dürfte allerdings wohl auch die weitere Bearbeitung wenig ändern, dass nämlich für die Höhenlage von Helgoland nicht diejenige Sicherheit erreicht wird, welche er-

*) Helmert, *die mathematischen und physikalischen Theorieen der höheren Geodäsie, II*, Leipzig 1884, Teubner; S. 607 u. 608.

forderlich ist, um einen Niveauunterschied zwischen dem Mittelwasser der Nordsee zu Helgoland und dem Mittelwasser am benachbarten Festland bestimmt nachzuweisen. Dies wäre wohl auch zu der Zeit, als die Arbeiten von General Baeyer angeordnet wurden, vorausgesehen worden, wenn damals schon die neueren Erfahrungen über den geringen Betrag der Niveauunterschiede der Mittelwasser der Meere an den Küsten vorgelegen hätten. Wird indessen auch der Hauptzweck der Arbeiten nicht erreicht, so bleiben sie dennoch von hohem wissenschaftlichen Interesse, was ihre ausführliche Veröffentlichung rechtfertigt. —

Es sei noch gleich hier bemerkt, dass im Folgenden alle Maassangaben (mit wenigen näher bezeichneten Ausnahmen) in Metern der Königl. Landesaufnahme erfolgt sind, also zur Reduktion auf Internationale Meter der logarithmischen Korrektion von + 58 Einheiten der 7. Decimalstelle bedürfen, was aber bei den Höhenzahlen unerheblich ist. —

Bei der Aufstellung der Tabellen der Zenitdistanzen wurde Prof. Fischer von den Herren Dr. Simon und Dr. v. Drygalski unterstützt. Die meteorologischen Tabellen und die Tabellen der Zenitpunkte hat Herr Dr. Schumann bearbeitet.

HELMERT.

INHALTSVERZEICHNIS.

Einleitung.

Tabellen der Zenitdistanzen.

1888. Zenitdistanzen für das Nivellement zwischen Schillig (Nivellementspfeiler), Wangeroog (Astronomischer Pfeiler) und Roter Sand—Leuchtturm.

1888. Zenitdistanzen für das Nivellement zwischen Schillig (Nivellementspfeiler und Leuchtturm) und Wangeroog (Astronomischer Pfeiler und Leuchtturm).

1888. Tag- und Nachtbeobachtungen von Zenitdistanzen zwischen Schillig (Nivellementspfeiler) und Wangeroog (Astronomischer Pfeiler).*)

1878. Zenitdistanzen für das Nivellement zwischen Wangeroog (Leuchtturm) und Helgoland (Astronomischer Pfeiler).

1878. Zenitdistanzen für das Nivellement zwischen Wangeroog (Leuchtturm) und Neuwerk (Leuchtturm).

*) Hier kommen auch Einstellungen von Roter Sand und der Leuchttürme zu Schillig und Wangeroog vor.

1878. Zenitdistanzen für das Nivellement zwischen Helgoland (Astronomischer Pfeiler) und Neuwerk (Leuchtturm).

1881. Zenitdistanzen für das Nivellement zwischen Helgoland (Alter Feuerturm) und Neuwerk (Leuchtturm).

1881. Zenitdistanzen für das Nivellement zwischen Neuwerk (Leuchtturm) und Kugelbake (Pfeiler).

Verschiedene Tabellen.

Druckfehler und Verbesserungen.

S. (7) 7. Z. v. u. lies Beobachter anstatt Bobachter.

„ (18) 7. Z. v. u. lies den anstatt des.

„ 3 rechter Hand fehlt bei $6^h\ 9^m\ 21^s$ in der Zenitdistanz die Angabe von 2′.

„ 6 „ „ gehört im reducierten Mittel zu $5^h\ 58^m\ 18^s$ die Angabe 14″94.

„ 12 linker Hand fehlt bei $12^h\ 9^m\ 16^s$ in der Zenitdistanz die Angabe von 89° 59′.

„ 14 „ „ gehört zu $11^h\ 17^m\ 55^s$ die Zenitdistanz 90° 0′ 3″17.

„ 15 oben rechter Hand ist anstatt *R. H* zu lesen: *R. M*; das reducierte Mittel ist dementsprechend für $11^h\ 44^m\ 42^s$ gleich 89° 58′ 31″38 und für $11^h\ 44^m\ 38^s.5$ gleich 89° 58′ 29″20.

„ 16 Stand III, rechter Hand, 11. Zeile, lies 19^m anstatt 29^m.

„ 19 Aug. 7 ist überall anstatt *W. H* zu lesen: *W. Heliotropstand*. Dementsprechend sind die reducierten Mittel um 2″ zu vermindern.

„ 24 linker Hand lies bei $5^h\ 15^m\ 27^s$ und bei $17^m\ 16^s$: *R. G* anstatt *R. M*.

„ „ rechter Hand fehlt bei $5^h\ 46^m\ 43^s$ in der Zenitdistanz die Angabe von 3′.

„ 26 linker Hand, 9. bis 11. Zeile v. u., lies *l* anstatt *r*.

„ 27 „ „ , 10. Zeile v. u., fehlt in der Zenitdistanz die Angabe von 0′.

„ 31 „ „ sind bei $10^h\ 12^m\ 22^s$ in der Zenitdistanz zu lesen: 52′ anstatt 53′.

„ „ „ „ „ „ $10^h\ 37^m\ 11^s$ u. bei $43^m\ 16^s$ in der Zenitdistanz zu lesen: 9′ anstatt 6′.

„ 32 „ „ , 14. Zeile v. u., lies 52′ anstatt 53′.

„ „ „ „ , 6. Zeile v. u., fehlt in der Zenitdistanz die Angabe von 10′.

„ „ rechter Hand fehlt bei $3^h\ 21^m\ 17^s$ in der Zenitdistanz die Angabe von 0′.

„ 35 linker Hand fehlt bei $2^h\ 34^m\ 34^s$ in der Zenitdistanz die Angabe von 54′.

„ „ rechter Hand, 7. Zeile v. u., sind die angegebenen 2^m zu streichen.

„ 39 linker Hand, 1. und 2. Zeile v. u., lies *W. T* anstatt *W. H*; das reducierte Mittel ist dementsprechend für $2^h\ 9^m\ 27^s.5$ gleich 90° 1′ 48″45 und für $2^h\ 8^m\ 43^s$ gleich 90° 1′ 47″71.

„ 40 „ „ lies bei $3^h\ 1^m\ 9^s$ u. bei $2^m\ 33^s$: *R. M* anstatt *W. T*.

„ 41 Sept. 22 abends, lies *S. L* anstatt *S. H*; die reducierten Mittel sind dementsprechend um 1″20 zu vermindern.

„ 42 linker Hand lies bei $6^h\ 8^m\ 55^s$: *R. H*, *l*, 90° 8′ 51″15. Das reducierte Mittel für $6^h\ 6^m\ 14^s$ wird entsprechend 90° 0′ 24″07.

„ „ „ „ sind von $6^h\ 15^m\ 50^s$ bis $21^m\ 16^s$ die Objekte der Reihe nach *R. H*, *R. M*, *R. M*, *R. M*.

„ „ „ „ ist in den Zenitdistanzen die Angabe von 89° von $6^h\ 42^m\ 47^s$ nach $46^m\ 13^s$ zu verschieben.

„ 47 rechter Hand, 6. Zeile v. u., lies 21″64 anstatt 02″64.

„ 50 linker Hand sind bei $11^h\ 49^m\ 21^s$ u. $52^m\ 11^s$ in den Zenitdistanzen die Angaben 40′ u. 41′ zu vertauschen.

„ „ „ „ ist bei $11^h\ 56^m\ 24^s$ das Objekt *R. H* und nicht *W. H*.

„ 52 rechter Hand, 1. Zeile v. o., lies 90° 4′ anstatt 90° 0′.

„ „ „ „ , 15. Zeile v. u., ist die Angabe von 13^m zu streichen.

„ 53 linker Hand lies bei $6^h\ 15^m\ 23^s$ u. $16^m\ 42^s$: *l* anstatt *r*.

„ „ rechter Hand unten ist unter *R. M* die *Marke Galle* zu verstehen; demgemäss sind die reducierten Mittel um 2″26 zu vermindern.

„ 54 linker Hand lies bei $7^h\ 5^m\ 59^s$: *R. M* anstatt *R. H*.

S. 54 rechter Hand ist unter *R. M* immer die *Markt Galle* zu verstehen; demgemäss sind die reducierten Mittel um 2".26 zu vermindern.

„ 55 linker Hand sind bei *R. H, r*, in den 3 ersten Fällen die Grade u. Min. der Zenitdistanzen gleich 89° 59'. Bei $9^h\,21^m\,41^s$ ist zu lesen 90° 0' 2".70 (hier scheint ein falsches Objekt beobachtet worden zu sein). Die ersten 6 reducierten Mittel für Roter Sand sind entsprechend um 30" zu vergrössern.

„ 66 „ „ , 2. Zeile v. u., sind bei der Zenitdistanz 22' einzufügen.

„ 67 „ „ , 6. Zeile v. u., lies: $3^h\,2^m\,2^s$, *R. M, l*, 90° 11' 37".75 } Die reducierten Sek. für Roter Sand
5. „ „ „ „ 3 1 48, *R. H, l*, 10 34.27 } sind entsprechend 5".19 u. 8".67.

„ 70 rechter Hand oben ist unter *R. M* die *Markt Galle* zu verstehen; demgemäss sind die reducierten Mittel um 2".26 zu verkleinern.

„ 73 linker Hand gehört zu $12^h\,25^m\,45^s$ die Zenitdistanz 90° 21' 30".60; das reducierte Mittel für $12^h\,24^m\,55^s$ wird daher 39".54 anstatt 45".29.

„ „ „ „ , 4. u. 3. Zeile v. u., sind die Sek. der Zenitdistanz 29".40 bezw. 32".50; die reducierten Mittel werden damit 37".59 u. 37".38 anstatt 42".34 u. 43".78.

„ 74 rechter Hand, Sept. 17 Nachm., letzte Columne, lies 90° 0' anstatt 90° 1'.

„ 76 „ „ ist bei Sept. 22 unter *R. M* wahrscheinlich die *Markt Galle* zu verstehen; demgemäss sind die reducierten Mittel um 2".26 zu vermindern.

„ 86 „ „ , letzte Columne, lies 90° 0' anstatt 90° 1'.

„ 92 linker Hand lies bei der Zenitdistanz für $6^h\,49^m\,8^s$: 1' anstatt 2'.

„ „ rechter Hand lies bei *L. H, l*, immer 93° anstatt 90°.

„ 93 „ „ ist bei $11^h\,6^m\,18^s$ u. bei $7^m\,54^s$ die Zenitdistanz um 30" zu vergrössern; demgemäss ergeben sich die reducierten Mittel zu 34".21 u. 38".05 anstatt zu 19".21 u. 23".05.

„ „ linker Hand, 10. u. 9. Zeile v. u., sind die Objekte bei $11^h\,12^m\,5^s$ u. $13^m\,26^s$ bezw. *L. H* u. *J. H*.

„ 95 „ „ , 3. Zeile v. o., lies 43".5 anstatt 13".5.

„ 102 rechter Hand lies in der Zenitdistanz bei $6^h\,24^m\,17^s$: 4' anstatt 3'.

„ 103 linker Hand ist in der Zenitdistanz für $8^h\,12^m\,14^s$ die Angabe um 48' zu ergänzen.

„ 105 rechter Hand „ „ „ „ „ 3 18 54 „ „ „ 4' „ „ .

„ 113 linker Hand ist bei $10^h\,27^m\,25^s$ u. bei $29^m\,5^s$ anstatt *W. H* zu lesen: *W. Heliotropstand*; dementsprechend sind die reducierten Mittel 50".09 u. 49".11 um 1" zu vermindern.

„ 115 „ „ ist von $6^h\,41^m\,10^s$ bis $54^m\,50^s$ *W. H* ebenso zu verstehen und dementsprechend zu vermindern: 38".22 u. 36".60 um 1", 36".98 u. 37".19 um 2".

„ 131 „ „ ist bei $6^h\,10^m\,54^s$ in der Zenitdistanz die Angabe von 98° einzufügen.

„ „ rechter Hand lies bei $6^h\,25^m\,40^s$: 3' anstatt 4'.

„ 150 „ „ , 1. Zeile v. o., lies 90° 11' 49".20 anstatt 90° 12' 49".10.

„ 167 u. 168 sind die unter „August 24" aufgeführten Messungen auf „August 23" zu beziehen. Sie wären demgemäss auf S. 166 unter diesem Datum anzuführen gewesen. Korrespondierende Messungen befinden sich auf S. 175 linker Hand.

„ 223 bis S. 239 linker Hand sind die reducierten Mittel um 7".06 zu vermindern.

„ 256 fehlt bei Wang., Sept. 18 V. $9^h\,55^m$, die Angabe: *SE*.

„ 261 ist bei Neuwerk, Sept. 15 $9^h\,0^m$, die Angabe von *NW* zu streichen.

„ 269 bis S. 274 sind die Tabellenköpfe insofern z. T. unrichtig, als die aus den Messungen nach den Fernobjekten berechneten Zenitpunktskorrektionen nicht nur aus den Messungen nach Sch. bezw. W. berechnet sind, sondern auch aus denen nach R. S., welche übrigens in der Regel wesentlich dasselbe wie jene ergeben.

Anm. Verschiedene fehlerhafte Stundenangaben in den Tabellen der Zenitdistanzen sind im Vorstehenden nicht aufgenommen.

EINLEITUNG.

Einleitung.

§ 1. Geschichtliche Vorbemerkungen.

(Von Prof. A. Fischer.)

In den allgemeinen Konferenzen der Mitteleuropäischen Gradmessung, welche in den Jahren 1864 und 1867 in Berlin stattfanden, war beschlossen worden, dass alle Staaten, die an das Meer grenzen und sich an der Mitteleuropäischen Gradmessung beteiligen, ersucht werden sollten, an möglichst vielen Küstenpunkten registrierende Pegel aufzustellen, um das Mittelwasser der betreffenden Meere zu bestimmen.*)

Infolge dieses Beschlusses hatte das Geodätische Institut bereits 1870 einen registrierenden Pegel in Swinemünde in Thätigkeit gesetzt, der von dem Civil-Ingenieur Veitmeyer erdacht und vom Mechaniker Kavel gebaut worden war. Die Beschreibung dieses Apparats befindet sich in der Publikation des Geodätischen Instituts: *Das Mittelwasser der Ostsee bei Swinemünde u. s. w.* (Berlin 1881. P. Stankiewicz), S. 3.

Am Ende des Jahres 1871 wurde dem verstorbenen Präsidenten des Instituts, Generallieutenant z. D. Dr. Baeyer, von dem Civil-Ingenieur F. H. Reitz in Hamburg die Beschreibung eines Apparats vorgelegt, der für selbstthätige Integrierung der Wasserstände bestimmt war. Bei der Wichtigkeit, welche die registrierenden Flutmesser für die Zwecke der Erdmessung haben, wurde die Beschreibung des Apparats nebst erläuternden Zeichnungen auf Kosten des Centralbureaus der Europäischen Gradmessung veröffentlicht und den Kommissaren der beteiligten Länder zugesandt. Zugleich erhielt aber, ausser den preussischen Ministerien für geistliche, Unterrichts- und Medizinal-Angelegenheiten, für Finanzen, und für Handel und Gewerbe, auch noch der Chef der Kaiserlichen Admiralität durch den Präsidenten des Instituts Mitteilung von diesem Flutmesser, wodurch der Grund zu einer Reihe von Verhandlungen gelegt wurde, welche hierauf zwischen der Kaiserlichen Admiralität bezw. dem Hydrographischen Bureau der Kaiserlichen Admiralität und dem Geodätischen Institute stattfanden, um gemeinsam möglichst viele derartige Pegel aufzustellen. Wenn auch das Geodätische Institut

*) *Verhandlungen der ersten allgemeinen Conferenz der Bevollmächtigten zur Mittel-Europäischen Gradmessung vom 15. bis 22. October 1864, u. s. w.*, Berlin 1865; S. 19.

Bericht über die Verhandlungen der vom 30. Sept. bis 7. Oct. 1867 zu Berlin abgehaltenen allgemeinen Conferenz der Europäischen Gradmessung u. s. w., Berlin 1868, G. Reimer; S. 141.

grösseres Interesse an der Bestimmung des Mittelwassers hatte, dem Hydrographischen Bureau dagegen mehr an der Aufzeichnung der Flutkurven lag, so liessen sich doch die beiden Endzwecke vereinigen. Als nun die Kaiserliche Admiralität erklärte, die Aufstellung eines Flutmessers nach dem System Reitz nur ermöglichen zu können, wenn gleichzeitig mit der Bestimmung des mittleren Wasserstandes auch eine Registrierung der Flutkurve stattfände, so projektierte Reitz auf Vorschlag des Präsidenten des Geodätischen Instituts zu dem Flutmesser noch einen entsprechenden Registrier-Apparat, wodurch dem Verlangen der Admiralität Genüge geleistet wurde.

Reitz erhielt den Auftrag einen Flutmesser nach dieser erweiterten Konstruktion auf Kosten des Geodätischen Instituts zu bauen, weil dieses und das Hydrographische Bureau der Kaiserlichen Admiralität dahin übereingekommen waren, dass das Geodätische Institut den Apparat aus seinen Mitteln anschaffe, während das Hydrographische Bureau die Kosten der Aufstellung, Unterhaltung, Wartung und Beaufsichtigung zu übernehmen hätte.

Am 28. Februar 1876 zeigte Reitz dem General Baeyer die vollständige Fertigstellung des Apparats an mit der Mitteilung, dass der Direktor der Deutschen Seewarte, Herr Prof. Dr. Neumayer, im Namen der Deutschen Kommission für die Ausstellung wissenschaftlicher Instrumente in London, den Wunsch geäussert hätte, es möchte der Flutmesser in London ausgestellt werden. Der Präsident des Instituts gab hierzu seine Einwilligung. Von dem Apparat ist in dem *Bericht über die wissenschaftlichen Apparate auf der Londoner Internationalen Ausstellung im Jahre 1876 u. s. w.* (herausgegeben von A. W. Hoffmann, Braunschweig 1878, Friedrich Vieweg und Sohn) auf Seite 559—563 eine Beschreibung gegeben.

Anfänglich hatte das Hydrographische Bureau in Uebereinstimmung mit dem Präsidenten des Geodätischen Instituts die Insel Sylt als Aufstellungsort in Aussicht genommen. Es wurden jedoch bald Bedenken laut, ob Sylt der richtige Ort hierfür wäre, da man in erster Reihe die Verhältnisse der Ebbe- und Fluterscheinungen, sowie den mittleren Wasserstand der Nordsee, frei von lokalen Einflüssen erhalten wollte, was man beim Aufstellen des Pegels auf Sylt nicht voraussetzen durfte. Dazu kam, dass nach einer Besichtigung und Untersuchung an Ort und Stelle durch Herrn Prof. Neumayer in einem Schreiben an Excellenz Baeyer vom 1. Oktober 1876 die Erklärung abgegeben wurde, dass die Aufstellung des Pegels nur an der Ostküste, auf dem Wattenlande, stattfinden könne, dass eine solche daselbst mit beträchtlichen Kosten verknüpft sein und überdies wenig Garantieen geben würde für die Gediegenheit der gewonnenen Resultate. Dann aber bemerkte Herr Prof. Neumayer, wie er bei seiner Anwesenheit auf Helgoland im Interesse des Sturmwarnungswesens die Ueberzeugung gewonnen habe, dass sich auf oder bei Helgoland die Aufstellung des Reitzschen Flutmessers sehr gut würde ermöglichen lassen und dass er für dieses Projekt bei dem Gouverneur der Insel Sir Fitzhardinge Maxse das freundlichste Entgegenkommen gefunden habe; er stelle es dem Herrn Präsidenten anheim, zu diesem Zwecke weitere Schritte zu thun. Dies geschah alsbald und zwar mit Erfolg. Mit liebenswürdigster Zuvorkommenheit unterstützte Exc. Maxse das betreffende Gesuch der deutschen Behörden bei der englischen Regierung und erwirkte die Erlaubnis zur Aufstellung des Pegels auf Helgoland.*)

Die Kaiserliche Admiralität übernahm die Ausführung der hierzu erforderlichen Bauten. Am Südostende des Unterlandes wurde ein Häuschen für die Aufnahme des Apparats errichtet.

*) Vergl. die *Verhandlungen des wissenschaftlichen Beiraths des Königlichen Geodätischen Instituts zu Berlin im Jahre 1878.* (Als Manuskript gedruckt. Berlin 1879); S. 20 u. 21. Ferner diese *Verhandlungen für 1879*, S. 11.

Der Schwimmer desselben bewegt sich in einem Brunnenschacht, der durch eine 60 m lange Rohrleitung mit dem tiefen Wasser in Verbindung steht.

Im September 1880 konnte der Flutmesser in Thätigkeit gesetzt werden. Er funktioniert nach den Berichten des Vorstandes des Kaiserlichen Marine-Observatoriums zu Wilhelmshaven, Herrn Admiralitätsrat Prof. Dr. Börgen, dem der Pegel untersteht, im ganzen zufriedenstellend. Nur kommt es zuweilen vor, dass der Schwimmer bei Ostwind und Niedrigwasser trocken liegt, weil das Kommunikationsrohr nicht tief genug gelegt werden konnte.*)

Da Helgoland, von den Inseln Neuwerk und Wangeroog, welche der Küste nahe liegen, sichtbar ist und mit ihnen ein annähernd gleichseitiges Dreieck bildet, so wurde es möglich, durch eine Verbindung von trigonometrischen und geometrischen Nivellements die Höhenlage von Helgoland gegen das Festland zu bestimmen. Die hierfür nötigen Messungen und Arbeiten hatte das Geodätische Institut übernommen, weshalb auf Anordnung des Generals Baeyer im Jahre 1878 zunächst ein trigonometrisches Nivellement zwischen den obengenannten Inseln ausgeführt wurde.

Nachdem im Jahre 1880 der Pegel auf Helgoland aufgestellt war, trat an das Geodätische Institut die Notwendigkeit heran, den Höhenunterschied zwischen ihm und dem trigonometrischen Punkte zu ermitteln. Die Pegelstation befindet sich, wie schon erwähnt, am Südostende des Unterlandes, der trigonometrische Punkt aber auf dem Oberlande beim alten Feuerturm. Wegen des bekannten steilen Aufstiegs vom Unter- nach dem Oberland liess sich ein geometrisches Nivellement zwischen beiden Punkten nicht ausführen**), weshalb General Baeyer für 1881 ein trigonometrisches Nivellement zur Bestimmung ihres Höhenunterschieds anordnete. Bei dieser Gelegenheit sollte das trigonometrische Nivellement Helgoland—Neuwerk wiederholt bezw. ergänzt werden; denn da 1878 Helgoland und Neuwerk sich wegen geringer Refraktion selten gegenseitig sichtbar zeigten, waren damals in Neuwerk die Heliotrope, deren Zenitdistanzen in Helgoland und Wangeroog gemessen wurden, sechs Meter höher als das Beobachtungsinstrument aufgestellt worden.

Jetzt sollte darauf gesehen werden, Instrument und Heliotrop auf jeder Station in gleicher Höhe aufzustellen. Ausserdem sollte noch ein trigonometrisches Nivellement zwischen Neuwerk und einem Festlandspunkte stattfinden, welcher dann durch ein geometrisches Nivellement mit dem Pegel zu Cuxhaven zu verbinden war, um den Höhenunterschied zwischen den Pegeln zu Helgoland und Cuxhaven zu erhalten, womit zugleich die Lage des Mittelwassers der Nordsee bei Helgoland gegen das Mittelwasser der Ostsee bei Swinemünde, wie gegen Normal-Null, N.N., der L.-A. bestimmt war.

Eine vorläufige Reduktion der Messungen zwischen Helgoland und Neuwerk aus den Jahren 1878 und 1881 ergab einen Unterschied der relativen Höhenlage beider Punkte, je nachdem man sie aus Zenitdistanzen ableitete, welche zur Zeit des Hoch- oder zur Zeit des Niedrigwassers beobachtet waren. Zwischen Helgoland und Wangeroog zeigte sich eine ähnliche Erscheinung nicht. Es schien daher angezeigt, auch die Nivellementslinie Helgoland—Wangeroog

*) Herr Admiralitätsrat Prof. Dr. Börgen teilte mir am 5. Januar 1895 mit, dass im Durchschnitt an 4 bis 5 Tagen im Jahre der Schwimmer aufstösst (bei *Ost-* und *NW*-Wind), in manchen Jahren gar nicht, in anderen öfter. Die betreffenden Tage werden bei der Mittelwasserbildung nicht ausgeschlossen, da der entstehende Fehler nicht erheblich sein dürfte. H.

**) Ist doch noch geschehen, sowohl von Prof. Fischer selbst wie 1891 durch die L.-A. (Königliche Landes-Aufnahme). H.

nach dem Festlande weiterzuführen, nicht nur um eine Kontrolle, sondern auch um ein sichereres und einwandfreieres Resultat für den Höhenunterschied zwischen Helgoland und dem Festland zu schaffen. Für die Ausführung dieses Planes wurde von Herrn Prof. Helmert, dem Nachfolger von General Baeyer, der Sommer von 1888 bestimmt. Bei Auswahl des Festlandspunktes musste darauf gesehen werden, dass von ihm aus auch der Leuchtturm auf Roter Sand sichtbar war, weil das Hydrographische Amt der Kaiserlichen Admiralität den Wunsch ausgesprochen hatte, den daselbst aufgestellten registrierenden Pegel an das trigonometrische Nivellement angeschlossen zu erhalten, um seine Höhe gegen *N.N.* bestimmen zu können. Im Einverständnis mit der Landesaufnahme wurde der trigonometrische Punkt II. Ordnung Schillig als Nivellementspunkt auf dem Festlande gewählt, den die L.-A. mit der liebenswürdigsten Freundlichkeit direkt zum Beobachten fertigstellte. Ausserdem bestimmte sie seine Höhenlage gegen *N.N.* durch Anschluss an ihr allgemeines Nivellementsnetz.*)

§ 2. Instruktion für das trigonometrische Nivellement Helgoland—Neuwerk—Wangeroog. 1878.

(Von General Baeyer.)

A. Allgemeine Bestimmungen. Vor Beginn und nach Vollendung des Nivellements sind die 3 beteiligten Universalinstrumente, das 13-zöllige und die beiden 10-zölligen No. I und No. II, sämtlich von Pistor & Martins gebaut, auf ihre Biegungskonstanten zu untersuchen.

Eine Verstellung der Höhenkreise findet nicht statt. Es müssen die bei den Ablesungen konkurrierenden Teilstriche bezeichnet, nach der Rückkehr der Instrumente ihre Teilungsfehler genau bestimmt und die erhaltenen Korrektionen an die Zenitdistanzen angebracht werden.

Die Zielpunkte sind bei Tage Heliotroplichter, bei Nacht die Feuer der Leuchttürme. Um die Gleichzeitigkeit und Gegenseitigkeit der Zenitdistanzen ermitteln zu können, ist bei jeder einzelnen Beobachtung die Zeit, wann sie stattfand, anzugeben. Als Normalzeit wird die mittlere Ortszeit von Helgoland zu Grunde gelegt.

B. Das Nivellement. Die Beobachtungszeit für die Messung von Zenitdistanzen, um die gegenseitige Höhenlage der 3 Stationen zu bestimmen, ist von vormittags 10 Uhr bis nachmittags 4 Uhr. Es ist dies die Zeit, wo die Refraktion am kleinsten ist.**)

Da sich eine absolute Gleichzeitigkeit nicht erreichen lässt, ist die Anordnung der Beobachtungen folgende: Alle 3 Stationen beobachten

von 10—$11\frac{3}{4}$ Uhr, von $12\frac{1}{4}$—2 Uhr, von $2\frac{1}{2}$—$4\frac{1}{4}$ Uhr.

Jede Station fängt mit Objekt links bei Fernrohr rechts an und nimmt in dieser Lage 3 Zenitdistanzen, dann in derselben Lage 3 Zenitdistanzen von Objekt rechts, schlägt durch und geht bei Fernrohr links zurück, indem sie von jedem Objekt wieder 3 Zenitdistanzen misst. Dann geht sie bei derselben Lage wieder nach vorwärts, indem sie von jedem Objekt wieder 3 Zenitdistanzen nimmt, schlägt durch und geht mit Fernrohr rechts zurück.

*) Vergl. hierzu *Tafel I.*

**) Dies hat sich thatsächlich vielfach ganz anders gezeigt. H.

Das Schema für die Beobachtungen ist daher folgendes:

Bestimmung des *Zenitpunktes* an der Marke durch 2 vollständige Zenitdistanzmessungen.

3 *Zenitdistanzen* bei Fernrohr rechts von Objekt links.
3 desgl. „ „ „ „ „ rechts.
Durchschlagen.
3 *Zenitdistanzen* bei Fernrohr links von Objekt rechts.
3 desgl. „ „ „ „ „ links.

3 *Zenitdistanzen* bei Fernrohr links von Objekt links.
3 desgl. „ „ „ „ „ rechts.
Durchschlagen.
3 *Zenitdistanzen* bei Fernrohr rechts von Objekt rechts.
3 desgl. „ „ „ „ „ links.
U. s. w.

Der *Zenitpunkt* ist vor Anfang der Messung, während jeder Pause und am Schlusse der Beobachtungen zu bestimmen. Bei jeder Messung ist die Uhrzeit, zu der sie angestellt worden, anzugeben.

Nach je 3 Beobachtungstagen ist an den Präsidenten nach Helgoland über das Gelingen der Messungen zu berichten.

C. Refraktionsbeobachtungen. Bei gutem Wetter müssen die Beobachter jeden Tag ½ Stunde vor Sonnenaufgang auf der Station sein, um von Sonnenaufgang an eine ganze Stunde die beiden anderen Punkte beobachten zu können.

Wenn nach diesen Beobachtungen das Licht von Helgoland verschwindet, so tritt eine Pause bis um 10 Uhr ein, worauf die Nivellements-Beobachtungen beginnen.

Bleibt dagegen das Licht von Helgoland noch weiter sichtbar, so ist dies ein Zeichen, dass an diesem Tage Refraktions-Beobachtungen vorgenommen werden sollen, und es müssen dann bis 10 Uhr stündlich 2 volle Zenitdistanzen von jedem Punkte genommen werden.

Um 10 Uhr beginnen darauf die Nivellements-Beobachtungen in der bereits besprochenen Weise bis 4½ Uhr.

Von 4½ Uhr ab werden schliesslich allstündlich, d. h. bei jeder vollen Stunde, bis zum nächsten Morgen die Refraktions-Beobachtungen fortgesetzt.

Auf einen solchen Tag folgt ein Ruhetag in Bezug auf die Refraktions-Beobachtungen, aber nicht in Bezug auf das Nivellement. (Auf der Station Wangeroog fallen die Nachtbeobachtungen ganz fort.)

D. Heliotropierung. Von den Heliotropisten muss vom Sonnenaufgange bis zum Untergange der Sonne fortwährend einer auf der Station sein, um darauf zu achten, ob von einem der beiden anderen Punkte ein Signal gegeben wird. Ist dies der Fall, so muss dies sofort den Beobachtern gemeldet werden.

Jedes Signal ist von der Empfangsstation als Zeichen des Verständnisses an die Aufgabestation sofort zurückzugeben.

Es werden folgende Signale eingeführt:

a) *Achtung.* Dies Signal besteht aus einer Reihe schnell aufeinanderfolgender Verfinsterungen des Lichtes derart, dass das Licht eine halbe Sekunde verfinstert ist, eine halbe Sekunde leuchtet. Es zeigt an, dass eine Mitteilung zu machen ist und wird so lange fortgesetzt, bis die Empfangsstation dasselbe zurückgiebt.

Dies Signal geht jedem anderen Signale vorher. Nach demselben wird das Licht verdeckt.

b) *Ich bitte um Licht.* Ein Lichtblitz von 1—2 Sekunden.
c) *Licht verkleinern.* Zwei Lichtblitze von 1—2 Sekunden.
d) *Licht vergrössern.* Drei Lichtblitze von 1—2 Sekunden.
e) *Bote oder Brief unterwegs.* Vier Lichtblitze von 1—2 Sekunden.

Sobald auf einer Station ein Heliotrop leuchtet, so ist dies ein Zeichen, dass Licht verlangt wird und dass jene Station beobachten will.

Die Beschaffenheit der beobachteten Heliotroplichter muss in den Beobachtungsbüchern angegeben werden.

E. Meteorologische Beobachtungen. Diese Beobachtungen müssen vor und nach einer jeden Reihe angestellt werden, und es ist aufzuzeichnen:

a) die Zeit,
b) das trockene Thermometer,
c) das feuchte Thermometer,
d) das Barometer,
e) die Windrichtung,
f) die Wolkenformation u. s. w.

Wenn keine Zenitdistanzen beobachtet werden können, müssen die meteorologischen Beobachtungen vormittags um 6 Uhr, mittags um 2 und abends um 10 Uhr angestellt werden.

§ 3. Bemerkungen zum Verlaufe der Beobachtungen von 1878.*)

Der im vorhergehenden § enthaltene Beobachtungsplan erlitt infolge der örtlichen Verhältnisse eine Abkürzung, insofern ihretwegen die Nacht- und überhaupt die Refraktions-Beobachtungen in Wegfall kommen mussten. Dagegen wurden nach einer Idee von Prof. H. Bruns (jetzigem Direktor der Sternwarte zu Leipzig) auf Helgoland und Neuwerk Temperatur-Beobachtungen nicht nur in der Höhe der Universalinstrumente, sondern auch noch an einem bezw. zwei Punkten von anderer Höhenlage angestellt.

Zur Vornahme astronomischer Messungen wurde Helgoland bereits Anfang Juni von Prof. Albrecht, Neuwerk Mitte Juni von Assistent Werner (jetzt Professor an der Technischen Hochschule zu Aachen) und Wangeroog um dieselbe Zeit von Dr. Fischer und Dr. Westphal bezogen.

Auf Helgoland hatte im Jahre 1857 General Baeyer in der Nähe der Südwestecke des alten Feuerturmes einen achteckigen Pfeiler erbaut, dessen Mitte für das Geodätische Institut als trigonometrischer Punkt gilt, *T.P.***) Für die astronomischen und nivellitischen Messungen von 1878 errichtete Prof. Albrecht an der Südostecke des genannten Turmes einen neuen Pfeiler, *A.P.*, 15 m östlich von *T.P.*; beide Pfeiler sind aus Backsteinen mit Cement gemauert.

---

*) Vergl. auch die *Verhandlungen des wissenschaftl. Beiraths u. s. w. im Jahre 1879*, S. 9, 10, 13, 14 u. 18; ferner die *Verhandlungen der vom 4. bis 8. September 1878 in Hamburg vereinigten Permanenten Commission der Europäischen Gradmessung*, redigirt von den Schriftführern C. Bruhns, A. Hirsch u. s. w. Berlin 1879, Georg Reimer; S. 101 u. 104.

**) Vergl. *Tafel II.*

Die Heliotrope standen südwestlich von dem astronomischen Pfeiler. Die Temperatur der Luft, sowie deren Feuchtigkeit wurden an der Nordseite der Beobachtungsbude und 11 m höher auf der Nordseite der Galerie des 60 m entfernten Leuchtturms gemessen.

Auf Neuwerk wurde für den Zehnzöller ein Pfeiler auf dem sehr starken Umfassungsmauerwerk des grossen Leuchtturms in der Höhe der untern Galerie nahe der Südwestecke errichtet, wo auch die astronomischen Messungen stattfanden, *A.P.* Ein Teil der Zenitdistanzmessungen wurde aber mit dem achtzölligen Universalinstrument des Instituts (ebenfalls von *Pistor & Martins*) auf einem um 6 m höheren Stande ausgeführt. Denn daselbst waren die Heliotroplichter oft noch sichtbar, wenn der untere Stand kein Licht mehr erhielt. Dieser obere Stand befand sich ausserhalb des Leuchtfeuers auf der oberen Galerie; die Libellenblase verhielt sich hier wegen geringerer Festigkeit der Aufstellung zu Zeiten wohl etwas unruhig, ohne dass jedoch die Sicherheit der Messungen ernstlich gefährdet worden wäre.

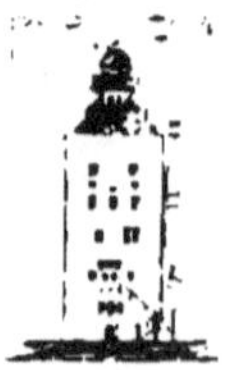

Grosser Leuchtturm auf Neuwerk.

Hier standen 1878 auch die Heliotrope.*) Die meteorologischen Ablesungen wurden an der Nordseite des grossen Leuchtturms an drei übereinander gelegenen Stellen vorgenommen. Für diese drei Beobachtungsstellen, ebenso wie für die beiden obengenannten auf Helgoland, hatte die deutsche Seewarte im ganzen 5 Thermometerpaare (Psychrometer) in hölzernen Jalousiekästchen zur Verfügung gestellt. Zu Gunsten der Beobachtungen auf Neuwerk wirkte der Umstand, dass der grosse Leuchtturm fern von Gebäuden, umgeben von Grasboden, dasteht.

Die obenstehende Skizze zeigt die Ostseite des grossen Leuchtturms. Die Thermometer hingen an der Nordseite in der Vertikalen der östlichen Fensterreihe, bei I, II und III.

Auf Wangeroog errichtete Dr. Fischer auf der südlichen Düne, 375 m in annähernd westlicher Richtung vom Leuchtturm entfernt, einen Backsteinpfeiler in Cement mit einem kubischen Fundament von 2 m Seite für die astronomischen Messungen, *A.P.* Weil aber daselbst wegen zu tiefer Lage Neuwerk nicht zu beobachten war, wurde auf dem ziemlich schlanken, aus Backsteinen errichteten Leuchtturm ein steinerner Nivellementspfeiler von dreieckigem Querschnitt erbaut, wo allerdings bei steifem Wind die Blase der Libelle Schwankungen von etwa 2" zeigte. Dort standen auch die Heliotrope.*) Zur Messung der Lufttemperatur an mehreren, vertikal übereinander gelegenen Stellen waren die örtlichen Umstände nicht geeignet.

Leuchtturm auf Wangeroog

Die Zenitdistanzmessungen fanden im August, hauptsächlich in seiner zweiten Hälfte, statt und endeten am 1. September; über die Verteilung der Bobachter und Instrumente ist das Inhaltsverzeichnis zu vergleichen. Der Fortgang der Messungen war anfangs ein unerwünscht langsamer; namentlich gelangte kein Licht von Helgoland nach dem unteren Stande in Neuwerk, was hier zur Einrichtung des oberen Standes führte. Auch gestatteten die Luft- und Refraktionsverhältnisse des Morgens und Abends nur selten Beobachtungen. Die sehr wenigen, ausser der Hauptbeobachtungszeit erhaltenen Messungen von Zenitdistanzen hat Prof. Fischer in die Drucktabellen nicht aufgenommen; sie sind von mir in einem Nachtrag, S. 250 u. 251, gegeben.

*) Vergl. *Tafel III.* In der Zeichnung für Neuwerk ist der äussere Umriss des Mauerwerks nur angedeutet, da er nicht genau eingemessen ist.

Die Nachtbeobachtungen kamen wegen des Umstandes in Wegfall, dass auf Wangeroog Verdeckungen des in gleicher Höhe mit der Beobachtungsstation befindlichen Leuchtfeuers zu befürchten waren und deshalb von zuständiger Stelle die Erlaubnis zur Benutzung der Station während der Nacht versagt werden musste.

§ 4. Die Beobachtungen im Jahre 1881.*)

Sie erfolgten zwischen Neuwerk und Helgoland im Juli und August im wesentlichen nach dem Programm von 1878. In Helgoland wurden der Zehnzöller No. II und der Heliotrop auf dem Dache des alten Feuerturmes aufgestellt, in Neuwerk der Zehnzöller No. I auf dem Stande *A.P.* von 1878 auf der untern Galerie des Leuchtturms und der Heliotrop ungefähr gleich hoch ebenda (auf der Umfassungsmauer).

Der alte Feuerturm in Helgoland ist ein nahezu quadratischer Bau von 5,8 m Seite und 6,5 m Höhe. Die festen 0,8 m starken Mauern desselben bestehen aus Ziegeln in Mörtel. Im Innern führt eine Treppe auf das wesentlich horizontale, nur nach der Mitte zu etwas geneigte Dach, das aus starken Eisenplatten gebildet ist, die auf eisernen Trägern ruhen. Auf das Dach wurde für das Universalinstrument ein Stativ gestellt und mit möglichst isoliertem Fussboden für die Beobachter umgeben.

Kugelbake.

Nach Beendigung dieser Beobachtungen wurden gegenseitige gleichzeitige Zenitdistanzen zwischen Neuwerk und der Station Kugelbake unweit Cuxhaven gemessen. In Neuwerk stand hierbei der Zehnzöller No. I wieder auf dem Pfeiler *A.P.* und der Heliotrop ungefähr gleich hoch in der Nähe; in Kugelbake befand sich das Universalinstrument, der Zehnzöller No. II, auf einem zu dem Zwecke auf dem kreisrunden Steinfundament der Bake errichteten Steinpfeiler und der Heliotrop unweit davon. Die Kugelbake steht am äussersten Ende einer Mole und ist ein 30 m hohes, hölzernes Seezeichen, fast von der Form eines trigonometrischen Signals; ihre Spitze ähnelt einer Kirchturmspitze mit rundem Knopf.

Über die Verteilung der Beobachter im Jahre 1881 vergl. das Inhaltsverzeichnis.

Prof. FISCHER war mit Dr. WESTPHAL bereits Mitte Juni auf Helgoland eingetroffen und hatte dort die erforderlichen Vorbereitungen bewirkt, sowie eine Kleintriangulierung zur Verbindung der Beobachtungsstationen auf dem Oberlande mit dem Pegel auf dem Unterlande ausgeführt, welche die Grundlage für eine trigonometrische Höhenmessung längs zweier, die genannten Orte verbindenden Seitenzüge abgab. Schliesslich wurde auch noch ein geometrisches Nivellement versucht, um eine rohe Kontrolle zu erhalten, doch war versäumt worden, einen guten Nivellierapparat mitzubringen, weshalb das Ergebnis ohne Bedeutung ist.

Während dieser Zeit verband Prof. SADEBECK unter Assistenz von WERNER und Dr. A. BÖRSCH den Leuchtturm zu Neuwerk mit der Station Kugelbake durch eine Kleintriangulierung, wobei die

---

*) Vergl. auch die *Verhandlungen des wissenschaftlichen Beiraths u. s. w. 1882*, S. 7 u. 8. Ferner die *Verhandlungen der vom 11. bis zum 15. September 1882 im Haag vereinigten Permanenten Commission der Europäischen Gradmessung*, redigirt von den Schriftführern A. HIRSCH u. TH. v. OPPOLZER u. s. w., Berlin 1883, Georg Reimer; S. 117, 121 u. 122.

Verbindungslinie der Leuchttürme zu Neuwerk und Cuxhaven als durch die Gaussische Vermessung von Hannover gegeben betrachtet wurde. Neuerdings hat auch die L.-A. die gegenseitige Lage der genannten Punkte bestimmt, so dass deren Angaben eingeführt werden konnten, weshalb auf die Kleintriangulierung von 1881 hier nicht weiter eingegangen ist.

Die Station Kugelbake wurde im Laufe des Sommers 1881 durch ein gutes geometrisches, 4 km langes, hin und her geführtes Nivellement mit dem nivellitischen Festpunkte am Leuchtturm zu Cuxhaven verbunden, und zwar nivellierten im Juli Sadebeck und Börsch von Cuxhaven nach Kugelbake und im September Werner und Börsch von Kugelbake nach Cuxhaven.

Überdies ist hier zu erwähnen, dass bereits im Jahre 1864 Herr Wasserbauinspektor Hugo Lentz zu Cuxhaven ein geometrisches Nivellement von Cuxhaven bis Neuwerk zur Ebbezeit mit Benutzung eingeschlagener Pfähle geführt hat, welches in Verbindung mit dem geometrischen Nivellement nach Kugelbake eine wertvolle Vergleichung mit dem trigonometrischen Ergebnis für Kugelbake—Neuwerk gestattet.

§ 5. Vorläufige Instruktion für das trigonometrische Nivellement Wangeroog—Schillig—Roter Sand. 1888.

(Von Prof. A. Fischer.)

1. Zwischen Wangeroog und Schillig werden gleichzeitige gegenseitige Zenitdistanzen gemessen. Um die Biegung der Fernrohre zu eliminieren, werden die Instrumente in der Mitte der Operationen gewechselt (der Zehnzöller No. II und der Achtzöller). Zugleich mit den Zenitdistanzen der Hauptpunkte werden von beiden Stationen Zenitdistanzen vom Leuchtturm auf Roter Sand genommen.

2. Die Beobachtungen finden auf *4 äquidistanten Kreisständen* statt: Index bei 0°, 45°, 90° u. 135°. Da beim achtzölligen Instrument auf dem Kreise nur die Einer der Grade angegeben sind, so müssen jene 4 Kreisstände vor Beginn der Messungen auf dem Kreise deutlich markiert werden.

   An beiden Instrumenten wird stets auf gleichnamigem Stande beobachtet, also gleichzeitig auf Stand 0° oder I, bezw. 45° oder II u. s. w. Es hat demnach die Kreisdrehung beider Instrumente gleichzeitig stattzufinden.

3. Um möglichste Gleichzeitigkeit der gegenseitigen Zenitdistanzmessungen zu erreichen, beginnen die Beobachter nach verabredetem Zeichen *fertig* stets mit Schillig bezw. Wangeroog, nehmen von demselben 2 Zenitdistanzen hintereinander in einer Fernrohrlage (z. B. *F. r.*) und in derselben Fernrohrlage 2 Zenitdistanzen von Roter Sand. Hierauf wird das Fernrohr durchgeschlagen und es werden in der andern Fernrohrlage (*F. l.*) 2 Zenitdistanzen von Roter Sand und 2 Zenitdistanzen von Schillig bezw. Wangeroog gemessen. Dann folgt Wiederholung des Satzes mit umgekehrter Folge der Fernrohrlagen (*F. l.*, *F. r.*). Diese beiden Sätze von 16 Einstellungen bilden eine Reihe.

4. Vor und nach jeder Beobachtungsreihe ist der *Zenitpunkt* des Instruments an einer nahen, möglichst in derselben Zenitdistanz wie das Hauptobjekt liegenden Marke durch eine Satzbeobachtung, also durch je 2 Zenitdistanzen bei *F. r.* u. *F. l.*, zu bestimmen.

5. Ebenso sind vor und nach jeder Beobachtungsreihe *Barometer* und *Thermometer* abzulesen, sowie die Richtung und Stärke des Windes und die allgemeine Himmelsansicht zu notieren.

6. Es muss mit peinlichster Sorgfalt im Beobachtungsbuch angegeben werden, ob die Messungen bei *Ebbe* oder *Flut*, bei steigendem oder fallendem Wasser angestellt worden sind, bezw. um wie viel Zeit vor oder nach Ebbe oder Flut.

7. Behufs Untersuchung über die beste Beobachtungszeit für derartige Messungen kann an einer bestimmten Tageszeit zur Vornahme der Messungen nicht festgehalten werden.

Es wird demnach wie folgt beobachtet werden:

a) An 4 klaren Tagen mit Sonnenschein (für jeden Stand einen Tag) werden bei jeder vollen Stunde von morgens 5 Uhr ab bis nachmittags 7 Uhr 3 Sätze genommen; daher von jedem Objekt in der Stunde 12 Zenitdistanzen und den Tag über 168 einzelne Zenitdistanzen oder 42 Sätze.

b) An 4 Tagen mit Sonnenschein werden längere Beobachtungsreihen angestellt und zwar von 5 bis 7 Uhr morgens und nachmittags (zu den Zeiten der ruhigen Bilder); ferner von 10 bis 11 Uhr und 1 bis 3 Uhr mittags (zur Zeit der geringsten Refraktion).

Für die Beobachtungen unter *b* ist es nicht notwendig, dass ein Stand an einem Tage fertig werde; derselbe kann auf mehrere Tage verteilt werden.

Als *Hauptregel* gilt: Es wird beobachtet, sobald die Sonne scheint: bei voraussichtlich anhaltendem Sonnenschein haben die stündlichen Beobachtungen *a* den Vorzug. Wechseln Sonnenschein und Wolken oder Bedeckung des Himmels miteinander ab, so tritt Beschränkung auf die Terminbeobachtungen *b* ein.

Die *Zielpunkte* sind im allgemeinen Heliotrope, die in Wangeroog und Schillig in gleicher Höhe mit der Horizontalaxe des Universalinstruments stehen sollen.

Bei bedecktem Himmel, aber guter Sicht, empfiehlt es sich, nach Marken zu beobachten und zwar nach dem Verfahren *a*. Die Marken müssen ebenfalls in gleicher Höhe mit dem Instrumente stehen. Wie diese Marken aussehen sollen und aufzustellen sind, muss an Ort und Stelle bestimmt werden.

8. Bei jeder Einstellung der Hauptobjekte sowie bei der Ablesung der meteorologischen Instrumente ist die Chronometerzeit anzugeben.

9. Nach jedem Beobachtungstage teilen sich die Beobachter gegenseitig die Anzahl der für jeden einzelnen Termin erhaltenen Sätze mit.

10. Zur Bestimmung des Standes und Ganges der Uhr sind, wenn möglich, früh und nachmittags, mindestens aber einmal täglich, Zeitbestimmungen an den Beobachtungstagen auszuführen.

11. Zur unmittelbaren Verständigung werden folgende Signale verabredet:

a) *Fertig* oder *Ja:* Eine Reihe schnell aufeinanderfolgender Verdunkelungen.
b) *Mein Instrument steht auf Stand I:* Alle 5 Sekunden eine kurze Verdunkelung.
c) „ „ „ „ „ *II:* „ „ „ zwei „ Verdunkelungen.
d) „ „ „ „ „ *III:* „ „ „ drei „ „
e) „ „ „ „ „ *IV:* „ „ „ vier „ „
f) *Ich kann den Kreis noch nicht drehen* oder *Nein:* Eine Reihe langer Verdunkelungen zwischen kurzen Lichtblitzen.
g) *Auf welchem Stand sind Sie?* Lange Verdunkelung, kurze Verdunkelung u. s. w.

Jedes Signal ist zum Zeichen des Verständnisses von der angerufenen Station zu wiederholen.

Das Signal *fertig* wird von beiden Stationen vor Beginn und nach Schluss der Einstellungen einer Reihe u. s. w. gegeben.

§ 6. Weitere Bemerkungen zu der Organisation und zu dem Verlaufe der Beobachtungen von 1888.

Die in § 5 gegebene Instruktion erhielt in der Folge einige Abänderungen und Zusätze. Über die wirklich erzielten Messungen giebt das Inhaltsverzeichnis Auskunft.

Als Beobachtungspfeiler wurde in Wangeroog der steinerne astronomische Pfeiler von 1878 gewählt, welcher am Südrande der Insel auf einer Düne unweit des Dorfes liegt. In Schillig diente ein kurz vorher auf dem von Ost nach West verlaufenden Deiche durch die L.-A. in der Nähe des *T.P. II. Ordn. Schillig* zu ebener Erde errichteter, 1½ m tief fundierter Holzpfeiler zur Aufstellung des Universalinstruments. Die in der Nähe beider Punkte befindlichen Leuchttürme wurden zur Aufstellung der Universale nicht verwendet, weil einesteils der eiserne Turm in Schillig eine solche überhaupt nicht zuliess, andernteils aber die gleichzeitige Benutzung des Leuchtturmes in Wangeroog und des Holzpfeilers in Schillig wegen sehr ungleicher Höhenlage sich nicht empfahl.

Leuchtturm in Schillig

Nachdem Prof. Fischer Ende Juni und Anfang Juli rekognosciert hatte, wurde die Einrichtung der Stationen Wangeroog und Schillig am 9. Juli beendet, doch konnten brauchbare Beobachtungsreihen wegen schlechten Wetters erst am 22. erhalten werden. In Schillig befand sich zuerst Prof. Fischer mit dem Zehnzöller, in Wangeroog gleichzeitig Dr. Galle mit dem Achtzöller.

Auf dem Leuchtturm zu Roter Sand wurde ein Winkelmessinstrument nicht aufgestellt, weil derselbe kein geeignetes Unterkommen auf längere Zeit für den Beobachter bot (was bei der herrschenden, höchst ungünstigen Witterung sehr in Betracht kam) und weil ausserdem ein dritter Beobachter nebst einem zweckentsprechenden Instrument gerade nicht zur Verfügung stand.

In der Zeit vom 30. Juli bis zum 9. August wohnte ich den Messungen auf der Insel Wangeroog bei, woselbst sich damals noch Dr. Galle mit dem Achtzöller befand. Ich ersah nun bald, dass die gleichzeitigen gegenseitigen Messungen nach der üblichen Formel für trigonometrische Höhenbestimmung trotz der mässig grossen Entfernung von nur 13 km den Höhenunterschied Schillig—Wangeroog im Laufe eines Tages bis zu 1 m verschieden ergaben, und dass die Ursache hiervon die geringe Höhenlage der horizontalen Instrumentaxen von nur 9 bezw. 14 m über dem Wasser im Zusammenhange mit dem 5 m betragenden Höhenunterschied derselben sein musste. Infolge dieser Verhältnisse waren die Refraktionsänderungen an beiden Enden des Lichtstrahls sehr ungleich. Da es sich nun als unthunlich erwies, die Station Schillig um 5 m zu erhöhen, und da eine Erniedrigung von Wangeroog um den gleichen Betrag auch ausgeschlossen erschien, ordnete ich nach einer Besprechung mit

Leuchtturm auf Roter Sand.

Prof. Fischer am 10. August an, dass erstens neben den Beobachtungen nach Maassgabe des älteren Planes noch eine 24-stündige Reihe von gleichzeitigen gegenseitigen Messungen zwischen Wangeroog und Schillig ausgeführt werden sollte, dass zweitens aber ausser den Heliotropen neben den Instrumenten in Wangeroog und Schillig auch noch eine Zeitlang solche auf den Galerien der benachbarten Leuchttürme zugleich mit den unteren Heliotropen beobachtet werden sollten.*)

Als Objekte dienten ausser den Heliotropen (deren Licht die Beobachter zu Zeiten durch Gaze-Objektivblenden zu mildern genötigt waren) bei Wangeroog und Schillig noch Tafeln, die sich auf den Himmelsgrund projicierten, bei Roter Sand gegebene Marken am Turm. Bei den gegenseitigen Nachtbeobachtungen genügten zur Signalgebung die vorhandenen Handlampen mit Linsen (Ochsenaugen); auch konnte man gelegentlich reflektiertes Mondlicht benutzen.

§ 7. Die gegenseitige Lage der trigonometrischen Punkte.

Aus der *Triangulation zur Verbindung der Seite Jever - Langwarden der Gaussischen Vermessung von Hannover mit Wangeroog, Neuwerk und Helgoland* folgt das ausgeglichene Dreieck:**)

				log s'	log s''
Helgoland, *T.P. 1857*	52°	29'	51,968	4.3304270.0	4,6201369
Neuwerk, Centrum des grossen Leuchtturms. .	56	1	30,478	4.3496946.3	4,6395146
Wangeroog, Centrum des Leuchtturms	71	28	21,927	4,4078520.7	4,6976720

Dieses Dreieck bildete bei den älteren Rechnungen des Geodätischen Instituts für die Höhenbestimmung von Helgoland den Ausgang. Wenn man aber für die Braaker Basis anstatt der von Schumacher und Gauss benutzten Länge im Betrage von 3014,5799 tois. den von der L.-A. ermittelten Wert 3014,43536 tois. nebst der später erkannten logarithmischen Reduktion von —18.5 Einh. der 7. St. einführt, und beachtet, dass die oben gegebenen Werte der log *s* schon um —165 Einh. der 7. St. verbessert sind, so ist noch eine Korrektion von —42 Einh. der 7 St. erforderlich.***)

Noch etwas kleinere Werte wurden aus handschriftlichen Angaben der L.-A. hergeleitet, welche dem Geodätischen Institut gelegentlich der Herausgabe der *Lothabweichungen, Heft I,* zugingen. (Damals hatte die L.-A. den Winkel auf Helgoland im Dreieck mit Wangeroog-Neuwerk noch nicht gemessen, was indessen, ebenso wie die Unterschiede in den Angaben der L.-A. infolge verschiedenartiger Ausgleichung, für die Zwecke der trigonometrischen Höhen-

---

*) Vergl. den *Jahresbericht des Direktors des Königlichen Geodätischen Instituts für die Zeit von April 1888 bis April 1889,* S. 11, 15 und 26—29, ferner die *Verhandlungen der vom 17.—23. Sept. 1888 in Salzburg abgehaltenen Conferenz der Permanenten Commission der Internationalen Erdmessung,* redigirt vom ständigen Sekretar A. Hirsch u. s. w., Georg Reimer in Berlin, 1889, S. 58 u. 59.

**) *Generalbericht über die Europäische Gradmessung für das Jahr 1868,* Berlin 1869, Georg Reimer. S. 27 u. 28. *Generalbericht über die mitteleuropäische Gradmessung für das Jahr 1865,* Berlin 1866, Georg Reimer; S. 21—29.

***) *Generalbericht über die mitteleuropäische Gradmessung für das Jahr 1863,* Berlin 1864, Georg Reimer; S. 6. *Die Königlich Preussische Landestriangulation. Hauptdreiecke. Zweiter Theil,* Berlin 1873, im Selbstverlage; S. 59.

Lothabweichungen, Heft I. Formeln und Tafeln u. s. w. (Veröffentlichung des Konigl. Preuss. Geodätischen Instituts) Berlin 1886, P. Stankiewicz; S. 39 u. 40.

berechnung belanglos ist). Die log *s* sind bezw. 4,620226, 4,639502 und 4,697657*), also im Mittel um 13 Einh. d. 6. St. kleiner als oben. Die hieraus hervorgehende Verbesserung von —13 Einh. d. 6. St. ist unter Abrundung der Angaben auf 6 Decimalstellen in der folgenden Übersicht, *Tabelle A*, angebracht.

Diese Übersicht ist im übrigen nach den örtlichen Messungen des Geodätischen Instituts aufgestellt.**) Nur log *s* für die Linie Neuwerk—Kugelbake ist mit Benutzung einer gefälligen Angabe der L.-A. für die Linie Neuwerk—Cuxhaven (Leuchtturm) hergeleitet, wobei aber ausserdem die lokale Triangulation des Geodätischen Instituts zur Anwendung gelangte.

Tabelle A.

Station	Ziel	Azimut			log s^m
Helgoland, *T.P. 1857*, kleines Loch in der Mitte der Oberfläche des Pfeilers.	Vertikalaxe des Dreizehnzöllers 1881 auf dem Feuerturm	75°	43'	8"	1,0091
	Heliotrop für Neuwerk 1881 . . .	„	„	„	0,9218
	Vertikalaxe des Dreizehnzöllers 1878 auf *A.P. 1878*	89	50	—	1,1726
	Mitte des Pfeilers *A.P. 1878* . . .	„	„	—	1,1792
	Heliotrop für Neuwerk 1878	116	46	—	1,0872
	„ „ Wangeroog 1878	117	50	—	1,0833
	Neuwerk, Centrum des grossen Leuchtt.	126	3	9	4,697659
	Wangeroog, Centrum des Leuchtturms	178	33	1	4,639501
Neuwerk, Centrum des grossen Leuchtturms, Fuss der Windfahne.	Kugelbake, Pfeiler 1881	101	38	37	4,108651
	Heliotrop für Kugelbake 1881	150	5	—	0,859
	„ „ Wangeroog 1878	206	11	—	0,550
	Vertikalaxe des Zehnzöllers 1878 u. 81 auf *A.P. 1878*	232	6	—	0,9333
	Wangeroog, Centrum des Leuchtturms	250	31	1	4,620224
	Vertikalaxe des Achtzöllers 1878 . .	265	52	—	0,498
	Helgoland, *T.P. 1857*	306	32	52	4,697659
	Heliotrop für Helgoland 1881	318	44	—	0,944
	„ „ „ 1878	339	57	—	0,542
Wangeroog, Centrum des Leuchtturms.	Vertikalaxe des Zehnzöllers 1878 . .	47	20	—	0,2368
	Neuwerk, Centrum des grossen Leuchtt.	70	2	6	4,620224
	Heliotrop für Neuwerk 1878	137	48	—	0,321
	A.P. 1878	261	30	36	3,573740
	Heliotrop für Helgoland 1878	328	27	4	0,335
	Helgoland, *T.P. 1857*	358	33	44	4,639501

Bem. Bei den Heliotropen ist im Grundriss immer die centrale Schraube zu verstehen.

---

*) Vergl. auch das Übersichtsheft: *Die Königlich Preussische Landes-Triangulation u. s. w.*, Berlin 1887; S. 42—44.

Lothabweichungen. Heft I, S. 35 u. 40.

**) Vergl. dazu auch wegen der Azimute:

Astronomische Bestimmungen für die Europäische Gradmessung aus den Jahren 1857—66. Herausgegeben von Dr. J. J. Baeyer u. s. w., Leipzig 1873, Wilhelm Engelmann; S. 12.

Polhöhenbestimmungen aus dem Jahre 1886 u. s. w. Gelegentlich ausgeführte Polhöhen- und Azimutbestimmungen aus den Jahren 1878—84 (Veröffentlichung des Königl. Preuss. Geodätischen Instituts) Berlin 1889, P. Stankiewicz; S. 142—144, 150 u. 151.

Die *Tabelle B* giebt ferner eine Reihe von Werten nach Messungen der L.-A., wobei wie in Tab. A auf ganze Sekunden und 6 Decimalstellen abgerundet ist. Die Azimute sind hier von Rauenberg übertragen. Endlich ist damit unter Zuziehung von noch anderen Messungen des Geodätischen Instituts die *Tabelle C* aufgestellt worden.

Tabelle B.

Station	Ziel	Azimut			log s^m
Helgoland, Leuchtturm, Windfahne.	Neuwerk, Centrum des grossen Leuchtt.	126°	7'	41"	4,697722
	A.P. 1878, grösseres Loch in der Mitte der Pfeileroberfläche	197	9	0	1,781808
	Alter Feuerturm, Mast im Centrum	204	0	15	1,768613
	T.P. 1857	209	37	47	1,821247
Neuwerk, Centrum des grossen Leuchtturms, Fuss der Windfahne	*A.P. 1878*	232	4	20	0,93278
	Helgoland, Leuchtturm, Windfahne	306	37	27	4,697722
Wangeroog, *A.P. 1878*, Leuchtbolzen in der Mitte der Pfeileroberfläche.	Roter Sand, Spitze des Leuchtturms	59	47	7	4,157270
	Neuwerk, Centrum des grossen Leuchtt	70	7	57	4,624037
	Leuchtturm, Mitte des Nivellementspfeilers von 1878, aus Resten auf einige cm genau rekonstruiert	81	21	36	2,573642
	Leuchtturm, Spitze	81	30	18	2,574003
	„ Centrum des Heliotrops 1888	81	31	15	2,571607
	Schillig, Festlegung, Centrum der Station	136	51	11	4,105798
	„ Leuchtturm, Mitte des Knopfes	137	6	20	4,106027
	Helgoland, *T.P. 1857*	359	2	50	4,639976
Schillig, Festlegung, Centrum der Station.	Roter Sand, Spitze des Leuchtturms	12	40	36	4,228992
	Holzpfeiler für das Niv. 1888	128	54	16	1,335753
	Leuchtturmknopf	220	4	39	2,753410
	Wangeroog, *A.P. 1878*	316	57	34	4,105792

Tabelle C.

Station	Ziel	Azimut			log s^m
Kugelbake, Nivellementspfeiler	Heliotrop für Neuwerk	192°	—'	—"	0,60
	Centrum der Bake	357	37	—	0,272
Wangeroog, *A.P. 1878.*	Roter Sand, Heliotrop für Wangeroog	59	47	40	4,157218
	Lampe	137	—	—	0,077
	Unterer Heliotrop 1888 und Tafel	216	15	—	0,840
Schillig, Holzpfeiler.	Roter Sand, Heliotrop für Schillig	12	36	52	4,229162
	Heliotrop für Wangeroog auf dem Leuchtturm	242	22	—	1,78628
	Tafel	305	56	—	1,38160
	T.P., Festlegung für Schillig	308	54	17	1,33575
	Unterer Heliotrop in Wangeroog	316	54	58	4,106476
	Unterer Heliotrop für Wangeroog in Schillig, und Lampe	325	9	—	0,656

§ 8. Genäherte geographische Positionen, mittlere Azimute und Entfernungen für die trigonometrische Höhenmessung.

Ort	Breite	Länge östl. von Greenwich	Linien	Mittleres Azimut
Helgoland, *A.P. 1878* . . .	54° 11'	0h 31m 32s	*Helgoland—Wangeroog*	178° 34'
Neuwerk, Leuchtturm . . .	53 55	0 33 59	*Wangeroog—Neuwerk*	70 17
Kugelbake	53 54	0 34 45	*Helgoland—Neuwerk*	126 18
Wangeroog, Leuchtturm .	53 47	0 31 36	*Neuwerk—Kugelbake*	101 42
„ , *A.P. 1878* . .	53 47	0 31 35	*Wangeroog—Roter Sand*	59 52
Schillig	53 42	0 32 7	*Schillig—Roter Sand*	12 38
Roter Sand, Leuchtturm . .	53 51	0 32 20	*Wangeroog—Schillig*	136 52
			Wangeroog, Turmheliotrop—*Schillig*	138 16
			Wangeroog—Schillig, Turmheliotrop	137 10

Jahr	Linien					n	log n
1878	*Helgoland*,	Dreizehnzöller	—	*Neuwerk*,	Zehnzöller No. I . .	49834,79	4,697533
„	„	„	—	„	Achtzöller	49835,0	4,697534
„	„	„	—	„	Heliotropspiegel	49834,7	4,697532
„	„	„	—	*Wangeroog*,	Zehnzöller No. II .	43600,1	4,639487
„	„	„	—	„	Heliotropspiegel . .	43599,5	4,639482
1881	„	Zehnzöller No. II	—	*Neuwerk*,	Zehnzöller No. I	49840,4	4,697582
„	„	„ „	—	„	Heliotropspiegel . .	49834,5	4,697530
1878	*Neuwerk*,	„ No. I	—	*Wangeroog*,	Zehnzöller No. II .	41698,7	4,620123
„	„	Achtzöller	—	„	„ „	41703,9	4,620177
„	„	Zehnzöller No. I	—	*Helgoland*,	Heliotropspiegel	49835,2	4,697536
„	„	„ „	—	*Wangeroog*,	„	41699,7	4,620133
„	„	Achtzöller	—	*Helgoland*,	„	49835,3	4,697536
„	„	„	—	*Wangeroog*,	„	41704,8	4,620186
1881	„	Zehnzöller No. I	—	*Kugelbake*,	Zehnzöller No. II	12848,1	4,108839
„	„	„ „	—	*Helgoland*,	Heliotropspiegel . .	49842,0	4,697595
„	„	„ „	—	*Kugelbake*,	„	12848,3	4,108846
1881	*Kugelbake*,	Zehnzöller No. II	—	*Neuwerk*, .	„	12838,0	4,108497
1878	*Wangeroog*,	„ „	—	*Helgoland*,	„ . .	43594,7	4,639434
„	„	„ „	—	*Neuwerk*,	„ . .	41704,6	4,620184

Jahr	Linien	s	log s
1888	*Schillig*, Holzpfeiler — *Wangeroog*, *A.P.*	12779,7	4,106521
„	„ „ — „ unterer Heliotropspiegel . . .	12778,7	4,106487
„	„ „ — „ Tafel und Lampe . . .	12778,5	4,106480
„	„ „ — „ Turmheliotrop, Spiegel . . .	12572,4	4,099384
„	*Wangeroog*, *A.P.* — *Schillig*, unterer Heliotropspiegel	12775,5	4,106378
„	„ „ — „ Lampe	12775,2	4,106368
„	„ „ — „ Tafel	12756,1	4,105718
„	„ „ — „ Turmheliotrop, Spiegel	12763,9	4,105984
„	*Schillig*, Holzpfeiler — *Roter Sand*, Spitze des Leuchtturms und Leuchtfeuer	16952,6	4,229238
„	„ „ — „ „ Heliotropspiegel	16949,7	4,229162
„	„ „ — „ „ Galerie und Marken . .	16950	4,22917
„	*Wangeroog*, *A.P.* — „ „ Spitze des Leuchtturms und Leuchtfeuer	14363,8	4,157270
„	„ „ — „ „ Heliotropspiegel	14362,1	4,157218
„	„ „ — „ „ Galerie und Marken	14362	4,15721

Anm. Bei der Lösung der Centrierungs-Aufgabe, aus 2 Seiten und dem eingeschlossenen Winkel die dritte Seite zu berechnen, leisteten die folgenden Formeln gute Dienste:

$$c = a - b\cos C + \frac{b^2}{2a}\sin^2 C + \dots$$

$$\log c = \log a - \mathrm{Mod}\left\{\frac{b}{a}\cos C + \frac{b^2}{a^2}\cos^2 C - \frac{b^2}{2a^2} + \dots\right\}.$$

§ 9. Die örtliche Höhenlage der Punkte auf Helgoland.

Jahr	Punkte und Objekte	Näherungsweise über *N.N.* Landes Aufn. [illegible]	Näherungsweise über *N.N.* Geod. Inst. [illegible]	Bemerkungen
1878	*A.P. 1878*, Pfeileroberfläche . . Mitte der 4 Ecken.	56,500	56,500	*NW* 56,502 *NE* 56,492; *SW* 508 *SE* 499 } Ecken der überragenden Deckplatte.
„	Horizontalaxe des Dreizehnzöllers auf *A.P.* — Zugleich Höhe des Quecksilberbarometers in d. Beob.-Bude . .		56,994	
„	Heliotropspiegel für Neuwerk .		56,580	Trigonometrisch v. *A.P.* aus bestimmt.
„	„ „ Wangeroog		56,580	Desgl.
„	Obere Thermometer am Leuchtturm (Galerie)		67,727	Trigon. von *A.P.* aus mittelst vert. Latte an der Galerie (5 Abschnitte von 0,4 bis 1 m).
„	Untere Thermometer an der Beob.-Bude		56,837	Von *A.P.* aus.

Jahr	Punkte und Objekte	Näherungsweise über *N.N.* Landes-Aufn. 1891	Näherungsweise über *N.N.* Geod. Inst. 1891	Bemerkungen
1881	Horizontalaxe des Zehnzöllers No. II auf Stativ oben auf dem Feuerturm, für Neuwerk		62ᵐ630	Trigon. von Batteriepfeiler und Gouvernementsstand aus bestimmt, sowie geom. von *A.P.* aus.
"	Heliotropspiegel auf d. Feuerturm für Neuwerk		62,505	Geom. von *A.P.* aus.
"	Batteriepfeileroberfläche . . . (1891: Leuchtbolzen d. L.-A.)	43ᵐ759	43,778	Trigonometrisch durch eine besondere Triangulation von *A.P.* aus bestimmt.
"	Boden am Gouvernementsstand		41,559	
"	Thürschwelle des Pegelhauses . (1891 Mitte)	3,610	3,559	
"	Ablotungsmarke des Lehrers Schmidt . . . . (Schneide am Pegeltisch.)	4,503	4,452	Geometrisch von der Schwelle aus.
	Mittelwasser aus 2 Jahrgängen (1882/84) nach stündlichen Abmessungen . . . . Zu Cuxhaven wich in demselben Zeitraum das Mittelwasser um +0,03 m gegen das von 1843/94 ab, während es in *Helgoland* und *Travemünde* nahezu normal war.		—0,388	4,84 m tiefer als die Ablotungsmarke. Nach gefälliger Mitteilung von Herrn Admiralitätsrat Rottok. Beide Jahrgänge stimmen auf 17 mm überein. Weitere Rechnungen sind im Gange.

In vorstehender Tabelle beziehen sich die Bemerkungen auf die Höhenzahlen des Geodätischen Instituts. Die Quote 56,500 für *A.P.* ist eine Annahme nach vorläufigen Ermittelungen. Da die überragende Deckplatte von *A.P.* zu Anfang 1895 nach Mitteilung des Herrn Lehrers Schmidt noch vorhanden war, so ist der Ausgangspunkt *A.P.* für den Zeitraum von 1878 bis 1891 als unverändert anzusehen.

Dem Chef der Trigonometrischen Abteilung der L.-A., Herrn Oberstlieutenant von Schmidt, verdanke ich zu den drei durch Präcisionsnivellement von *A.P.* aus im Jahre 1891 abgeleiteten Zahlen der L.-A. die Erläuterung, dass sie mit einem vorangegangenen trigonometrischen Nivellement auf ± 1 cm übereinstimmen. Die Treppe, welche Ober- und Unterland verbindet, wurde zweimal in jeder Richtung nivelliert, wobei die Abweichungen vom Mittel — 2,5, + 0,5, + 2,5 und — 0,5 mm betrugen.*)

Was die Höhenangaben nach den Messungen des Geodätischen Instituts anlangt, so ist in Bezug auf deren Sicherheit zu bemerken, dass selbst bei den Bestimmungen der Höhenunterschiede auf kurze Entfernung hin die Millimeter nicht ganz sicher sind. Bei den grossen

*) Die Zahl 4,503 ist entlehnt den *Nivellements der Trigonometrischen Abtheilung der Landesaufnahme. VIII.* (Berlin 1894. Zu beziehen bei Mittler & Sohn S. VII, während die beiden andern Quoten nach gefälliger handschriftlicher Mitteilung gegeben sind.

Entfernungen aber dürfte der relative Fehler ein paar Centimeter erreichen können. Die Lokaltriangulierung von *A.P.* nach dem Pegel gab im einzelnen:

	Zehnzöller	Achtzöller
A.P. über Batteriepfeiler, Oberfläche:	12ᵐ719	12ᵐ716
Batteriepfeiler über Thürschwelle vom Pegelhaus.	40,224	40,222
	52,943	52,938
A.P. über Boden beim Gouvernementsstand:	14,941	14,943
Gouvernementsstand über Pegelhaus, Schwelle:	38,001	37,999
	52,942	52,942.

Ist hier die Übereinstimmung auch eine gute, so muss doch beachtet werden, dass zur Etalonierung der 3 Viermeterlatten, welche für die Basismessung der Triangulation dienten, nur ein Holzmeterstab benutzt wurde, der *in Berlin* vor der Messung mit einem Normalmaass verglichen war. Diese, zwar etwas zweifelhafte Etalonierung findet jedoch eine Bestätigung in der Entfernung *A.P.—Leuchtturm*, welche nach der Triangulation des Geodätischen Instituts 60,502, nach der L.-A. 60,507 m beträgt. Ferner ergab sich für *A.P.—Batteriepfeiler* aus der Triangulation 315,059 m; die L.-A. fand 315,012. Also ist auch hier genügende Übereinstimmung.

Die Form des Dreiecksnetzes für die Lokaltriangulierung zeigt die Tafel II. Der Batteriepfeiler war aus Backstein bereits 1880 von General Baeyer erbaut worden. Sowohl dieser Punkt wie der Gouvernementsstand (in der Nähe des Gouvernementsgebäudes) lagen einige Schritte von dem steilen Abfall des Oberlandes im Osten entfernt. Die Pegelstation befand sich 2 m vor dem Pegelhaus, 3 m von dessen Thür entfernt.

Die Basis von 88 m Länge nahm Prof. Fischer auf der Kartoffelallee; sie wurde auf fest in den Boden eingeschlagenen, eingefluchteten Holzpfählen 6-mal mit guter Übereinstimmung gemessen. Die Horizontalwinkel wurden mit dem Zehnzöller nach der Methode der Richtungsbeobachtung bestimmt, bei 9 Kreisstellungen in 20° Intervall mit je 4 Beobachtungen jeder Richtung. Die Zenitdistanzen wurden gleichzeitig und gegenseitig unter Anwendung des Zehn- und des Achtzöllers bestimmt; für jede Linie des Höhennetzes kamen beide Instrumente an beiden Enden zur Anwendung. Am Zehnzöller wurde der Kreis in 9 Stellungen mit 20° Intervall benutzt; am Achtzöller unterblieb die Kreisdrehung wegen ihrer Unbequemlichkeit. Mit jedem Instrument wurden für jede Richtung 54 Doppelzenitdistanzen gemessen.

Auf den Linien *Batteriepfeiler—Pegelstation* und *Gouvernementsstand—Pegelstation*, welche am Osthange entlang laufen, wurden die Messungen auf den Vormittag und den Nachmittag verteilt, weil daselbst bei Sonnenschein vormittags starke Strahlung, nachmittags Schatten war.

Es fand sich:

	Batt.-Pflr.	Pegel-St.	Höhen-Unterschied	Gouv.-St.	Pegel-St.	Höhen-Unterschied
vormittags:	*Zehnzöller,*	*Achtzöller*	40ᵐ139	*Achtzöller,*	*Zehnzöller*	38ᵐ014
nachmittags:	*Achtzöller,*	*Zehnzöller*	40,197	*Zehnzöller,*	*Achtzöller*	37,986

Hiernach scheint, unabhängig von der Instrumentenkombination, vormittags die Höhe um 3 bis 4 cm grösser als nachmittags zu resultieren, was im Mittelwert auch eine Unsicherheit von ein paar cm erzeugt.

Die Höhe der Ablotungsmarke dürfte man also wohl am besten nach den Messungen der L.-A. ansetzen.

§ 10. Die Höhenlage der Punkte auf Neuwerk.

Jahr	Punkte und Objekte	Über N.N.	Bemerkungen
1864	*Hamburger Höhenmarke* an der Ostseite des grossen Leuchtturms	4,558 m	Nach Lentz 0,063 m über der Kerbe am Leuchtturm zu Cuxhaven mit der Quote 4,495.
1878	Thürschwelle	4,308	
„	Untere Thermometer, am Treppenabsatze	9,16	Vom Fusse des Turmes aus trigonometrisch bestimmt.
„	Mittlere Thermometer, an einem Nordfenster der oberen Fremdenzimmer	22,54	Desgl.
„	Obere Thermometer, am Nordfenster nach dem unteren Umgange . . . Dieselbe Höhenlage hatte das Quecksilberbarometer am Südfenster ebenda.	31,74	Desgl.
„	*Pfeileroberfläche A.P.*	32,342	Desgl.
„	Horizontalaxe des Zehnzöllers No. 1 auf dem Pfeiler	32,787	
„	„ des Achtzöllers auf dem oberen Stande	39,059	Desgl. unter Vermittelung des Geländers der oberen Galerie.
„	Heliotropspiegel für Wangeroog . . .	38,871	
„	„ „ Helgoland	38,908	
1881	Horizontalaxe des Zehnzöllers No. 1 auf dem Pfeiler	32,785	Von der Pfeileroberfläche aus
„	Heliotropspiegel für Helgoland	32,880	Vom Zehnzöller aus trigonometrisch bestimmt.
„	„ „ Kugelbake . . .	32,772	Desgl.

Die Höhe der Hamburger Höhenmarke auf Neuwerk, an der Ostseite des Leuchtturms, ist mittelst desjenigen Wertes des Höhenunterschiedes in Bezug auf die Kerbe am Sockel des Leuchtturms zu Cuxhaven abgeleitet, den Herr Wasserbauinspektor Hugo Lentz zu Cuxhaven im Jahre 1864 durch ein einfaches Nivellement mit doppelten Aufstellungen bestimmte. Der genannte Herr hatte unter dem 5. Januar 1895 die Güte mir noch mitzuteilen, dass neun gleichzeitige Flutbeobachtungen zu Neuwerk und Cuxhaven den Höhenunterschied der betr. Hochwasser nach Maassgabe des Nivellements bis auf die Millimeter einschliesslich gleich null ergaben, was eine gewisse Kontrolle des Nivellements gewährt, wobei ausserdem zu beachten ist, dass andere Beobachtungen zu Cuxhaven und Kugelbake auch für diese Orte die Hochwasser als gleichhoch anzeigten, wonach also eine verschiedene Flutstauung in jener Gegend nicht zu bestehen scheint.

Für die Kerbe am Leuchtturm zu Cuxhaven ist die Zahl 4.495 von 1875 eingeführt, vergl. den nächsten §. Wollte man auf das daselbst erwähnte Sinken des Leuchtturms (?) Rücksicht nehmen, so würden die Quoten des vorstehenden § um ca. 2 cm grösser werden.

Von den lokalen Höhenbestimmungen auf Neuwerk ist besonders wichtig diejenige des Pfeilers *A.P.* über der Höhenmarke. Dieselbe erfolgte trigonometrisch durch gegenseitige (nicht gleichzeitige) Zenitdistanzmessungen zwischen dem Pfeiler und einem Hülfsstande in der Nähe des Rettungsbootes, sowie geometrisch von hier bis zur Marke. Die Horizontaldistanz für die trigonometrische Bestimmung wurde durch wiederholte Centrierung teils mit einer horizontalen Latte, teils mit einer vertikalen Latte (etaloniert mit einem Holzmeter) gefunden. Die Winkelmessung bezog sich dabei ausser auf die Endpunkte der Lattenbasis auch stets auf einen mittleren Punkt derselben, so dass man die Lage des Instruments gegen die Latte mittelst des Pothenotschen Problems bestimmen konnte. Indessen führt dies Verfahren im vorliegenden Falle wegen der Kleinheit der Gesichtswinkel zu ganz unbrauchbaren Längenbestimmungen. Ich bin deshalb bei der Berechnung von der Annahme ausgegangen, dass die horizontale Latte senkrecht zum Visierstrahl nach ihrer Mitte und dass die vertikale Latte wirklich vertikal war.

Wenn die Beobachter sich nur einige Mühe gegeben haben, woran nicht zu zweifeln ist, so waren diese Voraussetzungen genügend erfüllt, um eine gute Entfernungsbestimmung zu gewährleisten. Die Ergebnisse der Messung von log *s* sind folgende:

Datum	Methode	log *s*	Halber Gesichtswinkel angenähert	Δ log *s* für 1″ (Einh. d. 5. Stelle)	Anzahl der Einstellungen jeder Marke	Gewicht für log *s*
1878 Juni 29	Horizontale Latte	2,30034	19′	38	6	0,5
„ Aug. 3	„ „	2,29935	48	15	12	5
1881 „ 30	„ „	2,29954	24	31	8	0,9
„ Sept. 2	Vertikale „	2,29921	15	47	6	0,3

Die Bestimmung von 1878, Juni 29, bezieht sich unmittelbar auf eine andere Linie, aus welcher die gesuchte durch ein gutes Dreieck abgeleitet ist. Die Gewichte sind, abgesehen von Lattenschiefe u. s. w., annähernd proportional der Anzahl der Einstellungen und umgekehrt proportional (Δ log *s*)^2 gesetzt.

Sowohl für 1878 wie 1881 ist (sehr nahe) im Mittel log *s* = 2,29945.

Damit folgt nun für die Höhe der Pfeileroberfläche über der Höhenmarke:

	1878	1881	
z oben gemessen	$17^m,787$	789	Mittel
„ unten „	17,778	780	$17^m,784$.

In diese Höhenzahlen geht noch das Ergebnis eines geometrischen Nivellements vom Hülfsstand zur Höhenmarke ein, das bei 200 m Distanz den Höhenunterschied von 0,911 m auf den Millimeter sicher gab und auch trigonometrisch kontrolliert ist. Der Unterschied der Ergebnisse zwischen *z* oben gemessen und *z* unten gemessen ist wohl hauptsächlich in Teilungsfehlern zu suchen, da die Depression berücksichtigt ist und die Biegung nicht viel giebt (es wurde dreimal der Zehnzöller No. I und nur einmal, 1878 von unten, der Achtzöller benutzt).

Der mittlere Fehler der Höhe der Pfeileroberfläche *A.P.* über der Höhenmarke stellt sich einschliesslich aller Einflüsse auf ± 0,015 m.

Der mittlere Fehler der anderen Höhenzahlen ist auf etwa ± 0,02 m zu schätzen, insoweit es sich dabei um die relative Lage gegen die Hamburger Höhenmarke handelt.*)

§ 11. Die Höhenlage der Punkte zu Cuxhaven und Kugelbake.

Punkte und Objekte	Über *N.N.*	Bemerkungen
Eingemeisselte Kerbe am Leuchtturm zu Cuxhaven*)	4,495 m	*Niv. der Trigonometr. Abtheilung d. L.-A. IV*; S. 92. — *Gradmessungs-Niv. zw. Anclam u. Cuxhaven*, Berlin 1886, Stankiewicz; S. 68.
Mittelwasser der Nordsee daselbst nach Lentz	—0,102	Durch Anschluss an die Kerbe. *Vergleichung der Mittelwasser etc.*, bearbeitet von Dr. A. Börsch etc., Berlin 1891; S. 84. Hiernach liegt das Mittelwasser 3,472 m über dem Nullpunkte des Pegels, welcher sich 8,098 m unter der Kerbe befindet. Nach neuerer gefälliger Angabe von Herrn Wasserbauinspector Lentz ist statt 3,472 zu nehmen 3,501.**)
Mitte der *Oberfläche des Pfeilers* 1881 zu Kugelbake	3,450	Vom Leuchtturm zu Cuxhaven aus durch geom. Nivellement, hin und her, mit einem m. F. von ± 1 mm bestimmt.
Kreuz auf der der Mole zugekehrten grossen Granitplatte unter der Bake, *SW*-Ecke .	2,241	Geometrisch von der Pfeileroberfläche aus.
Horizontalaxe des Zehnzöllers No. II auf dem Pfeiler	3,909	
Heliotropspiegel für Neuwerk	3,689	

*) Nach Mitteilung der L.-A. ist der grosse Leuchtturm 1892 umgebaut worden.

**) Vergl. auch Hugo Lentz, *Fluth und Ebbe und die Wirkungen des Windes auf den Meeresspiegel*, Hamburg, O. Meissner, 1879; S. 158 u. 164.

Für den Heliotrop ist in den Beobachtungsbüchern zweimal angegeben, dass er unter der Horizontalaxe des Zehnzöllers liegt, einmal aber, dass er darüber läge, was gewiss irrtümlich ist (vergl. auch § 12), da der Heliotrop zweifellos wesentlich konstante Höhenlage gehabt und sich auch nach Maassgabe der örtlichen Verhältnisse wahrscheinlich tiefer als die Axe des Instruments befunden hat.

Im Jahre 1890 fand die L.-A. die Kerbe am Leuchtturm nur noch 4,459 m über *N.N.**) Für den hier vorliegenden Zweck habe ich die aus dem Jahre 1875 stammende Zahl 4,495 einstweilen beibehalten; die Interpolation auf 1881 würde unter Annahme eines doch sehr zweifelhaften stetigen Sinkens des Leuchtturms in der Zeit 1875/90 nur ca. 1 cm weniger geben.

§ 12. Die örtliche Höhenlage der Punkte auf Wangeroog.

Jahr	Punkte und Objekte	Genähert über *N.N.*	Bemerkungen
1878	*Astronomischer Pfeiler A.P.*, Oberfläche . .	13,517 m	Annahme.
„	Turmpfeiler, Oberfläche	30,987	Trigonometr. von *A.P.* aus bestimmt.
„	Zehnzöller No. II daselbst	31,425	
„	Heliotropspiegel für Helgoland	31,142	Trigonometr. vom Turmpfeiler aus.
„	„ „ Neuwerk	31,240	
1888	Unterer Heliotropspiegel für Schillig 1888 (1. Hälfte)	13,883	Trigonometr. von *A.P.* aus.
„	„ „ „ Schillig 1888 (2. Hälfte)	13,879	
„	Achtzöller auf dem astron. Pflr. (1. Hälfte)	13,870	
„	Zehnz. No. II „ „ „ „ (2. „)	13,970	
„	Lampe (1. Hälfte)	13,545	
„	„ (2. „)	13,539	
„	Tafel (2. „)	14,024	
„	Oberer Heliotropspiegel für Schillig . . .	31,146	Trigonometr. von *A.P.* aus.

Die Höhenunterschiede der Punkte auf dem Turme gegen *A.P.* sind mit einem mittleren Fehler von ca. ± 0,010 m behaftet; für ihre Bestimmung wurden die Entfernungen des Turmpfeilers und des oberen Heliotrops von 1888 den Angaben der L.-A. entnommen (im letzteren Falle mit Rücksicht darauf, dass der Spiegel des Heliotrops ca. ¹/₄ m vom Centrum absteht). Die Höhe des oberen Heliotrops ist auch mit beiden Instrumenten bestimmt; die Ergebnisse weichen um 0,016 m von einander ab.

*) *Fünfter Nachtrag zum II. Heft des Auszugs aus den Nr. der Trigonometrischen Abtheilung der L.-A.*, 1891, S. 17.

Die Höhe des astronomischen Pfeilers *A.P.* über *N.N.* ist mittelst der gegenseitigen gleichzeitigen Zenitdistanzmessungen zwischen Schillig und Wangeroog vom Jahre 1888 abgeleitet, und zwar insbesondere aus denjenigen Beobachtungen, wo ausser den unteren, in Instrumentenhöhe befindlichen Heliotropen noch die Turmheliotrope zur Bestimmung der Änderung des Refraktionskoefficienten mit der Höhe eingestellt wurden. Der mittlere Fehler des hieraus berechneten Höhenunterschieds Schillig—Wangeroog dürfte nur ein paar Centimeter betragen.

§ 13. Die Höhenlage der Punkte bei Schillig.

Punkte und Objekte	Über *N.N.*	Bemerkungen
Schillig T.P., Festlegungsstein der L.-A. . .	7,411 m	*Nr. der Trigonometrischen Abtheilung der L.-A., VIII*, S. 153. Angeschlossen im Jahre 1890.
Holzpfeiler 1888	8,631	Trigonometrisch und geometrisch gegen *T.P.* bestimmt.
Horizontalaxe des Zehnzöllers No. II auf dem Holzpfeiler (1. Hälfte)	9,087	
„ „ Achtzöllers auf dem Holzpfeiler (2. Hälfte)	8,984	
Unterer Heliotropspiegel (1. Hälfte)	9,261	Trigonometrisch vom Holzpfeiler aus bestimmt.
„ „ (2. „)	9,253	
Tafel	8,887	Desgl.
Lampe (1. Hälfte)	9,205	Desgl.
„ (2. „)	9,178	Desgl.
Oberer Heliotropspiegel auf dem Turm (1. Hälfte)	22,677	Desgl.

Die Höhe des oberen Heliotrops ist mit beiden Universalinstrumenten bis auf 0,003 m Unterschied bestimmt. Die Entfernung wurde dabei direkt mittelst horizontaler Latte, sowie hiermit übereinstimmend mittelst Dreiecks aus der von der L.-A. gegebenen Distanz *T.P.—Holzpfeiler* abgeleitet. Dieser Höhenunterschied dürfte noch nicht auf ± 0,010 m m. F. unsicher sein.

§ 14. Die örtliche Höhenlage der Punkte auf Roter Sand.

Punkte und Objekte	In roher Annäherung über *N.N.*	Bemerkungen
Brennpunkt der oberen Leuchtfeuer	25,400 m	
Heliotropspiegel für Wangeroog	24,179	Nach Abmessungen von Prof. Fischer gegen das Geländer.
" " Schillig	24,173	
Geländer der Galerie	24,000	
Schwelle der Eingangsthür zum Turm . . .	6,581	
Fussboden daselbst	6,500	
Null-Linie des oberen Cylinders des registrierenden Pegels im unteren Turmraum . .	7,472	Nach Fischer liegt die Null-Linie 0,972 m über Fussboden.

Die nicht von Professor Fischer gemessenen Höhenunterschiede sind einer Mitteilung des Herrn Baurat Hanckes an Prof. Fischer entnommen, wobei ich nur die auf Niedrigwasser bezogenen Höhen mit — 1,500 m auf Mittelwasser und damit roh auf *N.N.* reduciert habe.*)

Bei fehlendem Heliotroplicht sollte als Marke laut Verabredung die oberste Grenzlinie zwischen roter und weisser Bemalung des Turmes genommen werden. Jedoch sind dabei sehr verschiedene persönliche Auffassungen vorgekommen und wohl auch reelle Unterschiede der Marken vorhanden. Nach den Abmessungen wären zwei Marken mit den Höhen 18,97 m und 19,40 m zu unterscheiden, ersteres *Marke Galle*, letzteres *Marke Fischer* (nach einer Notiz von Fischer, die zugleich erklärt, dass die direkte Einmessung der Marken schwierig sei). Der erstere Wert entspricht in der That nach Maassgabe der beobachteten Δz gegen den Heliotrop auf 0,2 m Galles Marke. Von Wangeroog aus gesehen findet Fischer seine Marke um 2" höher als die von Galle. Dagegen würden nach den Δz von Fischer und Galle in Schillig die Marken beider Beobachter um 3" verschieden in entgegengesetzter Lage sein; aber von Schillig aus schwankt bei demselben Beobachter (sowohl für F. wie für G.) Δz stark zwischen Extremen hin und her, was auf starke Beleuchtungseinflüsse hinweist (vergl. auch weiterhin § 22).

§ 15. Die angewandten Universalinstrumente von Pistor & Martins.**)

Das Instrument mit Kreisen von 13 preuss. Zoll = 34 cm Durchmesser hat ein centrisches, gebrochenes Fernrohr mit einem Objektiv von 48 mm Öffnung und 64 cm Brennweite.

*) Vergl. auch die Schrift: *Der Leuchtthurmbau in der Nordsee.* Der sogenannte Rothesand-Leuchtthurm, construirt und erbaut von der Actien-Gesellschaft Harkort in Duisburg a. Rhein. Nach einem Vortrage gehalten vor dem Architecten- und Ingenieur-Verein zu Hamburg am 21. April 1886 von Otto Offergeld, Dir. d. Ges. Harkort.

**) *Jahresbericht des Direktors des Königlichen Geodätischen Instituts* für die Zeit von April 1886 bis April 1887, S. 8.

Die Instrumente No. I und II mit Kreisen von 10 Zoll = 26 cm Durchmesser haben excentrische, gerade Fernrohre mit 48 mm Öffnung und 51 cm Brennweite des Objektivs.

Das Instrument mit Kreisen von 8 Zoll = 21 cm Durchmesser hat ein excentrisches, gerades Fernrohr mit 37 mm Öffnung und 39 cm Brennweite des Objektivs.

Die Teilung der Kreise giebt direkt 5 Minuten. Sie rührte bei den Beobachtungen von 1878 und 81 überall noch von Pistor & Martins her; 1888 hatte aber No. II Teilungen von Wanschaff.*)

Die Ablesung des einzelnen Mikroskops erfolgte beim Dreizehnzöller auf Zehnteldoppelsekunden, bei den Zehnzöllern auf Zehntelsekunden, bei dem Achtzöller auf ganze Sekunden. Bei dem Dreizehnzöller und bei den Zehnzöllern giebt 1 Rev. der Mikrometerschrauben am Kreise 2′ und bei dem Achtzöller 5′.

Die fortschreitenden und periodischen Fehler der Mikrometerschrauben dürften seiner Zeit als nicht sehr beträchtlich nachgewiesen worden sein. Jedoch finden sich Aufzeichnungen darüber nur für den Dreizehnzöller am Beginn der Helgoländer Messungen, 1878. Um einen Anhalt für die Grössenordnung der Fehler auch bei den anderen Schrauben zu gewinnen, wurden von mir Beobachtungen aus den Jahren 1894 und 95 benutzt. Nachstehende Tabelle zeigt für die mittleren Schraubenrevolutionen den fortschreitenden Fehler F für die Messung eines 5′-Intervalls, wenn der Anfangspunkt um 5′ verschoben wird (im Sinne einer negativen Verbesserung), ferner unter P_1 das Maximum des periodischen Fehlers, der vom einfachen Argument abhängt:

	Dreizehnzöller		*Zehnzöller No. I*		*Zehnzöller No. II*		*Achtzöller*	
	I	II	I	II	I	II	I	II
F	−0″8	+1″2	±1″2	+1″6	−1″0	+1″6	+1″5	−1″0
P_1	±0,4	±0,1	±0,5	±0,5	±0,3	±0,5	±0,2	±0,1

Bei dem Zehnzöller No. I, Mikr. I, erschien der fortschreitende Fehler nicht einfach nur zunehmend oder abnehmend, weshalb das Zeichen ± angesetzt ist. F ist zugleich, abgesehen von anderen Einflüssen, der Betrag des Gangunterschieds der Schraube, wenn ein 5′-Intervall mit zwei nebeneinanderliegenden Teilen der Schraube gemessen wird. Wird nun einfach wegen Gang (Run) korrigiert, so entsteht durch die Anwesenheit des fortschreitenden Fehlers eine Vernachlässigung im maximalen Betrage von ± ½ F.

Die von P_1 abhängigen Glieder fallen bei den drei grösseren Instrumenten im Mittel der Einstellungen zweier benachbarten Striche weg, weil daselbst zu 5′ Intervall 2,5 Rev. gehören. Bei denselben Instrumenten kommen auch die vom zwei- und mehrfachen Argument abhängigen Glieder insofern kaum in Betracht, als sie schon bei geringen Variationen von x Grösse und Vorzeichen ändern. Übrigens beträgt der maximale Einfluss dieser Glieder bei den betreffenden Mikroskopen nur etwa ± 0″25.

Bei dem Achtzöller ergab sich der Coefficient des vom zweifachen Argument abhängigen Gliedes bei Mikroskop I zu null, bei II zu 0″4.

Wenn beim Achtzöller 1878 und 1888 die periodischen Fehler keine grösseren Beträge hatten, so haben sie die Ergebnisse nur wenig beeinflusst. Da dies aber nicht sicher ist, so ist es von Bedeutung, dass mittelst der Tabellen der einfachen Zenitdistanzen der Einfluss der periodischen

---

*) *Das Berliner Basisnetz, 1885—1887* (Veröffentlichung des Königl. Preussischen Geodätischen Instituts) Berlin 1891, P. Stankiewicz; S. 4.

Fehler erörtert werden kann. Denn die einfachen Zenitdistanzen entsprechen in den Minuten und Sekunden bei *F. l.* bis auf kleine Reduktionen immer den unmittelbaren Ablesungen, bei *F. r.* den negativen Werten der letzteren. Es ist dabei noch zu beachten, dass beide Mikroskope meistens bis auf Bruchteile einer Minute dieselbe Ablesung gaben (nur 1878 erreichte in einer Fernrohrlage der Abstand der Mikroskope den Betrag von 1'). 1888 war nun infolge der wiederholten Drehungen des Kreises die Ablesung der Mikroskope so wechselnd, dass wenigstens im allgemeinen Mittel aller Messungen derselben Zenitdistanz ein nennenswerther Einfluss der periodischen Fehler auch bei Annahme grösserer Coefficientenwerte nicht geblieben sein kann. Aber selbst die einzelnen Standmittel sind mehr oder weniger teils wegen der wechselnden Ablesung, teils wegen deren Betrag als unerheblich beeinflusst zu erachten.

Für die 1878-er Messungen mit dem Achtzöller in Neuwerk fanden zwar keine Drehungen des Vertikalkreises statt: aber auch hier stellt sich die Gesamtheit des Einflusses der periodischen Fehler schon im Mittel aus zusammengehörigen Paaren *F. r.* und *F. l.*, und noch mehr im allgemeinen Mittel, wegen der Variationen von *z* jedenfalls nicht höher als ein paar Zehntelsekunden.

§ 16. Korrektion der Ablesungen an den Universalinstrumenten wegen des Ganges der Mikrometerschrauben.

Die in den Jahren 1878, 81 und 88 ausgeführten Zenitdistanzmessungen bieten, wie schon erwähnt, die Besonderheit, dass die Kreise entweder nur auf einem Stande oder doch nur auf wenigen verschiedenen Ständen angewandt worden sind. Da nun die Werte der *z* für die einzelnen Objekte wenig schwankten (abgesehen von einzelnen Ausnahmefällen nur bis 1 Minute, z. T. noch weniger), so war zu befürchten, dass der Gang der Mikrometerschrauben (Run) nicht nur im einzelnen, sondern auch noch im ganzen einen merklichen Einfluss gewinnen könnte. Bei der Berechnung der Beobachtungen von 1878 und 81, die bereits in den ersten achtziger Jahren stattfand, hat man indessen den Gang nicht berücksichtigt. Es zeigt sich nun in der That, dass dadurch ein nennenswerter Fehler nicht entstanden ist, wovon ich mich überzeugt habe und wie weiterhin in diesem § ausgeführt werden soll.

Bei der Berechnung der Messungen von 1888 vereinbarte ich jedoch mit Prof. Fischer, dass wenigstens die grösseren Gangbeträge berücksichtigt werden sollten, um schon für jeden einzelnen Stand Werte zu erhalten, die in der Hauptsache frei von diesen Einflüssen wären.

Die Möglichkeit der Korrektion war durch den Umstand gegeben, dass bei den Beobachtungen (wie in der Regel im Geodätischen Institut) in jedem Mikroskop immer die beiden Teilstriche, welche den Index einschliessen, in bestimmter Weise nach einander eingestellt wurden: zuerst der minderwertige, dann der höherwertige. (Nur auf Helgoland 1878 scheint die Reihenfolge umgekehrt gewesen zu sein.)

Sind nun *a* und *b* bezw. die Ablesungen an diesen Strichen, so ist das berichtigte Mittel der Ablesungen:

$$\frac{a+b}{2} + (a-b)\frac{150-a}{300}.$$

In den meisten Fällen genügte das einfache Mittel $\frac{a+b}{2}$; die Korrektionen wurden mittelst der hier mit abgedruckten Gangtafel gebildet. Diese hat als vertikales Argument *a*, als

Gangtafel.

+		1.0	1.1	1.2	1.3	1.4	1.5	1.6	1.7	1.8	1.9	2.0	2.1	2.2	2.3	2.4	2.5	2.6	2.7	2.8	2.9	3.0	3.1	3.2	3.3	3.4	3.5	−	
0'	0"	0.50	0.55	0.60	0.65	0.70	0.75	0.80	0.85	0.90	0.95	1.00	1.05	1.10	1.15	1.20	1.25	1.30	1.35	1.40	1.45	1.50	1.55	1.60	1.65	1.70	1.75	5'	0"
	5	0.48	0.53	0.58	0.63	0.68	0.73	0.77	0.82	0.87	0.92	0.97	1.02	1.07	1.12	1.16	1.21	1.26	1.31	1.35	1.41	1.45	1.50	1.55	1.60	1.65	1.70	4	55
	10	0.47	0.51	0.56	0.61	0.65	0.70	0.74	0.79	0.84	0.89	0.93	0.98	1.03	1.07	1.12	1.17	1.21	1.26	1.31	1.36	1.40	1.45	1.50	1.54	1.59	1.64		50
	15	0.45	0.50	0.54	0.59	0.63	0.68	0.72	0.77	0.81	0.86	0.90	0.95	0.99	1.04	1.08	1.13	1.17	1.22	1.26	1.31	1.35	1.40	1.44	1.49	1.53	1.58		45
	20	0.43	0.48	0.52	0.56	0.61	0.65	0.69	0.74	0.78	0.82	0.87	0.91	0.95	1.00	1.04	1.08	1.13	1.17	1.21	1.26	1.30	1.34	1.39	1.43	1.48	1.52		40
	25	0.42	0.46	0.50	0.54	0.58	0.63	0.67	0.71	0.75	0.79	0.83	0.88	0.92	0.96	1.00	1.04	1.08	1.13	1.17	1.21	1.25	1.29	1.33	1.38	1.42	1.46		35
0	30	0.40	0.44	0.48	0.52	0.56	0.60	0.64	0.68	0.72	0.76	0.80	0.84	0.88	0.92	0.96	1.00	1.04	1.08	1.12	1.16	1.20	1.24	1.28	1.32	1.36	1.40	4	30
	35	0.38	0.41	0.46	0.50	0.54	0.58	0.61	0.65	0.69	0.73	0.77	0.80	0.84	0.89	0.92	0.96	1.00	1.04	1.08	1.12	1.15	1.19	1.23	1.27	1.30	1.34		25
	40	0.37	0.40	0.44	0.48	0.51	0.55	0.58	0.62	0.66	0.70	0.73	0.77	0.81	0.85	0.88	0.92	0.96	1.00	1.03	1.07	1.10	1.14	1.18	1.21	1.25	1.28		20
	45	0.35	0.39	0.42	0.46	0.49	0.53	0.56	0.60	0.63	0.67	0.70	0.73	0.77	0.81	0.84	0.88	0.91	0.95	0.98	1.02	1.05	1.09	1.12	1.16	1.19	1.23		15
	50	0.33	0.37	0.40	0.43	0.47	0.50	0.53	0.57	0.60	0.63	0.67	0.70	0.74	0.77	0.80	0.84	0.87	0.90	0.94	0.97	1.00	1.04	1.07	1.10	1.13	1.17		10
	55	0.32	0.35	0.38	0.41	0.44	0.48	0.51	0.54	0.57	0.60	0.63	0.66	0.70	0.73	0.76	0.79	0.82	0.86	0.89	0.92	0.95	0.98	1.01	1.05	1.08	1.11		5
1	0	0.30	0.33	0.36	0.39	0.42	0.45	0.48	0.51	0.54	0.57	0.60	0.63	0.66	0.69	0.72	0.75	0.78	0.81	0.84	0.87	0.90	0.93	0.96	0.99	1.02	1.05	4	0
	5	0.28	0.31	0.34	0.37	0.40	0.43	0.45	0.48	0.51	0.54	0.57	0.60	0.63	0.65	0.68	0.71	0.74	0.77	0.79	0.83	0.85	0.88	0.91	0.94	0.97	1.00	3	55
	10	0.27	0.29	0.32	0.35	0.37	0.40	0.42	0.45	0.48	0.51	0.53	0.56	0.59	0.61	0.64	0.67	0.69	0.72	0.75	0.78	0.80	0.83	0.86	0.88	0.91	0.94		50
	15	0.25	0.28	0.30	0.33	0.35	0.38	0.40	0.43	0.45	0.48	0.50	0.53	0.55	0.58	0.60	0.63	0.65	0.68	0.71	0.73	0.75	0.78	0.80	0.83	0.85	0.88		45
	20	0.23	0.26	0.28	0.30	0.33	0.35	0.37	0.40	0.42	0.44	0.47	0.49	0.51	0.54	0.56	0.58	0.61	0.63	0.66	0.68	0.70	0.72	0.75	0.77	0.80	0.82		40
	25	0.22	0.24	0.26	0.28	0.30	0.33	0.35	0.37	0.39	0.41	0.43	0.46	0.48	0.50	0.52	0.54	0.56	0.59	0.61	0.63	0.65	0.67	0.69	0.72	0.74	0.76		35
1	30	0.20	0.22	0.24	0.26	0.28	0.30	0.32	0.34	0.36	0.38	0.40	0.42	0.44	0.46	0.48	0.50	0.52	0.54	0.56	0.58	0.60	0.62	0.64	0.66	0.68	0.70	3	30
	35	0.18	0.20	0.22	0.24	0.26	0.28	0.29	0.31	0.33	0.35	0.37	0.38	0.40	0.43	0.44	0.46	0.48	0.50	0.52	0.54	0.55	0.57	0.59	0.61	0.62	0.64		25
	40	0.17	0.18	0.20	0.22	0.23	0.25	0.27	0.28	0.30	0.32	0.33	0.35	0.37	0.39	0.40	0.42	0.44	0.46	0.47	0.49	0.50	0.52	0.54	0.55	0.57	0.58		20
	45	0.15	0.17	0.18	0.20	0.21	0.23	0.24	0.26	0.27	0.29	0.30	0.31	0.33	0.35	0.36	0.38	0.39	0.41	0.42	0.44	0.45	0.47	0.48	0.50	0.51	0.53		15
	50	0.13	0.15	0.16	0.17	0.19	0.20	0.21	0.23	0.24	0.25	0.27	0.28	0.30	0.31	0.32	0.34	0.35	0.36	0.38	0.39	0.40	0.42	0.43	0.44	0.45	0.47		10
	55	0.12	0.13	0.14	0.15	0.16	0.18	0.19	0.20	0.21	0.22	0.23	0.24	0.26	0.27	0.28	0.29	0.30	0.32	0.33	0.34	0.35	0.36	0.38	0.39	0.40	0.41		5
2	0	0.10	0.11	0.12	0.13	0.14	0.15	0.16	0.17	0.18	0.19	0.20	0.21	0.22	0.23	0.24	0.25	0.26	0.27	0.28	0.29	0.30	0.31	0.32	0.33	0.34	0.35	3	0
	5	0.08	0.09	0.10	0.11	0.12	0.13	0.13	0.14	0.15	0.16	0.17	0.18	0.19	0.19	0.20	0.21	0.22	0.23	0.23	0.25	0.25	0.26	0.27	0.28	0.29	0.30	2	55
	10	0.07	0.07	0.08	0.09	0.09	0.10	0.11	0.11	0.12	0.13	0.13	0.14	0.15	0.15	0.16	0.17	0.17	0.18	0.19	0.20	0.20	0.21	0.22	0.22	0.23	0.24		50
	15	0.05	0.06	0.06	0.07	0.07	0.08	0.08	0.09	0.09	0.10	0.10	0.11	0.11	0.12	0.12	0.13	0.13	0.14	0.14	0.15	0.15	0.16	0.16	0.17	0.17	0.18		45
	20	0.03	0.04	0.04	0.04	0.05	0.05	0.05	0.06	0.06	0.06	0.07	0.07	0.07	0.08	0.08	0.08	0.09	0.09	0.09	0.10	0.10	0.10	0.11	0.11	0.12	0.12		40
	25	0.02	0.02	0.02	0.02	0.02	0.03	0.03	0.03	0.03	0.03	0.03	0.04	0.04	0.04	0.04	0.04	0.04	0.05	0.05	0.05	0.05	0.05	0.05	0.06	0.06	0.06		35
	30	0.00	0.00	0.00	0.00	0.00	0.00	0.00	0.00	0.00	0.00	0.00	0.00	0.00	0.00	0.00	0.00	0.00	0.00	0.00	0.00	0.00	0.00	0.00	0.00	0.00	0.00		30
+		1.0	1.1	1.2	1.3	1.4	1.5	1.6	1.7	1.8	1.9	2.0	2.1	2.2	2.3	2.4	2.5	2.6	2.7	2.8	2.9	3.0	3.1	3.2	3.3	3.4	3.5	−	

horizontales $(a-b)$ von 1" bis 3".5; kleinere Werte des letzteren wurden nicht beachtet — beim Achtzöller sogar erst Werte von 2" ab. Das Argument $(a-b)$ konnte in der Regel einer grösseren Anzahl hintereinanderfolgender gleichartiger Beobachtungen entnommen werden.

Dank dem Umstande, dass $(a-b)$ beim Zehnzöller 2", beim Achtzöller 4" nicht überschritten hatte und dass maximale Korrektionen beider Mikroskope nicht zusammentrafen, vielmehr meistens teilweise Kompensation eintrat, hielten sich die für nötig erachteten Korrektionen meistens auf dem Betrage von ein paar Zehntelsekunden; ausnahmsweise traten die Maxima von 0".6 beim Zehnzöller, von 1".1 beim Achtzöller auf.

1878 wurde am 5. und 6. August auf Helgoland am *Dreizehnzöller* durch Abmessen einer Reihe aufeinanderfolgender Intervalle von 5' zunächst festgestellt, dass bei Mikroskop I und II der Gang $(a-b)$ bezw. −0".5 und +0".7, also im Mittel +0".1 betrug. Während der Zenitdistanzmessungen selbst waren die Werte von $(a-b)$ nahezu konstant, im Mittel gleich +0".2 bei *F.l.* und gleich −1".3 bei *F.r.* (die Vorzeichen sind hierbei unter der Annahme festgesetzt, dass auf Helgoland der höherwertige Teilstrich immer zuerst eingestellt worden ist).

Es wurde nun einfach $\frac{a+b}{2}$ ohne weitere Gangkorrektion gebildet. Die Tabellen der z zeigen aber, dass sich das mit der Schraube gemessene Intervall für Neuwerk und Wangeroog sowohl bei *F.l.* wie bei *F.r.* von 2½' nur bis ca. 1½' entfernte; da nun auch der Abstand der

Mikroskope Δa von einander bei beiden Fernrohrlagen nur ca. ½' betrug, mithin für jede Schraube einzeln genommen das gemessene Intervall sich nahezu in gleichen Grenzen bewegte, so ist die vernachlässigte Gangkorrektion jedenfalls gering und im Mittel aus *F. l.* und *F. r.* nur etwa 0".2 im Maximum, wahrscheinlich aber weit kleiner.*)

1878 war auf Neuwerk am *Zehnzöller No. I* der Abstand der Mikroskope in allen Fällen nahezu 0'.3. Der Gang $(a-b)$ war bei Mikroskop I immer gering, bei II zwischen — 2" und + 2" schwankend, aber im Mittel beider Mikroskope durchschnittlich bei *F. l.* + 0".6, bei *F. r.* null.

Am *Achtzöller* betrug der Abstand der Mikroskope Δa = I—II bei *F. l.* — 1'.0, bei *F. r.* — 0'.3. Der Gang $(a-b)$ war in jedem Falle nicht bedeutend, im Mittel aber fast ganz verschwindend, nämlich für beide Fernrohrlagen nur + 0".2.

Wegen dieser geringen Beträge wird der Gangeinfluss, der auch beim einzelnen z im Maximum 0".5 kaum übersteigen dürfte, im Mittel beim Zehnzöller nur höchstens 0".2, beim Achtzöller noch geringer; $\frac{a+b}{2}$ genügte daher auch hier.

1878 hielt sich auf Wangeroog am *Zehnzöller No. II* der Abstand der Mikroskope nahe an 0'.3. Der Gang $(a-b)$ schwankte bis ± 1".5, betrug aber im Mittel beider Mikroskope bei *F. l.* und *F. r.* nur ca. + 0".3. Der Gangeinfluss wird selbst beim einzelnen z stets geringer als 0".5 sein; im Mittel war er sicher verschwindend.

1881 betrug auf Neuwerk am *Zehnzöller No. I* bei den Beobachtungen für Helgoland der Abstand der Mikroskope I—II bis zum 5. Aug. nahezu + 0'.4, von da ab war er nahezu null. Der Gang $(a-b)$ schwankte zwar bis ± 2", war jedoch meist klein, im Mittel bei *F. l.* + 0".5, bei *F. r.* — 0".2. Der vernachlässigte Gangeinfluss überschreitet auch hier selbst bei den einzelnen z nicht 0".5 und ist in der Regel, jedenfalls aber im Mittel, ohne Bedeutung.

An demselben Ort und an demselben Instrument betrug bei den Beobachtungen von Kugelbake der Abstand der Mikroskope nahezu — 0'.2. Der Gang $(a-b)$ schwankte bis ± 1" und war im Mittel bei beiden Fernrohrlagen nur 0".1. Ein nennenswerter Gangeinfluss ist daher schon beim einzelnen z in der Regel kaum vorhanden.

1881 war auf Helgoland am *Zehnzöller No. II* der Abstand der Mikroskope bei *F. l.* — 0'.1, bei *F. r.* + 0'.2. Der Gang $(a-b)$ betrug im Mittel beider Mikroskope bei *F. l.* + 0".7, bei *F. r.* + 2".3. Da sich nun in den meisten Fällen für *F. l.* die Minuten der Ablesung bei 4,1, für *F. r.* bei 1,5 hielten, so giebt dies Korrektionen der einfachen z gleich — 0".22 und — 0".46, im Mittel gleich — 0".34, welcher Betrag infolge des üblichen Verfahrens der einfachen Mittelung $\frac{a+b}{2}$ vernachlässigt ist.

Auf Kugelbake war bei demselben Instrument der Abstand der Mikroskope bei *F. l.* nahezu null, bei *F. r.* nahe an + 0'.4. Der Gang $(a-b)$ ist bei dem grösseren, mittleren Teil der Beobachtungen vom 28. Aug. bis 6. Sept. für beide Fernrohrlagen nahezu + 1".3 im Mittel beider Mikroskope. Da nun hierbei die abgelesenen Minuten bei *F. l.* gleich 4,5, bei *F. r.* gleich ca. 3,9 waren, so giebt dies an den einzelnen z zwar Einflüsse des Ganges von ca. ± 0".5, aber im Mittel beider Fernrohrlagen bleibt in jedem Falle höchstens — 0".2, meistens kaum — 0".1. Bei den Beobachtungen vor dem 28. Aug. ist die Gangkorrektion wegen des Umstandes gering, dass

*) Bildet man die Gangkorrektion $(a-b)\frac{150-a}{300}$ mit den Mittelwerten $(a-b)$ und a für beide Mikroskope und sind $\Delta(a-b)$ und Δa die Unterschiede für beide Mikroskope, so ist noch um $\frac{1}{30}\Delta(a-b)\cdot\Delta a$ zu verbessern, wobei $\Delta(a-b)$ in Sek. und der Abstand der Mikroskope Δa in Min. zu nehmen ist. Bei den meistens geringen Beträgen von Δa wird diese Verbesserung kaum Bedeutung gewinnen.

sich die Ablesungen für beide Fernrohrlagen von 2",5 nicht weit entfernen. Am 7. Sept., wo $(a-b)$ bis + 2" geht und wo die Ablesungsminuten gleich ca. 0,8 sind, kann zwar das einzelne z bis nahe an 1" beinflusst sein, im Mittel beider Fernrohrlagen bleiben aber doch nur etwa — 0",2.

Es sei hier noch bemerkt, dass 1878 und 81, wo z. T. in geringem zeitlichen Abstand zwei Beobachter nach einander dasselbe Teilkreisintervall abmaassen, sich manchmal vorübergehend ein verschiedener Gang zeigte: indessen konnte ich im Mittel mehrfach wiederholter Bestimmungen, auch bei denselben Strichen, doch nichts Erhebliches konstatieren, so dass ich schliesslich bei den oben gegebenen Untersuchungen auf persönliche Unterschiede weiter keine Rücksicht nahm.

Indem 1878 und 81 einfach mit $\frac{a+b}{2}$ gerechnet wurde und weil bei den damals hauptsächlich angewandten Instrumenten, dem Dreizehnzöller und den beiden Zehnzöllern, 2,5 Rev. = 5' waren, fielen, wie schon früher bemerkt, die vom einfachen Argument abhängigen periodischen Glieder streng heraus. Bei den oben angestellten Erörterungen über den Gangeinfluss hätte allerdings genau genommen auf diese, den beobachteten Gang beeinflussenden Glieder Rücksicht genommen werden müssen, was aber wegen ihres geringen Betrages unterblieben ist, vergl. die Werte P_1 auf S. 25.

Für die im Jahre 1888 mit dem Zehnzöller No. II angestellten Messungen, die nur bei Gangbeträgen über 1" wegen des Ganges korrigiert wurden, konnten diese periodischen Glieder im Mittel jedenfalls auch nicht zu irgend einem nennenswerten Einfluss gelangen, weil in der Mehrzahl der Fälle $\frac{a+b}{2}$ genügte.

§ 17. Empfindlichkeit der Libellen an den Vertikalkreisen.

Jahr	Station	Instrument	1^p	Anzahl der Bestimmungen	Zeit der Bestimmung	Blasenlängen bei d. Best.	Blasenlängen bei d. Messgn.	Bemerkungen
1878	Helgoland	*Dreizehnzöller*	1",84	6	Aug. 7, 16, 21	25—28^p	ca. 28^p	Gute Übereinstimmung; m. F. ± 0",03.
1878	Neuwerk	*Zehnzöller No. I*	3,52	4	Juni 24 u. 25	19	ca. 24	1873 wird 3",36; 1874 3",25, 1882 3",30 angegeben. Die Unterschiede sind wohl nicht reell.
1881	"	"	3,40	8	Juli 30	16	ca. 17	
1878	Wangeroog	*Zehnzöller No. II*	3,40	1	Sept. 21	18	ca. 16	Diese eine Best. giebt 3",23. Die Libelle war 1872 neu und hatte 1886.87 3",33 Teilwert. Sie ist sicher ausserdem wiederholt geprüft worden.
1881	Helgoland	"	3,34	1	unbek.	21	ca. 18	
"	Kugelbake	"	3,35	—	—	—	ca. 19	
1888	Schillig u. Wang.	"	"	—	—	—	ca. 21 u. 16	
1878	Neuwerk	*Achtzöller*	3,92	4	Aug. 25	15	ca. 16	Der Teilwert scheint schwankend zu sein. 1881 fand sich aus 3 Best. am 27. u. 29. Juni 3",32 bis 3",83, im Mittel 3",59; 1886 und in neuerer Zeit wurde mehrfach gegen 4" gefunden.
1888	Wang. u. Schillig	"	3,50	1	Juli 14	12	ca. 12 u. 13	

Eine Bestimmung des Teilwertes beruht im Vorstehenden auf einer Messung des Blasenausschlags im Mittel von Hin- und Hergang oder im Mittel zweier einseitigen Bewegungen. Der Wert von 1^p bezieht sich immer auf die mittleren 5 bis 10 Skalenteile. Temperatureinflüsse sind nicht untersucht.

Ich möchte nicht unterlassen, hier noch ausdrücklich darauf hinzuweisen, dass die Teilwerte im Mittel mehrerer aufeinanderfolgender Messungen derselben Zenitdistanz 1878 und 81 selten in höherem als dem einfachen Betrage eingehen, im Mittel grösserer Reihen aber fast ganz eliminiert sind. Am bedenklichsten erschien mir auf den ersten Blick die Sachlage für den Achtzöller 1888. Doch fand ich durch eine eingehende Untersuchung, dass die im einzelnen häufig 8″ und mehr betragenden Einflüsse doch im Mittel längerer Reihen für jede Richtung bis auf ± 1″ sich aufheben, so dass mithin aus der unsicheren Bestimmung der Libellenteilwerte keine erhebliche Unsicherheit hervorgeht.

§ 18. Biegungsbestimmung der beim trigonometrischen Nivellement Helgoland—Neuwerk—Wangeroog beteiligten Universalinstrumente.

(Von Prof. A. Fischer.)

1. **Einleitung.** Für die Beurteilung der Genauigkeit der Resultate aus Messungen von Zenitdistanzen ist es notwendig zu wissen, inwieweit sie durch die Biegung der Instrumente beeinflusst werden. Darunter versteht man gewöhnlich die Wirkung der Schwere auf Fernrohr und Kreis. Die Bestimmung derselben bildet bei grösseren astronomischen Instrumenten, namentlich bei Meridiankreisen, eine der ersten und wichtigsten Untersuchungen. Bei kleineren transportablen Universalinstrumenten wird der Einfluss der Schwere nur ein äusserst geringer sein, und wenn der für die Biegung erhaltene Wert irgendwie erheblich wird, so dürften weniger die Schwere, als Teilungs- und andere Instrumentalfehler, z. B. nicht feste Fassung einer oder beider Linsen des Fernrohrs u. s. w., die Ursache davon sein.

Aber man muss die Grösse dieser sogenannten Biegungskorrektionen kennen, um gute Resultate zu erhalten.

2. **Geschichtliches.** Meines Wissens hat für transportable Instrumente Bessel zuerst Untersuchungen über Biegung angestellt und zwar am 15-zölligen Theodolit von Ertel, mit welchem die Messungen der ostpreussischen Gradmessung ausgeführt wurden. Bessel verglich denselben mit dem Königsberger Meridiankreis, dessen Biegung bei horizontaler Lage des Fernrohrs null war, und fand, dass der Ertelsche Theodolit die Zenitdistanzen um 0″,25 zu klein ergab, eine Grösse, welche gegenüber den Beobachtungsfehlern vernachlässigt werden konnte.*)

Gestützt auf diese Bestimmung hat dann der Präsident des Geodätischen Instituts, Herr Generallieutenant Dr. Baeyer, in dem Nivellement zwischen Swinemünde und Berlin die Biegung des 12-zölligen Gambeyschen Kreises ermittelt, indem er aus der Vergleichung mit dem Theodolit von Ertel fand, dass der Gambey die Zenitdistanzen um 2″,68 zu gross zeigte.**)

*) *Gradmessung in Ostpreussen*, Berlin 1838; S. 174.

**) *Nivellement zwischen Swinemünde und Berlin.* Auf dienstliche Veranlassung ausgeführt von J. J. Baeyer, Major im Generalstabe. Berlin 1840, in Commission bei Ferdinand Dümmler; S. 80.

Im *Trigonometrischen Nivellement der Oder* von C. Hoffmann und G. Salzenberg sind die beiden angewandten Meridiankreise ebenfalls auf die Biegungskorrektion nach dem Vorgange von Baeyer untersucht worden. Beide Instrumente wurden einander gegenübergestellt und die gegenseitigen Zenitdistanzen der Fadenkreuze gemessen. Als Summe S der Biegungen beider Instrumente wurde erhalten:

Zenitdistanz am Instrument I	Zenitdistanz am Instrument II	S
90° 19′ 24″,35	89° 40′ 34″,07	− 2,08
49,49	9,27	− 1,74
36,29	22,19	− 2,02
20 42,83	39 19,31	+ 1,63
21 3,47	39 0,23	+ 3,25

Im Mittel folgt daher −0″,19, nicht, wie es in der Publikation heisst, −0″,96, welches die Summe aller 5 Bestimmungen ist.*)

Ich habe diese Zahlen hier ausführlich angegeben, weil sich darin ein Gang des Überschusses über die theoretische Summe von 180° 0′ 0″,50 zeigt, proportional dem Wachsen der Zenitdistanz an Instrument I — ein Umstand, auf den ich später ausführlich zurückkommen werde. Dieses ist auch den beiden Beobachtern nicht entgangen: sie haben jedoch ein bestimmtes Resultat nicht gezogen und die mit den beiden Instrumenten gemessenen Zenitdistanzen als richtig angenommen.

In der *Triangulation der Umgegend von Berlin*, S. 21 u. ff., giebt die Preussische Landestriangulation die Resultate der Biegungsuntersuchungen an zehn 8-zölligen und an einem 10-zölligen Universalinstrument, die sämtlich von Pistor & Martins gebaut waren.

Es wurden stets 4 Instrumente gleichzeitig untersucht. Auf dem Kreuzberge waren 4 gleich hohe Steinpfeiler errichtet, auf welchen die zu untersuchenden Instrumente in gleicher Höhe aufgestellt und wo die Zenitdistanzen eines kleinen Knopfes der 500 Ruthen entfernten Lucaskirche gemessen wurden, um die Differenzen der Biegungen zu erhalten. Im Garten des Bureaus wurden dann die Instrumente auf 4 in den Ecken eines Quadrats von 4 Fuss Seitenlänge errichtete Pfeiler gestellt und die gegenseitigen Zenitdistanzen der Fadenkreuze der benachbarten Instrumente beobachtet, wodurch man die Summe der Biegungen je zweier Instrumente erhielt. Sämtliche Beobachtungen wurden dann nach der Methode der kleinsten Quadrate einer Ausgleichung unterworfen, woraus man die Zenitdistanz des irdischen Objekts und die Biegungskorrektion für jedes einzelne Instrument ableitete. Der wahrscheinliche Fehler eines Biegungswertes ergab sich zu ± 0″,97.

Weitere Untersuchungen über diesen Fehler an Universalinstrumenten sind mir nicht bekannt.

Der Präsident des Instituts, General Baeyer, beauftragte mich in der zweiten Hälfte des Monats Mai 1878, die bei dem Nivellement Helgoland—Neuwerk—Wangeroog benutzten Instru-

*) *Trigonometrisches Nivellement der Oder*, Berlin 1841; S. 46 u. ff. (Bei der 5. Reihe ist eine kleine Unsicherheit, wohl infolge Druck- oder Schreibfehlers. H.)

mente auf ihre Biegung hin zu untersuchen. Die Untersuchungen mussten Ende Mai beendet sein, weil schon am 31. dieses Monats das 13-zöllige Instrument für Helgoland verpackt werden sollte. Sie fanden in Charlottenburg, in dem vom Institut gemieteten Lokale für Maassvergleichungen, statt.

Nach Vollendung des Nivellements und nach der Rückkehr nach Berlin wurden die Beobachtungen in demselben Lokale wieder aufgenommen und mit einigen Unterbrechungen von Ende Oktober bis Mitte December ausgeführt. Ausser meinem Assistenten, Herrn Dr. Westphal unterstützte mich hierbei als Beobachter Herr Wanach, Assistent in der Sektion des Herrn Prof. Sadebeck.

3. **Die Methoden.** Die einfachste Art und Weise, die Biegungskonstante zu bestimmen, ist die von Bessel und Baeyer angewandte Methode. Das zu untersuchende Instrument wird einem andern gegenübergestellt, dessen Biegung bereits bekannt ist. Steht das zweite auf der Zenitdistanz z, so stellt man das erste angenähert auf die Zenitdistanz $180° - z$ und bewegt das Fernrohr so lange, bis die Fäden beider Fernrohre zur Deckung gebracht sind. Die Summe der gegenseitigen Zenitdistanzen beider Instrumente muss dann gleich 180° plus einer Grösse c sein, welche von der Entfernung der Standpunkte beider Instrumente abhängt: c ist der kleine Centriwinkel, den die beiden Erdradien der Aufstellungspunkte im Erdmittelpunkte bilden. Der Überschuss über die theoretische Summe $180° + c$ ist die Summe der Biegungen beider Instrumente, und da die Biegung k der einen bekannt ist, so wird die Biegung k_1 der andern sein: $k_1 =$ *Ueberschuss* $- k$.

Da aber meistens nur die Biegungen der Meridianinstrumente auf Sternwarten ermittelt sind, so lässt sich diese Methode nur bei Instrumenten mit centrischem Fernrohr anwenden; für solche mit excentrischen Fernrohren müssen andere Methoden gesucht werden. Eine direkte Bestimmung würde sich wohl ausführen lassen, verlangt aber ein besonderes, für Instrumental-Untersuchungen hergerichtetes Laboratorium mit allen dazu nötigen Hülfsmitteln. Ein solches besitzt das Institut leider noch nicht, weswegen anders verfahren werden musste.*)

Es lag nahe, dieselbe Methode wie im *Odernivellement* und wie bei der *Landestriangulation* in Anwendung zu bringen. Die Instrumente werden in sich gegenseitig zu 180° ergänzende Zenitdistanzen gestellt u. s. w., wodurch man die Summe der Biegungen je zweier Instrumente als Überschuss über $180° + c$ erhält. Um die Differenz der Biegungen zu erhalten, beobachtete die Landestriangulation die Zenitdistanz eines 500 Ruthen entfernten terrestrischen Objekts bei gleicher Instrumentenhöhe. Aus Summe und Differenz der Biegungen je zweier Instrumente ergeben sich dann sofort die Biegungen für jedes Instrument. Bei den Differenzbeobachtungen an einem entfernten terrestrischen Objekt wird aber vorausgesetzt, dass die Refraktion durch absolut gleichzeitiges Beobachten eliminiert wird, und dass die Instrumente in absolut gleicher Höhe stehen. Beides hat seine Schwierigkeiten; Abweichungen können bedeutende Unsicherheiten in den Resultaten bewirken.

Da wir 3 Instrumente zu untersuchen hatten, wurde vorgezogen, jedes derselben mit den 2 anderen zu vergleichen; bezeichnen wir die Instrumente mit I, II, III und die Summe der Biegungen je zweier mit $a_{I,II}$, $a_{I,III}$, $a_{II,III}$, so ist:

*) Beim Drucke dieser schon vor längerer Zeit von Prof. Fischer verfassten Abhandlung war dem hier erwähnten Misstand durch die Fürsorge der Staatsregierung bereits seit 3 Jahren abgeholfen. H.

$$\left.\begin{aligned} I + II &= a_{1,2} \\ I + III &= a_{1,3} \\ II + III &= a_{2,3} \end{aligned}\right\} \text{woraus folgt:} \left\{\begin{aligned} I - II &= a_{1,3} - a_{2,3} \\ I - III &= a_{1,2} - a_{2,3} \\ II - III &= a_{1,2} - a_{1,3}. \end{aligned}\right.$$

Für die Biegung jedes einzelnen Instruments ergiebt sich:

$$I = \frac{a_{1,2} + a_{1,3} - a_{2,3}}{2} \qquad II = \frac{a_{1,2} - a_{1,3} + a_{2,3}}{2} \qquad III = \frac{-a_{1,2} + a_{1,3} + a_{2,3}}{2}.$$

Vor Antritt der Sommerarbeiten wurde ausschliesslich diese Methode angewandt.

Es ist für dieselbe nicht nötig, dass bei sonst richtig gebauten Instrumenten die optischen Axen zusammenfallen, vielmehr brauchen sie nur parallel zu sein, weil die Fadenkreuze in den Brennpunkten stehen. Wir überzeugten uns hiervon dadurch, dass wir, nachdem die Fäden zur Deckung gebracht worden waren, das eine Instrument hoben oder senkten. Waren die Axen parallel, so mussten sich die Fäden auch jetzt noch decken. Immerhin schien es ratsam, die Axen möglichst zusammenfallen zu lassen; um dies zu erreichen, konnte, wenigstens bei den zehnzölligen Instrumenten, der folgende Weg eingeschlagen werden.

Sobald die Fäden zur Deckung gebracht waren, wurden beide Fernrohre der dicht beieinander stehenden Instrumente mit ein und demselben Aufsatzniveau in der Weise nivelliert, dass das Niveau erst auf das eine Fernrohr mit den Füssen gleich weit vom Centrum aufgesetzt wurde, dann aufs andere und schliesslich gleichzeitig auf beide Fernrohre, so dass die Füsse des Niveaus gleichweit von den Objektiven entfernt waren. Erhielten wir bei diesen 3 Niveau-Aufstellungen denselben Ausschlag, so nahmen wir die Axen als zusammenfallend an, da beide Instrumente genau gleiche Fernrohre haben.

Die Beobachtungen selbst geschahen derartig, dass das eine Instrument als festes Objekt unverändert stehen blieb, während an dem anderen die Einstellungen gemacht wurden, weswegen ich das erste das *stehende*, das zweite das *messende* Instrument nennen werde.

Da die Fadendistanzen bei den 3 Instrumenten nahezu gleich waren, die Fädenpaare sich daher nicht mit der gewünschten Schärfe zur Deckung bringen liessen, so wurden die Fäden einzeln eingestellt und zwar je 3-mal bei Fernrohr rechts und dann je 3-mal bei Fernrohr links, indem das stehende Instrument soweit als nötig im Azimut gedreht wurde. Dann wurden die Fädenpaare so gut als möglich zur Deckung gebracht, die Instrumente tauschten die Rollen: das stehende wurde messendes und umgekehrt.

Vor, in der Mitte und am Schluss jeder solchen Reihe wurde das stehende Instrument abgelesen, um seine Unveränderlichkeit zu konstatieren oder um nötigenfalls etwaige Änderungen in Rechnung ziehen zu können.

Wie schon oben gesagt, wurden auf diese Weise die Biegungskonstanten vor den Sommerarbeiten bestimmt, und da damals noch nicht festgesetzt war, dass während des Nivellements die Höhenkreise an allen Instrumenten nicht gedreht werden sollten, so geschahen bei den 10-zölligen Instrumenten diese Untersuchungen auf sechs verschiedenen Kreisständen — nur das 13-zöllige blieb unverändert, da wegen seiner grossen Teilungsfehler ein Drehen des Kreises von vornherein unstatthaft erschien.

Nachdem die Beobachter und die Instrumente von den Sommerarbeiten zurückgekehrt waren, konnte diesen Untersuchungen mehr Zeit gewidmet und nach einer Methode gesucht werden, welche die besten Resultate versprach. Bei dem trigonometrischen Nivellement befand sich aber jedes Instrument nur auf einer Station: das 13-zöllige auf Helgoland in einer Zenitdistanz von

90° 10′—15′, das 10-zöllige No. I auf Neuwerk in 90° 5′—10′, das 10-zöllige No. II auf Wangeroog in 90° 5′—10′. Bestimmte man nun die Biegung für die Zenitdistanz, in welcher das Instrument gebraucht wurde, bei unverändertem Kreisstande, so enthielte die Biegungskorrektion zugleich alle Instrumentalfehler, die die gemessene Zenitdistanz beeinflussen: Teilungsfehler, fehlerhafte Fassung der Linsen u. s. w.

Es war daher erforderlich, die Biegung der Instrumente in den oben aufgeführten Zenitdistanzen zu bestimmen. Nun ist es klar, dass man bei Ermittelung der Summe der Biegungen dieselbe nur erhält:

bei dem Instrument No. I für die Zenitdistanzen von 90° 5′—10′,
„ „ „ No. II „ „ „ „ 89° 50′—55′

und umgekehrt: ebenso

bei dem Dreizehnzöller für die Zenitdistanzen „ 90° 10′—15′,
„ den Instrumenten No. I u. II für die Zenitdistanzen „ 89° 45′—50′

und umgekehrt. Die Intervalle der Zenitdistanzen sind somit bei demselben Instrument in beiden Fällen etwas verschieden. Obwohl man nun jedenfalls ohne merklichen Irrtum annehmen kann, dass die systematischen Teilungs- und die anderen Instrumentalfehler immer für die betreffenden beiden Intervalle gleich seien, so wurde doch noch ausser dieser Methode eine andere mehr direkte angewandt.*)

In die Formel für die Berechnung des Höhenunterschieds aus gleichzeitigen und gegenseitigen Zenitdistanzen geht bekanntlich nur die Differenz der Zenitdistanzen ein. Es genügt daher, die Differenzen der Biegungen für die gegenseitigen Zenitdistanzen zu bestimmen. Diese Differenzen direkt recht scharf zu erhalten, war daher unsere Aufgabe.

Von der Wahl eines terrestrischen Objektes, aus dessen beobachteten Zenitdistanzen bei gleicher Höhe der Instrumente die Differenz der Biegungen hätte bestimmt werden können, wurde abgesehen, weil wir in ganz bestimmten Zenitdistanzen messen mussten und weil die Ergebnisse bei zweckmässiger Entfernung des Objekts von den atmosphärischen Einflüssen nicht freibleiben. Wir zogen es vor, einen Collimator im geschlossenen Beobachtungslokal aufzustellen. Da es nicht rätlich erschien, denselben zu drehen, sondern weil es erforderlich war, ihn fest in derselben Lage zu erhalten, so wurden die zwei zu untersuchenden Instrumente nicht nebeneinander, sondern hintereinander aufgestellt, so dass beim Einstehen des Collimators in beiden Fernrohren diese und der Collimator in einer Linie lagen.

Als Collimator diente das Ablesefernrohr vom Steinheil'schen Komparator. Dasselbe liegt in 2 Ringen; 3 Schrauben in jedem Ringe erlauben es, das Fernrohr in Höhe und Azimut zu verändern.

Es wurden zunächst in der verlangten Zenitdistanz das äussere Fernrohr und der Collimator auf einander gestellt und dann das mittlere in die Linie gebracht. Es geschah dies, indem das mittlere auf dieselbe Zenitdistanz wie das äussere eingestellt und so lange gehoben oder gesenkt wurde, bis der Horizontalfaden des Collimators in der Mitte zwischen den Fäden des mittleren Instruments war. Dann wurde das mittlere Fernrohr durchgeschlagen, auf die Ergänzung der Zenitdistanz des Collimators zu 180° gebracht und auf das äussere Fernrohr gerichtet.

*) Die zufälligen Teilungsfehler werden allerdings im allgemeinen Unterschiede der Ergebnisse herbeiführen.
H.

Durch dieses Beobachtungsverfahren erhält man unmittelbar dreierlei Resultate:

Erstens giebt die Differenz der an beiden Instrumenten gemessenen Zenitdistanzen des Collimators sofort die Biegungsdifferenz für die betreffende Zenitdistanz.

Zweitens erhält man für diese Zenitdistanz den Wert der Biegung des mittleren Instruments frei von Teilungsfehlern.

Drittens wird zugleich auch die Summe der Biegungen erhalten durch die beobachteten gegenseitigen Zenitdistanzen der Universalinstrumente.

Da die beiden Zehnzöller excentrische Fernrohre haben, so konnten die Einstellungen auf den Collimator nur in einer Fernrohrlage geschehen, weswegen der Zenitpunkt mit aller Schärfe bestimmt werden musste. Zu diesem Zwecke wurde das äussere Instrument auf den Collimator gestellt und dann ganz so verfahren wie bei der ersten Methode: das äussere wurde stehendes, das mittlere messendes Instrument und dann umgekehrt. Dadurch erhielten wir ausser dem Zenitpunkt zugleich eine neue unabhängige Reihe für die Summe der Biegungen. Natürlich wurden beim stehenden Instrument wieder die nötigen Ablesungen gemacht, um uns von der Unveränderlichkeit desselben zu überzeugen.

Das Schema der Beobachtungen war den vorigen Bemerkungen entsprechend folgendes:

Äusseres Instrument: Einstellung auf den Collimator und Ablesung,
Mittleres „ : Einstellung auf den Collimator und Ablesung,
„ „ : Einstellung aufs äussere Instrument und Ablesung,
Äusseres „ : Wiederholung der Ablesung.

Dann wurde weiter beobachtet wie folgt:

Äusseres Instrument als stehendes: Einstellung auf den Collimator und Ablesung,
Mittleres Instrument als messendes: 5 Zenitdistanzen vom äusseren Instrument bei *F. l.*
Äusseres Instrument: Wiederholung der Ablesung.

Hierauf Durchschlagen der Fernrohre und Drehen beider Instrumente um die Vertikalaxe.

Äusseres Instrument: Einstellung aufs Fernrohr des mittleren Instruments und Ablesung,
Mittleres „ : 5 Zenitdistanzen vom äusseren Instrument bei *F. r.*,
Äusseres „ : Wiederholung der Ablesung.

Dann wurde eine gleiche Reihe mit dem äusseren Instrument als messendem und mit dem mittleren als stehendem Instrument gemacht, und dann folgten wieder die Reihen mit dem Collimator wie zu Anfang.

Stehen bei den Messungen für die Biegungssumme die Fadennetze nicht in den Brennpunkten, so müssen zur Herbeiführung richtiger Ergebnisse die optischen Axen nicht nur parallel sein, sondern sie müssen auch zusammenfallen. Es tritt sonst die Erscheinung ein, welche sich im *Nivellement der Oder* zeigte.

Die Objektive unserer Instrumente erlaubten es, die Zenitdistanzen über 2° zu variieren. Für jede beliebige Zenitdistanz innerhalb dieses Intervalls erhält man die theoretische Summe 180° + *e* plus den Biegungen, sobald die Fadenkreuze in den Brennpunkten stehen; im anderen Falle aber noch plus einer Grösse, die mit den verschiedenen Zenitdistanzen verschieden ist.

Bei einer gewissen normalen Zenitdistanz, wo die Axen zusammenfallen, ist diese Grösse null; im allgemeinen aber ist sie proportional den Abweichungen der Zenitdistanz von ihrem normalen Werte.*)

*) Dies kann man leicht an der Hand der Theorie erkennen. Prof. Fischer stellte aber auch Beobachtungsreihen mit verstelltem Fadennetz an; er fand u. a. am 30. Oktober 1878 mit den Instrumenten No. I und II bei 1,13 m Abstand, dass die um 180° verminderte Summe der gegenseitigen Zenitdistanzen von + 15,"5 bis − 13,"2 ging, wenn z_1 von 90° 35′ bis auf 87° 34′ abnahm, und dass die Änderungen beider Grössen einander proportional waren. H.

Das Verfahren der direkten Bestimmung der Differenz der Biegungen vermeidet diese Fehler*), welche u. a. bei Temperaturänderungen dadurch entstehen können, dass dieselben eine Verschiebung des Fadennetzes bewirken.

§ 19. Die Beobachtungen für die Biegungen und die daraus abgeleiteten Endwerte.

Ich gebe zunächst nach Prof. Fischer die Ergebnisse der Beobachtungen vor den Sommerarbeiten von 1878.

I. Beobachtungen vor dem trigonometrischen Nivellement von 1878

a) Beobachtungen gegenseitiger Zenitdistanzen zwischen den beiden Zehnzöllern No. I und No. II.

Stand	I	II	S_1	Bemerkungen
I	90° 7′ 29,″62	89° 52′ 31,″08	+0,″67	Entfernung der Instrumente gleich 1,m02;
II	27,78	28,38	− 3,87	$S_1 = z_I + z_{II} - 180° - 0,″03$.
III	44,25	16,05	+ 0,17	Die Kreise wurden gleichmässig nacheinander auf Stand I bis VI gebracht.
IV	41,60	16,46	− 1,97	
V	31,65	29,10	+ 0,72	
VI	22,10	48,15	+ 0,22	

b) Beobachtungen gegenseitiger Zenitdistanzen zwischen dem Zehnzöller No. I und dem Dreizehnzöller.

Stand	I	13	S_2	Bemerkungen
I	90° 36′ 41,″40	89° 23′ 17,″10	− 1,″53	Entfernung wie vorher,
II	46,33	11,87	− 1,83	$S_2 = z_I + z_{13} - 180° - 0,″03$.
III	49,26	6,19	− 4,58	Nur am Instr. No. I wurde der Kreis gedreht.
IV	50,05	6,98	− 3,00	
V	39,92	19,58	− 0,53	
VI	32,76	13,34	− 3,93	

*) Dies ist doch wohl nur so zu verstehen, dass drei Fernrohre nicht ohne Verschiebung der Okularröhren (bezw. der Fadenkreuze) der Reihe nach paarweise auf einander eingestellt werden können, wenn die Fadenkreuze nicht alle drei sehr nahe im Brennpunkt stehen. H.

c) Beobachtungen gegenseitiger Zenitdistanzen zwischen dem Zehnzöller No. II und dem Dreizehnzöller.

Stand	II	13	S_3	Bemerkungen
I	90° 36′ 24″,82	89° 23′ 33″,12	— 2″,09	Entfernung wie vorher;
II	20,96	33,55	— 5,52	$S_3 = z_{II} + z_{13} - 180° - 0'',03$.
III	19,94	33,33	— 6,76	Nur am Instr. No. II wurde der Kreis
IV	23,05	33,43	— 3,55	gedreht.
V	28,39	29,32	— 2,13	
VI	30,17	23,74	— 6,12	

d) Beobachtungen gegenseitiger Zenitdistanzen zwischen dem Zehnzöller No. II und dem Achtzöller.

Stand	II	8	S_4	Bemerkungen
I	91° 0′ 13″,57	88° 59′ 41″,00	— 5″,46	Entfernung wie vorher;
II	15,11	41,52	— 3,40	$S_4 = z_{II} + z_8 - 180° - 0'',03$.
III	14,64	40,26	— 5,13	Nur am Instr. No. II wurde der Kreis
IV	14,77	41,54	— 3,72	gedreht.
V	15,57	41,46	— 3,00	
VI	16,15	40,63	— 3,25	

e) Beobachtungen gegenseitiger Zenitdistanzen zwischen dem Zehnzöller No. I und dem Achtzöller.

Stand	I	8	S_5	Bemerkungen
I	91° 0′ 9″,74	88° 59′ 46″,40	— 3″,89	Entfernung wie vorher;
II	10,85	46,65	— 2,53	$S_5 = z_I + z_8 - 180° - 0'',03$.
III	10,01	45,93	— 4,09	Nur am Instr. No. I wurde der Kreis
IV	9,16	47,14	— 3,73	gedreht.
V	9,77	46,92	— 3,34	
VI	10,87	45,93	— 3,23	

Die *S* sind die Biegungssummen der betreffenden Instrumente plus den Teilungsfehlereinflüssen (und verschiedenen anderen systematischen Fehlereinflüssen). Nimmt man die Mittel der Ergebnisse jeder Gruppe, so kann man erwarten, dass bei den Instr. No. I und No. II die Teilungsfehlereinflüsse zurücktreten, während bei dem Dreizehn- und dem Achtzöller mangels

Kreisdrehung der Einfluss der besonderen Teilungsfehler bestehen bleibt. Die Mittel geben folgende 5 Gleichungen gleichen Gewichts:

$$
\begin{aligned}
b_I + b_{II} &= S_1 = -0{,}''66 \\
b_I + b_{12} &= S_2 = -2{,}57 \\
b_{II} + b_{12} &= S_3 = -4{,}36 \\
b_{II} + b_6 &= S_4 = -3{,}66 \\
b_I + b_6 &= S_5 = -3{,}47
\end{aligned}
$$

Auflösung nach d. M. d. kl. Qu.:

$$
\begin{aligned}
b_I &= +\tfrac{1}{2} S_1 + \tfrac{1}{4}(S_2 - S_3 - S_4 + S_5) = +0{,}''17 \\
b_{II} &= +\tfrac{1}{2} S_1 - \tfrac{1}{4}(S_2 - S_3 - S_4 + S_5) = -0{,}83 \\
b_{12} &= -\tfrac{1}{2} S_1 + \tfrac{1}{2}(S_2 + S_3) = -3{,}14 \\
b_6 &= -\tfrac{1}{2} S_1 + \tfrac{1}{2}(S_4 + S_5) = -3{,}24.
\end{aligned}
\qquad (A)
$$

Man kann auch für die einzelnen Kreisstände diese Rechnung machen; jedoch kann man dabei den Umstand nicht berücksichtigen, dass bei demselben Stande in den verschiedenen S die b_I und die b_{II} mit verschiedenen Teilungsfehlern behaftet sind. Trotzdem sollen doch die Rechnungsergebnisse hier platzfinden.

Stand

	I	II	III	IV	V	VI	Mittel
b_I	+0,37	−0,79	+0,94	−0,85	+0,68	+0,66	+0,"17
b_{II}	+0,30	−3,08	−0,67	−1,12	+0,04	−0,44	−0,83
b_{12}	−2,24	−1,74	−5,81	−2,29	−1,69	−5,14	−3,14
b_6	−4,01	−2,03	−4,75	−2,74	−3,53	−3,35	−3,24

NB. S_1 wird immer streng erfüllt

Reste = R.—B.

	I	II	III	IV	V	VI	Mittel
S_1	0,00	0,00	0,00	0,00	0,00	0,00	0,"00
S_2	−0,24	−0,70	−0,29	−0,14	−0,48	−0,55	−0,40
S_3	+0,25	+0,70	+0,28	+0,14	+0,48	+0,54	+0,39
S_4	−0,25	−0,71	−0,29	−0,14	−0,49	−0,54	−0,41
S_5	+0,25	+0,71	+0,28	+0,14	+0,49	+0,54	+0,40

Da jede der angegebenen Zenitdistanzen das Mittel aus 12 Einstellungen ist, so erscheint die starke Verschiedenheit der 6 Werte für jedes b auffallend. Ursache der Verschiedenheit sind einesteils zweifellos die Teilungsfehler an den beiden Zehnzöllern, sodann sind aber anderenteils konstante und systematische Beobachtungsfehler nicht ausgeschlossen.

Als mittlerer Fehler einer Beobachtungsgleichung folgt aus den Werten (R.—B.) der 6 Stände:

$$M = \sqrt{\frac{4{,}73}{6}} = \pm 0{,}''89.$$

Für eine den Mittelzahlen entsprechende Beobachtungsgleichung würde somit folgen der m. F. $m = \frac{M}{\sqrt{6}} = \pm 0{,}''36$, während hier die Zahlen (R.—B.) $m = \sqrt{\frac{0{,}64}{1}} = \pm 0{,}''80$ ergeben.

Was nun die Beobachtungen mit dem Collimator nach den Sommerarbeiten im November und December 1878 anbetrifft, so gelangte hier Prof. Fischer insofern nicht ganz zum Ziele, direkt die in das trigonometrische Nivellement von 1878 eingehenden Biegungsdifferenzen einschliesslich der Teilungsfehler durch Einstellen des Collimators mit den betreffenden zwei Instrumenten zu messen, als er wegen der Verschiedenheit der Zenitdistanzen auf den korrespondierenden Stationen sowie aus instrumentellen Ursachen nicht überall die passenden Striche benutzte. Ich gehe daher hier auf die Biegungsdifferenzen nicht ein, die ohnehin wegen der Indexfehlerbestimmungen keine direkten Messungsresultate sind. Als solche erscheinen vielmehr die Ergebnisse für die Biegungssummen, sowie die aus den Einstellungen auf die äusseren beiden Fernrohre erhaltenen, von Teilungsfehlern ganz freien Biegungswerte der betreffenden mittleren Instrumente.

Im Folgenden stelle ich diese Ergebnisse nach den Rechnungen von Prof. Fischer zusammen. Den Messungsresultaten füge ich gleich Notizen zur Charakteristik der Teilungsfehlereinflüsse bei.

II. Beobachtungen nach dem trigonometrischen Nivellement von 1878.

An den Beobachtungen nahmen ausser Fischer noch Werner und Westphal teil.

Der Collimator war vom mittleren Instrument 5,55 m entfernt, das äussere Instrument vom mittleren 1,23 m.

a) Der Zehnzöller No. I ist mittleres, No. II äusseres Instrument.

$2b_I =$	$0'',00$	1	$b_I + b_{II} =$ $-0'',28$	5
	$-0,96$	1	$-1,30$	2
	$-0,59$	3	$+0,71$	2
	$-0,49$	4	$+0,80$	2
	$+0,06$	4	$+1,85$	5
	$+0,41$	8	$+0,69$	5
	$+0,09$	8	$-1,55$	2
	$-1,31$	8		
	$-0,30$	37	$+0,37$	23

An dieser Summe haften Teilungsfehler für die Strichmittel:

b_I F.l. 89° 52',5 F.r. 170° 2',5

b_{II} 90 7,5 269 57,5

b) Der Zehnzöller No. II ist mittleres, No. I äusseres Instrument.

$2b_{II} =$	$-0'',10$	8	$b_I + b_{II} =$ $-0'',84$	5
	$+0,81$	8	$-0,78$	10
	$-0,09$	4	$+0,69$	5
	$+0,02$	4	$-0,58$	5
			$-0,23$	5
	$+0,23$	24	$-0,42$	30

An dieser Summe haften Teilungsfehler für:

b_I F.l. 90° 2',5 F.r. 269° 52',5
u. 7,5

b_{II} 89 57,5 170 7,5;
u. 52,5

bei F.l. ungefähr zu gleichen Teilen an beiden Angaben.

c) Der Zehnzöller No. II ist mittleres, der Dreizehnzöller äusseres Instrument.

$2\,b_{11} = +1''\!,09$	2
$+0,91$	2
$+0,69$	2
$+1,46$	2
$+1,56$	2
$-0,95$	4
$-1,98$	4
$+0,02$	4
$-0,76$	4
$-0,12$	26

$b_{11} + b_{12} = -2''\!,36$	5
$-4,32$	5
$-2,92$	5
$-3,11$	5
$-3,49$	5
$-1,70$	5
$-2,98$	30

An dieser Summe haften Teilungsfehler für:

b_{11} *F. l.* 89° 47',5 *F. r.* 270° 12',5
b_{12} 90 12,5 269 47,5

$b_{11} + b_{12} = -3''\!,54$	5
$-2,03$	5
$-3,34$	5
$-2,02$	5
$-2,73$	20

Bei vertauschten Zenitdistanzen

An dieser Summe haften dieselben Teilungsfehler wie vorher, aber mit entgegengesetzten Zeichen.

d) Der Zehnzöller No. I ist mittleres, der Dreizehnzöller äusseres Instrument.

$2\,b_1 = -0''\!,92$	4
$-1,03$	4
$-0,49$	4
$-0,21$	4
$-0,30$	8
$-0,61$	24

$b_1 + b_{12} = -2''\!,72$	5
$-2,84$	5
$-3,59$	5
$-3,30$	10
$-4,03$	5
$-3,30$	30

An dieser Summe haften Teilungsfehler für:

b_1 *F. l.* 89° 47',5 *F. r.* 270° 12',5
b_{12} 90 17,5 269 47,5

$b_1 + b_{12} = -3''\!,01$	5
$-3,07$	5
$-3,04$	10

Bei vertauschten Zenitdistanzen.

An dieser Summe haften Teilungsfehler für:

b_1 *F. l.* 90° 12',5 *F. r.* 269° 42',5
b_{12} 89 47,5 270 17,5.

Die den Einzelergebnissen beigefügten Zahlen bezeichnen geschätzte Gewichte, wobei für die doppelten Biegungswerte eine einfache Einstellung des messenden Instruments auf den Collimator und eine Doppeleinstellung auf das äussere, stehende Instrument als Einheit gilt. Bei den Biegungssummen entspricht der letzteren im Normalfalle für jedes *z* das Mittel aus je 2 Einstellungen bei *F. l.* und *F. r.* Die Bedeutung dieser Gewichte ist aus verschiedenen Gründen ziemlich illusorisch; indessen giebt eine einfache Mittelbildung wesentlich dieselben Werte. Die Sicherheit der letzteren ist wegen der unverkennbaren systematischen Abweichungen der Einzelwerte schwer richtig zu schätzen.

Noch grössere Widersprüche zeigten sich bei den recht ausgedehnten Beobachtungsreihen mit dem Achtzöller; Prof. Fuenza legte daher den Ergebnissen dieser Messungen geringe Bedeutung bei. Der Grund der Widersprüche dürfte vielleicht darin zu suchen sein, dass grössere persönliche Fehler auftraten, weil die Fadennetze der Universale bei diesen Reihen direkt mit den Mitten aufeinander gebracht wurden, während bei den vorher angegebenen die Fäden einzeln eingestellt wurden (vergl. § 18 S. (33)). Ich gebe hier kurz nur plausibele Endwerte der Reihen mit Unterlassung von Gewichtsangaben.

e) Der Zehnzöller No. II ist mittleres, der Achtzöller äusseres Instrument.

$2\,b_{II} = -1''.36 \qquad b_{II} + b_8 = -3''.07$ An dieser Summe haften Teilungsfehler für:

b_{II}	F. l.	89° 52'.5	F. r.	270° 7'.5
b_8		90 12,5		270 2,5

f) Der Zehnzöller No. I ist mittleres, der Achtzöller äusseres Instrument.

$b_I = +1''.48 \qquad b_I + b_8 = +0''.43$ An dieser Summe haften Teilungsfehler für:

b_I	F. l.	89° 52'.5	F. r.	270° 7'.5
b_8		90 12,5		270 7,5

g) Der Achtzöller ist mittleres, der Zehnzöller No. II äusseres Instrument.

$2\,b_8 = +2''.21 \qquad b_{II} + b_8 = -1''.17$ An dieser Summe haften Teilungsfehler für:

b_{II}	F. l.	90° 7'.5	F. r.	269° 52'.5
b_8		90 2,5		270 12,5

h) Der Achtzöller ist mittleres, der Zehnzöller No. I äusseres Instrument.

$2\,b_8 = +3''.37 \qquad b_I + b_8 = +0''.97$ An dieser Summe haften Teilungsfehler für:

b_I	F. l.	90° 7'.5	F. r.	269° 52'.5
b_8		90 2,5		270 12,5

Wegen des Ganges der Mikrometerschrauben sind keine Verbesserungen angebracht. Bei den Bestimmungen der doppelten Biegungswerte, wo zwei um nahezu 180° verschiedene Ablesungen an demselben Instrument von einander subtrahiert werden, ist ohnehin ein Gangeinfluss kaum zu erwarten; aber auch bei den Biegungssummen dürfte nach einem Überschlag der Einfluss nicht erheblich sein. Es beziehen sich aber nun in Strenge die Teilungsfehlereinflüsse auf die arithmetischen Mittel je zweier Nachbarstriche. Die hauptsächlich in Betracht kommenden Ablesestellen sind im Vorstehenden angegeben, und zwar nur für ein Mikroskop, weil das andere stets genau genug 180° mehr hatte.

Sieht man von den teilweisen Unterschieden der Ablesestellen bei den Bestimmungen der Biegungssummen mit vertauschten Zenitdistanzen ab, so erhält man folgende von Teilungsfehlern ganz freie oder doch nur gering beeinflusste Biegungswerte. Die Teilungsfehlereinflüsse sind mit τ bezeichnet.

Aus *a* und *b*:	$b_1 = -0{,}''15$	$b_{11} = +0{,}''12$		$b_1 + b_{11} = -0{,}''03$	$r_{ab} = +0{,}''40$
„ *c*:	.	$-0{,}06$	.	$b_{11} + b_{12} = -2{,}86$	$r_c = -0{,}12$
„ *d*:	$-0{,}31$	.	.	$b_1 + b_{12} = -3{,}17$	$r_d = -0{,}13$
„ *e* und *g*:	.	$-0{,}68$	$b_4 = +1{,}''11$	$b_{11} + b_4 = -2{,}13$	$r_{eg} = -0{,}96$
„ *f* „ *h*:	$+0{,}74$	.	$+1{,}69$	$b_1 + b_4 = +0{,}70$	$r_{fh} = -0{,}27.$

Ich halte es nun für ratsam, die Endwerte der Biegungen aus sämtlichen Gleichungen abzuleiten; für die Gleichungen der einfachen Biegungen setze ich das Gew. $p = 1$, für die Summen $p = 2$, was plausibele Werte der Gewichte mit Rücksicht auf alle Fehlerursachen sein dürften.

Die Normalgleichungen werden:

						Allgem. Auflösung:					
								A	B	C	D
$9\,b_1$	$+\,2\,b_{11}$	$+\,2\,b_{12}$	$+\,2\,b_4$	$= -4{,}''72$	A	$1932\,b_1 =$		164	$-\,12$	$-\,126$	$-\,84$
2	$+\,9$	$+\,2$	$+\,2$	$= -10{,}66$	B	„	$b_{11} =$	$-\,12$	$+\,264$	$-\,126$	$-\,84$
2	$+\,2$	$+\,4$	.	$= -12{,}06$	C	„	$b_{12} =$	$-\,126$	$-\,126$	$+\,609$	$+\,84$
2	$+\,2$	.	$+\,6$	$= -0{,}06$	D	„	$b_4 =$	$-\,84$	$-\,84$	$+\,84$	$+\,378.$

Es folgt:

$$b_1 = +0{,}''21 \qquad b_{11} = -0{,}''64 \qquad b_{12} = -2{,}''80 \qquad b_4 = +0{,}''13. \tag{B}$$

Die Unterschiede R.—B. werden wenig befriedigend der Reihe nach:

$+0{,}''36$	$-0{,}''76$	.	$-0{,}''40$	mit $[prr] = 12{,}16$ und	Mittl. F. der *b*:
.	$-0{,}58$	.	$-0{,}58$	$M = \pm\sqrt{\dfrac{12{,}16}{9}} = \pm 1{,}''16$	$m_1 = \pm 0{,}''43$
$+0{,}52$	.	.	$+0{,}58$		$m_{11} =$ „
.	$+0{,}04$	$-0{,}98$	$+1{,}62$	für die Gewichtseinheit.	$m_{12} = \pm 0{,}65$
$-0{,}53$	.	$-1{,}56$	$-0{,}36$		$m_4 = \pm 0{,}52.$

Aus a, b, c, d allein folgt:

$$b_1 = -0{,}''18 \qquad b_{11} + 0{,}''09 \qquad b_{12} = -2{,}''97; \tag{C}$$

die Unterschiede R.—B. werden alsdann:

$-0{,}''03$	$-0{,}''03$	$-0{,}''06$
.	$+0{,}15$	$-0{,}04$
$+0{,}13$	.	$+0{,}02.$

Obwohl hier die Übereinstimmung eine ausgezeichnete ist, glaube ich doch nicht, dass die (C) den vorhergehenden Resultaten (B) in Bezug auf Sicherheit überlegen sind. Diese stimmen auch in Bezug auf b_1 und b_{11} mit den Ergebnissen (A) vor der Sommercampagne gut überein; bei b_{12} und b_4 ist eine Übereinstimmung nicht zu erwarten wegen des bei den (A) für diese Grössen nicht eliminierten Einflusses der Teilungsfehler.

Eine Vereinigung der Ergebnisse (A) und (B) für b_I und b_{II} unter Zurückgehen auf die Normalgleichungen ändert an dem obigen Wertsystem (B) nur wenige Hundertstel, wie man auch (innerhalb gewisser Grenzen) die relativen Gewichte der Systeme nimmt. Um zu einem Gesamtergebnis zu gelangen, schien es mir nun passend, einfach die Systeme (A), (B) und (C) nach Maassgabe der Normalgleichungen (bei (A) nach Elimination von b_{12} und b_*) zu vereinigen, was den Sinn hat, dass die Beobachtungsgleichungen, welche zu a, b, c und d gehören, das doppelte Gewicht erhalten, wie diejenigen von eg und fh, sowie die von (A): es folgt dann:

$$b_I = +0''.09 \qquad b_{II} = -0''.42 \qquad b_{12} = -2''.85 \qquad b_* = +0''.10, \qquad \text{(D)}$$

welche Werte mir am plausibelsten erscheinen und auch anderweiten Ergebnissen aus astronomischen Messungen entsprechen, wonach b_I, b_{II} und b_* nahe an null liegen und b_{12} den Betrag von ca. $-4''$ hat *). Den m. F. dieser Werte wird man zu rund $\pm 0''.5$ annehmen können.

Es sind nun noch plausibele Werte der Einflüsse der Teilungsfehler abzuleiten. Zerlegt man die oben eingeführten 5 Werte τ in je 2 Teile, so ist mit geringen Vernachlässigungen in leicht verständlicher Bezeichnung:

(E)		τ_I F.l.	τ_I F.r.	τ_* F.l.	τ_* F.r.	τ_{II} F.l.	τ_{II} F.r.	τ_{12} F.l.	τ_{12} F.r.
$\tau_{II} - \tau_I = +0''.40$	mit	90° 8',5 (⅔) u. 7,5 (⅓)	169° 52',5	.	.	90° 7',5	169° 57',5 (⅔) n. 52,5 (⅓)	.	.
$\tau_{12} - \tau_{II} = -0,12$	"	.				90 12,5	169 47,5	90° 12',5	169° 47',5
$\tau_{12} - \tau_I = -0,13$	"	90 12,5	169 47,5 (½) 42,5 (½)					90 17,5	169 47,5
$\tau_* - \tau_{II} = -0,96$	"		.	90° 12',5	170° 2',5	90 7,5	169 52,5		
$\tau_* - \tau_I = -0,27$	"	90 7,5	169 52,5	90 12,5	170 2,5 (½) u. 7,5 (½)				

Die hier vorkommenden τ mit demselben Index sind in fast allen Fällen mehr oder weniger von einander verschieden. Sie sind es aber auch hinsichtlich der für die trigonometrischen Messungen von 1878 und 81 erforderlichen Werte.

Nach den Tabellen der τ sind dies hauptsächlich:

		τ_I F.l.	τ_I F.r.	τ_* F.l.	τ_* F.r.	τ_{II} F.l.	τ_{II} F.r.	τ_{12} F.l.	τ_{12} F.r.
1878	Wang.—Neuw.	90° 7',5	169° 47',5 u. 52,5	90° 17',5	169° 57',5	90° 7',5 u. 2,5	169° 52',5 u. 47,5	.	.
	Wang.—Helg.		.			90 7,5 u. 2,5	169 52,5 u. 47,5	90° 12',5	169° 47',5
	Neuw.—Helg.	90 7,5	169 47,5 u. 42,5	90 17,5	169 57,5	.	.	90 12,5	169 47,5
1881	Neuw.—Helg.	90 7,5	169 47,5			90 12,5	169 47,5		
	Kugelbake—Neuw.	90 12,5 u. 7,5	169 47,5			89 52,5 u. 47,5	170 2,5 u. 169 57,5		

*) *Jahresbericht des Direktors des Königlichen Geodätischen Instituts* für die Zeit von April 1888 bis April 1889; S. 24.

Hier entspricht am meisten der Dreizehnzöller, am wenigsten der Achtzöller den Ablesestellen für die r in den (E).

Eine unmittelbare Anwendung auf die bei dem trigonometrischen Nivellement vorkommenden Zenitdistanzdifferenzen gestattet keine der Gleichungen (E). Aber man kann diese letzteren als Zeugnisse dafür betrachten, dass sich die Teilungsfehlereinflüsse für die in Betracht kommenden Ablesestellen zufällig gering gestalten, wobei bemerkenswert ist, dass die 1., 4. und 5. Gleichung (E) ziemlich gut zusammenstimmen. Da nun die m. F. der Biegungswerte am System (D), wenigstens für b_{I}, b_{II} und b_{III}, schon reichlich bemessen sind, so kann man sich die Teilungsfehlereinflüsse in diesen m. F. mit einbezogen denken.

Als Gesamtergebnis der Biegungsbestimmungen ist sonach mit kleinen Abrundungen und unter Beachtung des Umstandes, dass die b und r den Sinn negativer Verbesserungen haben, anzusehen:

Biegungskorrektion am Zehnzöller No. I	$= -0''1$	m. F. $= \pm 0''5$ einschliesslich der für das Niv. 1878/81 zu null angen. Teilungskorrektionen.
„ No. II	$= +0.4$	
Dreizehnzöller	$= +2,9$	
Achtzöller	$= -0,1$	

§ 20. Persönliche Fehler.

Bei dem Messen von Zenitdistanzen irdischer Objekte zum Zwecke der Höhenbestimmung sind Einstellungsfehler der Objekte von persönlicher Natur sehr zu fürchten, da sie voll in das Ergebnis für z eingehen. Wegen der wechselnden Erscheinung der Objekte, namentlich der Heliotroplichter, ist auch nicht daran zu denken, die persönlichen Fehler bestimmen und damit die Zenitdistanzen korrigieren zu wollen.

1888 dürften aber diese Einflüsse im Endresultat durch den Wechsel der Beobachter und der Instrumente auf den Stationen für die Höhendifferenz Schillig—Wangeroog gut beseitigt sein. Für Roter Sand liegt die Sache überhaupt anders und verwickelter: inwieweit hier persönliche Fehler das Ergebnis etwa beeinflussen, wird seiner Zeit bei Berechnung der Höhe zu untersuchen sein.

1878 und 1881 wechselten die Beobachter nicht, aber es nahmen auf jeder Station zwei (1881 in einem Falle sogar drei) Beobachter an den Messungen teil. Im allgemeinen stellten diese die Beobachtungsreihen für z abwechselnd an; doch sind allerdings 1878 auf Helgoland die Messungen vorwiegend von einem Beobachter allein ausgeführt worden.

Mit Rücksicht auf die sehr veränderliche Grösse und Erscheinung der Heliotroplichter dürfte immerhin auch 1878 und 1881 kein grosser Einfluss der persönlichen Fehler in den Endresultaten übrig geblieben sein.

Wie üblich waren alle Fernrohre mit doppelten Horizontalfäden versehen, in deren Mitte das Objekt genommen wurde, und die Heliotroplichter füllten nun infolge ihrer veränderlichen Unruhe und Grösse den Zwischenraum mehr oder weniger günstig aus.

Die Höhe der Tafeln war 1888 mit 0,5 bezw. 0,47 m so bemessen, dass sie das Intervall der beiden Horizontalfäden ebenfalls möglichst günstig ausfüllten (indessen war auch bei diesen Objekten je nach der Unruhe der Bilder die Sachlage verschieden).

Es sei hier dahingestellt, ob in Zukunft bei dergleichen Operationen und auch bei den Biegungsuntersuchungen ein geradsichtiges Okularprisma zur gründlichen Beseitigung der persönlichen Einflüsse anzuwenden wäre.

Persönliche Einflüsse bei der Behandlung des Instruments, wie z. B. Druck auf die Mikrometerschrauben durch die Hand, fallen im Mittel aus *F. l.* und *F. r.* heraus, wenn in beiden Lagen eine gleichmässige Behandlung stattfindet, was anzunehmen ist.

Die Auffassung der Striche kombiniert sich mit den Teilungsfehlern. Die Bestimmung der letzteren müsste daher stets der Stationsbeobachter ausführen.

Am besten wird es für die Elimination der verschiedenen persönlichen Fehler sein, wenn die Beobachter und ihre Instrumente für jede Linie beide Stationen nacheinander besetzen und ausserdem die Kreise wiederholt gedreht werden, was sich ja ohnehin aus anderen Gründen empfiehlt. Wegen gewisser Veränderlichkeiten ist zwar auch dieses Verfahren nicht von vollkommenem Erfolg begleitet; aber es bietet für eine gute Elimination viele Chancen.

§ 21. Erläuterungen zu den Tabellen der Zenitdistanzen.

In den Tabellen für 1888 und 1878 ist *mittlere Zeit* von *Wangeroog* eingeführt, für 1881 solche von *Neuwerk*, die nur um 2,4 grösser ist.*) Die eingestellten Objekte sind 1888 wie folgt bezeichnet:

W. Wangeroog	*H* Heliotrop	*M* Marke bei R. S.
S. Schillig	„ desgl. für Mondlicht	*G* Galerie „ „ „
R. Roter Sand	*J. H* Instr.-Heliotrop	*T* Tafel
	L. H Leuchtturm-Hel.	*L* Lampe.

Prof. Fischer hat in Schillig zu der Zeit, als in Wangeroog noch keine Tafel aufgestellt war, einige Male den *Heliotropstand* daselbst visiert, wenn der Heliotrop nicht leuchtete. Irrtümlicherweise sind diese Beobachtungen in den Tabellen mit *H* bezeichnet worden; sie bedürfen aber einer Reduktion, um der Höhe des Heliotropspiegels zu entsprechen. Vergl. hierzu den nächsten § und das Verzeichnis der Druckfehler und Verbesserungen.

Bei den einzelnen Zenitdistanzen sind die Grade wegen des Indexfehlers so verbessert, dass nahezu 90° herauskommt. Die Minuten und Sekunden entsprechen, wie schon erwähnt, bei *F. l.* direkt dem Mittel der Kreisablesungen an beiden Mikroskopen, korrigiert wegen des Libellenausschlags und eventuell wegen des Ganges der Mikrometerschrauben (z. T. für 1888). Bei *F. r.* entsprechen die Ablesungen 360° — *z*.

Die Mittelwerte aus den Messungen in beiden Lagen des Fernrohrs sind 1888 für Wangeroog und Schillig auf die Pfeileroberflächen, für Roter Sand auf das Leuchtfeuer, 1878 u. 81 aber auf die Horizontalaxen der Universalinstrumente reduciert, worüber der nächste § zu vergleichen ist.

*) Es sei hier beiläufig bemerkt, dass auf Neuwerk und in Schillig die Zeitbestimmungen durch Beobachten des Zeitballes von Cuxhaven bezw. Wilhelmshaven ersetzt werden konnten.

Beobachtungen, die zur Mittelung nicht zugezogen wurden, sind mit * bezeichnet. Manchmal bedeutet der * zugleich eine grössere Unsicherheit, jedoch nicht immer; darüber giebt die Tabelle über die Güte der Bilder, S. 243 u. ff., Auskunft.

Einzelne besondere Beobachtungen oder sonst nicht aufgeführte, die mir wesentlich erschienen, habe ich in dem Nachtrag, S. 250 u. 251 zusammengestellt.

§ 22. Die in den Tabellen angewandten Reduktionen der Zenitdistanzen auf andere Stand- und Zielpunkte.

Zur Reduktion der 1878 und 1881 gemittelten Zenitdistanzen *z* auf die Horizontalaxen der Universalinstrumente dienten folgende Werte:

Station		Zielpunkte				Red.
Helgoland	1878	vom Heliotrop in	*Neuwerk*	auf den	Zehnzöller No. I	+ 15″30 (+ 15,35)
	"	" " "	"	" "	Achtzöller	− 0,65 (− 0,61)
	"	" " "	*Wangeroog*	" "	Zehnzöller No. II	− 0,87
	1881	" " "	*Neuwerk*	" "	" No. I	+ 0,39
Neuwerk	1878	" " "	*Helgoland*	" "	Dreizehnzöller	− 1,71
	"	" " "	*Wangeroog*	" "	Zehnzöller No. II	− 0,91
	1881	" " "	*Helgoland*	" "	Zehnzöller No. II	− 0,52
	"	" " "	*Kugelbake*	" "	" " "	+ 3,53 (− 3,53)
Wangeroog	1878	" " "	*Helgoland*	" "	Dreizehnzöller	− 1,96
	"	" " "	*Neuwerk*	" "	Zehnzöller No I	+ 30,00 (+ 30,10)
	"	" " "	" "	" "	Achtzöller	− 0,93
Kugelbake	1881	" " "	" "	" "	Zehnzöller No. I	− 0,11

Die Reduktionswerte, welche nach der Formel $dz = -206265\ dh : s$ berechnet sind, haben sich z. T. durch kleine Änderungen in den Annahmen über die örtlichen Höhenverhältnisse bei der Redaktion dieser Einleitung geändert. Die entsprechenden Werte sind in Klammern beigefügt. Bei Neuwerk—Kugelbake handelt es sich indessen um einen Vorzeichenfehler, infolge dessen alle Zenitdistanzmittel S. 213—239 um −7″06 zu ändern sind. (Für die Berechnung des Höhenunterschieds Kugelbake—Neuwerk hatte Prof. Fischer die Reduktion richtig angebracht.)

Für die gemittelten Zenitdistanzen z von 1888 wurden zur Reduktion der Stand- und Zielpunkte auf die Pfeileroberflächen in Schillig und Wangeroog und auf das Centrum der oberen Leuchtfeuer auf Roter Sand folgende Werte angewandt:

Station	Ziel		Reduktion 1. Hälfte	Reduktion 2. Hälfte
Schillig	*Wangeroog*:	Unterer Heliotrop	− 1″,46	+ 0″,14
		Lampe	− 6,92	− 5,36
		Tafel	*)	+ 2,48
		Oberer Heliotrop	− 7,36	− 5,70
	Roter Sand:	Heliotrop	− 20,49	− 19,24
		Galerie	− 22,59	− 22,34 (− 21,34)
		Marke	− 90,13	− 85,83
Wangeroog	*Schillig*:	Unterer Heliotrop	+ 4,47	+ 2,73
		Lampe	+ 3,57	+ 1,53
		Tafel	.	− 3,16
		Oberer Heliotrop	− 5,70	− 7,30
	Roter Sand:	Heliotrop	− 22,61	− 24,03
		Galerie	− 25,18	− 26,61
		Marke	− 99,76	− 98,92

Bei den oberen Heliotropen ist nur eine Standpunktsreduktion angebracht. Der Wert 22,34 bei Roter Sand, Galerie, ist fälschlicherweise benutzt; doch handelt es sich dabei nur um 2 Visuren, wie überhaupt die Galerie selten eingestellt ist (die Reduktionszahlen für die 1. Hälfte wurden gar nicht gebraucht). Übrigens ist die Galerie nach Fischer ein gutes Objekt; auch entspricht die nach Maassgabe der Höhenlage angesetzte Reduktion direkten Beobachtungen.

Die Reduktionen für die Marke sind aus aufeinanderfolgenden Beobachtungen von Marke und Heliotrop abgeleitet. Die Zahlen sind mit ihren mittleren Fehlern:

Stand		Δz: Marke − Heliotrop		Anzahl d. Beob.	Unterschied d. Extreme
Schillig	1. Hälfte	69″,64	± 1″,4	11	14″
"	2. "	66,59	± 0,9	24	17
Wangeroog	1. Hälfte	77,15	± 0,8	25	9
"	2. "	74,89	± 0,5	21	12

Vergl. hierzu auch § 14, S. (24). Während die von Schillig aus erhaltenen Unterschiede in der Höhenlage der Marke wegen der starken Schwankungen der Δz durchaus unsicher bleiben, ist der von Wangeroog aus erhaltene Unterschied von erheblicher Realität: die Zahl 77″,15 setzt sich hier aus den Einzelwerten 76″,8 und 77″,6 nach Messungen von Fischer bezw. Galle zusammen.

*) In Ermangelung einer Tafel stellte Prof. Fischer den Heliotropstand ein, und zwar nach Dr Galles Angabe die Tischplatte. Man wird nicht sehr fehlgreifen, wenn man den Schwerpunkt des im Fernrohre eingestellten Bildes um ca. 0,13 m tiefer als die Spiegelmitte annimmt und demgemäss als Red. auf die Pfeileroberfläche − 3″,46 (anstatt − 1″,46 wie für unt. Hel.), oder als Reduktion auf den unteren Heliotrop − 2″ ansetzt. Um den letzten Betrag sind daher die entsprechenden einfachen z zu ändern; vergl. das Druckfehlerverzeichnis.

Zu den umstehend angegebenen Reduktionen ist im allgemeinen noch folgendes zu bemerken. Bei der Reduktion einer Zenitdistanz z auf andere Stand- und Zielpunkte kann man von der im vorliegenden Falle genügenden Formel für einseitige Messung ausgehen

$$h = s \cot z_{12} + \frac{s^2}{2\rho}(1-k_1),$$

worin h den Höhenunterschied des Objekts P_2 gegen den Stand P_1, z_{12} die Zenitdistanz und $sk_1 : 2\rho$ den Refraktionswinkel in P_1, s die Entfernung im Meeresniveau und endlich ρ den Krümmungsradius des Bogens s bezeichnen.*) Ändert sich nun h, so ändert sich auch k_1, und zwar ist wegen der Nähe des Meeresspiegels im allgemeinen der Einfluss schon für Bruchteile des Meters merklich, aber zeitlich sehr wechselnd, wie die Beobachtungen mit den unteren und oberen Heliotropen 1888 gezeigt haben.

Die umstehenden Reduktionen können daher nur als Näherungswerte aufgefasst werden, die wohl ausreichen, um den zeitlichen Gang in den tabulierten Mittelwerten der z hervortreten zu lassen; die aber für eine strenge Höhenberechnung nicht genügen. Bei dieser wird man unreducierte z anwenden. Aus gleichem Grunde kann man von den Beobachtungen der Marken auf Roter Sand für die Höhenberechnung keinen Gebrauch machen — wenigstens nicht insoweit dabei eine Verwendung der umstehend gegebenen Δz für Marke-Heliotrop in Betracht kommt.

Die angegebenen Reduktionen sind auch aus dem Grunde z. T. unvollständig, dass auf die Änderung von s bei der Verlegung der Zielpunkte keine Rücksicht genommen ist. Wenn es sich auch hierbei immer um kleine Einflüsse handelt, so wird man sie doch am besten durch Benutzung der unreducierten z vermeiden.

§ 23. Die Tabellen der meteorologischen Beobachtungen und der Gezeiten.

(Von Dr. R. Schumann.)

Die endgiltige Bearbeitung eines grossen Teiles der meteorologischen Beobachtungen hatte sich leider infolge verschiedener Umstände noch weiter verzögert, als die der Zenitdistanzen selbst; dadurch sind nun verschiedene Unsicherheiten in der Identificierung einiger Instrumente und in der Interpretierung mehrerer Korrektionsformeln entstanden, so dass die meteorologischen Beobachtungen nicht so vollständig wiedergegeben werden können, als sie angelegt waren.

Trotzdem dass nur in wenigen Fällen vor und nach der betreffenden Campagne Prüfungen der Instrumente stattgefunden haben, eine Unveränderlichkeit also nicht immer behauptet werden kann, so sind doch bis auf einen Fall (1878 beim Wangerooger Barometer) in den Angaben 0,1 mm und 0°,1 beibehalten worden, und zwar immer dann, wenn angenommen werden konnte, dass ein Instrument, trotz zweifelhafter Korrektion, doch wenigstens die Veränderungen der meteorologischen Elemente angenähert richtig ergeben würde; dies kann für die Diskussion der Refraktionsänderungen von Wichtigkeit sein.

*) Helmert, *die mathem. u. physik. Theorieen der höheren Geodäsie, II*, Leipzig 1884, Teubner; S. 572 (2*), 573 (3).

Die Beobachtungsstationen liegen auf Inseln oder dicht an der Küste, und ihre Entfernungen von einander sind kleiner als 50 km. Aus diesen Umständen erklärt sich die bemerkenswerte Übereinstimmung ihrer meteorologischen Elemente, wie sie aus den Tabellen hervorgeht; dadurch kontrollieren sich Instrumente und Ablesungen gegenseitig bis zu einem gewissen Grade; auch erhält man durch die meteorologischen Beobachtungen auf einer Station schon ein ziemlich richtiges Bild der meteorologischen Vorgänge auf den benachbarten.

Im Folgenden sollen die Korrektionsformeln derjenigen meteorologischen Instrumente angegeben werden, deren Ablesungen bei der Zusammenstellung der Tabellen, S. 252 u. ff., benutzt wurden.

1888.

Therm. Fuess 63

In *Schillig* 1. Hälfte
In *Wangeroog* 2. „

Korr. = 0

Therm. IV

In *Wangeroog* 1. Hälfte
„ *Schillig* 2. „

Korr. von	— 4°	bis	0°	= 0°.0
	0	„	+ 4	= — 0.1
	+ 5	„	+ 9	= — 0.2
	+ 10	„	+ 14	= — 0.3
	+ 15	„	+ 18	= — 0.4
	+ 19	„	+ 23	= — 0.5
	+ 24	„	+ 28	= — 0.6
	+ 29	„	+ 33	= — 0.7

In *Schillig*

Aneroidbarometer Bohne No. 849

$$B_4 \overset{mm}{=} \text{Abl.} - 6.93 - 0.023\,(\text{Abl.} - 760) - 0.03\,t.$$

In *Wangeroog*

Aneroidbarometer Bohne No. 1087

$$B_4 \overset{mm}{=} \text{Abl.} - 1.39 - 0.012\,(\text{Abl.} - 760) - 0.01\,t.$$

Diese Angaben entstammen teils mündlichen, teils schriftlichen Angaben des Herrn Prof. Fischer. Der Ursprung der Thermometerkorrektionen war nicht nachzuweisen; Thermometer IV ist zwar ein Schleuderthermometer, diente hier aber zur Bestimmung der Lufttemperatur nur auf gewöhnliche Weise. Die Barometerkorrektionen wurden im Februar 1889 durch Herrn Dr. Galle im Geodätischen Institut aus Vergleichungen mit dem daselbst befindlichen Normalbarometer von Fuess ermittelt. Vor der Campagne sind keine Vergleichungen gemacht worden, was zu bedauern ist, da gegen Schluss derselben, am 25. September abends, das Barometer No. 849 vom Winde hinabgeworfen wurde: eine unmittelbar darauffolgende Ablesung stimmte aber bis auf 0,6 mm mit der eine Stunde vorher gemachten überein; mehrere spätere, nahezu gleichzeitig mit Ablesungen in Wangeroog gemachte Ablesungen zeigen auch keine grösseren Unterschiede im Luftdruck zwischen beiden Stationen als früher.

Die Ablesungen wurden von Herrn Dr. Galle reduciert, eine Revision geschah durch mich.

1878.

Korrektionen für *Helgoland* (vergl. die §§ 3 u. 9).

Thermometer

		trocken		feucht
oben	No. 124	10° : — 0°.20	No. 123	10° : — 0°.25
		15 : — 0.20		15 : — 0.15
		20 : — 0.20		20 : — 0.20
unten	No. 126	10 : — 0.20	No. 125	10 : — 0.20
		15 : — 0.20		15 : — 0.10
		20 : — 0.25		20 : — 0.20

Quecksilberbarometer Fuess No. 16,
Herrn Fuess gehörig,

vorher	: + 0.60 mm
nachher	: + 0.65
angewandt	: + 0.63.

Korrektionen für *Neuwerk* (vergl. die §§ 3 u. 10).

	Thermometer trocken		Thermometer feucht	
oben	No. 134	10° : — 0°.15	No. 136	10° : — 0°.15
		15 : — 0.15		15 : — 0.10
		20 : — 0.05		20 : — 0.05
		25 : — 0.00		25 : — 0.10
inmitten	No. 131	10 : — 0.15	No. 132	10 : — 0.15
		15 : — 0.20		15 : — 0.10
		20 : — 0.05		20 : 0.00
		25 : — 0.05		25 : 0.00
unten	No. 129	10 : — 0.05	No. 130	10 : — 0.15
		15 : 0.00		15 : — 0.10
		20 : + 0.05		20 : — 0.05
		25 : + 0.10		25 : — 0.05;

Quecksilberbarometer J. G. Greiner jun.,
dem Geodätischen Institute gehörig.

	mm
vorher aus Fuess No. 16 (siehe umstehend):	+ 1.27
nachher:	+ 1.19
angewandt:	+ 1.23.

Das Barometer Fuess No. 16 ist vor- und nachher, das Institutsbarometer nur nachher von der Kaiserlichen Normal-Aichungs-Kommission in Berlin geprüft worden; die übrigen Vergleichsbeobachtungen führten die Herren Wersch und Dr. A. Börsch aus.

Die Korrektionen der obigen zehn, der Seewarte gehörigen Thermometer wurden aus einer Vergleichung mit einem dem Geodätischen Institut gehörigen Normalthermometer abgeleitet, für welches folgende, von der Normal-Aichungs-Kommission gegebenen Korrektionen vorlagen:

1878 Juni:	0°	— 0°.35	Oktober 29 : 0° — 0°.30.
	10	— 0.40	
	20	— 0.38	
	30	— 0.34;	

Der Vergleichung mit den Thermometern der Seewarte lag die Reihe vom Juni zu Grunde.

Die Reduktion der meteorologischen Beobachtungen für Helgoland und für Neuwerk hat Herr Dr. A. Börsch ausgeführt; die nach obigen Täfelchen korrigierten Angaben der Thermometer sind später auf Zehntelgrade (nach oben) abgerundet worden.

Für das *Wangerooger* Barometer (ein Quecksilberbar.) waren keine Angaben über eine etwaige Korrektion zu finden.

Von drei auf *Wangeroog* abgelesenen Thermometern konnte nur eines (nach Réaumur) benutzt werden; die Korrektion desselben (= — 0°.81 C.) ist im Januar 1879 von Herrn Prof. Westphal abgeleitet worden, der auch die Reduktion der Beobachtungen ausführte.

1881.

Eine Korrektionsangabe für das Quecksilberbarometer in *Neuwerk* ist nicht aufgefunden worden; dem Anschein nach war sie klein. Die beiden Psychrometer-Thermometer (Réaumur) wurden im December 1882 mit dem Thermometer No. 4 der astronomischen Sektion des Geodätischen Instituts verglichen; es ergaben sich die Korrektionen:

für das Therm. No. 1	(trocken):	— 0°,58 C.,
" " " " 2	(feucht):	— 0,53 " .

Die Korrektion des Thermometers No. 4 ist indessen einige Zehntelgrade unsicher. Die Vergleichungen hat wahrscheinlich Herr Prof. Fischer angestellt; die Reduktion der Beobachtungen rührt von mir her.

Die meteorologischen Beobachtungen von *Helgoland* sind nicht verwendbar, und in *Cuxhaven* sind keine angestellt worden.

Den Tabellen der meteorologischen Beobachtungen, welche für 1888 auch Gezeitenbeobachtungen enthalten, habe ich — noch auf Anordnung von Herrn Prof. Fischer — auf S. 267 u. 268 eine Tabelle der Gezeiten für Cuxhaven für die Beobachtungsperioden der Jahre 1878, 81 und 88 nach dem preussischen Normalkalender beigefügt.

§ 24. Die Tabellen der Zenitpunktskorrektionen.

S. 269 u. ff.

Gemäss den Instruktionen wurden die Beobachtungen für die Zenitdistanzen des trigonometrischen Nivellements in der Regel von Beobachtungen sogenannter Marken behufs Ermittelung der Zenitpunkte der Vertikalkreise eingeschlossen. Die Marken waren geeignete Nahobjekte, auf Helgoland z. B. das unterste Brett der Südbake auf der Düne: oftmals waren aber die Marken trotz der Nähe schlecht sichtbar. Dann wurde wohl eine andere Marke gesucht und benutzt.

In der Regel dienen die Markenbeobachtungen und die daraus folgenden Indexfehler nur dazu, den andauernd guten Zustand des Instruments festzustellen. Doch können diese Indexfehler auch benutzt werden, wenn aus den Einzelzenitdistanzen der Fernobjekte der Gang der Refraktion abgeleitet werden soll, oder wenn solche Zenitdistanzen nur in einer Fernrohrlage vorhanden sind und verwertet werden sollen.

Ist der Gang der Refraktion nicht klein, so hat die Ableitung des Indexfehlers aus den Zenitdistanzen nach den Fernobjekten selbst etwas Missliches. In den Tabellen kommt dies einige Male in stärkeren Unterschieden aufeinanderfolgender Werte aus Einstellungen der Fernobjekte zum Ausdruck; jedoch ist die Sachlage meist die, dass der eine Wert z. B. nur aus Beobachtungen in der Reihenfolge *F. l.* und *F. r.*, der andere aus solchen in der Reihenfolge *F. r.* und *F. l.* abgeleitet ist. Hier kommt der Gang der Refraktion entgegengesetzt zur Wirkung, verschwindet aber meistens im Mittel beider Werte.

Zur Ableitung persönlicher Unterschiede im Falle der Beteiligung mehrerer Beobachter ist das Material kaum geeignet.

Die Rechnungen sind angestellt von Dr. Simon und Dr. Schumann: letzterer hat auch die Zusammenstellung ausgeführt.

TABELLEN DER ZENITDISTANZEN.

1888.

ZENITDISTANZEN FÜR DAS NIVELLEMENT

ZWISCHEN

SCHILLIG (NIVELLEMENTSPFEILER), WANGEROOG (ASTRONOMISCHER PFEILER) UND ROTER SAND-LEUCHTTURM.

ERSTE HÄLFTE.

In SCHILLIG: 10 zölliges U.-J. No. II, Beobachter: FISCHER.
In WANGEROOG: 8 zölliges U.-J. Beobachter: GALLE.

Stand I.

Juli 22. Nachmittags.

Schillig.

Mittlere Zeit Wangeroog	Eingestelltes Objekt	Lage des Fernrohrs	Einzelne Zenit-distanzen	Mittel aus beiden Lagen + Reduktionen: mittlere Zeit Wangeroog	Wangeroog	Roter Sand
					90° 1'	90° 0'
5ʰ 5ᵐ 32ˢ	W.H	r	90° 2' 27.10	5ʰ 12ᵐ 14.5ˢ	56.00	
8 7	"	r	284.7	12 55	54.74	
11 32	R.H	r	1 20.92	13 47		33.84
12 58	"	r	22.28	13 48		33.79
14 38	"	l	0 26.28			
16 2	"	l	27.73			
17 43	W.H	l	1 23.93			
18 57	"	l	27.82			
20 22	W.H	l	28.86	26 55	52.76	
21 26	"	l	26.13	26 40.5	53.32	
31 55	"	r	2 23.42			
33 28	"	r	19.38			
59 22	W.H	r	18.15	6 2 23	46.72	
6 1 11	"	r	20.95	19	48.56	
3 27	"	l	1 29.08			
5 24	"	l	28.20			
8 10	W.H	l	29.42	12 21	45.22	
11 46	"	l	29.43	13 14	45.64	
14 42	"	r	2 14.75			
16 32	"	r	13.93			
22 58	W.H	r	14.50	23 42	45.17	
24 10	"	r	14.47	25 30	43.77	
26 50	"	l	1 25.98			
28 26	"	l	28.76			
33 2	W.H	l	1 17.42	35 16.5	42.67	
34 30	"	l	17.35	16	43.37	
36 2	"	r	2 12.30			
37 31	"	r	10.85			

Wangeroog.

Mittlere Zeit Wangeroog	Eingestelltes Objekt	Lage des Fernrohrs	Einzelne Zenit-distanzen	Mittel aus beiden Lagen + Reduktionen: mittlere Zeit Wangeroog	Schillig	Roter Sand
					90° 4'	90° 0'
5ʰ 4ᵐ 23ˢ	S.H	l	90° 4' 10.00	5ʰ 15ᵐ 12.5ˢ	34.03	
7 28	"	l	5.73	16 0.5	29.17	
11 23	R.H	l	0 36.35	14 13		33.20
13 24	"	l	40.30	14 39.5		34.73
16 5	"	r	1 14.38			
17 3	R.M	r	2 32.48			
24 33	S.H	r	4 43.66			
26 2	"	r	49.22			
27 42	S.H	r	46.65	36 2.5	30.36	
29 1	"	r	48.65	35 42	32.48	
31 2	R.H	r	1 14.08	35 5.5		32.98
33 44	"	r	19.42	35 10.5		36.31
36 37	R.M	l	55.57			
39 9	R.H	l	0 37.10			
42 23	S.H	l	4 7.37			
44 23	"	l	5.12			
46 19	S.H	l	2.55	54 44.5	27.42	
48 12	"	l	7.15	54 46.5	27.02	
50 50	R.H	l	0 35.32	55 11		32.63
53 15	"	l	37.40	54 54		33.70
56 33	"	r	1 15.22			
59 32	R.M	r	2 32.30			
6 1 21	S.H	r	4 37.93			
3 20	"	r	43.32			
4 40	S.H	r	44.43	6 12 24.5	25.07	
6 25	"	r	42.67	12 28.5	28.06	
9 21	R.M	r	32.05	12 57		30.72
11 9	"	r	23.00	12 48.5		22.99
14 28	"	l	2 42.50			
16 33	"	l	48.90			
18 32	S.H	l	4 4.50			
20 9	"	l	3 56.77			
21 59	S.H	l	4 2.90	28 50.5	26.72	
23 35	"	l	0.90	28 55.5	24.98	
25 29	R.M	l	1 45.95	28 38.5		25.68
27 30	R.H	l	0 30.20	28 41.5		26.02
29 53	"	r	1 7.05			
31 48	"	r	7.78			
34 26	S.H	r	4 40.12			
35 42	"	r	41.57			

Mittlere Zeit Wangeroog	Eingestelltes Objekt	Lage des Fernrohrs	Einzelne Zenitdistanzen	Schillig. Mittel aus beiden Lagen + Reduktionen: mittlere Zeit Wangeroog	Wangeroog	Roter Sand
					90° 1'	
6h 38m 41s	W.H	r	90° 2' 10.″60	6h 40m 54.s5	40.″22	
39 56	"	r	9.67	40 42.5	40.62	
41 29	"	l	1 14.48			
43 8	"	l	12.75			

Mittlere Zeit Wangeroog	Eingestelltes Objekt	Lage des Fernrohrs	Einzelne Zenitdistanzen	Wangeroog. Mittel aus beiden Lagen + Reduktionen: mittlere Zeit Wangeroog	Schillig	Roter Sand
					90° 4'	90° 0'
6h 37m 28s	S.H	r	90° 4' 33.″66	6h 44m 29.s5	23.″11	
39 6	"	r	36.11	44 0	22.41	
41 3	R.H	r	1 9.33	43 44		27.″77
42 53	"	r	7.28	44 6.5		24.90
45 20	"	l	0 27.73			
46 25	"	l	31.43			
48 54	S.H	l	3 59.77			
51 31	"	l	4 3.62			

Juli 24. Vormittags.

Mittlere Zeit Wangeroog	Eingestelltes Objekt	Lage des Fernrohrs	Einzelne Zenitdistanzen	Schillig. Mittel aus beiden Lagen + Reduktionen: mittlere Zeit Wangeroog	Wangeroog	Roter Sand
					90° 1'	90° 0'
10h 5m 52s	W.H	l	90° 2' 20.″18	10h 14m 57s	46.″88	
7 45	"	l	20.53	15 5	48.01	
9 26	R.H	l	0 9.08	12 58		22.″32
10 57	"	l	12.50	13 5.5		22.15
15 14	"	r	1 13.77			
16 40	"	r	16.53			
22 25	W.H	r	2 18.40			
24 2	"	r	16.50			
25 14	W.H	r	13.49	30 23.5	43.29	
26 28	"	r	16.88	20	45.93	
27 35	R.H	r	1 7.35	9.5		18.42
29 22	"	r	6.34	18		18.26
31 14	"	l	0 10.96			
32 44	"	l	10.46			
34 12	W.H	l	1 17.90			
35 33	"	l	16.00			
36 53	W.H	l	17.25	43 5	44.64	
38 2	"	l	28.10	42 56	44.74	
39 34	R.H	l	0 5.78	38.5		18.16
40 46	"	l	8.43	1.5		16.97
43 17	"	r	1 6.48			
45 43	"	r	11.52			
47 50	W.H	r	2 14.29			
49 17	"	r	15.05			
50 40	W.H	r	14.25	58 8.5	43.77	
52 14	"	r	22.57	57 38	43.95	
54 2	R.H	r	1 6.50	22		19.62
55 50	"	r	5.65	8		17.27
58 26	"	l	0 9.87			
11 0 42	"	l	13.72			
3 2	W.H	l	1 18.25			
5 37	"	l	16.20			

Mittlere Zeit Wangeroog	Eingestelltes Objekt	Lage des Fernrohrs	Einzelne Zenitdistanzen	Wangeroog. Mittel aus beiden Lagen + Reduktionen: mittlere Zeit Wangeroog	Schillig	Roter Sand
					90° 4'	90° 0'
10h 5m 12s	S.H	l	90° 4' 6.″10	10h 12m 30s	24.″70	
8 13	"	l	3 57.75	44.5	20.64	
11 6	R.H	l	0 36.92	14 25.5		30.″32
13 23	"	l	35.82	32		28.32
15 41	"	r	1 6.44			
17 45	"	r	8.94			
19 16	S.H	r	4 34.59			
20 28	"	r	34.36			
21 40	S.H	r	32.18	29 0	19.79	
22 30	"	r	35.73	28 50	22.54	
25 13	R.H	r	1 9.93	31		28.48
26 54	"	r	8.25	38.5		29.39
30 23	"	l	0 35.75			
31 49	"	l	32.25			
34 50	S.H	l	4 0.40			
36 20	"	l	3 58.45			
37 17	S.H	l	4 2.30	44 11.5	21.22	
38 19	"	l	3 59.65	43 30	21.85	
41 57	R.H	l	0 23.20	44 31		19.80
43 21	"	l	29.15	29		18.42
45 37	"	r	1 8.92			
47 5	"	r	1.62			
48 41	S.H	r	4 35.10			
51 6	"	r	32.18			
52 23	S.H	r	27.25	59 42.5	18.30	
54 28	"	r	30.10	11 0 3	19.30	
57 33	R.H	r	1 9.89	35.5		30.54
59 2	"	r	6.67	34.5		[illegible].33
11 2 7	"	l	0 33.60			
3 38	"	l	36.40			
5 38	S.H	l	3 59.95			
7 2	"	l	4 0.82			

Schillig.

Mittlere Zeit Wangeroog	Eingestelltes Objekt	Lage des Fernrohrs	Einzelne Zenit-distanzen	Mittel aus beiden Lagen + Reduktionen: mittlere Zeit Wangeroog	Wangeroog	Roter Sand
					90° 1′	90° 0′
11h 7m 2s	W.H	l	90° 1′ 15.″26			
8 16	"	l	17.08	11h 14m 19s	43.″72	
13 4	R.H	l	0 13.51	15 56.5		23.″31
14 26	"	l	13.96	15 59.5		21.44
17 33	"	r	1 9.90			
18 49	"	r	14.09			
20 22	W.H	r	2 13.27			
27 47	R.H	r	1 7.95	34 26.5		14.89
29 18	"	r	10.47	33 45		16.70
38 12	"	l	0 3.90			
41 6	"	l	2.80			

Wangeroog.

Mittlere Zeit Wangeroog	Eingestelltes Objekt	Lage des Fernrohrs	Einzelne Zenit-distanzen	Mittel aus beiden Lagen + Reduktionen: mittlere Zeit Wangeroog	Schillig	Roter Sand
					90° 4′	90° 0′
11h 8m 20s	S.H	l	90° 3′ 55.″70	11h 14m 13.s5	15.″63	
9 44	"	l	56.02	19.5	19.45	
11 59	R.H	l	0 37.25	47		27.″00
13 25	"	l	29.88	38.5		23.63
15 52	"	r	1 2.59			
17 35	"	r	2.96			
18 55	S.H	r	4 33.94			
20 7	"	r	26.62			
21 12	S.H	r	4 31.55	28 22	17.60	
22 26	"	r	32.82	14.5	12.74	
23 48	R.H	r	1 4.44	37 17.5		18.41
25 47	"	r	0 56.82	37 21		15.48
27 49	"	r	*59.11			
34 3	S.H	l	4 3.72			
35 32	"	l	3 54.70			
42 59	"	l	52.93			
45 4	"	l	54.18			
48 55	R.M	l	1 34.22			
50 47	"	l	34.75			

Juli 24. Nachmittags.

Schillig.

Mittlere Zeit Wangeroog	Eingestelltes Objekt	Lage des Fernrohrs	Einzelne Zenit-distanzen	Mittel aus beiden Lagen + Reduktionen: mittlere Zeit Wangeroog	Wangeroog	Roter Sand
					90° 1′	90° 0′
5h 29m 2s	W.H	l	90° 1′ 14.″66	5h 33m 24s	39.″04	
30 28	"	l	10.83	32.5	37.09	
31 49	R.H	l	0 13.98	37.5		23.″13
32 49	"	l	12.92	32		21.74
34 15	"	r	1 11.53			
35 26	"	r	13.25			
36 37	W H	r	2 6.26			
37 46	"	r	6.33			
38 40	W.H	r	9.26	44 52.5	37.83	
39 42	"	r	7.65	52	35.52	
44 17	R H	r	2 11.01	46 24.5		21.10
45 38	"	r	10.74	33.5		20.39
47 29	"	l	0 11.01			
48 32	"	l	12.76			
50 0	W.H	l	1 6.29			
52 5	"	l	9.42			

Wangeroog.

Mittlere Zeit Wangeroog	Eingestelltes Objekt	Lage des Fernrohrs	Einzelne Zenit-distanzen	Mittel aus beiden Lagen + Reduktionen: mittlere Zeit Wangeroog	Schillig	Roter Sand
					90° 4′	90° 0′
5h 10m 26s	S H	l	90° 3′ 57.″83	5h 16m 43.s5	21.″08	
11 52	"	l	58.50	22	21.28	
13 58	R.H	l	0 27.44	37		23.″42
15 31	"	l	26.85	33.5		24.38
17 36	"	r	2 7.13			
19 16	"	r	4.62			
20 50	S.H	r	4 35.12			
23 1	"	r	35.37			
23 56	S.H	r	30.40	29 18	16.87	
25 8	"	r	32.09	17	18.23	
26 42	R H	r	1 2.40	10		20.35
28 13	"	r	4.03	3.5		23.61
29 58	"	l	0 28.40			
31 38	"	l	23.52			
33 26	S.H	l	3 55.42			
34 40	"	l	54.40			
35 52	S.H	l	53.63	43 17.5	13.62	
37 5	"	l	54.00	14	13.93	
38 35	R H	l	0 23.75	8		18.24
43 53	"	l	26.82	44 52		19.59
45 49	"	r	57.58			
47 42	"	r	57.95			
49 23	S H	r	4 24.95			
50 43	"	r	24.64			

Mittlere Zeit Wangeroog	Eingestelltes Objekt	Lage des Fernrohrs	Schillig. Einzelne Zenitdistanzen	Mittel aus beiden Lagen + Reduktionen: mittlere Zeit Wangeroog	Wangeroog	Roter Sand
						90° 0′
5h 52m 3s	W.H	l	90° 1′ 9″.39			
53 2	"	l	8.93			
54 4	R.H	l	0 13.12	5h 57m 49s		22″.50
55 12	"	l	8.80	42.5		20.52
6 0 13	"	r	1 13.20			
1 34	"	r	12.85			

Mittlere Zeit Wangeroog	Eingestelltes Objekt	Lage des Fernrohrs	Wangeroog. Einzelne Zenitdistanzen	Mittel aus beiden Lagen + Reduktionen: mittlere Zeit Wangeroog	Schillig	Roter Sand
					90° 4′	90° 0′
5h 51m 44s	S.H	r	90° 4′ 27″.52	5h 52m 20s.5	13″.57	
53 7	"	r	30.72	28	14.97	
54 54	R.H	r	1 0.57	58 2		20″.37
56 22	"	r	0 59.85	5		20.99
59 48	"	l	27.35			
6 1 10	"	l	25.38			
2 44	S.H	l	3 51.97			
3 49	"	l	50.22			
4 57	"	l	50.67			
9 0	S.H	l	52.55	6 17 8.5	13.72	
10 15	"	l	55.62	6	15.69	
14 41	R.M	l	2 38.56	18 34.5		15.20
16 13	R.H	l	0 20.69	23.5		15.77
17 23	"	l	24.74	15.5		16.54
19 8	R.M	r	2 10.70			
20 34	"	r	13.22			
22 28	"	r	11.35			
23 57	S.H	r	4 26.82			
25 17	"	r	25.94			
33 29	"	r	26.28			
41 48	S.H	r	25.84	47 46.5	13.16	
42 58	"	r	25.98	42	16.65	
44 28	R.M	r	2 18.00	42		20.42
46 6	"	r	22.45	27		17.22
48 48	"	l	1 41.28			
50 56	"	l	44.36			
52 26	S.H	l	3 58.38			
53 45	"	l	51.53			
54 50	S.H	l	3 50.20	7 1 25.5	9.82	
56 8	"	l	49.45	23.5	11.21	
58 11	R.M	l	1 38.60	1.5		16.64
59 58	"	l	38.36	6		19.75
7 2 16	"	r	2 20.65			
3 52	"	r	14.60			
6 39	S.H	r	4 24.02			
8 1	"	r	20.49			
10 43	R.M	r	2 14.77			

August 3. Nachmittags.

Mittlere Zeit Wangeroog	Eingestelltes Objekt	Lage des Fernrohrs	Einzelne Zenitdistanzen	Mittlere Zeit Wangeroog	Wangeroog	Roter Sand
					90° 1′	90° 0′
4h 58m 19s	W.H	l	90° 3′ 13″.92	5h 3m 43s.5	56″.89	
59 44	"	l	15.43	38	59.10	
5 1 25	R.H	l	2 19.77	40.5		45″.27
2 43	"	l	23.98	35.5		47.01
4 28	"	r	89 59 52.02			
5 36	"	r	52.75			
7 32	W.H	r	90 0 45.67			
9 8	"	r	42.77			

Schillig.

Mittlere Zeit Wangeroog	Eingestelltes Objekt	Lage des Fernrohrs	Einzelne Zenitdistanzen	Mittel aus beiden Lagen + Reduktionen: mittlere Zeit Wangeroog	Wangeroog	Roter Sand
					90° 1′	90° 0′
5ʰ 10ᵐ 24ˢ	W.H	r	90° 0′ 39″.77	5ʰ 15ᵐ 46ˢ	53″.53	
11 50	„	r	42.80	49	59.52	
13 38	R.H	r	89 59 50.27	16 1.5		43″.70
14 58	„	r	49.23	15 54		45.39
16 50	„	l	90 2 22.52			
18 25	„	l	18.10			
19 48	W.H	l	3 19.16			
21 8	„	l	10.21			
24 53	W.H	l	25.82	31 7.5	56.84	
26 36	„	l	24.35	28	55.64	
27 54	R.H	l	2 20.33	30 22		44.44
29 9	„	l	20.40	7.5		44.61
31 6	„	r	89 59 49.80			
32 48	„	r	49.52			
36 0	W.H	r	90 0 39.85			
37 22	„	r	40.77			
38 45	W.H	r	40.42	44 53	55.37	
41 16	„	r	41.13	45 30	55.00	
43 25	R.H	r	89 59 51.02	48.5		44.43
44 33	„	r	47.75	50.5		43.99
46 48	„	l	90 2 21.21			
48 12	„	l	18.82			
49 44	W.H	l	3 11.79			
51 1	„	l	13.24			
52 10	W.H	l	90 3 13.20	57 7.5	53.84	
53 23	„	l	15.40	56 50.5	56.39	
54 46	R.H	l	90 2 20.18	54.5		45.11
56 4	„	l	22.80	53.5		45.16
57 43	„	r	89 59 49.50			
59 3	„	r	51.02			
6 0 18	W.H	r	90 0 40.30			
2 5	„	r	37.40			
3 26	W.H	r	38.22	6 9 36.5	51.99	
4 53	„	r	39.02	34	51.99	
6 49	R.H	r	89 59 51.08	46.5		44.80
8 4	„	r	50.54	31		44.31
10 58	„	l	90 2 19.05			
12 41	„	l	19.50			
14 25	W.H	l	3 7.87			
15 47	„	l	8.68			

Wangeroog.

Mittlere Zeit Wangeroog	Eingestelltes Objekt	Lage des Fernrohrs	Einzelne Zenitdistanzen	Mittel aus beiden Lagen + Reduktionen: mittlere Zeit Wangeroog	Schillig	Roter Sand
					90° 4′	90° 0′
5ʰ 10ᵐ 44ˢ	S.H	r	90° 1′ 37.00	5ʰ 16ᵐ 25ˢ	30″.36	
11 56	„	r	37.87	25	31.96	
13 39	R.H	r	89 58 13.77	15 52		42″.69
14 39	„	r	15.60	38		42.42
16 37	„	l	90 3 54.46			
18 5	„	l	56.83			
19 9	„	l	*53.95			
20 54	S.H	l	7 17.10			
22 6	„	l	14.78			
23 27	S.H	l	14.78	28 51	28.22	
24 23	„	l	15.70	36	31.09	
25 44	R.H	l	3 53.31	39.5		38.55
26 44	„	l	51.08	36		37.45
30 28	„	r	89 58 9.03			
31 35	„	r	9.00			
32 49	S.H	r	90 1 37.53			
34 25	„	r	32.72			
35 43	S.H	r	35.62	42 36	32.76	
38 0	„	r	34.02	43 28.5	29.45	
40 28	R.H	r	89 58 6.27	19		36.50
42 9	„	r	11.82	15.5		38.52
44 25	„	l	90 3 50.43			
46 10	„	l	51.94			
48 57	S.H	l	7 13.93			
50 9	„	l	10.90			
51 47	S.H	l	7 20.30	57 29	31.84	
52 54	„	l	19.43	28.5	31.89	
54 16	R.H	l	3 49.63	56 37.5		37.87
55 42	„	l	50.96	35.5		40.20
57 30	„	r	89 58 14.65			
58 59	„	r	11.33			
6 2 3	S.H	r	90 1 35.40			
3 21	„	r	34.23			
5 52	S.H	r	32.67	6 14 9.5	27.32	
6 59	„	r	37.20	13 24.5	30.75	
9 44	R.H	r	89 58 9.52	58.5		37.02
12 32	„	r	10.75	32.5		36.99
14 32	„	l	90 3 48.45			
18 13	„	l	49.75			
19 50	S.H	l	7 25.35			
22 28	„	l	15.00			

Schillig.

Mittlere Zeit Wangeroog	Eingestelltes Objekt	Lage des Fernrohrs	Einzelne Zenitdistanzen	Mittel aus beiden Lagen + Reduktionen: mittlere Zeit Wangeroog	Wangeroog	Roter Sand
					90° 1'	90° 0'
6h 19m 22s	W.H	l	90° 3' 24.12"	6h 29m 16.5s	53.76"	
20 42	"	l	10.17	25 13.5	51.25	
23 18	R.H	l	2 19.37	33 2		43.75"
24 33	"	l	19.68	32 53		43.41
29 45	W.H	r	0 35.25			
33 16	R.H	r	89 59 *43.98			
39 11	W.H	r	90 0 36.32			
41 13	R.H	r	89 59 48.12			
42 46	"	r	49.10			
44 8	R.H	r	48.30	47 25.5		43.35
45 35	"	r	47.33	46 44		43.58
47 53	"	l	90 2 20.81			
50 43	"	l	19.38			

Wangeroog.

Mittlere Zeit Wangeroog	Eingestelltes Objekt	Lage des Fernrohrs	Einzelne Zenitdistanzen	Mittel aus beiden Lagen + Reduktionen: mittlere Zeit Wangeroog	Schillig	Roter Sand
					90° 4'	90° 0'
6h 23m 45s	S.H	l	90° 7' 15.83"	6h 30m 31.5s	29.39"	
27 0	"	l	15.33	31 29	28.75	
29 27	R.H	l	3 50.41	58.5		36.72"
30 44	"	l	47.36	53		33.84
33 2	"	r	89 58 5.53			
34 30	"	r	8.25			
35 58	S.H	r	90 1 33.23			
37 18	"	r	34.00			
43 40	S.H	r	34.50	49 10.5	30.01	
45 18	"	r	34.58	48 42	26.23	
46 26	R.H	r	89 58 7.25	31		32.43
47 37	"	r	7.25	22.5		33.39
49 8	"	l	90 3 45.25			
50 36	"	l	42.92			
52 6	S.H	l	7 8.93			
54 41	"	l	16.58			

August 10. Nachmittags.

Schillig.

Mittlere Zeit Wangeroog	Eingestelltes Objekt	Lage des Fernrohrs	Einzelne Zenitdistanzen	Mittel aus beiden Lagen + Reduktionen: mittlere Zeit Wangeroog	Wangeroog	Roter Sand
					90° 2'	90° 0'
2h 5m 47s	W.H	r	90° 2' 34.25"	2h 13m 52.5s	13.58"	
6 50	"	r	35.24	46	10.31	
8 9	R.H	r	1 40.32	11 37		61.92"
9 25	"	r	37.12	10		58.92
12 55	"	l	1.70			
15 5	"	l	4.49			
20 42	W.H	l	48.30			
21 58	"	l	55.83			
26 28	W.H	l	48.09	32 3.5	9.43	
27 34	"	l	47.72	3.5	10.24	
29 11	R.H	l	0 51.85	6		53.86
30 9	"	l	52.26	4		53.49
32 26	R.M	r	2 45.52			
33 59	R.H	r	2 35.80			
35 1	"	r	37.04			
36 33	W.H	r	2 35.48			
37 39	"	r	33.69			
39 1	W.H	r	36.31	45 23.5	11.60	
40 42	"	r	33.92	37.5	10.52	
41 59	R.M	r	2 48.47			
42 48	R.H	r	1 34.80	46 5		53.02
44 15	"	r	36.59	13		54.83
48 11	"	l	0 54.04			
49 22	"	l	52.22			
50 33	W.H	l	1 50.02			
51 46	"	l	49.82			

Wangeroog.

Mittlere Zeit Wangeroog	Eingestelltes Objekt	Lage des Fernrohrs	Einzelne Zenitdistanzen	Mittel aus beiden Lagen + Reduktionen: mittlere Zeit Wangeroog	Schillig	Roter Sand
					90° 4'	90° 0'
2h 16m 29s	S.H	r	89° 56' 48.48"	2h 22m 58.5s	38.27"	
17 49	"	r	47.55	52	40.87	
19 48	R.M	r	54 49.59	23 3		50.12"
	"	r	49.91	24.5		52.59
23 36	"	l	90 10 *23.63			
25 9	R.H	l	8 57.65			
26 18	"	l	55.03			
27 55	S.H	l	12 25.25			
29 28	"	l	19.12			
30 35	"	l	*23.67			
32 0	S.H	l	23.35	39 1	46.02	
33 50	"	l	24.63	15.5	42.57	
35 56	R.M	l	10 7.35	25.5		52.83
38 48	R.H	l	8 53.73	58		49.83
41 8	R.M	r	89 54 48.31			
42 55	"	r	57.83			
44 41	S.H	r	57 1.57			
46 2	"	r	56 59.75			

Schillig.

Mittlere Zeit Wangeroog	Eingestelltes Objekt	Lage des Fernrohrs	Einzelne Zenitdistanzen	Mittel aus beiden Lagen + Reduktionen: mittlere Zeit Wangeroog	Wangeroog	Roter Sand
					90° 2'	90° 0'
2h 53m 11s	W.H	l	90° 1' 52".72	2h 57m 57s	11".82	
54 32	"	l	49.98	58 3	10.25	
56 8	R.H	l	0 55.95	14.5		54".66
57 30	"	l	57.01	11.5		55.42
59 3	"	r	1 34.80			
3 0 21	"	r	34.35			
1 34	W.H	r	2 33.43			
2 43	"	r	33.84			
6 11	W.H	r	37.66	3 12 13.5	12.30	
7 23	"	r	39.00	1	12.42	
9 18	R.M	r	43.33	11 39		52.12
10 20	"	r	47.65	17.5		55.05
12 15	"	l	2.71			
14 0	"	l	1.26			
16 39	W.H	r	1 48.76			
18 16	"	r	49.86			
19 27	"	r	*53.58			
					90° 1'	90° 0'
6 10 25	W.H	r	2 4.25	6 16 55	41".94	
11 35	"	r	8.24	55	43.96	
13 11	R.M	r	33.19	15 41		39".59
14 45	"	r	32.69	46.5		39.12
16 48	"	l	1 45.80			
18 11	"	l	46.25			
22 15	W.H	l	22.00			
23 25	"	l	22.35			
24 25	W.H	l	24.78	31 24	45.61	
26 5	"	l	25.80	23	44.85	
27 51	R.M	l	48.76	16		41.87
29 15	"	l	47.71	17.5		42.81
33 20	"	r	2 38.16			
34 41	"	r	35.23			
36 41	W.H	r	6.82			
38 43	"	r	9.36			

Wangeroog.

Mittlere Zeit Wangeroog	Eingestelltes Objekt	Lage des Fernrohrs	Einzelne Zenitdistanzen	Mittel aus beiden Lagen + Reduktionen: mittlere Zeit Wangeroog	Schillig	Roter Sand
					90° 4'	90° 0'
2h 48m 22s	S.H	r	89° 56' 54".57	2h 54m 31s	40".85	
49 56	"	r	57 0.30	41.5	46.90	
51 39	R.H	r	53 25.41	50		48".10
53 17	R.M	r	54 *46.43			50.03
54 48	R.H	r	53 26.63	55 42		
56 36	"	l	90 8 58.63			
58 1	"	l	56.00			
59 27	S.H	l	12 24.55			
3 0 34	"	l	18.18			
1 59	S.H	l	21.50	3 6 57	39.16	
3 8	"	l	18.60	7 0	40.55	
4 34	R.M	l	10 5.00	6 44		46.87
5 41	"	l	8.88	22.5		48.74
7 4	"	r	89 54 48.11			
8 54	"	r	48.25			
10 52	S.H	r	56 53.55			
11 55	"	r	47.87			
14 3	S.H	r	44.30	18 46.5	36.17	
15 57	"	r	53.18	19 7	37.44	
17 28	R.M	r	54 41.99	13.5		43.55
18 34	"	r	45.46	2		47.67
19 30	"	l	90 10 9.40			
20 59	"	l	4.62			
22 17	S.H	l	12 12.82			
23 30	"	l	19.10			

Mittlere Zeit Wangeroog	Eingestelltes Objekt	Lage des Fernrohrs	Einzelne Zenit-distanzen	Schillig. Mittel aus beiden Lagen + Reduktionen: mittlere Zeit Wangeroog	Wangeroog	Roter Sand	Mittlere Zeit Wangeroog	Eingestelltes Objekt	Lage des Fernrohrs	Einzelne Zenit-distanzen	Wangeroog. Mittel aus beiden Lagen + Reduktionen: mittlere Zeit Wangeroog	Schillig	Roter Sand
					90° 1'	90° 0'							
6h 40m 0s	W.H	r	90° 2' 10".26	6h 46m 22s	43".88								
41 23	"	r	9.30	45 54.5	43.63								
43 0	R.M	r	2 36.15	42.5		42".55							
44 25	"	r	35.38	45		41.76							
47 5	"	l	1 48.40										
48 25	"	l	49.20										
50 26	W.H	l	1 10.88										
52 22	"	l	20.41										

Stand II.

Juli 20. Vormittags.

Mittlere Zeit Wangeroog	Eingestelltes Objekt	Lage des Fernrohrs	Einzelne Zenit-distanzen	Schillig: mittlere Zeit Wangeroog	Wangeroog	Roter Sand	Mittlere Zeit Wangeroog	Eingestelltes Objekt	Lage des Fernrohrs	Einzelne Zenit-distanzen	Wangeroog: mittlere Zeit Wangeroog	Schillig	Roter Sand
					90° 1'	90° 0'							
10h 42m 6s	W.H	r	90° 2' 20".50	10h 49m 43s.5	44".45								
44 5	"	r	22.81	61	46.32								
46 1	R.H	r	1 2.50	51		12".79							
47 45	"	r	7.03	58		18.04							
48 53	"	r	10.75	42		17.65							
50 31	"	l	0 5.33										
52 11	"	l	10.03										
53 41	"	l	4.05										
55 57	W.H	l	1 18.73										
57 21	"	l	21.32										
58 24	W.H	l	6.56	11 3 40	38.16								
11 0 34	"	l	5.54	4 6.5	39.85								
1 45	R.H	l	0 2.88	4 10		11.16							
3 1	"	l	— 4.20	3 51		9.93							
4 41	"	r	1 3.08										
6 35	"	r	1.42										
7 39	W.H	r	2 17.07										
8 56	"	r	12.67										
10 3	W.H	r	13.82	16 59	40.57								
11 8	"	r	17.68	51.5	41.70								
12 21	R.H	r	0 57.74	14 42		3.19							
13 55	"	r	59.14	40		3.71							
15 25	"	l	89 59 49.26										
17 3	"	l	49.61										
22 35	W.H	l	90 1 8.63										
23 35	"	l	10.23										
24 38	W.H	l	7.16	30 60.5	36.22								
27 3	"	l	3.05	53	34.14								
28 21	R.H	l	89 59 52.83	51		3.08							
29 51	"	l	51.68	44.5		3.47							
31 38	"	r	90 0 56.23										
33 21	"	r	54.30										
34 43	W.H	r	2 8.15										
37 23	"	r	8.20										

Schillig.

Mittlere Zeit Wangeroog	Eingestelltes Objekt	Lage des Fernrohrs	Einzelne Zenitdistanzen	Mittel aus beiden Lagen + Reduktionen: mittlere Zeit Wangeroog	Wangeroog	Roter Sand
					90° 1'	90° 0'
11h 38m 41s	W.II	r	90° 2' 7".84	11h 43m 34s	30".73	
39 51	"	r	8.04	30	32.63	
41 8	R.II	r	0 50.87	16.5		−1".02
42 15	"	r	52.83	3.5		+1.18
43 52	"	l	89 59 50.51			
45 25	"	l	48.07			
47 9	W.II	l	90 1 0.14			
48 27	"	l	0 56.54			
50 21	R.II	l	89 59 47.98	53 44.5		−0.15
51 32	"	l	49.23	38		−0.39
52 48	W.II	l	90 1 0.61	22	31.88	
53 53	"	l	2.14	17	32.25	
56 41	"	r	2 3.27			
57 56	"	r	6.07			
59 44	R.II	r	0 50.97			
12 1 8	"	r	52.70			
5 37	R.II	r	50.12	12 8 4		−2.23
7 24	"	r	53.00	20		+2.61
9 16	"	l	53.21			
10 32	"	l	46.40			

Wangeroog.

Mittlere Zeit Wangeroog	Eingestelltes Objekt	Lage des Fernrohrs	Einzelne Zenitdistanzen	Mittel aus beiden Lagen + Reduktionen: mittlere Zeit Wangeroog	Schillig	Roter Sand
					90° 4'	90° 0'
11h 36m 50s	S.II	r	90° 5' 37".37	11h 41m 43s.5	5".84	
38 10	"	r	34.87	49	6.66	
39 51	R.II	r	2 15.52	42 4.5		21".39
41 13	"	r	26.50	41 58.5		28.66
42 44	"	l	89 59 16.03			
44 18	"	l	12.47			
45 28	S.II	l	90 2 29.50			
46 37	"	l	25.37			
49 27	R.II	l	89 59 8.78	53 21.5		22.49
50 43	"	l	5.35	2		18.96
52 11	S.II	l	90 2 26.23	56 8	7.32	
53 23	"	l	28.07	56 5.5	8.38	
55 21	R.II	r	17.79			
56 56	"	r	21.42			
58 48	S.II	r	5 39.75			
12 0 5	"	r	39.45			
1 24	S.II	r	42.75	12 6 17	8.67	
2 38	"	r	39.47	13.5	7.93	
3 58	R.II	r	2 15.60	22		17.89
5 2	"	r	15.18	5 54.5		19.72
6 47	"	l	89 59 9.52			
8 24	"	l	5.40			
9 49	S.II	l	90 2 27.45			
11 10	"	l	25.65			

Juli 20. Nachmittags.

Schillig.

Mittlere Zeit Wangeroog	Eingestelltes Objekt	Lage des Fernrohrs	Einzelne Zenitdistanzen	Mittel aus beiden Lagen + Reduktionen: mittlere Zeit Wangeroog	Wangeroog	Roter Sand
					90° 1'	90° 0'
5h 0m 31s	W.II	l	90° 1' 13".86	5h 7m 58s	46".05	
1 55	"	l	12.69	8 0.5	45.16	
4 45	R.II	l	0 20.71	7 21		25".95
6 14	"	l	12.60	23		26.29
8 32	"	r	1 20.95			
9 57	"	r	22.17			
14 6	W.II	r	2 20.55			
15 25	"	r	21.15			
16 56	R.II	r	1 20.72	20 44.5		26.32
18 26	"	r	20.90	20 55		26.13
19 27	W.II	r	2 18.97	25 22	40.72	
20 41	"	r	17.78	12	40.70	
23 24	R.II	l	0 12.33			
24 33	"	l	12.90			
29 43	W.II	l	1 6.53			
31 17	"	l	5.38			

Wangeroog.

Mittlere Zeit Wangeroog	Eingestelltes Objekt	Lage des Fernrohrs	Einzelne Zenitdistanzen	Mittel aus beiden Lagen + Reduktionen: mittlere Zeit Wangeroog	Schillig	Roter Sand
					90° 4'	90° 0'
4h 59m 22s	S.II	r	90° 5' 57".73	6h 5m 6s.5	25".20	
5 1 37	"	r	6 0.30	32.5	27.18	
3 18	R.II	r	2 30.26	31		31".31
4 27	"	r	29.69	18.5		30.59
6 10	"	l	89 59 16.70			
7 44	"	l	17.67			
9 28	S.II	l	90 2 45.12			
10 31	"	l	43.72			
11 55	S.II	l	44.37	17 41	24.01	
12 52	"	l	44.00	16 38.5	25.62	
14 8	R.II	l	89 59 16.10	31		26.86
15 32	"	l	12.42	28		25.95
17 24	"	r	90 2 24.70			
18 54	"	r	22.84			
20 25	S.II	r	5 58.30			
23 27	"	r	54.70			

Schillig.

Mittlere Zeit Wangeroog	Eingestelltes Objekt	Lage des Fernrohrs	Einzelne Zenitdistanzen	Mittel aus beiden Lagen + Reduktionen: mittlere Zeit Wangeroog	Wangeroog	Roter Sand
					90° 1'	90° 0'
5h 35m 11s	W.H	l	90° 1' 8".47	5h 37m 35s.5	41".94	
36 32	"	l	3.70	30	40.93	
38 28	"	r	2 19.08			
40 2	"	r	18.40			
41 9	W.H	r	18.13	46 59	44.42	
42 21	"	r	15.84	58	41.00	
46 26	R.H	r	1 22.94	48 22		28".32
47 35	"	r	21.37	21		27.86
49 7	"	l	0 13.33			
50 18	"	l	14.68			
51 33	W.H	l	1 9.08			
52 49	"	l	13.63			
54 26	W.H	l	10.24	59 31	42.40	
55 29	"	l	10.33	22	42.54	
56 39	R.H	l	0 11.89	4.5		26.20
57 43	"	l	12.43	58 50		25.86
59 53	"	r	1 20.27			
6 1 30	"	r	21.49			
3 15	W.H	r	2 17.67			
4 36	"	r	17.47			
6 7	W.H	r	14.33	6 11 20.5	36.62	
7 29	"	r	10.22	15	35.10	
8 46	R.H	r	1 18.83	10 44		26.63
9 51	"	r	20.87	39		26.80
11 27	"	l	0 13.71			
12 42	"	l	13.41			
15 1	W.H	l	1 2.89			
16 34	"	l	1.82			
19 29	W.H	l	3.38	24 25	37.03	
20 39	"	l	2.13	20	36.57	
22 22	R.H	l	0 11.33	36.5		25.01
23 21	"	l	11.43	8		24.80
24 55	"	r	1 19.12			
26 51	"	r	19.47			
28 1	W.H	r	2 13.93			
29 22	"	r	13.39			
31 21	R.H	r	1 18.93	38 3		25.38
32 26	"	r	18.53	37 45.5		24.86
33 33	W.H	r	2 12.99	35 50.5	37.61	
34 37	"	r	10.74	33 21.5	36.40	
36 6	"	l	1 4.97			
38 6	"	l	5.14			
43 3	R.H	l	0 12.17			
44 43	"	l	12.80			

Wangeroog.

Mittlere Zeit Wangeroog	Eingestelltes Objekt	Lage des Fernrohrs	Einzelne Zenitdistanzen	Mittel aus beiden Lagen + Reduktionen: mittlere Zeit Wangeroog	Schillig	Roter Sand
					90° 4'	90° 0'
5h 31m 29s	S.H	r	90° 3' 57".05	6h 38m 30s	24".07	
32 58	"	r	55.83	31.5	24.46	
35 13	R.M	r	3 44.37	31.5		25".33
37 6	"	r	40.16	31.5		23.78
39 57	"	l	0 26.92			
41 50	"	l	25.63			
44 3	S.H	l	2 44.12			
45 31	"	l	42.13			
46 54	S.H	l	42.47	3 52 8	24.46	
48 11	"	l	40.22	6.5	22.49	
49 43	R.H	l	89 59 12.31	1 5.5		28.18
51 31	"	l	13.28	20		29.66
53 9	"	r	90 2 31.26			
54 28	"	r	29.23			
56 2	S.H	r	5 33.82			
57 22	"	r	37.50			
58 32	S.H	r	30.30	6 5 25.3	16.86	
6 0 0	"	r	36.9[illegible]	4 32.5	22.63	
1 40	R.H	r	2 29.06	58		27.92
3 14	"	r	28.04	58.5		27.88
6 43	"	l	89 59 12.93			
8 16	"	l	11.98			
9 45	S.H	l	90 2 39.35			
12 19	"	l	34.27			
13 33	S.H	l	2 31.10	22 30.3	14.75	
16 18	"	l	36.30	23.3	17.30	
17 56	R.H	l	89 59 12.97	21 5.3		26.10
19 33	"	l	13.57	20 56		27.65
21 37	"	r	90 2 26.93			
24 13	"	r	24.44			
26 29	S.H	r	5 49.33			
29 28	"	r	49.43			
30 47	S.H	r	47.28	39 32	25.06	
31 56	"	r	47.83	24	25.32	
33 23	R.H	r	2 24.97	37 32		26.07
34 48	"	r	26.34	35 43		27.53
36 42	"	l	89 59 23.97			
41 39	"	l	22.38			
46 52	S.H	l	90 2 33.83			
48 17	"	l	34.00			

Schillig.

Mittlere Zeit Wangeroog	Eingestelltes Objekt	Lage des Fernrohrs	Einzelne Zenitdistanzen	Mittel aus beiden Lagen + Reduktionen: mittlere Zeit Wangeroog	Wangeroog	Roter Sand
6h 46m 42s	R.H	l	90° 0' 9".47	6h 48m 52s		90° 0' 12".48
47 47	"	l	9.34	48 46.5		12.78
49 46	"	r	1 27.00			
51 2	"	r	26.47			

Wangeroog.

Mittlere Zeit Wangeroog	Eingestelltes Objekt	Lage des Fernrohrs	Einzelne Zenitdistanzen	Mittel aus beiden Lagen + Reduktionen: mittlere Zeit Wangeroog	Schillig	Roter Sand

August 9. Vormittags.

Schillig.

Mittlere Zeit Wangeroog	Eingestelltes Objekt	Lage des Fernrohrs	Einzelne Zenitdistanzen	mittlere Zeit Wangeroog	Wangeroog	Roter Sand
9h 5m 25s	W.H	r	90° 2' 18".40	9h 7m 54s	90° 1' 46".32	
7 10	"	r	16.27	8 2.5	45.03	
8 55	"	l	2 16.81			
10 23	"	l	17.25			
11 35	W.H	l	19.32	14 0	43.83	
12 38	"	l	19.87	13 48	44.94	
14 58	"	r	2 12.93			
16 25	"	r	11.27			
17 36	W.H	r	11.35	19 37	42.04	
18 50	"	r	11.50	40.5	42.70	
20 31	"	l	1 16.82			
21 38	"	l	13.64			
						89° 59'
10 0 1	W.H	l	0 34.53	10 7 31	20.01	
2 1	"	l	58.15	32	20.97	
5 5	R.H	l	89 59 22.48	8 19		27".13
8 0	"	l	12.13	9 0		23.00
10 0	"	r	90 0 14.84			
11 33	"	r	12.75			
13 3	W.H	r	1 46.70			
15 1	"	r	48.40			
16 44	W.H	r	46.45	23 37.5	14.00	
17 49	"	r	47.88	36	15.52	
19 30	R.H	r	0 7.13	27		15.69
22 0	"	r	2.59			
23 10	"	r	5.25	24 41.5		18.47
26 13	"	l	89 59 12.66			
27 24	"	l	5.02			
29 23	W.H	l	90 0 46.08			
30 31	"	l	44.47			

Wangeroog.

Mittlere Zeit Wangeroog	Eingestelltes Objekt	Lage des Fernrohrs	Einzelne Zenitdistanzen	mittlere Zeit Wangeroog	Schillig	Roter Sand
9h 6m 46s	S.H	r	90° 6' 22".60	9h 9m 32s	90° 4' 11".97	
8 25	"	r	25.10	30	13.55	
10 35	"	l	2 52.95			
12 18	"	l	52.40			
14 14	S.H	l	47.63	16 32	5.65	
15 34	"	l	48.45	28	5.42	
17 22	"	r	6 13.45			
18 50	"	r	14.73			
20 17	S.H	r	10.73	22 19	1.30	
21 15	"	r	14.23	5.5	2.85	
22 56	"	l	2 42.52			
24 21	"	l	42.92			
36 7	R.H	r	2 51.23	39 43		90° 0' 9".60
37 17	"	r	48.92	23.5		14.02
41 30	"	l	89 58 24.45			
43 19	"	l	13.19			
44 40	R.H	l	24.15	46 53		13.20
46 13	"	l	21.73	47 0		8.90
47 47	"	r	90 2 41.28			
49 6	"	r	47.47			
					90° 3'	89° 59'
10 6 49	S.H	r	5 53.25	10 12 36	37.22	
7 57	"	r	46.17	33	33.42	
9 18	R.H	r	2 32.05	25		50.62
10 34	"	r	33.80	27.5		51.26
14 1	"	l	89 57 53.93			
15 32	"	l	54.40			
17 9	S.H	l	90 2 11.70			
18 23	"	l	12.24			
19 31	S.H	l	18.37	26 42	36.52	
20 40	"	l	21.74	13	38.06	
23 40	R.H	l	89 57 37.35	52		47.36
25 2	"	l	51.72	25 37		43.28
26 53	"	r	90 2 20.05			
30 2	"	r	22.58			
32 46	S.H	r	5 43.43			
33 53	"	r	45.70			

Mittlere Zeit Wangeroog	Eingestelltes Objekt	Lage des Fernrohrs	Einzelne Zenitdistanzen	Schillig. Mittel aus beiden Lagen + Reduktionen: mittlere Zeit Wangeroog	Wangeroog	Roter Sand
					90° 1'	89°59'
10h 32m 43s	W.H	l	90° 0' 39".90	10h 38m 43s	6".14	
34 4	"	l	41.83	34.5	8.08	
35 15	R.H	l	89 58 39.25	27.5		5".98
36 40	"	l	55.66	37 40		4.12
38 40	"	r	59 53.55			
40 29	"	r	*48.65			
41 40	"	r	53.68			
43 5	W.H	r	90 1 37.25			
44 45	"	r	35.30			
46 5	W.H	r	32.50	51 35	2.25	
47 21	"	r	34.42	33	2.97	
48 40	R.H	r	89 59 37.87	9.5		6.13
49 59	"	r	32.59	4.5		3.26
52 10	"	l	58 34.91			
53 37	"	l	59 *0.97			
54 39	"	l	58 55.36			
55 55	W.H	l	90 0 34.44			
57 5	"	l	34.72			
58 57	W.H	l	34.52	11 4 37.5	+0.11	
11 0 16	"	l	32.98	3.5	−3.49	
1 30	R.H	l	89 58 37.84	2.(		7.14
3 11	"	l	36.98	13		5.53
5 25	"	r	59 55.06			
6 35	"	r	37.41			
7 55	W.H	r	90 1 22.95			
10 18	"	r	28.62			
13 55	W.H	r	23.37	22 15	−13.21	
15 26	"	r	*26.52			
16 40	"	r	24.72	58	−10.01	
17 55	R.H	r	9 3.17	47.5		19.24
20 0	"	r	0.25	23 0		19.94
24 40	"	l	89 59 *3.30			
26 0	"	l	10.61			
27 40	"	l	16.28			
29 16	W.H	l	90 0 18.17			
30 35	"	l	13.13			

Mittlere Zeit Wangeroog	Eingestelltes Objekt	Lage des Fernrohrs	Einzelne Zenitdistanzen	Wangeroog. Mittel aus beiden Lagen + Reduktionen: mittlere Zeit Wangeroog	Schillig	Roter Sand
					90° 3'	89°59'
10h 35m 3s	S.H	r	90° 5' 42".00	10h 41m 10s	30".23	
36 12	"	r	45.53	3	32.21	
37 41	R.H	r	2 25.52	40 49		42".09
39 7	"	r	25.05	44.5		48.07
40 14	"	r	*20.72			
42 22	"	l	89 57 56.30			
43 57	"	l	53.88			
45 54	S.H	l	90 2 9.94			
47 17	"	l	9.52			
48 23	S.H	l	21.10	53 12	23.34	
49 24	"	l	6.09	52 37.5	24.53	
50 25	R.H	l	89 57 40.02	48.5		26.45
51 43	"	l	48.52	36.5		34.09
53 30	"	r	90 2 4.88			
55 22	"	r	1 58.25			
56 41	S.H	r	3 34.03			
58 21	"	r	30.63			
59 14	S.H	r	35.33	11 4 50	25.26	
11 0 35	"	r	27.88	50	21.46	
2 27	R.H	r	1 42.85	58		4.91
3 56	"	r	45.02	53		5.55
5 50	"	l	89 57 21.30			
7 17	"	l	22.23			
9 5	S.H	l	90 2 6.09			
10 26	"	l	6.05			
						89°58'
11 35	S.H	l	2.43	17 41.5	17.08	
12 49	"	l	1.18	17 21.5	9.33	
14 25	R.H	l	89 56 39.82	16 36		28.09
15 45	"	l	41.22	38.5		24.45
17 32	"	r	90 0 33.00			
18 47	"	r	61.57			
21 54	S.H	r	3 8.53			
23 48	"	r	22.78			
25 55	S.H	r	*33.03			
27 41	"	r	25.93	32 30	8.44	
28 51	"	r	25.98	22	9.18	
30 21	R.H	r	0 45.60	27		13.27
31 32	"	r	49.80	24		12.3"
33 17	"	l	89 56 50.25			
34 33	"	l	26.25			
35 51	S.H	l	90 0 43.43			
37 19	"	l	42.00			

Schillig.

Mittlere Zeit Wangeroog	Eingestelltes Objekt	Lage des Fernrohrs	Einzelne Zenitdistanzen	Mittel aus beiden Lagen + Reduktionen: mittlere Zeit Wangeroog	Wangeroog	Roter Sand
11h 32m 0s	W.H	l	90° 0' 8".13	11h 37m 42s.5	90° 0' 32".29	
33 49	„	l	12.35	14.5	15.25	
35 5	R.H	l	89 59 *11.14			
36 30	„	l	16.90	44.5		89° 59' 23".31
37 40	„	l	18.30	42.5		27.98
39 45	„	r	90 0 18.64			
40 59	„	r	20.69			
42 40	W.H	r	1 2.07			
43 25	„	r	0 59.35			

Wangeroog.

Mittlere Zeit Wangeroog	Eingestelltes Objekt	Lage des Fernrohrs	Einzelne Zenitdistanzen	Mittel aus beiden Lagen + Reduktionen: mittlere Zeit Wangeroog	Schillig	Roter Sand
11h 38m 17s	S.H	l	90° 0' 35".78	11h 44m 6s	90° 3' 2".00	
39 38	„	l	33.20	7.5	0.72	
40 44	„	l	*24.58			
42 19	R.H	l	89 57 50.02	42		89° 59' 48".53
43 40	„	l	50.87	38.5		46.35
45 37	„	r	90 2 27.05			
47 5	„	r	32.25			
48 37	S.H	r	3 19.30			
49 55	„	r	19.28			

August 9. Nachmittags.

Schillig.

Mittlere Zeit Wangeroog	Eingestelltes Objekt	Lage des Fernrohrs	Einzelne Zenitdistanzen	Mittel: mittlere Zeit Wangeroog	Wangeroog	Roter Sand
2h 12m 5s	W.H	l	90° 0' 13".56	2h 14m 50s	90° 0' 43".25	
14 25	„	l	19.85	15 13	46.75	
16 1	„	r	1 16.57			
17 35	„	r	15.85			
18 55	W.H	r	17.90	21 5	44.68	
20 11	„	r	16.97	20 56.5	43.35	
21 42	„	l	0 12.64			
23 15	„	l	14.38			
24 47	W.H	l	18.02	26 48	40.83	
25 53	„	l	13.73	40.5	37.13	
27 28	„	r	1 3.45			
28 49	„	r	6.35			
3 1 22	W.H	r	1 46.63	3 3 22	90° 1' 17".76	
2 36	„	r	45.38	20.5	14.89	
4 5	„	l	0 47.31			
5 22	„	l	51.89			
6 35	W.H	l	45.36	9 12	11.49	
8 10	„	l	45.77	12.5	12.53	
10 15	„	r	1 42.18			
11 49	„	r	40.54			
12 48	W.H	r	42.93	15 9	14.40	
14 46	„	r	46.37	30.5	16.31	
16 15	„	l	0 49.17			
17 30	„	l	48.78			
4 2 20	W.H	l	1 4.68	4 4 33.5	31.72	
3 35	„	l	6.87	27.5	34.52	
5 20	„	r	2 5.09			
6 47	„	r	1.67			

Wangeroog.

Mittlere Zeit Wangeroog	Eingestelltes Objekt	Lage des Fernrohrs	Einzelne Zenitdistanzen	Mittel: mittlere Zeit Wangeroog	Schillig	Roter Sand
2h 13m 18s	S.H	r	90° 2' 27".48	2h 17m 0s	90° 3' 28".15	
15 6	„	r	30.08	16 50	29.92	
18 34	„	l	4 20.80			
20 42	„	l	19.87			
22 5	S.H	l	17.95	25 7	29.29	
24 0	„	l	17.80	12.5	28.76	
26 25	„	r	2 30.78			
28 9	„	r	31.68			
29 27	S.H	r	34.73	31 24	38.68	
30 32	„	r	36.23	21	38.21	
32 10	„	l	4 31.25			
33 21	„	l	33.68			
3 1 52	S.H	l	40.18	3 4 48.5	47.70	
3 18	„	l	*43.30			
4 28	„	l	46.57	5 27	54.25	
6 26	„	r	2 52.98			
7 45	„	r	46.28			
8 58	S.H	r	44.53	11 46.5	45.29	
10 11	„	r	46.97	44	47.43	
13 17	„	l	4 38.95			
14 35	„	l	37.10			
4 2 50	S.H	l	56.08	4 5 8	90° 4' 7".56	
4 24	„	l	59.50	11	6.34	
5 58	„	r	3 4.24			
7 26	„	r	10.09			

Mittlere Zeit Wangeroog	Eingestelltes Objekt	Lage des Fernrohrs	Einzelne Zenitdistanzen	Schillig. Mittel aus beiden Lagen + Reduktionen: mittlere Zeit Wangeroog	Wangeroog	Roter Sand	Mittlere Zeit Wangeroog	Eingestelltes Objekt	Lage des Fernrohrs	Einzelne Zenitdistanzen	Wangeroog. Mittel aus beiden Lagen + Reduktionen: mittlere Zeit Wangeroog	Schillig	Roter Sand
					90° 1'							90° 4'	
4h 7m 59s	W.H	r	90° 2' 8".24	4h 10m 2s	33".80		4h 8m 55s	S.H	r	90° 3' 6".37	4h 11m 20s	6".92	
9 8	"	r	4.59	9 59	29.28		10 7	"	r	1.22	14	2.83	
10 50	"	l	0 56.88				12 21	"	l	4 53.50			
12 5	"	l	1 2.28				13 45	"	l	58.52			
13 25	W.H	l	3.06	15 22.5	33.26		15 23	S.H	l	52.15			
14 21	"	l	3.13	13	32.92		16 43	"	l	55.07	17 50	4.62	
16 5	"	r	2 3.63				18 57	"	r	3 5.21			
17 20	"	r	6.38										

Stand III.

Juli 27. Nachmittags.

Mittlere Zeit Wangeroog	Eingestelltes Objekt	Lage des Fernrohrs	Einzelne Zenitdistanzen	Schillig. Mittel aus beiden Lagen + Reduktionen: mittlere Zeit Wangeroog	Wangeroog	Roter Sand	Mittlere Zeit Wangeroog	Eingestelltes Objekt	Lage des Fernrohrs	Einzelne Zenitdistanzen	Wangeroog. Mittel aus beiden Lagen + Reduktionen: mittlere Zeit Wangeroog	Schillig	Roter Sand
					90° 1'	90° 0'							
4h 46m 11s	W.H	l	90° 1' 10".58	4h 51m 43s.5	48".98								
47 41	"	l	8.07	41	48.59								
49 21	R.H	l	0 14.99	42		33".65							
50 58	"	l	17.90	45.5		34.41							
52 33	"	r	1 31.90										
54 3	"	r	33.28										
55 41	W.H	r	2 32.03										
57 16	"	r	30.30										
												90° 4'	90° 0'
58 24	W.H	r	29.61	5 5 20.5	48.15		4h 56m 8s	S.H	r	90° 5' 8".20	5h 4m 38s	25".67	
59 43	"	r	28.32	22	47.62		57 40	"	r	7.50	42	27.10	
5 2 32	R.H	r	1 31.37	6 6.5		35.17	59 54	R.H	r	1 48.10	43		36".62
4 55	"	r	33.62	6 18		36.37	5 2 16	"	r	41.33	5 9.5		35.06
							5 31	R.M	r	2 °59.18			
7 41	"	l	0 20.10				8 3	R.H	l	0 14.00			
9 41	"	l	19.95				9 32	"	l	10.35			
11 1	W.H	l	1 9.83				11 44	S.H	l	3 37.75			
12 17	"	l	9.60				13 8	"	l	34.30			
13 21	W.H	l	7.98	18 19	46.09		14 28	S.H	l	35.80	19 18	25.17	
14 25	"	l	9.78	7	47.32		15 35	"	l	33.15	14	25.45	
16 4	R.H	l	0 16.22	18.5		35.23	16 59	R.H	l	0 11.32	9.5		33.42
17 21	"	l	15.02	7		34.16	18 16	"	l	11.53	13		33.69
18 53	"	r	1 34.17				20 10	"	r	1 41.07			
20 33	"	r	35.22				21 20	"	r	40.85			
21 49	W.H	r	2 27.78				22 53	S.H	r	3 8.80			
23 17	"	r	27.22				24 8	"	r	5.60			
24 51	W.H	r	30.79	29 53	50.49		25 21	S.H	r	5.62	30 23.5	24.84	
26 10	"	r	29.48	54	47.25		26 24	"	r	6.00	19	25.67	
27 36	R.H	r	1 34.02	30 0.5		34.91	27 52	R.H	r	1 38.20	30		33.87
28 59	"	r	35.10	6.5		35.40	29 12	"	r	42.50	34		33.13
31 14	"	l	0 16.68				31 56	"	l	0 8.97			
32 25	"	l	16.78				33 8	"	l	14.85			
33 38	W.H	l	1 7.93				34 14	S.H	l	3 36.40			
34 55	"	l	13.10				35 26	"	l	39.12			

Schillig.

Mittlere Zeit Wangeroog	Eingestelltes Objekt	Lage des Fernrohrs	Einzelne Zenitdistanzen	Mittel aus beiden Lagen + Reduktionen: mittlere Zeit Wangeroog	Wangeroog	Roter Sand
					90° 1'	90° 0'
5h 36m 17s	W.H	l	90° 1' 12".22	5h 41m 16s.5	49".08	
37 29	"	l	9.58	11	47.08	
38 46	R.H	l	0 17.49	10.5		34".19
40 5	"	l	17.10	40 54.5		34.63
41 44	"	r	1 33.14			
43 35	"	r	31.87			
44 53	W.H	r	2 27.49			
46 16	"	r	28.86			
50 43	W.H	r	26.74	55 57	46.91	
52 2	"	r	25.99	58	44.34	
53 23	R.H	r	1 34.78	59		35.28
54 51	"	r	34.84	50		34.44
56 49	"	l	0 15.01			
58 35	"	l	16.55			
59 54	W.H	l	1 5.60			
6 1 12	"	l	10.00			
2 24	W.H	l	9.75	6 8 13	45.21	
3 54	"	l	7.80	7 55	45.59	
5 23	R.H	l	0 16.12	7 58.5		34.84
6 58	"	l	14.67	8 0		34.31
9 2	"	r	1 34.93			
10 34	"	r	34.53			
11 56	W.H	r	2 26.30			
14 2	"	r	23.58			
15 9	W.H	r	23.96	20 25	43.77	
16 19	"	r	23.34	20 24	42.37	
17 52	R.H	r	1 33.34	20		33.70
19 12	"	r	33.64	0.5		33.84
20 49	"	l	0 15.02			
22 28	"	l	15.04			
24 9	W.H	l	1 2.31			
25 41	"	l	6.50			
28 50	W.H	l	4.05	34 0	42.33	
30 17	"	l	6.18	34 3.5	44.76	
31 37	R.H	l	0 16.98	33 56.5		36.08
32 49	"	l	15.97	33 58		35.00
35 7	"	r	1 35.00			
36 16	"	r	36.15			
37 50	W.H	r	2 26.15			
39 10	"	r	23.53			

Wangeroog.

Mittlere Zeit Wangeroog	Eingestelltes Objekt	Lage des Fernrohrs	Einzelne Zenitdistanzen	Mittel aus beiden Lagen + Reduktionen: mittlere Zeit Wangeroog	Schillig	Roter Sand
					90° 4'	90° 0'
5h 36m 42s	S.H	l	90° 3' 35".18	5h 41m 38s	23".54	
37 54	"	l	38.53	42.5	27.27	
39 7	R.H	l	0 5.32	28		32".10
40 29	"	l	10.90	26		33.09
42 23	"	r	1 40.50			
43 49	"	r	44.10			
45 31	S.H	r	5 7.07			
46 34	"	r	2.75			
47 55	S.H	r	6.75	52 17	24.45	
48 58	"	r	3.53	8	23.76	
50 5	R.H	r	1 39.57	1		33.75
51 4	"	r	42.35	51 55.5		34.72
52 47	"	l	0 12.28			
53 57	"	l	13.15			
55 24	S.H	l	3 35.07			
56 39	"	l	33.20			
57 55	S.H	l	35.07	6 3 29	20.96	
58 51	"	l	34.00	13	24.02	
6 0 4	R.H	l	0 10.65	2 23		32.22
1 25	"	l	7.07	24		32.15
3 23	"	r	1 42.45			
4 42	"	r	38.80			
7 35	S.H	r	5 5.10			
9 3	"	r	4 57.90			
10 38	S.H	r	5 1.75	15 31	21.86	
12 0	"	r	1.25	28.5	21.85	
13 20	R.H	r	1 40.00	33.5		31.25
14 30	"	r	37.60	32		32.75
16 34	"	l	0 13.07			
17 47	"	l	7.72			
19 17	S.H	l	3 32.50			
20 34	"	l	33.02			
21 26	S.H	l	36.77	26 6.5	22.42	
22 35	"	l	33.75	8	21.90	
24 8	R.H	l	0 8.15	2		29.68
25 10	"	l	9.10	25 57		30.68
26 44	"	r	1 37.48			
27 56	"	r	36.43			
29 41	S.H	r	5 1.10			
30 47	"	r	4 59.22			
32 32	S.H	r	59.73	37 33.5	20.82	
33 39	"	r	5 2.00	26	22.59	
34 57	R.H	r	1 39.72	20		31.46
36 33	"	r	36.48	19		29.01
38 5	"	l	0 6.75			
39 43	"	l	8.42			
41 23	S.H	l	3 34.23			
42 35	"	l	32.93			

Mittlere Zeit Wangeroog	Eingestelltes Objekt	Lage des Fernrohrs	Schillig. Einzelne Zenitdistanzen	Schillig. Mittel aus beiden Lagen + Reduktionen: mittlere Zeit Wangeroog	Wangeroog	Roter Sand	Mittlere Zeit Wangeroog	Eingestelltes Objekt	Lage des Fernrohrs	Wangeroog. Einzelne Zenitdistanzen	Wangeroog. Mittel aus beiden Lagen + Reduktionen: mittlere Zeit Wangeroog	Schillig	Roter Sand
					90° 1'	90° 0'						90° 4'	90° 0'
6h 40m 32s	W.H	r	90° 2' 23".34	6h 45m 32s.5	41".04		6h 44m 0s	S.H	l	90° 3' 30".97	6h 49m 5s	20".07	
41 37	"	r	24.42	45 33	43.09		45 9	"	l	34.65	0	24.90	
43 4	R.H	r	1 33.58	20		35".37	46 16	R.H	l	0 4.27	48 33.5		28".40
44 18	"	r	33.98	18.5		35.56	47 48	"	l	6.78	37.5		28.85
46 19	"	l	0 16.16				49 27	"	r	1 36.13			
47 36	"	l	16.13				50 51	"	r	37.75			
49 29	W.H	l	1 4.66				52 51	S.H	r	5 6.20			
50 33	"	l	1.65				54 10	"	r	0.22			

August 4. Vormittags.

Mittlere Zeit Wangeroog	Eingestelltes Objekt	Lage des Fernrohrs	Schillig. Einzelne Zenitdistanzen	Schillig. mittlere Zeit Wangeroog	Wangeroog	Roter Sand	Mittlere Zeit Wangeroog	Eingestelltes Objekt	Lage des Fernrohrs	Wangeroog. Einzelne Zenitdistanzen	Wangeroog. mittlere Zeit Wangeroog	Schillig	Roter Sand
					90° 1'	90° 0'							
10h 16m 33s	W.H	l	90° 1' 8".72	10h 21m 33s	36".60								
18 8	"	l	8.48	48	35.42								
19 18	R.H	l	0 16.63	35.5		26".15							
20 29	"	l	18.75	28.5		27.13							
22 28	"	r	1 16.48										
23 53	"	r	16.65										
25 28	W.H	r	2 5.27										
26 33	"	r	7.40										
32 26	W.H	r	8.65	35 47	36.62								
33 35	"	r	7.44	31.5	35.80								
37 28	"	l	2 7.07										
39 8	"	l	7.50										
40 16	W.H	l	7.47	44 49	32.67								
41 35	"	l	6.10	43	32.57								
47 51	"	r	2 1.93										
49 22	"	r	0.78										
51 43	W.H	r	1.44	57 28	32.10								
54 18	"	r	1.59	58 13	31.54								
55 28	R.H	r	1 5.98	57 45.5		18.02							
56 38	"	r	10.29	58		19.14							
58 58	"	l	0 8.96										
11 0 3	"	l	11.03										
2 8	W.H	l	1 4.40										
3 13	"	l	5.68										
												90° 4'	90° 0'
4 18	W.H	l	1 7.10	11 10 33	34.29		10h 59m 25s	S.H	r	90° 5' 0".65	11h 5m 37s	16".48	
5 28	"	l	7.18	9 43	34.85		11 1 20	"	r	4 59.50	39.5	15.32	
7 18	R.H	l	0 12.23	48		19.93	3 5	R.H	r	1 47.13	43.5		36".38
8 38	"	l	11.13	43		19.82	4 28	"	r	48.45	20		35.65
10 48	"	r	1 9.46				6 12	"	l	0 8.07			
12 18	"	r	8.61				8 22	"	l	10.85			
13 58	W.H	r	2 5.44				9 39	S.H	l	3 21.20			
17 28	"	r	4.40				11 49	"	l	23.36			
19 38	R.H	r	1 9.99	22 28		19.81	16 7	R.H	l	0 10.55	18 54		34.16
21 8	"	r	9.91	25.5		19.67	17 48	"	l	8.85	52		30.93
23 43	"	l	0 10.40				19 56	"	r	1 38.22			
25 18	"	l	10.61				21 41	"	r	43.14			

Schillig. Mittlere Zeit Wangeroog	Eingestelltes Objekt	Lage des Fernrohrs	Einzelne Zenit-distanzen	Mittel aus beiden Lagen + Reduktionen: mittlere Zeit Wangeroog	Wangeroog	Roter Sand	Wangeroog. Mittlere Zeit Wangeroog	Eingestelltes Objekt	Lage des Fernrohrs	Einzelne Zenit-distanzen	Mittel aus beiden Lagen + Reduktionen: mittlere Zeit Wangeroog	Schillig	Roter Sand
August 7. Nachmittags.													
					90° 1'	90° 0'							
6h 8m 26s	W.H	r	90° 2' 13".47	6h 13m 26s	41".55								
9 45	"	r	11.93	23	41.27								
11 6	R.H	r	1 25.22	18		35".15							
12 23	"	r	24.47	9.5		34.64							
13 56	"	l	0 25.79										
15 30	"	l	26.16										
16 41	W.H	l	1 13.52										
18 6	"	l	12.55										
19 22	W.H	l	12.40	24 39	39.55								
20 42	"	l	13.58	41.5	40.32								
22 6	R.H	l	0 23.81	37		34.04							
23 16	"	l	24.40	29		33.69							
25 42	"	r	1 23.96										
27 8	"	r	24.24										
28 41	W.H	r	2 9.98										
29 56	"	r	9.62										
31 21	W.H	r	8.80	37 14	36.44								
32 54	"	r	9.27	36 40	36.82								
34 16	R.M	r	26.88	13.5		25.79							
35 32	"	r	25.25	39		26.66							
37 46	"	l	1 28.33										
38 22	"	l	24.96										
40 26	W.H	l	7.26										
41 50	"	l	*9.47										
43 7	"	l	7.00										
44 56	W.H	l	8.53	50 1	34.22								
46 40	"	l	4.35	18	32.44								
48 16	R.M	l	22.53	28.5		20.18							
49 38	"	l	20.65	19		19.35							
51 0	"	r	2 18.30										
52 41	"	r	19.08										
53 56	W.H	r	1.44										
55 6	"	r	2.62										
August 10. Vormittags.													
					90° 1'								
8h 6m 55s	W.H	l	90° 0' 59".98	8h 11m 0s	26".56								
9 30	"	l	58.71	30	25.33								
13 10	"	r	1 54.87										
15 5	"	r	56.05										

Schillig.

Mittlere Zeit Wangeroog	Eingestelltes Objekt	Lage des Fernrohrs	Einzelne Zenitdistanzen	Mittel aus beiden Lagen + Reduktionen: mittlere Zeit Wangeroog	Wangeroog	Roter Sand
8h 18m 25s	W.H	r	90° 1' 34".77	8h 23m 58s	90° 1' 30".36	
19 35	"	r	36.21	50	32.31	
22 5	"	l	0 58.92			
28 5	"	l	1 11.33			
29 38	"	l	8.87			
9 0 40	W.H	l	15.01	9 3 0	44.31	
2 16	"	l	13.02	22	41.80	
4 5	"	r	2 13.30			
5 20	"	r	16.36			
7 25	W.H	r	14.20	10 20	48.46	
8 33	"	r	17.14	0	43.97	
11 25	"	l	1 13.78			
13 15	"	l	13.73			
16 26	W.H	l	12.80	18 43	38.24	
17 40	"	l	11.80	47.5	38.26	
19 33	"	r	2 7.62			
21 0	"	r	6.60			
24 5	R.H	r	0 42.27	26 27.5		89° 59' 33.03
25 30	"	r	38.70	38		49.27
27 46	"	l	89 59 40.82			
28 50	"	l	44.76			
10 4 10	W.H	l	90 0 56.61			
5 50	"	l	59.13	10 10 15.5	23.82	
7 5	R.H	l	89 59 26.07	9 51.5		31.76
8 40	"	l	19.09	48		26.27
10 36	"	r	90 0 24.42			
12 38	"	r	18.42			
14 41	W.H	r	1 31.41			
16 16	W.H	r	51.26	22 0	18.36	
17 42	"	r	49.96	3.5	18.08	
19 33	R.H	r	0 22.50	6.5		18.72
21 21	"	r	1.23	15		13.99
23 9	"	l	89 59 7.73			
24 38	"	l	6.89			
26 25	W.H	l	90 0 49.11			
27 44	"	l	48.77			
29 9	W.H	l	50.97	34 30	20.37	
30 23	"	l	48.78	24	9.38	
31 48	R.H	l	89 58 59.33	22		5.73
33 19	"	l	59.58	4.5		6.94
34 50	"	r	59 33.87			
36 56	"	r	33.10			
38 25	W.H	r	90 1 32.89			
39 31	"	r	32.69			

Wangeroog.

Mittlere Zeit Wangeroog	Eingestelltes Objekt	Lage des Fernrohrs	Einzelne Zenitdistanzen	Mittel aus beiden Lagen + Reduktionen: mittlere Zeit Wangeroog	Schillig	Roter Sand
10h 10m 16s	S.H	l	93° 6' 15".48	10h 15m 40s	90° 3' 37".89	
12 13	"	l	14.77	16 6.5	37.79	
13 46	R.H	l	3 0.44	15 59		89° 59' 57".87
15 13	"	l	2 59.34	16 3.5		56.42
16 54	"	r	86 57 38.72			
18 12	"	r	39.32			
20 0	S.H	r	87 0 31.87			
22 4	"	r	32.35			
22 9	S.H	r	31.35	27 21.5	30.02	
23 30	"	r	*45.82			
24 41	"	r	31.50	28 1.5	32.52	
25 49	R.H	r	86 57 28.62	2		52.85
27 6	"	r	31.25	27 57		48.77
28 48	"	l	93 2 57.51			
30 13	"	l	50.30			
31 22	S.H	l	6 4.59			
32 34	"	l	5 59.75			
34 59	S.H	l	54.78	40 3	19.49	
36 33	"	l	52.04	5.5	23.40	
38 5	R.H	l	2 44.37	6.5		40.27
39 11	"	l	47.25	10		41.78
41 9	"	r	86 57 21.53			
42 8	"	r	21.38			
43 36	S.H	r	87 0 29.82			
45 7	"	r	35.25			

Schillig.

Mittlere Zeit Wangeroog	Eingestelltes Objekt	Lage des Fernrohrs	Einzelne Zenitdistanzen	Mittel aus beiden Lagen + Reduktionen: mittlere Zeit Wangeroog	Wangeroog	Roter Sand
					90° 1'	89° 59'
10h 41m 3s	W.H	r	90° 1' 34".09	10h 59m 52s	−4".35	
42 22	"	r	30.58	47 41	−4.86	
43 36	R.H	r	89 59 48.43	46 22.5		−2".74
45 5	"	r	45.09	19		−3.45
47 33	"	l	58 48.98			
49 9	"	l	47.06			
53 0	W.H	l	90 0 22.61			
11 18 37	"	l	20.17			

Wangeroog.

Mittlere Zeit Wangeroog	Eingestelltes Objekt	Lage des Fernrohrs	Einzelne Zenitdistanzen	Mittel aus beiden Lagen + Reduktionen: mittlere Zeit Wangeroog	Schillig	Roter Sand
					90° 3'	89° 59'
10h 46m 8s	S.H	r	87° 0' 34".62	11h 5m 15s	9".12	
47 12	"	r	33.13	4	9.44	
48 40	R.H	r	86 57 20.10	5 32.5		36".95
49 38	"	r	26.70	51		41.39
51 21	"	r	21.22	10 52 11.5		40.62
53 2	"	l	93 2 45.23			
11 20 4	"	l	42.19			
22 25	"	l	39.02			
22 56	S.H	l	5 36.81			
24 22	"	l	34.68			

Stand IV.

Juli 31. Nachmittags.

Schillig.

Mittlere Zeit Wangeroog	Eingestelltes Objekt	Lage des Fernrohrs	Einzelne Zenitdistanzen	Mittel aus beiden Lagen + Reduktionen: mittlere Zeit Wangeroog	Wangeroog	Roter Sand
					90° 2'	90° 0'
4h 35m 30s	W.H	r	90° 2' 45".37	4h 40m 53s	5".78	
37 5	"	r	46.36	41 7.5	6.30	
38 30	R.H	r	1 50.46	15		51".57
39 37	"	r	48.69	13.5		50.78
42 50	"	l	0 33.85			
44 0	"	l	33.65			
45 10	W.H	l	1 29.55			
46 16	"	l	29.10			
47 56	W.H	l	32.48	52 40	6.75	
49 5	"	l	28.58	41.5	6.86	
50 25	R.H	l	0 34.15	45.5		52.73
51 37	"	l	34.00	29		52.86
53 21	"	r	1 50.69			
55 6	"	r	50.29			
56 18	W.H	r	2 48.06			
57 24	"	r	44.94			
5 1 52	W.H	r	45.87	5 6 24	3.92	
3 4	"	r	48.21	22	5.38	
4 36	R.H	r	1 53.67	34		52.92
5 42	"	r	50.50	26		50.99
7 10	"	l	0 32.45			
8 32	"	l	33.15			
9 40	W.H	l	1 25.46			
10 56	"	l	24.86			
11 58	W.H	l	25.40			
13 4	"	l	22.93			
14 50	R.H	l	0 29.47	16 49		49.18
15 52	"	l	35.62	36		52.22
17 20	"	r	2 49.79			
18 48	"	r	50.06			

Wangeroog.

Mittlere Zeit Wangeroog	Eingestelltes Objekt	Lage des Fernrohrs	Einzelne Zenitdistanzen	Mittel aus beiden Lagen + Reduktionen: mittlere Zeit Wangeroog	Schillig	Roter Sand
					90° 4'	90° 0'
4h 45m 23s	S.H	l	90° 3' 29".17	4h 51m 47s	37".77	
47 9	"	l	33.40	38.5	38.36	
48 38	R.H	l	0 0.45	7.5		40".96
50 19	"	l	2.80	21		44.49
52 23	"	r	2 11.40			
53 37	"	r	6.69			
56 8	S.H	r	3 34.38			
58 11	"	r	37.43			
59 32	S.H	r	35.67	5 6 30	36.12	
5 1 21	"	r	33.60	40.5	35.92	
3 6	R.H	r	2 4.89	46		41.33
4 21	"	r	6.54	48.5		42.23
6 17	"	l	0 8.38			
9 16	"	l	3.18			
10 26	"	l	3.48			
12 0	S.H	l	3 29.30			
13 29	"	l	27.62			
14 44	S.H	l	31.25	20 40.5	37.83	
15 47	"	l	29.40	0	34.56	
17 19	R.H	l	89 59 56.37	19 47.5		35.67
19 9	"	l	55.52	20 3		37.49
20 57	"	r	90 2 4.68			
22 16	"	r	0.18			
24 13	S.H	r	3 30.77			
26 37	"	r	35.47			

Schillig.

Mittlere Zeit Wangeroog	Eingestelltes Objekt	Lage des Fernrohrs	Einzelne Zenitdistanzen	Mittel aus beiden Lagen + Reduktionen: mittlere Zeit Wangeroog	Wangeroog	Roter Sand
					90° 1′	
8h 18m 25s	W.H	r	90° 1′ 54.77″	8h 23m 58s	30.36″	
19 35	"	r	56.21	50	32.31	
22 5	"	l	0 *58.92			
28 5	"	l	1 11.33			
29 31	"	l	8.87			
9 0 40	W.H	l	15.01	9 3 0	44.33	
2 16	"	l	13.02	11	41.80	
4 5	"	r	2 13.50			
5 20	"	r	16.56			
7 25	W.H	r	14.10	10 20	42.46	
8 35	"	r	17.14	0	43.97	
11 25	"	l	2 13.72			
13 15	"	l	13.73			
16 26	W.H	l	12.80	18 43	38.24	
17 40	"	l	11.80	47.5	38.18	
19 55	"	r	2 7.68			
21 0	"	r	6.60			
						89° 59′
24 5	R.H	r	0 42.27	26 27.5		53.03
25 30	"	r	38.70	38		49.27
27 48	"	l	89 59 40.82			
28 50	"	l	44.76			
10 4 10	W.H	l	90 0 *56.61			
5 50	"	l	59.13	10 10 15.5	23.81	
7 5	R.H	l	89 59 26.07	9 51.5		31.76
8 40	"	l	19.09	48		26.87
10 56	"	r	90 0 14.41			
12 38	"	r	18.42			
14 41	W.H	r	2 52.41			
16 16	W.H	r	51.26	22 0	18.56	
17 42	"	r	49.96	3.5	18.08	
19 35	R.H	r	0 12.50	6.5		18.72
21 21	"	r	2.23	15		13.99
23 9	"	l	89 59 7.73			
24 38	"	l	6.89			
26 25	W.H	l	90 0 49.22			
27 44	"	l	48.77			
29 9	W.H	l	50.97	34 30	20.37	
30 23	"	l	48.78	24	9.38	
31 48	R.H	l	89 58 59.33	22		5.73
33 19	"	l	59.58	4.5		6.94
34 50	"	r	59 55.27			
36 56	"	r	53.10			
38 25	W.H	r	90 2 32.89			
39 51	"	r	32.69			

Wangeroog.

Mittlere Zeit Wangeroog	Eingestelltes Objekt	Lage des Fernrohrs	Einzelne Zenitdistanzen	Mittel aus beiden Lagen + Reduktionen: mittlere Zeit Wangeroog	Schillig	Roter Sand
					90° 3′	89° 59′
10h 10m 16s	S.H	l	93° 6′ 15.48″	10h 15m 40s	37.89″	
12 13	"	l	14.77	16 6.5	37.79	
13 46	R.H	l	3 0.44	15 59		37.17″
15 13	"	l	2 59.34	16 3.5		36.42
16 54	"	r	86 57 38.72			
18 12	"	r	39.32			
20 0	S.H	r	87 0 51.87			
21 4	"	r	51.35			
22 9	S.H	r	51.35	27 21.5	30.02	
23 30	"	r	*45.82			
24 41	"	r	51.50	28 1.5	32.52	
25 49	R.H	r	86 57 38.62	2		51.85
27 6	"	r	31.25	27 57		48.77
28 48	"	l	93 2 51.52			
30 13	"	l	50.30			
31 22	S.H	l	6 4.59			
32 34	"	l	5 59.75			
34 59	S.H	l	54.78	40 3	19.49	
36 35	"	l	52.04	3.5	15.40	
38 5	R.H	l	2 44.57	6.5		40.27
39 11	"	l	47.25	10		41.72
41 9	"	r	86 57 21.53			
42 8	"	r	21.38			
43 36	S.H	r	87 0 29.82			
45 7	"	r	35.25			

Schillig.

Mittlere Zeit Wangeroog	Eingestelltes Objekt	Lage des Fernrohrs	Einzelne Zenitdistanzen	Mittel aus beiden Lagen + Reduktionen: mittlere Zeit Wangeroog	Wangeroog	Roter Sand
					90° 1′	89° 59′
10h 41m 3s	W.H	r	90° 1′ 34".04	10h 59m 51s	−4".35	
42 22	"	r	30.58	47 41	−4.86	
43 36	R.H	r	89 59 48.43	46 22.5		−2".74
45 5	"	r	45.09	29		−3.45
47 33	"	l	58 48.98			
49 9	"	l	47.06			
53 0	W.H	l	90 0 22.61			
11 18 37	"	l	10.17			

Wangeroog.

Mittlere Zeit Wangeroog	Eingestelltes Objekt	Lage des Fernrohrs	Einzelne Zenitdistanzen	Mittel aus beiden Lagen + Reduktionen: mittlere Zeit Wangeroog	Schillig	Roter Sand
					90° 3′	89° 59′
10h 46m 8s	S.H	r	87° 0′ 34".61	11h 5m 15s	9".12	
47 12	"	r	33.13	6	9.44	
48 40	R.H	r	86 57 20.10	4 32.5		36".95
49 38	"	r	26.70	51		41.39
51 21	"	r	21.22	10 52 11.5		40.62
53 2	"	l	93 2 45.23			
11 20 4	"	l	41.29			
21 25	"	l	39.01			
22 56	S.H	l	5 36.81			
24 22	"	l	34.68			

Stand IV.

Juli 31. Nachmittags.

Schillig.

Mittlere Zeit Wangeroog	Eingestelltes Objekt	Lage des Fernrohrs	Einzelne Zenitdistanzen	Mittel aus beiden Lagen + Reduktionen: mittlere Zeit Wangeroog	Wangeroog	Roter Sand
					90° 2′	90° 0′
4h 35m 30s	W.H	r	90° 2′ 45".37	4h 40m 53s	5".78	
37 5	"	r	46.36	41 7.5	6.50	
38 30	R.H	r	1 50.46	15		51".37
39 37	"	r	48.69	23.5		50.78
42 50	"	l	0 33.85			
44 0	"	l	33.65			
45 10	W.H	l	1 29.55			
46 16	"	l	29.10			
47 36	W.H	l	31.48	52 40	6.73	
49 5	"	l	28.58	41.5	6.86	
50 25	R.H	l	0 34.15	45.5		51.73
51 37	"	l	34.00	59		51.86
53 21	"	r	1 30.69			
55 6	"	r	30.19			
56 18	W.H	r	2 48.06			
57 24	"	r	44.94			
5 1 52	W.H	r	45.87	5 6 24	3.91	
3 4	"	r	48.21	22	5.38	
4 36	R.H	r	1 53.67	34		52.92
5 42	"	r	50.50	26		50.99
7 20	"	l	0 32.45			
8 32	"	l	33.15			
9 40	W.H	l	1 25.46			
10 56	"	l	24.86			
11 58	W.H	l	25.40			
13 4	"	l	22.93			
14 50	R.H	l	0 29.47	16 49		49.28
15 52	"	l	35.62	56		52.22
17 20	"	r	1 49.79			
18 48	"	r	50.06			

Wangeroog.

Mittlere Zeit Wangeroog	Eingestelltes Objekt	Lage des Fernrohrs	Einzelne Zenitdistanzen	Mittel aus beiden Lagen + Reduktionen: mittlere Zeit Wangeroog	Schillig	Roter Sand
					90° 4′	90° 0′
4h 45m 13s	S.H	l	90° 3′ 29".17	4h 51m 47s	37".77	
47 9	"	l	33.40	38.5	38.36	
48 38	R.H	l	0 0.45	7.5		40".96
50 19	"	l	2.80	21		44.49
52 23	"	r	2 11.40			
53 37	"	r	6.69			
56 8	S.H	r	5 34.38			
58 21	"	r	37.43			
59 31	S.H	r	35.67	5 6 30	36.12	
5 1 21	"	r	33.60	40.5	33.92	
3 6	R.H	r	2 4.89	46		41.55
4 21	"	r	6.54	48.5		42.25
6 17	"	l	0 *8.38			
9 16	"	l	3.18			
10 26	"	l	3.48			
12 0	S.H	l	3 29.30			
13 29	"	l	27.62			
14 44	S.H	l	31.25	20 40.5	37.83	
15 47	"	l	29.40	0	34.56	
17 19	R.H	l	89 59 56.37	19 47.5		35.67
19 9	"	l	55.52	20 3		37.49
20 57	"	r	90 2 4.62			
22 16	"	r	0.18			
24 13	S.H	r	5 30.77			
26 37	"	r	35.47			

Schillig.

Mittlere Zeit Wangeroog	Eingestelltes Objekt	Lage des Fernrohrs	Einzelne Zenitdistanzen	Mittel aus beiden Lagen + Reduktionen: mittlere Zeit Wangeroog	Wangeroog	Roter Sand
						90° 0′
5ʰ 28ᵐ 33ˢ	R.H	r	90° 1′ 49″.34	5ʰ 30ᵐ 41ˢ		48″.68
29 50	„	r	48.25	40		47.28
31 30	„	l	0 27.28			
32 46	„	l	29.00			
34 0	„	l	*31.86			
35 10	„	l	*32.15			
					90° 2′	
57 30	W.H	r	2 40.70	6 3 57	58″.96	
59 35	„	r	19.70	4 25	59.72	
6 1 25	R.M	r	3 7.18	20		55.06
3 0	„	r	1.09	15		55.22
5 30	„	l	1 49.60			
7 25	„	l	43.20			
8 55	W.H	l	22.63			
10 24	„	l	20.13			
31 15	W.H	l	19.38	39 25	56.20	
32 31	„	l	14.58	38 55.5	54.37	
33 50	R.H	l	0 29.20	36 45		47.22
35 48	„	l	26.50	59		46.22
38 10	„	r	1 46.72			
39 40	„	r	46.21			
45 20	W.H	r	2 37.08			
47 33	„	r	35.93			
49 2	W.H	r	32.42	53 38	53.88	
50 18	„	r	32.96	32.5	54.97	
51 40	R.M	r	57.11	34		48.54
52 55	„	r	56.08	31		49.47
54 7	„	l	1 43.12			
55 28	„	l	40.22			
56 45	W.H	l	20.90			
58 24	„	l	19.26			
7 0 10	W.H	l	17.53	7 2 40	52.42	
1 35	„	l	18.51	17.5	53.66	
3 0	„	r	2 32.73*			
5 10	„	r	56.22*			

Wangeroog.

Mittlere Zeit Wangeroog	Eingestelltes Objekt	Lage des Fernrohrs	Einzelne Zenitdistanzen	Mittel aus beiden Lagen + Reduktionen: mittlere Zeit Wangeroog	Schillig	Roter Sand
					90° 4′	90° 0′
5ʰ 28ᵐ 18ˢ	S.H	r	90° 5′ 33″.82	5ʰ 31ᵐ 20ˢ	34″.67	
29 32	„	r	32.57	15.5	33.46	
30 56	R.H	r	1 58.68	33 59		37″.21
32 17	„	r	2 2.28	56		41.18
33 41	„	r	*1.00			
35 35	„	l	0 5.30			
37 8	„	l	0.95			
42 59	S.H	l	3 29.40			
44 22	„	l	26.57			
45 30	S.H	l	27.52	51 24	34.16	
46 41	„	l	26.92	27.5	33.45	
48 45	R.M	l	1 20.75	33		36.90
50 28	„	l	13.42	33.5		35.15
52 39	„	r	3 16.40			
54 21	„	r	22.57			
55 55	S.H	r	5 32.03			
57 18	„	r	31.85			
58 26	S.H	r	28.93	6 3 59	28.22	
59 54	„	r	31.05	4 6	31.58	
6 1 40	R.M	r	3 18.94	4 10		35.02
2 53	„	r	25.22	3 52		33.95
4 51	„	l	1 12.30			
6 40	„	l	10.60			
8 18	S.H	l	3 23.27			
9 32	„	l	18.57			

Mittlere Zeit Wangeroog	Eingestelltes Objekt	Lage des Fernrohrs	Einzelne Zenit-distanzen	Schillig. Mittel aus beiden Lagen + Reduktionen: mittlere Zeit Wangeroog	Wangeroog	Roter Sand
August 1. Vormittags.						
					90° 1'	90° 0'
10ʰ 14ᵐ 9ˢ	W.H	l	90° 2' 14.″86	10ʰ 21ᵐ 5ˢ	50.″80	
15 32	„	l	15.12	5	51.53	
17 59	R.M	l	23.95	24.5		33.″27
19 42	„	l	23.58	20.5		33.42
22 59	„	r	3 41.52			
24 30	„	r	40.85			
26 38	W.H	r	30.85			
28 1	„	r	29.65			
29 14	W.H	r	29.52	35 13	50.75	
30 31	„	r	29.34	34 58.5	48.47	
32 14	R.M	r	41.67	34		33.72
33 43	„	r	42.70	31		33.85
35 19	„	l	2 25.25			
36 54	„	l	26.03			
39 26	W.H	l	10.53			
41 12	„	l	14.90			
42 41	W.H	l	10.73	49 53	48.56	
43 52	„	l	8.71	37.5	46.21	
45 29	R.M	l	26.95	23		34.41
48 5	„	l	26.77	47.5		34.05
51 30	„	r	3 41.59			
52 57	„	r	42.22			
54 43	W.H	r	26.63			
57 5	„	r	29.30			
57 33	W.H	r	29.23			
58 59	„	r	28.97			
11 0 32	R.M	r	41.62	11 3 20.5		32.37
2 25	„	r	42.30	7		33.29
3 59	„	l	2 24.51			
5 49	„	l	23.38			

Mittlere Zeit Wangeroog	Eingestelltes Objekt	Lage des Fernrohrs	Einzelne Zenit-distanzen	Wangeroog. Mittel aus beiden Lagen + Reduktionen: mittlere Zeit Wangeroog	Schillig	Roter Sand
August 2. Nachmittags.						
					90° 4'	90° 0'
6ʰ 14ᵐ 37ˢ	S.H	l	90° 3' 18.″72	6ʰ 19ᵐ 50ˢ	24.″42	
15 49	„	l	18.22	45.5	24.70	
17 40	R.M	l	1 8.22	58.5		32.″80
18 55	„	l	9.22	55.5		32.10
20 56	„	r	3 14.50			
22 27	„	r	16.90			
23 42	S.H	r	5 22.23			
25 3	„	r	21.17			

Wangeroog.

Mittlere Zeit Wangeroog	Eingestelltes Objekt	Lage des Fernrohrs	Einzelne Zenitdistanzen	Mittel aus beiden Lagen + Reduktionen: mittlere Zeit Wangeroog	Schillig	Roter Sand
					90° 4′	90° 0′
6h 26m 18s	S.H	r	90° 5′ 20″.35	6h 32m 6s	22″.61	
28 19	„	r	18.88	30	23″.41	
30 12	R.M	r	3 13.57	41.5		32″.32
31 43	„	r	15.92	42		32.99
33 41	„	l	2 9.57			
35 13	„	l	10.57			
36 41	S.H	l	3 19.00			
37 54	„	l	15.92			
39 31	„	l	*14.62			
44 38	„	l	*17.65			

August 3. Vormittags.

Schillig.

Mittlere Zeit Wangeroog	Eingestelltes Objekt	Lage des Fernrohrs	Einzelne Zenitdistanzen	Mittel aus beiden Lagen + Reduktionen: mittlere Zeit Wangeroog	Wangeroog	Roter Sand
					90° 1′	90° 0′
5h 8m 28s	W.H	l	90° 0′ 41″.27	5h 15m 19s	22″.66	
10 3	„	l	43.30	18	24.60	
11 28	R.H	l	27.66	33.5		38″.04
12 38	„	l	24.86	37		35.59
15 27	R.M	r	1 *40.19			
17 16	„	r	*39.61			
18 36	R.H	r	37.30			
19 43	„	r	39.40			
20 53	W.H	r	2 8.82			
22 10	„	r	6.96			
23 16	W.H	r	6.34	28 34.5	26.77	
24 24	„	r	8.47	33.5	28.50	
26 53	R.H	r	1 40.25	29 4		39.34
28 18	„	r	38.30	5.5		37.45
29 53	„	l	0 27.58			
31 15	„	l	29.40			
33 23	W.H	l	51.45			
34 33	„	l	50.12			
35 39	W.H	l	51.93	42 3.5	32.42	
36 58	„	l	54.41	41 54	33.03	
38 58	R.H	l	20.10	19		40.29
40 33	„	l	21.86	23		40.52
42 13	„	r	1 40.16			
43 40	„	r	41.46			
46 50	W.H	r	2 14.57			
48 28	„	r	15.82			
49 33	W.H	r	13.85	55 40.5	34.32	
50 48	„	r	14.57	55 31	33.84	
52 8	R.H	r	1 41.35	54 33		42.37
53 43	„	r	44.02	40.5		42.90
55 38	„	l	0 22.75			
56 58	„	l	22.36			
6 0 14	W.H	l	56.05			
1 48	„	l	57.70			

Wangeroog.

Mittlere Zeit Wangeroog	Eingestelltes Objekt	Lage des Fernrohrs	Einzelne Zenitdistanzen	Mittel aus beiden Lagen + Reduktionen: mittlere Zeit Wangeroog	Schillig	Roter Sand
					90° 4′	90° 0′
5h 11m 37s	S.H	r	90° 5′ 7″.47	5h 20m 28s	13″.46	
13 29	„	r	6.52	38.5	12.40	
16 36	R.M	r	*3 9.22			
18 32	R.H	r	2 56.37	22 10		32″.22
22 12	„	r	53.48	23 9		36.06
24 6	„	l	0 1.85			
25 48	R.M	l	2 8.45			
27 48	S.H	l	3 7.35			
29 19	„	l	10.50			
30 46	S.H	l	8.55	36 27.5	13.91	
31 56	„	l	9.30	5	15.86	
33 27	R.H	l	89 59 56.30	10		34.60
34 47	R.M	l	90 2 8.20	3		32.08
37 19	„	r	3 15.47			
38 53	„	r	15.27			
40 14	S.H	r	3 13.48			
42 9	„	r	10.32			
43 23	S.H	r	7.72	49 20	14.32	
44 34	„	r	10.00	49 5	16.25	
46 43	R.M	r	*15.52			
47 58	„	r	17.30	50 6		36.60
49 22	R.H	r	2 58.55	50 8		36.00
50 58	„	l	89 59 58.67			
52 14	„	l	58.28			
53 36	S.H	l	90 3 13.55			
55 17	„	l	11.97			

Mittlere Zeit Wangeroog	Eingestelltes Objekt	Lage des Fernrohrs	Einzelne Zenit-distanzen	Schillig. Mittel aus beiden Lagen + Reduktionen: mittlere Zeit Wangeroog	Wangeroog	Roter Sand
					90° 1'	90° 0'
6h 2m 53s	W.H	l	90° 0' 59."33	6h 5m 48s	38."16	
4 9	"	l	1 0.73	48.5	38.07	
5 58	R.H	l	0 24.03	53		44."01
7 40	"	l	23.70	26.5		42.09
9 13	"	r	2 41.46			
10 44	"	r	*45.56			
11 48	"	r	44.96			
13 28	W.H	r	2 18.32			
14 43	"	r	20.11			
16 3	W.H	r	21.66	23 10.5	40.19	
17 27	"	r	23.58	10	41.23	
18 58	R.H	r	1 46.55	22 54		45.40
20 32	"	r	44.57	60		42.96
25 29	"	l	0 22.33			
26 50	"	l	25.23			
28 53	W.H	l	1 1.80			
30 18	"	l	1.63			
31 18	W.H	l	5.43	36 10.5	43.59	
32 30	"	l	4.58	18	42.30	
34 8	R.H	l	0 22.48	20.5		42.33
35 18	"	l	24.68	6		44.66
36 54	"	r	1 45.62			
38 33	"	r	43.16			
40 6	W.H	r	2 22.93			
41 23	"	r	24.67			
42 29	W.H	r	23.92	48 11	43.24	
43 33	"	r	25.58	20.5	44.28	
45 18	R.H	r	1 45.70	23		45.22
46 33	"	r	47.42	3.5		46.35
48 3	"	l	0 *21.95			
49 34	"	l	26.25			
51 28	"	l	25.72			
52 48	W.H	l	1 5.90			
53 53	"	l	5.48			

Mittlere Zeit Wangeroog	Eingestelltes Objekt	Lage des Fernrohrs	Einzelne Zenit-distanzen	Wangeroog. Mittel aus beiden Lagen + Reduktionen: mittlere Zeit Wangeroog	Schillig	Roter Sand
					90° 4'	90° 0'
5h 57m 4s	S.H	l	90° 3' 11."20	6h 4m 4s	17."23	
58 56	"	l	11.37	5 31	17.81	
6 0 24	R.M	l	1 13.72	0.5		36."35
2 6	"	l	12.50	11.5		36.49
4 17	"	r	3 20.00			
5 37	"	r	18.50			
8 6	S.H	r	5 15.30			
9 42	R.H	r	2 *58.40			
11 4	S.H	r	5 14.52			
12 35	S.H	r	12.70	18 32	18.61	
13 52	"	r	14.57	32.5	18.48	
15 53	R.M	r	3 22.12	20		38.49
17 7	"	r	18.30	22.5		37.23
19 16	"	l	1 15.67			
20 47	"	l	14.37			
21 54	"	l	*15.62			
23 13	S.H	l	3 13.45			
24 29	"	l	15.57			
25 48	S.H	l	18.27	31 23	22.08	
26 58	"	l	16.52	0	20.21	
28 28	R.M	l	1 11.02	30 57		32.93
29 52	"	l	12.18	55.5		36.58
32 0	"	r	3 20.50			
33 26	"	r	14.35			
35 2	S.H	r	5 24.95			
36 38	"	r	26.95			
38 12	S.H	r	13.60	44 30	20.01	
39 28	"	r	13.40	51	23.16	
41 52	R.M	r	3 *22.02			
42 47	"	r	19.27	45 17.5		38.01
44 16	R.H	r	2 2.10	14		38.61
46 12	"	l	0 0.33			
47 48	"	l	89 59 59.12			
49 34	S.H	l	90 3 21.98			
50 48	"	l	15.48			
52 18	S.H	l	26.93	58 0.5	24.32	
53 37	"	l	12.98	57 49	22.58	
55 0	R.H	l	0 1.15	25.5		37.62
56 19	"	l	2.30	17.5		40.93
58 16	"	r	2 4.78			
59 51	"	r	1 59.30			
7 2 2	S.H	r	5 23.25			
3 43	"	r	22.75			

August 3. Vormittags.

Schillig.

Mittlere Zeit Wangeroog	Eingestelltes Objekt	Lage des Fernrohrs	Einzelne Zenitdistanzen	Mittel aus beiden Lagen + Reduktionen: mittlere Zeit Wangeroog	Wangeroog	Roter Sand
					90° 2′	90° 0′
9h 54m 38s	W.H	l	90° 1′ 18″.67	10h 0m 1s	−0″.54	
56 28	"	l	17.11	10.5	−3.85	
57 38	R.H	l	0 22.13	13		48″.26
59 13	"	l	22.40	13		48.79
10 1 13	"	r	1 50.16			
2 28	"	r	49.37			
3 53	W.H	r	2 38.12			
5 4	"	r	43.16			
6 13	W.H	r	41.20	11 6	−0.42	
7 21	"	r	43.13	2	0.21	
8 48	R.H	r	1 50.27	8		49.29
10 6	"	r	48.42	7		47.65
12 8	"	l	0 27.86			
13 28	"	l	29.28			
14 43	W.H	l	2 20.00			
15 39	"	l	20.88			
17 43	W.H	l	13.27	22 45	0.26	
19 3	"	l	19.83	45.5	2.36	
20 53	R.H	l	0 28.80	23 6.5		48.91
22 9	"	l	27.30	2		48.17
23 53	"	r	1 49.82			
25 20	"	r	50.00			
26 28	W.H	r	2 47.81			
27 47	"	r	48.13			
29 18	W.H	r	45.67	36 31	2.24	
31 59	"	r	44.92	37 20	3.51	
34 30	R.H	r	1 47.00	36 35		45.91
35 44	"	r	46.67	28.5		48.05
37 13	"	l	0 30.41			
38 40	"	l	25.80			
39 53	"	l	*27.85			
41 13	W.H	r	2 *23.28			
42 41	"	r	25.02			
43 44	"	r	21.73			
45 18	W.H	l	22.68	50 32.5	0.29	
46 35	"	l	23.72	36.5	1.59	
47 58	R.H	l	0 27.81	32		46.86
49 33	"	l	28.97	31		48.14
51 29	"	r	1 48.28			
53 4	"	r	46.88			
54 38	W.H	r	2 41.38			
55 47	"	r	40.81			

Wangeroog.

Mittlere Zeit Wangeroog	Eingestelltes Objekt	Lage des Fernrohrs	Einzelne Zenitdistanzen	Mittel aus beiden Lagen + Reduktionen: mittlere Zeit Wangeroog	Schillig	Roter Sand
					90° 4′	90° 0′
9h 59m 53s	S.H	r	90° 5′ 33″.02	10h 8m 50s	37″.46	
10 3 47	"	r	23.60	9 59	35.57	
7 50	R.H	r	2 9.95	10 29.5		45″.13
9 0	"	r	7.67	34		46.46
11 0	"	l	0 *9.47			
12 8	"	l	10.47			
13 9	"	l	5.52			
16 11	S.H	l	3 36.60			
17 47	"	l	30.95			
21 12	"	l	*29.95			
23 25	S.H	l	29.42	29 44	34.77	
24 28	"	l	28.50	40	32.90	
26 24	R.H	l	0 3.25	0		41.44
27 42	"	l	6.70	28 43		44.74
29 44	"	r	2 8.00			
31 36	"	r	4.85			
34 52	S.H	r	3 28.35			
36 3	"	r	31.17			
37 16	S.H	r	27.27	43 0.5	33.24	
38 39	"	r	29.10	42 47.5	35.77	
40 3	R.H	r	2 6.35	26		43.57
41 18	"	r	8.88	18		47.89
43 17	"	l	0 12.12			
44 49	"	l	6.00			
46 56	S.H	l	3 33.50			
48 45	"	l	30.27			
49 54	S.H	l	33.12	55 20	32.52	
51 48	"	l	30.07	35	34.69	
53 23	R.H	l	0 7.00	36.5		45.09
54 38	"	l	9.40	32.5		48.43
56 29	"	r	2 12.67			
57 30	"	r	8.40			
59 22	S.H	r	3 30.37			
11 0 46	"	r	22.98			

Schillig.

Mittlere Zeit Wangeroog	Eingestelltes Objekt	Lage des Fernrohrs	Einzelne Zenitdistanzen	Mittel aus beiden Lagen + Reduktionen: mittlere Zeit Wangeroog	Wangeroog	Roter Sand
					90° 2'	90° 0'
10h 57m 8s	W.H	r	90° 2' 46.″66	11h 2m 3s	6.″60	
58 18	"	r	44.85	2 58	3.64	
59 53	R.H	r	1 49.69	2 2		48.″53
11 1 13	"	r	47.19	0.5		46.57
2 48	"	l	0 26.92			
4 11	"	l	28.35			
5 38	W.H	l	1 25.35			
6 58	"	l	29.46			
8 18	W.H	l	31.90	13 35.5	5.58	
9 24	"	l	28.52	31	4.56	
10 43	R.H	l	0 28.25	26		47.96
12 2	"	l	27.60	10		46.48
14 18	"	r	1 46.34			
15 49	"	r	48.75			
17 38	W.H	r	2 43.52			
18 53	"	r	41.17			
20 18	W.H	r	47.54	26 25	7.82	
21 53	"	r	46.49	35.5	6.99	
23 13	R.H	r	2 52.56	28		52.67
24 43	"	r	51.44	43		51.88
26 43	"	l	0 33.30			
29 43	"	l	32.75			
31 18	W.H	l	1 30.41			
32 32	"	l	31.01			
34 3	W.H	l	23.78	40 48	7.52	
35 32	"	l	27.67	50	9.18	
36 50	"	l	*27.02			
38 48	R.H	l	32.75	41 40.5		53.27
40 8	"	l	32.95	25.5		48.97
42 43	"	r	1 43.96			
44 33	"	r	54.76			
46 9	W.H	r	2 53.61			
47 33	"	r	54.28			
49 53	W.H	r	51.19	52 45.5	11.74	
50 48	"	r	52.15	38	13.32	
52 28	"	l	1 37.41			
53 38	"	l	35.20			

Wangeroog.

Mittlere Zeit Wangeroog	Eingestelltes Objekt	Lage des Fernrohrs	Einzelne Zenitdistanzen	Mittel aus beiden Lagen + Reduktionen: mittlere Zeit Wangeroog	Schillig	Roter Sand
					90° 4'	90° 0'
11h 4m 1s	S.H	r	90° 5' 32.″32	10h 10m 40.s5	35.″83	
6 22	"	r	29.57	11 2.5	35.18	
8 29	R.H	r	2 6.20	10 54		47.″22
9 40	"	r	4.83	43.5		45.23
11 47	"	l	0 10.85			
13 19	"	l	13.25			
15 43	S.H	l	3 32.85			
17 20	"	l	30.40			
18 35	S.H	l	27.28	25 22	34.48	
20 35	"	l	28.15	22	33.36	
22 12	R.H	l	0 6.55	24 49		47.83
23 42	"	l	8.73	43		44.23
25 44	"	r	2 4.95			
27 26	"	r	14.32			
30 7	S.H	r	3 29.63			
31 47	"	r	32.73			

Schillig.

Mittlere Zeit Wangeroog	Eingestelltes Objekt	Lage des Fernrohrs	Einzelne Zenitdistanzen	Mittel aus beiden Lagen + Reduktionen: mittlere Zeit Wangeroog	Wangeroog	Roter Sand
					90° 2′	90° 0′

August 3. Vormittags.

Mittlere Zeit Wangeroog	Eingestelltes Objekt	Lage des Fernrohrs	Einzelne Zenitdistanzen	mittlere Zeit Wangeroog	Wangeroog	Roter Sand
9h 54m 58s	W.H	l	90° 1′ 18″.67	10h 0m 1s	−0″.54	
56 18	"	l	17.11	10.5	−3.85	
57 58	R.H	l	0 28.13	13		48″.26
59 13	"	l	28.40	13		48.79
10 1 13	"	r	2 50.16			
2 28	"	r	49.37			
3 53	W.H	r	2 38.12			
5 4	"	r	43.16			
6 13	W.H	r	41.50	11 6	−0.41	
7 21	"	r	43.13	2	0.11	
8 48	R.H	r	1 50.27	8		49.29
10 6	"	r	48.42	7		47.65
12 8	"	l	0 27.86			
13 28	"	l	29.28			
14 43	W.H	l	1 20.00			
15 59	"	l	20.88			
17 43	W.H	l	13.17	11 45	0.24	
19 3	"	l	19.83	45.5	2.36	
20 33	R.H	l	0 28.80	23 6.5		48.91
22 9	"	l	27.50	2		48.17
23 53	"	r	1 49.82			
25 20	"	r	50.00			
26 28	W.H	r	2 47.81			
27 47	"	r	48.13			
29 18	W.H	r	45.67	36 31	2.24	
31 59	"	r	44.91	37 20	3.51	
34 30	R.H	r	1 47.00	36 33		45.91
35 44	"	r	46.67	28.5		48.05
37 13	"	l	0 30.41			
38 40	"	l	23.80			
39 53	"	l	*27.85			
41 13	W.H	r	1 *23.28			
42 41	"	r	23.08			
43 44	"	r	21.73			
45 18	W.H	l	22.68	50 32.5	0.29	
46 33	"	l	23.72	36.5	1.59	
47 58	R.H	l	0 27.81	31		46.86
49 33	"	l	28.97	51		48.14
51 29	"	r	1 48.28			
53 4	"	r	46.88			
54 38	W.H	r	2 42.38			
55 47	"	r	40.82			

Wangeroog.

Mittlere Zeit Wangeroog	Eingestelltes Objekt	Lage des Fernrohrs	Einzelne Zenitdistanzen	Mittel aus beiden Lagen + Reduktionen: mittlere Zeit Wangeroog	Schillig	Roter Sand
					90° 4′	90° 0′
9h 59m 53s	S.H	r	90° 5′ 35″.02	10h 8m 50s	37″.46	
10 3 47	"	r	25.60	9 39	33.57	
7 50	R.H	r	2 9.95	10 29.5		45″.13
9 0	"	r	7.67	34		46.46
11 0	"	l	0 *9.47			
12 8	"	l	10.47			
13 9	"	l	5.52			
16 11	S.H	l	3 36.60			
17 47	"	l	30.95			
21 18	"	l	*29.95			
23 25	S.H	l	29.42	29 44	34.77	
24 28	"	l	28.50	40	32.90	
26 24	R.H	l	0 3.25	0		42.44
27 42	"	l	6.70	28 43		44.74
29 44	"	r	2 8.00			
31 36	"	r	4.85			
34 52	S.H	r	3 28.35			
36 3	"	r	31.17			
37 16	S.H	r	27.27	43 0.5	33.24	
38 39	"	r	29.20	42 47.5	35.77	
40 3	R.H	r	2 6.35	26		43.57
41 18	"	r	8.88	18		47.89
43 17	"	l	0 12.12			
44 49	"	l	6.00			
46 56	S.H	l	3 33.50			
48 45	"	l	30.27			
49 54	S.H	l	33.12	55 20	32.52	
51 48	"	l	30.07	35	34.69	
53 23	R.H	l	0 7.00	36.5		45.09
54 36	"	l	9.40	32.5		48.43
56 29	"	r	2 12.67			
57 50	"	r	8.40			
59 22	S.H	r	3 30.37			
11 0 46	"	r	22.98			

Schillig.

Mittlere Zeit Wangeroog	Eingestelltes Objekt	Lage des Fernrohrs	Einzelne Zenitdistanzen	Mittel aus beiden Lagen + Reduktionen: mittlere Zeit Wangeroog	Wangeroog	Roter Sand
					90° 2′	90° 0′
10ʰ 57ᵐ 8ˢ	W.H	r	90° 2′ 46.″66	11ʰ 2ᵐ 3ˢ	6.″60	
58 18	„	r	44.85	1 58	3.64	
59 53	R.H	r	1 49.69	2 2		48.″53
11 1 13	„	r	47.19	0.5		46.57
1 48	„	l	0 26.92			
4 11	„	l	28.35			
5 38	W.H	l	1 25.35			
6 58	„	l	29.46			
8 18	W.H	l	32.90	13 35.5	5.58	
9 24	„	l	28.52	31	4.56	
10 43	R.H	l	0 28.15	16		47.96
12 2	„	l	27.60	10		46.48
14 18	„	r	1 46.34			
15 49	„	r	48.75			
17 38	W.H	r	2 43.58			
18 53	„	r	41.17			
20 18	W.H	r	47.54	26 25	7.82	
21 53	„	r	46.49	35.5	6.99	
23 13	R.H	r	1 51.56	28		51.67
24 43	„	r	51.44	43		51.88
26 43	„	l	0 33.30			
29 43	„	l	32.75			
31 18	W.H	l	1 30.42			
32 32	„	l	31.01			
34 3	W.H	l	23.78	40 48	7.52	
35 31	„	l	27.67	50	9.18	
36 50	„	l	*17.02			
38 48	R.H	l	32.75	41 40.5		53.27
40 8	„	l	32.95	55.5		48.97
41 43	„	r	1 45.96			
44 33	„	r	54.76			
46 9	W.H	r	2 33.61			
47 33	„	r	34.18			
49 53	W.H	r	51.19	51 45.5	11.74	
50 48	„	r	52.15	38	13.32	
52 28	„	l	1 37.42			
53 38	„	l	35.20			

Wangeroog.

Mittlere Zeit Wangeroog	Eingestelltes Objekt	Lage des Fernrohrs	Einzelne Zenitdistanzen	Mittel aus beiden Lagen + Reduktionen: mittlere Zeit Wangeroog	Schillig	Roter Sand
					90° 4′	90° 0′
11ʰ 4ᵐ 1ˢ	S.H	r	90° 5′ 32.″32	10ʰ 10ᵐ 40.ˢ5	35.″83	
6 22	„	r	29.57	11 2.5	35.18	
8 29	R.H	r	2 6.20	10 54		47.″12
9 40	„	r	4.83	43.5		45.23
11 47	„	l	0 10.85			
13 19	„	l	13.25			
15 43	S.H	l	3 32.85			
17 20	„	l	30.40			
18 35	S.H	l	27.28	25 11	34.48	
20 35	„	l	28.13	21	33.36	
22 12	R.H	l	0 6.55	24 49		47.83
23 42	„	l	8.73	43		44.23
25 44	„	r	2 4.95			
27 26	„	r	24.32			
30 7	S.H	r	3 29.63			
31 47	„	r	32.73			

1888.

ZENITDISTANZEN FÜR DAS NIVELLEMENT

ZWISCHEN

SCHILLIG (NIVELLEMENTSPFEILER), WANGEROOG (ASTRONOMISCHER PFEILER) UND ROTER SAND-LEUCHTTURM.

ZWEITE HÄLFTE.

In SCHILLIG: 8 zölliges U.-J. Beobachter: GALLE.

In WANGEROOG: 10 zölliges U.-J. No. II, Beobachter: FISCHER.

Stand I.

September 7. Vormittags.

Schillig.

Mittlere Zeit Wangeroog	Eingestelltes Objekt	Lage des Fernrohrs	Einzelne Zenitdistanzen	Mittel aus beiden Lagen + Reduktionen: mittlere Zeit Wangeroog	Wangeroog (90° 1′)	Roter Sand (90° 0′)
9h 57m 49s	W.H	l	90° 10′ 1″.80	10h 2m 54s.5	52″.19	
59 30	„	l	2.33	3 9.5	51.91	
10 1 6	R.H	l	9 9.28	19		42.06
2 32	„	l	10.48	17.5		41.76
4 3	„	r	89 52 51.52			
5 32	„	r	53.32			
6 49	W.H	r	53 41.20			
8 0	„	r	42.30			
9 19	W.H	r	40.30	14 43.5	50.41	
10 48	„	r	42.22	47.5	49.25	
12 22	R.H	r	53 46.27	48		38.75
14 10	„	r	49.22	15 3		40.27
15 56	„	l	90 9 9.80			
17 14	„	l	9.70			
18 47	W.H	l	55.80			
20 8	„	l	10 0.23			
21 7	W.H	l	9 59.58	23 48	51.39	
22 22	„	l	56.70	50	50.24	
23 49	R.H	l	9.73	51.5		39.88
24 54	„	l	11.98	45		40.50
26 38	„	r	89 52 47.50			
27 54	„	r	48.50			
29 18	W.H	r	53 43.50			
30 29	„	r	42.92			
31 48	W.H	r	37.98	36 30.5	46.92	
32 52	„	r	36.58	28	47.01	
34 30	R.H	r	52 50.88	35.5		38.94
35 47	„	r	49.17	29		38.80
37 21	„	l	90 6 6.90			
38 41	„	l	5.48			
40 4	W.H	l	9 57.15			
41 13	„	l	55.58			
42 37	W.H	l	53.08	49 51	42.88	
43 46	„	l	54.83	41	42.89	
45 16	R.H	l	6 4.92	47 22.5		36.02
46 25	„	l	6.30	8		37.03
47 51	„	r	89 52 46.23			
49 29	„	r	45.60			
55 36	W.H	r	53 30.67			
57 5	„	r	32.39			

Wangeroog.

Mittlere Zeit Wangeroog	Eingestelltes Objekt	Lage des Fernrohrs	Einzelne Zenitdistanzen	Mittel aus beiden Lagen + Reduktionen: mittlere Zeit Wangeroog	Schillig (90° 4′)	Roter Sand (90° 0′)
9h 54m 20s	S.H	l	90° 4′ 12″.68	9h 59m 12s.5	23″.81	
55 38	„	l	12.27	12.5	22.70	
57 18	R.H	l	0 58.21	29		40.97
58 25	„	l	55.53	20		38.59
10 0 15	„	r	1 9.71			
1 40	„	r	11.79			
2 47	S.H	r	4 27.67			
4 5	„	r	29.47			
5 7	S.H	r	29.06	9 56.5	25.12	
6 9	„	r	28.65	43.5	24.21	
7 32	R.H	r	1 10.14	44.5		40.37
8 48	„	r	9.15	42.5		39.23
10 37	„	l	0 57.36			
11 57	„	l	58.66			
13 18	S.H	l	4 14.30			
14 46	„	l	15.72			
16 29	S.H	l	13.19	21 35	23.76	
17 45	„	l	13.78	36.5	23.88	
19 1	R.H	l	0 57.12	34		40.38
20 35	„	l	56.27	32.5		38.86
22 30	„	r	1 9.50			
24 7	„	r	11.70			
25 28	S.H	r	4 28.52			
26 41	„	r	28.93			
27 49	S.H	r	28.14	32 44	23.44	
28 56	„	r	28.70	43.5	23.97	
30 4	R.H	r	1 11.02	25		44.23
31 25	„	r	13.83	25		43.13
33 25	„	l	0.48			
34 46	„	l	5.50			
36 31	S.H	l	4 13.78			
37 39	„	l	13.28			
39 46	S.H	l	13.81	44 54.5	25.60	
40 50	„	l	12.91	45 2.5	25.19	
42 13	R.H	l	0 58.26	44 28.5		41.66
43 20	„	l	59.60	17		41.78
45 14	„	r	1 12.02			
46 44	„	r	13.12			
49 15	S.H	r	4 32.01			
50 43	„	r	31.93			

September 7. Nachmittags.

Schillig.

Mittlere Zeit Wangeroog	Eingestelltes Objekt	Lage des Fernrohrs	Einzelne Zenit-distanzen	Mittel aus beiden Lagen + Reduktionen: mittlere Zeit Wangeroog	Wangeroog	Roter Sand
					90° 1′	90° 0′
2h 50m 38s	W.H	l	90° 9′ 57.55	2h 55m 51.5s	48.11	
52 17	"	l	57.85	55 57	48.50	
53 37	R.H	l	6.68	56 7		38.59
54 53	"	l	4.75	55 55.5		35.73
56 58	"	r	89 52 43.12			
58 37	"	r	48.98			
59 37	W.H	r	53 38.82			
3 1 5	"	r	38.39			
2 3	W.H	r	39.90	7 5	47.42	
2 59	"	r	40.42	6 51.5	51.05	
4 9	R.H	r	52 48.08	44.5		38.52
5 32	"	r	49.90	19		39.24
7 6	"	l	90 9 7.05			
9 20	"	l	7.43			
10 44	W.T	l	59.07			
12 7	"	l	52.30			
13 34	W.T	l	55.00	19 1.5	51.05	
14 38	"	l	59.72	18 51	52.30	
15 56	R.H	l	*3.52			42.13
17 10	"	l	11.15	19 22.5		40.30
18 27	"	l	13.07	11.5		
19 56	"	r	89 52 46.00			
21 35	"	r	51.58			
23 4	W.T	r	53 39.91			
24 29	"	r	42.14			
25 46	W.T	r	40.05	30 29.5	48.88	
26 52	"	r	42.23	22	51.15	
28 4	R.H	r	53 45.02	20		36.10
29 21	"	r	47.07	29 58.5		39.03
30 36	"	l	90 9 9.47			
32 36	"	l	5.65			
33 53	W.T	l	53.10			
35 13	"	l	52.75			
36 26	W.T	l	52.77	41 43	46.32	
37 31	"	l	54.00	44	47.32	
38 59	R.M	l	21.65	47.5		38.09
40 11	"	l	10.27	5		39.23
41 59	"	r	89 53 59.95			
44 36	"	r	56.18			
45 56	W.T	r	35.67			
47 0	"	r	34.92			

Wangeroog.

Mittlere Zeit Wangeroog	Eingestelltes Objekt	Lage des Fernrohrs	Einzelne Zenit-distanzen	Mittel aus beiden Lagen + Reduktionen: mittlere Zeit Wangeroog	Schillig	Roter Sand
					90° 4′	90° 0′
2h 45m 19s	S.T	r	90° 4′ 33.96	2h 52m 59s	24.72	
47 3	"	r	34.37	53 4	24.57	
51 9	R.H	r	1 *7.50			
52 35	"	r	13.56	55 3.5		40.43
54 3	"	r	14.28	0.5		40.05
55 58	"	l	0 53.88			
57 32	"	l	55.36			
59 5	S.T	l	4 22.08			
3 0 39	"	l	21.80			
2 43	S.H	l	23.63	3 8 18.5	22.48	
4 3	S.T	l	21.40	12.5	22.80	
5 34	R.H	l	0 53.22	13		33.86
6 47	"	l	50.43	6.5		32.30
9 26	"	r	1 2.22			
10 52	"	r	2.56			
12 22	S.H	r	4 24.62			
13 54	"	r	25.86			
15 10	S.H	r	27.53	20 23.5	23.40	
16 40	"	r	26.61	58.5	22.53	
18 9	R.H	r	0 59.54	26		29.92
19 41	"	r	1 2.16	29		30.69
21 17	"	l	47.28			
22 43	"	l	48.33			
25 17	S.H	l	4 22.98			
25 37	"	l	23.82			
26 52	S.H	l	23.23	31 31.5	21.30	
28 9	"	l	22.21	32 33.5	21.75	
29 25	R.H	l	1 47.03	7.5		29.21
30 43	"	l	48.51	2.5		30.70
33 22	"	r	1 0.94			
34 50	"	r	0 59.44			
36 58	S.T	r	4 31.72			
38 15	"	r	29.90			
39 22	S.T	r	32.17	44 35	22.49	
40 28	"	r	31.08	29	20.70	
41 57	R.G	r	1 3.71	9		30.20
43 27	"	r	4.17	23.5		30.65
45 20	"	l	0 50.33			
46 21	"	l	49.90			
48 30	S.T	l	4 16.63			
49 48	"	l	19.13			

Schillig: Mittlere Zeit Wangeroog	Eingestellte Objekt	Lage des Fernrohrs	Einzelne Zenit-distanzen	Mittel aus beiden Lagen + Reduktionen: mittlere Zeit Wangeroog	Wangeroog	Roter Sand	Wangeroog: Mittlere Zeit Wangeroog	Eingestellte Objekt	Lage des Fernrohrs	Einzelne Zenit-distanzen	Mittel aus beiden Lagen + Reduktionen: mittlere Zeit Wangeroog	Schil-lig	Roter Sand
September 8. Vormittags.													
												90° 3′	90° 0′
							6h 8m 6s	S.H	r	90° 4′ 17″.80	6h 18m 59s.5	65″.75	
							9 44	„	r	15.92	55	63.65	
							11 40	R.G	r	0 48.67	24 3		9″.60
							13 36	„	r	48.17	28		12.37
							15 20	„	l	27.78			
							16 26	„	l	23.75			
							28 6	S.T	l	3 51.82			
							29 53	„	l	54.13			
							31 28	S.T	l	51.75	37 40.5	53.34	
							32 54	„	l	50.68	43.5	52.13	
							35 30	R.G	l	0 37.97	38 10.5		21.44
							36 31	„	l	42.28	37 55.5		23.44
							39 20	R.H	r	55.22			
							40 51	„	r	55.33			
							42 33	S.T	r	3 59.89			
							43 53	„	r	4 1.25			
							46 51	S.T	r	4.12	53 27	55.42	
							48 32	„	r	4.52	35.5	55.19	
							50 20	R.G	r	1 0.07	19		25.02
							51 52	„	r	2.07	52 49		23.19
							53 46	„	l	0 41.18			
							56 8	„	l	42.28			
							58 39	S.T	l	3 52.18			
							7 0 3	„	l	53.05			
							1 35	S.T	l	52.03	7 43.5	58.72	
							2 54	„	l	53.96	29.5	59.05	
							4 34	R.M	l	1 55.83	21		25.70
							6 28	„	l	55.90	15		25.84
							8 22	„	r	2 13.67			
							10 8	„	r	13.44			
							12 5	S.H	r	4 4.37			
							13 52	„	r	5.85			
							15 25	S.H	r	6.33	22 33.5	60.07	
							16 42	„	r	5.23	21 34.5	59.82	
							18 19	R.M	r	2 14.97	34.5		26.98
							20 19	„	r	14.27	35.5		26.88
							22 52	„	l	1 57.37			
							24 50	„	l	56.85			
							28 27	S.T	l	3 54.85			
							29 52	„	l	54.25			
September 8. Vormittags.													
												90° 3′	
9h 57m 46s	S.H	l	90° 10′ 6″.51				10h 2m 22s	S.H	l	90° 4′ 17″.08	10h 5m 5s	28″.38	
59 17	„	l	6.61				3 43	„	l	18.78	21.5	28.82	
							6 40	„	r	33.40			
							7 48	„	r	34.22			

b

Schillig.

Mittlere Zeit Wangeroog	Eingestelltes Objekt	Lage des Fernrohrs	Einzelne Zenitdistanzen	Mittel aus beiden Lagen + Reduktionen: mittlere Zeit Wangeroog	Wangeroog	Roter Sand
					90° 2′	90° 1′
10h 27m 52s	W.H	l	90° 10′ 20″.10	10h 34m 44s	4″.13	
30 3	"	l	4.49	35 3.5	2.60	
31 52	R.M	l	26.12	34 45.5		−2″.82
33 22	"	l	22.04	28		−6.66
35 34	"	r	89 54 16.30			
37 39	"	r	19.89			
40 4	W.T	r	53 58.08			
41 36	"	r	55.53			
42 55	W.T	r	53.93	49 17.5	6.16	
44 14	"	r	54.28	48 34	5.40	
45 47	R.M	r	54 20.76	33		3.16
46 18	"	r	19.76	5.5		3.84
49 55	"	l	90 10 39.38			
51 19	"	l	37.22			
52 54	W.H	l	13.89			
53 59	"	l	*10.88			
55 40	"	l	15.77			

Wangeroog.

Mittlere Zeit Wangeroog	Eingestelltes Objekt	Lage des Fernrohrs	Einzelne Zenitdistanzen	Mittel aus beiden Lagen + Reduktionen: mittlere Zeit Wangeroog	Schillig	Roter Sand
					90° 4′	90° 0′
10h 8m 53s	S.H	r	90° 4′ 32″.90	10h 6m 9s.5	26″.52	
10 16	"	r	31.65	11 11	25.77	
12 6	"	l	14.42			
13 26	"	l	14.65			
14 46	S.H	l	16.25	20 5.5	28.55	
15 52	"	l	17.23	19 57	28.67	
17 20	R.M	l	2 7.17	46.5		40″.94
18 44	"	l	8.52	48.5		42.88
20 33	"	r	35.08			
22 13	"	r	32.55			
24 3	S.H	r	4 34.65			
25 25	"	r	35.38			
26 46	S.H	r	36.03	30 19.5	31.98	
28 8	"	r	33.28	28	30.07	
29 18	"	r	35.79	21	30.89	
31 24	"	l	20.52			
32 48	"	l	21.40			
33 53	"	l	22.46			
35 0	S.H	l	24.65	37 45	32.33	
36 13	"	l	21.56	40	31.72	
39 7	"	r	36.42			
40 30	"	r	34.55			
42 14	"	r	*38.35			
54 21	S.H	r	40.67	58 53.5	36.71	
56 18	"	r	39.14	59 1.5	33.44	
11 1 45	"	l	26.27			
3 26	"	l	27.28			
5 1	S.H	l	23.78	11 8 16	32.77	
6 21	"	l	27.20	7 10.5	36.25	
8 0	"	r	39.80			
11 31	"	r	38.30			

September 8. Nachmittags.

Schillig.

Mittlere Zeit Wangeroog	Eingestelltes Objekt	Lage des Fernrohrs	Einzelne Zenitdistanzen	Mittel aus beiden Lagen + Reduktionen: mittlere Zeit Wangeroog	Wangeroog	Roter Sand
					90° 1′	90° 0′
2h 26m 40s	W.T	r	89° 53′ 52″.78	2h 32m 35s.5	57″.92	
28 46	"	r	47.79	58.5	57.52	
30 40	R.M	r	54 26.08	33 12		60″.09
32 12	"	r	19.94	9		59.40
34 6	"	l	90 10 30.52			
35 44	"	l	25.76			
37 11	W.T	l	2.27			
38 31	"	l	9 58.10			

Wangeroog.

Mittlere Zeit Wangeroog	Eingestelltes Objekt	Lage des Fernrohrs	Einzelne Zenitdistanzen	Mittel aus beiden Lagen + Reduktionen: mittlere Zeit Wangeroog	Schillig	Roter Sand
					90° 4′	
2h 24m 10s	S.T	r	90° 4′ *41″.39			
25 38	"	r	38.54	2h 29m 35s	29″.69	
27 46	"	r	37.80	42.5	26.60	
31 39	"	l	21.72			
33 32	S.H	l	22.28			
35 10	S.T	l	24.52	38 2	26.55	
36 56	"	l	26.80	37 59	28.38	
39 2	"	r	36.87			
40 54	"	r	34.90			

Schillig.

Mittlere Zeit Wangeroog	Eingestelltes Objekt	Lage des Fernrohrs	Einzelne Zenitdistanzen	Mittel aus beiden Lagen + Reduktionen: mittlere Zeit Wangeroog	Wangeroog	Roter Sand
					90° 1'	90° 0'
2h 39m 49s	W.T	l	90° 10' 2".77	2h 45m 3s.5	56".44	
41 2	"	l	0.75	44 52	55.91	
42 39	R.M	l	21.68	56.5		49".57
44 0	"	l	29.44	48.5		53.21
45 37	"	r	89 54 8.64			
47 14	"	r	9.11			
48 42	W.T	r	53 46.10			
50 18	"	r	45.15			
51 32	W.T	r	43.33	57 16	54.86	
52 53	"	r	47.15	8.5	57.31	
54 34	R.M	r	12.94	23		54.02
56 42	"	r	11.04	42.5		49.99
58 43	"	l	90 10 20.59			
3 0 12	"	l	26.76			
1 24	W.T	l	2.50			
3 0	"	l	1.42			
4 8	W.T	l	2.10	9 4.5	55.66	
5 24	"	l	0.92	8 57.5	54.63	
6 42	R.M	l	27.37	9 0.5		55.72
8 20	"	l	24.06	6		52.16
9 52	"	r	89 54 11.91			
11 19	"	r	15.72			
12 41	W.T	r	53 43.38			
14 2	"	r	45.26			
15 5	W.T	r	45.20	3 20 54	55.46	
16 13	"	r	44.46	45.5	53.60	
20 24	R.M	r	54 11.38	22 24.5		53.75
22 57	"	r	15.87	35.5		54.77
23 14	"	l	90 10 25.33			
24 25	"	l	27.77			
25 18	W.T	l	9 37.77			
26 43	"	l	10 0.75			

Wangeroog.

Mittlere Zeit Wangeroog	Eingestelltes Objekt	Lage des Fernrohrs	Einzelne Zenitdistanzen	Mittel aus beiden Lagen + Reduktionen: mittlere Zeit Wangeroog	Schillig	Roter Sand
					90° 4'	90° 0'
2h 43m 4s	S.T	r	90° 4' 35".63	2h 49m 53s.5	26".02	
44 52	"	r	36.23	50.5	27.44	
47 0	R.M	r	2 23.25	50 8.5		37".87
48 24	"	r	23.27	49 45.5		37.95
51 7	"	l	10.46			
53 27	"	l	10.32			
54 49	S.T	l	4 24.97			
56 43	"	l	22.73			
3 0 7	S.T	l	22.23	3 5 25.5	25.91	
1 33	"	l	25.45	20.5	26.28	
2 36	R.M	l	2 12.65	12.5		38.37
4 26	"	l	11.70	15		39.91
6 24	"	r	25.95			
7 29	"	r	21.92			
9 8	S.T	r	4 33.42			
10 44	"	r	35.90			
12 23	S.T	r	37.33	17 57	25.76	
13 50	"	r	34.75	18 20.5	25.30	
15 22	R.M	r	2 23.79	3		36.49
16 56	"	r	21.85	8		37.04
19 20	"	l	10.06			
20 44	"	l	7.02			
22 32	S.H	l	4 16.28			
23 42	"	l	14.62			

September 8. Nachmittags.

Schillig.

Mittlere Zeit Wangeroog	Eingestelltes Objekt	Lage des Fernrohrs	Einzelne Zenitdistanzen	Mittel aus beiden Lagen + Reduktionen: mittlere Zeit Wangeroog	Wangeroog	Roter Sand
					90° 1'	90° 0'
5h 25m 22s	W.H	l	90° 9' 46".57	5h 30m 7s.5	35".05	
24 59	"	l	47.47	16.5	36.70	
26 48	R.M	l	10 7.84	29 13.5		33".21
28 30	"	l	3.97	17		32.14
30 4	"	r	89 53 51.97			
31 39	"	r	50.24			
33 34	W.H	r	25.65			
36 53	"	r	23.24			

Wangeroog.

Mittlere Zeit Wangeroog	Eingestelltes Objekt	Lage des Fernrohrs	Einzelne Zenitdistanzen	Mittel aus beiden Lagen + Reduktionen: mittlere Zeit Wangeroog	Schillig	Roter Sand
					90° 4'	90° 0'
5h 23m 10s	S.H	r	90° 4' 19".47	5h 28m 36s	24".61	
24 56	"	r	21.92	2 45	26.88	
26 36	R.M	r	2 17.13	30		28".94
27 56	"	r	15.67	43.5		28.68
29 32	"	l	2 59.53			
31 4	"	l	58.38			
32 34	S.T	l	4 10.95			
34 2	"	l	10.18			

Schillig.

Mittlere Zeit Wangeroog	Eingestelltes Objekt	Lage des Fernrohrs	Einzelne Zenit-distanzen	Mittel aus beiden Lagen + Reduktionen: mittlere Zeit Wangeroog	Wangeroog	Roter Sand
					90° 1′	90° 0′
5h 38m 12s	W.T	r	89° 53′ 18″.76	5h 43m 13s	30″.19	
39 25	"	r	18.49	6.5	29.79	
40 42	R.M	r	50.84	42 54.5		30″.39
42 15	"	r	49.77	43 3		31.70
43 51	"	l	90 10 5.28			
45 7	"	l	1.59			
46 48	W.T	l	9 36.12			
48 15	"	l	36.65			
49 20	W.T	l	35.62	54 19.5	26.56	
50 32	"	l	36.62	20.5	25.73	
52 54	R.M	l	10 1.52	17		27.22
53 31	"	l	2.82	18.5		28.77
55 6	"	r	89 53 47.38			
56 40	"	r	44.57			
58 9	W.T	r	9.28			
59 19	"	r	12.53			
6 0 34	W.T	r	13.59	6 5 55.5	23.50	
1 42	"	r	18.08	40.5	26.88	
3 6	R.M	r	45.06	39		25.49
4 40	"	r	47.69	36.5		27.12
6 33	"	l	90 9 58.20			
8 12	"	l	57.58			
9 39	W.T	l	30.72			
11 17	"	l	28.45			
14 5	W.T	l	28.70	18 49	18.60	
15 37	"	l	27.95	57.5	18.23	
16 47	R.M	l	56.43	53		20.84
18 18	"	l	55.61	19 2		21.67
19 46	"	r	89 53 39.39			
20 59	"	r	36.90			
22 18	W.T	r	3.54			
23 33	"	r	3.53			

Wangeroog.

Mittlere Zeit Wangeroog	Eingestelltes Objekt	Lage des Fernrohrs	Einzelne Zenit-distanzen	Mittel aus beiden Lagen + Reduktionen: mittlere Zeit Wangeroog	Schillig	Roter Sand
					90° 4′	90° 0′
5h 35m 22s	S.T	l	90° 4′ 11″.57	5h 41m 22s	13″.39	
37 10	S.H	l	21.75			
38 21	S.T	l	12.36	57.5	12.62	
39 46	R.M	l	1 56.83	53		22.97
40 53	"	l	57.17	45.5		24.59
42 58	"	r	2 9.85			
44 0	"	r	6.95			
45 34	S.H	r	4 14.30			
46 56	"	r	15.65			
48 42	S.H	r	13.84	54 8	9.35	
50 6	"	r	13.12	8	8.58	
52 41	R.M	r	2 9.12	17		23.87
53 10	"	r	9.62	19		23.50
55 28	"	l	1 55.22			
56 53	"	l	56.45			
58 10	S.H	l	3 58.58			
59 34	"	l	59.40			
6 1 2	S.H	l	57.55	6 6 7	7.63	
2 14	"	l	58.88	5 57	7.70	
3 44	R.M	l	1 58.38	54		25.11
4 58	"	l	57.16	50		24.97
6 42	"	r	2 20.62			
8 4	"	r	9.67			
9 40	S.T	r	4 16.95			
11 12	"	r	18.25			
13 22	S.T	r	17.22	16 31.5	6.84	
14 17	"	r	16.85	10	7.07	
18 3	"	l	3.61			
19 41	"	l	2.78			
22 21	S.T	l	2.73	24 20	4.42	
23 23	"	l	1.93	4	3.32	
24 45	"	r	12.02			
26 29	"	r	12.40			

September 10. Vormittags.

Mittlere Zeit Wangeroog	Eingestelltes Objekt	Lage des Fernrohrs	Einzelne Zenit-distanzen	Mittel aus beiden Lagen + Reduktionen: mittlere Zeit Wangeroog	Schillig	Roter Sand
					90° 4′	90° 0′
10h 5m 31s	S.H	l	90° 4′ 22″.28	10h 14m 22s	22″.15	
11 49	"	l	22.55	16 45.5	22.22	
13 49	R.H	l	0 52.46	1		34″.51
14 58	"	l	50.03	15 51.5		31.29
16 45	"	r	1 0.61			
18 13	"	r	4.62			
21 42	S.H	r	4 27.22			
23 13	"	r	26.55			

Mittlere Zeit Wangeroog	Eingestelltes Objekt	Lage des Fernrohrs	Einzelne Zenitdistanzen	Schillig. Mittel aus beiden Lagen + Reduktionen: mittlere Zeit Wangeroog	Wangeroog	Roter Sand	Mittlere Zeit Wangeroog	Eingestelltes Objekt	Lage des Fernrohrs	Einzelne Zenitdistanzen	Wangeroog. Mittel aus beiden Lagen + Reduktionen: mittlere Zeit Wangeroog	Schillig	Roter Sand
							10h 28m 20s	S.H	r	90° 4' 26".92	10h 31m 34s	90° 4' 22".24	
							31 37	"	r	25.72	32 38	21.63	
							33 39	"	l	12.07			
							34 48	"	l	12.10			
							42 2	S.H	l	10.75	45 52	20.53	
							43 25	"	l	11.57	46 3	21.85	
							48 41	"	r	26.67			
							49 42	"	r	24.85			
							51 10	S.H	r	25.15	53 27.5	21.82	
							52 18	"	r	24.98	28.5	21.85	
							54 19	"	l	13.12			
							55 45	"	l	13.03			
							56 50	S.H	l	11.68	59 14	20.65	
							58 48	"	l	10.65	33	19.55	
							11 0 18	"	r	22.98			
							1 38	"	r	24.15			
							7 11	S.H	r	21.30	9 40	17.36	
							8 57	"	r	23.15	58	17.65	
							10 59	"	l	6.68			
							12 9	"	l	7.96			

September 10. Nachmittags.

Mittlere Zeit Wangeroog	Eingestelltes Objekt	Lage des Fernrohrs	Einzelne Zenitdistanzen	Schillig. Mittel aus beiden Lagen + Reduktionen: mittlere Zeit Wangeroog	Wangeroog	Roter Sand	Mittlere Zeit Wangeroog	Eingestelltes Objekt	Lage des Fernrohrs	Einzelne Zenitdistanzen	Wangeroog. Mittel aus beiden Lagen + Reduktionen: mittlere Zeit Wangeroog	Schillig	Roter Sand
							2h 15m 45s	S.T	r	90° 4' 1".73	2h 19m 4s	90° 3' 54".61	
							18 36	"	r	2.75	47	53.80	
							20 58	"	l	3 51.27			
							22 33	"	l	53.80			
							23 42	S.T	l	51.47	26 12	53.02	
							24 55	"	l	52.32	25 59.5	54.45	
							27 4	"	r	4 2.90			
							28 42	"	r	0.88			
							31 32	S.T	r	*3.87			
							33 44	"	r	*3.37			
							34 4	S.H	r	3 55.42	36 27	52.86	
							35 12	"	r	53.44	16.5	52.77	
							37 22	"	l	44.63			
							38 50	"	l	44.83			
2h 42m 3s	W.T	l	90° 9' 29".53	2h 48m 15s	90° 1' 26".24	89° 59'	39 54	S.H	l	45.40	43 2.5	51.84	90° 0'
43 51	"	l	28.23	35	22.36		41 12	"	l	44.16	7	52.74	
45 34	R.H	l	8 33.34	50		57".98	42 51	R.H	l	0 38.62	18.5		18".71
47 47	R.M	l	9 20.10	50		47.28	44 29	"	l	38.87	19		21.47
49 53	"	r	89 53 6.12				46 9	"	r	52.13			
51 26	"	r	7.70				47 46	"	r	46.86			
53 19	W.T	r	11.53				49 3	S.H	r	3 55.55			
54 27	"	r	17.98				50 11	"	r	52.82			

Schillig.

Mittlere Zeit Wangeroog	Eingestelltes Objekt	Lage des Fernrohrs	Einzelne Zenitdistanzen	Mittel aus beiden Lagen + Reduktionen: mittlere Zeit Wangeroog	Wangeroog	Roter Sand
					90° 1'	89° 59'
2h 55m 36s	W.T	r	89° 53' 17".00	3h 0m 43s.5	22".68	
57 8	"	r	15.13	50	23.65	
58 16	R.H	r	52 11.97	50.5		61".40
59 46	"	r	8.67	32.5		60.65
3 1 19	"	l	90 8 31.10			
2 19	"	l	*28.74			
3 15	"	l	29.30			
4 32	W.T	l	9 27.20			
5 51	"	l	23.40			
6 54	W.T	l	24.73	12 1.5	20.60	
8 7	"	l	23.43	11 58	21.20	
9 31	R.H	l	8 21.14	49.5		58.31
10 42	"	l	23.21	23.5		59.20
12 5	"	r	89 52 11.67			
14 8	"	r	13.95			
15 49	W.T	r	53 14.00			
17 9	"	r	11.50			
18 17	W.T	r	14.13			
19 26	"	r	14.00			
22 12	R.H	r	52 10.85	24 32		55.42
23 47	"	r	8.77	7.5		57.24
24 28	"	l	90 8 24.19			
26 52	R.M	l	9 25.07			

Wangeroog.

Mittlere Zeit Wangeroog	Eingestelltes Objekt	Lage des Fernrohrs	Einzelne Zenitdistanzen	Mittel aus beiden Lagen + Reduktionen: mittlere Zeit Wangeroog	Schillig	Roter Sand
					90° 3'	
2h 52m 16s	S.H	r	90° 3' 52".00	2h 54m 27s.5	52".27	
53 15	"	r	53.67	2.5	53.08	
54 48	"	l	47.03			
56 39	S.T	l	52.98			
						90° 0'
57 58	S.H	l	47.88	3 3 9.5	57.94	
59 6	"	l	47.16	10	57.31	13".89
3 0 27	R.H	l	0 34.83	5.5		10.58
1 39	"	l	28.26	0.5		
4 22	"	r	40.95			
5 44	"	r	41.02			
7 14	S.T	r	4 7.89			
8 22	"	r	8.43			
12 3	S.H	r	3 59.70	3 13 59s	57.87	
13 9	"	r	4 1.45	55.5	59.48	
14 42	"	l	3 52.05			
15 55	"	l	50.58			
17 0	S.T	l	59.00	19 7.5	58.09	
18 9	"	l	57.47	10	59.31	
20 11	"	r	4 7.47			
21 15	"	r	3.50			
22 29	S.H	r	*3.67			
23 39	"	r	*3.64			

September 12. Vormittags.

Schillig.

Mittlere Zeit Wangeroog	Eingestelltes Objekt	Lage des Fernrohrs	Einzelne Zenitdistanzen	Mittel aus beiden Lagen + Reduktionen: mittlere Zeit Wangeroog	Wangeroog	Roter Sand
					90° 1'	90° 0'
9h 59m 57s	W.H	l	90° 10' 4".19	10h 6m 43.5	55".94	
10 2 39	"	l	1.17	7 20.5	55.15	
5 23	R.M	l	10.41	49		38".65
6 51	"	l	11.92	48.5		41.28
8 46	"	r	89 54 2.30			
10 15	"	r	53 58.55			
12 2	W.H	r	48.85			
13 30	"	r	47.41			
14 37	W.H	r	45.52	19 22	51.35	
15 34	"	r	46.51	14.5	52.20	
17 3	R.M	r	54 3.72	18		38.95
18 17	"	r	4.15	16.5		40.16
20 16	"	l	90 10 7.83			
21 33	"	l	5.83			
22 55	W.H	l	9 57.61			
24 7	"	l	56.29			

Wangeroog.

Mittlere Zeit Wangeroog	Eingestelltes Objekt	Lage des Fernrohrs	Einzelne Zenitdistanzen	Mittel aus beiden Lagen + Reduktionen: mittlere Zeit Wangeroog	Schillig	Roter Sand
					90° 4'	
10h 0m 5s	S.H	l	90° 4' 25".86	10h 8m 18s.5	25".93	
8 27	"	l	25.88	9 42	24.95	
10 55	"	r	28.55			
16 32	"	r	30.53			

Schillig.

Mittlere Zeit Wangeroog	Eingestelltes Objekt	Lage des Fernrohrs	Einzelne Zenit-distanzen	Mittel aus beiden Lagen + Reduktionen: mittlere Zeit Wangeroog	Wangeroog	Roter Sand
					90° 1'	90° 0'
10h 26m 19s	W.H	l	90° 9' 55".16	10h 31m 12s	53".32	
27 31	"	l	10 0.22	4.5	53.62	
28 53	R.M	l	10.85	30 59		37".91
30 5	"	l	7.23	54.5		36.30
31 44	"	r	89 53 57.02			
33 5	"	r	56.62			
34 38	W.H	r	46.74			
36 5	"	r	51.19			
37 33	W.H	r	49.37	42 39	58.06	
38 45	"	r	47.32	13.5	56.36	
40 13	R.M	r	54 2.95	22		40.75
41 31	"	r	53 59.10	27.5		39.55
43 4	"	l	90 10 11.65			
44 9	"	l	10.20			
45 42	W.H	l	5.12			
47 45	"	l	6.46			
49 20	W.H	l	5.67	56 43	59.33	
50 55	"	l	7.42	55 33.5	61.02	
52 28	R.M	l	13.12	34		38.79
53 49	"	l	13.14	54 39		38.93
55 29	"	r	89 53 56.37			
58 5	"	r	54 *2.25			
59 20	"	r	53 56.12			
11 0 32	W.H	r	54.34			
2 30	"	r	*59.34			
4 6	"	r	52.71			

Wangeroog.

Mittlere Zeit Wangeroog	Eingestelltes Objekt	Lage des Fernrohrs	Einzelne Zenit-distanzen	Mittel aus beiden Lagen + Reduktionen: mittlere Zeit Wangeroog	Schillig	Roter Sand
					90° 4'	
10h 18m 8s	S.H	r	90° 4' 29".19	10h 26m 7s	26".79	
22 1	"	r	28.77	24 21.5	25.77	
26 42	"	l	17.30			
34 6	"	l	18.92			
35 14	S.H	l	19.90	38 45	28.42	
37 41	"	l	18.93	39 25	27.26	
39 33	"	r	*34.09			
41 9	"	r	30.12			
42 6	"	r	31.45			
43 56	S.H	l	22.35	46 42.5	32.00	
45 34	"	l	24.15	57.5	32.55	
48 21	"	r	35.08			
49 29	"	r	36.19			
50 35	S.H	r	36.29	53 1	32.44	
52 51	"	r	35.50	1.5	31.72	
54 12	"	l	24.45			
55 27	"	l	25.13			
56 30	S.H	l	22.18	59 12.5	33.24	
57 52	"	l	22.21	14.5	32.76	
11 0 37	"	r	37.85			
1 55	"	r	38.85			

September 12, Nachmittags.

Schillig.

Mittlere Zeit Wangeroog	Eingestelltes Objekt	Lage des Fernrohrs	Einzelne Zenit-distanzen	Mittel aus beiden Lagen + Reduktionen: mittlere Zeit Wangeroog	Wangeroog	Roter Sand
					90° 1'	
2h 2m 35s	W.H	r	89° 53' 40".45	2h 9m 27s.5	47".28	
2 52	"	r	40.45	8 43	46.54	
3 50	R.M	r	54 3.38			
8 19	"	r	53 52.45			
14 34	W.H	l	90 9 52.35			
16 20	"	l	53.83			

Wangeroog.

Mittlere Zeit Wangeroog	Eingestelltes Objekt	Lage des Fernrohrs	Einzelne Zenit-distanzen	Mittel aus beiden Lagen + Reduktionen: mittlere Zeit Wangeroog	Schillig	Roter Sand
					90° 4'	
2h 3m 38s	S.T	r	90° 4' 30".83	2h 6m 28s	22".63	
5 6	"	r	30.12	24.5	22.98	
7 43	"	l	21.15			
9 18	"	l	20.75			
10 22	S.H	l	12.56	13 10.5	21.90	
11 32	S.T	l	20.70	7	21.84	
14 42	"	r	19.30			
15 59	"	r	31.67			

Schillig.

Mittlere Zeit Wangeroog	Eingestelltes Objekt	Lage des Fernrohrs	Einzelne Zenit-distanzen	Mittel aus beiden Lagen + Reduktionen: mittlere Zeit Wangeroog	Wangeroog	Roter Sand
					90° 1′	
2ʰ 17ᵐ 43ˢ	W.T	l	90° 9′ 50″.40	2ʰ 20ᵐ 39ˢ	43″.28	
19 12	"	l	48.33	40	42.70	
21 8	"	r	89 53 32.10			
23 35	"	r	31.20			
25 10	W.T	r	37.84	27 22.5	46.02	
26 45	"	r	34.47	30	45.03	
28 15	"	l	90 9 50.63			
29 35	"	l	49.23			
31 2	R.M	l	10 8.43			
32 46	"	l	9.13			
36 17	W.T	l	9 50.33	38 24.5	44.11	
37 42	"	l	51.63	30	44.70	
39 18	"	r	89 53 32.81			
40 32	"	r	32.92			
43 24	W.T	r	35.40	45 26.5	46.37	
44 32	"	r	35.29	15	44.50	
45 58	"	l	90 9 48.73			
47 29	"	l	52.38			90° 0′
49 6	R.M	l	10 8.05	51 21.5		36″.43
50 31	"	l	8.33	24		36.59
52 17	"	r	89 53 36.30			
53 37	"	r	36.46			
55 28	W.T	r	*33.44			
56 41	"	r	*33.92			
57 57	W.T	r	34.93	3 4 59.5	42.77	
58 56	"	r	31.63	46	42.60	
3 1 9	"	r	54 *5.64			
2 33	"	r	53 37.86	47.5		36.43
3 52	R.M	r	58.99	52		37.72
5 32	"	l	90 10 8.08			
7 2	"	l	6.70			
10 36	W.T	l	9 48.58			
12 2	"	l	45.65			

Wangeroog.

Mittlere Zeit Wangeroog	Eingestelltes Objekt	Lage des Fernrohrs	Einzelne Zenit-distanzen	Mittel aus beiden Lagen + Reduktionen: mittlere Zeit Wangeroog	Schillig	Roter Sand
					90° 4′	
2ʰ 17ᵐ 8ˢ	S.T	r	90° 4′ 29″.34	2ʰ 19ᵐ 6ˢ.5	20″.86	
18 24	"	r	29.92	3.5	20.89	
19 43	"	l	18.18			
21 5	"	l	18.70			
22 54	S.T	l	17.40	25 38.5	20.81	
24 37	"	l	18.60	49	21.74	
27 1	"	r	31.20			
28 23	"	r	30.53			
29 21	S.T	r	30.83	31 49	20.76	
30 56	"	r	31.42	32 1	21.58	
33 6	"	l	18.06			
34 27	"	l	17.01			
36 23	S.T	l	17.00	39 12.5	20.63	
38 5	"	l	16.08	14	19.22	
40 23	"	r	28.67			
42 0	"	r	30.57			
43 19	S.T	r	29.63	45 50.5	20.51	
44 47	"	r	29.45	52	19.68	
46 57	"	l	16.23			
48 22	"	l	17.70			
49 41	S.T	l	17.38	52 7.5	19.57	
50 57	"	l	17.13	2.5	19.75	
53 8	"	r	28.69			
54 34	"	r	28.10			
55 41	S.T	r	27.87	57 53	18.92	
57 9	"	r	28.78	58.5	19.54	
58 48	"	l	16.61			
3 0 5	"	l	16.28			

September 12. Nachmittags.

Schillig

Mittlere Zeit Wangeroog	Eingestelltes Objekt	Lage des Fernrohrs	Einzelne Zenit-distanzen	mittlere Zeit Wangeroog	Wangeroog	Roter Sand
					90° 1′	
5ʰ 40ᵐ 24ˢ	W.T	r	89°53′ 34″.90	5ʰ 43ᵐ 32ˢ.5	45″.05	
42 18	"	r	36.52	43 41	44.86	
45 4	"	l	90 9 48.23			
46 41	"	l	50.23			

Wangeroog

Mittlere Zeit Wangeroog	Eingestelltes Objekt	Lage des Fernrohrs	Einzelne Zenit-distanzen	mittlere Zeit Wangeroog	Schillig	Roter Sand
					90° 4′	90° 0′
5ʰ 40ᵐ 27ˢ	S.T	l	90° 4′ 15″.93	5ʰ 45ᵐ 38ˢ.5	18″.92	
42 5	"	l	14.55	50.5	18.08	
43 38	R.M	l	2 4.33	50		30.73
44 58	"	l	3.26	44		29.80
46 28	"	r	14.38			
48 2	"	r	15.00			
49 36	S.T	r	4 27.92			
50 30	"	r	28.20			

Schillig.

Mittlere Zeit Wangeroog	Eingestelltes Objekt	Lage des Fernrohrs	Einzelne Zenitdistanzen	Mittel aus beiden Lagen + Reduktionen: mittlere Zeit Wangeroog	Wangeroog	Roter Sand
					90° 1'	90° 0'
5h 48m 14s	W.T	l	90° 9' 48".48	5h 54m 45s	44".36	
53 50	R.M	l	10 17.13	56 39.5		47".57
55 50	"	l	16.66	51.5		44.45
57 33	"	r	89 54 3.90			
59 29	"	r	9.57			
6 1 16	W.T	r	53 35.27			
2 40	"	r	34.80			
4 5	W.T	r	32.32	6 12 8.5	40.02	
5 17	"	r	37.22	10 9	43.56	
6 52	R.M	r	56.95	9 49.5		38.20
8 55	"	r	58.52	10 3		38.73
11 11	"	l	90 10 10.60			
12 47	"	l	11.10			
15 1	W.T	l	9 44.93			
16 22	"	l	42.75			
17 19	W.T	l	45.30	24 25	40.42	
18 24	"	l	46.00	6	40.94	
20 15	R.M	l	10 10.49	23 22.5		37.18
22 19	"	l	9.78	32.5		33.81
24 46	"	r	89 53 49.50			
26 30	"	r	55.52			
29 48	W.T	r	30.92			
31 31	"	r	30.57			

Wangeroog.

Mittlere Zeit Wangeroog	Eingestelltes Objekt	Lage des Fernrohrs	Einzelne Zenitdistanzen	Mittel aus beiden Lagen + Reduktionen: mittlere Zeit Wangeroog	Schillig	Roter Sand
					90° 4'	90° 0'
5h 52m 39s	S.T	r	90° 4' 28".35	5h 57m 54s.5	17".57	
53 49	"	r	27.40	52.5	16.75	
55 6	R.M	r	2 17.03	17.5		30".70
56 28	"	r	14.37	24.5		29.13
58 21	"	l	1.73			
59 29	"	l	2.20			
6 1 56	S.H	l	4 6.53			
3 10	"	l	7.22			
4 49	S.T	l	13.13	6 9 46.5	14.37	
6 6	"	l	13.50	53	14.59	
7 24	R.M	l	1 59.76	47		27.75
8 58	"	l	2 0.63	56.5		29.08
10 41	"	r	13.37			
12 10	"	r	13.57			
13 40	S.T	r	4 22.00			
15 4	"	r	21.92			
16 30	S.T	r	22.10	18 43	11.91	
18 18	"	r	21.20	19 1	10.97	
19 44	"	l	7.05			
20 56	"	l	9.03			
23 29	S.T	l	9.22	26 6	11.64	
25 4	"	l	9.68	7.5	11.99	
27 21	"	r	20.62			
28 43	"	r	20.47			

September 12. Abends.

Mittlere Zeit Wangeroog	Eingestelltes Objekt	Lage des Fernrohrs	Einzelne Zenitdistanzen	mittlere Zeit Wangeroog	Schillig	Roter Sand
					90° 3'	
9h 48m 47s	S.H	l	90° 3' 35".83	9h 52m 23s.5	45".72	
52 7	"	l	38.65	53 22	47.97	
54 27	"	r	51.82			
56 0	"	r	50.15			
57 58	S.H	r	53.57	10 1 13	45.36	
59 29	"	r	52.27	0 53.5	43.47	
10 2 28	"	l	30.20			
4 28	"	l	31.68			
7 48	S.H	l	33.93	11 22.5	41.92	
9 17	"	l	32.68	10 58	42.12	
12 39	"	r	46.10			
14 37	"	r	44.45			
18 38	S.H	r	41.49	22 14	37.89	
20 32	"	r	41.14	9.5	37.20	
23 47	"	l	27.80			
25 50	"	l	28.23			

Schillig.

September 1?. Vormittags.

Mittlere Zeit Wangeroog h	m s	Eingestelltes Objekt	Lage des Fernrohrs	Einzelne Zenitdistanzen °	′ ″	Mittel aus beiden Lagen + Reduktionen: mittlere Zeit Wangeroog h	m s	Wangeroog (90° 1′)	Roter Sand (90° 0′)
5h	57m 7s	W.H	r	89°	53′ 9″.29	6h	4m 32s.5	16″.59	
	59 7	"	r		10.72		4 52	19.62	
6	0 36	R.H	r		52 *20.25				
	3 33	"	r		35.47		6 14		22″.77
	5 27	R.M	r		53 43.47		31.5		22.87
	7 36	"	l	90	9 51.93				
	8 55	"	l		51.15				
	10 35	W.H	l		28.23				
	11 58	"	l		23.60				
	13 12	W.H	l		26.15		19 14	26.22	
	14 46	"	l		25.15		12	18.20	
	15 50	R.M	l		8 52.35		18 33		25.17
	16 52	"	l		9 54.80		18		22.92
	19 44	"	r	89	53 40.67				
	21 16	R.H	r		43.07				
	23 38	W.H	r		10.77				
	25 16	"	r		5.78				
	27 33	W.H	r		8.54		33 14.5	23.58	
	29 36	"	r		1.04		33.5	12.25	
	32 46	R.M	r		47.75		34 1.5		23.55
	33 7	"	r		37.72		33 57.5		19.97
	34 48	"	l		9 53.88				
	36 17	"	l		51.00				
	37 31	W.H	l	90	9 21.18				
	38 56	"	l		18.33				
	40 10	W.H	l		18.90		45 6	10.27	
	41 27	"	l		20.08		3.5	12.32	
	42 47	R.H	l	89	8 50.98		6.5		20.89
	44 6	"	l		49.75		9.5		18.75
	46 13	"	r		52 26.22				
	47 26	"	r		29.27				
	48 40	W.H	r		53 4.28				
	50 8	"	r		2.35				
	51 33	W.H	r		3.99		55 58.5	12.66	
	52 36	"	r		0.75		54	10.73	
	53 50	R.H	r		52 32.32		59		20.92
	54 53	"	r		30.07		57.5		21.19
	56 22	"	l	90	8 50.78				
	57 28	"	l		48.00				
	59 12	W.H	l		9 20.43				
7	0 24	"	l		21.05				

Wangeroog.

Mittlere Zeit Wangeroog h	m s	Eingestelltes Objekt	Lage des Fernrohrs	Einzelne Zenitdistanzen °	′ ″	Mittel aus beiden Lagen + Reduktionen: mittlere Zeit Wangeroog h	m s	Schillig (90° 3′)	Roter Sand (90° 0′)
6h	0m 45s	S.H	r	90°	3′ 39″.20	6h	7m 29s.5	57″.77	
	2 24	"	r		38.28		6 6	56.86	
	4 29	R.H	r		0 53.23		7 47.5		23″.40
	5 52	"	r		54.52		56		23.36
	9 14	"	l		40.26				
	11 6	"	l		41.62				
	48	S.H	l		3 49.97				
	14 14	S.T	l		56.78				
	16 14	S.T	l		37.43		22 22	61.20	
	17 58	"	l		39.23		22 33.5	60.38	
	19 38	R.H	l		0 43.93		1		25.34
	20 54	"	l		41.23		22 55		23.82
	22 56	"	r		54.45				
	24 24	"	r		54.80				
	27 9	S.T	r		4 7.94				
	28 28	"	r		11.29				
	31 8	S.T	r		11.02		38 0.5	61.22	
	32 18	"	r		10.72		37 53	62.01	
	35 11	R.G	r		0 57.89		32.5		25.17
	36 53	"	r		59.59		49.5		26.29
	39 14	R.H	l		*46.22				
	40 46	"	l		43.63				
	41 54	"	l		43.08				
	43 28	S.H	l		3 53.73				
	44 53	"	l		51.83				
	46 36	S.H	l		54.78		52 39.5	63.52	
	48 8	"	l		54.50		52 39	63.64	
	49 42	R.H	l		0 44.20		52 26		26.11
	52 42	"	l		42.92		39		25.34
	53 37	"	r		56.82				
	55 10	"	r		57.47				
	57 10	S.T	r		4 13.22				
	58 43	S.H	r		6.77				
7	0 2	S.H	r		9.33	7	5 57.5	64.92	
	2 19	S.T	r		14.99		6 29	64.89	
	4 0	R.H	r		0 57.22		5 50		26.36
	5 10	"	r		58.50		5 52		27.65
	6 32	"	l		44.83				
	7 40	"	l		43.97				
	10 19	S.T	l		4 1.20				
	11 54	"	l		0.95				

Schillig: Mittlere Zeit Wangeroog	Eingestellte Objekt	Lage des Fernrohrs	Einzelne Zenit-distanzen	Mittel aus beiden Lagen + Reduktionen: mittlere Zeit Wangeroog	Wan-gerong	Roter Sand	Wangeroog: Mittlere Zeit Wangeroog	Eingestellte Objekt	Lage des Fernrohrs	Einzelne Zenit-distanzen	Mittel aus beiden Lagen + Reduktionen: mittlere Zeit Wangeroog	Schil-lig	Roter Sand
												90° 4′	90° 0′
							7ʰ 12ᵐ 34ˢ	S.T	l	90° 4′ 2″.03	7ʰ 17ᵐ 41ˢ	6″.48	
							14 14	"	l	0.97	56.5	5.27	
							16 14	R.H	l	0 43.78	18 11		27″.57
							17 19	"	l	45.11	5		29.47
							18 51	"	r	1 1.88			
							20 8	"	r	0 59.44			
							21 39	S.H	r	4 10.00			
							22 28	"	r	11.37			
							23 52	S.H	r	8.32	29 5	6.95	
							25 58	"	r	10.62	26	6.70	
							26 26	R.H	r	0 58.38	28 52		28.35
							27 48	"	r	59.54	56		28.62
							30 4	"	l	45.76			
							31 18	"	l	46.37			
							32 54	S.H	l	3 57.32			
							34 18	"	l	4 0.12			
							36 9	S.T	l	7.43	40 22.5	9.58	
							37 19	S.H	l	0.82	24	9.74	
							38 39	R.H	l	0 45.80	30		29.63
							40 14	"	l	46.96	46.5		30.79
							41 19	"	r	1 2.68			
							42 21	"	r	1.50			
							43 29	S.H	r	4 13.19			
							44 36	"	r	12.17			
September 13. Vormittags.													
					90° 1′	90° 0′						90° 4′	90° 0′
10ʰ 58ᵐ 18ˢ	W.H	l	90° 10′ 4″.58	11ʰ 2ᵐ 34ˢ.5	57″.03		10ʰ 55ᵐ 38ˢ	S.H	r	90° 4′ 29″.37	11ʰ 1ᵐ 11ˢ	25″.29	
39 34	"	l	7.03	39	58.76		57 9	"	r	25.54	18.5	24.49	
11 0 36	R.H	l	9 5.28	26		39″.49	58 32	R.H	r	1 0.63	14.5		32″.99
1 47	"	l	8.18	30.5		38.69	11 0 11	"	r	0.36	9		32.69
3 14	"	r	89 52 47.67				2 7	"	l	0 53.08			
4 16	"	r	52.27				3 30	"	l	53.41			
5 44	W.H	r	53 50.20				5 19	S.H	l	4 17.98			
6 51	"	r	49.19				6 44	"	l	15.73			
7 56	W.H	r	49.73	11 14	56.57		8 10	S.H	l	26.51	13 28	26.85	
8 55	"	r	47.78	8.5	54.95		9 20	"	l	23.03	23	23.38	
10 10	R.H	r	52 48.92	3		37.14	10 51	R.H	l	0 53.00	18.5		33.23
11 20	"	r	56.98	1		40.59	11 21	"	l	49.85	20		32.37
12 42	"	l	90 9 2.68				14 29	"	r	1 2.95			
13 56	"	l	3.83				15 46	"	r	1.55			
15 22	W.H	l	10 1.83				17 26	S.H	r	4 28.26			
16 32	"	l	3.10				18 46	"	r	31.72			

Schillig.

Mittlere Zeit Wangeroog	Eingestelltes Objekt	Lage des Fernrohrs	Einzelne Zenitdistanzen	Mittel aus beiden Lagen + Reduktionen: mittlere Zeit Wangeroog	Wangeroog	Roter Sand
					90° 1′	90° 0′
10h 17m 55s	W.H	l	90° 10′ 4.98	11h 22m 3s	57.83	
18 57	"	l	7.03	22 59.5	58.63	
20 2	R.H	l	9 6.78	58.5		37.44
21 23	"	l	10.38	23 6		41.21
22 49	"	r	89 52 50.52			
23 55	"	r	46.57			
25 2	W.H	r	53 49.95			
26 11	"	r	50.40			
27 24	W.H	r	49.36	31 36.5	56.60	
28 37	"	r	52.47	39.5	60.47	
29 45	R.H	r	52 33.77	45.5		42.32
30 53	"	r	51.95	39.5		39.38
32 26	"	l	90 9 5.28			
33 46	"	l	9.33			
34 42	W.H	l	10 8.18			
35 49	"	l	3.55			
36 56	W.H	l	4.18	41 29	57.79	
38 6	"	l	1.73	28	58.09	
39 30	R.H	l	9 0.85	33.5		37.27
40 41	"	l	2.00	31.5		38.13
42 22	"	r	89 52 52.77			
43 37	"	r	52.17			
44 50	W.H	r	53 54.17			
46 2	"	r	51.18			
47 8	W.H	r	47.06	52 27	56.29	
48 1	"	r	45.96	57	54.89	
49 0	R.H	r	52 56.20	43.5		42.99
50 1	"	r	51.67	38.5		41.46
51 16	"	l	90 9 9.72			
52 27	"	l	8.25			
53 53	W.H	l	10 3.53			
55 26	"	l	5.23			
56 32	W.H	l	4.48	12 3 11.5	56.76	
57 25	"	l	3.08	4.5	57.47	
11 2 8	R.H	l	9 0.25	4 24		35.39
2 33	"	l	8.83	22		42.25
3 43	"	l	3.90	24.5		36.29
5 6	"	r	89 52 47.25			
6 11	"	r	54.25			
7 20	"	r	49.00			
8 44	W.H	r	53 52.58			
9 32	"	r	48.75			

Wangeroog.

Mittlere Zeit Wangeroog	Eingestelltes Objekt	Lage des Fernrohrs	Einzelne Zenitdistanzen	Mittel aus beiden Lagen + Reduktionen: mittlere Zeit Wangeroog	Schillig	Roter Sand
					90° 4′	90° 0′
11h 20m 14s	S.H	r	90° 4′ 33.35	11h 25m 52s	28.40	
21 20	"	r	27.00	53	26.01	
23 26	R.H	r	1 3.64	48		35.51
24 30	"	r	4.56	52.5		36.24
26 55	"	l	0 55.98			
28 20	"	l	55.43			
29 46	S.H	l	4 19.56			
31 30	"	l	17.98			
33 6	S.H	l	4 19.76	40 5.5	30.00	
34 17	"	l	19.70	39 56	30.89	
36 17	R.H	l	0 52.15	31		30.71
37 40	"	l	53.08	22.5		33.39
40 45	"	r	1 1.78			
42 45	"	r	0 57.34			
44 35	S.H	r	4 36.62			
47 5	"	r	34.77			
48 49	S.H	r	33.82	53 57.5	28.96	
50 25	"	r	34.70	54 4.5	29.37	
51 35	R.H	r	1 2.52	6.5		32.90
53 14	"	r	0.26	12.5		32.60
55 9	"	l	0 53.10			
56 18	"	l	51.33			
57 43	S.H	l	4 18.38			
59 6	"	l	18.63			
12 0 21	S.H	l	21.95	5 33.5	29.19	
1 43	"	l	22.52	30	30.69	
3 8	R.H	l	0 53.78	32		33.94
4 32	"	l	53.05	25		35.90
6 19	"	r	1 4.84			
7 54	"	r	2.22			
9 57	S.H	r	4 31.40			
10 46	"	r	30.96			

Schillig.

Mittlere Zeit Wangeroog	Eingestelltes Objekt	Lage des Fernrohrs	Einzelne Zenitdistanzen	Mittel aus beiden Lagen + Reduktionen: mittlere Zeit Wangeroog	Wangeroog	Roter Sand
					90° 1′	90° 0′
12ʰ 10ᵐ 54ˢ	W.H	r	89° 53′ 51″.99	12ʰ 15ᵐ 34ˢ	56″.36	
12 22	„	r	49.45	43.5	56.54	
14 0	R.H	r	52 56.30	59		42″.53
15 12	„	r	55.80	57		40.53
16 42	„	l	90 9 3.73			
17 58	„	l	7.23			
19 5	W.H	l	10 3.35			
20 14	„	l	0.45			
21 23	W.H	l	6.45	25 39	58.93	
22 28	„	l	4.40	47	59.49	
23 50	R.H	l	9 0.18	44		35.58
24 53	„	l	8 59.98	40		37.73
26 27	„	r	89 52 53.95			
27 36	„	r	49.45			
28 46	W.H	r	53 54.29			
29 55	„	r	51.13			
30 54	W.H	r	49.06	35 10.5	53.79	
32 3	„	r	52.10	10	58.44	
33 21	R.H	r	52 51.22	14		39.10
34 28	„	r	52.85	11.5		41.45
35 55	„	l	90 9 8.53			
37 7	„	l	5.55			
38 17	W.H	l	10 4.40			
39 27	„	l	9 58.23			
40 28	W.H	l	10 5.88	44 35	59.84	
41 33	„	l	9 57.48	35.5	52.64	
42 54	R.H	l	6.60	40		39.94
44 8	„	l	3.78	47.5		37.53
45 27	„	r	89 52 49.75			
46 26	„	r	51.75			
47 38	W.H	r	53 47.52			
48 42	„	r	53.51			
49 44	W.H	r	50.09	54 9.5	56.44	
50 56	„	r	52.06	11	56.71	
51 52	R.H	r	52 47.12	3.5		36.93
53 57	„	r	48.62	33		36.10
55 9	„	l	90 9 8.05			
56 15	„	l	5.25			
57 26	W.H	l	10 2.08			
58 35	„	l	2.50			

Wangeroog.

Mittlere Zeit Wangeroog	Eingestelltes Objekt	Lage des Fernrohrs	Einzelne Zenitdistanzen	Mittel aus beiden Lagen + Reduktionen: mittlere Zeit Wangeroog	Schillig	Roter Sand
					90° 4′	90° 0′
12ʰ 12ᵐ 22ˢ	S.H	r	90° 4′ 28″.83	12ʰ 18ᵐ 6ˢ.5	25″.58	
13 34	„	r	27.28	1.5	26.88	
15 11	R.H	r	1 0.81	12		32″.96
16 37	„	r	1.05	16		33.42
19 55	„	l	0 53.83			
21 13	„	l	53.16			
22 29	S.H	l	4 21.11			
24 1	„	l	16.27			
25 34	S.H	l	23.36	31 55.5	30.38	
26 59	„	l	19.07	29	30.60	
28 34	R.H	l	0 53.58	31.5		33.89
29 57	„	l	53.76	30 58.5		34.73
32 0	„	r	1 3.76			
34 29	„	r	2.26			
35 59	S.H	r	4 36.66			
38 17	„	r	31.94			
39 40	S.H	r	30.88	44 48.5	27.40	
40 58	„	r	29.07	45.5	28.26	
42 13	R.H	r	1 1.53	42		34.34
43 40	„	r	7.10	47.5		34.83
45 55	„	l	0 50.62			
47 11	„	l	55.41			
48 33	S.H	l	4 21.98			
49 57	„	l	18.45			

Schillig.

Mittlere Zeit Wangeroog	Eingestelltes Objekt	Lage des Fernrohrs	Einzelne Zenit-distanzen	Mittel aus beiden Lagen + Reduktionen: mittlere Zeit Wangeroog	Wangeroog	Roter Sand
					90° 1'	90° 0'
10h 17m 55s	W.H	l	90° 10' 4".98	11h 22m 3s	57".83	
18 57	"	l	7.03	22 59.5	58.63	
20 1	R.H	l	9 6.78	58.5		37".44
21 23	"	l	10.38	23 6		42.21
22 49	"	r	89 52 50.52			
23 55	"	r	46.57			
25 1	W.H	r	53 49.95			
26 11	"	r	50.40			
27 24	W.H	r	49.36	31 36.5	56.60	
28 37	"	r	52.47	39.5	60.47	
29 45	R.H	r	52 53.77	45.5		42.31
30 53	"	r	51.95	39.5		39.38
32 26	"	l	90 9 5.28			
33 46	"	l	9.33			
34 42	W.H	l	10 8.18			
35 49	"	l	3.55			
36 56	W.H	l	4.18	42 29	57.79	
38 6	"	l	1.73	28	58.09	
39 30	R.H	l	9 0.85	33.5		37.27
40 41	"	l	2.00	31.5		38.15
42 22	"	r	89 52 52.77			
43 37	"	r	52.17			
44 50	W.H	r	53 54.17			
46 1	"	r	51.22			
47 8	W.H	r	47.06	52 17	56.29	
48 1	"	r	45.96	57	54.89	
49 0	R.H	r	52 56.20	43.5		42.99
50 1	"	r	51.67	38.5		41.46
51 16	"	l	90 9 9.75			
52 27	"	l	8.25			
53 53	W.H	l	10 3.53			
55 26	"	l	5.23			
56 32	W.H	l	4.48	12 3 22.5	56.76	
57 25	"	l	3.08	4.5	57.47	
11 1 8	R.H	l	9 0.25	4 14		35.39
2 33	"	l	8.23	22		42.25
3 43	"	l	3.90	24.5		36.29
5 6	"	r	89 52 47.25			
6 11	"	r	54.25			
7 20	"	r	49.00			
8 44	W.H	r	53 51.58			
9 51	"	r	48.75			

Wangeroog.

Mittlere Zeit Wangeroog	Eingestelltes Objekt	Lage des Fernrohrs	Einzelne Zenit-distanzen	Mittel aus beiden Lagen + Reduktionen: mittlere Zeit Wangeroog	Schillig	Roter Sand
					90° 4'	90° 0'
11h 20m 14s	S.H	r	90° 4' 33".35	11h 25m 52s	28".40	
21 20	"	r	27.00	33	26.01	
23 16	R.H	r	1 3.64	48		35".51
24 50	"	r	4.56	52.5		36.24
26 35	"	l	0 55.98			
28 20	"	l	55.43			
29 46	S.H	l	4 19.56			
31 30	"	l	17.98			
33 6	S.H	l	4 19.76	40 5.5	30.00	
34 17	"	l	19.70	39 26	30.89	
36 17	R.H	l	0 52.15	31		30.72
37 40	"	l	53.08	12.5		33.39
40 45	"	r	1 1.76			
42 45	"	r	0 57.34			
44 35	S.H	r	4 36.62			
47 5	"	r	34.77			
48 49	S.H	r	33.82	53 57.5	28.96	
50 25	"	r	34.70	54 4.5	29.37	
51 55	R.H	r	1 2.52	6.5		32.90
53 24	"	r	0.16	12.5		32.60
55 9	"	l	0 53.10			
56 18	"	l	51.33			
57 44	S.H	l	4 18.38			
59 6	"	l	18.63			
12 0 21	S.H	l	22.95	5 33.5	29.19	
1 43	"	l	22.52	50	30.69	
3 8	R.H	l	0 53.72	31		33.94
4 31	"	l	55.05	25		35.92
6 19	"	r	1 4.84			
7 54	"	r	2.22			
9 37	S.H	r	4 33.40			
10 46	"	r	30.96			

Mittlere Zeit Wangeroog	Eingestelltes Objekt	Lage des Fernrohrs	Einzelne Zenitdistanzen	Schillig. Mittel aus beiden Lagen + Reduktionen: mittlere Zeit Wangeroog	Wangeroog	Roter Sand	Mittlere Zeit Wangeroog	Eingestelltes Objekt	Lage des Fernrohrs	Einzelne Zenitdistanzen	Wangeroog. Mittel aus beiden Lagen + Reduktionen: mittlere Zeit Wangeroog	Schillig	Roter Sand
					90° 1′	90° 0′						90° 4′	90° 0′
12ʰ 10ᵐ 54ˢ	W.H	r	89° 53′ 51″.99	12ʰ 15ᵐ 34ˢ	56″.36		11ʰ 12ᵐ 22ˢ	S.H	r	90° 4′ 28″.83	11ʰ 18ᵐ 6ˢ.5	25″.28	
12 22	"	r	49.45	43.5	56.54		13 34	"	r	27.18	1.5	26.88	
14 0	R.H	r	52 56.30	59		41″.53	15 11	R.H	r	1 0.81	12		32″.96
15 12	"	r	53.80	57		40.53	16 37	"	r	1.05	16		33.41
16 42	"	l	90 9 3.73				19 55	"	l	0 53.85			
17 58	"	l	7.23				21 13	"	l	53.16			
19 5	W.H	l	10 3.35				22 29	S.H	l	4 21.11			
20 14	"	l	0.45				24 1	"	l	16.27			
21 23	W.H	l	6.45	25 39	58.93								
22 28	"	l	4.40	47	59.49								
23 50	R.H	l	9 0.18	44		35.58							
24 53	"	l	8 59.98	40		37.73							
26 27	"	r	89 52 53.95										
27 36	"	r	49.45										
28 46	W.H	r	53 54.29										
29 55	"	r	51.23										
30 54	W.H	r	49.06	35 10.5	53.79		25 34	S.H	l	23.36	31 55.5	30.38	
32 3	"	r	52.20	10	58.44		26 59	"	l	19.07	29	30.60	
33 21	R.H	r	52 51.18	14		39.10	28 34	R.H	l	0 53.58	31.5		33.89
34 28	"	r	52.85	11.5		41.45	29 57	"	l	53.76	30 58.5		34.73
35 55	"	l	90 9 8.53				32 0	"	r	1 3.76			
37 7	"	l	5.55				34 29	"	r	2.26			
38 17	W.H	l	10 4.40				35 59	S.H	r	4 36.66			
39 27	"	l	9 58.23				38 17	"	r	31.94			
40 28	W.H	l	10 5.88	44 35	59.84		39 40	S.H	r	30.88	44 48.5	27.40	
41 33	"	l	9 57.48	35.5	52.64		40 58	"	r	29.07	45.5	28.16	
42 54	R.H	l	6.60	40		39.94	42 13	R.H	r	1 1.33	42		34.14
44 8	"	l	3.78	47.5		37.53	43 40	"	r	7.10	47.5		34.83
45 27	"	r	89 52 49.75				45 53	"	l	0 50.62			
46 26	"	r	51.75				47 11	"	l	55.41			
47 38	W.H	r	53 47.51				48 33	S.H	l	4 21.98			
48 42	"	r	53.51				49 37	"	l	18.45			
49 44	W.H	r	50.09	54 9.5	56.44								
50 56	"	r	51.06	11	56.71								
51 52	R.H	r	52 47.12	3.5		36.95							
53 57	"	r	48.62	33		36.10							
55 9	"	l	90 9 2.05										
56 15	"	l	5.25										
57 26	W.H	l	10 2.08										
58 35	"	l	2.50										

September 13. Nachmittags.

Schillig.

Mittlere Zeit Wangeroog	Eingestelltes Objekt	Lage des Fernrohrs	Einzelne Zenitdistanzen	Mittel aus beiden Lagen + Reduktionen: mittlere Zeit Wangeroog	Wangeroog	Roter Sand
					90° 1′	90° 0′
4h 33m 16s	W.H	l	90° 9′ 53.″06	4h 37m 48s	46.″73	
34 47	"	l	49.68	38 0	45.56	
36 6	R.H	l	8 59.65	37 58.5		34.″81
37 3	"	l	57.16	52		32.32
38 42	"	r	89 52 45.95			
39 52	"	r	48.45			
41 13	W.H	r	53 41.13			
42 30	"	r	40.16			
43 42	W.H	r	40.30	49 3	46.07	
44 55	"	r	40.56	6.5	46.91	
46 8	R.H	r	52 47.50	18		34.80
47 5	"	r	46.75	10		33.46
49 15	"	l	90 8 58.65			
50 28	"	l	9 0.57			
53 18	W.H	l	52.98			
54 24	"	l	51.56			
55 34	W.H	l	48.82	59 15.5	43.15	
57 7	"	l	51.88	5 0 0.5	46.30	
58 18	R.H	l	1.65	4 59 57		33.97
59 16	"	l	1.07	56.5		33.92
5 0 37	"	r	89 52 45.85			
1 36	"	r	44.77			
2 54	W.H	r	53 41.04			
3 57	"	r	37.19			
5 2	W.H	r	37.54	5 9 8.5	47.34	
6 6	"	r	36.46	5.5	45.66	
7 22	R.H	r	52 46.97	9.5		33.95
8 30	"	r	44.52	6.5		33.36
9 43	"	l	90 9 0.68			
10 58	"	l	8 59.41			
12 5	W.H	l	9 54.58			
13 15	"	l	56.85			
14 17	W.H	l	51.72	19 22	45.60	
15 16	"	l	48.57	13	42.30	
16 27	R.H	l	8 57.74	18 47.5		32.47
17 23	"	l	59.35	46		32.42
20 9	"	r	89 52 43.97			
21 8	"	r	45.67			
23 10	W.H	r	53 35.75			
24 17	"	r	39.20			

Wangeroog.

Mittlere Zeit Wangeroog	Eingestelltes Objekt	Lage des Fernrohrs	Einzelne Zenitdistanzen	Mittel aus beiden Lagen + Reduktionen: mittlere Zeit Wangeroog	Schillig	Roter Sand
					90° 4′	90° 0′
4h 32m 12s	S.H	l	90° 4′ 10.″85	4h 38m 10.5s	19.″81	
34 6	"	l	8.80	21.5	17.95	
35 48	R.H	l	0 49.13	24		30.″13
37 2	"	l	48.35	16		29.92
39 30	"	r	59.34			
41 0	"	r	59.19			
42 37	S.H	r	4 21.63			
44 9	"	r	23.30			
45 24	S.H	r	22.10	50 46	19.04	
46 38	"	r	22.80	41	16.36	
48 6	R.H	r	1 2.52	34		29.76
49 28	"	r	2.60	33		30.35
51 38	"	l	0 46.15			
53 2	"	l	45.05			
54 44	S.H	l	4 4.46			
56 8	"	l	10.52			
57 46	S.H	l	8.07	5 3 51.5	18.47	
59 33	"	l	11.51	59	19.78	
5 1 4	R.H	l	0 47.38	55.5		29.96
2 12	"	l	48.33	20		31.39
4 29	"	r	1 2.50			
6 7	"	r	0.60			
8 25	S.H	r	4 12.58			
9 59	"	r	13.40			
11 50	S.H	r	22.69	17 15	18.02	
12 58	"	r	21.37	3.5	17.82	
14 55	R.H	r	0 58.94	15		26.48
16 26	"	r	1 0.70	25.5		27.39
18 25	"	l	0 42.25			
19 35	"	l	42.08			
21 9	S.H	l	4 8.81			
22 40	"	l	8.82			

Schillig.

Mittlere Zeit Wangeroog	Eingestelltes Objekt	Lage des Fernrohrs	Einzelne Zenit-distanzen	Mittel aus beiden Lagen + Reduktionen: mittlere Zeit Wangeroog	Wangeroog	Roter Sand
					90° 1′	90° 0′
5ʰ 25ᵐ 34ˢ	W.H	r	89° 53′ 37″.76	5ʰ 29ᵐ 48ˢ.5	45″.13	
26 40	"	r	36.84	46	44.09	
28 22	R.H	r	52 43.52	55		32″.76
29 19	"	r	44.22	59		34.24
30 39	"	l	90 9 2.84			
31 38	"	l	8 58.47			
32 52	W.H	l	9 51.06			
34 3	"	l	52.21			
35 9	W.H	l	52.38	39 27	44.33	
36 9	"	l	52.13	29	44.44	
37 18	R.H	l	0.73	38 59		33.40
38 26	"	l	1.32	33.5		33.91
39 31	"	r	89 52 44.97			
40 40	"	r	44.55			
41 45	R.M	r	53 52.87			
42 49	W.H	r	36.47			
43 45	"	r	35.99			
44 51	W.H	r	39.14	50 31.5	46.08	
45 47	"	r	37.46	23.5	45.11	
47 9	R.H	r	52 42.22	49 58.5		33.13
48 28	"	r	46.07	56		32.73
50 54	"	l	8 57.87			
52 28	"	l	9 2.51			
55 0	W.H	l	90 9 52.48			
56 12	"	l	52.73			
57 9	W.H	l	49.98	6 1 16.5	44.86	
58 21	"	l	52.41	23.5	46.87	
59 34	R.H	l	89 9 0.20	18		32.59
6 0 42	"	l	1.41	22.5		33.04
2 3	"	r	52 43.15			
3 2	"	r	43.45			
4 26	W.H	r	53 41.05			
5 24	"	r	39.43			
6 31	W.H	r	40.79	11 4.5	43.35	
7 31	"	r	35.14	10 55	43.97	
9 3	R.H	r	52 46.47	11 7		32.48
9 30	R.M	r	53 51.10	10 22.5		32.18
10 55	"	l	90 10 4.92			
13 11	"	l	3.57			
14 19	W.H	l	9 52.51			
15 38	"	l	49.63			

Wangeroog.

Mittlere Zeit Wangeroog	Eingestelltes Objekt	Lage des Fernrohrs	Einzelne Zenit-distanzen	Mittel aus beiden Lagen + Reduktionen: mittlere Zeit Wangeroog	Schillig	Roter Sand
					90° 4′	90° 0′
5ʰ 24ᵐ 0ˢ	S.H	l	90° 4′ 9″.75	2ʰ 29ᵐ 15ˢ	19″.63	
25 9	"	l	8.90	2.5	18.57	
26 35	R.H	l	0 43.38	4.5		16″.20
27 54	"	l	46.01	2		17.26
30 10	"	r	56.57			
31 34	"	r	57.07			
32 54	S.H	r	4 22.78			
34 30	"	r	24.05			
35 42	S.H	r	21.70	40 43	17.07	
36 59	"	r	22.28	39	16.81	
38 28	R.H	r	0 58.13	44		25.55
39 59	"	r	59.13	48		25.84
41 37	"	l	40.58			
43 0	"	l	41.03			
44 19	S.H	l	4 5.88			
45 44	"	l	6.97			
47 13	S.H	l	6.22	52 20.5	15.54	
48 21	"	l	6.78	25	16.16	
49 42	R.H	l	0 39.70	21.5		23.52
51 7	"	l	39.52	14.5		22.73
53 22	"	r	53.99			
54 41	"	r	55.39			
56 29	S.H	r	4 20.07			
57 28	"	r	19.50			
6 0 39	S.H	r	20.40	6 6 4	12.95	
2 1	S.T	r	24.48	5 55.5	12.28	
3 39	R.M	r	2 20.32	59.5		02.64
5 15	R.H	r	0 52.35	6 6		21.72
6 57	"	l	37.15			
8 20	R.M	l	1 50.80			
9 50	S.T	l	4 6.20			
11 29	S.H	l	0.03			

Stand II.

September 14. Vormittags.

Schillig.

Mittlere Zeit Wangeroog	Eingestelltes Objekt	Lage des Fernrohrs	Einzelne Zenitdistanzen	Mittel aus beiden Lagen + Reduktionen: mittlere Zeit Wangeroog	Wangeroog	Roter Sand
					89° 59'	89° 59'
6h 30m 23s	W.H	r	89° 39' *26".25			
33 6	”	r	*16.13			
36 19	”	r	38 35.62	6h 42m 43s.5	1".70	
38 52	”	r	36.08	43 19.5	1.82	
40 16	R.H	r	39 12.50	27.5		−1.81
42 56	”	r	17.37	42 56.5		−3.93
43 57	”	l	90 20 35.00			
46 29	”	l	34.80			
47 47	W.H	l	19 27.25			
49 8	”	l	27.50			
50 37	”	l	*10.68			
52 27	W.H	l	19 30.37	58 44.5	5.44	
53 44	”	l	25.87	40.5	−4.06	
55 18	R.H	l	20 22.57	58 3		29.92
56 44	”	l	20.20	57 53.5		26.37
59 3	”	r	89 39 11.42			
7 0 48	”	r	16.75			
3 37	W.H	r	38 25.73			
5 2	”	r	40.25			
6 26	W.H	r	37.25	7 14 32	13.12	
7 28	”	r	33.50	34	7.88	
14 57	R.H	r	39 35.83	17 32.5		53.72
16 6	”	r	33.43	16 57.5		54.10
17 49	”	l	90 20 51.13			
20 8	”	l	50.08			
21 40	W.H	l	19 41.98			
22 48	”	l	48.80			

Wangeroog.

Mittlere Zeit Wangeroog	Eingestelltes Objekt	Lage des Fernrohrs	Einzelne Zenitdistanzen	Mittel aus beiden Lagen + Reduktionen: mittlere Zeit Wangeroog	Schillig	Roter Sand
					90° 3'	90° 0'
6h 19m 3s	S.H	r	90° 3' 52".37	6h 25m 20s	54".80	
20 28	”	r	54.07	27.5	56.72	
24 5	R.H	r	0 17.18	26 22.5		−1".46
25 16	”	r	18.82	20.5		−0.08
27 25	”	l	29.09			
28 45	”	l	27.96			
30 27	S.H	l	3 33.92			
32 35	”	l	32.77			
34 49	S.H	l	47.78	39 36	48.27	
36 19	”	l	43.34	46	45.33	
37 37	R.H	l	0 27.88	44		3.12
38 39	”	l	30.43	36		4.62
40 33	”	r	26.85			
41 52	”	r	26.43			
43 13	S.H	r	3 41.83			
44 23	”	r	43.30			
45 32	S.H	r	42.82	50 52.5	46.24	
47 13	”	r	42.00	44	41.87	
48 29	R.H	r	0 32.83	32		7.33
49 48	”	r	32.16	33		6.70
51 26	”	l	30.30			
52 33	”	l	29.86			
54 23	S.H	l	3 36.28			
55 32	”	l	44.19			
56 38	S.H	l	36.96	7 2 40.5	41.64	
57 58	”	l	*40.37			
58 50	”	l	43.83	3 22	46.25	
7 1 50	R.H	l	0 29.84	52.5		6.15
2 26	”	l	32.95	38		7.18
4 50	”	r	29.47			
5 55	”	r	30.32			
7 52	S.H	r	3 43.20			
9 2	”	r	40.83			
10 39	S.H	r	38.68	15 33	39.54	
12 59	”	r	38.35	16 4	37.25	
13 39	R.H	r	0 37.10	15 58.5		15.49
15 11	”	r	36.63	16 3		14.40
16 53	”	l	40.22			
17 58	”	l	41.93			
19 9	S.H	l	3 30.69			
20 27	”	l	34.93			

Schillig.

Mittlere Zeit Wangeroog	Eingestellte Objekt	Lage des Fernrohrs	Einzelne Zenitdistanzen	Mittel aus beiden Lagen + Reduktionen: mittlere Zeit Wangeroog	Wangeroog	Roter Sand
					89° 59′	90° 0′
7h 23m 47s	W.H	l	90° 19′ 43″.85	7h 29m 18s	20″.19	
24 48	"	l	*35.00			
25 56	"	l	44.80	50	11.64	
27 32	R.M	l	21 57.25	58.5		—0″.93
29 0	"	l	53.13	52.5		—3.75
30 45	"	r	89 40 50.92			
32 25	R.H	r	39 45.97			
33 44	W.T	r	89 38 55.85			
34 49	"	r	54.10			
35 47	"	r	39 *14.15			
					90° 0′	
37 9	W.H	r	13.48	42 19.5	13.38	
38 20	"	r	12.05	23.5	11.89	
39 53	R.H	r	52.52	33.5		12.55
41 4	"	r	51.25	30.5		9.57
42 46	"	l	90 21 *3.52			
43 57	"	l	6.27			
45 14	"	l	11.05			
46 27	W.H	l	21 11.45			
47 30	"	l	13.00			
48 23	W.H	l	14.60	53 22	47.01	
49 17	"	l	16.33	13.5	46.67	
50 44	R.H	l	18.68	23.5		25.07
51 58	"	l	20.88	25		27.29
53 23	"	r	89 40 *26.42			
54 32	"	r	11.18			
56 3	"	r	9.93			
57 10	W.H	r	16.73			
58 21	"	r	19.15			

Wangeroog.

Mittlere Zeit Wangeroog	Eingestellte Objekt	Lage des Fernrohrs	Einzelne Zenitdistanzen	Mittel aus beiden Lagen + Reduktionen: mittlere Zeit Wangeroog	Schillig	Roter Sand
					90° 3′	90° 0′
7h 21m 32s	S.H	l	90° 3′ 32″.89	7h 26m 7s	38″.06	
22 44	"	l	30.81	12.5	35.76	
23 54	R.H	l	0 46.04	1		21″.60
25 8	"	l	46.08	25 48.5		20.62
26 29	"	r	43.21			
28 8	"	r	45.22			
29 41	S.H	r	3 35.25			
30 41	"	r	37.76			
31 56	S.H	r	38.63	36 47	45.58	
33 6	"	r	39.20	46	44.20	
34 19	R.H	r	0 47.02	39		22.86
36 18	"	r	46.44	37 3		22.95
37 48	"	l	47.52			
38 59	"	l	46.76			
40 26	S.H	l	3 43.73			
41 38	"	l	47.06			
42 39	S.H	l	50.45	47 18	55.08	
43 47	"	l	50.15	11.5	54.81	
45 4	R.H	l	0 49.17	18.5		24.70
46 13	"	l	50.77	2		25.39
47 51	"	r	48.45			
49 21	"	r	48.19			
50 36	S.H	r	3 53.90			
51 45	"	r	54.24			
52 54	S.H	r	56.10	57 6.5	61.45	
53 55	"	r	55.14	2.5	60.53	
55 8	R.H	r	0 48.17	1.5		26.89
56 16	"	r	47.60	5		25.46
57 54	"	l	51.38			
58 55	"	l	53.66			
8 0 10	S.H	l	4 0.45			
1 19	"	l	1.33			

September 14. Vormittags.

Schillig.

Mittlere Zeit Wangeroog	Eingestellte Objekt	Lage des Fernrohrs	Einzelne Zenitdistanzen	Mittel aus beiden Lagen + Reduktionen: mittlere Zeit Wangeroog	Wangeroog	Roter Sand
					90° 1′	90° 0′
11h 0m 42s	W.H	r	89° 41′ 24″.85	11h 5m 17s	56″.37	
2 0	"	r	28.15	21.5	57.21	
3 14	R.H	r	40 27.65	17		39″.92
4 29	"	r	25.37	10.5		39.19
6 2	"	l	90 21 31.49			
7 20	"	l	30.67			
8 43	W.H	l	22 25.98			
9 53	"	l	27.60			

Wangeroog.

Mittlere Zeit Wangeroog	Eingestellte Objekt	Lage des Fernrohrs	Einzelne Zenitdistanzen	Mittel aus beiden Lagen + Reduktionen: mittlere Zeit Wangeroog	Schillig	Roter Sand
					90° 4′	90° 0′
11h 0m 39s	S.H	l	90° 4′ *22″.85			
2 7	"	l	18.28	11h 7m 1s.5	27″.30	
3 14	"	l	18.51	6 59.5	28.50	
4 28	R.H	l	1 3.31	49.5		36″.46
5 39	"	l	5.27	43		36.60
7 47	"	r	0 55.98			
9 11	"	r	57.67			
10 45	S.H	r	4 23.03			
11 56	"	r	20.86			

Stand II.

September 14. Vormittags.

Schillig.

Mittlere Zeit Wangeroog	Eingestelltes Objekt	Lage des Fernrohrs	Einzelne Zenit-distanzen	Mittel aus beiden Lagen + Reduktionen: mittlere Zeit Wangeroog	Wangeroog	Roter Sand
					89° 59′	89° 59′
6h 30m 23s	W.H	r	89° 39′ *26″.25			
33 6	"	r	*16.13			
36 19	"	r	38 35.62	6h 41m 43s.5	1″.70	
38 52	"	r	36.08	43 19.5	1.81	
40 26	R.H	r	39 11.50	17.5		−1.81
41 56	"	r	17.57	42 56.5		−3.93
43 57	"	l	90 20 35.00			
46 29	"	l	34.80			
47 47	W.H	l	19 27.25			
49 8	"	l	27.50			
50 37	"	l	*10.68			
52 27	W.H	l	19 30.37	58 44.5	5.44	
53 44	"	l	25.87	40.5	−4.06	
55 18	R.H	l	20 21.57	58 3		29.92
56 44	"	l	20.20	57 53.5		26.57
59 3	"	r	89 39 11.42			
7 0 48	"	r	16.73			
3 37	W.H	r	38 25.73			
5 2	"	r	40.23			
6 16	W.H	r	17.15	7 14 32	13.12	
7 28	"	r	33.50	34	7.88	
14 57	R.H	r	39 35.83	17 32.5		53.72
16 6	"	r	35.43	16 57.5		54.10
17 49	"	l	90 20 51.25			
20 8	"	l	50.08			
21 40	W.H	l	19 41.98			
22 48	"	l	48.80			

Wangeroog.

Mittlere Zeit Wangeroog	Eingestelltes Objekt	Lage des Fernrohrs	Einzelne Zenit-distanzen	Mittel aus beiden Lagen + Reduktionen: mittlere Zeit Wangeroog	Schillig	Roter Sand
					90° 3′	90° 0′
6h 19m 3s	S.H	r	90° 3′ 51″.37	6h 25m 20s	54″.80	
20 18	"	r	54.07	27.5	56.72	
24 5	R.H	r	0 17.18	26 22.5		−1″.46
25 16	"	r	18.81	20.5		−0.08
27 25	"	l	29.09			
28 45	"	l	27.96			
30 27	S.H	l	3 53.92			
31 35	"	l	51.77			
34 49	S.H	l	47.78	39 36	48.27	
36 19	"	l	43.34	46	45.33	
37 37	R.H	l	0 27.88	44		3.12
38 39	"	l	30.45	36		4.62
40 33	"	r	26.85			
41 51	"	r	26.43			
43 13	S.H	r	3 41.85			
44 23	"	r	43.30			
45 52	S.H	r	42.82	50 52.5	46.24	
47 13	"	r	42.00	44	41.87	
48 29	R.H	r	0 32.85	31		7.33
49 48	"	r	31.16	33		6.70
51 26	"	l	30.30			
52 33	"	l	29.86			
54 15	S.H	l	3 36.28			
55 31	"	l	44.19			
56 38	S.H	l	36.96	7 2 40.5	41.64	
57 58	"	l	*40.37			
58 50	"	l	43.83	3 21	46.25	
7 1 50	R.H	l	0 29.84	52.5		6.15
2 26	"	l	32.95	38		7.18
4 50	"	r	29.47			
5 55	"	r	30.52			
7 52	S.H	r	3 43.20			
9 1	"	r	40.85			
10 39	S.H	r	38.68	15 33	39.54	
12 59	"	r	38.35	16 4	37.25	
13 59	R.H	r	0 37.10	15 58.5		15.49
15 11	"	r	36.63	16 3		14.40
16 55	"	l	40.28			
17 58	"	l	41.93			
19 9	S.H	l	3 30.69			
20 27	"	l	34.93			

Schillig.

Mittlere Zeit Wangeroog	Eingestelltes Objekt	Lage des Fernrohrs	Einzelne Zenit-distanzen	Mittel aus beiden Lagen + Reduktionen: mittlere Zeit Wangeroog	Wangeroog	Roter Sand
					89°59′	90° 0′
7h 23m 47s	W.H	l	90°19′ 43″.85	7h 29m 18s	10″.29	
24 48	"	l	*35.00			
25 56	"	l	44.80	30	11.64	
27 32	R.M	l	21 57.25	58.5		−0″.93
29 0	"	l	53.23	52.5		−3.75
30 43	"	r	89 40 30.92			
32 23	R.H	r	39 45.97			
33 44	W.T	r	89 38 55.85			
34 49	"	r	54.10			
35 47	"	r	39 *14.15			
					90° 0′	
37 9	W.H	r	13.48	42 29.5	13.38	
38 20	"	r	22.05	23.5	11.89	
39 33	R.H	r	52.52	33.5		12.55
41 4	"	r	52.25	30.5		9.57
42 46	"	l	90 21 *3.52			
43 57	"	l	6.27			
45 14	"	l	11.05			
46 27	W.H	l	21 11.45			
47 30	"	l	13.00			
48 23	W.H	l	14.60	53 22	47.02	
49 17	"	l	16.33	13.5	46.67	
50 44	R.H	l	18.68	23.5		25.07
51 58	"	l	20.88	25		27.29
53 23	"	r	89 40 *26.42			
54 32	"	r	22.28			
56 3	"	r	9.93			
57 10	W.H	r	16.73			
58 21	"	r	29.15			

Wangeroog.

Mittlere Zeit Wangeroog	Eingestelltes Objekt	Lage des Fernrohrs	Einzelne Zenit-distanzen	Mittel aus beiden Lagen + Reduktionen: mittlere Zeit Wangeroog	Schillig	Roter Sand
					90° 3′	90° 0′
7h 21m 32s	S.H	l	90° 3′ 32″.89	7h 26m 7s	38″.06	
22 44	"	l	30.81	11.5	35.76	
23 54	R.H	l	0 46.04	2		21″.60
25 8	"	l	46.08	25 48.5		20.62
26 29	"	r	43.21			
28 2	"	r	45.22			
29 41	S.H	r	3 35.25			
30 42	"	r	30.76			
31 56	S.H	r	38.63	36 47	45.58	
33 6	"	r	39.20	46	44.20	
34 29	R.H	r	0 47.02	39		22.86
36 18	"	r	46.44	37 3		22.95
37 48	"	l	47.52			
38 59	"	l	46.76			
40 16	S.H	l	3 43.73			
41 38	"	l	47.06			
42 39	S.H	l	50.45	47 12	55.08	
43 47	"	l	50.25	11.5	54.81	
45 4	R.H	l	0 49.27	12.5		24.70
46 13	"	l	50.77	2		25.59
47 51	"	r	48.45			
49 22	"	r	48.19			
50 36	S.H	r	3 53.90			
51 45	"	r	54.24			
52 54	S.H	r	56.10	57 6.5	61.45	
53 53	"	r	55.14	2.5	60.53	
55 8	R.H	r	0 48.17	1.5		26.89
56 26	"	r	47.60	5		25.46
57 34	"	l	51.38			
58 55	"	l	53.66			
8 0 10	S.H	l	4 0.45			
1 19	"	l	1.33			

September 14. Vormittags.

Schillig

Mittlere Zeit Wangeroog	Eingestelltes Objekt	Lage des Fernrohrs	Einzelne Zenit-distanzen	mittlere Zeit Wangeroog	Wangeroog	Roter Sand
					90° 1′	90° 0′
11h 0m 41s	W.H	r	89°41′ 24″.85	11h 5m 17s	56″.37	
2 0	"	r	28.15	22.5	57.22	
3 24	R.H	r	40 27.65	27		39″.92
4 29	"	r	25.37	10.5		39.19
6 2	"	l	90 22 31.49			
7 20	"	l	30.67			
8 43	W.H	l	22 25.98			
9 53	"	l	27.60			

Wangeroog

Mittlere Zeit Wangeroog	Eingestelltes Objekt	Lage des Fernrohrs	Einzelne Zenit-distanzen	mittlere Zeit Wangeroog	Schillig	Roter Sand
					90° 4′	90° 0′
11h 0m 39s	S.H	l	90° 4′ *22″.85			
2 7	"	l	28.28	11h 7m 1s.5	27″.30	
3 14	"	l	28.52	6 59.5	28.50	
4 28	R.H	l	2 3.32	49.5		36″.46
5 39	"	l	5.27	43		36.60
7 47	"	r	0 55.98			
9 22	"	r	57.67			
10 45	S.H	r	4 23.03			
11 56	"	r	20.86			

Schillig.

Mittlere Zeit Wangeroog	Eingestelltes Objekt	Lage des Fernrohrs	Einzelne Zenitdistanzen	Mittel aus beiden Lagen + Reduktionen: mittlere Zeit Wangeroog	Wangeroog	Roter Sand
					90° 1'	90° 0'
11h 22m 7s	W.H	l	90° 22' 36".38	11h 26m 27s.5	61".23	
23 3	"	l	29.58	40.5	59.33	
24 29	R.H	l	21 29.69	26.5		41".09
25 37	"	l	26.33	18		35.95
26 59	"	r	89 40 24.05			
28 24	R.M	r	41 37.57			
30 18	W.H	r	28.80			
31 48	"	r	25.8[illegible]			
32 14	W.H	r	25.55	37 10.5	58.34	
33 12	"	r	28.00	0.5	62.01	
						38.93
35 2	R.M	r	32.32	17.5		39.31
36 32	"	r	31.05	24		
38 16	R.H	l	90 21 32.65			
39 33	"	l	30.61			
40 49	W.H	l	22 35.73			
41 7	"	l	30.85			
43 17	W.H	l	29.50	48 16	58.50	
44 19	"	l	31.43	25	58.05	
45 47	R.H	l	21 30.25	9.5		40.07
47 36	"	l	29.9[illegible]	28.5		39.45
49 21	"	r	89 41 27.47			
50 32	"	r	28.37			
51 11	W.H	r	40 24.37			
53 15	"	r	27.22			
54 13	W.H	r	41 24.37	59 37.5	54.80	
55 11	"	r	29.63	31	56.41	
56 24	"	r	40 26.92	27.5		38.65
57 40	R.M	r	41 41.05	20		41.01
12 1 0	R.H	l	90 21 26.04			
2 31	"	l	18.86			
3 51	W.H	l	22 21.90			
5 2	"	l	24.95			
6 4	W.H	l	27.45	12 10 25	59.05	
7 5	"	l	27.70	21.5	57.04	
8 29	R.H	l	21 30.31	23		40.58
9 39	"	l	28.71	15.5		39.64
11 2	"	r	89 40 29.05			
12 17	"	r	29.32			
13 38	W.H	r	41 26.10			
14 46	"	r	30.37			

Wangeroog.

Mittlere Zeit Wangeroog	Eingestelltes Objekt	Lage des Fernrohrs	Einzelne Zenitdistanzen	Mittel aus beiden Lagen + Reduktionen: mittlere Zeit Wangeroog	Schillig	Roter Sand
					90° 4'	90° 0'
11h 13m 22s	S.H	r	90° 4' 22".17	11h 19m 34s.5	28".82	
14 25	"	r	24.75	42	29.63	
15 55	R.H	r	0 57.67	18 34		35".10
17 24	"	r	58.87	28		34.72
19 32	"	l	1 0.62			
21 13	"	l	0.98			
22 26	"	l	*4.08			
24 59	S.H	l	4 29.04			
26 38	"	l	31.00			
27 42	S.H	l	27.73	34 42	30.44	
28 51	"	l	33.28	43	32.59	
31 16	R.H	l	1 8.55	35 2		39.80
33 9	"	l	5.31	34 21		38.75
35 33	R.M	r	2 45.14			
36 31	"	r	*5.84			
38 48	"	r	14.02			
40 35	S.H	r	4 36.43			
41 42	"	r	27.69			
42 48	S.H	r	27.35	48 30.5	32.84	
44 0	"	r	25.25	20	32.52	
45 33	R.M	r	2 13.07	10.5		38.93
47 8	"	r	14.68	18.5		38.84
49 29	"	l	20.83			
50 48	"	l	22.62			
52 40	S.H	l	4 32.44			
54 13	"	l	32.87			
55 23	S.H	l	30.02	12 0 44	30.21	
56 25	"	l	32.07	53	32.83	
58 21	R.H	l	1 3.24	50		34.74
59 41	"	l	3.82	53		35.87
12 2 5	"	r	0 55.92			
3 19	"	r	54.29			
4 41	S.H	r	4 28.12			
6 5	"	r	24.95			
7 19	S.H	r	23.85	12 23.5	30.14	
8 27	"	r	23.20	19	29.40	
9 40	R.H	r	0 55.23	11 56.5		39.72
11 12	"	r	54.37	12 8		38.48
13 4	"	l	1 10.64			
14 9	"	l	12.24			
16 11	S.H	l	4 30.13			
17 28	"	l	30.9[illegible]			

Schillig.

Mittlere Zeit Wangeroog	Eingestelltes Objekt	Lage des Fernrohrs	Einzelne Zenit-distanzen	Mittel aus beiden Lagen + Reduktionen: mittlere Zeit Wangeroog	Wangeroog	Roter Sand
					90° 1'	90° 0'
11ʰ 15ᵐ 31ˢ	W.H	r	89° 41' 28".93	11ʰ 20ᵐ 13ˢ.5	57".08	
17 2	"	r	23.43	31	56.03	
18 23	R.H	r	40 25.02	23.5		39".39
19 35	"	r	24.72	26		38.50
21 17	"	l	90 22 30.75			
22 24	"	l	32.23			
24 0	W.H	l	22 28.35			
24 56	"	l	24.95			
25 55	W.H	l	27.80	31 4	56.85	
27 16	"	l	27.73	10	56.66	
28 42	R.H	l	21 34.06	13		40.58
30 2	"	l	33.82	19.5		42.50
31 12	"	l	*33.61			
32 37	"	r	89 40 29.65			
33 44	"	r	25.57			
35 4	W.H	r	41 25.30			
36 13	"	r	25.62			
37 18	W.H	r	29.18	41 30.5	59.80	
38 19	"	r	28.88	27	58.61	
39 34	R.H	r	40 29.90	37		38.75
40 37	"	r	25.62	25.5		38.20
42 14	"	l	90 22 29.25			
43 40	"	l	26.07			
44 35	W.H	l	22 28.05			
45 43	"	l	30.13			
46 53	W.H	l	31.63	11 50 53.5	58.74	
48 5	"	l	35.03	51 2	61.43	
49 18	R.H	l	21 29.97	50 57.5		37.27
50 22	"	l	31.90	51 0.5		40.36
51 39	"	r	89 40 27.30			
52 37	"	r	23.05			
53 59	W.H	r	41 27.55			
54 54	"	r	25.57			

Wangeroog.

Mittlere Zeit Wangeroog	Eingestelltes Objekt	Lage des Fernrohrs	Einzelne Zenit-distanzen	Mittel aus beiden Lagen + Reduktionen: mittlere Zeit Wangeroog	Schillig	Roter Sand
					90° 4'	90° 0'
12ʰ 18ᵐ 39ˢ	S.H	l	90° 4' 31".06	12ʰ 24ᵐ 7ˢ	33".24	
19 47	"	l	29.09	2.5	30.18	
21 10	R.H	l	1 9.41	23 50		40".08
22 15	"	l	10.50	42		38.72
24 2	"	l	*5.88			
25 29	"	r	0 55.00			
26 30	"	r	58.80			
28 18	S.H	r	4 25.81			
29 35	"	r	29.95			
30 53	S.H	r	28.26	36 46.5	33.32	
31 58	"	r	26.91	30.5	31.99	
33 35	R.H	r	1 0.00	27.5		38.02
35 11	"	r	*2.83			
36 29	"	r	0 59.65	37 24.5		39.82
38 20	"	l	1 8.04			
39 20	"	l	4.10			
41 3	S.H	l	4 31.60			
42 40	"	l	32.91			
44 4	S.H	l	31.95	49 2.5	31.54	
45 8	"	l	30.46	48 54.5	29.99	
46 43	R.H	l	1 9.64	52		39.00
47 52	"	l	6.93	47.5		39.69
49 43	"	r	0.50			
51 1	"	r	0 56.42			
52 41	S.H	r	4 24.05			
54 1	"	r	25.67			

September 14. Nachmittags.

Schillig.

Mittlere Zeit Wangeroog	Eingestelltes Objekt	Lage des Fernrohrs	Einzelne Zenit-distanzen	Mittel aus beiden Lagen + Reduktionen: mittlere Zeit Wangeroog	Wangeroog	Roter Sand
					90° 1'	90° 0'
4ʰ 36ᵐ 11ˢ	W.H	r	89° 41' 21".13	4ʰ 41ᵐ 44ˢ	58".17	
37 36	"	r	14.20	52	48.59	
40 49	R.H	r	40 23.20	42 52.5		37".72
42 29	"	r	21.95	43 4.5		36.79
43 40	"	l	90 21 30.10			
44 56	"	l	30.70			
46 8	W.H	l	22 22.70			
47 17	"	l	22.92			

Wangeroog.

Mittlere Zeit Wangeroog	Eingestelltes Objekt	Lage des Fernrohrs	Einzelne Zenit-distanzen	Mittel aus beiden Lagen + Reduktionen: mittlere Zeit Wangeroog	Schillig	Roter Sand
					90° 4'	90° 0'
4ʰ 34ᵐ 29ˢ	S.H	l	90° 4' 20".92	4ʰ 39ᵐ 20ˢ.5	22".26	
35 59	"	l	23.43	26	23.24	
37 20	R.H	l	0 58.61	31		32".01
38 27	"	l	58.68	13.5		32.62
40 0	"	r	54.60			
41 42	"	r	53.47			
42 53	S.H	r	4 17.58			
44 12	"	r	18.13			

Schillig.

Mittlere Zeit Wangeroog	Eingestelltes Objekt	Lage des Fernrohrs	Einzelne Zenitdistanzen	Mittel aus beiden Lagen + Reduktionen: mittlere Zeit Wangeroog	Wangeroog	Roter Sand
					90° 1'	90° 0'
4h 48m 26s	W.H	l	90° 22' 26".57	4h 52m 57s	49".83	
49 38	„	l	22.20	59	49.77	
51 5	R.H	l	22 26.55	53 3		33".97
52 20	„	l	24.27	4.5		34.45
53 49	„	r	89 40 23.10			
55 1	„	r	19.87			
56 20	W.H	r	41 17.05			
57 28	„	r	12.80			
58 25	W.H	r	13.80	5 2 32	48.99	
59 27	„	r	12.30	32	46.92	
5 1 19	R.H	r	40 20.30	38.5		34.22
2 20	„	r	17.82	59.5		32.82
3 39	„	l	90 22 26.30			
4 38	„	l	26.62			
5 37	W.H	l	22 21.25			
6 39	„	l	23.90			
7 38	W.H	l	23.15	12 42.5	49.02	
8 33	„	l	23.82	35	49.16	
9 34	R.H	l	21 27.10	38.5		34.96
10 52	„	l	25.95	33.5		34.42
12 19	„	r	89 40 22.35			
13 23	„	r	21.30			
14 37	W.H	r	41 14.22			
15 47	„	r	14.50			
16 40	W.H	r	12.65	20 33	46.58	
17 35	„	r	13.93	29	49.65	
18 42	R.H	r	40 20.38	25		34.16
19 46	„	r	17.37	24		34.23
21 2	„	l	90 22 29.37			
22 8	„	l	26.27			
23 23	W.H	l	22 25.07			
24 26	„	l	20.22			
25 22	W.H	l	22.67	28 34	47.45	
26 19	„	l	25.12	33.5	50.65	
27 20	R.H	l	22 24.62	36		32.46
28 16	„	l	27.07	33		34.37
29 30	„	r	89 40 20.55			
30 32	„	r	18.77			
31 32	W.H	r	41 15.90			
32 26	„	r	12.95			
33 26	W.H	r	23.87	37 17	47.53	
34 23	„	r	25.35	12.5	49.10	
35 30	R.H	r	40 25.62	12.5		30.08
36 30	„	r	25.30	10.5		31.05
37 52	„	l	90 22 25.27			
38 55	„	l	23.02			
40 0	W.H	l	22 22.57			
41 8	„	l	20.90			

Wangeroog.

Mittlere Zeit Wangeroog	Eingestelltes Objekt	Lage des Fernrohrs	Einzelne Zenitdistanzen	Mittel aus beiden Lagen + Reduktionen: mittlere Zeit Wangeroog	Schillig	Roter Sand
					90° 0'	90° 1'
4h 45m 33s	S.H	r	90° 4' 18".05	4h 50m 7s.5	22".35	
46 47	„	r	16.09	3	20.39	
47 59	R.H	r	0 52.28	5		31".38
49 7	„	r	52.05	7.5		31.16
51 6	„	l	58.32			
52 12	„	l	58.63			
53 19	S.H	l	4 19.23			
54 42	„	l	19.28			
56 7	S.H	l	23.00	5 1 0	22.78	
57 27	„	l	21.54	3	22.66	
58 33	R.H	l	0 57.79	6 24		30.61
59 43	„	l	58.82	38		30.61
5 1 33	„	r	50.46			
2 15	„	r	52.49			
4 39	S.H	r	4 18.32			
5 53	„	r	17.10			
6 59	S.H	r	16.85	12 15	22.39	
8 29	„	r	17.02	10.5	20.73	
9 33	R.H	r	0 50.39	22 22.5		29.27
10 41	„	r	52.54	25		30.23
11 49	„	l	56.77			
12 50	„	l	56.20			
16 2	S.H	l	4 18.98			
17 32	„	l	20.46			
					90° 4'	90° 0'
28 33	S.H	l	20.62	5 23 26	19".44	
29 27	„	l	19.35	23 23.5	19.36	
30 49	R.H	l	0 56.37	23.5		29.23
32 10	„	l	55.90	23.5		28.88
34 21	„	r	49.91			
35 38	„	r	50.14			
37 0	S.H	r	4 13.90			
38 19	„	r	12.82			
39 42	S.H	r	12.84	40 2.5	16.83	
40 55	„	r	11.32	5	16.28	
42 1	R.H	r	0 45.65	22		25.22
43 8	„	r	44.35	23.5		25.73
45 19	„	l	53.32			
46 43	„	l	52.84			
49 15	S.H	l	4 15.78			
50 24	„	l	15.36			

Schillig.

Mittlere Zeit Wangeroog	Eingestelltes Objekt	Lage des Fernrohrs	Einzelne Zenit-distanzen	Mittel aus beiden Lagen + Reduktionen: mittlere Zeit Wangeroog	Wangeroog	Roter Sand
					90° 1′	90° 0′
5ʰ 42ᵐ 3ˢ	W.H	l	90° 22′ 20″.57	5ʰ 46ᵐ 30ˢ.5	47″.05	
43 4	„	l	22.20	27	47.27	
44 28	R.H	l	21 24.37	32.5		31″.53
45 34	„	l	23.45	10		30.81
46 46	„	r	89 40 16.65			
48 35	„	r	17.17			
49 50	W.H	r	41 13.05			
50 58	„	r	13.25			
52 13	W.H	r	9.72	55 52.5	45.90	
53 7	„	r	9.92	51.5	45.50	
54 17	R.H	r	40 13.50	52.5		19.90
55 7	„	r	16.05	52		31.80
56 35	„	l	90 21 26.02			
57 28	„	l	24.77			
58 36	W.H	l	22 20.80			
59 32	„	l	21.82			
6 0 49	W.H	l	28.27	6 4 32	43.68	
1 44	„	l	25.42	31	44.74	
3 4	R.H	l	21 24.72	40		30.57
4 0	„	l	24.45	25.5		34.11
4 51	„	r	89 40 22.25			
6 16	„	r	24.90			
7 28	W.H	r	41 23.77			
8 23	„	r	8.80			
9 1	W.H	r	9.95	22 51.5	41.95	
9 57	„	r	10.10	41	45.72	
10 58	R.H	r	40 26.15	30.5		32.12
11 48	„	r	16.30	27.5		32.75
13 7	R.M	l	90 22 32.07			
14 3	„	l	31.07			
15 25	W.T	r	22 18.70			
16 42	„	r	15.32			

Wangeroog.

Mittlere Zeit Wangeroog	Eingestelltes Objekt	Lage des Fernrohrs	Einzelne Zenit-distanzen	Mittel aus beiden Lagen + Reduktionen: mittlere Zeit Wangeroog	Schillig	Roter Sand
					90° 4′	90° 0′
5ʰ 52ᵐ 32ˢ	S.H	l	90° 4′ 25″.13	5ʰ 57ᵐ 38ˢ.5	15″.92	
53 48	„	l	16.46	38.5	15.41	
55 45	R.H	l	0 50.06	58 0		23″.58
57 10	„	l	51.15	1.5		24.05
58 53	„	r	45.00			
6 0 15	„	r	45.15			
1 29	S.H	r	4 8.90			
2 45	„	r	11.24			
3 53	S.H	r	11.10	6 8 51	13.84	
5 30	„	r	8.10	9 3	13.60	
6 52	R.H	r	0 43.95	9.5		22.32
8 9	„	r	44.74	13		22.96
10 27	„	l	49.24			
11 28	„	l	48.73			
12 40	S.H	l	4 13.64			
13 49	„	l	11.12			

September 20. Vormittags.

Schillig.

Mittlere Zeit Wangeroog	Eingestelltes Objekt	Lage des Fernrohrs	Einzelne Zenit-distanzen	mittlere Zeit Wangeroog	Wangeroog	Roter Sand
					90° 1′	90° 0′
6ʰ 7ᵐ 34ˢ	W.T	r	90° 0′ 0″.22	6ʰ 15ᵐ 5ˢ.5	11″.68	
9 36	W.H	r	0.73	23.5	9.33	
12 30	R.M	r	*46.17			
14 47	„	r	16.25	53		16″.92
16 59	„	l	1 9.25			
18 20	„	l	*6.00			
21 11	W.T	l	2 15.30			
22 37	„	l	18.27			

Wangeroog.

Mittlere Zeit Wangeroog	Eingestelltes Objekt	Lage des Fernrohrs	Einzelne Zenit-distanzen	mittlere Zeit Wangeroog	Schillig	Roter Sand
					90° 3′	90° 0′
6ʰ 2ᵐ 42ˢ	S.H	r	90° 3′ 48″.34	6ʰ 7ᵐ 32ˢ	47″.93	
4 22	„	r	48.76	7 56.5	47.58	
6 30	R.M	r	1 52.16	8 43.5		10″.36
7 35	„	r	54.19	55.5		11.75
9 16	„	l	47.15			
10 37	„	l	46.40			
11 42	S.H	l	3 40.94			
13 2	„	l	42.05			

Schillig.

Mittlere Zeit Wangeroog	Eingestelltes Objekt	Lage des Fernrohrs	Einzelne Zenit-distanzen	Mittel aus beiden Lagen + Reduktionen: mittlere Zeit Wangeroog	Wangeroog	Roter Sand
					90° 1'	
7h 2m 31s	W.H	l	90° 2' 36".60	7h 5m 48s	29".24	
3 46	"	l	37.04	6 52.5	32.54	
5 59	R.H	l	34.03			
7 41	W.H	r	25.75			
9 5	"	r	0 21.59			
10 17	W.H	r	23.22	12 4	32.72	
11 13	"	r	21.78	6.5	30.41	
13 0	"	l	1 38.82			
13 51	"	l	41.93			
14 51	W.H	l	38.42	17 3	31.69	
16 4	"	l	40.48	16 44	33.45	
17 24	"	r	0 26.14			
19 13	"	r	24.67			
8 0 9	W.H	r	40.12	8 2 38	45.96	
1 38	"	r	37.02	30	42.32	
4 8	"	l	2 47.33			
5 7	"	l	51.52			
6 22	W.H	l	47.38	8 10	43.72	
7 42	"	l	51.63	20.5	43.94	
8 59	"	r	0 35.97			
9 58	"	r	39.55			
11 2	W.H	r	36.17	12 46.5	44.93	
11 57	"	r	38.32	42.5	44.31	
13 28	"	l	2 50.01			
14 31	"	l	53.41			
15 42	W.H	l	*54.98			
16 40	"	l	49.83	18 24	43.02	
17 46	"	l	50.13	26	44.91	
19 6	"	r	0 39.41			
20 8	"	r	35.92			

Wangeroog.

Mittlere Zeit Wangeroog	Eingestelltes Objekt	Lage des Fernrohrs	Einzelne Zenit-distanzen	Mittel aus beiden Lagen + Reduktionen: mittlere Zeit Wangeroog	Schillig	Roter Sand
					90° 4'	90° 0'
6h 14m 6s	S.H	l	90° 3' 43".36	6h 19m 35s	−8".05	
15 59	S.T	l	50.11	43.5	−7.82	
17 52	R.M	l	1 48.56	20 1		11".67
19 37	"	l	49.22	14.5		13.64
20 58	"	r	55.9.			
22 10	"	r	52.61			
23 32	S.H	r	3 54.69			
25 4	"	r	53.08			
59 52	S.H	r	4 1.60	7 5 5.5	1.34	
7 1 20	"	r	1.86	12.5	0.58	
3 2	R.M	r	2 6.64	27.5		21.37
4 22	"	r	1.92	28.5		19.05
6 35	"	l	1 54.01			
7 53	"	l	53.93			
9 5	S.H	l	3 53.84			
10 29	"	l	55.61			
11 14	S.H	l	57.72	15 48.5	7.21	
12 37	"	l	58.29	52	7.10	
14 7	R.M	l	1 52.79	16 6.5		21.31
15 6	"	l	54.13	15 52.5		21.42
16 37	"	r	2 6.55			
18 6	"	r	7.67			
19 17	S.H	r	4 10.44			
20 23	"	r	11.24			
58 52	S.H	r	4 16.82	8 3 29	14.76	
0 9	"	r	17.82	33	14.85	
8 1 32	R.M	r	2 11.06	43		32.64
3 5	"	r	14.74	53		32.75
4 42	"	l	8.60			
5 58	"	l	10.05			
6 57	S.H	l	4 6.42			
8 6	"	l	7.23			
9 0	S.H	l	7.47	11 4.5	15.20	
10 2	"	l	6.92	10 51	15.32	
11 40	"	r	18.25			
13 9	"	r	17.47			
14 32	S.H	r	17.22	16 40	14.98	
16 2	R.H	r	0 56.92	7		28.34
17 32	"	l	47.81			
18 48	S.H	l	4 7.28			

Schillig.

Mittlere Zeit Wangeroog	Eingestelltes Objekt	Lage des Fernrohrs	Einzelne Zenit-distanzen	Mittel aus beiden Lagen + Reduktionen: mittlere Zeit Wangeroog	Wangeroog	Roter Sand
					90° 1'	90° 0'
8h 59m 18s	W.H	l	90° 2' 54.45"	9h 3m 20.5s	47.09"	
9 0 40	,,	l	52.56	34.5	46.90	
2 24	R.H	l	1 59.20	4 2		5.44"
3 39	,,	l	2 1.50	10.5		6.72
4 42	,,	r	0 50.41			
5 40	,,	r	50.25			
6 29	W.H	r	40.95			
7 23	,,	r	39.45			
8 10	W.H	r	37.65	12 40	44.90	
8 55	,,	r	42.97	32.5	46.83	
9 53	R.H	r	50.17	28		9.65
10 49	,,	r	54.70	21.5		10.52
11 54	,,	l	2 4.81			
13 3	,,	l	7.57			
14 10	W.H	l	50.40			
15 10	,,	l	51.87			
16 6	W.H	l	50.28	19 46.5	45.93	
17 22	,,	l	51.95	53	46.32	
18 9	R.H	l	4.32	55		14.27
19 1	,,	l	4.25	41		8.05
20 21	,,	r	0 50.32			
21 41	,,	r	1 2.70			
22 34	W.H	r	0 40.38			
23 27	,,	r	41.30			
9 58 52	W.H	r	90 0 46.78	10 2 51	51.63	
59 26	,,	r	46.52	43	52.03	
10 0 19	R.H	r	89 59 55.70	40.5		40.34
1 14	,,	r	57.13	32		41.00
3 50	,,	l	90 2 3.35			
5 2	,,	l	3.45			
6 0	W.H	l	55.45			
6 49	,,	l	56.20			
7 39	W.H	l	56.40	10 42	50.03	
8 21	,,	l	58.28	36.5	51.33	
9 26	R.H	l	6.55	44		41.54
10 18	,,	l	9.92	47.5		42.34
11 17	,,	r	89 59 53.25			
12 2	,,	r	55.00			
12 52	W.H	r	90 0 44.20			
13 45	,,	r	43.38			

Wangeroog.

Mittlere Zeit Wangeroog	Eingestelltes Objekt	Lage des Fernrohrs	Einzelne Zenit-distanzen	Mittel aus beiden Lagen + Reduktionen: mittlere Zeit Wangeroog	Schillig	Roter Sand
					90° 4'	
8h 58m 44s	S.H	l	90° 4' 9.98"	9h 1m 12.5s	18.35"	
9 0 2	,,	l	11.44	15	18.51	
2 28	,,	r	20.18			
3 41	,,	r	21.25			
						90° 0'
5 4	S.H	r	19.76	9 10.5	18.00	
6 15	,,	r	19.73	8.5	18.27	
7 26	R.H	r	1 1.00	15.5		33.52"
8 34	,,	r	2.67	18		34.14
10 2	,,	l	0 53.67			
11 5	,,	l	54.10			
12 2	S.H	l	4 11.35			
13 17	,,	l	10.77			
14 7	S.H	l	10.68	17 33.5	19.28	
14 58	,,	l	9.07	31.5	18.15	
16 2	R.H	l	0 53.09	36.5		32.69
16 54	,,	l	52.80	28		33.07
18 2	,,	r	1 1.39			
19 11	,,	r	0.34			
20 3	S.H	r	4 21.77			
21 0	,,	r	22.42			
9 58 1	S.H	r	90 4 19.88	10 6 48	19.77	
59 16	,,	r	22.00	54	19.83	
10 0 17	R.H	r	1 5.63	1 53.5		37.21
1 28	,,	r	5.43	2 2.5		35.15
2 37	,,	l	0 52.93			
3 30	,,	l	56.85			
14 32	S.H	l	4 12.20			
15 35	,,	l	14.19			

Schillig.

Mittlere Zeit Wangeroog	Eingestelltes Objekt	Lage des Fernrohrs	Einzelne Zenitdistanzen	Mittel aus beiden Lagen + Reduktionen: mittlere Zeit Wangeroog	Wangeroog	Roter Sand
					90° 1′	
7ʰ 2ᵐ 32ˢ	W.H	l	90° 2′ 36.60	7ʰ 5ᵐ 48ˢ	29.24	
3 46	"	l	37.04	4 52.5	32.54	
5 59	B.H	l	34.03			
7 41	W.H	r	25.75			
9 3	"	r	0 22.59			
10 27	W.H	r	23.22	12 4	32.72	
11 23	"	r	21.72	6.5	30.41	
13 0	"	l	2 38.82			
13 51	"	l	41.93			
14 51	W.H	l	38.42	17 3	31.69	
16 4	"	l	40.48	16 44	33.45	
17 24	"	r	0 26.14			
19 15	"	r	24.67			
8 0 9	W.H	r	40.12	8 2 38	43.96	
1 38	"	r	37.02	50	42.32	
4 2	"	l	2 47.33			
5 7	"	l	51.52			
6 22	W.H	l	47.58	8 10	43.71	
7 42	"	l	51.63	20.5	43.94	
8 39	"	r	0 35.97			
9 58	"	r	39.55			
11 2	W.H	r	36.17	12 46.5	44.93	
12 37	"	r	38.32	42.5	44.31	
13 28	"	l	2 50.02			
14 31	"	l	53.42			
15 42	W.H	l	*54.98			
16 40	"	l	49.83	18 14	43.08	
17 46	"	l	50.13	26	44.91	
19 6	"	r	0 39.41			
20 8	"	r	35.92			

Wangeroog.

Mittlere Zeit Wangeroog	Eingestelltes Objekt	Lage des Fernrohrs	Einzelne Zenitdistanzen	Mittel aus beiden Lagen + Reduktionen: mittlere Zeit Wangeroog	Schillig	Roter Sand
					90° 4′	90° 0′
6ʰ 14ᵐ 6ˢ	S.H	l	90° 3′ 43.36	6ʰ 19ᵐ 35ˢ	−8.05	
15 59	S.T	l	50.11	43.5	−7.82	
17 52	R.M	l	1 48.56	20 1		11.67
19 37	"	l	49.22	14.5		13.64
20 52	"	r	55.90			
22 10	"	r	52.62			
23 32	S.H	r	3 54.69			
25 4	"	r	55.08			
59 52	S.H	r	4 1.60	7 5 5.5	1.34	
7 1 20	"	r	1.86	12.5	0.58	
3 2	R.M	r	2 6.64	27.5		21.37
4 22	"	r	1.92	28.5		19.05
6 35	"	l	1 54.01			
7 53	"	l	53.93			
9 5	S.H	l	3 53.84			
10 19	"	l	55.62			
11 14	S.H	l	57.72	15 48.5	7.21	
12 37	"	l	58.29	52	7.10	
14 7	R.M	l	1 52.79	16 6.5		21.31
15 6	"	l	54.13	15 51.5		21.42
16 37	"	r	2 6.55			
18 6	"	r	7.67			
19 17	S.H	r	4 10.44			
20 23	"	r	11.24			
58 52	S.H	r	4 16.82	8 3 29	14.76	
0 9	"	r	17.82	33	14.85	
8 1 32	R.M	r	2 11.06	45		31.64
3 5	"	r	14.74	53		32.75
4 42	"	l	8.60			
5 58	"	l	10.05			
6 57	S.H	l	4 6.42			
8 6	"	l	7.23			
9 0	S.H	l	7.47	11 4.5	15.20	
10 2	"	l	6.92	10 51	15.32	
11 40	"	r	18.25			
13 9	"	r	17.47			
14 32	S.H	r	17.22	16 40	14.98	
16 2	R.H	r	0 56.92	7		28.34
17 32	"	l	47.81			
18 48	S.H	l	4 7.28			

Schillig.

Mittlere Zeit Wangeroog	Eingestelltes Objekt	Lage des Fernrohrs	Einzelne Zenitdistanzen	Mittel aus beiden Lagen + Reduktionen: mittlere Zeit Wangeroog	Wangeroog	Roter Sand
					90° 1'	90° 0'
8h 59m 18s	W.H	l	90° 2' 54".45	9h 3m 20s.5	47".09	
9 0 40	"	l	52.56	34.5	46.90	
2 24	R.H	l	1 59.10	4 2		5".44
3 39	"	l	2 1.50	10.5		6.72
4 42	"	r	0 50.42			
5 40	"	r	50.25			
6 29	W.H	r	40.95			
7 23	"	r	39.45			
8 10	W.H	r	37.65	11 40	44.90	
8 55	"	r	42.97	32.5	46.83	
9 53	R.H	r	50.17	28		9.65
10 49	"	r	54.70	21.5		10.52
11 54	"	l	2 4.82			
13 3	"	l	7.57			
14 10	W.H	l	52.40			
15 10	"	l	51.87			
16 6	W.H	l	50.28	19 46.5	45.93	
17 12	"	l	51.95	53	46.31	
18 9	R.H	l	4.32	55		14.27
19 1	"	l	4.25	41		8.05
20 21	"	r	0 50.32			
21 41	"	r	1 2.70			
22 34	W.H	r	0 40.38			
23 27	"	r	41.30			
9 58 57	W.H	r	90 0' 46.78	10 2 51	51.63	
59 26	"	r	46.32	43	51.03	
10 0 29	R.H	r	89 59 55.70	40.5		40.34
1 14	"	r	57.13	32		41.00
3 50	"	l	90 2 3.35			
5 2	"	l	3.45			
6 0	W.H	l	55.45			
6 49	"	l	56.20			
7 39	W.H	l	56.40	10 42	50.03	
8 21	"	l	58.18	36.5	51.33	
9 26	R.H	l	6.55	44		41.54
10 18	"	l	9.92	47.5		42.34
11 17	"	r	89 59 53.23			
12 2	"	r	55.06			
12 52	W.H	r	90 0 44.20			
13 45	"	r	43.38			

Wangeroog.

Mittlere Zeit Wangeroog	Eingestelltes Objekt	Lage des Fernrohrs	Einzelne Zenitdistanzen	Mittel aus beiden Lagen + Reduktionen: mittlere Zeit Wangeroog	Schillig	Roter Sand
					90° 4'	
8h 58m 44s	S.H	l	90° 4' 9".98	9h 1m 12s.5	18".33	
9 0 2	"	l	11.44	13	18.31	
2 28	"	r	20.11			
3 41	"	r	21.25			
						90° 0'
5 4	S.H	r	19.76	9 10.5	18.00	
6 15	"	r	19.73	8.5	18.27	
7 26	R.H	r	1 1.00	15.5		33".52
8 34	"	r	2.67	18		34.14
10 2	"	l	0 53.67			
11 5	"	l	54.10			
12 2	S.H	l	4 11.33			
13 17	"	l	10.77			
14 7	S.H	l	10.68	17 33.5	19.28	
14 58	"	l	9.07	31.5	18.13	
16 2	R.H	l	0 53.09	36.5		32.69
16 54	"	l	52.80	28		33.07
18 2	"	r	1 1.39			
19 11	"	r	0.34			
20 5	S.H	r	4 21.77			
21 0	"	r	22.42			
9 58 1	S.H	r	90 4 19.88	10 6 48	19.77	
59 16	"	r	22.00	54	19.83	
10 0 17	R.H	r	1 5.63	1 53.5		37.22
1 28	"	r	5.43	2 2.5		35.15
2 37	"	l	0 52.93			
3 30	"	l	56.85			
14 32	S.H	l	4 12.20			
15 35	"	l	14.29			

Schillig.

Mittlere Zeit Wangeroog	Eingestelltes Objekt	Lage des Fernrohrs	Einzelne Zenitdistanzen	Mittel aus beiden Lagen + Reduktionen: mittlere Zeit Wangeroog	Wangeroog	Roter Sand
					90° 1′	90° 0′
10h 14m 30s	W.H	r	90° 0′ 45″.75	10h 17m 55.5	50″.71	
15 22	"	r	43.45	17 57	49.84	
16 24	R.H	r	89 59 57.18	18 0		40″.71
17 8	"	r	58.35	17 49.5		42.67
18 32	"	l	90 2 5.47			
19 36	"	l	2.72			
20 32	W.H	l	55.95			
21 21	"	l	55.38			
10 58 17	W.H	r	90 0 36.32	11 1 35	47.47	
59 12	"	r	44.53	1 39.5	50.33	
						39.37
11 0 15	R.H	r	89 59 53.37	43.5		43.39
0 57	"	r	90 0 0.05	39		
2 21	"	l	2 5.20			
3 12	"	l	4.25			
4 8	W.H	l	55.85			
4 53	"	l	57.93			
5 51	W.H	l	56.15	9 4.5	48.71	
6 37	"	l	55.93	8 57	49.97	
7 34	R.H	l	6.10	59		39.43
8 26	"	l	8.60	9 1		41.76
9 36	"	r	89 59 53.40			
10 24	"	r	51.24			
11 17	W.H	r	90 0 43.70			
12 18	"	r	40.98			
13 26	W.H	r	47.05	16 47.5	52.67	
14 15	"	r	44.13	43.5	49.31	
15 21	R.H	r	89 59 58.39	48		42.37
16 9	"	r	57.98	43		41.44
17 17	"	l	90 2 3.38			
18 15	"	l	4.83			
19 22	W.H	l	54.20			
20 9	"	l	58.00			

Wangeroog.

Mittlere Zeit Wangeroog	Eingestelltes Objekt	Lage des Fernrohrs	Einzelne Zenitdistanzen	Mittel aus beiden Lagen + Reduktionen: mittlere Zeit Wangeroog	Schillig	Roter Sand
					90° 4′	90° 0′
10h 16m 37s	S.H	l	90° 4′ 15″.84	10h 20m 50s.5	23″.79	
17 39	"	l	13.06	20 52.5	21.32	
19 12	R.H	l	0 53.77	21 1		33″.14
20 17	"	l	57.78	20 55		37.59
21 33	"	r	1 5.45			
22 50	"	r	0.56			
24 6	S.H	r	4 24.52			
25 6	"	r	26.27			
10 57 37	S.H	r	90 4 27.05	11 3 1	24.26	
59 8	"	r	27.45	22.5	23.03	
11 0 26	R.H	r	1 7.17	2 59.5		39.59
1 37	"	r	*14.49			
2 48	"	r	9.76	3 40		42.02
4 38	"	l	2.34			
5 33	"	l	0.05			
7 17	S.H	l	4 13.14			
8 25	"	l	16.01			
9 27	S.H	l	27.29	13 43	24.68	
10 19	"	l	25.51	32.5	25.52	
11 29	R.H	l	0 52.75	26.5		38.82
12 27	"	l	59.45	18.5		41.02
14 10	"	r	1 10.65			
15 24	"	r	22.93			
16 44	S.H	r	4 31.07			
17 59	"	r	26.70			

September 20. Nachmittags.

Schillig.

Mittlere Zeit Wangeroog	Eingestelltes Objekt	Lage des Fernrohrs	Einzelne Zenitdistanzen	mittlere Zeit Wangeroog	Wangeroog	Roter Sand
					90° 1′	90° 0′
2h 0m 39s	W.H	l	90° 2′ 56″.20	2h 4m 27s	52″.51	
				5 25		34″.25
3 45	R.H	l	1 59.13	24.5		34.66
4 50	"	l	60.10			
5 59	"	r	89 59 47.70			
7 5	R.M	r	90 0 54.45			
8 15	W.H	r	48.53			
9 2	"	r	*44.03			

Wangeroog.

Mittlere Zeit Wangeroog	Eingestelltes Objekt	Lage des Fernrohrs	Einzelne Zenitdistanzen	mittlere Zeit Wangeroog	Schillig	Roter Sand
					90° 4′	90° 0′
2h 0m 13s	S.T	l	90° 4′ 21″.07	2h 5m 33s.5	21″.96	
2 0	"	l	17.74	55	21.28	
3 11	R.H	l	0 52.71	19		41″.73
4 12	"	l	53.26	24		37.70
6 36	R.M	r	2 25.10			
7 27	R.H	r	1 20.80			
9 50	S.H	r	4 25.25			
10 54	"	r	23.29			

Schillig.

Mittlere Zeit Wangeroog	Eingestelltes Objekt	Lage des Fernrohrs	Einzelne Zenitdistanzen	Mittel aus beiden Lagen + Reduktionen: mittlere Zeit Wangeroog	Wangeroog	Roter Sand
					90° 1′	90° 0′
2h 9m 47s	W.H	r	90° 0′ 44.″70	2h 13m 38.s5	49.″62	
10 35	"	r	42.05	13 21	48.13	
12 1	R.M	r	55.55	38.5		32.″05
12 59	"	r	52.88	37		30.84
14 15	"	l	3 0.45			
15 16	"	l	0.20			
16 7	W.H	l	2 53.97			
17 30	"	l	54.25			
18 37	W.H	l	52.68	22 34.5	50.09	
19 22	"	l	53.47	27.5	49.26	
20 27	R.M	l	3 5.70	24 55		34.64
21 29	"	l	4.53	56.5		34.13
22 34	"	r	0 53.38			
23 23	"	r	53.23			
25 33	W.T	r	0 40.43			
26 32	"	r	44.88			
2 59 15	W.T	r	90 0 40.13	3 2 39.5	45.17	
3 0 19	"	r	41.80	48.5	47.13	
1 24	R.M	r	47.90	53		28.97
2 29	"	r	50.72	54.5		28.73
3 30	"	l	2 58.40			
4 21	"	l	61.70			
5 18	W.T	l	46.50			
6 4	"	l	45.25			
6 52	W.T	l	44.32	9 34	41.68	
7 36	"	l	48.85	53.5	45.69	
8 31	R.M	l	58.15	53.5		28.15
9 16	"	l	3 0.40	46		29.07
10 16	"	r	0 49.40			
11 26	"	r	49.80			
12 11	W.H	r	39.90			
12 56	"	r	36.42			
13 53	W.H	r	36.85	17 17	42.69	
14 49	"	r	35.10	22	43.26	
16 3	R.M	r	54.63	29.5		31.98
17 6	"	r	49.00	34.5		31.74
18 3	"	l	3 6.13			
18 56	"	l	0.98			
19 55	W.H	l	2 51.13			
20 41	W.T	l	43.90			

Wangeroog.

Mittlere Zeit Wangeroog	Eingestelltes Objekt	Lage des Fernrohrs	Einzelne Zenitdistanzen	Mittel aus beiden Lagen + Reduktionen: mittlere Zeit Wangeroog	Schillig	Roter Sand
					90° 4′	90° 0′
2h 12m 33s	S.H	r	90° 4′ 23.″92	2h 16m 44.s5	22.″20	
14 19	"	r	24.02	59.5	21.71	
14 53	R.H	r	1 4.37	17		33.″36
15 58	"	r	4.04	38.5		33.63
17 19	"	l	0 51.28			
18 21	"	l	54.42			
19 40	S.T	l	4 19.84			
20 56	"	l	20.72			
2 58 59	S.T	r	90 4 26.65	3 4 4.5	18.89	
3 0 26	"	r	27.72	11	19.28	
2 17	R.M	r	2 13.02	25.5		31.01
3 38	"	r	14.49	29		30.75
5 20	"	l	4.84			
6 34	"	l	4.83			
7 36	S.T	l	4 27.15			
9 10	"	l	27.45			
10 9	S.T	l	27.37	14 26	18.56	
11 5	"	l	29.16	35	19.76	
12 14	R.M	l	2 3.94	24.5		28.63
13 7	"	l	2.18	4		27.37
15 8	"	r	10.40			
16 35	"	r	11.16			
17 43	S.T	r	4 26.67			
18 43	"	r	26.07			

Schillig.

Mittlere Zeit Wangeroog	Eingestelltes Objekt	Lage des Fernrohrs	Einzelne Zenitdistanzen	Mittel aus beiden Lagen + Reduktionen: mittlere Zeit Wangeroog	Wangeroog	Roter Sand
					90° 1'	90° 0'
3h 39m 19s	W.T	l	90° 2' 46".53	4h 2m 48s	40".80	
4 0 18	"	l	44.35	58	41.01	
1 33	R.M	l	3 4.10	3 7.5		30".19
2 43	"	l	2 57.05	44.5		28.59
3 46	"	r	0 52.78			
4 42	"	r	47.93			
5 38	W.T	r	32.70			
6 17	"	r	30.10			
6 55	W.T	r	33.42	10 2	40.02	
7 32	"	r	30.95	0	39.22	
8 37	R.M	r	49.28	9 54.5		27.64
9 27	"	r	48.75	58.5		29.22
10 30	"	l	3 1.15			
11 12	"	l	2 57.75			
12 18	W.T	l	42.32			
13 9	"	l	41.65			
14 2	W.T	l	42.25	16 53	38.79	
14 45	"	l	40.40	53	40.51	
15 35	R.M	l	3 0.13	54.5		29.36
16 22	"	l	2 59.40	54.5		27.57
17 27	"	r	0 47.40			
18 14	"	r	50.25			
19 3	W.T	r	35.65			
19 44	"	r	31.37			
5 0 54	W.T	l	90 2 35.32	5 4 22.5	32.68	
1 0	"	l	35.82	24.5	32.68	
3 5	R.M	l	55.03	36		25.97
4 8	"	l	57.73	40.5		26.20
5 23	"	r	0 46.32			
6 7	"	r	48.57			
7 9	W.T	r	24.57			
7 51	"	r	23.07			
8 34	W.T	r	26.35	12 10.5	31.75	
9 22	"	r	26.72	11 58.5	33.93	
10 2	R.M	r	49.73	54		26.20
11 6	"	r	47.07	56.5		26.03
12 47	"	l	2 56.63			
13 46	"	l	54.30			
14 43	W.T	l	40.18			
15 47	"	l	32.18			

Wangeroog.

Mittlere Zeit Wangeroog	Eingestelltes Objekt	Lage des Fernrohrs	Einzelne Zenitdistanzen	Mittel aus beiden Lagen + Reduktionen: mittlere Zeit Wangeroog	Schillig	Roter Sand
					90° 4'	90° 0'
3h 58m 47s	S.T	r	90° 4' 24".50	4h 3m 40s.5	16".93	
4 0 12	"	r	24.95	3 43	16.73	
1 36	R.M	r	2 12.18	54		28".04
3 0	"	r	11.75	53.5		28.92
4 47	"	l	3.91			
6 12	"	l	2.74			
7 18	S.T	l	4 14.87			
8 34	"	l	15.68			
9 33	S.T	l	15.13	14 12.5	15.82	
10 54	"	l	13.57	10.5	14.53	
12 2	R.M	l	2 3.16	7.5		27.96
13 22	"	l	2.04	2		27.98
14 50	"	r	11.75			
16 13	"	r	10.60			
17 27	S.T	r	4 21.80			
18 32	"	r	22.80			
4 39 30	S.T	r	90 4 19.35	5 4 39.5	10.16	
5 0 37	"	r	17.94	33.5	9.05	
2 2	R.M	r	2 7.20	35.5		24.50
4 17	"	r	7.67	5 7		24.43
5 57	"	l	1 59.03			
7 9	"	l	59.63			
8 30	S.T	l	4 6.48			
9 49	"	l	7.28			
11 20	S.T	l	8.24	15 22.5	9.27	
12 13	"	l	7.69	15.5	9.08	
13 26	R.M	l	1 58.76	19		25.22
14 33	"	l	59.37	15.5		25.35
15 38	"	r	2 9.17			
17 12	"	r	9.52			
18 18	S.T	r	4 16.78			
19 35	"	r	15.82			

Mittlere Zeit Wangeroog	Eingestelltes Objekt	Lage des Fernrohrs	Einzelne Zenitdistanzen	Schillig. Mittel aus beiden Lagen + Reduktionen: mittlere Zeit Wangeroog	Wangeroog	Roter Sand	Mittlere Zeit Wangeroog	Eingestelltes Objekt	Lage des Fernrohrs	Einzelne Zenitdistanzen	Wangeroog. Mittel aus beiden Lagen + Reduktionen: mittlere Zeit Wangeroog	Schillig	Roter Sand
					90° 1'	90° 0'							
5ʰ 16ᵐ 26ˢ	W.T	l	90° 2' 30.″82	5ʰ 19ᵐ 30.ˢ5	27.″93								
17 5	"	l	32.32	26	29.12								
18 5	R.M	l	3 1.13	20		29.″10							
18 57	"	l	2 59.75	23		26.42							
19 49	"	r	0 44.75										
20 35	"	r	47.72										
21 47	W.T	r	21.15										
22 35	"	r	20.07										

Stand III.

September 15. Vormittags.

Mittlere Zeit Wangeroog	Eingestelltes Objekt	Lage des Fernrohrs	Einzelne Zenitdistanzen	mittlere Zeit Wangeroog	Wangeroog	Roter Sand
					90° 1'	90° 0'
5ʰ 39ᵐ 25ˢ	W.H	l	90° 20' 55.″10	6ʰ 4ᵐ 2ˢ	33.″76	
6 0 58	"	l	52.24	20	30.27	
2 7	R.H	l	22.83	26		41.″08
3 22	"	l	26.33	23		42.90
5 4	"	r	89 41 37.95			
6 25	"	r	37.80			
7 42	W.H	r	42 8.01			
8 39	"	r	12.13			
9 41	W.H	r	17.41	16 6.5	39.38	
13 17	"	r	18.23	17 15	39.52	
15 34	R.H	r	42 33.47	47		39.40
17 10	"	r	39.07	18 2.5		44.42
18 55	"	l	90 20 28.25			
20 0	"	l	23.80			
22 13	W.H	l	22 0.60			
22 32	"	l	1.06			
23 54	W.H	l	20 57.70	28 36.5	39.12	
24 57	"	l	58.99	32	42.80	
26 22	R.H	l	27.25	29		45.44
27 38	"	l	26.90	27		44.25
29 22	"	r	89 41 39.87			
30 37	"	r	42.20			
32 7	W.H	r	42 26.32			
33 19	"	r	20.27			
34 28	W.H	r	22.58	41 34.5	44.62	
40 27	"	r	22.77	44 3	43.32	
42 26	R.H	r	42 42.22	20.5		47.87
43 35	"	r	43.55	22		48.26
45 9	"	l	90 20 32.25			
46 25	"	l	32.00			
47 39	W.H	l	22 3.57			
48 42	"	l	6.35			

Mittlere Zeit Wangeroog	Eingestelltes Objekt	Lage des Fernrohrs	Einzelne Zenitdistanzen	mittlere Zeit Wangeroog	Schillig	Roter Sand
					90° 4'	90° 0'
6ʰ 0ᵐ 42ˢ	S.H	r	90° 4' 10.″37	6ʰ 6ᵐ 15ˢ	13.″38	
2 58	"	r	9.66	46.5	13.22	
4 20	R.H	r	0 45.25	50		20.″25
6 5	"	r	44.15	7 4.5		19.12
8 4	"	l	42.15			
9 20	"	l	41.32			
10 35	S.H	l	4 11.30			
11 48	"	l	10.92			
13 3	S.H	l	9.93	17 45	14.35	
14 8	"	l	8.06	39.5	11.65	
15 39	R.H	l	0 43.16	38.5		22.49
16 52	"	l	45.45	39.5		22.96
18 27	"	r	46.53			
19 38	"	r	47.88			
21 11	S.H	r	4 9.77			
22 27	"	r	13.32			
24 9	S.H	r	12.87	19 8.5	15.87	
25 30	"	r	12.45	22.5	14.94	
27 0	R.H	r	0 48.82	22		24.47
28 16	"	r	51.38	8.5		26.24
30 2	"	l	49.16			
31 22	"	l	48.17			
32 53	S.H	l	4 11.96			
34 8	"	l	13.40			
35 23	S.H	l	14.28	40 7.5	18.04	
36 32	"	l	14.17	4	18.06	
38 5	R.H	l	0 48.45	12		25.03
39 17	"	l	48.65	5		24.59
40 53	"	r	48.58			
42 19	"	r	49.66			
43 37	S.H	r	4 16.48			
44 52	"	r	16.34			

Mittlere Zeit Wangeroog	Eingestelltes Objekt	Lage des Fernrohrs	Einzelne Zenitdistanzen	Schillig. Mittel aus beiden Lagen + Reduktionen: mittlere Zeit Wangeroog	Wangeroog	Roter Sand
					90° 1′	90° 0′
6h 49m 50s	W.H	l	90° 21′ 2″.03	6h 58m 34s.5	43″.77	
51 9	„	l	5.84	25.5	41.89	
54 59	R.H	l	20 35.00	57 1		49″.86
56 17	„	l	29.73	56 59		46.58
57 41	„	r	89 41 41.90			
59 3	„	r	43.20			
7 5 42	W.T	r	42 15.32			
7 19	„	r	22.88			

Mittlere Zeit Wangeroog	Eingestelltes Objekt	Lage des Fernrohrs	Einzelne Zenitdistanzen	Wangeroog. Mittel aus beiden Lagen + Reduktionen: mittlere Zeit Wangeroog	Schillig	Roter Sand
					90° 4′	90° 0′
6h 46m 5s	S.H	r	90° 4′ 18″.90	6h 51m 8s.5	22″.20	
47 53	„	r	14.67	52 0	18.89	
49 17	R.H	r	0 49.05	51 38.5		24″.51
50 36	„	r	49.85	48.5		24.87
52 41	„	l	47.95			
54 0	„	l	48.03			
56 7	S.T	l	4 23.55			
58 12	„	l	23.93			

September 15. Vormittags.

Mittlere Zeit Wangeroog	Eingestelltes Objekt	Lage des Fernrohrs	Einzelne Zenitdistanzen	Schillig. Mittel aus beiden Lagen + Reduktionen: mittlere Zeit Wangeroog	Wangeroog	Roter Sand
					90° 1′	90° 0′
10h 57m 30s	W.H	l	90° 21′ 15.47	11h 3m 2s	55″.58	
59 22	„	l	20.48	18	54.75	
11 0 32	R.H	l	20 17.75	23		32″.79
1 56	„	l	19.17	2 42		34.48
3 28	„	r	89 41 28.27			
5 54	„	r	26.30			
7 14	W.H	r	42 28.80			
8 34	„	r	35.25			
9 53	W.H	r	29.75	14 36.5	53.91	
11 11	„	r	31.48	40.5	52.96	
12 29	R.H	r	41 24.05	19		28.81
13 40	„	r	27.60	15		30.71
15 30	„	l	90 20 12.30			
16 49	„	l	12.05			
18 10	W.H	l	21 14.15			
19 30	„	l	17.80			
20 35	W.H	l	19.72	24 55.5	55.23	
21 45	„	l	16.92	57	55.24	
23 12	R.H	l	20 7.77	25 5.5		25.24
24 21	„	l	9.57	3		25.67
25 45	„	r	89 41 20.15			
26 59	„	r	21.18			
28 9	W.H	r	42 33.28			
29 16	„	r	30.45			
30 25	W.H	r	27.53	35 9.5	53.61	
31 24	„	r	32.53	2.5	56.02	
32 31	R.H	r	41 19.20	34 57.5		23.10
34 0	„	r	17.38	57.5		20.90
35 55	„	l	90 20 2.90			
37 23	„	l	5.47			
38 41	W.H	l	21 29.22			
39 54	„	l	19.40			

Mittlere Zeit Wangeroog	Eingestelltes Objekt	Lage des Fernrohrs	Einzelne Zenitdistanzen	Wangeroog. Mittel aus beiden Lagen + Reduktionen: mittlere Zeit Wangeroog	Schillig	Roter Sand
					90° 4′	90° 0′
10h 57m 27s	S.H	r	90° 4′ 1″.37	11h 2m 43s	10″.86	
59 4	„	r	4.66	59.5	12.05	
11 0 58	R.H	r	0 37.63	11 3 2.5		19.29
2 15	„	r	36.36	2		19.61
3 49	„	l	50.98			
5 7	„	l	49.00			
6 25	S.H	l	4 13.98			
7 59	„	l	14.98			
9 22	S.H	l	15.49	15 16.5	13.68	
10 46	„	l	14.55	19.5	13.39	
12 47	R.H	l	0 36.51	33.5		27.12
14 10	„	l	34.10	14 57.5		23.42
15 45	„	r	44.79			
18 20	„	r	45.79			
19 53	S.H	r	4 6.76			
21 11	„	r	6.48			
22 25	S.H	r	7.62	27 38	15″.34	
23 41	„	r	7.35	36	14.47	
25 14	R.H	r	0 35.63	39.5		20.18
26 50	„	r	36.53	48.5		19.85
28 47	„	l	51.82			
30 5	„	l	52.78			
31 31	S.H	l	4 16.13			
32 51	„	l	18.00			
34 5	S.H	l	17.88	39 22	15.62	
35 15	„	l	15.80	41.5	15.14	
36 39	R.H	l	0 48.13	15		19.41
38 8	„	l	34.43	14.5		22.34
40 21	„	r	38.28			
41 51	„	r	38.75			
43 8	S.H	r	4 9.01			
44 39	„	r	7.89			

Schillig.							Wangeroog.						
Mittlere Zeit Wangeroog	Eingestelltes Objekt	Lage des Fernrohrs	Einzelne Zenit-distanzen	Mittel aus beiden Lagen + Reduktionen: mittlere Zeit Wangeroog	Wan-geroog	Roter Sand	Mittlere Zeit Wangeroog	Eingestelltes Objekt	Lage des Fernrohrs	Einzelne Zenit-distanzen	Mittel aus beiden Lagen + Reduktionen: mittlere Zeit Wangeroog	Schil-lig	Roter Sand
					90° 1′	90° 0′						90° 4′	90° 0′
11h 40m 54s	W.H	l	90° 21′ 19″.17	11h 45m 40s	54″.18		11h 46m 32s	S.H	r	90° 4′ 6″.79	11h 51m 55s.5	14″.89	
41 58	„	l	19.00	38.5	55.43		47 59	„	r	9.60	52 4	16.05	
43 22	R.H	l	19 59.22	14.5		14″.90	49 19	R.H	r	0 34.16	51 50		15″.24
44 27	„	l	59.77	16.5		16.34	51 18	„	r	32.59	51 10.5		12.68
46 6	„	r	89 41 11.38				53 3	„	l	40.83			
47 27	„	r	9.05				54 21	„	l	44.17			
49 19	W.H	r	42 31.58				56 9	S.H	l	4 17.03			
50 26	„	r	28.90				57 19	„	l	17.53			
51 13	W.H	r	30.53	57 48	52.95		58 24	S.H	l	18.46	3 38	16.90	
52 21	„	r	34.40	42.5	59.76		59 33	„	l	17.91	37	16.17	
53 37	R.H	r	41 8.93	42		11.04	12 0 57	R.H	l	0 43.15	41		12.23
54 36	„	r	8.83	15		10.64	2 22	„	l	39.77	28		11.96
12 0 14	„	l	90 19 50.93				4 35	„	r	32.20			
1 45	„	l	51.60				6 25	„	r	29.37			
3 4	W.H	l	21 24.83				7 41	S.H	r	4 8.97			
4 13	„	l	15.08				8 52	„	r	9.87			
5 13	W.H	l	19.25	12 9 23.5	56.12								
6 6	„	l	21.70	20.5	60.12								
7 18	R.H	l	19 52.35	11		6.71							
8 18	„	l	53.78	2		7.59							
9 44	„	r	89 40 59.88										
11 4	„	r	59.53										
12 35	W.H	r	42 38.25										
13 34	„	r	31.73										
14 38	W.H	r	33.45	19 40.5	54.49		11 14	S.H	r	10.37	12 18 35.5	18.47	
15 45	„	r	31.28	35.5	55.47		12 27	„	r	8.01	18	14.95	
16 49	R.H	r	40 58.53	25.5		3.58	14 22	R.H	r	0 33.52	22		12.60
18 4	„	r	56.50	18 57.5		1.64	15 47	„	r	26.59	24		7.18
19 51	„	l	90 19 43.25				17 32	„	r	*23.86			
22 8	„	l	47.30				21 1	„	l	35.83			
							22 13	„	l	37.73			
23 26	W.H	l	21 19.38				24 9	S.H	l	4 16.42			
24 43	„	l	15.25				25 57	„	l	21.10			
25 58	W.H	l	16.70	30 4.5	53.73		27 24	S.H	l	15.91	32 37.5	14.51	
26 56	„	l	17.33	2.5	53.36		28 39	„	l	15.68	27	13.28	
27 48	R.H	l	19 39.18	29 51		−5.41	30 2	R.H	l	0 38.20	26		5.33
29 16	„	l	38.43	57.5		−6.45	31 36	„	l	36.65	36.5		5.63
30 39	„	r	89 40 47.15				33 37	„	r	21.70			
31 54	„	r	48.48				34 50	„	r	20.52			
33 9	W.H	r	42 29.10				36 15	S.H	r	4 5.42			
34 11	„	r	34.48				37 52	„	r	7.65			

Schillig.

Mittlere Zeit Wangeroog	Eingestelltes Objekt	Lage des Fernrohrs	Einzelne Zenitdistanzen	Mittel aus beiden Lagen + Reduktionen: mittlere Zeit Wangeroog	Wangeroog	Roter Sand
					90° 1′	89° 39′
12h 35m 16s	W.H	r	89° 42′ 33.″83	12h 39m 38s	36.″70	
36 24	"	r	36.40	35	36.02	
37 36	R.H	r	40 39.43	33		46.″97
38 47	"	r	44.33	31		47.40
40 15	"	l	90 19 28.95			
41 30	"	l	32.98			
42 46	W.H	l	21 15.35			
44 0	"	l	19.18			
45 3	W.H	l	18.63	49 56	55.12	
46 21	"	l	20.73	55	55.25	
47 34	R.H	l	19 38.53	50 0		48.83
49 12	"	l	34.35	10		48.98
51 9	"	r	89 40 42.08			
52 26	"	r	37.58			
53 29	W.H	r	42 29.48			
54 49	"	r	31.33			

Wangeroog.

Mittlere Zeit Wangeroog	Eingestelltes Objekt	Lage des Fernrohrs	Einzelne Zenitdistanzen	Mittel aus beiden Lagen + Reduktionen: mittlere Zeit Wangeroog	Schillig	Roter Sand
					90° 4′	89° 39′
12h 39m 4s	S.H	r	90° 4′ 7.″04	12h 44m 17.″5	25.″49	
40 34	"	r	6.22	27.5	23.91	
42 0	R.H	r	0 19.32	22		58.″55
43 29	"	r	16.69	23		58.69
45 17	"	l	28.75			
46 44	"	l	25.83			
48 22	S.H	l	4 26.13			
49 32	"	l	28.48			

September 15. Nachmittags.

Schillig.

Mittlere Zeit Wangeroog	Eingestelltes Objekt	Lage des Fernrohrs	Einzelne Zenitdistanzen	Mittel aus beiden Lagen + Reduktionen: mittlere Zeit Wangeroog	Wangeroog	Roter Sand
					90° 1′	89° 38′
4h 33m 7s	W.H	r	89° 41′ °49.″91			
35 46	"	r	46.25	4h 40m 27s	9.″60	
36 58	"	r	46.82	23	7.22	
38 18	R.H	r	39 52.78	23		58.″40
39 38	"	r	52.20	20.5		55.12
41 3	"	l	90 18 36.52			
42 28	"	l	42.50			
43 48	W.H	l	20 27.15			
45 8	"	l	32.67			
46 15s	W.H	l	32.90	51 29.5	10.08	
47 17	"	l	35.22	22	12.31	
48 32	R.H	l	18 43.07	23.5		56.79
49 56	"	l	39.65	50 47		54.72
52 38	"	r	89 39 48.25			
53 8	"	r	°56.65			
54 16	"	r	48.98			
55 27	W.H	r	41 47.22			
56 44	"	r	46.97			
57 50	W.H	r	48.15	5 2 55.5	12.84	
58 52	"	r	49.29	51.5	14.20	
5 0 4	R.H	r	39 44.28	10.5		46.26
2 27	"	r	37.83	11.5		41.68
2 56	"	l	90 18 24.00			
4 17	"	l	26.62			
5 45	W.H	l	20 °31.65			
6 52	"	l	38.82			
8 1	"	l	37.25			

Wangeroog.

Mittlere Zeit Wangeroog	Eingestelltes Objekt	Lage des Fernrohrs	Einzelne Zenitdistanzen	Mittel aus beiden Lagen + Reduktionen: mittlere Zeit Wangeroog	Schillig	Roter Sand
					90° 3′	89° 59′
4h 32m 42s	S.H	r	90° 3′ 14.″61	4h 38m 42s	27.″25	
34 24	"	r	°25.15			
35 24	"	r	12.06	39 26	22.69	
37 18	R.H	r	89 59 28.72	35.5		9.″37
38 42	"	r	30.42	34.5		12.36
40 28	"	l	40.35			
41 53	"	l	38.07			
43 28	S.H	l	90 3 27.85			
44 40	"	l	34.43			
45 46	S.H	l	33.38	50 9.5	25.00	
46 50	"	l	30.32	49 58	20.25	
47 57	R.H	l	89 59 38.60	53		10.19
49 5	"	l	40.60	50.5		10.95
50 36	"	r	29.35			
51 49	"	r	29.84			
53 6	S.H	r	90 3 4.72			
54 33	"	r	12.15			
55 40	S.H	r	13.22	5 0 52.5	23.12	
57 18	"	r	12.12	2 4	20.04	
58 37	R.H	r	89 59 36.70	2		19.34
59 58	"	r	38.30	2		19.77
5 2 4	"	l	49.29			
3 35	"	l	50.04			
4 50	S.H	l	90 3 23.50			
6 5	"	l	27.57			

Schillig.

Mittlere Zeit Wangeroog	Eingestelltes Objekt	Lage des Fernrohrs	Einzelne Zenitdistanzen	Mittel aus beiden Lagen + Reduktionen: mittlere Zeit Wangeroog	Wangeroog	Roter Sand
					90° 1′	89°59′
5h 9m 1s	W.H	l	90°20′ 34.77″	5h 13m 41.5s	3.08″	
10 14	"	l	36.90	45	5.69	
11 32	R.H	l	18 32.07	34.5		−10.85
12 38	"	l	33.15	28		−8.52
14 18	"	r	89 39 48.28			
15 37	"	r	44.70			
17 16	W.H	r	89 41 34.20			
18 22	"	r	32.10			
19 29	W.H	r	30.42	25 9.5	−3.74	
20 30	"	r	25.56	6.5	−7.65	
23 6	R.H	r	39 55.58			
24 43	"	r	40 8.80	26 35		7.98
25 50	"	r	5.10	33.5		9.81
27 17	"	l	90 18 53.00			
28 27	"	l	52.63			
29 43	W.H	l	20 18.85			
30 50	"	l	21.82			
32 8	W.H	l	25.37	36 51	2.57	
33 9	"	l	22.10	46	0.53	
34 39	R.H	l	18 59.73	37		12.29
36 0	"	l	19 0.65	43.5		13.14
37 27	"	r	89 40 4.10			
38 35	"	r	3.33			
40 23	W.H	r	41 38.68			
41 34	"	r	39.48			
42 40	W.H	r	36.88	48 34	2.13	
43 46	"	r	38.25	30	1.07	
45 10	R.H	r	40 16.53	31		15.95
46 25	"	r	18.90			
47 52	"	r	13.75	49 3		17.44
50 14	R.M	l	90 20 6.20			
51 52	R.H	l	18 53.85			
53 14	W.H	l	20 23.60			
54 28	"	l	27.10			
56 37	W.H	l	25.82			
57 42	"	l	29.00			

Wangeroog.

Mittlere Zeit Wangeroog	Eingestelltes Objekt	Lage des Fernrohrs	Einzelne Zenitdistanzen	Mittel aus beiden Lagen + Reduktionen: mittlere Zeit Wangeroog	Schillig	Roter Sand
					90° 3′	89°59′
5h 7m 7s	S.H	l	90° 3′ 32.93″	5h 12m 2.5s	25.21″	
8 22	"	l	28.08	11 53	22.30	
9 36	R.H	l	89 59 56.85	44		30.01″
10 59	"	l	56.53	47		29.89
12 35	"	r	51.30			
13 52	"	r	51.22			
15 24	S.H	r	90 3 11.06			
16 58	"	r	13.08			
18 11	S.H	r	13.37	23 33	22.80	
19 20	"	r	14.43	27.5	21.74	
20 32	R.H	r	89 59 46.27	22 49.5		23.55
21 50	"	r	44.35	41		21.36
23 32	"	l	46.42			
25 7	"	l	48.88			
27 35	S.H	l	90 3 23.58			
28 55	"	l	26.78			
29 23	S.H	l	24.20	34 22	22.81	
30 49	"	l	23.63	33 55.5	23.22	
32 8	R.H	l	89 59 54.28	34 17.5		24.06
33 25	"	l	45.47	18.5		19.20
35 12	"	r	40.99			
36 27	"	r	41.89			
37 2	S.H	r	90 3 17.34			
39 21	"	r	15.96			
40 34	S.H	r	16.78	45 22	24.53	
41 42	"	r	18.39	14.5	24.34	
43 1	R.H	r	89 59 41.52	18.5		20.42
44 24	"	r	43.44	17.5		22.43
46 21	"	l	49.48			
47 36	"	l	47.35			
48 47	S.H	l	90 3 24.83			
50 20	"	l	26.82			
51 24	S.H	l	18.33	54 51	28.26	
52 16	"	l	27.15	44.5	27.82	
53 29	R.H	l	89 59 53.82			
54 52	"	l	57.47			
57 13	S.H	r	90 3 23.00			
58 18	"	r	22.73			

Schillig.

Mittlere Zeit Wangeroog	Eingestelltes Objekt	Lage des Fernrohrs	Einzelne Zenitdistanzen	Mittel aus beiden Lagen + Reduktionen: mittlere Zeit Wangeroog	Wangeroog	Roter Sand
					90° 1'	90° 0'
6ʰ 11ᵐ 55ˢ	W.H	r	89° 52' 14".31	6ʰ 13ᵐ 29.5	26".21	
12 49	„	r	11.37	16.5	23.89	
13 44	„	l	90 11 36.13			
15 4	„	l	37.82			
17 53	W.H	l	37.65	19 27	26.96	
19 0	„	l	35.53	30	23.45	
20 0	„	r	89 51 15.08			
21 1	„	r	25.98			
22 2	W.H	r	17.28	23 57.5	28.82	
22 57	„	r	13.15	45	25.53	
24 33	„	l	90 11 37.63			
25 53	„	l	40.08			
26 45	W.H	l	39.73	28 23	27.05	
27 37	„	l	39.43	16	26.31	
28 55	„	r	89 51 12.90			
30 1	„	r	14.09			
6 59 21	W.H	l	90 11 49.64	7 1 26	36.29	
7 0 21	„	l	43.93	22.5	34.81	
2 24	„	r	89 51 25.40			
3 31	„	r	22.45			
4 13	W.H	r	22.42	8 7.5	36.02	
5 30	„	r	23.20	22.5	37.29	
6 32	R.H	r	50 32.25	19		42".44
7 46	„	r	49.54	24		40.58
9 2	„	l	90 11 10.09			
10 6	„	l	11.12			
11 15	W.H	l	51.09			
12 2	„	l	49.34			
12 42	W.H	l	50.76	16 30	39.20	
13 29	„	l	48.39	30	38.52	
14 42	R.H	l	12.44	25.5		42.24
15 43	„	l	7.09	14		36.72
16 45	„	r	89 50 44.83			
18 9	„	r	50.52			
19 32	W.H	r	51 28.37			
20 18	„	r	27.35			
21 28	„	r	*30.92			
22 26	„	r	*28.77			

September 21. Vormittags.

Wangeroog.

Mittlere Zeit Wangeroog	Eingestelltes Objekt	Lage des Fernrohrs	Einzelne Zenitdistanzen	Mittel aus beiden Lagen + Reduktionen: mittlere Zeit Wangeroog	Schillig	Roter Sand
					90° 4'	90° 0'
6ʰ 3ᵐ 10ˢ	S.H	r	90° 4' 11".25	6ʰ 5ᵐ 47ˢ	−0".69	
4 28	„	r	13.40	31	−0.14	
6 34	„	l	3 40.85			
8 24	„	l	41.90			
9 33	S.H	l	41.28	11 39.5	1.03	
10 49	„	l	42.13	43	1.76	
12 37	„	r	4 15.92			
13 46	„	r	14.32			
14 56	S.H	r	14.99	16 56	2.44	
15 55	„	r	15.24	49	1.95	
17 43	„	l	3 43.30			
18 56	„	l	44.43			
27 37	S.H	l	3 *44.06			
28 48	„	l	43.73	29 25	4.38	
30 2	„	r	4 19.57			
6 58 28	S.H	r	90 4 24.53	7 2 1.5	11.60	
59 36	„	r	*25.23			
7 0 32	„	r	27.19	38	12.83	
4 24	„	l	3 53.01			
5 35	„	l	53.21			
6 37	S.H	l	53.76	11 4	13.88	
7 37	„	l	54.65	10 55	14.63	
8 52	R.H	l	0 35.63	58		29".53
9 57	„	l	37.45	52		30.48
11 47	„	r	1 11.57			
13 4	„	r	11.49			
14 13	S.H	r	4 29.14			
15 31	„	r	28.53			
16 59	S.H	r	28.89	20 54.5	15.79	
17 59	„	r	28.49	48	15.74	
19 8	R.H	r	1 10.97	49		30.39
20 10	„	r	12.33	53.5		31.61
21 37	„	l	0 38.95			
22 30	„	l	37.87			
23 37	S.H	l	3 57.53			
24 50	„	l	57.23			

Schillig.

Mittlere Zeit Wangeroog	Eingestelltes Objekt	Lage des Fernrohrs	Einzelne Zenitdistanzen	Mittel aus beiden Lagen + Reduktionen: mittlere Zeit Wangeroog	Wangeroog	Roter Sand
					90° 1′	90° 0′
7h 59m 30s	W.H	r	89° 51′ 39″.57	8h 1m 14s.5	50″.26	
8 0 45	"	r	38.40	24	46.18	
2 3	"	l	90 11 53.67			
2 59	"	l	12 0.67			
3 50	W.H	l	11 53.52	5 38.5	48.49	
4 41	"	l	59.87	33	49.58	
6 25	"	r	89 51 39.00			
7 27	"	r	43.17			
8 20	W.H	r	35.87	10 28.5	48.52	
9 11	"	r	38.52	9 55	50.08	
10 39	"	l	90 12 1.35			
11 37	"	l	*11 59.20			
12 37	"	l	12 0.88			
8 59 0	W.H	l	90 12 2.58	9 2 26	52.39	
9 0 2	"	l	2.58	22	53.68	
0 47	R.H	l	11 9.53	18.5		41″.03
1 37	"	l	11.85	14		42.45
2 52	"	r	89 50 51.52			
3 50	"	r	52.00			
4 42	W.H	r	51 45.50			
5 32	"	r	40.92			
6 15	W.H	r	44.45	9 37.5	55.24	
7 33	"	r	43.45	50	52.72	
8 30	R.H	r	50 52.20	50		41.44
9 20	"	r	50.00	51		43.06
10 22	"	l	90 11 14.60			
11 10	"	l	9.15			
12 7	W.H	l	12 1.70			
13 0	"	l	5.75			
13 42	W.H	l	5.60	16 34	55.82	
14 30	"	l	5.78	32.5	54.48	
15 28	R.H	l	11 14.83	34		43.14
16 6	"	l	15.35	34.5		43.92
17 3	"	r	89 50 50.97			
17 50	"	r	49.92			
18 35	W.H	r	51 42.90			
19 26	"	r	45.75			

Wangeroog.

Mittlere Zeit Wangeroog	Eingestelltes Objekt	Lage des Fernrohrs	Einzelne Zenitdistanzen	Mittel aus beiden Lagen + Reduktionen: mittlere Zeit Wangeroog	Schillig	Roter Sand
					90° 4′	90° 0′
7h 58m 33s	S.H	r	90° 4′ 35″.92	8h 1m 46s.5	22″.52	
8 0 32	"	r	35.72	59.5	23.10	
3 27	"	l	5.03			
5 0	"	l	3.60			
5 56	S.H	l	3.95	8 44.5	23.29	
7 4	"	l	5.88	15.5	22.75	
9 27	"	r	34.16			
11 33	"	r	37.18			
8 58 41	S.H	r	90 4 35.44	9 3 26	23.09	
9 0 0	"	r	35.55	25	22.26	
1 27	R.H	r	1 14.74	17		36″.21
2 30	"	r	17.94	24		38.08
4 18	"	l	0 46.27			
5 17	"	l	45.53			
6 50	S.H	l	4 3.50			
8 11	"	l	5.28			
10 3	S.H	l	5.72	13 42.5	24.48	
10 58	"	l	5.87	43.5	23.90	
11 21	R.H	l	0 44.47	18.5		36.97
12 26	"	l	48.10	28		40.15
14 10	"	r	1 20.25			
15 16	"	r	17.53			
16 29	S.H	r	4 36.47			
17 34	"	r	37.77			

Schillig.

Mittlere Zeit Wangeroog	Eingestelltes Objekt	Lage des Fernrohrs	Einzelne Zenitdistanzen	Mittel aus beiden Lagen + Reduktionen: mittlere Zeit Wangeroog	Wangeroog	Roter Sand
					90° 1′	90° 0′
10h 1m 20s	W.H	r	89° 51′ 42.″61	10h 4m 38s	53.″14	
2 30	"	r	41.88	48.5	51.28	
3 28	R.H	r	50 50.13	48.5		42.″09
4 15	"	r	51.93	45		41.62
5 15	"	l	90 11 9.78			
6 9	"	l	12.53			
7 7	W.H	l	12 0.40			
7 56	"	l	3.38			
8 42	W.H	l	11 59.75	11 50	53.45	
9 28	"	l	59.15	50	49.82	
10 27	R.H	l	9.08	46		39.78
11 14	"	l	7.65	45		39.44
12 16	"	r	89 50 49.70			
13 5	"	r	48.95			
14 12	W.H	r	51 40.21			
14 58	"	r	46.86			
15 41	W.H	r	42.87	18 39.5	52.18	
16 22	"	r	41.38	35	49.31	
17 15	R.H	r	50 54.43	35		42.64
18 3	"	r	49.43	34		41.58
19 3	"	l	90 11 12.20			
19 55	"	l	9.33			
20 48	W.H	l	56.95			
21 38	"	l	12 1.20			
10 58 52	W.H	l	90 11 53.73	11 2 16	45.61	
11 0 2	"	l	56.18	26	45.78	
						36.70
0 53	R.H	l	7.25	22.5		34.13
1 46	"	l	2.85	17.5		
2 49	"	r	89 50 43.88			
3 50	"	r	44.63			
4 50	W.H	r	51 33.00			
5 40	"	r	37.18			
6 41	W.H	r	37.98	9 40	44.90	
7 19	"	r	34.08	45	44.93	
8 27	R.H	r	50 47.08	43.5		33.43
9 7	"	r	45.13	36		32.08
10 5	"	l	90 10 57.25			
11 0	"	l	58.25			
11 51	W.H	l	55.53			
12 39	"	l	51.33			

Wangeroog.

Mittlere Zeit Wangeroog	Eingestelltes Objekt	Lage des Fernrohrs	Einzelne Zenitdistanzen	Mittel aus beiden Lagen + Reduktionen: mittlere Zeit Wangeroog	Schillig	Roter Sand
					90° 4′	90° 0′
10h 0m 34s	S.H	r	90° 4′ 35.″03	10h 5m 23s	22.″20	
1 1	"	r	33.57	31	20.85	
3 21	R.H	r	1 17.41	30		38.″17
4 39	"	r	18.38	32.5		36.94
6 26	"	l	0 43.35			
7 38	"	l	46.99			
9 1	S.H	l	4 2.66			
10 12	"	l	3.91			
11 18	S.H	l	2.95	16 4.5	22.33	
12 21	"	l	4.78	3.5	25.58	
13 31	R.H	l	0 46.61	3.5		39.42
14 33	"	l	46.39	15 22.5		41.98
16 12	"	r	1 25.63			
17 32	"	r	*18.13			
18 36	"	r	20.29			
19 46	S.H	r	4 40.97			
20 51	"	r	36.24			
10 58 14	S.H	l	90 4 1.38	11 3 34.5	18.94	
11 0 0	"	l	4.72	38.5	22.92	
1 15	"	l	*11.67			
2 24	R.H	l	0 49.31	4 46.5		39.47
3 29	"	l	47.01	3 58.5		37.27
4 28	"	r	1 15.59			
6 29	"	r	17.69			
7 57	S.H	r	4 35.66			
8 55	"	r	31.03			
9 52	S.H	r	32.91	14 33.5	20.62	
10 57	"	r	34.01	28	22.72	
12 7	R.H	r	1 21.31	28		41.24
13 23	"	r	*14.56			
14 24	"	r	18.70	15 0.5		39.37
15 47	"	l	0 48.52			
16 49	"	l	49.22			
17 59	S.H	l	4 5.96			
19 15	"	l	2.87			

Schillig.

Mittlere Zeit Wangeroog	Eingestelltes Objekt	Lage des Fernrohrs	Einzelne Zenit-distanzen	Mittel aus beiden Lagen + Reduktionen: mittlere Zeit Wangeroog	Wangeroog	Roter Sand
					90° 1′	90° 0′
11ʰ 13ᵐ 24ˢ	W.H	l	90° 11′ 51″.03	11ʰ 16ᵐ 30ˢ	44″.42	
14 4	„	l	50.28	20.5	44.78	
14 37	R.H	l	10 59.15	17.5		29″.38
15 47	„	l	60.50	20		30.36
16 51	„	r	89 50 38.70			
17 38	„	r	38.08			
18 37	W.H	r	51 39.00			
19 36	„	r	37.53			

September 21. Nachmittags.

Mittlere Zeit Wangeroog	Eingestelltes Objekt	Lage des Fernrohrs	Einzelne Zenit-distanzen	Mittel aus beiden Lagen + Reduktionen: mittlere Zeit Wangeroog	Wangeroog	Roter Sand
					90° 1′	90° 0′
1ʰ 58ᵐ 40ˢ	W.H	r	89° 51′ 28″.58	2ʰ 2ᵐ 43ˢ	34″.07	
2 0 17	„	r	26.90	3 6	32.52	
1 27	R.H	r	50 49.10	6.5		7″.19
2 23	„	r	16.93	5		5.73
3 47	„	l	90 10 33.05			
4 46	„	l	33.75			
5 55	W.H	l	11 37.83			
6 46	„	l	39.28			
7 35	W.H	l	38.58	10 49.5	35.75	
8 15	„	l	39.08	45	34.33	
9 9	R.H	l	10 33.73	44.5		6.21
10 1	„	l	28.28	32.5		3.19
11 4	„	r	89 50 16.68			
12 20	„	r	17.25			
13 15	W.H	r	51 29.30			
14 4	„	r	32.63			
14 55	W.H	r	30.90	18 3	35.73	
15 41	„	r	27.85	2.5	34.63	
16 34	R.H	r	50 18.40	17 58.5		4.66
17 27	„	r	24.08	58		−0.41
18 29	„	l	90 10 23.58			
19 23	„	l	29.40			
20 24	W.H	l	11 41.13			
21 11	„	l	40.28			
2 59 7	W.H	l	90 11 41.72	3 2 8	35.98	
3 0 6	„	l	42.82	10	38.63	
1 1	R.G	l	10 37.75	20.5		6.93
1 48	„	l	34.27	21		7.12
2 54	R.H	r	89 50 21.55			
3 40	„	r	17.69			
4 34	W.H	r	51 34.25			
5 9	„	r	29.96			

Wangeroog.

Mittlere Zeit Wangeroog	Eingestelltes Objekt	Lage des Fernrohrs	Einzelne Zenit-distanzen	Mittel aus beiden Lagen + Reduktionen: mittlere Zeit Wangeroog	Schillig	Roter Sand
					90° 4′	90° 0′
1ʰ 58ᵐ 58ˢ	S.H	r	90° 4′ 24″.73	2ʰ 3ᵐ 2ˢ.5	12″.65	
2 0 5	„	r	24.07	11.5	11.91	
1 12	R.H	r	2 9.85	11.5		29″.56
2 30	„	r	10.47	13		28.37
3 56	„	l	0 34.32			
5 11	„	l	37.33			
6 18	S.H	l	3 54.28			
7 27	„	l	55.11			
8 30	S.H	l	54.60	12 56	13.77	
9 32	„	l	56.08	55.5	14.26	
10 42	R.H	l	0 40.05	57		31.91
11 48	„	l	36.62	50		29.05
13 52	„	r	2 9.53			
15 12	„	r	11.82			
16 19	S.H	r	4 26.97			
17 22	„	r	27.48			
2 58 33	S.H	r	90 4 23.00	3 3 42.5	12.06	
3 0 15	„	r	26.68	55.5	13.00	
1 43	R.H	r	2 5.12	51		25.63
3 18	„	r	3.86	4 3		24.85
4 48	„	l	0 33.89			
5 59	„	l	34.19			
7 36	S.H	l	3 53.85			
8 52	„	l	55.66			

Schillig.

Mittlere Zeit Wangeroog	Eingestelltes Objekt	Lage des Fernrohrs	Einzelne Zenitdistanzen	Mittel aus beiden Lagen + Reduktionen: mittlere Zeit Wangeroog	Wangeroog	Roter Sand
					90° 1′	90° 0′
3h 5m 44s	W.H	r	89° 51′ 31″.45	3h 8m 4s.5	37″.74	
6 17	"	r	30.92	5	38.73	
6 59	R.H	r	50 21.62	8		8″.78
7 42	"	r	24.82	12		9.23
8 40	"	l	90 10 31.92			
9 17	"	l	34.42			
9 53	W.H	l	11 46.27			
10 25	"	l	43.75			
10 58	W.H	l	42.85	13 25.5	37.78	
11 32	"	l	43.27	24.5	38.63	
12 19	R.H	l	10 40.20	27		11.73
13 0	"	l	37.00	24		10.33
13 48	"	r	89 50 22.14			
14 35	"	r	21.74			
15 17	W.H	r	51 33.70			
15 53	"	r	32.31			
3 58 31	W.H	r	38.38	4 1 28.5	43.22	
59 29	"	r	37.99	22.5	44.92	
4 0 16	R.H	r	50 33.10	26.5		19.47
1 0	"	r	34.35	25.5		18.77
1 31	"	l	90 10 42.67			
2 37	"	l	44.35			
3 16	W.H	l	11 31.55			
4 6	"	l	47.77			
4 43	W.H	l	32.90	7 33	40.23	
5 19	"	l	32.60	30	42.50	
6 8	R.H	l	10 46.08	31.5		14.14
7 25	"	l	46.33	50		15.52
8 15	"	r	89 50 23.17			
8 55	"	r	20.67			
9 41	W.H	r	51 30.22			
10 23	"	r	27.27			
11 3	W.H	r	30.33	13 50	39.22	
12 4	"	r	28.94	14 2	37.90	
12 52	R.H	r	50 22.60	3.5		14.08
13 29	"	r	24.50	13 55		15.73
14 22	"	l	90 10 45.43			
15 16	"	l	44.03			
16 0	W.H	l	11 46.57			
16 37	"	l	47.40			

Wangeroog.

Mittlere Zeit Wangeroog	Eingestelltes Objekt	Lage des Fernrohrs	Einzelne Zenitdistanzen	Mittel aus beiden Lagen + Reduktionen: mittlere Zeit Wangeroog	Schillig	Roter Sand
					90° 4′	90° 0′
3h 9m 46s	S.H	l	90° 3′ 34″.17	3h 14m 14s.5	14″.84	
11 1	"	l	34.84	21	13.73	
12 18	R.H	l	0 33.21	18		24″.77
13 23	"	l	32.63	24.5		24.13
15 6	"	r	1 3.68			
16 18	"	r	4.38			
17 41	S.H	r	4 27.16			
18 43	"	r	30.04			
3 58 32	S.H	r	90 4 18.21	4 3 29.5	14.69	
4 0 23	"	r	28.63	42.5	15.09	
1 38	R.H	r	0 56.26	43.5		17.81
2 48	"	r	58.17	44.5		18.27
4 42	"	l	26.44			
5 49	"	l	27.42			
7 22	S.H	l	3 56.08			
8 27	"	l	55.72			
9 31	S.H	l	3 56.93	13 42.5	15.79	
10 29	"	l	55.63	36	14.57	
12 4	R.H	l	0 30.42	43		22.10
12 49	"	l	29.49	30		21.25
14 11	"	r	1 2.07			
15 22	"	r	2.04			
16 43	S.H	r	4 28.05			
17 34	"	r	29.18			

Schillig.

Mittlere Zeit Wangeroog	Eingestelltes Objekt	Lage des Fernrohrs	Einzelne Zenitdistanzen		Mittel aus beiden Lagen + Reduktionen: mittlere Zeit Wangeroog	Wangeroog	Roter Sand
						90° 1'	90° 0'
4h 58m 57s	W.H	l	90°11'	38".38	5h 1m 48s	26".73	
59 46	"	l		33.50	51	26.13	
5 0 38	R.H	l	10	42.80	54		10".65
1 28	"	l		39.80	53.5		12.77
2 19	"	r	89 50	22.21			
3 10	"	r		16.97			
3 56	W.H	r	51	16.47			
4 39	"	r		14.80			
5 21	W.H	r		23.50	8 18	23.08	
6 0	"	r		24.67	22	23.74	
6 41	R.H	r	50	18.62	0		7.39
7 29	"	r		16.47	4.5		6.56
8 40	"	l	90 10	35.13			
9 19	"	l		34.63			
10 24	W.H	l	11	32.53			
11 15	"	l		30.38			
11 56	W.H	l		30.38	15 50	19.03	
12 36	"	l		25.63	15 14.5	17.07	
13 39	R.H	l	10	39.90			
14 25	"	l		38.80	46		8.20
15 16	"	l		37.13	44		6.79
16 12	"	r	89 50	14.92			
17 7	"	r		16.07			
17 53	W.H	r	51	8.22			
19 44	"	r		7.40			

Wangeroog.

Mittlere Zeit Wangeroog	Eingestelltes Objekt	Lage des Fernrohrs	Einzelne Zenitdistanzen		Mittel aus beiden Lagen + Reduktionen: mittlere Zeit Wangeroog	Schillig	Roter Sand
						90° 4'	90° 0'
4h 58m 23s	S.H	r	90° 4'	18".29	4h 8m 48".5	5".26	
59 38	"	r		18.84	8 49	6.22	
5 1 0	R.H	r	0	55.37	48		15".34
2 4	"	r		55.36	47.5		15.87
3 32	"	l		24.43			
4 36	"	l		23.36			
6 0	S.H	l	3	48.13			
7 14	"	l		46.77			
8 11	S.H	l		43.13	12 19.5	1.78	
9 16	"	l		44.04	21	0.22	
10 25	R.H	l	0	20.47	21.5		23.03
11 31	"	l		22.59	17		23.61
13 3	"	r		52.68			
14 28	"	r		53.65			
15 26	S.H	r	4	10.93			
16 28	"	r		12.96			

Stand IV.

September 17. Vormittags.

Mittlere Zeit Wangeroog	Eingestelltes Objekt	Lage des Fernrohrs	Einzelne Zenitdistanzen		Mittel: mittlere Zeit Wangeroog	Wangeroog	Roter Sand
						90° 1'	
6h 5m 58s	W.H	l	90°22'	0".33	6h 13m 38".5	29".48	
7 18	"	l		3.75	36	31.02	
9 11	R.H	l		47.40			
13 55	"	l		48.48			
19 54	W.H	r	89 40	58.00			
21 19	"	r		58.35			
22 23	W.H	r		59.12	25 7.5	32.15	
23 30	"	r		59.40	24 56.5	33.27	
26 23	"	l	90 22	6.65			
27 32	"	l		4.90			
29 19	W.H	l		4.45	31 39	33.40	
30 15	"	l		8.28	20.5	35.51	
32 26	"	r	89 42	2.45			
33 59	"	r		2.07			

Mittlere Zeit Wangeroog	Eingestelltes Objekt	Lage des Fernrohrs	Einzelne Zenitdistanzen		Mittel: mittlere Zeit Wangeroog	Schillig	Roter Sand
						90° 3'	90° 0'
6h 5m 23s	S.H	r	90° 3'	43".39	6h 13m 24s	52".16	
6 52	"	r		45.08	28	52.17	
10 2	R.H	r	0	30.90	26		10".29
12 5	"	r		27.72	33.5		12.46
15 6	"	l		43.25			
16 51	"	l		37.73			
20 4	S.H	l	3	53.80			
21 25	"	l		55.47			
22 42	S.H	l		54.57	16 29.5	55.66	
23 59	"	l		57.25	46	56.92	
29 39	"	r		51.28			
30 17	"	r		51.29			

Schillig.

Mittlere Zeit Wangeroog	Eingestelltes Objekt	Lage des Fernrohrs	Einzelne Zenitdistanzen	Mittel aus beiden Lagen + Reduktionen: mittlere Zeit Wangeroog	Wangeroog	Roter Sand
					90° 1′	90° 0′
6h 35m 13s	W.H	r	89° 41′ 1″.07	6h 41m 31s.5	38″.84	
36 25	"	r	3.05	55.5	37.62	
38 8	R.M	r	43.35	55		46″.76
41 20	"	r	38.50	42 37.5		49.36
43 55	"	l	90 22 51.87			
45 42	R.H	l	21 35.25			
47 26	W.H	l	22 11.88			
48 30	"	l	16.23			
49 26	W.H	l	16.05	54 5	44.23	
50 30	"	l	11.40	6.5	41.82	
52 17	R.H	l	21 38.27	17.5		46.80
53 29	"	l	41.07	11		47.80
54 53	"	r	89 40 33.00			
56 28	"	l	33.80			
57 43	W.H	r	41 12.95			
58 44	"	r	12.12			
59 48	W.H	r	8.30	7 8 11.5	43.49	
7 0 49	"	r	10.70	7 53.5	45.19	
1 54	R.H	r	40 33.35	4 45		45.10
3 55	"	r	33.05	5 8.5		48.71
6 22	"	l	90 21 42.85			
7 36	"	l	35.32			
14 58	W.T	l	22 17.05			
16 35	"	l	16.05			
19 43	W.T	l	16.33	26 11.5	49.24	
22 18	W.H	l	22.93	27 2	49.79	
24 59	R.H	l	22 40.20	46		48.77
28 15	"	l	38.57	28 51		48.10
29 27	"	r	89 40 36.10			
30 33	"	r	35.82			
31 36	W.H	r	41 16.37			
32 40	"	r	19.32			

Wangeroog.

Mittlere Zeit Wangeroog	Eingestelltes Objekt	Lage des Fernrohrs	Einzelne Zenitdistanzen	Mittel aus beiden Lagen + Reduktionen: mittlere Zeit Wangeroog	Schillig	Roter Sand
					90° 4′	90° 0′
6h 31m 47s	S.H	r	90° 3′ 49″.73	6h 39m 5s	−3″.11	
33 9	"	r	48.27	11.5	−2.62	
37 44	R.M	r	1 46.60	40 45.5		13″.24
39 17	"	r	53.44	50		16.81
42 13	"	l	58.[illegible]			
43 47	"	l	57.31			
45 14	S.H	l	4 1.02			
46 23	"	l	3 58.58			
47 35	S.H	l	4 1.74	52 47.5	1.23	
48 43	"	l	0.87	44	0.95	
50 4	R.H	l	0 41.80	43.5		15.93
51 36	"	l	42.13	48.5		15.25
54 1	"	r	36.43			
55 23	"	r	38.12			
56 43	S.H	r	3 55.57			
58 0	"	r	55.25			
59 21	S.H	r	56.76	4 50.5	3.01	
7 0 26	"	r	55.42	45	1.77	
1 46	R.H	r	0 39.48	0.5		16.35
3 11	"	r	38.45	3.5		16.42
4 56	"	l	42.43			
6 15	"	l	41.28			
7 25	"	l	*41.28			
9 4	S.H	l	4 2.65			
10 20	"	l	3.8[illegible]			
11 8	S.H	l	4.13	16 25	4.65	
12 41	"	l	4.66	37	4.38	
14 22	R.H	l	0 41.02	29.5		16.23
15 37	"	l	39.97	28.5		15.26
17 20	"	r	38.61			
18 48	"	r	39.53			
20 33	S.H	r	3 58.63			
21 42	"	r	59.70			
25 1	S.H	r	4 0.15	30 30	6.79	
27 9	"	r	*8.90			
28 15	"	r	0.06	31 29	7.15	
29 40	R.H	r	0 37.92	24.5		17.20
30 43	"	r	39.16	23.5		17.72
32 4	"	l	44.23			
33 9	"	l	44.53			
34 43	S.T	l	4 14.68			
35 59	"	l	13.86			

Schillig.

Mittlere Zeit Wangeroog	Eingestelltes Objekt	Lage des Fernrohrs	Einzelne Zenit-distanzen		Mittel aus beiden Lagen + Reduktionen: mittlere Zeit Wangeroog	Wangeroog	Roter Sand
						90° 1'	90° 0'
7h 33m 40s	W.H	r	89° 41'	17".70	7h 37m 30s.5	50".67	
34 33	"	r		12.95	30	46.10	
35 39	R.H	r	40	35.00	21		48".87
36 39	"	r		34.85	19.5		48.20
38 0	"	l	90 21	40.08			
39 3	"	l		41.22			
40 27	W.H	l	22	18.97			
41 22	"	l		23.35			
42 27	W.H	l		*27.18			
43 23	"	l		23.65	47 37	51.01	
44 18	"	l		21.43	33	50.72	
45 24	R.H	l	21	19.43	24		49.96
46 30	"	l		42.45	26		48.90
48 2	"	r	89 40	33.85			
49 4	"	r		38.97			
50 48	W.H	r	41	19.72			
51 52	"	r		18.10			
52 53	W.H	r		18.75	56 29	48.69	
53 55	"	r		18.67	33.5	48.82	
55 2	R.H	r	40	38.22	35		49.21
56 2	"	r		34.15	39.5		48.59
57 18	"	l	90 21	41.50			
58 8	"	l		38.67			
59 12	W.H	l	22	18.68			
8 0 5	"	l		18.35			
1 30	W.H	l		24.73	8 5 16	53.26	
2 26	"	l		23.15	13.5	50.04	
3 38	R.H	l	21	39.98	26		49.95
4 37	"	l		40.75	26.5		51.24
5 56	R.H	r	89 41	46.80			
6 54	"	r		45.00			
8 1	W.H	r	41	16.65			
9 8	"	r		21.50			

Wangeroog.

Mittlere Zeit Wangeroog	Eingestelltes Objekt	Lage des Fernrohrs	Einzelne Zenit-distanzen		Mittel aus beiden Lagen + Reduktionen: mittlere Zeit Wangeroog	Schillig	Roter Sand
						90° 4'	90° 0'
7h 36m 26s	S.T	l	90° 4'	*13".33			
38 35	"	l		*14.18			
41 8	S.H	l		6.97	7h 46m 12s	7".71	
42 22	"	l		7.50	2.5	7.26	
43 42	R.H	l	0	46.42	45 55		20".23
44 58	"	l		47.35	54.5		20.54
46 51	"	r		42.79			
48 9	"	r		42.10			
49 43	S.H	r	4	1.55			
52 14	"	r		2.98			
52 50	S.T	r		11.70	57 43.5	10.03	
54 9	"	r		9.44	49.5	9.30	
55 38	R.H	r	0	43.48	53.5		21.86
56 55	"	r		42.71	53.5		22.32
58 52	"	l		49.98			
8 0 9	"	l		48.36			
1 30	S.T	l	4	15.48			
2 37	"	l		14.68			

September 17. Vormittags.

Schillig.

Mittlere Zeit Wangeroog	Eingestelltes Objekt	Lage des Fernrohrs	Einzelne Zenit-distanzen		Mittlere Zeit Wangeroog	Wangeroog	Roter Sand
						90° 1'	90° 0'
11h 0m 16s	W.H	r	89° 41'	19".08	11h 4m 41s	50".21	
1 44	"	r		16.08	55.5	48.97	
2 51	R.H	r	40	26.00	57		41".48
4 8	"	r		27.10	56		41.12
5 44	"	l	90 21	33.62			
7 3	"	l		35.43			
8 7	W.H	l	22	21.57			
9 6	"	l		22.05			

Wangeroog.

Mittlere Zeit Wangeroog	Eingestelltes Objekt	Lage des Fernrohrs	Einzelne Zenit-distanzen		Mittlere Zeit Wangeroog	Schillig	Roter Sand
						90° 4'	90° 0'
10h 59m 12s	S.H	l	90° 4'	13".03	10h 4m 26s.5	11".44	
11 0 38	"	l		17.25	30	13.27	
2 13	R.H	l	0	52.23	36		25".66
3 45	"	l	1	0.83	31.5		32.20
5 18	"	r	0	49.63			
6 59	"	r		47.15			
8 22	S.H	r	4	3.83			
9 42	"	r		4.39			

Schillig.

Mittlere Zeit Wangeroog	Eingestelltes Objekt	Lage des Fernrohrs	Einzelne Zenitdistanzen	Mittel aus beiden Lagen + Reduktionen: mittlere Zeit Wangeroog	Wangeroog	Roter Sand
					90° 1'	90° 0'
11ʰ 10ᵐ 11ˢ	W.H	l	90°22' 25.08	11ʰ 14ᵐ 15ˢ	50.97	
11 48	"	l	22.33	35	50.43	
12 52	R.H	l	21 30.10	36.5		36.93
13 48	"	l	31.18	35.5		36.01
15 23	"	r	89 40 19.32			
16 21	"	r	22.23			
17 22	W.H	r	41 18.25			
18 19	"	r	16.58			
19 25	W.H	r	15.33	23 59.5	48.31	
20 28	"	r	17.60	59.5	50.35	
21 47	R.H	r	40 25.00	45.5		39.30
22 54	"	r	25.98	44.5		39.74
24 35	"	l	90 21 31.98			
25 44	"	l	32.08			
27 31	W.H	l	22 22.83			
28 34	"	l	21.00			
29 35	W.H	l	22.68	33 25	53.73	
30 35	"	l	24.13	26	51.77	
31 51	R.H	l	21 31.45	25		38.60
32 49	"	l	31.93	19		40.10
33 49	"	r	89 40 26.75			
34 59	"	r	24.23			
36 17	W.H	r	41 19.13			
37 15	"	r	24.50			
38 10	W.H	r	17.95	43 35	51.08	
39 6	"	r	19.20	35	51.08	
40 26	R.H	r	40 23.48	22.5		38.29
41 34	"	r	*28.83			
42 35	"	r	25.45	24		39.79
43 53	"	l	90 21 32.58			
45 59	"	l	31.58			
48 4	W.H	l	22 22.68			
49 0	"	l	23.93			
50 0	W.H	l	22.98	53 45.5	51.90	
51 49	"	l	22.23	54 11	50.63	
52 0	R.H	l	21 29.60	53 35		36.10
52 56	"	l	33.10	29.5		40.28
54 3	"	r	89 40 25.93			
55 10	"	r	21.08			
56 33	W.H	r	41 18.75			
57 31	"	r	20.53			

Wangeroog.

Mittlere Zeit Wangeroog	Eingestelltes Objekt	Lage des Fernrohrs	Einzelne Zenitdistanzen	Mittel aus beiden Lagen + Reduktionen: mittlere Zeit Wangeroog	Schillig	Roter Sand
					90° 4'	90° 0'
11ʰ 11ᵐ 41ˢ	S.H	r	90° 4' 2.91	11ʰ 17ᵐ 24ˢ	12.34	
13 34	"	r	3.19	34	11.10	
15 9	R.H	r	0 43.57	22.5		27.22
16 25	"	r	42.76	19		24.00
18 13	"	l	53.30			
19 36	"	l	58.93			
21 34	S.H	l	4 13.55			
22 47	"	l	16.30			
23 49	S.H	l	10.90	28 17	10.18	
24 59	"	l	12.67	27.5	10.55	
27 13	R.H	l	0 53.70	55		24.63
28 20	"	l	57.87	52.5		27.15
29 23	"	r	44.48			
30 37	"	r	43.61			
31 56	S.H	r	4 2.97			
33 5	"	r	4.00			
34 56	S.H	r	2.50	40 36	11.13	
36 28	"	r	3.27	45.5	11.02	
37 15	R.H	r	0 39.54	39 59.5		23.10
38 41	"	r	44.80	40		26.48
40 39	"	l	56.22			
42 44	"	l	54.72			
45 3	S.H	l	4 13.30			
46 16	"	l	14.30			
47 35	S.H	l	13.43	52 46.5	10.68	
48 40	"	l	13.87	38.5	10.66	
50 24	R.H	l	0 54.43	51.5		26.64
51 46	"	l	55.10	50.5		26.03
53 55	"	r	45.02			
55 19	"	r	46.90			
56 37	S.H	r	4 1.99			
57 58	"	r	2.46			

Schillig.

Mittlere Zeit Wangeroog	Eingestelltes Objekt	Lage des Fernrohrs	Einzelne Zenitdistanzen	Mittel aus beiden Lagen + Reduktionen: mittlere Zeit Wangeroog	Wangeroog	Roter Sand
					90° 1'	90° 0'
12h 1m 22s	W.H	r	89° 41' 20".23	12h 5m 51s	54".55	
2 30	"	r	17.73	53.5	51.72	
3 30	R.H	r	40 22.53	44		36".54
4 30	"	r	24.68	41.5		38.05
6 33	"	l	90 21 29.90			
7 38	"	l	29.03			
9 27	W.H	l	22 23.40			
10 20	"	l	28.58			
11 13	W.H	l	25.65	15 31	53.31	
12 23	"	l	24.23	28.5	52.55	
13 28	R.H	l	21 24.65	22.5		34.42
14 41	"	l	29.10	28		37.76
15 53	"	r	89 40 24.90			
17 27	"	r	22.65			
18 34	W.H	r	41 20.68			
19 49	"	r	20.68			
20 53	W.H	r	20.68	24 39.5	51.36	
21 55	"	r	22.63	37.5	53.66	
23 4	R.H	r	40 24.80	54		37.88
24 5	"	r	26.95	55		43.29
25 45	"	l	90 21 42.10			
26 44	"	l	29.43			
28 0	W.H	l	22 24.40			
29 6	"	l	22.15			
30 19	W.H	l	28.63	34 20.5	56.30	
31 22	"	l	24.63	13.5	55.15	
32 30	R.H	l	21 29.15	10		36.66
33 37	"	l	29.10	12.5		35.60
34 48	"	r	89 40 20.58			
35 50	"	r	22.65			
37 5	W.H	r	41 25.38			
38 22	"	r	23.68			
39 28	W.H	r	18.08	44 9	53.53	
40 16	"	r	20.38	45 55.5	53.86	
41 24	R.H	r	40 21.15	52		42.34
42 30	"	r	*27.73			
43 34	"	r	23.65	44 26		43.78
45 18	"	l	90 21 42.40			
46 18	"	l	42.00			
47 35	W.H	l	22 27.05			
49 0	"	l	28.70			

Wangeroog.

Mittlere Zeit Wangeroog	Eingestelltes Objekt	Lage des Fernrohrs	Einzelne Zenitdistanzen	Mittel aus beiden Lagen + Reduktionen: mittlere Zeit Wangeroog	Schillig	Roter Sand
					90° 4'	90° 0'
11h 59m 14s	S.H	r	90° 4' 2".47	12h 4m 18s	10".44	
12 0 26	"	r	5.02	7	11.82	
2 24	R.H	r	0 42.28	23.5		26".34
3 36	"	r	44.30	24		26.08
4 52	"	l	55.98			
6 3	"	l	58.45			
7 48	S.H	l	4 13.25			
9 22	"	l	12.93			
10 42	S.H	l	12.17	17 20.5	9.05	
11 56	"	l	12.76	24.5	11.12	
13 54	R.H	l	0 55.48	16 47.5		27.10
14 44	"	l	55.56	51.5		25.01
18 29	"	r	42.52			
20 21	"	r	46.77			
22 33	S.H	r	4 4.01			
24 0	"	r	1.42			
25 10	S.H	r	2.01	30 41.5	9.91	
26 42	"	r	2.55	42	10.28	
28 27	R.H	r	0 44.43	50.5		26.80
30 1	"	r	49.95	31 0		28.59
31 59	"	l	55.28			
33 24	"	l	57.25			
34 42	S.H	l	4 12.55			
36 23	"	l	13.35			
37 52	S.H	l	13.30	43 49	10.39	
38 38	"	l	14.95	47	12.12	
40 33	R.H	l	0 57.58	10		27.20
41 44	"	l	52.78	53.5		22.40
44 3	"	r	40.07			
45 47	"	r	44.88			
48 36	S.H	r	4 3.82			
49 47	"	r	2.02			

Schillig.

Mittlere Zeit Wangeroog	Eingestelltes Objekt	Lage des Fernrohrs	Einzelne Zenitdistanzen	Mittel aus beiden Lagen + Reduktionen: mittlere Zeit Wangeroog	Wangeroog	Roter Sand
					90° 1'	90° 0'
12h 50m 0s	W.H	l	90° 22' 24".00	12h 53m 49s.5	53".17	
50 55	"	l	26.55	56	54.48	
51 54	R.H	l	22 28.20	31		37".45
52 43	"	l	27.85	29.5		36.00
54 16	"	r	89 40 22.63			
55 8	"	r	25.18			
56 5	W.H	r	41 *27.48			
56 57	"	r	22.13			
57 39	"	r	22.05			
September 17. Nachmittags.						
					90° 1'	90° 0'
4h 35m 53s	W.H	r	89° 41' 10".83	4h 40m 11s.5	49".32	
37 15	"	r	18.10	14.5	48.45	
38 18	R.H	r	40 18.77	13.5		33".08
39 18	"	r	21.35	3.5		32.65
40 49	"	l	90 21 22.48			
42 9	"	l	25.75			
43 14	W.H	l	22 18.51			
44 30	"	l	17.53			
45 34	W.H	l	16.50	49 5	45.45	
46 23	"	l	13.89	2	44.09	
47 22	R.H	l	22 23.73	2.5		33.10
48 25	"	l	21.79	0.5		30.67
49 36	"	r	89 40 18.03			
50 43	"	r	21.15			
51 41	W.H	r	41 14.01			
52 36	"	r	14.11			
53 25	W.H	r	12.13	58 2	41.94	
54 50	"	r	11.31	12	41.99	
56 12	R.H	r	40 15.25	11		28.39
57 32	"	r	17.75	20		29.38
59 8	"	l	90 21 19.48			
5 0 10	"	l	20.01			
1 34	W.H	l	22 12.39			
2 39	"	l	13.46			
3 44	W.H	l	14.44	5 8 30.5	40.37	
4 48	"	l	11.49	30.5	42.09	
6 12	R.H	l	21 18.43	1		27.83
7 10	"	l	20.67	7 50.5		30.40
8 32	"	r	89 40 18.60			
9 50	"	r	15.70			
12 13	W.H	r	41 12.41			
13 17	"	r	6.02			

Wangeroog.

Mittlere Zeit Wangeroog	Eingestelltes Objekt	Lage des Fernrohrs	Einzelne Zenitdistanzen	Mittel aus beiden Lagen + Reduktionen: mittlere Zeit Wangeroog	Schillig	Roter Sand
					90° 4'	90° 0'
12h 51m 18s	S.H	r	90° 4' 3".34	12h 56m 11s	11".89	
52 45	"	r	3.65	22	13.11	
54 20	R.H	r	0 40.43	26.5		24".57
55 41	"	r	44.02	34		24.73
57 27	"	l	53.50			
58 33	"	l	56.77			
59 59	S.H	l	4 17.12			
1 1 4	"	l	14.97			
September 17. Nachmittags.						
					90° 4'	90° 1'
4h 34m 17s	S.H	r	90° 3' 58".95	4h 40m 51s.5	6".80	
37 40	"	r	4 1.58	41 0	7.60	
39 19	R.H	r	0 36.70	21		16".06
40 43	"	r	35.90	10		16.68
41 37	"	l	45.52			
43 23	"	l	43.47			
44 20	S.H	l	4 8.16			
45 26	"	l	7.98			
48 6	S.H	l	10.23	53 35	6.78	
49 29	"	l	9.35	30.5	5.12	
51 14	R.H	l	0 44.33	30		16.12
52 16	"	l	43.80	16.5		14.90
54 17	"	r	34.06			
55 46	"	r	35.97			
57 32	S.H	r	3 55.40			
59 4	"	r	57.87			
5 0 32	S.H	r	36.45	6 29.5	3.12	
1 43	"	r	34.63	22	2.18	
3 14	R.H	r	0 33.93	18.5		13.14
4 54	"	r	34.26	5 57		13.82
7 0	"	l	42.42			
8 15	"	l	*45.50			
9 23	"	l	40.41			
11 1	S.H	l	4 4.27			
12 27	"	l	4.30			

Schillig.

Mittlere Zeit Wangeroog	Eingestelltes Objekt	Lage des Fernrohrs	Einzelne Zenit-distanzen	Mittel aus beiden Lagen + Reduktionen: mittlere Zeit Wangeroog	Wangeroog	Roter Sand
					90° 1′	90° 0′
$5^h\,14^m\,6^s$	W.H	r	89° 41′ *11″.41			
15 4	„	r	4.06	$5^h\,19^m\,2^s.5$	34″.81	
15 59	„	r	5.07	19 0	35.24	
17 7	R.H	r	40 16.70	18 58.5		28″.41
18 22	„	r	17.53	19 2		28.46
19 43	„	l	90 21 27.86			
20 50	„	l	28.59			
22 2	W.H	l	22 5.13			
23 1	„	l	5.27			
23 57	W.H	l	4.94	27 40	33.59	
24 55	„	l	4.27	40	33.69	
25 59	R.H	l	21 19.81	39.5		28.09
27 0	„	l	18.47	36.5		28.26
28 13	„	r	89 40 16.53			
29 20	„	r	14.85			
30 25	W.H	r	41 2.83			
31 23	„	r	2.95			
32 17	W.H	r	40 59.23	36 32.5	29.64	
33 9	„	r	57.65	23.5	31.67	
34 28	R.H	r	16.10	27		30.29
35 38	„	r	12.18	22		26.07
37 6	„	l	90 21 18.44			
38 26	„	l	22.95			
39 38	W.H	l	22 5.41			
40 48	„	l	21 59.76			
41 52	W.H	l	22 0.25	46 57	27.57	
42 53	„	l	0.80	26.5	26.88	
43 46	„	l	*0.29			
44 58	R.H	l	21 18.43	43		25.55
46 0	„	l	17.42	38.5		26.91
47 17	„	r	89 40 14.88			
48 28	„	r	11.25			
50 0	W.H	r	52.68			
52 2	„	r	54.61			
53 9	W.H	r	52.01	58 3.5	21.67	
54 15	„	r	54.34	7	23.88	
55 50	R.H	r	12.32	57 32		26.69
56 58	„	r	14.97	33.5		27.44
58 49	„	l	90 21 18.39			
59 14	„	l	19.54			
6 1 59	W.H	l	33.14			
2 58	„	l	31.04			

Wangeroog.

Mittlere Zeit Wangeroog	Eingestelltes Objekt	Lage des Fernrohrs	Einzelne Zenit-distanzen	Mittel aus beiden Lagen + Reduktionen: mittlere Zeit Wangeroog	Schillig	Roter Sand
					90° 3′	90° 0′
$5^h\,13^m\,29^s$	S.H	l	90° 4′ 4″.97	$5^h\,19^m\,32^s.5$	61″.28	
14 41	„	l	2.32	26.5	59.43	
15 57	R.H	l	0 41.26	12		12″.29
17 7	„	l	42.18	18 56		13.64
20 45	„	r	33.16			
22 27	„	r	31.38			
24 12	S.H	r	3 51.07			
25 36	„	r	52.12			
26 45	S.H	r	51.37	31 59	57.67	
28 9	„	r	51.08	53	57.20	
29 39	R.H	r	0 31.81	55.5		12.19
31 10	„	r	30.58	32 7.5		11.50
33 5	„	l	40.48			
34 12	„	l	40.63			
35 37	S.H	l	3 57.85			
37 13	„	l	58.50			
38 17	S.H	l	58.45	43 3	54.69	
39 30	„	l	57.70	2	54.64	
40 56	R.H	l	0 40.42	42 58.5		10.74
42 1	„	l	38.07	50.5		10.55
43 40	„	r	31.09			
45 1	„	r	29.12			
46 34	S.H	r	3 46.12			
47 49	„	r	45.46			
49 24	S.H	r	45.71	54 56.5	51.79	
50 38	„	r	43.82	55 5.5	50.60	
52 50	R.H	r	0 28.19	19		9.03
53 59	„	r	30.88	12.5		11.27
56 26	„	l	39.71			
57 48	„	l	37.93			
59 13	S.H	l	3 51.92			
6 0 29	„	l	52.40			

Mittlere Zeit Wangeroog	Eingestelltes Objekt	Lage des Fernrohrs	Einzelne Zenitdistanzen	Schillig. Mittel aus beiden Lagen + Reduktionen: mittlere Zeit Wangeroog	Wangeroog	Roter Sand	Mittlere Zeit Wangeroog	Eingestelltes Objekt	Lage des Fernrohrs	Einzelne Zenitdistanzen	Wangeroog. Mittel aus beiden Lagen + Reduktionen: mittlere Zeit Wangeroog	Schillig	Roter Sand
					90° 1'	90° 0'						90° 3'	90° 0'
6ʰ 4ᵐ 43ˢ	W.H	l	90° 21' 52″.39	6ʰ 10ᵐ 3ˢ	22″.39		6ʰ 1ᵐ 48ˢ	S.H	l	90° 3' 51″.98	6ʰ 6ᵐ 44ˢ	47″.27	
6 22	"	l	48.03	18.5	18.56		2 39	"	l	52.50	36	47.61	
7 26	R.M	l	22 28.86	2		27″.36	4 39	R.M	l	1 53.75	40.5		11″.07
8 39	"	l	20.17	9 48		21.76	5 51	"	l	53.46	43		10.26
10 57	"	r	41 15.00				7 35	"	r	44.89			
11 36	"	r	17.52				8 42	"	r	46.22			
14 15	W.T	r	89 40 46.47				10 13	S.T	r	3 43.15			
15 23	"	r	41.77				11 40	"	r	42.99			

September 23. Vormittags.

Mittlere Zeit Wangeroog	Eingestelltes Objekt	Lage des Fernrohrs	Einzelne Zenitdistanzen	Schillig: mittlere Zeit Wangeroog	Wangeroog	Roter Sand	Mittlere Zeit Wangeroog	Eingestelltes Objekt	Lage des Fernrohrs	Einzelne Zenitdistanzen	Wangeroog: mittlere Zeit Wangeroog	Schillig	Roter Sand
					90° 1'	90° 0'						90° 3'	90° 0'
6ʰ 7ᵐ 25ˢ	W.H	l	90° 12' 25″.93	6ʰ 12ᵐ 8ˢ	5″.39		6ʰ 3ᵐ 28ˢ	S.H	r	90° 3' 41″.32	6ʰ 9ᵐ 33ˢ	38″.96	
8 13	"	l	22.06	7.5	4.28		5 23	"	r	44.44	9 59.5	40.71	
9 40	R.M	l	13 16.48	11 40.5		32″.80	8 28	R.M	r	2 9.28	10 49.5		26″.36
11 2	"	l	14.50	44		29.28	9 45	"	r	12.61	41.5		24.34
12 26	"	r	89 50 35.72				11 38	"	l	1 53.91			
13 41	"	r	40.78				13 11	"	l	2 1.27			
15 0	R.H	r	49 *38.44										
15 52	W.H	r	46.22				14 36	S.H	l	3 31.52			
16 51	"	r	44.57				15 38	"	l	31.24			
18 5	W.H	r	42.72	21 32	4.94		17 5	S.H	l	34.61	21 54	45.52	
18 47	"	r	43.50	31	3.59		18 20	"	l	35.26	56.5	45.84	
20 2	R.M	r	50 33.75	44		30.42	19 43	R.H	l	0 41.10	22 0		23.53
21 7	"	r	38.58	49		35.46	20 59	"	l	39.43	21 53.5		25.23
22 31	"	l	90 13 24.00				22 48	"	r	59.06			
23 26	"	l	18.75				24 15	"	r	54.02			
24 13	W.H	l	12 23.40				25 33	S.H	r	3 52.06			
24 59	"	l	26.88				26 43	"	r	50.97			
25 53	W.H	l	30.96	29 45	10.53								
26 39	"	l	28.97	46	9.46								
27 44	R.M	l	13 24.50	55		35.59							
28 46	"	l	16.38	48.5		29.37							
29 48	"	r	89 50 *34.22										
30 51	R.H	r	49 27.44										
32 0	"	r	31.75										
32 53	W.H	r	49.67										
33 37	"	r	49.82										
6 58 17	W.H	r	58.40	7 1 41	22.25		6 57 23	S.H	l	90 3 45.58	7 2 15.5	37.43	
59 3	"	r	53.45	46	19.33		58 41	"	l	46.28	18	57.55	
7 0 20	R.M	r	50 42.25	58		37.58	7 0 48	R.M	l	2 0.08	48		29.24
1 36	"	r	39.67	7		37.29	1 45	"	l	1.38	32.5		28.46
2 38	"	l	90 13 26.57				3 20	"	r	13.38			
3 36	"	l	24.57				4 48	"	r	16.23			
4 29	W.H	l	12 44.92				5 55	S.H	r	4 3.36			
5 5	"	l	45.82				7 18	"	r	3.82			

Mittlere Zeit Wangeroog	Eingestelltes Objekt	Lage des Fernrohrs	Schillig. Einzelne Zenit-distanzen	Mittel aus beiden Lagen + Reduktionen: mittlere Zeit Wangeroog	Wangeroog	Roter Sand
					90° 1'	90° 0'
7h 5m 44s	W.H	l	90° 12' 46.12"	7h 8m 54.5s	22.96"	
6 24	"	l	45.77	54.5	24.03	
7 17	R.M	l	13 25.87	51.5		37.26"
8 33	"	l	24.07	9 2		35.72
9 31	R.H	r	89 49 32.45			
10 26	"	r	33.72			
11 25	W.H	r	50 2.00			
12 5	"	r	49 59.52			
12 53	W.H	r	50 2.87			
13 26	"	r	0.32			
14 49	R.H	r	49 33.43			
16 48	W.H	r	50 3.82			
17 34	"	r	2.90			
18 44	R.H	r	49 33.60			
7 58 40	W.H	l	90 13 8.75	8 1 37.5	45.70	
59 26	"	l	9.25	29	45.42	
8 0 6	R.M	l	26.70	28		39.08
1 3	"	l	24.82	34		36.73
2 5	"	r	89 50 40.30			
2 50	"	r	43.12			
3 42	W.H	r	21.30			
4 35	"	r	22.37			
5 17	W.H	r	22.20	8 11.5	44.17	
5 58	"	r	20.12	15	45.31	
6 51	R.H	r	49 38.72	27.5		39.56
7 46	"	r	38.47	22.5		39.90
8 59	"	l	90 12 19.80			
9 44	"	l	18.87			
10 32	W.H	l	13 10.22			
11 6	"	l	5.85			
11 51	W.H	l	7.22	14 35	44.05	
12 27	"	l	10.12	38.5	47.49	
13 15	R.H	l	12 17.30	30.5		38.41
14 7	"	l	20.05	33.5		41.22
15 0	"	r	89 49 40.87			
15 46	"	r	38.00			
16 36	W.H	r	50 24.57			
17 19	"	r	20.60			

Mittlere Zeit Wangeroog	Eingestelltes Objekt	Lage des Fernrohrs	Wangeroog. Einzelne Zenit-distanzen	Mittel aus beiden Lagen + Reduktionen: mittlere Zeit Wangeroog	Schillig	Roter Sand
					90° 4'	90° 0'
7h 8m 10s	S.H	r	90° 4' 3.17"	7h 12m 39s	3.13"	
9 24	"	r	5.82	37.5	3.01	
10 47	R.H	r	0 58.62	43		27.96"
12 0	"	r	57.80	46.5		26.49
13 33	"	l	41.23			
14 39	"	l	45.33			
15 32	S.H	l	3 34.73			
16 58	"	l	55.62			
7 57 32	S.H	r	90 4 18.93	8 0 45	17.30	
59 47	"	r	19.49	58.5	18.15	
8 2 10	"	l	11.34			
3 38	"	l	10.30			
4 48	S.H	l	10.17	9 33	20.02	
5 54	"	l	12.82	52	20.55	
7 18	R.H	l	0 49.03	20.5		33.26
8 22	"	l	49.55	17.5		33.51
10 23	"	r	1 5.52			
11 23	"	r	5.54			
13 50	S.H	r	4 23.83			
14 58	"	r	24.42			

Schillig.

Mittlere Zeit Wangeroog	Eingestelltes Objekt	Lage des Fernrohrs	Einzelne Zenitdistanzen	Mittel aus beiden Lagen + Reduktionen: mittlere Zeit Wangeroog	Wangeroog	Roter Sand
					90° 1′	90° 0′
8h 58m 24s	W.H	r	89° 50′ 28″.10	9h 0m 57s	49″.43	
59 9	"	r	29.13	1 0	50.99	
59 49	R.H	r	49 38.40	0 58		39″.22
9 0 35	"	r	39.85	1 5		38.19
1 35	"	l	90 12 15.20			
2 7	"	l	18.52			
2 51	W.H	l	13 12.57			
3 30	"	l	10.47			
4 13	W.H	l	11.97	7 3	49.87	
4 46	"	l	10.32	6 58	49.84	
5 24	R.H	l	12 18.45	53.5		39.98
6 3	"	l	19.57	30.5		39.96
6 58	"	r	89 49 38.83			
7 41	"	r	*39.98			
8 23	"	r	39.98			
9 10	W.H	r	50 29.08			
9 53	"	r	27.48			
10 27	W.H	r	28.83	12 53	50.36	
10 59	"	r	27.90	50	51.38	
11 39	R.H	r	49 39.38	49		41.43
12 17	"	r	36.50	44.5		39.69
13 22	"	l	90 12 21.35			
13 59	"	l	21.75			
14 41	W.H	l	13 24.57			
15 19	"	l	11.60			
16 11	W.H	l	24.12	18 31.5	49.78	
16 49	"	l	10.95	32	51.87	
17 29	R.H	l	12 23.62	27.5		42.04
18 0	"	l	18.37	26		38.51
18 52	"	r	89 49 37.13			
19 26	"	r	38.93			
20 15	W.H	r	50 32.50			
20 52	"	r	25.13			
9 58 27	W.H	r	33.70	10 0 59	52.57	
59 8	"	r	29.23	1 1	48.92	
59 46	R.H	r	49 44.60	0 49		42.17
10 0 25	"	r	41.60	52		42.70
1 19	"	l	90 12 22.27			
1 52	"	l	18.22			
2 54	W.H	l	13 8.30			
3 31	"	l	11.15			

Wangeroog.

Mittlere Zeit Wangeroog	Eingestelltes Objekt	Lage des Fernrohrs	Einzelne Zenitdistanzen	Mittel aus beiden Lagen + Reduktionen: mittlere Zeit Wangeroog	Schillig	Roter Sand
					90° 4′	90° 0′
8h 58m 27s	S.H	r	90° 4′ 27″.04	9h 3m 27s	23″.42	
59 49	"	r	27.51	24	22.29	
9 1 44	R.H	r	1 6.01	53.5		34″.69
3 7	"	r	6.91	54		34.91
4 41	"	l	0 50.97			
6 3	"	l	51.43			
6 59	S.H	l	4 11.61			
8 27	"	l	14.33			
10 45	S.H	l	13.02	15 22	23.18	
11 58	"	l	12.63	27	22.44	
13 19	R.H	l	0 51.33	28		34.25
14 21	"	l	52.81	7		36.24
15 33	"	r	1 7.72			
17 33	"	r	5.02			
18 56	S.H	r	4 26.78			
19 59	"	r	28.07			
9 57 53	S.H	r	90 4 26.07	10 3 0	22.90	
59 11	"	r	24.73	1.5	21.80	
10 0 38	R.H	r	1 8.57	2 57		33.30
1 50	"	r	7.60	56		36.19
4 2	"	l	0 52.84			
5 26	"	l	50.08			
6 52	S.H	l	4 13.41			
8 7	"	l	14.26			

Schillig.

Mittlere Zeit Wangeroog	Eingestelltes Objekt	Lage des Fernrohrs	Einzelne Zenit-distanzen	Mittel aus beiden Lagen + Reduktionen: mittlere Zeit Wangeroog	Wangeroog	Roter Sand
					90° 1'	90° 0'
10ʰ 4ᵐ 1ˢ	W.H	l	90° 13' 11".97	10ʰ 6ᵐ 16ˢ.5	51".24	
4 32	"	l	10.68	13	50.88	
5 10	R.H	l	12 19.38	12.5		39".25
5 49	"	l	18.85	12.5		41.24
6 36	"	r	89 49 42.10			
7 15	"	r	37.60			
7 54	W.H	r	50 30.80			
8 32	"	r	30.23			
9 6	W.H	r	30.75	11 56	48.93	
9 37	"	r	31.60	55.5	52.59	
10 20	R.H	r	49 38.75	42		40.39
10 57	"	r	36.80	45		39.74
11 53	"	l	90 12 *24.87			
12 33	"	l	21.25			
13 4	"	l	20.50			
14 14	W.H	l	13 13.30			
14 46	"	l	6.83			
10 56 42	W.H	l	*28.38			
57 22	"	l	13.55	11 0 3.5	53.19	
58 5	"	l	14.18	4	54.14	
58 48	R.H	l	12 25.88	10 59 39		43.43
59 24	"	l	24.73	56		44.08
11 0 28	"	r	89 49 41.90			
1 10	"	r	39.46			
2 3	W.H	r	50 33.81			
2 45	"	r	32.55			
3 22	W.H	r	36.02	11 6 14.5	53.92	
4 2	"	r	33.93	12.5	53.96	
4 41	R.H	r	49 42.75	8		42.14
5 22	"	r	42.80	3		41.80
6 44	"	l	90 12 19.28			
7 35	"	l	20.00			
8 19	W.H	l	13 13.70			
9 7	"	l	11.53			
9 48	W.H	l	17.10	12 28	54.47	
10 27	"	l	11.03	29	54.22	
11 16	R.H	l	12 22.23	22		42.35
11 56	"	l	24.13	23.5		42.39
12 52	"	r	89 49 39.13			
13 26	"	r	40.95			
14 31	W.H	r	50 37.13			
15 8	"	r	32.58			

Wangeroog.

Mittlere Zeit Wangeroog	Eingestelltes Objekt	Lage des Fernrohrs	Einzelne Zenit-distanzen	Mittel aus beiden Lagen + Reduktionen: mittlere Zeit Wangeroog	Schillig	Roter Sand
					90° 4'	90° 0'
10ʰ 9ᵐ 24ˢ	S.H	l	90° 4' 13".14	10ʰ 14ᵐ 1ˢ.5	22".19	
10 30	"	l	12.49	4	23.25	
11 57	R.H	l	0 52.99	12.5		38".10
12 56	"	l	51.24	2.5		38.22
15 9	"	r	1 13.25			
16 28	"	r	11.27			
17 38	S.H	r	4 28.55			
18 39	"	r	25.78			
10 55 53	S.H	r	90 4 29.08	11 0 31	26.68	
57 28	"	r	28.42	39	25.78	
58 43	R.H	r	1 12.57	41.5		40.33
11 0 11	"	r	12.17	54		40.34
1 37	"	l	0 56.97			
2 40	"	l	57.55			
3 50	S.H	l	4 17.67			
5 9	"	l	18.82			
6 13	S.H	l	18.28	10 37	27.90	
7 26	"	l	17.38	46.5	28.05	
8 38	R.H	l	0 57.02	9 48.5		37.38
9 44	"	l	59.08	56.5		39.49
10 9	"	r	1 7.93			
10 59	"	r	5.80			
14 7	S.H	r	4 33.25			
15 1	"	r	32.05			

Schillig.

September 22. Nachmittags.

Mittlere Zeit Wangeroog	Eingestelltes Objekt	Lage des Fernrohrs	Einzelne Zenitdistanzen	Mittel aus beiden Lagen + Reduktionen: mittlere Zeit Wangeroog	Wangeroog	Roter Sand
					90° 1'	90° 0'
2h 0m 56s	W.H	r	89° 50' 24".75	2h 3m 31	46".43	
1 47	"	r	22.83	38.5	43.47	
2 29	R.H	r	49 33.50	36.5		31".25
3 13	"	r	31.43	39.5		30.13
4 6	"	l	90 12 7.30			
4 44	"	l	7.47			
5 30	W.H	l	13 3.83			
6 6	"	l	7.83			
6 49	W.H	l	6.08	9 13	43.28	
7 26	"	l	5.65	10.5	45.52	
8 22	R.H	l	12 7.28	10.5		29.03
8 35	"	l	9.75	2.5		31.00
9 30	"	r	89 49 30.73			
10 9	"	r	29.25			
10 55	W.H	r	50 25.10			
11 37	"	r	20.20			
12 10	W.H	r	21.53	14 34	44.57	
12 46	"	r	25.60	35.5	44.78	
13 22	R.H	r	49 28.03	32.5		28.80
14 4	"	r	30.50	31.5		30.45
14 39	"	l	90 12 8.87			
15 43	"	l	8.05			
16 25	W.H	l	13 5.68			
16 58	"	l	7.33			
3 0 48	W.H	l	90 13 8.19	3 3 20	45.00	
1 27	"	l	9.55	18	48.74	
2 8	R.H	l	12 9.95	16		29.86
2 43	"	l	7.68	13.5		29.42
3 44	"	r	89 49 29.63			
4 24	"	r	28.25			
5 9	W.H	r	50 27.64			
5 52	"	r	21.53			
6 27	W.H	r	22.07			
6 58	"	r	20.33			
7 52	R.H	r	49 26.40			
8 31	"	r	24.50			
9 27	W.H	r	50 26.23			
9 57	"	r	18.82			

Wangeroog.

Mittlere Zeit Wangeroog	Eingestelltes Objekt	Lage des Fernrohrs	Einzelne Zenitdistanzen	Mittel aus beiden Lagen + Reduktionen: mittlere Zeit Wangeroog	Schillig	Roter Sand
					90° 4'	90° 0
2h 0m 23s	S.H	r	90° 4' 19".00	2h 5m 15s	16".73	
1 53	"	r	23.49	4 56.5	29.59	
3 23	R.H	r	1 4.55	5 28		34".28
4 32	"	r	11.81	25.5		37.90
6 29	"	l	0 52.05			
7 43	"	l	52.06			
8 0	S.H	l	4 10.23			
10 7	"	l	9.00			
11 2	S.H	l	11.80	14 54	20.42	
11 57	"	l	9.47	53	18.17	
12 59	R.H	l	0 51.66	47.5		36.26
13 55	"	l	52.93	38.5		34.31
15 22	"	r	1 4.75			
16 36	"	r	8.91			
17 49	S.H	r	4 21.40			
18 46	"	r	23.58			
2 59 58	S.H	r	90 4 20.44	3 5 7.5	17.23	
3 1 49	"	r	21.68	30	28.05	
3 21	R.H	r	1 4.11	37		31.70
4 57	"	r	0.41	47.5		29.61
6 38	"	l	0 46.86			
7 53	"	l	47.35			
9 11	S.H	l	4 8.96			
10 17	"	l	8.56			
11 17	S.H	l	7.83	15 55	18.27	
12 18	"	l	10.10	54.5	19.34	
13 38	R.H	l	0 46.70	58.5		30.21
15 3	"	l	45.30	16 14.5		30.04
17 26	"	r	1 2.84			
18 19	"	r	1.82			
19 31	S.H	r	4 23.12			
20 33	"	r	23.25			

Schillig.

Mittlere Zeit Wangeroog	Eingestelltes Objekt	Lage des Fernrohrs	Einzelne Zenitdistanzen	Mittel aus beiden Lagen + Reduktionen: mittlere Zeit Wangeroog	Wangeroog	Roter Sand
					90° 1′	90° 0′
3h 10m 32s	W.H	r	89° 30′ 22″.48	3h 13m 13s	42″.84	
11 14	"	r	22.07	15.5	44.73	
11 52	R.H	r	49 29.78	12		30″.35
12 45	"	r	25.28	17		28.53
13 49	"	l	90 12 10.25			
14 33	"	l	9.40			
15 17	W.H	l	13 7.11			
15 54	"	l	2.93			
3 58 30	W.H	l	3.28	4 1 55	43.28	
4 0 13	"	l	5.83	2 10.5	43.47	
0 59	R.H	l	12 7.10	8		26.08
1 44	"	l	8.23	12.5		26.45
2 41	"	r	89 49 23.15			
3 17	"	r	23.53			
4 8	W.H	r	50 20.81			
5 0	"	r	22.99			
6 9	W.H	r	16.22	8 41.5	41.97	
6 44	"	r	17.72	40.5	41.38	
7 28	R.H	r	49 20.83	40		23.99
8 11	"	r	21.60	40		24.50
9 9	"	l	90 12 5.88			
9 52	"	l	5.63			
10 37	W.H	l	13 4.75			
11 14	"	l	7.43			
11 50	W.H	l	4.43	14 30.5	42.30	
12 35	"	l	8.33	29	46.63	
13 20	B.H	l	12 11.05	29		27.71
14 0	"	l	9.38	26.5		28.34
14 53	"	r	89 49 25.78			
15 38	"	r	22.85			
16 23	W.H	r	50 24.65			
17 11	"	r	19.89			
4 59 8	W.H	r	17.70	5 2 38	35.39	
59 55	"	r	15.78	38.5	35.40	
5 0 34	R.M	r	24.37	13		17.78
1 46	"	r	25.00	16		18.32
2 48	"	l	90 13 3.30			
3 32	"	l	2.85			
4 21	R.H	l	11 59.90			
5 22	W.H	l	12 54.73			
6 14	"	l	52.80			

Wangeroog.

Mittlere Zeit Wangeroog	Eingestelltes Objekt	Lage des Fernrohrs	Einzelne Zenitdistanzen	Mittel aus beiden Lagen + Reduktionen: mittlere Zeit Wangeroog	Schillig	Roter Sand
					90° 4′	90° 0′
3h 57m 17s	R.H	r	90° 1′ 1″.06	4h 1m 35s		29″.74
59 0	"	r	0 56.80	50.5		27.49
59 45	S.H	r	4 21.58	42	17″.48	
4 0 48	"	r	23.93	29.5	18.74	
2 11	"	l	8.09			
3 39	"	l	7.92			
4 41	R.H	l	0 46.23			
5 53	"	l	46.48			
6 53	R.H	l	42.66	11 49.5		26.92
8 36	"	l	46.23	12 4		28.51
9 44	S.H	l	4 6.44	11 43.5	15.64	
11 6	"	l	7.68	46	14.62	
12 26	"	r	16.09			
13 43	"	r	19.38			
15 32	R.H	r	0 58.85			
16 46	"	r	59.22			
4 59 28	S.H	r	90 4 16.69	5 1 39.5	10.19	
5 0 22	"	r	17.24	33	12.01	
2 51	R.M	r	2 8.28	4 14.5		20.54
4 11	R.H	r	0 53.41	29.5		19.85
4 48	"	l	34.35			
5 38	"	l	35.75			
6 43	S.H	l	4 1.31			
7 51	"	l	3 58.23			

Schillig.

Mittlere Zeit Wangeroog	Eingestelltes Objekt	Lage des Fernrohrs	Einzelne Zenit-distanzen	Mittel aus beiden Lagen + Reduktionen: mittlere Zeit Wangeroog	Wangeroog	Roter Sand
					90° 1'	90° 0'
5h 6m 51s	W.H	l	90° 11' 51.″95	5h 9m 33.s5	31.″62	
7 31	„	l	54.38	34	33.60	
8 11	R.H	l	12 0.98	35		20.″24
9 3	„	l	0.05	36.5		21.66
10 10	„	r	89 49 21.75			
10 49	„	r	17.97			
11 37	W.H	r	50 12.53			
12 15	„	r	11.00			
12 51	W.H	r	10.82	15 31	30.03	
13 34	„	r	9.53	34	28.66	
14 20	R.H	r	49 22.32	36.5		21.54
15 5	„	r	24.25	40.5		24.06
16 16	„	l	90 12 2.35			
16 53	„	l	11 59.23			
17 34	W.H	l	12 47.50			
18 11	„	l	48.95			

Wangeroog.

Mittlere Zeit Wangeroog	Eingestelltes Objekt	Lage des Fernrohrs	Einzelne Zenit-distanzen	Mittel aus beiden Lagen + Reduktionen: mittlere Zeit Wangeroog	Schillig	Roter Sand
					90° 4'	90° 0'
5h 8m 42s	S.H	l	90° 4' 0.″11	5h 12m 29.s5	10.″83	
9 35	„	l	3 59.66	21.5	9.58	
10 33	R.H	l	0 36.78	22		21.″43
11 30	„	l	37.48	23.5		21.22
12 57	„	r	52.82			
13 51	„	r	54.12			
15 8	S.H	r	4 14.03			
16 18	„	r	16.08			

1888.

ZENITDISTANZEN FÜR DAS NIVELLEMENT

ZWISCHEN

SCHILLIG (NIVELLEMENTSPFEILER UND LEUCHTTURM)

UND

WANGEROOG (ASTRONOMISCHER PFEILER UND LEUCHTTURM).

ERSTE HÄLFTE.

In SCHILLIG: 10 zölliges U.-J. No. II, Beobachter: FISCHER.

In WANGEROOG: 8 zölliges U.-J. Beobachter: GALLE.

Stand I.

August 15. Vormittags.

Schillig.

Mittlere Zeit Wangeroog	Eingestelltes Objekt	Lage des Fernrohrs	Einzelne Zenit-distanzen	Mittel aus beiden Lagen + Reduktionen: mittlere Zeit Wangeroog	Wang. Instr.	Wang. Turm
					90° 1'	89° 56'
6h 35m 39s	J.H	l	90° 1' 8".91			
37 14	"	l	3.09	6h 45m 14s	40".10	
40 9	"	l	3.02	37	40.10	
41 24	L.H	l	89 56 20.28	39		40".30
43 39	"	l	9.60	46 7.5		39.27
48 36	"	r	57 23.65			
49 54	"	r	25.04			
51 5	J.H	r	90 2 20.09			
53 14	"	r	20.03			
54 29	J.H	r	19.84	58 40	42.71	
55 29	"	r	19.16	43	43.50	
56 40	L.H	r	89 57 25.84	42.5		42.00
58 0	"	r	24.50	49		41.22
59 38	"	l	56 12.66			
7 0 45	"	l	12.86			
2 57	J.H	l	90 2 10.75			
3 2	"	l	8.50			
4 37	J.H	l	8.74	7 9 58.5	42.26	
5 48	"	l	8.95	48.5	43.25	
6 57	L.H	l	89 56 26.66	22		43.43
8 24	"	l	25.66	22.5		42.49
10 22	"	r	57 24.04			
11 45	"	r	24.98			
13 49	J.H	r	90 2 20.26			
15 20	"	r	18.49			
16 44	J.H	r	26.76	18 49	40.61	
18 5	"	r	26.96	45	40.57	
19 25	"	l	2 7.09			
20 54	"	l	7.37			

Wangeroog.

Mittlere Zeit Wangeroog	Eingestelltes Objekt	Lage des Fernrohrs	Einzelne Zenit-distanzen	Mittel aus beiden Lagen + Reduktionen: mittlere Zeit Wangeroog	Schill. Instr.	Schill. Turm
					90° 4'	90° 0'
6h 24m 39s	J.H	l	90° 6' 53".55	6h 32m 31s	19".30	
27 31	"	l	52.67	53.5	19.24	
29 5	L.H	l	3 9.12	34		25".26
31 28	"	l	12.50	54.5		26.40
34 22	"	r	89 57 52.70			
36 3	"	r	52.80			
38 16	J.H	r	90 1 36.87			
40 23	"	r	36.12			
42 13	J.H	r	32.04	47 36	16.79	
43 25	"	r	36.56	28.5	19.84	
44 39	L.H	r	89 57 48.82	46 59		25.75
45 59	"	r	54.23	54		28.53
47 49	"	l	90 3 24.22			
49 19	"	l	24.07			
51 32	J.H	l	6 54.18			
52 57	"	l	52.60			
54 27	J.H	l	52.98	7 0 46.5	28.59	
55 53	"	l	53.45	50.5	20.21	
57 23	L.H	l	3 13.27	49		29.85
58 39	"	l	14.30	34		29.20
7 0 56	"	r	89 58 1.53			
2 29	"	r	57 55.50			
4 25	"	r	57.82			
5 48	J.H	r	90 1 38.02			
7 6	"	r	35.32			
8 17	J.H	r	36.76	14 0	19.44	
11 24	"	r	35.83	53	20.92	
12 47	L.H	r	89 57 56.97	49		31.60
13 52	"	r	59.22	44		34.35
15 36	"	l	90 3 20.87			
16 51	"	l	17.62			
18 22	J.H	l	6 57.07			
19 43	"	l	53.18			

August 15. Vormittags.

Schillig.

Mittlere Zeit Wangeroog	Eingestelltes Objekt	Lage des Fernrohrs	Einzelne Zenitdistanzen	Mittel aus beiden Lagen + Reduktionen: mittlere Zeit Wangeroog	Wang. Instr.	Wang. Turm
					90° 1'	89° 56'
10h 5m 5s	J.H	l	90° 1' 22".22	10h 12m 2s	53".79	
6 19	„	l	24.16	10 56	56.48	
9 54	L.H	l	89 56 26.96	12 4		55".38
11 7	„	l	29.28	12 48		54.77
12 29	„	r	57 34.97			
14 14	„	r	38.52			
15 33	J.H	r	90 2 31.72			
17 44	„	r	*35.46			
18 59	„	r	32.27			
20 8	J.H	r	37.16	27 26	59.28	
21 34	„	r	37.49	26.5	58.94	
22 59	L.H	r	89 57 *42.55			
25 14	„	r	39.30	26 29		54.04
27 24	„	l	56 23.50			
32 59	J.H	l	90 1 23.31			
34 44	„	l	24.31			
36 9	J.H	l	26.71	41 49	62.30	
37 16	„	l	25.65	37	60.85	
40 19	L.H	l	89 56 33.22	42 33.5		60.19
41 46	„	l	30.87	42		59.65
43 36	„	r	57 43.15			
44 48	„	r	41.27			
45 58	J.H	r	90 2 38.97			
47 29	„	r	38.80			
48 59	J.H	r	37.73	53 29	60.90	
50 7	„	r	38.40	28	61.52	
51 21	L.H	r	89 57 42.73	24		59.13
52 36	„	r	42.53	24		58.70
54 12	„	l	56 29.58			
55 27	„	l	30.25			
56 49	J.H	l	90 2 27.54			
57 59	„	l	25.78			
11 1 9	J.H	l	24.93	11 6 41.5	61.64	
2 54	„	l	25.65	21.5	62.50	
3 59	L.H	l	89 56 28.75	16		57.16
5 14	„	l	28.73	19		55.78
7 24	„	r	57 37.54			
8 33	„	r	40.28			
9 49	J.H	r	90 2 42.27			
12 14	„	r	40.27			
13 19	J.H	r	39.54	16 59	63.05	
14 24	„	r	38.09	26	62.77	
18 28	„	l	1 30.56			
20 39	„	l	29.47			
21 39	„	l	*29.57			

Wangeroog.

Mittlere Zeit Wangeroog	Eingestelltes Objekt	Lage des Fernrohrs	Einzelne Zenitdistanzen	Mittel aus beiden Lagen + Reduktionen: mittlere Zeit Wangeroog	Schill. Instr.	Schill. Turm
					90° 4'	90° 2'
10h 3m 16s	J.H	l	90° 7' 8".37	10h 8m 58s	33".82	
4 56	„	l	7.62	9 11	31.69	
7 3	L.H	l	3 26.20	25		38".81
8 23	„	l	24.27	24.5		39.84
10 26	„	r	89 58 6.80			
11 47	„	r	2.38			
13 26	J.H	r	90 2 46.82			
14 40	„	r	50.38			
15 57	J.H	r	54.47	22 24	36.84	
17 23	„	r	47.10	21 22.5	32.08	
18 32	L.H	r	89 58 5.57	22.5		38.47
19 46	„	r	5.20	4		39.59
22 22	„	l	90 3 25.37			
23 53	„	l	22.77			
25 13	J.H	l	7 6.12			
28 51	„	l	10.27			
29 51	J.H	l	9.45	37 20	34.12	
30 54	„	l	9.65	36 51.5	35.10	
34 53	L.H	l	3 24.10	38 8.5		38.54
36 30	„	l	26.95	38 3		42.26
39 36	„	r	89 58 8.97			
41 24	„	r	4.37			
42 49	J.H	r	90 2 51.60			
44 49	„	r	49.85			
47 29	J.H	r	52.42	52 55.5	40.72	
49 21	„	r	50.75	53 22	35.97	
50 48	L.H	r	89 58 6.62	25.5		42.86
52 0	„	r	7.67	25		42.41
54 30	„	l	90 3 28.55			
55 43	„	l	30.50			
57 2	J.H	l	7 12.25			
58 22	„	l	20.08			
59 22	J.H	l	8.08	11 3 58	35.84	
11 1 6	„	l	10.03	4 13.5	35.00	
2 26	L.H	l	3 26.53	28		39.49
3 38	„	l	26.95	24		39.08
4 56	„	r	89 58 2.60			
6 10	„	r	3.85			
7 22	J.H	r	90 2 51.02			
8 35	„	r	54.65			
9 33	„	r	*50.00			

Schillig.

Mittlere Zeit Wangeroog	Eingestelltes Objekt	Lage des Fernrohrs	Einzelne Zenit-distanzen	Mittel aus beiden Lagen + Reduktionen: mittlere Zeit Wangeroog	Wang. Instr.	Wang. Turm
August 15. Nachmittags.						
					90° 1′	89° 56′
2^{h} 24^{m} 4^{s}	J.H	l	90° 1′ 14″.23	2^{h} 32^{m} 50^{s}	48″.33	
25 24	„	l	17.10	41.5	49.49	
27 0	L.H	l	89 56 22.50	29 32		49″.89
28 34	„	l	19.45	35.5		48.04
30 37	„	r	57 31.35			
32 4	„	r	32.02			
39 59	J.H	r	90 2 24.79			
41 36	„	r	25.34			
43 49	J.H	r	23.37			
48 24	„	r	25.70			
5 55 44	J.H	r	90 2 26.02	6 0 38	51.60	
57 57	„	r	29.16	1 23	52.75	
59 9	L.H	r	89 57 34.55	20		48.52
6 0 20	„	r	33.57	14.5		50.34
2 9	„	l	56 21.83			
3 31	„	l	17.20			
4 49	J.H	l	2 19.25			
5 32	„	l	20.10			
7 16	„	l	*18.43			
August 16. Nachmittags.						
					90° 1′	89° 56′
2^{h} 11^{m} 54^{s}	J.H	l	90° 1′ 30″.38	2^{h} 19^{m} 10^{s}	61″.92	
13 9	„	l	32.72	17 1.5	61.00	
14 29	L.H	l	89 56 30.90	4		56.93
15 39	„	l	*37.10			
16 54	„	l	32.85	39		55.60
18 24	„	r	57 34.07			
19 39	„	r	37.67			
20 54	J.H	r	2 33.20			
26 26	„	r	36.38			
28 41	„	r	*39.40			

Wangeroog.

Mittlere Zeit Wangeroog	Eingestelltes Objekt	Lage des Fernrohrs	Einzelne Zenit-distanzen	Mittel aus beiden Lagen + Reduktionen: mittlere Zeit Wangeroog	Schill. Instr.	Schill. Turm
August 15. Nachmittags.						
					90° 4′	90° 0′
2^{h} 52^{m} 9^{s}	J.H	l	90° 7′ 5″.16	3^{h} 2^{m} 15^{s}	18″.46	
54 22	„	l	6.19	4	29.08	
56 19	L.H	l	3 25.63	28.5		38″.18
57 31	„	l	25.28	38.5		38.02
3 5 16	„	r	89 58 2.25			
6 38	„	r	2.13			
7 56	J.H	r	90 1 43.02			
9 18	„	r	*48.12			
10 21	„	r	42.82			
6 6 16	J.H	l	7 1.70	6 11 39	26.87	
7 33	„	l	6.15	11 38	31.72	
9 50	L.H	l	3 21.95	12 4		35.66
11 16	„	l	19.92	9		34.31
13 2	„	r	89 58 0.09			
14 18	„	r	0.76			
15 41	J.H	r	90 1 48.35			
17 2	„	r	43.10			
44 12	J.H	r	40.70			
45 32	„	r	40.95			

Mittlere Zeit Wangeroog	Eingestelltes Objekt	Lage des Fernrohrs	Einzelne Zenitdistanzen	Schillig. Mittel aus beiden Lagen + Reduktionen: mittlere Zeit Wangeroog	Wang. Instr.	Wang. Turm
					90° 1'	89° 56'
6h 13m 24s	J.H	r	90° 1' 25".92			
14 54	"	r	24.27	6h 24m 9s	53".75	
16 28	L.H	r	89 57 29.55			
26 24	"	r	33.00	29 11.5		52".22
27 24	"	r	32.77	28 44		52.13
30 14	"	l	56 26.21			
32 59	"	l	26.14			
33 24	J.H	l	90 1 26.15			

Mittlere Zeit Wangeroog	Eingestelltes Objekt	Lage des Fernrohrs	Einzelne Zenitdistanzen	Wangeroog. Mittel aus beiden Lagen + Reduktionen: mittlere Zeit Wangeroog	Schill. Instr.	Schill. Turm
2h 43m 27s	J.H	l	90° 6' 24".18			
45 6	"	l	19.50			
46 32	L.H	l	2 42.30			
4 4	"	l	38.10			

August 17. Nachmittags.

Mittlere Zeit Wangeroog	Eingestelltes Objekt	Lage des Fernrohrs	Einzelne Zenitdistanzen	Schillig. mittlere Zeit Wangeroog	Wang. Instr.	Wang. Turm
					90° 1'	89° 56'
2 25 56	L.H	l	89 55 42.86	2h 30m 53s.5		55".43
27 12	"	l	46.43	32 1		57.68
28 35	J.H	l	90 0 43.16	14	58".07	
30 1	"	l	45.98	3	59.63	
32 5	"	r	3 16.20			
33 53	"	r	15.89			
34 52	L.H	r	89 58 23.65			
35 50	"	r	22.72			
36 59	J.H	r	90 3 15.69	2 52 59	54.48	
42 22	"	r	17.25	54 25	55.22	
45 20	L.H	r	89 58 18.63	55 2		51.02
46 13	"	r	18.57	54 50		51.19
3 3 25	"	l	55 38.52			
4 42	"	l	38.12			
7 29	J.H	l	90 0 36.08			
8 59	"	l	36.18			
10 12	J.H	l	36.40			
12 50	"	l	36.55			
13 20	L.H	l	89 55 42.23			
14 24	"	l	44.35			

Mittlere Zeit Wangeroog	Eingestelltes Objekt	Lage des Fernrohrs	Einzelne Zenitdistanzen	Wangeroog. mittlere Zeit Wangeroog	Schill. Instr.	Schill. Turm
					90° 4'	90° 0'
2h 14m 9s	J.H	l	90° 6' 23".12			
15 25	"	l	23.36	2h 20m 16s	31".35	
17 2	"	l	23.61	42.5	33.53	
18 17	L.H	l	2 38.62	23.5		36".08
19 28	"	l	40.78	21.5		39.68
22 15	"	r	89 58 49.97			
22 34	"	r	44.93			
24 24	J.H	r	90 2 34.50			
25 27	"	r	30.40			
26 27	J.H	r	30.70	32 12	31.84	
27 38	"	r	36.90	11.5	35.59	
28 52	L.H	r	89 58 45.15	5		36.75
30 22	"	r	46.65	30 57.5		39.75
32 44	"	l	90 2 44.25			
33 24	"	l	39.75			
34 45	J.H	l	6 23.34			
35 57	"	l	24.03			
38 56	J.H	l	23.52	52 0	32.94	
40 22	"	l	26.27	49 10.5	35.23	
42 34	L.H	l	2 39.93	50 42.5		39.27
42 53	"	l	34.25			
54 59	"	l	36.43	55 45		37.47
56 32	"	r	89 58 47.90			
58 10	J.H	r	90 2 35.05			
59 52	L.H	r	89 58 50.00			
3 3 4	J.H	r	90 2 33.42			
4 33	J.H	r	34.90	3 12 12.5	34.97	
8 28	"	r	34.00	12	34.33	
10 24	L.H	r	89 58 51.92	19		40.24
12 23	"	r	47.20	17		37.90
13 12	"	l	90 2 40.00			
14 24	"	l	39.75			
15 54	J.H	l	6 25.72			
19 30	"	l	22.10			

Wangeroog.

Mittlere Zeit Wangeroog	Eingestelltes Objekt	Lage des Fernrohrs	Einzelne Zenitdistanzen	Mittel aus beiden Lagen + Reduktionen: mittlere Zeit Wangeroog	Schill. Instr.	Schill. Turm
3h 21m 10s	J.H	l	90° 6′ 23″.06			
22 24	"	l	19.13			
24 22	L.H	l	2 37.00			
25 49	"	l	35.32			

August 1st. Nachmittags.

Schillig.

Mittlere Zeit Wangeroog	Eingestelltes Objekt	Lage des Fernrohrs	Einzelne Zenitdistanzen	Mittel aus beiden Lagen + Reduktionen: mittlere Zeit Wangeroog	Wang. Instr.	Wang. Turm
					90° 1′	89° 57′
2h 12m 13s	J.H	r	90° 1′ 58″.70	2h 19m 37s	12″.78	
14 35	"	r	59.08	20 12.5	13.87	
16 19	L.H	r	89 58 1.54	19 33		3″.80
17 39	"	r	57 52.46	49		−0.04
18 55	"	r	57.98	38		6.67
20 21	"	l	56 30.08			
21 59	"	l	22.17			
22 47	"	l	20.77			
25 50	J.H	l	90 1 31.58			
27 1	"	l	29.71			
32 31	J.H	l	*33.50			
33 41	"	l	30.78	38 16	15.85	
34 55	"	l	30.79	10	16.00	
36 9	L.H	l	89 56 22.72	22		2.69
37 22	"	l	21.25	8.5		1.37
38 55	"	r	57 56.20			
40 13	"	r	56.38			
41 25	J.H	r	90 3 4.13			
42 50	"	r	3.83			
49 21	J.H	r	2.11	53 59	13.63	
50 8	"	r	0.06	50	13.54	
51 48	L.H	r	89 57 57.42	45.5		2.27
52 53	"	r	59.35	40.5		1.51
54 28	"	l	56 18.39			
55 43	"	l	21.84			
57 32	J.H	l	90 2 29.94			
58 37	"	l	28.06			
59 37	J.H	l	*24.45			
3 0 31	"	l	27.47	3 5 10	16.26	
1 55	"	l	29.24	8	17.44	
3 5	L.H	l	89 56 23.07	11		0.64
4 23	"	l	26.21	11		2.50
5 59	"	r	57 51.51			
7 19	"	r	52.92			
8 21	J.H	r	90 3 8.55			
9 29	"	r	7.87			

Wangeroog.

Mittlere Zeit Wangeroog	Eingestelltes Objekt	Lage des Fernrohrs	Einzelne Zenitdistanzen	Mittel aus beiden Lagen + Reduktionen: mittlere Zeit Wangeroog	Schill. Instr.	Schill. Turm
					90° 4′	90° 0′
2h 16m 21s	J.H	r	89° 56′ 58″.62	2h 23m 25s	44″.35	
17 53	"	r	54.05	27.5	40.21	
20 30	L.H	r	53 14.57	28		45″.07
21 59	"	r	13.98	32		46.89
25 5	"	l	90 8 31.20			
26 26	"	l	26.96			
29 2	J.H	l	12 17.43			
30 19	"	l	22.13			
31 35	J.H	l	20.73	37 0	43.23	
32 57	"	l	15.70	36 6.5	42.72	
34 15	L.H	l	8 32.58	6		43.22
35 14	"	l	32.23	35 49		44.30
36 24	"	r	89 53 7.77			
37 57	"	r	9.05			
39 16	J.H	r	57 0.80			
40 29	"	r	56 *48.30			
42 25	"	r	56.72			
43 18	J.H	r	53.35	48 41	42.21	
44 37	"	r	51.92	36	39.33	
46 40	L.H	r	53 8.13	46		44.43
47 54	"	r	5.67	52		41.83
49 50	"	l	90 8 29.39			
50 52	"	l	32.12			
52 35	J.H	l	12 17.80			
53 54	"	l	22.13			
55 55	J.H	l	19.50	3 0 28.5	44.55	
57 21	"	l	25.83	41	45.91	
58 28	L.H	l	8 17.89	30		39.95
59 43	"	l	24.52	33.5		46.16
3 1 24	"	r	89 53 9.20			
2 32	"	r	3.41			
4 2	J.H	r	56 57.05			
5 2	"	r	57 0.65			

Mittlere Zeit Wangeroog	Eingestelltes Objekt	Lage des Fernrohrs	Einzelne Zenitdistanzen	Schillig. Mittel aus beiden Lagen + Reduktionen: mittlere Zeit Wangeroog	Wang. Instr.	Wang. Turm	Mittlere Zeit Wangeroog	Eingestelltes Objekt	Lage des Fernrohrs	Einzelne Zenitdistanzen	Wangeroog. Mittel aus beiden Lagen + Reduktionen: mittlere Zeit Wangeroog	Schill. Instr.	Schill. Turm
												90° 4′	90° 0′
							3h 6m 11s	J.H	r	89° 56′ 34.78	3h 10m 28s	42.55	
							7 30	"	r	25.85	36	43.32	
							8 43	L.H	r	53 10.40	36		43.90
							9 39	"	r	8.40	29		46.88
							11 19	"	l	90 8 36.76			
							12 29	"	l	32.80			
							13 42	J.H	l	12 25.83			
							14 45	"	l	22.38			

Stand III.

August 13. Vormittags.

Mittlere Zeit Wangeroog	Objekt	Lage	Zenitdistanzen	mittlere Zeit Wangeroog	Wang. Instr.	Wang. Turm	Mittlere Zeit Wangeroog	Objekt	Lage	Zenitdistanzen	mittlere Zeit Wangeroog	Schill. Instr.	Schill. Turm
					90° 2′	89° 56′							
10h 4m 23s	J.H	r	90° 2′ 32.33	10h 9m 32s	57.25								
6 6	"	r	32.03	52.5	56.70								
7 13	L.H	r	89 57 33.80	26.5		54.57							
8 23	"	r	34.42	26		56.78							
10 9	"	l	56 33.85										
11 20	"	l	30.05										
12 23	J.H	l	90 2 *30.78										
13 43	"	l	25.28										
14 53	"	l	26.08										
												90° 4′	90° 0′
16 43	J.H	l	29.83	24 26.5	55.39		10h 3m 40s	J.H	r	87° 2′ 45.43	10h 33m 28s	30.16	
17 48	"	l	25.60	26	53.37		10 0	"	r	44.26	36 13	29.31	
21 28	L.H	l	89 56 17.26	23 35.5		52.28	37 14	L.H	r	86 58 5.27	39 14.5		39.28
22 33	"	l	28.35	28		53.22	38 36	"	r	0.84	22		37.82
24 23	"	r	57 32.79				40 6	"	l	93 3 25.00			
25 43	"	r	30.02				41 25	"	l	24.48			
31 4	J.H	r	90 2 24.05				42 36	J.H	l	7 5.42			
32 10	"	r	23.86				11 3 20	"	l	5.94			
49 4	J.H	r	25.76	10 59 47	45.76								
50 23	"	r	26.36	48	45.11								
52 3	L.H	r	89 57 23.42	11 2 25		47.78							
53 33	"	r	22.65	35.5		46.62							
11 9 23	J.H	l	90 2 26.78										
10 30	"	l	26.68										
11 38	L.H	l	89 56 25.28										
12 47	"	l	26.85										

August 14. Nachmittags.

Mittlere Zeit Wangeroog	Objekt	Lage	Zenitdistanzen	mittlere Zeit Wangeroog	Wang. Instr.	Wang. Turm
					90° 2′	89° 56′
1h 56m 38s	J.H	l	90 2 28.75	2h 1m 8s	57.92	
58 23	"	l	29.62	24	61.62	
59 33	L.H	l	89 56 34.67	34		59.19
2 0 43	"	l	31.19	30.5		56.80
2 18	"	r	57 37.13			
3 35	"	r	38.63			
4 35	J.H	r	90 2 36.55			
5 38	"	r	30.02			
6 38	"	r	*36.34			

Schillig.

Mittlere Zeit Wangeroog	Eingestelltes Objekt	Lage des Fernrohrs	Einzelne Zenit-distanzen	Mittel aus beiden Lagen + Reduktionen: mittlere Zeit Wangeroog	Wang. Instr.	Wang. Turm
					90° 2'	89° 56'
2h 8m 39s	J.H	r	90° 2' 31".43	2h 14m 6s	58".20	
10 5	"	r	34.02	13 49	60.31	
11 5	L.H	r	89 57 34.77	13.5		53".56
12 34	"	r	38.05	38.5		56.15
14 43	"	l	56 28.97			
15 42	"	l	27.06			
17 33	J.H	l	90 2 29.52			
19 23	"	l	27.88			
20 43	J.H	l	24.65	26 58	56.47	
22 23	"	l	28.15	27 16	56.29	
23 53	L.H	l	89 56 31.40	26 18		56.63
24 59	"	l	35.46	26		57.61
26 3	"	l	*32.98			
27 53	"	r	57 34.48			
29 3	"	r	36.58			
30 38	J.H	r	90 2 *29.95			
32 9	"	r	27.35			
33 13	"	r	31.20			
34 11	J.H	r	32.32	39 2	58.8-	
35 22	"	r	32.22	2.5	58.98	
36 44	L.H	r	89 57 36.02	6		56.78
37 48	"	r	35.14	3		55.15
40 18	"	l	56 29.88			
41 28	"	l	32.25			
42 43	J.H	l	90 2 28.66			
43 53	"	l	28.33			
45 28	J.H	l	28.08	50 15.5	58.02	
46 28	"	l	27.30	5.5	57.18	
47 38	L.H	l	89 56 30.86	0.5		55.72
49 3	"	l	30.30	0.5		53.94
50 38	"	r	57 32.29			
52 23	"	r	35.29			
53 43	J.H	r	90 2 29.78			
55 3	"	r	30.87			
56 14	J.H	r	32.62	3 1 41	57.25	
57 28	"	r	32.36	43	58.07	
58 44	L.H	r	89 57 38.22	46		56.90
59 43	"	r	33.52	40.5		55.70
3 0 43	"	r	34.44	33		55.22
2 23	"	l	56 26.70			
3 38	"	l	32.60			
4 48	"	l	30.30			
5 58	J.H	l	90 2 26.70			
7 8	"	l	24.80			

Wangeroog.

Mittlere Zeit Wangeroog	Eingestelltes Objekt	Lage des Fernrohrs	Einzelne Zenit-distanzen	Mittel aus beiden Lagen + Reduktionen: mittlere Zeit Wangeroog	Schill. Instr.	Schill. Turm
					90° 4'	90° 0'
1h 57m 47s	J.H	l	93° 7' 14".19	2h 8m 32s	34".20	
2 0 38	"	l	20.34	9 23.5	36.88	
2 4	L.H	l	3 33.70	23		41".03
3 16	"	l	39.70	8 0		42.34
12 44	"	r	86 57 56.78			
14 0	"	r	58 *5.58			
16 42	"	r	57 57.73			
17 49	J.H	r	87 1 44.48			
19 17	"	r	45.27			
23 16	J.H	r	1 45.81	32 15	35.87	
24 18	"	r	44.67	14	37.39	
25 48	L.H	r	86 57 58.22	19		41.34
26 47	"	r	58.90	4.5		43.91
37 22	"	l	93 3 40.32			
38 50	"	l	36.35			
40 10	J.H	l	7 22.17			
41 34	"	l	16.98			
42 59	J.H	l	20.58	53 24	39.70	
44 22	"	l	21.30	26.5	38.80	
46 53	L.H	l	3 36.87	51 44.5		41.85
48 24	"	l	37.22	49 55.5		44.10
51 27	"	r	86 58 2.37			
56 36	"	r	57 58.22			
3 2 42	J.H	r	87 1 47.35			
3 49	"	r	49.88			

Schillig.

Mittlere Zeit Wangeroog	Eingestelltes Objekt	Lage des Fernrohrs	Einzelne Zenit-distanzen	Mittel aus beiden Lagen + Reduktionen: mittlere Zeit Wangeroog	Wang. Instr.	Wang. Turm
					90° 1'	89° 56'
6h 2m 43s	J.II	r	90° 2' 29.87	6h 8m 33s	56.03	
4 23	"	r	32.19	43.5	56.79	
5 58	I..II	r	89 57 31.42	23		31.78
7 26	"	r	32.97	24.5		31.84
9 3	"	l	56 23.43			
10 48	"	l	26.85			
13 8	J.II	l	90 1 24.31			
14 23	"	l	25.10			
15 31	J.II	l	25.01	22 25	54.75	
17 6	"	l	22.50	25	54.25	
18 34	I..II	l	89 56 26.95	30 31.5		51.96
19 58	"	l	24.65	45.5		51.00
21 33	"	r	57 32.07			
23 9	"	r	31.68			
27 24	J.II	r	90 2 28.71			
28 59	"	r	27.41			
30 49	J.II	r	30.46	40 39	55.51	
32 8	"	r	29.97	38	55.62	
33 34	I..II	r	89 57 29.47	0.5		49.35
42 53	"	r	26.50	43 56		47.35
44 59	"	l	56 22.98			
46 27	"	l	23.94			
49 8	J.II	l	90 2 24.18			
50 29	"	l	23.48			

Wangeroog.

Mittlere Zeit Wangeroog	Eingestelltes Objekt	Lage des Fernrohrs	Einzelne Zenit-distanzen	Mittel aus beiden Lagen + Reduktionen: mittlere Zeit Wangeroog	Schill. Instr.	Schill. Turm
					90° 4'	90° 0'
6h 9m 26s	J.II	l	93° 7' 17.52	6h 18m 57s	33.42	
10 54	"	l	17.40	17.5	32.06	
12 12	I..II	l	90 3 30.82	17 10		37.13
13 28	"	l	31.70	4		37.09
20 40	"	r	86 57 53.88			
22 8	"	r	54.83			
25 41	J.II	r	87 2 37.78			
28 28	"	r	40.37			
30 4	J.II	r	38.22	38 52	29.60	
31 11	"	r	40.70	33.5	30.04	
32 13	I..II	r	86 57 52.65	34 23		35.65
33 34	"	r	52.75	31		34.95
35 28	"	l	90 3 29.55			
36 33	"	l	32.05			
46 36	J.II	l	93 7 10.43			
47 40	"	l	12.13			
49 58	J.II	l	11.55			
51 7	"	l	10.38			
52 25	I..II	l	90 3 *27.38			
55 36	"	l	29.88	56 20		35.72
57 4	"	r	86 57 52.93			

August 16. Vormittags.

Mittlere Zeit Wangeroog	Eingestelltes Objekt	Lage des Fernrohrs	Einzelne Zenit-distanzen	Mittel aus beiden Lagen + Reduktionen: mittlere Zeit Wangeroog	Wang. Instr.	Wang. Turm
					90° 1'	89° 56'
10h 7m 44s	J.II	r	90° 2' *38.63			
9 9	"	r	*37.38			
27 34	"	r	38.37	10h 35m 2s	53.13	
28 54	"	r	40.85	4	54.28	
31 9	I..II	r	89 57 46.19	31.5		53.47
32 39	"	r	42.39	1.5		50.24
37 24	"	l	56 13.80			
39 44	"	l	15.44			
41 14	J.II	l	90 1 10.63			
42 30	"	l	10.80			
45 12	J.II	l	8.03	52 30	52.18	
46 40	"	l	10.03	42	56.60	
47 59	I..II	l	89 56 18.53	47		53.88
49 8	"	l	16.77	47		52.74
56 26	"	r	57 43.42			
57 35	"	r	43.95			
58 44	J.II	r	90 2 46.08			
59 48	"	r	39.25			

Schillig.

Mittlere Zeit Wangeroog	Eingestelltes Objekt	Lage des Fernrohrs	Einzelne Zenit-distanzen	Mittel aus beiden Lagen + Reduktionen: mittlere Zeit Wangeroog	Waug. Instr	Wang. Turm
					90° 1′	89° 36′
11ʰ 7ᵐ 9ˢ	J.H	r	90° 2′ *42.″04			
9 9	„	r	41.65	11ʰ 13ᵐ 39ˢ	57.″59	
10 47	L.H	r	89 57 43.25	13 8		54.″03
12 19	„	r	43.43	11.5		54.50
14 4	„	l	56 18.26			
15 29	„	l	17.52			
22 9	J.H	l	90 1 16.45			

Wangeroog.

Mittlere Zeit Wangeroog	Eingestelltes Objekt	Lage des Fernrohrs	Einzelne Zenit-distanzen	Mittel aus beiden Lagen + Reduktionen: mittlere Zeit Wangeroog	Schill. Instr.	Schill. Turm
					90° 4′	90° 0′
10ʰ 54ᵐ 19ˢ	J.H	r	89° 59′ 13.″56	11ʰ 3ᵐ 31ˢ	27.″74	
55 43	„	r	11.29	31	30.03	
56 54	L.H	r	55 28.57	24		19.″21
58 28	„	r	32.67	23		23.05
11 6 18	„	l	90 5 24.82			
7 54	„	l	21.25			
9 17	J.H	l	9 39.82			
11 23	„	l	32.97			
16 33	J.H	l	42.30			
18 6	„	l	34.10			
19 38	L.H	l	5 *48.32			
21 1	„	l	50.20	22 3		38.39
23 5	„	r	89 55 37.97			

August 18. Vormittags.

Schillig.

Mittlere Zeit Wangeroog	Eingestelltes Objekt	Lage des Fernrohrs	Einzelne Zenit-distanzen	Mittel aus beiden Lagen + Reduktionen: mittlere Zeit Wangeroog	Waug. Instr	Wang. Turm
					90° 1′	89° 36′
10ʰ 46ᵐ 30ˢ	L.H	r	89° 58′ 1.″90	10ʰ 52ᵐ 38ˢ		53.″17
47 45	„	r	0.39	35		52.97
51 30	J.H	r	90 2 56.01	53 45.5	53.″83	
52 45	„	r	53.59	42.5	51.99	
54 40	„	l	0 53.30			
56 1	„	l	54.57			
57 25	L.H	l	89 55 58.26			
58 46	„	l	59.26			
59 55	J.H	l	90 0 *55.05			
11 1 15	„	l	54.75	11 7 20.5	55.85	
2 53	L.G	l	89 56 *5.33			
4 25	„	l	*5.25			
8 15	L.H	l	4.67	10 10		56.65
9 40	„	l	3.56	10 14.5		57.21
10 49	„	r	58 5.57			
12 5	J.H	r	3.35			
13 26	„	r	90 2 59.86			
14 27	J.H	r	2 59.49	19 5	57.03	
15 26	„	r	3 0.81	1	56.53	
16 39	L.H	r	89 58 5.37	6		56.28
18 8	„	r	2.55	16.5		54.54
20 25	„	l	56 1.25			
21 33	„	l	1.91			
22 36	J.H	l	90 0 55.17			
23 43	„	l	57.50			

Wangeroog.

Mittlere Zeit Wangeroog	Eingestelltes Objekt	Lage des Fernrohrs	Einzelne Zenit-distanzen	Mittel aus beiden Lagen + Reduktionen: mittlere Zeit Wangeroog	Schill. Instr.	Schill. Turm
					90° 4′	90° 0′
10ʰ 43ᵐ 31ˢ	J.H	l	90° 9′ 15.″95	10ʰ 50ᵐ 14ˢ	29.″16	
45 43	„	l	18.72	49 29	32.64	
47 3	L.H	l	5 32.37	24.5		36.″33
48 36	„	l	32.10	24.5		37.20
50 13	„	r	89 55 53.70			
51 46	„	r	51.72			
53 13	J.H	r	59 37.62			
56 57	„	r	33.42			
58 8	J.H	r	36.15	11 3 47.5	30.31	
59 27	„	r	34.47	48	31.97	
11 0 56	L.H	r	55 48.97	44.5		33.16
2 30	„	r	50.85	48.5		34.65
4 47	„	l	90 5 29.85			
6 33	„	l	28.82			
8 9	J.H	l	9 20.32			
9 27	„	l	25.53			
10 44	J.H	l	27.37	15 58	33.35	
11 50	„	l	18.40	44	32.50	
13 36	L.H	l	5 33.60	59		38.44
14 52	„	l	35.27	50.5		40.55
16 49	„	r	89 55 57.22			
18 22	„	r	54.67			
19 38	J.H	r	59 37.65			
21 12	„	r	40.35			

Schillig.

Mittlere Zeit Wangeroog	Eingestelltes Objekt	Lage des Fernrohrs	Einzelne Zenitdistanzen	Mittel aus beiden Lagen + Reduktionen: mittlere Zeit Wangeroog	Wang. Instr.	Wang. Turm
					90° 1′	89° 56′
11ʰ 24ᵐ 58ˢ	J.II	l	90° 0′ 57″.76	11ʰ 29ᵐ 16ˢ	57″.11	
26 3	"	l	1 1.15	11.5	59.58	
27 11	L.II	l	89 56 6.88	10		59″.12
28 15	"	l	0.96	4		56.05
29 53	"	r	58 5.86			
31 9	"	r	6.07			
32 20	J.II	r	90 3 0.93			
33 34	"	r	2 59.37			

Wangeroog.

Mittlere Zeit Wangeroog	Eingestelltes Objekt	Lage des Fernrohrs	Einzelne Zenitdistanzen	Mittel aus beiden Lagen + Reduktionen: mittlere Zeit Wangeroog	Schill. Instr.	Schill. Turm
					90° 4′	90° 0′
11ʰ 22ᵐ 29ˢ	J.II	r	89° 59′ 37″.55	11ʰ 28ᵐ 7ˢ	32″.20	
23 51	"	r	36.35	0.5	34.01	
26 30	L.II	r	55 54.40	36		38″.80
27 47	"	r	54.12	31		39.56
29 15	"	l	90 5 36.40			
30 42	"	l	34.60			
32 10	J.II	l	9 22.72			
33 45	"	l	17.97			

August 25. Vormittags.

Schillig.

Mittlere Zeit Wangeroog	Eingestelltes Objekt	Lage des Fernrohrs	Einzelne Zenitdistanzen	Mittel aus beiden Lagen + Reduktionen: mittlere Zeit Wangeroog	Wang. Instr.	Wang. Turm
					90° 1′	89° 56′
6ʰ 12ᵐ 32ˢ	J.II	l	90° 1′ 26″.83	6ʰ 18ᵐ 17ˢ	27″.53	
14 42	"	l	25.28	36	26.91	
16 27	L.II	l	89 56 40.93	36		36″.93
17 43	"	l	41.63	38		36.21
19 33	"	r	45.50			
20 45	"	r	40.65			
22 30	J.II	r	90 1 32.40			
24 2	"	r	31.14			
25 3	J.II	r	32.42	29 36	29.74	
26 13	"	r	31.65	34	29.86	
27 5	L.II	r	89 56 46.15	32		38.33
28 37	"	r	45.07	28.5		37.26
30 20	"	l	44.24			
31 34	"	l	45.22			
32 55	J.II	l	90 1 30.98			
34 9	"	l	29.98			
35 16	J.II	l	30.91	39 51	31.20	
36 25	"	l	30.73	57	31.56	
37 50	L.II	l	89 56 44.96	40 3.5		38.92
39 5	"	l	44.79	7		39.38
41 11	"	r	48.68			
42 17	"	r	47.60			
43 29	J.II	r	90 1 35.30			
44 26	"	r	34.38			
45 21	J.II	r	36.34	49 59	34.25	
46 55	"	r	36.34	50 12.5	34.03	
48 21	L.II	r	89 56 50.30	22		42.00
49 25	"	r	49.09	18		41.03
51 11	"	l	47.73			
52 21	"	l	48.41			
53 30	J.II	l	90 1 34.63			
54 37	"	l	35.08			

Wangeroog.

Mittlere Zeit Wangeroog	Eingestelltes Objekt	Lage des Fernrohrs	Einzelne Zenitdistanzen	Mittel aus beiden Lagen + Reduktionen: mittlere Zeit Wangeroog	Schill. Instr.	Schill. Turm
					90° 4′	90° 0′
6ʰ 29ᵐ 22ˢ	J.II	r	89° 57′ 39″.10	6ʰ 34ᵐ 34ˢ	10″.81	
30 46	"	r	40.75	42	12.52	
32 41	L.II	r	54 6.23	32		27″.22
33 44	"	r	2.09	39		23.71
35 34	"	l	90 7 0.72			
37 1	"	l	6 59.41			
38 34	J.II	l	10 33.33			
39 46	"	l	33.58			
40 51	J.II	l	34.90	47 30	15.16	
41 58	"	l	34.98	32.5	15.25	
43 18	L.II	l	6 57.63	23		27.68
45 6	"	l	55.88	42		26.42
46 38	J.II	l	10 *46.48			
48 6	"	l	*32.25			
50 18	L.II	r	89 54 8.32			
51 28	"	r	9.22			
53 7	J.II	r	57 46.37			
54 9	"	r	46.47			

Schillig.

Mittlere Zeit Wangeroog	Eingestelltes Objekt	Lage des Fernrohrs	Einzelne Zenitdistanzen	Mittel aus beiden Lagen + Reduktionen: mittlere Zeit Wangeroog	Wang. Instr.	Wang. Turm
					90° 1'	89° 56'
6h 55m 41s	J.H	l	90° 1' 34".80	7h 0m 41s	35".26	
56 47	"	l	37.47	23.5	37.13	
57 35	L.H	l	89 56 50.14	30		42".68
7 0 5	"	l	49.45	1 12.5		43.18
2 20	"	r	51.62			
3 25	"	r	49.93			
4 40	J.H	r	90 1 39.71			
5 41	"	r	38.63			

Wangeroog.

Mittlere Zeit Wangeroog	Eingestelltes Objekt	Lage des Fernrohrs	Einzelne Zenitdistanzen	Mittel aus beiden Lagen + Reduktionen: mittlere Zeit Wangeroog	Schill. Instr.	Schill. Turm
					90° 4'	90° 0'
6h 55m 16s	J.H	r	89° 57' 48".12	7h 0m 4s	17".32	
56 14	"	r	43.77	6 59 50	15.32	
57 54	L.H	r	54 7.82	57.5		18".84
59 2	"	r	7.64	50		19.50
7 0 38	"	l	90 7 2.75			
2 1	"	l	1.25			
3 26	J.H	l	10 37.92			
4 52	"	l	37.57			
6 9	J.H	l	38.32	10 37	17.86	
7 19	"	l	40.52	33.5	19.08	
8 32	L.H	l	7 2.50	32		29.53
9 42	"	l	3.50	29		31.32
11 16	"	r	89 54 10.52			
12 32	"	r	7.95			
13 48	J.H	r	57 48.70			
15 5	"	r	48.45			
16 4	J.H	r	89 57 46.47	20 42.5	19.24	
17 9	"	r	51.00	37.5	20.78	
18 13	L.H	r	54 8.35	38		29.58
19 26	"	r	11.35	22		31.51
21 18	"	l	90 7 3.07			
22 53	"	l	2.20			
24 6	J.H	l	10 41.62			
25 21	"	l	43.07			

1888.

ZENITDISTANZEN FÜR DAS NIVELLEMENT

ZWISCHEN

SCHILLIG (NIVELLEMENTSPFEILER UND LEUCHTTURM)

UND

WANGEROOG (ASTRONOMISCHER PFEILER UND LEUCHTTURM).

ZWEITE HÄLFTE.

In SCHILLIG: 8 zölliges U.-J. Beobachter: GALLE.

In WANGEROOG: 10 zölliges U.-J. No. II, Beobachter: FISCHER.

Stand I.

August 31. Vormittags.

Schillig.

Mittlere Zeit Wangeroog	Eingestelltes Objekt	Lage des Fernrohrs	Einzelne Zenit-distanzen	Mittel aus beiden Lagen + Reduktionen: mittlere Zeit Wangeroog	Wang. Instr.	Wang. Turm
					90° 1'	89° 56'
6ʰ 26ᵐ 43ˢ	J.II	l	90° 10' 46.″04	6ʰ 37ᵐ 50ˢ	48.″10	
28 21	"	l	47.01	38 2	45.65	
29 45	L.II	l	3 53.71	32 3		46.″27
30 50	"	l	56.28	31 42.5		49.90
32 35	"	r	89 47 54.92			
34 22	"	r	50.22			
47 43	J.II	r	52 44.00			
48 53	"	r	49.87			

Wangeroog.

Mittlere Zeit Wangeroog	Eingestelltes Objekt	Lage des Fernrohrs	Einzelne Zenit-distanzen	Mittel aus beiden Lagen + Reduktionen: mittlere Zeit Wangeroog	Schill. Instr.	Schill. Turm
					90° 4'	90° 0'
6ʰ 26ᵐ 30ˢ	J.II	r	90° 4' 47.″37	6ʰ 31ᵐ 41ˢ	23.″68	
28 3	"	r	47.67	43	24.69	
29 32	L.II	r	1 5.39	44		31.″76
30 53	"	r	5.51	42.5		32.40
32 30	"	l	0 11.88			
33 56	"	l	12.73			
35 27	J.II	l	3 56.15			
36 52	"	l	54.53			
37 49	J.II	l	55.93	41 30.5	24.03	
39 2	"	l	57.17	31.5	25.09	
40 20	L.II	l	0 11.78	28.5		31.07
41 28	"	l	12.63	25.5		30.84
43 3	"	r	1 3.65			
44 37	"	r	4.96			
46 2	J.II	r	4 47.54			
47 12	"	r	46.67			
48 25	J.II	r	48.87	52 57.5	24.76	
49 31	"	r	48.27	57.5	24.67	
50 41	L.II	r	1 5.51	51		31.42
51 53	"	r	3.68	49.5		31.57
53 46	"	l	0 14.05			
55 8	"	l	11.93			
56 24	J.II	l	3 55.60			
57 30	"	l	55.18			
58 45	J.II	l	56.77	7 2 58	24.23	
59 55	"	l	54.47	3 22.5	24.02	
7 1 7	L.II	l	0 12.50	13.5		30.85
2 10	"	l	12.80	4		31.92
3 58	"	r	1 5.63			
5 20	"	r	3.78			
6 50	J.II	r	4 48.10			
7 11	"	r	46.23			
9 26	J.II	r	48.34	14 14	24.18	
10 37	"	r	47.08	12.5	22.99	
12 58	L.II	r	1 4.07	6.5		30.82
13 14	"	r	5.03	7.5		31.04
15 1	"	l	0 11.65			
16 21	"	l	12.16			
17 46	J.II	l	3 53.50			
19 2	"	l	54.53			

Schillig.

Mittlere Zeit Wangeroog	Eingestelltes Objekt	Lage des Fernrohrs	Einzelne Zenitdistanzen	Mittel aus beiden Lagen + Reduktionen: mittlere Zeit Wangeroog	Wang. Instr.	Wang. Turm
August 31. Vormittags.						
					90° 1′	89° 56′
10ʰ 25ᵐ 38ˢ	J.H	l	90° 10′ 49″.41	10ʰ 33ᵐ 46ˢ.5	52″.13	
26 51	"	l	53.76	47.5	55.24	
31 46	L.H	l	6 0.22	35 12.5		53″.23
32 54	"	l	0.80	33 32.5		53.73
34 11	"	r	89 47 58.05			
38 19	"	r	57.63			
40 44	J.H	r	52 56.44			
41 55	"	r	54.56			
43 7	J.H	r	56.74	47 27.5	57.17	
44 19	"	r	52.26	25.5	54.93	
45 22	L.H	r	47 59.10	20.5		52.28
46 24	"	r	48 1.58	4.5		52.64
47 45	"	l	90 5 55.10			
49 19	"	l	56.85			
50 32	J.H	l	10 57.32			
51 48	"	l	57.32			
53 4	J.H	l	*56.62			
57 28	"	l	*52.85			
58 28	"	l	53.63	11 11 46	54.93	
11 0 57	L.H	l	6 1.28	8 46		53.86
1 56	"	l	0.73	13.5		51.92
14 31	"	r	89 47 54.50			
16 35	"	r	57.83			
25 4	J.H	r	52 55.93			
August 31. Nachmittags.						
					90° 1′	89° 56′
2ʰ 42ᵐ 28ˢ	J.H	r	89° 32′ *49″.38			
43 42	"	r	57.52	2ʰ 48ᵐ 15ˢ	51″.71	
44 52	"	r	46.72	24	48.78	
46 8	L.H	r	48 0.22	22		53″.87
47 19	"	r	1.95	4		52.95
48 49	"	l	90 5 55.35			
50 14	"	l	58.91			
51 36	J.H	l	10 50.55			
52 48	"	l	45.62			

Wangeroog.

Mittlere Zeit Wangeroog	Eingestelltes Objekt	Lage des Fernrohrs	Einzelne Zenitdistanzen	Mittel aus beiden Lagen + Reduktionen: mittlere Zeit Wangeroog	Schill. Instr.	Schill. Turm
August 31. Vormittags.						
					90° 4′	90° 0′
10ʰ 29ᵐ 2ˢ	J.H	l	90° 3′ 55″.17	10ʰ 33ᵐ 44ˢ	25″.22	
30 31	"	l	56.85	56	26.23	
31 46	L.H	l	0 14.95	58.5		33″.67
32 46	"	l	16.85	48		33.60
34 50	"	r	2 8.95			
36 11	"	r	6.99			
37 21	J.H	r	4 50.14			
38 26	"	r	49.79			
40 12	J.H	r	49.54	47 0.5	27.29	
41 26	"	r	48.84	2	27.24	
42 34	L.H	r	2 8.68	4		35.04
43 41	"	r	10.59	6.5		36.68
49 34	"	l	0 *13.45			
50 32	"	l	17.3"			
51 34	"	l	16.00			
52 36	J.H	l	4 0.17			
53 49	"	l	3 59.58			
56 16	J.H	l	56.73	11 2 2	26.02	
57 58	"	l	56.58	16	25.22	
59 10	L.H	l	0 15.13	2 41.5		33.96
11 0 15	"	l	16.00	3.5		33.66
1 52	"	r	2 5.92			
4 13	"	r	7.39			
6 36	S.T	r	4 54.28			
7 48	"	r	55.77			
10 38	S.T	r	*54.29			
13 34	"	r	*52.24			
20 22	J.H	r	51.59	27 25.5	26.22	
21 43	"	r	49.08	9	25.32	
25 50	L.H	r	2 7.67	28 22		33.28
27 39	"	r	6.34	33		32.16
29 27	"	l	0 12.58			
30 54	"	l	13.50			
32 35	S.T	l	4 2.00			
34 29	"	l	1.27			
August 31. Nachmittags.						
					90° 4′	90° 0′
2ʰ 33ᵐ 13ˢ	J.H	r	90° 4′ 44″.66	2ʰ 44ᵐ 41ˢ	23″.49	
36 20	"	r	42.64	45 39	22.44	
38 39	L.H	r	2 3.40	46 8		31″.99
40 46	"	r	4.04	31.5		31.58
52 17	"	l	0 13.72			
53 37	"	l	15.18			
54 58	J.H	l	3 55.77			
56 9	"	l	56.86			

Schillig.

Mittlere Zeit Wangeroog	Eingestelltes Objekt	Lage des Fernrohrs	Einzelne Zenitdistanzen	Mittel aus beiden Lagen + Reduktionen: mittlere Zeit Wangeroog	Wang. Instr.	Wang. Turm
					90° 1'	89°56'
2h 54m 12s	J.H	l	90°10' 49".08	2h 59m 4s	47".33	
56 8	"	l	51.38	23.5	54.80	
57 10	L.H	l	5 57.32	9.5		55".33
58 3	"	l	54.75	58 54.5		52.61
59 46	"	r	89 48 1.86			
3 1 9	"	r	4.73			
2 39	J.H	r	52 56.80			
3 56	"	r	45.70			
6 2	J.H	r	57.30	3 12 46.5	51.35	
7 6	"	r	55.70	41	49.82	
8 31	L.H	r	47 58.02	10 33.5		51.93
9 42	"	r	59.07	38		54.68
11 34	"	l	90 6 1.68			
12 36	"	l	5 57.25			
18 18	J.H	l	10 43.65			
19 31	"	l	45.11			
20 26	J.H	l	47.54	25 11.5	48.29	
21 14	"	l	47.37	0.5	48.80	
22 32	L.H	l	5 55.46	24 28.5		51.35
23 35	"	l	55.14	24.5		50.01
25 14	"	r	89 47 56.27			
26 25	"	r	58.64			
27 35	J.H	r	52 *42.30			
28 47	"	r	49.95			
29 57	"	r	48.75			

Wangeroog.

Mittlere Zeit Wangeroog	Eingestelltes Objekt	Lage des Fernrohrs	Einzelne Zenitdistanzen	Mittel aus beiden Lagen + Reduktionen: mittlere Zeit Wangeroog	Schill. Instr.	Schill. Turm
					90° 4'	90° 0'
2h 57m 14s	J.H	l	90° 3' 56".03	3h 2m 28s.5	21".69	
58 19	"	l	55.96	30	24.20	
59 48	L.H	l	0 15.63	21		31".91
3 0 46	"	l	18.12	3		33.22
3 16	"	r	1 2.91			
4 34	"	r	2.78			
6 41	J.H	r	4 46.98			
7 43	"	r	41.89			
8 35	J.H	r	42.23	16 36	21.75	
9 36	"	r	45.10	5.5	22.63	
10 48	L.H	r	1 5.60	7		32.40
12 4	"	r	3.38	5.5		31.26
20 7	"	l	0 13.73			
21 26	"	l	13.80			
22 35	J.H	l	3 54.70			
24 37	"	l	55.21			
25 35	J.H	l	56.90	30 34.5	23.30	
26 42	"	l	57.25	33.5	23.80	
28 58	L.H	l	0 14.95	35.5		30.63
29 59	"	l	13.03	30.5		30.34
31 42	"	r	1 2.25			
32 53	"	r	0.90			
34 6	J.H	r	4 44.88			
35 14	"	r	44.23			

August 31. Nachmittags.

Schillig.

Mittlere Zeit Wangeroog	Eingestelltes Objekt	Lage des Fernrohrs	Einzelne Zenitdistanzen	Mittel aus beiden Lagen + Reduktionen: mittlere Zeit Wangeroog	Wang. Instr.	Wang. Turm
					90° 1'	89°56'
5h 46m 14s	J.H	l	90°10' 45".74	5h 52m 0s.5	47".32	
47 41	"	l	41.22	10	45.59	
51 24	L.H	l	5 51.87	53 21.5		48".80
52 11	"	l	50.59	26.5		48.37
54 22	"	r	89 47 57.34			
55 29	"	r	57.12			
56 39	J.H	r	52 49.67			
57 47	"	r	48.62			
58 52	"	r	*45.45			

Wangeroog.

Mittlere Zeit Wangeroog	Eingestelltes Objekt	Lage des Fernrohrs	Einzelne Zenitdistanzen	Mittel aus beiden Lagen + Reduktionen: mittlere Zeit Wangeroog	Schill. Instr.	Schill. Turm
					90° 4'	90° 0'
5h 42m 18s	J.H	r	90° 4' 43".68	5h 48m 2s	20".56	
43 48	"	r	48.00	13	19.44	
46 50	L.H	r	1 2.58	61.5		29".42
48 4	"	r	1.86	55		28.65
49 46	"	l	0 10.03			
51 13	"	l	10.85			
52 38	J.H	l	3 51.41			
53 46	"	l	51.98			
54 59	J.H	l	*50.70			
56 5	"	l	52.17	59 34	20.13	
57 19	L.H	l	0 11.85	32.5		29.41
58 27	"	l	11.25	17.5		28.74
6 0 8	"	r	1 0.83			
1 46	"	r	1.57			
3 3	J.H	r	4 42.63			

Schillig. Mittlere Zeit Wangeroog	Eingestelltes Objekt	Lage des Fernrohrs	Einzelne Zenit-distanzen	Mittel aus beiden Lagen + Reduktionen: mittlere Zeit Wangeroog	Wang. Instr.	Wang. Turm	Wangeroog. Mittlere Zeit Wangeroog	Eingestelltes Objekt	Lage des Fernrohrs	Einzelne Zenit-distanzen	Mittel aus beiden Lagen + Reduktionen: mittlere Zeit Wangeroog	Schill. Instr.	Schill. Turm
												90° 4'	90° 0'
							6h 4m 12s	J.H	r	90° 4' 40".69	6h 9m 26s.5	18".98	
							5 40	„	r	43.10	26	18.62	
							7 4	L.H	r	1 1.52	23		29".07
							8 18	„	r	1.92	18		29.03
							10 18	„	l	0 10.73			
							11 42	„	l	11.21			
							13 12	J.H	l	3 48.68			
							14 41	„	l	51.80			
							15 52	J.H	l	50.52	20 45.5	17.97	
							17 7	„	l	51.92	42	18.64	
							18 28	L.H	l	0 9.55	42.5		27.49
							19 39	„	l	11.18	32.5		28.11
							21 26	„	r	59.64			
							22 57	„	r	1 0.02			
							24 17	S.T	r	3 43.79			
							25 40	„	r	43.86			
September 7. Vormittags.													
					90° 1'	89° 56'						90° 4'	90° 0'
7h 19m 35s	J.H	r	89° 53' 36".02	7h 24m 31s	46".76		7h 18m 40s	J.H	l	90° 4' 8".47	7h 25m 12s	20".04	
21 25	„	r	37.99	49.5	46.51		20 36	„	l	8.76	36	20.46	
22 47	L.H	r	48 41.30	43.5		47".33	22 47	L.H	l	0 27.72	26 7		29".50
23 56	„	r	47.12	39.5		49.45	23 56	„	l	29.77	7.5		29.98
25 23	„	l	90 5 3.17				28 19	„	r	44.79			
26 44	„	l	4.75				29 37	„	r	45.88			
28 24	J.H	l	9 54.74				30 36	J.H	r	4 26.70			
29 27	„	l	57.22				31 44	„	r	26.15			
30 44	J.H	l	54.25	36 18.5	46.00		32 41	J.H	r	27.32	37 32.5	21.90	
32 6	„	l	*52.16				33 43	„	r	28.57	13.5	22.04	
33 11	„	l	58.13	55	49.26								
34 44	L.H	l	5 4.09	56		50.26	35 0	L.H	r	0 48.80	14		30.29
35 56	„	l	6.83	40		49.32	36 10	„	r	46.94	11		29.26
37 24	„	r	89 48 43.20				38 12	„	l	26.17			
39 8	„	r	47.83				39 28	„	l	28.38			
40 39	J.H	r	53 40.10				40 44	J.H	l	4 10.07			
41 53	„	r	37.56				42 22	„	l	12.02			
43 34	J.H	r	39.64	49 17.5	49.10		*43 26	J.H	l	20.80	48 20	21.50	
45 0	„	r	40.25	48 43.5	48.62		44 35	„	l	20.10	10	22.22	
46 27	L.H	r	48 46.53	43		49.84	45 52	L.H	l	0 28.20	21		30.50
47 40	„	r	50.47	27		52.09	47 2	„	l	30.28	2.5		30.39
49 14	„	l	90 5 5.10				49 3	„	r	45.10			
50 59	„	l	4.54				50 30	„	r	47.40			
52 27	J.H	l	9 56.68				51 45	J.H	r	4 28.88			
53 2	„	l	58.28				52 54	„	r	26.73			

Schillig.

Mittlere Zeit Wangeroog	Eingestelltes Objekt	Lage des Fernrohrs	Einzelne Zenit-distanzen	Mittel aus beiden Lagen + Reduktionen: mittlere Zeit Wangeroog	Wang. Instr.	Wang. Turm
					90° 1′	89° 56′
7h 56m 15s	J.H	l	90° 9′ 57".58	8h 2m 26s.5	49".81	
57 32	"	l	57.73	30	48.22	
58 39	L.H	l	5 7.82	22		50".48
59 44	"	l	3.98	21		49.71
8 3 42	"	r	89 48 *41.23			
4 38	"	r	46.90			
6 5	"	r	44.53			
7 29	J.H	r	53 38.40			
8 38	"	r	41.95			
10 3	J.H	r	40.23	14 9.5	51.20	
11 7	"	r	39.03	3	49.57	
12 14	L.H	r	47.73	13 56		51.27
13 16	"	r	49.50	55.5		52.27
14 35	"	l	90 5 6.44			
15 38	"	l	6.21			
16 59	J.H	l	9 59.82			
18 16	"	l	61.88			

Wangeroog.

Mittlere Zeit Wangeroog	Eingestelltes Objekt	Lage des Fernrohrs	Einzelne Zenit-distanzen	Mittel aus beiden Lagen + Reduktionen: mittlere Zeit Wangeroog	Schill. Instr.	Schill. Turm
					90° 4′	90° 0′
7h 54m 9s	J.H	r	90° 4′ 28".92	7h 58m 34s.5	23".15	
55 11	"	r	29.17	29.5	22.20	
56 22	L.H	r	0 48.44	1		31".53
57 35	"	r	46.97	30.5		31.50
59 26	"	l	30.22			
59 40	"	l	29.22			
8 1 48	J.H	l	4 9.76			
3 0	"	l	11.91			
4 25	J.H	l	12.05	9 0	23.05	
5 34	"	l	11.55	8 51	22.97	
6 54	L.H	l	0 29.78	8 52		30.99
8 3	"	l	30.48	52		31.89
9 41	"	r	47.90			
10 50	"	r	46.80			
12 8	J.H	r	4 28.92			
13 35	"	r	28.58			

September 10. Nachmittags.

Schillig.

Mittlere Zeit Wangeroog	Eingestelltes Objekt	Lage des Fernrohrs	Einzelne Zenit-distanzen	Mittel aus beiden Lagen + Reduktionen: mittlere Zeit Wangeroog	Wang. Instr.	Wang. Turm
					90° 1′	89° 56′
5h 24m 30s	J.H	r	89° 53′ 28".63	5h 29m 16s.5	35".22	
25 40	"	r	24.56	25.5	33.37	
27 1	L.H	r	48 33.85	28.5		38".22
28 17	"	r	32.37	19.5		37.73
30 22	"	l	90 4 34.48			
31 56	"	l	33.98			
33 11	J.H	l	9 41.90			
34 13	"	l	41.53			
35 29	J.H	l	*35.35			
36 35	"	l	41.87	41 17.5	35.30	
37 52	"	l	41.30	30.5	34.79	
39 36	L.H	l	4 48.50	43		37.07
40 38	"	l	49.88	31		36.22
42 24	"	r	89 48 33.95			
43 50	"	r	37.03			
45 9	J.H	r	53 28.00			
46 40	"	r	28.45			
48 54	J.H	r	24.24	53 38.5	32.26	
50 23	"	r	24.12	48.5	33.59	
51 30	L.H	r	48 36.50	34.5		38.65
52 43	"	r	33.60	31		38.25
54 19	"	l	90 4 54.30			
55 39	"	l	52.20			
57 14	J.H	l	9 42.78			
58 53	"	l	40.00			

Wangeroog.

Mittlere Zeit Wangeroog	Eingestelltes Objekt	Lage des Fernrohrs	Einzelne Zenit-distanzen	Mittel aus beiden Lagen + Reduktionen: mittlere Zeit Wangeroog	Schill. Instr.	Schill. Turm
					90° 4′	90° 0′
5h 20m 44s	J.H	r	90° 4′ 15".72	5h 25m 29s	13".75	
23 15	"	r	17.40	26 11.5	14.83	
24 24	L.H	r	0 36.72	15.5		24".89
25 26	"	r	37.50	8		24.79
26 50	"	l	26.68			
28 7	"	l	27.63			
29 8	J.H	l	4 6.80			
30 14	"	l	6.32			
31 39	J.H	l	6.35	36 1	15.37	
32 39	"	l	6.58	1	14.39	
33 33	L.H	l	0 27.11	1.5		25.51
34 59	"	l	28.66	35 49		25.99
36 39	"	r	33.92			
38 10	"	r	38.50			
39 23	J.H	r	4 16.74			
40 23	"	r	18.92			
42 24	J.H	r	18.72	47 9	15.78	
43 29	"	r	18.67	7	15.08	
44 31	L.H	r	0 38.78	46 22.5		26.20
45 39	"	r	41.25	22		26.85
47 3	"	l	27.05			
48 14	"	l	28.22			
50 45	J.H	l	4 6.02			
51 54	"	l	7.38			

Mittlere Zeit Wangeroog	Eingestelltes Objekt	Lage des Fernrohrs	Einzelne Zenitdistanzen	Schillig. Mittel aus beiden Lagen + Reduktionen: mittlere Zeit Wangeroog	Wang. Instr.	Wang. Turm
						89° 56′
6h 0m 46s	J.H	l	90° 5′ 44.73″			
1 48	"	l	44.93			
3 0	L.H	l	4 55.30	6h 4m 42s		39.79″
4 9	"	l	50.83	52		38.46
5 35	"	r	89 48 37.48			
6 24	"	r	35.68			

Mittlere Zeit Wangeroog	Eingestelltes Objekt	Lage des Fernrohrs	Einzelne Zenitdistanzen	Wangeroog. Mittel aus beiden Lagen + Reduktionen: mittlere Zeit Wangeroog	Schill. Instr.	Schill. Turm
					90° 4′	90° 0′
5h 52m 48s	J.H	l	90° 4′ 7.41″	5h 56m 42s	15.61″	
53 56	"	l	6.35	47.5	15.23	
55 4	L.H	l	0 28.28	44.5		26.46″
56 4	"	l	29.33	39.5		27.02
57 15	"	r	39.29			
58 25	"	r	39.23			
59 39	J.H	r	4 18.64			
6 0 36	"	r	18.34			
1 33	J.H	r	18.19	6 3 26	13.95	
2 34	"	r	18.67	28	14.29	
4 2	"	l	4.45			
5 19	"	l	4.25			

Stand III.

August 20. Nachmittags.

Mittlere Zeit Wangeroog	Eingestelltes Objekt	Lage des Fernrohrs	Einzelne Zenitdistanzen	Schillig: mittlere Zeit Wangeroog	Wang. Instr.	Wang. Turm
					90° 1′	89° 56′
2h 19m 44s	J.H	l	90° 8′ 11.60″	2h 24m 32s	41.27″	
21 13	"	l	7.07	25 0	38.04	
22 49	L.H	l	3 20.30	24 52.5		43.50″
24 4	"	l	17.87	44.5		44.26
25 25	"	r	89 50 21.85			
26 56	"	r	18.10			
28 47	J.H	r	55 8.73			
30 0	"	r	10.65			
31 10	J.H	r	7.90	36 47	40.89	
32 35	"	r	10.13	20.5	40.72	
33 51	L.H	r	50 17.93	35 40.5		44.73
34 56	"	r	21.98	39.5		47.38
36 23	"	l	90 3 24.18			
37 30	"	l	22.93			
40 6	J.H	l	8 11.03			
42 24	"	l	13.60			
43 24	J.H	l	22.00	48 52	43.24	
44 52	"	l	23.75	47 47	44.21	
46 5	L.H	l	3 24.63	48		48.24
47 11	"	l	25.18	48		49.03
48 25	"	r	89 50 24.28			
49 31	"	r	23.23			
50 42	J.H	r	55 14.38			
54 20	"	r	14.00			
55 57	J.H	r	22.35	59 39.5	41.86	
56 55	"	r	11.60	3 0 2	43.22	
58 23	L.H	r	50 18.33	22		45.61
59 19	"	r	21.93	3		47.01
3 0 47	"	l	90 3 23.48			
2 1	"	l	24.28			
3 9	J.H	l	8 14.55			
4 2	"	l	11.68			

Mittlere Zeit Wangeroog	Eingestelltes Objekt	Lage des Fernrohrs	Einzelne Zenitdistanzen	Wangeroog: mittlere Zeit Wangeroog	Schill. Instr.	Schill. Turm
					90° 4′	90° 0′
2h 46m 28s	J.H	l	90° 4′ 4.28″	2h 51m 41.5s	22.46″	
47 48	"	l	5.16	39.5	22.36	
49 8	L.H	l	0 24.81	30.5		32.81″
50 30	"	l	24.06	23.5		30.73
52 17	"	r	52.00			
53 53	"	r	55.40			
55 31	S.T	r	4 40.00			
56 55	"	r	42.17			
58 12	S.T	r	42.55	3 2 12.5	25.52	
59 35	"	r	41.20	8.5	24.27	
3 4 42	"	l	23.46			
6 13	"	l	24.80			

Wangeroog.

Mittlere Zeit Wangeroog	Eingestelltes Objekt	Lage des Fernrohrs	Einzelne Zenit-distanzen	Mittel aus beiden Lagen + Reduktionen: mittlere Zeit Wangeroog	Schill. Instr.	Schill. Turm
					90° 4′	90° 0′
3h 9m 23s	J.H	l	90° 4′ 6″.03	3h 14m 51s	23″.00	
11 4	"	l	8.72	59	25.48	
12 16	L.H	l	0 24.27	55		31″.28
13 43	"	l	26.33	43		33.99
15 43	"	r	56.24			
17 34	"	r	52.99			
18 54	J.H	r	36.78			
20 19	"	r	34.50			

August 30. Vormittags.

Schillig.

Mittlere Zeit Wangeroog	Eingestelltes Objekt	Lage des Fernrohrs	Einzelne Zenit-distanzen	Mittel aus beiden Lagen + Reduktionen: mittlere Zeit Wangeroog	Wang. Instr.	Wang. Turm
					90° 1′	89° 56′
10h 5m 45s	J.H	l	90° 8′ 24″.03	10h 10m 49s.5	34″.58	
7 43	"	l	24.00	12 14.5	35.92	
9 22	L.H	l	3 29.03	34.5		56″.81
10 37	"	l	28.70	24		55.04
12 11	"	r	89 50 32.77			
13 47	"	r	35.98			
14 46	J.H	r	55 27.55			
15 54	"	r	24.85			
27 27	J.H	r	26.12	34 54	57.91	
28 40	"	r	23.35	30 32	55.93	
37 1	L.H	r	50 31.12	39 2.5		54.89
38 10	"	r	38.23	3		59.62
39 36	"	l	90 3 32.40			
41 4	"	l	30.05			
42 24	J.H	l	8 28.22			
52 21	"	l	29.42			

Wangeroog.

Mittlere Zeit Wangeroog	Eingestelltes Objekt	Lage des Fernrohrs	Einzelne Zenit-distanzen	Mittel aus beiden Lagen + Reduktionen: mittlere Zeit Wangeroog	Schill. Instr.	Schill. Turm
					90° 4′	90° 0′
10h 7m 42s	J.H	r	90° 4′ 41″.27	10h 12m 5s.5	29″.36	
8 57	"	r	41.99	12	29.60	
10 29	L.H	r	0 37.35	18		37″.31
11 29	"	r	38.76	16		36.76
13 3	"	l	29.36			
14 7	"	l	32.27			
15 27	J.H	l	4 11.75			
16 29	"	l	11.98			
17 32	J.H	l	12.03	21 46.5	27.81	
18 38	"	l	11.02	47.5	28.64	
19 46	L.H	l	0 26.93	44		34.36
20 55	"	l	27.03	43.5		34.01
22 32	"	r	55.59			
23 42	"	r	56.38			
24 57	J.H	r	4 40.79			
26 1	"	r	38.13			
27 0	J.H	r	37.68	32 47	28.13	
28 11	"	r	41.12	45.5	30.28	
31 53	L.H	r	0 37.48	33 57.5		36.44
33 8	"	r	37.77	34 0		35.33
34 52	"	l	27.28			
36 2	"	l	30.00			
37 20	J.H	l	4 13.98			
38 34	"	l	13.22	46		
39 40	J.H	l	14.06	46 39.5	29.08	
40 38	"	l	13.63	45 58	30.79	
44 54	L.H	l	0 29.82	47 25		36.50
46 29	"	l	27.42	32.5		34.60
48 36	"	r	56.37			
49 56	"	r	57.77			
51 18	J.H	r	4 42.48			
53 39	"	r	38.63			

Wangeroog.

Mittlere Zeit Wangeroog	Eingestelltes Objekt	Lage des Fernrohrs	Einzelne Zenitdistanzen	Mittel aus beiden Lagen + Reduktionen: mittlere Zeit Wangeroog	Schill. Instr.	Schill. Turm
					90° 4'	90° 0'
10h 55m 48s	J.H	r	90° 4' 40".09	11h 0m 28s	27".74	
57 14	"	r	41.87	38	28.22	
58 34	L.H	r	0 38.43	39		34".66
59 39	"	r	38.72	26		33.94
11 1 13	"	l	23.75			
2 44	"	l	25.48			
3 42	J.H	l	4 9.10			
5 8	"	l	9.92			

August 30. Nachmittags.

Schillig.

Mittlere Zeit Wangeroog	Eingestelltes Objekt	Lage des Fernrohrs	Einzelne Zenitdistanzen	Mittel aus beiden Lagen + Reduktionen: mittlere Zeit Wangeroog	Wang. Instr.	Wang. Turm
					90° 1'	89° 56'
5h 46m 49s	J.H	l	90° 8' 4".00	4h 51m 25s	35".25	
48 12	"	l	5.23	30.5	37.86	
49 44	L.H	l	3 23.75	42		38".52
50 48	"	l	24.81	39		40.80
52 30	"	r	89 50 18.18			
53 40	"	r	24.68			
54 49	J.H	r	55 10.18			
56 1	"	r	6.22			
56 59	J.H	r	7.90	6 8 17	36.63	
57 54	"	r	5.40	0 53.5	37.47	
59 3	L.H	r	50 14.65	45.5		40.35
59 38	"	r	17.80	48.5		41.08
6 1 27	"	l	90 3 15.75			
2 28	"	l	17.45			
3 53	J.H	l	8 9.25			
19 33	"	l	5.07			
20 49	J.H	l	8.30	24 49.5	39.30	
21 46	"	l	7.47	46	39.54	
23 0	L.H	l	3 15.00	50.5		38.69
24 6	"	l	15.68	47		39.04
25 28	"	r	50 13.80			
26 41	"	r	13.77			
27 46	J.H	r	55 11.32			
28 50	"	r	9.82			

Wangeroog.

Mittlere Zeit Wangeroog	Eingestelltes Objekt	Lage des Fernrohrs	Einzelne Zenitdistanzen	Mittel aus beiden Lagen + Reduktionen: mittlere Zeit Wangeroog	Schill. Instr.	Schill. Turm
					90° 4'	90° 0'
5h 42m 23s	J.H	r	90° 4' 30".22	5h 48m 29s.5	17".93	
44 28	"	r	32.27	54.5	17.83	
47 42	L.H	r	0 49.02	49 33.5		27".00
49 0	"	r	50.47	46.5		27.32
50 33	"	l	18.76			
52 5	"	l	19.57			
53 21	J.H	l	3 58.93			
54 36	"	l	4 0.17			
56 1	J.H	l	3 59.08	6 1 2	18.28	
57 28	"	l	59.46	15	19.13	
58 44	L.H	l	0 17.98	11.5		27.10
59 46	"	l	17.13	0.5		26.08
6 2 15	"	r	49.61			
3 39	"	r	50.82			
5 2	J.H	r	4 32.94			
6 3	"	r	32.08			
7 19	J.H	r	31.97	14 49.5	18.48	
8 31	"	r	32.84	47	20.35	
12 7	L.H	r	0 51.02	16.5		26.66
13 32	"	r	50.25	17.5		26.88
15 4	"	l	18.10			
16 26	"	l	16.90			
21 3	J.H	l	4 2.40			
22 20	"	l	3 59.53			
24 11	J.H	l	58.71	29 47.5	18.84	
25 54	"	l	4 0.33	59.5	19.22	
27 34	L.H	l	0 16.22	30 3.5		26.16
29 4	"	l	17.40	29 57.[illegible]		26.30
30 51	"	r	49.80			
32 33	"	r	50.70			
34 5	J.H	r	4 32.43			
35 24	"	r	33.50			

September 1. Vormittags.

Schillig.

Mittlere Zeit Wangeroog	Eingestelltes Objekt	Lage des Fernrohrs	Einzelne Zenitdistanzen	Mittel aus beiden Lagen + Reduktionen: mittlere Zeit Wangeroog	Wang. Instr.	Wang. Turm
					90° 1'	89° 56'
6h 21m 20s	J.H	l	90° 8' 0".21	6h 26m 28s	32".41	
23 2	„	l	2.21	38.5	32.10	
24 18	L.H	l	3 12.43	34		36".58
25 22	„	l	8.68	22		32.54
27 8	„	r	89 50 7.80			
28 50	„	r	12.12			
30 15	J.H	r	55 1.70			
31 36	„	r	4.32			
33 7	J.H	r	2.95	37 42.5	33.02	
34 12	„	r	4.95	39	35.70	
35 44	L.H	r	50 11.87	48		38.34
36 54	„	r	15.50	43.5		39.65
38 33	„	l	90 3 15.20			
39 52	„	l	16.20			
41 6	J.H	l	8 6.16			
42 18	„	l	2.81			
43 29	J.H	l	7 57.86	47 45	28.41	
44 38	„	l	8 2.70	45	32.30	
45 50	L.H	l	3 15.00	36		40.56
46 42	„	l	10.65	20		36.76
47 58	„	r	89 50 14.27			
49 22	„	r	17.52			
50 52	J.H	r	55 1.62			
52 1	„	r	54 58.67			
53 22	J.H	r	55 4.25	57 54.5	34.84	
54 21	„	r	54 59.62	41.5	33.17	
55 35	L.H	r	50 16.70	28		39.05
56 33	„	r	16.45	16.5		41.99
58 0	„	l	90 3 18.93			
59 21	„	l	22.80			
7 1 2	J.H	l	8 6.44			
2 27	„	l	5.25			

Wangeroog.

Mittlere Zeit Wangeroog	Eingestelltes Objekt	Lage des Fernrohrs	Einzelne Zenitdistanzen	Mittel aus beiden Lagen + Reduktionen: mittlere Zeit Wangeroog	Schill. Instr.	Schill. Turm
					90° 4'	90° 0'
6h 9m 17s	J.H	r	90° 4' 10".70	6h 13m 49s.5	1".19	
10 41	„	r	15.27	49	3.63	
11 56	L.H	r	0 33.91	52.5		13".67
13 3	„	r	35.55	51		14.40
14 39	„	l	7.85			
15 49	„	l	8.02			
16 57	J.H	l	3 46.62			
18 12	„	l	46.21			
19 23	J.H	l	48.40	23 43	4.45	
20 31	„	l	50.00	45	6.70	
21 41	L.H	l	0 11.03	41.5		18.43
22 41	„	l	11.10	36.5		17.53
24 32	„	r	38.56			
25 42	„	r	39.45			
26 39	J.H	r	4 17.94			
28 3	„	r	15.04			
30 2	J.H	r	14.90	34 44.5	3.60	
31 13	„	r	17.04	33.5	6.77	
32 26	L.H	r	0 36.46	41.5		17.13
33 40	„	r	36.75	42		16.79
35 44	„	l	11.43			
36 57	„	l	12.40			
37 54	J.H	l	3 51.03			
39 27	„	l	46.83			
40 56	J.H	l	48.43	45 20.5	6.49	
42 5	„	l	48.43	23.5	8.08	
43 20	L.H	l	0 21.32	27		19.85
44 20	„	l	21.90	22		18.87
46 24	„	r	40.44			
47 34	„	r	42.98			
48 42	J.H	r	4 22.27			
49 45	„	r	19.09			
50 50	J.H	r	19.86	55 50.5	10.33	
52 10	„	r	21.16	52.5	10.12	
53 57	L.H	r	0 43.13	56 20		22.44
55 5	„	r	43.31	21.5		22.74
57 18	„	l	16.77			
58 23	„	l	16.35			
59 35	J.H	l	3 53.61			
7 0 51	„	l	55.33			

Schillig.

Mittlere Zeit Wangeroog	Eingestellte Objekt	Lage des Fernrohrs	Einzelne Zenitdistanzen	Mittel aus beiden Lagen + Reduktionen: mittlere Zeit Wangeroog	Wang. Instr.	Wang. Turm
					90° 1′	89° 56′
7h 3m 44s	J.H	l	90° 8′ 5″.57	7h 8m 19s	35″.09	
5 12	„	l	7.49	18.5	36.33	
6 33	L.H	l	3 21.98	30.5		42″.47
7 36	„	l	20.53	29		40.29
9 2	„	r	89 50 11.45			
10 28	„	r	14.35			
11 46	J.H	r	55 4.88			
12 54	„	r	4.33			

Wangeroog.

Mittlere Zeit Wangeroog	Eingestellte Objekt	Lage des Fernrohrs	Einzelne Zenitdistanzen	Mittel aus beiden Lagen + Reduktionen: mittlere Zeit Wangeroog	Schill. Instr.	Schill. Turm
					90° 4′	90° 0′
7h 1m 35s	J.H	l	90° 3′ 55″.31	7h 6m 25s.5	11″.29	
3 1	„	l	54.66	26	12.22	
4 15	L.H	l	0 18.66	24.5		24″.97
5 14	„	l	18.56	9		24.28
7 4	„	r	44.60			
8 34	„	r	45.88			
9 51	J.H	r	4 24.51			
10 56	„	r	22.60			

September 1. Vormittags.

Schillig.

Mittlere Zeit Wangeroog	Eingestellte Objekt	Lage des Fernrohrs	Einzelne Zenitdistanzen	Mittel aus beiden Lagen + Reduktionen: mittlere Zeit Wangeroog	Wang. Instr.	Wang. Turm
					90° 1′	89° 56′
10h 8m 2s	J.H	r	89 55′ 17″.02	10h 12m 51s	44″.95	
9 27	„	r	18.02	57.5	49.00	
10 47	L.H	r	50 29.30	47.5		50″.40
12 1	„	r	23.77	47		47.36
13 33	„	l	90 3 22.35			
14 48	„	l	22.90			
16 28	J.H	l	8 19.70			
17 40	„	l	12.60			
19 12	J.H	l	13.85	26 37	45.59	
20 27	„	l	14.60	36.5	45.92	
22 51	L.H	l	3 24.90	25 47.5		48.51
23 28	„	l	26.97	50.5		49.05
28 13	„	r	89 50 22.52			
29 44	„	r	23.52			
31 30	J.H	r	55 *20.12			
32 56	„	r	16.95			
34 3	„	r	17.05			
59 22	J.H	r	17.27	11 4 2	47.74	
11 1 0	„	r	15.35	17.5	45.76	
2 14	L.H	r	50 23.77	18.5		47.85
3 17	„	r	28.45	5.5		52.74
4 54	„	l	90 3 28.43			
6 23	„	l	23.32			
7 35	J.H	l	8 15.68			
8 42	„	l	17.92			
15 58	L.H	l	3 23.07	16 43.5		46.91
27 29	„	r	89 50 22.25			

Wangeroog.

Mittlere Zeit Wangeroog	Eingestellte Objekt	Lage des Fernrohrs	Einzelne Zenitdistanzen	Mittel aus beiden Lagen + Reduktionen: mittlere Zeit Wangeroog	Schill. Instr.	Schill. Turm
					90° 4′	
10h 8m 34s	S.T	r	90° 4′ 34″.95	10h 17m 51s	19″.27	
10 8	„	r	37.42	57	20.78	
11 55	„	r	34.89	18 5	19.09	
24 13	„	l	9.60			
25 46	„	l	10.46			
27 8	„	l	9.70			
28 42	S.T	l	10.98	35 49	21.50	
30 24	„	l	21.07	20.5	21.59	
40 17	„	r	38.42			
42 56	„	r	38.33			
43 25	S.T	r	39.40	48 52.5	21.26	
44 51	„	r	38.96	44.5	20.89	
52 38	„	l	9.13			
54 20	„	l	9.43			
55 52	S.T	l	10.72	2 22	22.12	
57 24	„	l	9.85	28	21.62	
11 7 22	„	r	39.70			
8 53	„	r	39.82			
11 58	S.T	r	41.26	11 17 18.5	23.80	
12 59	„	r	39.77	16 58	23.00	
20 57	„	l	12.33			
22 39	„	l	12.65			

September 1. Nachmittags.

Schillig.

Mittlere Zeit Wangeroog	Eingestelltes Objekt	Lage des Fernrohrs	Einzelne Zenitdistanzen	Mittel aus beiden Lagen + Reduktionen: mittlere Zeit Wangeroog	Wang. Instr.	Wang. Turm
					90° 2′	89° 56′
1h 19m 29s	J.H	l	90° 8′ 31″.12	2h 26m 45s.5	0″.40	
21 13	"	l	32.52	27 9	0.86	
25 44	"	l	*29.82			
27 22	L.H	l	3 32.07	29 23.5		57″.41
28 45	"	l	33.72	27		55.30
30 9	"	r	89 50 28.27			
31 25	"	r	34.15			
33 5	J.H	r	55 28.92			
34 8	"	r	29.40			
35 0	J.H	r	32.15	39 37.5	5.57	
35 57	"	r	26.82	31.5	0.00	
37 13	L.H	r	50 32.47	17		55.56
38 14	"	r	29.57	14.5		55.34
40 15	"	l	90 3 32.50			
41 22	"	l	30.05			
43 6	J.H	l	8 32.90			
44 15	"	l	38.70			
45 31	J.H	l	30.60	50 39.5	—2.87	
46 41	"	l	*23.90			
47 58	"	l	31.93	51 10.5	0.62	
49 25	L.H	l	3 33.95	16.5		57.03
50 43	"	l	33.40	22		56.45
52 1	"	r	89 50 30.90			
53 8	"	r	31.50			
54 23	J.H	r	55 29.00			
55 48	"	r	23.37			
56 56	J.H	r	27.55	2 2	—0.17	
58 6	"	r	30.62	1 58	—0.44	
59 21	L.H	r	50 *29.27			
3 0 30	"	r	36.32	2 26.5		58.85
1 29	"	r	35.07	28		60.47
3 7	"	l	90 3 37.27			
4 23	"	l	32.77			
5 50	J.H	l	8 28.22			
7 8	"	l	32.82			

Wangeroog.

Mittlere Zeit Wangeroog	Eingestelltes Objekt	Lage des Fernrohrs	Einzelne Zenitdistanzen	Mittel aus beiden Lagen + Reduktionen: mittlere Zeit Wangeroog	Schill. Instr.	Schill. Turm
					90° 4′	90° 0′
2h 22m 19s	J.H	l	90° 4′ 18″.00	2h 26m 55s	33″.78	
22 54	"	l	18.18	27 22.5	34.00	
25 6	L.H	l	0 34.93	32.5		39″.10
26 19	"	l	33.83	24		38.96
28 29	"	r	58.69			
29 57	"	r	57.86			
31 29	J.H	r	4 44.36			
32 32	"	r	44.10			
33 33	J.H	r	39.64	38 59.5	31.28	
35 22	"	r	42.72	39 10.5	32.27	
36 35	L.H	r	0 39.54	28		37.28
37 53	"	r	1 2.46	38 42.5		40.03
39 32	"	l	0 33.20			
40 53	"	l	*34.93			
42 1	"	l	29.42			
43 10	J.H	l	4 24.16			
44 26	"	l	27.45			
47 1	J.H	l	29.05	50 43	33.69	
48 10	"	l	29.53	47.5	35.29	
49 20	L.H	l	0 36.48	49		40.44
50 37	"	l	35.23	48.5		39.56
51 0	"	r	58.49			
52 28	"	r	58.99			
53 25	J.H	r	4 45.38			
54 25	"	r	42.86			
55 48	J.H	r	45.28	3 0 30	34.80	
56 48	"	r	46.00	18	35.33	
58 22	L.H	r	1 0.36	25		38.52
59 32	"	r	0 59.99	25.5		37.18
3 1 20	"	l	28.97			
2 38	"	l	32.25			
3 48	J.H	l	4 29.20			
5 22	"	l	28.86			

September 1. Nachmittags.

Schillig.

Mittlere Zeit Wangeroog	Eingestelltes Objekt	Lage des Fernrohrs	Einzelne Zenitdistanzen	Mittel aus beiden Lagen + Reduktionen: mittlere Zeit Wangeroog	Wang. Instr.	Wang. Turm
					90° 2′	89° 56′
5h 48m 21s	J.H	l	90° 8′ 20″.67	5h 52m 25s	40″.13	
49 43	"	l	9.30	2	38.88	
51 4	L.H	l	3 27.30	54 34		38″.88
52 23	"	l	28.20	55 2		42.64
54 22	J.H	r	89 55 8.27			
56 29	"	r	9.30			
57 49	L.H	r	50 28.57			
58 44	"	r	22.85			

Wangeroog.

Mittlere Zeit Wangeroog	Eingestelltes Objekt	Lage des Fernrohrs	Einzelne Zenitdistanzen	Mittel aus beiden Lagen + Reduktionen: mittlere Zeit Wangeroog	Schill. Instr.	Schill. Turm
					90° 4′	90° 0′
5h 56m 10s	J.H	r	90° 4′ 31″.26	6h 0m 40s.5	19″.67	
57 29	"	r	29.98	40.5	18.27	
58 33	L.H	r	0 49.97	40.5		29″.03
59 40	"	r	49.22	41.5		29.82
6 1 43	"	l	25.13			
2 48	"	l	22.68			
4 2	J.H	l	4 1.10			
5 22	"	l	2.72			

Schillig.

Mittlere Zeit Wangeroog	Eingestelltes Objekt	Lage des Fernrohrs	Einzelne Zenitdistanzen	Mittel aus beiden Lagen + Reduktionen: mittlere Zeit Wangeroog	Wang. Instr.	Wang. Turm
					90° 1'	89° 56'
$6^h\ 0^m\ 0^s$	J.H	r	89° 35' 8".82	$6^h\ 5^m\ 24^s$	39".38	
1 10	"	r	8.47	16	39.86	
2 2	"	r	7.82	3 56.5	39.66	
3 20	L.H	r	50 12.92	5 38		41".34
4 28	"	r	15.07	45.5		41.37
5 51	J.H	l	90 8 21.22			
7 3	L.H	l	3 19.07			
7 56	"	l	21.15			
9 22	J.H	l	8 10.97			
10 28	"	l	9.65			
11 23	J.H	l	12.15	15 26	35.86	
12 16	"	l	5.87	29.5	33.90	
13 26	L.H	l	3 18.22	7.5		40.04
14 26	"	l	18.20	2.5		39.20
15 47	"	r	89 50 11.60			
16 59	"	r	13.25			
18 23	J.H	r	55 2.65			
19 29	"	r	54 59.28			
20 29	J.H	r	55 0.10	24 34.5	31.08	
21 33	"	r	54 58.32	33.5	30.24	
22 37	L.H	r	50 4.70	32		32.02
23 39	"	r	2.45	24.5		31.88
24 50	"	l	90 3 12.70			
26 27	"	l	10.73			
27 34	W.T	l	7 59.53			
28 40	"	l	59.43			

Wangeroog.

Mittlere Zeit Wangeroog	Eingestelltes Objekt	Lage des Fernrohrs	Einzelne Zenitdistanzen	Mittel aus beiden Lagen + Reduktionen: mittlere Zeit Wangeroog	Schill. Instr.	Schill. Turm
					90° 4'	90° 0'
$6^h\ 6^m\ 5^s$	J.H	l	90° 4' 4".03	$6^h\ 10^m\ 16^s.5$	18".96	
7 7	"	l	3.08	13.5	17.68	
8 7	L.H	l	0 22.23	2		27".98
9 7	"	l	22.88	9 54.5		27.23
10 42	"	r	47.17			
11 37	"	r	48.72			
13 20	J.H	r	4 26.82			
14 28	"	r	28.42			
15 52	J.H	r	26.46	20 40	15.39	
17 24	"	r	26.59	46.5	15.22	
18 38	L.H	r	0 46.31	43		25.57
19 39	"	r	47.12	39		26.02
21 39	"	l	19.52			
22 48	"	l	19.43			
24 19	J.H	l	3 58.38			
25 58	"	l	58.86			
26 38	J.H	l	59.43	32 4.5	13.84	
27 43	"	l	59.43	5	13.54	
28 49	L.H	l	0 17.47	30 55.5		24.22
29 57	"	l	20.23	45		26.27
31 33	"	r	46.92			
33 2	"	r	45.56			
36 25	S.T	r	4 28.09			
37 32	"	r	28.68			

1888.

TAG- UND NACHTBEOBACHTUNGEN VON ZENITDISTANZEN

ZWISCHEN

SCHILLIG (NIVELLEMENTSPFEILER)

UND

WANGEROOG (ASTRONOMISCHER PFEILER)

ERSTE HÄLFTE.

In SCHILLIG: 10zölliges U.-J. No. II, Beobachter: FISCHER.

In WANGEROOG: 8zölliges U.-J. Beobachter: GALLE.

Stand I.

August 20. Vormittags.

Schillig.

Mittlere Zeit Wangeroog	Eingestelltes Objekt	Lage des Fernrohrs	Einzelne Zenitdistanzen	Mittel aus beiden Lagen + Reduktionen: mittlere Zeit Wangeroog	Wangeroog	Roter Sand
					90° 1'	90° 0'
10ʰ 17ᵐ 25ˢ	W.H	r	90° 2' 15.75"	10ʰ 18ᵐ 13ˢ	50.09"	
19 5	"	r	13.41	15	49.11	
21 47	R.M	r	24.38	24 31		33.84"
23 21	"	r	26.50	27		35.40
25 33	"	l	1 44.56			
27 15	"	l	43.55			
37 25	W.H	l	27.72			
39 1	"	l	27.35			
40 27	W.H	l	29.46	47 58.5	48.90	
42 8	"	l	29.26	48 14.5	47.95	
44 1	R.M	l	44.21	47 57		36.61
45 31	"	l	44.19	48 1		36.47
47 53	"	r	2 *32.01			
49 6	"	r	*26.73			
50 31	R.H	r	1 19.27			
51 53	"	r	19.62			
54 21	W.H	r	2 9.56			
55 30	"	r	11.26			
56 51	W.H	r	10.24	11 2 21	47.44	
58 8	"	r	9.91	17.5	46.41	
11 0 9	R.M	r	30.90	40		37.33
1 28	"	r	28.28	24.5		35.89
3 21	"	l	1 43.76			
5 11	"	l	44.01			
6 27	W.H	l	25.83			
7 51	"	l	27.55			
9 10	W.H	l	26.58	15 22.5	47.92	
10 21	"	l	27.88	19	48.08	
12 6	R.H	l	0 36.76	32		37.49
13 25	"	l	34.42	15		36.33
16 25	"	r	1 *23.24			
17 25	"	r	19.22			
18 58	"	r	19.20			
20 17	W.H	r	2 11.19			
21 35	"	r	12.28			
22 45	W.H	r	11.23	27 15	48.34	
23 49	"	r	11.85	9	48.03	
24 56	R.H	r	1 20.12	4.5		36.88
26 22	"	r	23.15	6		39.48
28 0	"	l	0 36.78			
29 23	"	l	34.62			
30 29	W.H	l	1 27.13			
31 45	"	l	28.46			

Wangeroog.

Mittlere Zeit Wangeroog	Eingestelltes Objekt	Lage des Fernrohrs	Einzelne Zenitdistanzen	Mittel aus beiden Lagen + Reduktionen: mittlere Zeit Wangeroog	Schillig	Roter Sand
					90° 4'	90° 0'
10ʰ 28ᵐ 9ˢ	S.H	r	89° 56' 33.52"	10ʰ 34ᵐ 43ˢ	24.83"	
30 0	"	r	36.80	48	26.12	
31 31	R.M	r	54 29.46	27		36.12"
33 21	"	r	30.72	22		33.88
35 13	"	l	90 9 56.55			
37 23	"	l	10 2.30			
39 36	S.H	l	12 6.50			
41 17	"	l	5.20			
42 41	S.H	l	8.17	48 13.5	26.43	
44 4	"	l	1.07	13	24.43	
45 54	R.M	l	9 59.82	17.5		37.98
47 20	"	l	10 1.22	22		38.85
49 24	"	r	89 54 33.99			
50 41	R.H	r	53 18.52			
52 22	"	r	56 38.85			
53 46	S.H	r	35.75			
11 11 41	S.H	r	33.07	11 17 6	22.57	
13 7	"	r	35.32	6.5	23.68	
14 34	R.M	r	54 33.23	16 52		38.20
15 48	"	r	33.98	40		41.79
17 32	R.H	l	90 8 51.97			
19 20	"	l	45.55			
21 6	S.H	l	12 3.10			
22 31	"	l	3.12			
23 35	S.H	l	6.20	30 31.5	25.75	
24 33	"	l	0.70	21	23.06	
26 1	R.H	l	8 47.10	28 10.5		41.43
27 19	"	l	43.70	24.5		36.42
29 10	"	r	89 53 14.36			
30 20	"	r	20.97			
35 49	S.H	r	56 36.47			
37 28	"	r	36.35			
38 21	"	r	*30.30			
40 5	"	r	*35.90			

Mittlere Zeit Wangeroog	Eingestelltes Objekt	Lage des Fernrohrs	Einzelne Zenit-distanzen	Schillig. Mittel aus beiden Lagen + Reduktionen: mittlere Zeit Wangeroog	Wangeroog	Roter Rand
11h 33m 0s	W.H	l	90° 1′ 26″.65	11h 37m 23s	90° 1′ 46″.51	
33 56	"	l	28.70	16.5	48.03	
35 6	R.H	l	0 34.92	15.5		90° 0′ 36″.29
36 15	"	l	34.57	13.5		36.80
38 12	"	r	1 10.00			
39 25	"	r	18.63			
40 37	W.H	r	2 10.28			
41 46	"	r	9.28			

August 20. Nachmittags.

Mittlere Zeit Wangeroog	Eingestelltes Objekt	Lage des Fernrohrs	Einzelne Zenit-distanzen	Schillig. Mittel aus beiden Lagen + Reduktionen: mittlere Zeit Wangeroog	Wangeroog	Roter Rand
2h 8m 45s	W.H	l	90° 1′ 26″.72	2h 14m 7s	90° 1′ 48″.35	
11 25	"	l	26.47	51	47.29	
12 40	R.H	l	0 32.32	41.5		90° 0′ 33″.09
13 51	"	l	29.77	36		31.10
15 21	"	r	1 13.40			
16 43	"	r	15.83			
18 17	W.H	r	2 11.02			
19 29	"	r	12.89			
22 42	W.H	r	12.41	27 57.5	46.81	
23 53	"	r	10.31	50.5	48.37	
26 8	R.H	r	1 12.72	28 23		32.59
27 18	"	r	15.42	9		33.33
29 0	"	l	0 32.22			
30 38	"	l	33.44			
31 48	W.H	l	1 29.35			
33 13	"	l	24.13			
34 9	W.H	l	23.61	39 42	45.13	
35 23	"	l	25.90	40	44.30	
36 21	R.H	l	0 30.30	34		32.35
37 41	"	l	35.90	39		33.85
40 12	"	r	1 *17.65			
41 37	"	r	12.77			
42 47	"	r	15.18			
44 7	W.H	r	2 8.01			
45 25	"	r	9.57			
46 18	W.H	r	12.25	52 7	48.43	
49 25	"	r	10.72	53 6.5	48.69	
50 41	R.H	r	1 18.92	3.5		35.00
52 27	"	r	18.02	20		35.83
54 13	"	l	0 34.60			
55 26	"	l	32.05			
56 48	W.H	l	1 29.57			
57 56	"	l	27.53			

Mittlere Zeit Wangeroog	Eingestelltes Objekt	Lage des Fernrohrs	Einzelne Zenit-distanzen	Wangeroog. Mittel aus beiden Lagen + Reduktionen: mittlere Zeit Wangeroog	Schillig	Roter Rand
2h 11m 45s	S.H	r	89° 56′ 38″.15	2h 16m 37s	90° 4′ 25″.64	
13 45	"	r	28.57	17 18	22.38	
15 7	R.H	r	53 12.32	16		90° 0′ 39″.32
16 12	"	r	20.45	16.5		40.18
18 21	"	l	90 8 45.13			
19 25	"	l	51.53			
20 51	S.H	l	12 5.25			
22 9	"	l	4.18			
23 16	S.H	l	4.12	27 42.5	23.47	
24 27	"	l	5.00	44	23.21	
25 47	R.H	l	8 49.16	42		39.20
26 57	"	l	46.31	46.5		37.48
28 36	"	r	89 53 13.86			
29 37	"	r	14.46			
31 1	S.H	r	56 32.47			
32 9	"	r	33.87			
33 35	S.H	r	29.18	39 33.5	22.51	
34 51	"	r	25.93	35	21.13	
36 24	R.H	r	53 14.70	34		36.92
37 41	"	r	*21.00			
39 30	"	r	12.37	40 20		37.42
41 10	"	l	90 8 47.66			
42 44	"	l	44.34			
44 19	S.H	l	12 7.38			
45 36	"	l	6.90			
46 44	S.H	l	3.97	52 33.5	24.33	
48 2	"	l	7.65	37	24.73	
49 28	R.H	l	8 44.22	32		36.52
50 33	"	l	43.36	45.5		40.90
52 1	"	l	42.29	47.5		36.60
53 34	"	r	89 53 16.12			
54 38	"	r	23.68			
55 34	"	r	14.02			
57 12	S.H	r	56 32.87			
58 27	"	r	33.75			

Mittlere Zeit Wangeroog	Eingestelltes Objekt	Lage des Fernrohrs	Einzelne Zenitdistanzen	Schillig. Mittel aus beiden Lagen + Reduktionen: mittlere Zeit Wangeroog	Wangeroog	Roter Sand	Mittlere Zeit Wangeroog	Eingestelltes Objekt	Lage des Fernrohrs	Einzelne Zenitdistanzen	Wangeroog. Mittel aus beiden Lagen + Reduktionen: mittlere Zeit Wangeroog	Schillig	Roter Sand
					90° 1′	90° 0′						90° 4′	90° 0′
2h 58m 32s	W.H	l	90° 1′ 26″.25	3h 3m 50s	46″.89		2h 59m 36s	S.H	r	89° 56′ 34″.05	3h 4m 34s	22″.68	
3 0 0	"	l	26.80	22.5	46.54		3 0 48	"	r	34.58	38	23.79	
1 14	R.H	l	0 36.15	24		34″.92	2 20	R.H	r	53 22.93	39		40″.88
2 24	"	l	34.00	2.5		33.93	3 53	"	r	29.77	45		39.20
3 41	"	r	1 14.84				5 37	"	l	90 8 43.84			
5 14	"	r	24.67				6 58	"	l	54.04			
6 25	W.H	r	2 9.19				8 28	S.H	l	12 4.12			
8 48	"	r	10.44				9 32	"	l	0.37			
August 20. Nachmittags.													
					90° 1′	90° 0′							
6h 5m 55s	W.H	r	90° 1′ 7″.53	6h 11m 4s	41″.32								
7 10	"	r	6.54	10 57.5	40.65								
9 0	R.M	r	22.25	11 17		27″.30							
10 20	"	r	22.29	20		27.59							
12 20	"	l	1 33.25										
13 34	"	l	33.72										
14 45	W.H	l	17.68										
16 13	"	l	18.01										
17 55	W.H	l	19.16	23 22	40.08								
19 15	"	l	17.53	20	39.49								
20 30	R.M	l	36.00	22.5		29.02							
21 44	"	l	33.21	4.5		25.89							
24 25	"	r	2 18.92										
25 53	"	r	22.29										
27 25	W.H	r	4.36										
28 49	"	r	3.80										
31 35	W.H	r	4.06	37 4	38.32								
32 40	"	r	2.64	36 55	36.60								
34 15	R.M	r	19.30	30		26.60							
35 37	"	r	18.08	28.5		26.27							
37 20	"	l	2 34.72										
38 45	"	l	34.15										
41 20	W.H	l	13.48										
42 33	"	l	15.29										
44 30	W.H	l	15.58	49 40	36.98								
45 53	"	l	14.66	39	37.29								
47 38	R.M	l	35.68	49		27.68							
48 41	"	l	33.00	33		27.52							
50 25	"	r	2 22.30										
52 0	"	r	19.94										
53 25	W.H	r	2.63										
54 50	"	r	1.36										

August 20. Nachmittags.

Schillig.

Mittlere Zeit Wangeroog	Eingestelltes Objekt	Lage des Fernrohrs	Einzelne Zenitdistanzen	Mittel aus beiden Lagen + Reduktionen: mittlere Zeit Wangeroog	Wangeroog	Roter Sand
9h 56m 33s	W.L.	l	90° 1' 29".61	10h 0m 11s	90° 1' 43".10	
58 45	"	l	29.73	3.5	44.79	
10 1 22	"	r	2 13.68			
3 47	"	r	10.62			
5 29	W.L	r	11.33	13 29	43.81	
7 2	"	r	13.00	11.5	44.82	
19 23	"	l	1 30.47			
21 29	"	l	30.13			
24 45	W.L	l	31.17	28 9	46.95	
26 48	"	l	32.10	16.5	47.39	
29 43	"	r	2 16.52			
31 33	"	r	16.57			
33 11	W.L	r	17.53	40 31	47.79	
34 55	"	r	16.70	26.5	46.52	
45 58	"	l	1 30.18			
47 51	"	l	31.88			
49 34	W.L	l	31.46	52 53	46.51	
51 19	"	l	32.82	46	46.28	
54 13	"	r	2 13.58			
56 12	"	r	15.40			
58 5	W.L	r	17.85	11 5 20	47.35	
59 55	"	r	15.58	22	45.35	
11 10 49	"	l	1 28.96			
12 35	"	l	31.08			

Wangeroog.

Mittlere Zeit Wangeroog	Eingestelltes Objekt	Lage des Fernrohrs	Einzelne Zenitdistanzen	Mittel aus beiden Lagen + Reduktionen: mittlere Zeit Wangeroog	Schillig	Roter Sand
9h 56m 3s	S.L.	l	90° 12' 9".57	9h 59m 24s	90° 4' 20".69	
58 10	"	l	8.38	17.5	22.71	
10 0 25	"	r	89 56 29.90			
2 45	"	r	24.67			
4 15	S.L.	r	28.38	10 7 20	18.67	
5 45	"	r	23.90	14	20.22	
8 43	"	l	90 12 9.40			
10 25	"	l	2.67			
12 11	S.L.	l	4.63	15 4	18.37	
13 54	"	l	5.08	3.5	20.80	
16 13	"	r	89 56 29.37			
17 57	"	r	24.97			
19 16	S.L.	r	32.90	21 53	23.30	
20 30	"	r	27.37	47	22.08	
23 4	"	l	90 12 9.65			
24 30	"	l	6.55			
25 56	S.L.	l	2.60	29 15	21.85	
27 30	"	l	7.48	7.5	27.70	
30 45	"	r	89 56 40.77			
32 34	"	r	33.95			
34 9	S.L.	r	28.10	37 10.5	20.82	
35 24	"	r	31.45	36 50.5	22.58	
38 17	"	l	90 12 6.57			
40 12	"	l	6.40			
42 19	S.L.	l	*11.33			
43 40	"	l	9.80	46 15	20.41	
45 0	"	l	8.30	11	25.91	
47 22	"	r	89 56 36.37			
48 46	"	r	23.87			
50 11	S.L	r	29.55	52 44	20.98	
51 22	"	r	30.48	28	23.34	
53 34	"	l	90 12 9.05			
55 17	"	l	5.27			
57 2	S.L	l	6.67	11 0 20.5	22.64	
59 9	"	l	5.42	31.5	21.69	
11 1 54	"	r	89 56 30.82			
3 39	"	r	31.47			

Schillig.

Mittlere Zeit Wangeroog	Eingestelltes Objekt	Lage des Fernrohrs	Einzelne Zenit-distanzen	Mittel aus beiden Lagen + Reduktionen: mittlere Zeit Wangeroog	Wangeroog	Roter Sand

August 21. Vormittags.

Mittlere Zeit Wangeroog	Eingestelltes Objekt	Lage des Fernrohrs	Einzelne Zenitdistanzen	Mittlere Zeit Wangeroog	Wangeroog	Roter Sand
					90° 1′	
1ʰ 53ᵐ 55ˢ	W.L.	r	90° 2′ 1″.30	2ʰ 2ᵐ 48ˢ	30″.79	
56 15	"	r	0.78	3 17	30.05	
2 10 19	"	l	1 13.15			
11 41	"	l	14.12			
15 5	W.L.	l	12.55	19 38	29.09	
17 5	"	l	12.81	16	28.42	
21 27	"	r	1 37.87			
24 11	"	r	59.47			
26 30	W.L.	r	55.95	35 0	25.96	
28 20	"	r	56.67	34 40.5	26.39	
41 1	"	l	9.95			
43 30	"	l	9.80			
46 16	W.L.	l	10.88	54 31	24.20	
47 15	"	l	10.81	4	25.47	
58 55	"	r	*50.72			
3 0 53	"	r	53.97			
2 46	"	r	52.35			
4 55	W.L.	r	55.27	3 8 42.5	25.88	
6 40	"	r	54.87	47.5	24.88	
10 55	"	l	8.73			
12 30	"	l	10.33			

Wangeroog.

Mittlere Zeit Wangeroog	Eingestelltes Objekt	Lage des Fernrohrs	Einzelne Zenitdistanzen	Mittel aus beiden Lagen + Reduktionen: mittlere Zeit Wangeroog	Schillig	Roter Sand
					90° 4′	
2ʰ 9ᵐ 40ˢ	S.L.	r	89° 56′ 23″.80	2ʰ 13ᵐ 56ˢ	15″.80	
11 26	"	r	22.12	52	15.13	
16 18	"	l	90 12 2.00			
18 12	"	l	0.65			
19 37	S.L.	l	0.47	22 52	15.47	
21 3	"	l	0.40	40.5	14.00	
24 18	"	r	89 56 20.45			
26 7	"	r	23.33			
27 45	S.L.	r	19.43	31 35.5	12.51	
29 24	"	r	22.75	36.5	14.90	
32 21	"	l	90 12 *3.55			
33 49	"	l	11 59.90			
35 26	"	l	56.45			
36 52	S.L.	l	90 11 55.60	40 0	13.22	
38 22	"	l	57.68	39 38	13.41	
40 54	"	r	89 56 22.00			
43 8	"	r	23.70			
44 28	S.L.	r	22.10	48 41.5	12.08	
46 35	"	r	21.70	35.5	13.81	
50 26	"	l	90 11 58.77			
52 55	"	l	54.92			
55 6	S.L.	l	57.17	59 35	14.93	
57 24	"	l	56.38	40.5	13.26	
3 1 57	"	r	89 56 21.80			
4 4	"	r	25.55			
5 45	S.L.	r	22.97	3 9 26	12.25	
7 32	"	r	24.12	10	15.03	
10 48	"	l	90 11 58.80			
13 7	"	l	54.38			
15 22	S.L.	l	55.53	19 8.5	15.06	
16 42	"	l	12 2.65	18 47.5	15.46	
20 53	"	r	89 56 21.12			
22 55	"	r	27.45			

Mittlere Zeit Wangeroog	Eingestelltes Objekt	Lage des Fernrohrs	Schillig. Einzelne Zenit-distanzen	Mittel aus beiden Lagen + Reduktionen: mittlere Zeit Wangeroog	Wangeroog	Roter Sand	Mittlere Zeit Wangeroog	Eingestelltes Objekt	Lage des Fernrohrs	Wangeroog. Einzelne Zenit-distanzen	Mittel aus beiden Lagen + Reduktionen: mittlere Zeit Wangeroog	Schillig	Roter Sand
August 21. Vormittags.													
					90° 1'								
$6^h\ 29^m\ 30^s$	W.H	l	90° 1' 8".99	$6^h\ 34^m\ 1^s$	31".52								
31 50	"	l	10.41	22.5	31.48								
36 55	"	r	55.46										
38 32	"	r	56.96										
39 55	W.H	r	56.01	42 21.5	33.65								
41 13	"	r	55.91	14	32.23								
43 25	"	l	11.46										
44 48	"	l	14.19										
46 11	W.H	l	13.13	48 20	34.87								
47 9	"	l	13.43	6	34.62								
49 3	"	r	58.73										
50 29	"	r	59.40										
51 44	W.H	r	2 0.75	53 59	36.86								
52 52	"	r	1.77	46.5	36.73								
54 41	"	l	1 14.61										
56 14	"	l	15.89										
57 22	W.H	l	17.06	59 27	37.16								
58 36	"	l	16.21	20.5	35.75								
7 0 5	"	r	58.20										
1 32	"	r	2 0.17										
August 24. Vormittags.													
					90° 1'	90° 0'							
$6^h\ 31^m\ 25^s$	W.H	r	90° 1' 54".33	$6^h\ 34^m\ 12^s$	33".89								
32 39	"	r	54.33	24.5	33.21								
35 50	"	l	15.01										
36 59	"	l	16.36										
37 55	W.H	l	14.98	41 0	34.03								
38 52	"	l	16.83	40 49	34.66								
42 46	"	r	55.36										
44 3	"	r	55.99								90° 4'		
45 8	W.H	r	56.65	47 11.5	36.07		$6^h\ 44^m\ 50^s$	S.H	r	89° 56' 27".65	$6^h\ 48^m\ 8^s$	17".13	
46 22	"	r	57.76	8	36.83		46 39	"	r	26.40	47 39	17.25	
48 5	"	l	18.82				48 39	"	l	90 11 58.96			
49 15	"	l	18.41				51 26	"	l	57.66			
50 18	W.H	l	19.40	55 4	39.38		52 47	S.H	l	59.63	55 5	19.05	
51 16	"	l	19.67	1.5	39.24		54 9	"	l	57.73	5.5	18.62	
52 41	R.H	l	0 33.62	0		33".50							
53 48	"	l	31.22	54 58.5		31.22							
56 9	"	r	1 12.20										
57 19	"	r	14.35										
58 47	W.H	r	2 1.72				56 2	"	r	89 56 30.57			
59 50	"	r	2.27				57 23	"	r	29.30			
							58 30	S.H	r	30.80	7 2 2.5	19.13	
							7 1 27	"	r	33.93	23.5	22.10	
							3 20	"	l	90 12 1.33			
							5 25	"	l	12 58.51			

Schillig.

Mittlere Zeit Wangeroog	Eingestelltes Objekt	Lage des Fernrohrs	Einzelne Zenitdistanzen	Mittel aus beiden Lagen + Reduktionen: mittlere Zeit Wangeroog	Wangeroog	Roter Sand
					90° 1′	90° 0′
7h 2m 4s	R.H	r	90° 1′ 14.″99	7h 7m 22s		33.″48
3 25	"	r	15.13	6 47.5		35.72
4 44	W.H	r	2 3.51	48.5	42.″78	
5 49	"	r	3.14	42	43.48	
7 35	"	l	1 26.73			
8 53	"	l	24.97			
10 10	R.H	l	0 37.27			
12 40	"	l	32.94			
August 24. Vormittags.						
					90° 1′	90° 0′
9h 54m 40s	W.H	l	90° 1′ 34.″45	10h 0m 3.s5	53.″11	
56 52	"	l	34.03	33	52.19	
58 22	R.H	l	0 16.44	40		24.″86
59 31	"	l	25.57	32		26.20
10 1 33	"	r	1 7.60			
2 58	"	r	4.25			
4 24	W.H	r	2 13.26			
5 27	"	r	14.68			
6 43	W.H	r	15.15	11 50.5	51.28	
8 2	"	r	13.16	54	48.75	
9 41	R.H	r	1 2.35	12 2		19.75
11 9	"	r	2.35	10		19.87
13 11	"	l	0 18.36			
14 23	"	l	18.22			
15 46	W.H	l	1 27.25			
16 58	"	l	30.33			
18 3	W.H	l	31.47	22 58	49.56	
19 25	"	l	27.87	54	47.84	
20 41	R.H	l	0 17.57	54.5		25.46
21 59	"	l	25.27	57		24.27
23 55	"	r	54.05			
25 8	"	r	54.33			
26 33	W.H	r	2 10.75			
27 53	"	r	10.56			
29 10	W.H	r	9.77	34 20	47.29	
30 36	"	r	12.07	25.5	50.02	
31 58	R.H	r	0 53.82	23		12.21
33 15	"	r	50.19	29		10.00
35 43	"	l	10.79			
36 48	"	l	11.57			
38 25	W.H	l	1 30.88			
39 30	"	l	27.73			

Wangeroog.

Mittlere Zeit Wangeroog	Eingestelltes Objekt	Lage des Fernrohrs	Einzelne Zenitdistanzen	Mittel aus beiden Lagen + Reduktionen: mittlere Zeit Wangeroog	Schillig	Roter Sand
					90° 4′	
7h 6m 39s	S.H	l	90° 12′ 1.″33	7h 8m 59s	19.″96	
7 47	"	l	12 57.08	33	18.22	
9 19	"	r	89 56 30.42			
11 29	"	r	29.65			
12 34	S.H	r	30.07	15 27.5	21.33	
13 53	"	r	26.37	22.5	18.42	
16 30	"	l	90 12 1.33			
18 21	"	l	3.65			
August 24. Vormittags.						
					90° 4′	90° 0′
9h 57m 25s	S.H	r	89° 56′ 34.″40	10h 2m 30.s5	19.″88	
58 36	"	r	29.95	26.5	17.53	
10 0 28	R.H	r	53 17.67	30		39.″36
1 47	"	r	17.47	28.5		38.29
3 10	"	l	90 8 44.32			
4 32	"	l	46.27			
6 17	S.H	l	12 56.17			
7 38	"	l	56.42			
8 38	S.H	l	55.00	13 23	14.65	
9 34	"	l	54.55	13.5	14.58	
10 54	R.H	l	8 38.65	10		32.49
12 34	"	l	35.57	23		33.32
14 22	"	r	89 53 26.26			
15 26	"	r	11.55			
16 53	S.H	r	56 25.87			
18 8	"	r	25.35			
19 15	S.H	r	25.77	23 52	13.73	
20 31	"	r	26.92	24 0	14.67	
21 41	R.H	r	53 11.05	23 45		32.62
22 57	"	r	12.44	42		34.86
24 27	"	l	90 8 42.50			
25 49	"	l	39.40			
27 29	S.H	l	12 53.47			
28 29	"	l	52.75			
29 36	S.H	l	51.22	35 10.5	12.19	
30 35	"	l	*57.75			
31 50	"	l	51.45	40.5	11.35	
33 7	R.H	l	8 35.30	13		28.59
34 27	"	l	32.40	16		26.82
36 5	"	r	89 53 6.44			
37 19	"	r	7.10			
39 31	S.H	r	56 22.30			
40 45	"	r	22.22			

Mittlere Zeit Wangeroog	Eingestelltes Objekt	Lage des Fernrohrs	Einzelne Zenitdistanzen	Schillig. Mittel aus beiden Lagen + Reduktionen: mittlere Zeit Wangeroog	Wangeroog	Roter Sand	Mittlere Zeit Wangeroog	Eingestelltes Objekt	Lage des Fernrohrs	Einzelne Zenitdistanzen	Wangeroog. Mittel aus beiden Lagen + Reduktionen: mittlere Zeit Wangeroog	Schillig	Roter Sand
					90° 1′	90° 0′						90° 4′	90° 0′
10h 40m 52s	W.H	l	90° 1′ 28".43	10h 46m 3s	44".72		10h 41m 59s	S.H	r	89° 56′ 22".37	10h 46m 38s	9".02	
41 9	"	l	27.36	5	44.91		43 5	"	r	21.75	40	9.75	
43 23	R.H	l	0 6.92	45 55		4".27	44 33	R.H	r	53 10.64	40		33".30
44 39	"	l	7.43	48		5.61	45 44	"	r	10.34	36.5		32.70
46 57	"	r	44.77				47 29	"	l	90 8 40.27			
48 17	"	r	42.60				48 47	"	l	41.27			
50 1	W.H	r	2 3.38				50 15	S.H	l	90 11 48.80			
51 14	"	r	3.91				51 27	"	l	46.72			
52 49	W.H	r	6.32	59 1.5	42.23		52 53	S.H	l	45.90	57 40.5	3.60	
54 15	"	r	10.04	7.5	44.18		53 47	"	l	47.15	29	7.11	
55 41	R.H	r	0 40.07	2		−0.53	56 1	R.H	l	90 8 32.97	58 1.5		25.30
57 12	"	r	36.65	58 20		−2.37	57 19	"	l	33.35	0.5		27.16
59 28	"	l	89 59 39.59				58 42	"	r	89 53 4.18			
11 2 23	"	l	39.82				11 0 2	"	r	3.24			
4 0	W.H	l	1 21.23				1 11	S.H	r	89 56 18.12			
5 14	"	l	21.05				2 28	"	r	16.35			

August 24. Nachmittags.

Mittlere Zeit Wangeroog	Eingestelltes Objekt	Lage des Fernrohrs	Einzelne Zenitdistanzen	Schillig: mittlere Zeit Wangeroog	Wangeroog	Roter Sand	Mittlere Zeit Wangeroog	Eingestelltes Objekt	Lage des Fernrohrs	Einzelne Zenitdistanzen	Wangeroog: mittlere Zeit Wangeroog	Schillig	Roter Sand
					90° 0′	89° 58′							
2h 2m 35s	W.H	r	90° 1′ 13".87	2h 8m 32s	58".04								
4 48	"	r	23.87	9 25.5	59.03								
6 5	R.H	r	89 59 18.00	8 37		38".69							
7 23	"	r	20.07	29.5		38.96							
9 36	"	l	58 38.85										
11 9	"	l	40.35										
14 3	W.H	l	90 0 37.10										
15 9	"	l	35.22										
												90° 3′	89° 59′
16 19	W.H	l	31.62	22 23.5	55.49		2h 13m 52s	S.H	r	89° 53′ 42".00	2h 21m 1s	28".22	
17 29	"	l	29.42	19	52.64		15 31	"	r	41.50	12	24.46	
18 57	R.H	l	89 58 40.05	23		30.46							
20 23	"	l	*32.93				18 6	R.H	r	52 21.85	21.5		38".56
21 31	"	l	33.88	23 4		30.23	19 56	"	r	19.41	20		35.45
24 37	"	r	59 5.55				22 24	"	l	90 7 36.71			
25 49	"	r	2.85				24 37	"	l	40.48			
27 9	W.H	r	90 1 18.78				26 53	S.H	l	10 58.48			
28 28	"	r	22.27				28 10	"	l	11 5.50			
30 21	W.H	r	13.17	36 22	55.58		29 22	S.H	l	4.70	34 32	31.40	
31 40	"	r	16.37	23	56.80		30 32	"	l	4.13	32	29.34	
32 58	R.H	r	89 59 15.09	50.5		37.99	31 51	R.H	l	7 25.87	20		24.92
34 14	"	r	18.35	35 56		39.50	33 22	"	l	28.06	21.5		30.38
37 38	"	l	58 41.62				35 21	"	r	89 52 18.32			
39 43	"	l	41.87				36 49	"	r	9.28			
41 6	W.H	l	90 0 40.13				38 32	S.H	r	55 43.60			
42 25	"	l	40.92				39 42	"	r	49.15			

Mittlere Zeit Wangeroog	Eingestelltes Objekt	Lage des Fernrohrs	Einzelne Zenitdistanzen	Schillig. Mittel aus beiden Lagen + Reduktionen: mittlere Zeit Wangeroog	Wangeroog	Roter Sand
					90° 0′	89° 58′
$2^h\ 43^m\ 29^s$	W.H	l	90° 0′ 40.63″	$2^h\ 49^m\ 16^s$	58.19″	
44 41	"	l	43.78	14.5	63.34	
46 4	R.H	l	89 58 30.76	10.5		30.69″
48 7	"	l	36.49	28		34.52
50 49	"	r	59 13.53			
52 17	"	r	11.60			
53 48	W.H	r	90 1 25.81			
55 3	"	r	18.67			
56 10	"	r	*22.02			
57 19	W.H	r	24.53	3 3 47	64.13	
58 32	"	r	23.25	50	63.93	
3 1 37	R.H	r	89 59 9.88	4 39		31.01
2 55	"	r	*6.24			
4 10	"	r	13.20	5 9.5		32.18
6 9	"	l	58 32.13			
7 41	"	l	33.11			
9 8	W.H	l	90 0 47.53			
10 15	"	l	46.65			
11 23	W.H	l	48.10	16 29	68.40	
12 31	"	l	51.95	23.5	70.01	
14 1	R.H	l	89 58 31.57	30		27.40
15 22	"	l	29.98	20.5		23.95
17 19	"	r	58.87			
18 39	"	r	59 4.20			
20 16	W.H	r	90 1 30.99			
21 35	"	r	32.62			

Mittlere Zeit Wangeroog	Eingestelltes Objekt	Lage des Fernrohrs	Einzelne Zenitdistanzen	Wangeroog. Mittel aus beiden Lagen + Reduktionen: mittlere Zeit Wangeroog	Schillig	Roter Sand
					90° 3′	89° 59′
$2^h\ 40^m\ 43^s$	S.H	r	89° 55′ 45.87″	$2^h\ 45^m\ 35^s$	27.92″	
41 46	"	r	49.05	27.5	31.62	
43 6	R.H	r	52 20.78	7.5		35.67″
44 22	"	r	19.53	12.5		39.07
46 3	"	l	90 7 43.82			
47 9	"	l	35.78			
48 49	S.H	l	11 5.25			
50 27	"	l	1.			
51 49	S.H	l	5.95	57 19	28.70	
52 55	"	l	5.37	23	29.72	
55 54	R.H	l	7 48.45	55.5		36.99
57 4	"	l	41.90	50		33.69
58 36	"	r	89 52 10.70			
59 57	"	r	16.74			
3 1 31	S.H	r	55 45.20			
2 49	"	r	42.50			
3 57	S.H	r	40.35	3 9 9	27.48	
4 52	"	r	*48.63			
5 59	"	r	45.28	29	31.20	
7 29	R.H	r	52 11.39	27.5		29.95
8 36	"	r	16.39	24		25.53
10 12	"	l	90 7 39.89			
11 26	"	l	33.73			
12 59	S.H	l	11 8.17			
14 21	"	l	5.67			

August 24. Nachmittags.

Mittlere Zeit Wangeroog	Eingestelltes Objekt	Lage des Fernrohrs	Einzelne Zenitdistanzen	mittlere Zeit Wangeroog	Wang. Instr.	Wang. Turm
					90° 0′	89° 56′
$6^h\ 1^m\ 50^s$	J.H	r	90° 1′ 16.21″	$6^h\ 6^m\ 36^s$	53.92″	
3 13	"	r	13.87	42	53.94	
4 40	L.H	r	89 56 28.98	49		2.17
5 51	"	r	27.04	35.5		0.62
7 20	"	l	55 48.91			
8 58	"	l	50.08			
10 11	J.H	l	90 0 36.93			
11 22	"	l	34.55			
12 27	J.H	l	36.01	18 15.5	52.28	
13 16	"	l	33.22	3	51.29	
22 50	"	r	1 12.18			
24 14	"	r	11.46			

Mittlere Zeit Wangeroog	Eingestelltes Objekt	Lage des Fernrohrs	Einzelne Zenitdistanzen	mittlere Zeit Wangeroog	Schill. Instr.	Schill. Turm
					90° 3′	89° 59′
$6^h\ 5^m\ 53^s$	J.H	l	90° 11′ 21.52″	$6^h\ 13^m\ 8^s$	36.05″	
7 32	"	l	25.21	24	37.89	
8 33	L.H	l	7 37.05	24		50.93″
9 35	"	l	39.33	22 51		50.75
16 7	"	r	89 52 23.57			
17 55	"	r	26.21			
19 17	J.H	r	55 51.63			
20 23	"	r	51.65			

Schillig.

Mittlere Zeit Wangeroog	Eingestelltes Objekt	Lage des Fernrohrs	Einzelne Zenitdistanzen	Mittel aus beiden Lagen + Reduktionen: mittlere Zeit Wangeroog	Wang. Instr.	Wang. Turm
					90° 0'	89° 55'
6h 25m 14s	J.H	r	90° 1' 7".96	6h 29m 48s	47".97	
26 42	〃	r	9.30	54.5	47.89	
28 5	L.H	r	89 56 23.19	53.5		57".83
29 11	〃	r	22.32	51		57.23
30 31	〃	l	55 46.46			
31 42	〃	l	47.18			
33 1	J.H	l	90 0 29.20			
34 22	〃	l	30.90			
35 21	J.H	l	30.75	39 58	45.64	
36 28	〃	l	30.42	58	45.45	
43 28	〃	r	1 3.37			
44 33	〃	r	3.44			
45 35	J.H	r	5.14	50 22.5	40.78	
46 48	〃	r	0 59.45	49 59	39.52	
48 5	L.H	r	89 56 12.84	50 26		41.74
49 33	〃	r	13.09	29		48.35
51 25	〃	l	55 38.32			
52 47	〃	l	33.35			
53 10	J.H	l	90 0 22.50			
55 10	〃	l	19.23			

Wangeroog.

Mittlere Zeit Wangeroog	Eingestelltes Objekt	Lage des Fernrohrs	Einzelne Zenitdistanzen	Mittel aus beiden Lagen + Reduktionen: mittlere Zeit Wangeroog	Schill. Instr.	Schill. Turm
					90° 3'	89° 59'
6h 21m 18s	J.H	r	89° 55' 49".70	6h 27m 52s	32".64	
22 9	〃	r	50.83	46.5	31.17	
23 9	L.H	r	52 12.59	31.5		47".15
24 18	〃	r	11.46	30		47.10
30 42	〃	l	90 7 34.14			
31 54	〃	l	33.10			
33 24	J.H	l	11 2.50			
34 24	〃	l	3.44			
35 36	J.H	l	4.82	41 10	25.76	
36 31	〃	l	1.86	42 0	24.45	
37 33	L.H	l	7 31.63	41 36.5		41.83
38 30	〃	l	30.62	26.5		40.36
44 3	〃	r	89 52 1.49			
45 11	〃	r	*6.14			
46 20	〃	r	3.42			
47 19	J.H	r	55 38.10			
48 44	〃	r	37.73			
49 44	J.H	r	35.90			
50 46	〃	r	33.55			
51 48	L.H	r	52 5.72			
53 0	〃	r	6.47			

August 24. Nachmittags.

Schillig.

Mittlere Zeit Wangeroog	Eingestelltes Objekt	Lage des Fernrohrs	Einzelne Zenitdistanzen	Mittel aus beiden Lagen + Reduktionen: mittlere Zeit Wangeroog	Wang. Instr.	Wang. Turm
					90° 0'	
10h 18m 40s	W.I.	l	90° 0' 44".00	10h 22m 35s	59".80	
20 46	〃	l	46.36	20.5	59.50	
23 55	〃	r	1 26.47			
26 30	〃	r	29.44			
28 27	W.L.	r	30.75	32 38	60.05	
30 55	〃	r	27.80	45	58.21	
34 35	〃	l	0 42.45			
36 49	〃	l	43.18			
38 51	W.L	l	45.80	44 42.5	58.07	
40 45	〃	l	46.52	47.5	61.84	
48 30	〃	r	1 30.99			
50 34	〃	r	24.17			
52 23	W.I.	r	*26.60			
54 24	〃	r	26.90	58 25.5	61.85	
56 3	〃	r	28.95	57 54	62.47	
59 45	〃	l	0 49.82			
11 2 27	〃	l	50.63			

Wangeroog.

Mittlere Zeit Wangeroog	Eingestelltes Objekt	Lage des Fernrohrs	Einzelne Zenitdistanzen	Mittel aus beiden Lagen + Reduktionen: mittlere Zeit Wangeroog	Schill. Instr.	Schill. Turm
					90° 3'	
10h 19m 1s	S.I.	l	90° 12' 26".06	10h 24m 35s	51".50	
22 21	〃	l	25.78	24 59	50.60	
27 37	〃	r	89 56 8.27			
30 9	〃	r	9.80			
32 39	S.I.	r	8.50	36 53	53.59	
35 10	〃	r	8.55	37 24	53.40	
38 58	〃	l	90 12 31.10			
41 7	〃	l	31.53			
43 11	S.I.	l	29.85	47 57	53.23	
45 8	〃	l	31.46	50	53.25	
50 32	〃	r	89 56 7.90			
52 43	〃	r	9.47			
54 36	S.I.	r	14.12	58 17.5	58.08	
56 21	〃	r	9.67	7.5	54.93	
59 54	〃	l	90 11 33.05			
11 1 39	〃	l	34.87			

Schillig.

Mittlere Zeit Wangeroog	Eingestelltes Objekt	Lage des Fernrohrs	Einzelne Zenit-distanzen	Mittel aus beiden Lagen + Reduktionen: mittlere Zeit Wangeroog	Wang. Instr.	Wang. Turm
					90° 1′	
11h 5m 27s	W.L.	l	90° 0′ 49.″85	11h 10m 15s	4.″34	
7 37	"	l	46.67	9 57.5	2.48	
12 18	"	r	1 30.12			
15 3	"	r	32.66			

Wangeroog.

Mittlere Zeit Wangeroog	Eingestelltes Objekt	Lage des Fernrohrs	Einzelne Zenit-distanzen	Mittel aus beiden Lagen + Reduktionen: mittlere Zeit Wangeroog	Schill. Instr.	Schill. Turm
					90° 3′	
11h 4m 9s	S.L.	l	90° 11′ 36.″64	11h 7m 36s	57.″78	
6 2	"	l	32.20	7 38.5	55.20	
9 15	"	r	89 56 21.05			
12 3	"	r	22.77			
12 40	S.L.	r	22.32	15 16.5	57.92	
14 18	"	r	21.67	19	58.35	
16 20	"	l	90 11 37.89			
17 53	"	l	36.38			

August 25, Vormittags.

Schillig.

Mittlere Zeit Wangeroog	Eingestelltes Objekt	Lage des Fernrohrs	Einzelne Zenit-distanzen	Mittel aus beiden Lagen + Reduktionen: mittlere Zeit Wangeroog	Wang. Instr.	Wang. Turm
					90° 1′	
2h 6m 20s	W.L.	l	90° 1′ 18.″20	2h 10m 37s	31.″26	
9 9	"	l	17.42	10 36	31.53	
12 3	"	r	59.48			
14 54	"	r	58.15			
17 40	W.L.	r	56.97	22 32.5	32.17	
19 48	"	r	59.42	20 46.5	31.65	
21 45	"	l	17.72			
27 25	"	l	21.20			
29 49	W.L.	l	20.01	34 13.5	31.10	
32 52	"	l	18.61	1	30.98	
36 10	"	r	57.18			
38 38	"	r	56.02			
40 44	W.L.	r	56.92	44 46	32.14	
43 10	"	r	58.43	46	29.80	
46 22	"	l	14.98			
48 48	"	l	21.20			
51 10	W.L.	l	21.43	56 36	32.05	
54 42	"	l	13.90	57 27.5	28.63	
57 10	"	l	*17.55			
59 55	"	r	55.20			
3 2 2	"	r	56.50			
4 19	W.L.	r	57.43	3 9 18.5	31.10	
6 33	"	r	2 *1.00			
8 53	"	r	1 56.22	10 26.5	31.82	
11 40	"	l	21.25			
14 18	"	l	18.60			

Wangeroog.

Mittlere Zeit Wangeroog	Eingestelltes Objekt	Lage des Fernrohrs	Einzelne Zenit-distanzen	Mittel aus beiden Lagen + Reduktionen: mittlere Zeit Wangeroog	Schill. Instr.	Schill. Turm
					90° 4′	
2h 12m 16s	S.L.	r	89° 56′ 24.″30	2h 17m 57s	10.″81	
15 33	"	r	26.40	18 21.5	10.52	
21 10	"	l	90 11 47.50			
23 38	"	l	49.97			
25 36	S.L.	l	51.23	29 34	12.92	
27 22	"	l	50.82	2 33.5	12.82	
31 45	"	r	89 56 27.67			
33 32	"	r	25.42			
35 20	S.L.	r	28.92	38 44.5	12.12	
37 7	"	r	25.22	40	10.39	
40 13	"	l	90 11 48.42			
42 9	"	l	48.27			
44 0	S.L.	l	50.02	48 30.5	12.67	
46 22	"	l	47.00	37	9.92	
50 53	"	r	89 56 25.67			
53 2	"	r	28.17			
54 47	S.L.	r	25.30	58 10.5	12.68	
56 32	"	r	29.40	9	14.27	
59 47	"	l	90 11 52.00			
3 1 34	"	l	50.92			
3 55	S.L.	l	47.50	3 8 30	11.62	
6 6	"	l	53.27	25	14.54	
10 44	"	r	89 56 28.67			
13 5	"	r	28.60			

1888.

TAG- UND NACHTBEOBACHTUNGEN VON ZENITDISTANZEN

ZWISCHEN

SCHILLIG (NIVELLEMENTSPFEILER)

UND

WANGEROOG (ASTRONOMISCHER PFEILER)

ZWEITE HÄLFTE.

In SCHILLIG: 8zölliges U.-J. Beobachter: GALLE.

In WANGEROOG: 10zölliges U.-J. No. II, Beobachter: FISCHER.

Stand I.

September 18. Vormittags.

Schillig.

Mittlere Zeit Wangeroog	Eingestelltes Objekt	Lage des Fernrohrs	Einzelne Zenitdistanzen	Mittel aus beiden Lagen + Reduktionen: mittlere Zeit Wangeroog	Wangeroog (90° 1')	Roter Sand (90° 0')
6h 2m 0s	W.T	r	81° 24' 39".55	6h 8m 29".5	22".85	
6 8	"	r	36.15	10 26	20.49	
7 37	R.M	r	25 40.48	28		34".80
10 9	"	r	41.65	11 2.5		35.06
11 36	"	l	98 38 20.12			
13 19	"	l	20.78			
14 44	W.T	l	37 39.86			
15 59	"	l	39.19			
17 19	W.T	l	39.69	22 46.5	24.30	
18 40	"	l	42.78	49.5	24.30	
20 55	R.M	l	38 22.33	23 23.5		35.25
21 45	"	l	23.13	0		38.30
24 15	"	r	81 25 45.12			
25 32	"	r	39.82			
26 59	W.T	r	0.85			
28 24	"	r	3.95			
29 27	W.T	r	3.27	34 7	27.31	
30 38	"	r	8.67	3	30.64	
31 50	R.M	r	39.22	0		33.41
33 7	"	r	43.57	33 51		38.11
34 35	"	l	98 38 24.30			
36 10	"	l	29.25			
37 28	W.T	l	37 47.64			
38 47	"	l	46.39			
39 45	W.T	l	47.65	45 3	30.21	
40 42	"	l	46.42	44 46	29.40	
41 39	R.M	l	38 22.65	41		39.08
43 7	"	l	*28.70			
44 13	"	l	23.98	45 0		40.95
45 47	"	r	81 25 49.57			
47 23	"	r	47.27			
48 52	W.T	r	7.42			
50 21	"	r	7.80			

Wangeroog.

Mittlere Zeit Wangeroog	Eingestelltes Objekt	Lage des Fernrohrs	Einzelne Zenitdistanzen	Mittel aus beiden Lagen + Reduktionen: mittlere Zeit Wangeroog	Schillig (90° 3')	Roter Sand (90° 0')
5h 58m 35s	S.T	r	90° 3' 47".42	6h 4m 10".5	50".98	
6 0 36	"	r	50.66	29.5	52.26	
2 32	R.M	r	2 40.72	48		6".05
3 44	"	r	39.89	30.5		6.42
5 17	"	l	50.76			
6 50	"	l	49.23			
8 23	S.T	l	4 0.18			
9 46	"	l	0.86			
10 57	S.T	l	2.25	15 56.5	54.53	
12 6	"	l	1.03	47	53.12	
13 32	R.M	l	2 51.02	50.5		8.31
14 55	"	l	51.87	52.5		8.49
16 50	"	r	42.95			
18 9	"	r	43.43			
19 28	S.T	r	3 52.53			
20 56	"	r	53.13			
22 57	S.T	r	52.77	25 28.5	54.37	
24 20	"	r	52.64	26	54.26	
26 32	"	l	4 3.20			
28 0	"	l	3.28			
29 7	S.T	l	3.76	31 22.5	56.14	
30 13	"	l	3.76	8.5	55.41	
32 4	"	r	3 53.38			
33 18	"	r	54.83			
34 29	S.T	r	54.08	39 53.5	57.07	
35 40	"	r	53.52	45	55.82	
37 2	R.M	r	2 45.00	39		11.08
38 18	"	r	45.28	33.5		11.84
40 49	"	l	56.23			
42 17	"	l	55.00			
43 50	S.T	l	4 4.43			
45 18	"	l	6.38			
46 32	S.T	l	5.60	52 16	58.53	
47 40	"	l	5.83	8	58.32	
49 25	R.M	l	2 56.78	51 45.5		12.20
50 43	"	l	58.63	16.5		13.23
51 50	"	r	45.66			
54 6	"	r	45.46			
56 36	S.T	r	3 57.10			
58 0	"	r	57.77			

Mittlere Zeit Wangeroog	Eingestelltes Objekt	Lage des Fernrohrs	Schillig. Einzelne Zenit-distanzen	Mittel aus beiden Lagen + Reduktionen: mittlere Zeit Wangeroog	Wangeroog	Roter Sand
					90° 1'	90° 0'
6h 51m 33s	W.T	r	81° 25' 7".55	6h 57m 2s.5	32".99	
52 38	″	r	6.97	56 1	32.97	
53 51	R.M	r	42.05	55 56.5		36".55
55 11	″	r	46.60	56 9		40.40
57 7	″	l	98 38 25.85			
58 0	″	l	22.70			
59 24	W.T	l	37 54.01			
7 0 32	″	l	53.47			

September 18. Vormittags.

Mittlere Zeit Wangeroog	Eingestelltes Objekt	Lage des Fernrohrs	Schillig. Einzelne Zenit-distanzen	Mittel aus beiden Lagen + Reduktionen: mittlere Zeit Wangeroog	Wangeroog	Roter Sand
					90° 1'	90° 0'
10 0 40	W.H	r	81 25 37.98	10 5 3.5	56.67	
2 0	″	r	32.93	12	51.67	
3 23	R.M	r	53.41	16		48.87
4 34	″	r	52.48	16.5		47.07
5 59	″	l	98 38 31.32			
7 9	″	l	35.97			
8 24	W.H	l	10.12			
9 27	″	l	15.07			
10 23	W.H	l	16.27	15 20	55.08	
11 45	″	l	21.70	14 53.5	50.32	
13 2	R.M	l	31.63	54.5		46.80
14 11	″	l	33.10	52		47.66
15 33	″	r	81 25 53.88			
16 47	″	r	53.63			
18 2	W.H	r	28.63			
19 4	″	r	*38.88			
20 17	″	r	33.60			
21 17	W.H	r	32.48	25 47.5	53.77	
22 30	″	r	32.03	52.5	53.28	
23 54	R.M	r	56.25	50		47.58
25 14	″	r	50.13	55.5		46.55
26 37	″	l	98 38 34.63			
27 46	″	l	30.57			
29 13	W.H	l	14.25			
30 18	″	l	14.78			
31 36	W.H	l	18.00	36 39	56.03	
32 55	″	l	14.58	41.5	54.57	
34 15	R.M	l	35.25	2		47.14
35 24	″	l	33.58	2		43.55
36 40	″	r	81 25 45.18			
37 49	″	r	30.68			
40 28	W.H	r	34.28			
41 42	″	r	33.78			

Mittlere Zeit Wangeroog	Eingestelltes Objekt	Lage des Fernrohrs	Wangeroog. Einzelne Zenit-distanzen	Mittel aus beiden Lagen + Reduktionen: mittlere Zeit Wangeroog	Schillig	Roter Sand
					90° 4'	90° 0'
9h 59m 25s	S.H	r	90° 4' 1".57	10h 1m 46s	9".88	
10 1 19	″	r	3 59.42	2 6	10.89	
2 53	″	l	4 16.90			
4 7	″	l	22.70			
5 10	S.H	l	22.66	22 11	9.44	
6 20	″	l	24.45	2.5	11.62	
9 10	R.H	l	1 0.00	42.5		35".76
10 50	″	l	1.93	47.5		37.99
14 45	″	r	2.10			
16 15	″	r	0 59.57			
17 45	S.H	r	4 3.33			
19 12	″	r	0.75			
21 40	S.H	r	3 59.00	23 47.5	9.20	
23 9	″	r	4 0.95	24 10	10.04	
25 11	″	l	23.66			
25 55	″	l	23.93			
27 10	S.H	l	11.41	29 28	8.86	
28 24	″	l	12.98	27	10.10	
30 30	″	r	1.75			
31 46	″	r	0.85			
33 22	S.H	r	3 59.12	36 32.5	8.80	
34 38	″	r	59.58	37 0	7.40	
39 22	″	l	4 9.75			
40 24	″	l	12.92			

Schillig.

Mittlere Zeit Wangeroog	Eingestelltes Objekt	Lage des Fernrohrs	Einzelne Zenitdistanzen	Mittel aus beiden Lagen + Reduktionen: mittlere Zeit Wangeroog	Wangeroog	Roter Sand
					90° 1′	90° 0′
10h 42m 47s	W.H	r	81° 25′ 33″.55	10h 46m 50s.5	55″.26	
43 50	"	r	32.63	49	52.48	
45 3	R.M	r	50.00	49		44″.60
46 4	"	r	45.93	46		42.35
47 28	"	l	98 38 30.43			
48 35	"	l	30.85			
49 48	W.H	l	12.05			
50 54	"	l	16.68			
52 31	W.H	l	17.43	56 45.5	51.86	
53 42	"	l	14.53	47.5	52.31	
55 5	R.M	l	30.40	48		43.15
56 10	"	l	30.48	50		43.55
57 30	"	r	81 25 48.28			
58 31	"	r	47.55			
59 53	W.H	r	29.80			
11 1 0	"	r	26.00			

Wangeroog.

Mittlere Zeit Wangeroog	Eingestelltes Objekt	Lage des Fernrohrs	Einzelne Zenitdistanzen	Mittel aus beiden Lagen + Reduktionen: mittlere Zeit Wangeroog	Schillig	Roter Sand
					90° 4′	
10h 41m 34s	S.H	l	90° 4′ 13″.57	10h 43m 22s	10″.81	
42 45	"	l	14.62	19	11″.46	
43 53	"	r	2.83			
45 10	"	r	2.58			
46 26	S.H	r	3 59.78	49 40.5	8.57	
47 32	"	r	4 4.14	36	11.48	
51 40	"	l	13.35			
52 55	"	l	11.90			
55 0	S.H	l	13.39	57 23.5	10.05	
56 21	"	l	12.08	22.5	8.74	
58 24	"	r	3 59.93			
59 47	"	r	4 2.25			

September 18. Nachmittags.

Schillig.

Mittlere Zeit Wangeroog	Eingestelltes Objekt	Lage des Fernrohrs	Einzelne Zenitdistanzen	Mittel aus beiden Lagen + Reduktionen: mittlere Zeit Wangeroog	Wangeroog	Roter Sand
					90° 1′	90° 0′
2h 7m 29s	W.H	r	81° 25′ 27″.38	2h 12m 2s	47″.72	
9 22	"	r	29.10	26	48.44	
10 18	R.H	r	24 41.56	23.5		39″.70
11 39	"	r	40.81	24		38.30
13 9	"	l	98 37 14.26			
14 19	"	l	16.32			
15 30	W.H	l	38 7.50			
16 35	"	l	7.78			
17 34	"	l	9.35			
19 7	W.H	l	16.83	23 31	54.01	
20 24	"	l	14.28	29	50.32	
21 49	R.H	l	37 22.62	33.5		39.26
22 54	"	l	20.61	35		36.78
24 16	"	r	81 24 31.43			
25 18	"	r	34.38			
26 34	W.H	r	25 26.08			
27 55	"	r	30.90			

Wangeroog.

Mittlere Zeit Wangeroog	Eingestelltes Objekt	Lage des Fernrohrs	Einzelne Zenitdistanzen	Mittel aus beiden Lagen + Reduktionen: mittlere Zeit Wangeroog	Schillig	Roter Sand
					90° 4′	90° 0′
2h 3m 31s	S.H	l	90° 4′ 16″.46	2h 8m 38s.5	20″.94	
5 13	"	l	13.94	9 0	19.12	
6 48	R.H	l	0 56.81	8 59		32″.75
8 5	"	l	1 0.17	9 10.5		35.28
10 16	"	r	0 58.44			
11 10	"	r	56.75			
12 47	S.H	r	4 18.83			
13 46	"	r	19.95			
15 0	S.H	r	16.72	20 13	19.85	
16 10	"	r	17.30	19 58.5	20.39	
17 33	R.H	r	0 58.82	20 10.5		33.99
19 4	"	r	55.89	3		32.08
21 2	"	l	56.39			
22 48	"	l	57.22			
23 47	S.H	l	4 18.02			
25 26	"	l	17.51			

Schillig.

Mittlere Zeit Wangeroog	Eingestelltes Objekt	Lage des Fernrohrs	Einzelne Zenitdistanzen	Mittel aus beiden Lagen + Reduktionen: mittlere Zeit Wangeroog	Wangeroog	Roter Sand
					90° 1'	90° 0'
2h 29m 4s	W.H	r	81° 25' 29".25	2h 33m 10s.5	52".08	
30 25	"	r	26.20	13	50.03	
31 34	R.H	r	24 40.27	14		38".53
32 35	"	r	35.84	11		39.56
33 47	"	l	98 37 22.75			
34 54	"	l	15.37			
36 11	W.H	l	38 13.57			
37 17	"	l	14.62			
38 24	W.H	l	16.75	42 26.5	52.98	
39 23	"	l	18.95	22.5	54.79	
40 35	R.H	l	37 20.30	11.5		38.74
41 38	"	l	22.74	11.5		36.38
42 45	"	r	81 24 29.49			
43 48	"	r	35.66			
45 22	W.H	r	25 30.35			
46 29	"	r	28.95			
47 52	W.H	r	32.88	51 34.5	53.57	
48 57	"	r	32.88	37	52.32	
50 0	R.H	r	24 35.94	34.5		38.56
51 3	"	r	33.99	38		36.57
52 13	"	l	98 37 17.63			
53 9	"	l	19.65			
54 17	W.H	l	38 11.48			
55 17	"	l	13.98			
56 28	W.H	l	18.60	3 0 22.5	53.64	
57 24	"	l	15.78	15.5	52.70	
58 16	R.H	l	37 21.75	10.5		37.55
59 4	"	l	*15.24			
59 59	"	l	37.20	36		37.84
3 1 13	"	r	81 24 36.95			
2 5	"	r	31.82			
3 7	W.H	r	25 29.33			
4 15	"	r	28.40			

Wangeroog.

Mittlere Zeit Wangeroog	Eingestelltes Objekt	Lage des Fernrohrs	Einzelne Zenitdistanzen	Mittel aus beiden Lagen + Reduktionen: mittlere Zeit Wangeroog	Schillig	Roter Sand
					90° 4'	90° 0'
2h 26m 47s	S.H	l	90° 4' 15".70	2h 32m 28s	10".25	
28 11	"	l	21.11	32 36	22.80	
29 34	R.H	l	0 58.74	32 36.5		35".76
30 38	"	l	55.08	31.5		32.87
34 25	"	r	58.72			
35 39	"	r	1 0.24			
37 1	S.H	r	4 19.02			
38 9	"	r	19.13			
39 20	S.H	r	19.64	44 20.5	22.71	
40 28	"	r	18.83	10	20.37	
42 58	R.H	r	0 54.04	2.5		33.04
43 17	"	r	1 0.95	8		36.96
44 59	"	l	1.02			
46 7	"	l	0.09			
47 52	S.H	l	4 16.45			
49 21	"	l	20.31			
50 28	S.H	l	19.55	56 28	22.27	
52 44	"	l	16.63	28	23.37	
53 26	R.H	l	0 56.38	2		33.51
54 16	"	l	58.82	55 44.5		33.27
57 13	"	r	55.52			
58 38	"	r	58.7			
3 0 12	S.H	r	4 24.65			
1 19	"	r	*20.63			
2 28	"	r	19.52			

September 18, Nachmittags.

Schillig.

Mittlere Zeit Wangeroog	Eingestelltes Objekt	Lage des Fernrohrs	Einzelne Zenitdistanzen	mittlere Zeit Wangeroog	Wangeroog	Roter Sand
					90° 1'	90° 0'
5h 23m 34s	W.H	r	81° 25' 15".65	5h 28m 20s.5	35".29	
24 57	"	r	15.40	26.5	37.88	
26 10	R.H	r	24 30.62	22		33".45
27 44	"	r	29.37	23.5		34.13
29 3	"	l	98 37 17.37			
30 12	"	l	14.75			
31 56	W.H	l	38 0.07			
33 7	"	l	37 54.65			

Wangeroog.

Mittlere Zeit Wangeroog	Eingestelltes Objekt	Lage des Fernrohrs	Einzelne Zenitdistanzen	mittlere Zeit Wangeroog	Schillig	Roter Sand
					90° 4'	90° 0
5h 23m 27s	S.H	l	90° 4' 8".25	5h 28m 30s	10".30	
24 39	"	l	7.35	34.5	9.75	
25 51	R.H	l	0 48.44	0.5		23".52
27 6	"	l	47.27	27 37.5		24.15
28 49	"	r	49.18			
30 10	"	r	46.63			
32 30	S.H	r	4 6.69			
33 43	"	r	6.89			

Schillig.

Mittlere Zeit Wangeroog	Eingestelltes Objekt	Lage des Fernrohrs	Einzelne Zenit-distanzen	Mittel aus beiden Lagen + Reduktionen: mittlere Zeit Wangeroog	Wangeroog	Roter Sand
					90° 1′	90° 0′
5h 34m 4s	W.H	l	98° 37′ 58″.15	5h 38m 22s.5	33″.73	
35 2	"	l	58.75	8.5	34.60	
36 13	R.H	l	15.10	0.5		32″.09
37 12	"	l	13.85	37 53		31.04
38 34	"	r	81 24 26.70			
39 48	"	r	27.55			
41 1	W.H	r	25 20.17			
42 21	"	r	9.02			
43 30	W.H	r	4.45	48 22	26.32	
44 29	"	r	6.82	26	29.34	
45 35	R.H	r	24 24.82	2.5		28.72
46 42	"	r	*29.27			
47 44	"	r	25.20	28		19.85
49 12	"	l	98 37 12.97			
50 30	"	l	11.10			
52 3	W.H	l	51.97			
53 14	"	l	47.90			
54 22	W.H	l	51.77	58 39.5	25.63	
55 32	"	l	48.47	36	24.28	
56 46	R.H	l	13.32	37.5		30.60
58 9	"	l	15.32	49		32.36
59 29	"	r	81 24 27.87			
6 0 29	"	r	26.35			
1 40	W.H	r	59.80			
2 37	"	r	59.20			
4 8	W.H	r	37.62	6 10 27.5	18.93	
6 4	"	r	34.80	18	19.71	
7 29	R.M	r	25 31.75	9 57.5		26.08
8 28	"	r	28.32	41		24.72
10 54	"	l	38 12.77			
12 36	"	l	12.07			
14 32	W.T	l	98 37 42.60			
16 47	"	l	37.62			

Wangeroog.

Mittlere Zeit Wangeroog	Eingestelltes Objekt	Lage des Fernrohrs	Einzelne Zenit-distanzen	Mittel aus beiden Lagen + Reduktionen: mittlere Zeit Wangeroog	Schillig	Roter Sand
					90° 4′	90° 0′
5h 34m 56s	S.H	r	90° 4′ 6″.18	5h 39m 31s.5	8″.31	
36 3	"	r	5.93	27	7.8[illegible]	
37 23	R.H	r	0 46.72	28		21″.81
38 47	"	r	48.92	33.5		24.05
40 18	"	l	47.23			
41 33	"	l	44.96			
42 51	S.H	l	4 4.35			
44 7	"	l	4.98			
45 11	S.H	l	3.8[illegible]	49 47	4.78	
46 18	"	l	3.38	49.5	4.45	
47 48	R.H	l	0 47.48	46		22.44
48 54	"	l	46.43	43.5		21.34
50 33	"	r	44.70			
51 44	"	r	45.45			
53 21	S.H	r	4 0.05			
54 23	"	r	0.30			
					90° 3′	
55 33	S.H	r	3 55.38	6 0 10.5	58″.79	
56 44	"	r	56.77	5.5	60.12	
58 0	R.H	r	0 42.42	12		19.48
59 0	"	r	40.24	11.5		16.86
6 1 23	"	l	41.53			
2 24	"	l	44.59			
3 27	S.H	l	3 58.00			
4 48	"	l	56.73			
6 1	S.H	l	55.25	10 24	56.79	
7 14	S.T	l	4 3.15	27	57.94	
9 1	R.G	l	0 45.83	39.5		17.68
10 1	R.M	l	1 57.96	34.5		18.82
11 8	"	r	57.52			
12 18	"	r	55.07			
13 40	S.T	r	4 59.05			
14 47	"	r	58.77			

September 18. Nachmittags.

Schillig:

Mittlere Zeit Wangeroog	Eingestelltes Objekt	Lage des Fernrohrs	Einzelne Zenit-distanzen	Mittlere Zeit Wangeroog	Wangeroog	Roter Sand
					90° 1′	
9h 59m 12s	W.L	r	81° 25′ 19″.12	10h 2m 59s.5	37″.39	
10 1 12	W.H	r	6.75	31	34″.03	
3 52	W.L	l	98 38 6.33			
6 47	W.H	l	0.88			
8 34	W.L	l	4.12	12 7.5	34.34	
9 11	"	l	1.57	11 0	32.58	
12 49	"	r	81 25 14.30			
15 42	W.H	r	9.77			

Wangeroog:

Mittlere Zeit Wangeroog	Eingestelltes Objekt	Lage des Fernrohrs	Einzelne Zenit-distanzen	Mittlere Zeit Wangeroog	Schillig	Roter Sand
					90° 3′	
9h 58m 5s	S.L	r	90° 3′ 58″.13	10h 3m 39s.5	58″.17	
10 1 24	"	r	51.87	4 18	56.72	
2 24	"	r	56.80	3 36.5	56.19	
4 49	"	l	52.52			
7 12	"	l	58.30			
9 14	"	l	55.15			
11 10	S.L	l	55.80	15 9	56.48	
14 8	"	l	55.50	24.5	56.26	
16 41	"	l	53.75			
19 8	"	r	54.10			

Schillig.

Mittlere Zeit Wangeroog	Eingestelltes Objekt	Lage des Fernrohrs	Einzelne Zenitdistanzen	Mittel aus beiden Lagen + Reduktionen: mittlere Zeit Wangeroog	Wangeroog	Roter Sand
					90° 1′	
10h 17m 11s	W.L	r	81° 25′ 16″.97	10h 20m 40s.5	36″.79	
18 53	,,	r	13.62	19 56.5	32.33	
21 0	W.H	l	98 37 56.25			
24 10	,,	l	38 1.83			
25 37	W.L	l	6.28	28 41	36.29	
27 12	W.H	l	37 56.85	31	34.80	
29 50	,,	r	81 25 11.86			
31 45	W.L	r	17.02			
33 15	W.L	r	15.52	36 13	35.90	
35 1	W.H	r	12.72	11.5	36.64	
37 22	,,	l	98 38 0.28			
39 11	W.L	l	6.99			
40 55	W.H	l	37 55.80	44 19.5	33.56	
42 54	W.L	l	38 4.33	44 20.5	34.89	
45 47	,,	r	81 25 16.17			
47 44	W.H	r	11.02			
49 27	W.L	r	18.70	52 26	35.94	
51 7	,,	r	15.10	21	34.99	
53 35	,,	l	98 38 5.30			
55 25	W.H	l	37 58.40			
57 27	W.H	l	38 0.68	11 0 55	35.48	
59 9	W.L	l	5.68	24.5	35.68	
11 1 40	W.H	r	81 25 10.90			
4 23	W.L	r	15.50			

Wangeroog.

Mittlere Zeit Wangeroog	Eingestelltes Objekt	Lage des Fernrohrs	Einzelne Zenitdistanzen	Mittel aus beiden Lagen + Reduktionen: mittlere Zeit Wangeroog	Schillig	Roter Sand
					90° 3′	
10h 21m 17s	S.L	r	90° 3′ 55″.58	10h 25m 7s.5	57″.82	
23 27	,,	r	59.05	24 46.5	58.31	
26 6	,,	l	54.50			
28 58	,,	l	57.00			
31 17	S.H	l	4 0.08	36 24.5	60.74	
34 19	,,	l	3 57.35	36 56.5	57.79	
36 10	S.L	l	*56.33			
39 34	,,	r	55.97			
41 32	,,	r	57.14			
44 30	S.L	r	52.17	48 30	54.43	
46 47	,,	r	53.97	22	55.07	
49 57	,,	l	53.10			
52 30	,,	l	53.62			
54 26	S.L	l	58.78	57 23	56.99	
56 22	,,	l	57.40	27	55.92	
58 32	,,	r	51.38			
11 0 20	,,	r	52.14			

September 10. Vormittags.

Schillig.

Mittlere Zeit Wangeroog	Eingestelltes Objekt	Lage des Fernrohrs	Einzelne Zenitdistanzen	Mittel aus beiden Lagen + Reduktionen: mittlere Zeit Wangeroog	Wangeroog	Roter Sand
					90° 1′	
2h 4m 3s	W.L	l	98° 37′ 45″.00	2h 8m 58s	10″.74	
7 21	W.H	l	42.07	9 35	14.22	
11 49	,,	r	81 24 46.06			
13 53	W.L	r	47.19			
15 23	W.L	r	49.44	19 6	5.22	
17 13	W.H	r	45.75	19 6	10.67	
20 59	W.L	l	98 37 40.81			
22 49	,,	l	32.72			
24 26	W.L	l	44.42	28 14.5	7.63	
26 27	,,	l	34.66	8	0.92	
29 49	,,	r	81 24 37.89			
32 3	W.H	r	36.05			

Wangeroog.

Mittlere Zeit Wangeroog	Eingestelltes Objekt	Lage des Fernrohrs	Einzelne Zenitdistanzen	Mittel aus beiden Lagen + Reduktionen: mittlere Zeit Wangeroog	Schillig	Roter Sand
					90° 3′	
2h 2m 52s	S.L	r	90° 3′ 53″.19	2h 7m 7s.5	54″.96	
4 49	,,	r	52.08	6 50	55.01	
8 51	,,	l	54.87			
11 23	,,	l	53.67			
13 25	S.L	l	52.25	17 6	55.18	
16 20	,,	l	54.78	33	55.25	
18 46	,,	r	52.46			
20 47	,,	r	56.04			
22 45	S.L	r	50.43	26 22	50.06	
24 48	,,	r	56.61	21	55.13	
27 54	,,	l	50.58			
29 59	,,	l	46.63			

Schillig.

Mittlere Zeit Wangeroog	Eingestelltes Objekt	Lage des Fernrohrs	Einzelne Zenit-distanzen	Mittel aus beiden Lagen + Reduktionen: mittlere Zeit Wangeroog	Wangeroog	Roter Sand
					90° 0'	
2h 33m 55s	W.L	r	81° 24' *41".46			
35 59	"	r	*29.61			
39 48	"	l	98 37 *15.71			
41 48	"	l	*14.92			
43 23	W.L	l	28.83	2h 46m 21s	58".74	
45 22	"	l	30.12	30.5	59.36	
47 39	"	r	81 24 39.31			
49 19	"	r	39.37			
50 59	W.L	r	36.20	54 14	57.73	
52 48	"	r	40.31	7.5	61.42	
55 27	"	l	98 37 33.24			
57 29	"	l	30.01			
59 2	W.L	l	28.43	3 2 2	59.98	
3 0 39	"	l	37.69	1 55.5	68.10	
3 12	"	r	81 24 49.23			
5 2	"	r	42.25			
6 57	W.L	r	35.46	9 44	56.48	
8 44	"	r	36.91	56.5	57.21	
11 9	"	l	98 37 28.22			
12 31	"	l	28.22			

Wangeroog.

Mittlere Zeit Wangeroog	Eingestelltes Objekt	Lage des Fernrohrs	Einzelne Zenit-distanzen	Mittel aus beiden Lagen + Reduktionen: mittlere Zeit Wangeroog	Schillig	Roter Sand
					90° 3'	
2h 31m 41s	S.L	l	90° 3' 30".58	2h 34m 57s.5	51".80	
33 25	"	l	49.95	55	49.66	
36 25	"	r	46.30			
38 14	"	r	49.96			
40 1	S.L	r	51.45	43 21.5	52.66	
42 2	"	r	48.46	20.5	49.23	
44 39	"	l	46.93			
46 42	"	l	48.81			
48 53	S.L	l	42.96	52 33	48.05	
50 35	"	l	47.71	3	47.27	
53 31	"	r	43.76			
56 23	"	r	50.08			
58 23	S.L	r	*48.03			
3 0 20	"	r	47.00	3 3 28	46.35	
2 49	"	r	51.20	38.5	47.90	
4 28	"	l	41.53			
6 16	"	l	42.63			

1878.

ZENITDISTANZEN FÜR DAS NIVELLEMENT

ZWISCHEN

WANGEROOG (LEUCHTTURM)

UND

HELGOLAND (ASTRONOMISCHER PFEILER)

In WANGEROOG: 10zölliges U.-J. No. II, Beobachter: FISCHER und WESTPHAL.

In HELGOLAND: 13zölliges U.-J. Beobachter: BRUNS und A. BÖRSCH.

Mittlere Zeit Wangeroog	Beobachter	Lage des Fernrohrs	Wangeroog. Einzelne Zenit-distanzen von Helgoland	Mittel aus beiden Lagen + Reduktionen: mittlere Zeit Wangeroog	Mittel aus beiden Lagen + Reduktionen: Helgoland	Mittlere Zeit Wangeroog	Beobachter	Lage des Fernrohrs	Helgoland. Einzelne Zenit-distanzen von Wangeroog	Mittel aus beiden Lagen + Reduktionen: mittlere Zeit Wangeroog	Mittel aus beiden Lagen + Reduktionen: Wangeroog
August 8.											
						10h 9m 41s	*Br*	r	90° 11′ 12″.56	10h 21m 36s.5	90° 11′ 47″.56
						14 40	„	r	13.75	23 1	49.01
						17 19	„	r	10.52	19 36.5	46.46
						21 54	„	l	12 24.14		
						31 22	„	l	26.01		
						33 32	„	l	24.19		
						11 4 12	„	l	26.24	11 10 11	48.20
						7 2	„	l	25.97	36.5	47.63
						8 57	„	l	25.74	44	48.93
						12 31	„	r	11 13.86		
						14 11	„	r	11.03		
						16 10	„	r	11.89		
12h 20m 29s	*F*	r	90° 8′ 10″.78	12h 28m 56s.5	90° 7′ 25″.48						
24 49	„	r	10.18	30 36.5	24.83						
25 49	„	r	10.11	26.5	27.43						
35 4	„	l	6 48.70								
36 24	„	l	43.40								
37 24	„	l	44.09								
38 49	„	l	40.68	47 56.5	20.46						
39 54	„	l	41.59	48 59	20.37						
40 44	„	l	41.51	54	20.38						
51 34	„	r	8 7.81								
57 4	„	r	3.16								
58 4	„	r	3.07								
1 0 24	„	r	4.16								
1 19	*W*	r	3.04	1 16 6.5	30.66	11 56 44	„	r	5.02	1 6 10	41.53
2 19	„	r	7.30	15 41.5	32.53	59 3	„	r	5.15	17	42.63
4 34	„	r	7.89	49	32.45	1 2 13	„	r	5.49	7 4.5	40.51
27 4	„	l	7 0.92			11 56	„	l	12 17.27		
29 4	„	l	1.67			13 31	„	l	21.84		
30 54	„	l	2.20			15 36	„	l	19.78		
32 59	„	l	2.27	44 16.5	38.08	41 57	„	l	20.00		
36 49	„	l	2.47	41	37.99	49 51	„	l	22.75		
38 19	„	l	2.53	50	39.13	51 10	„	l	23.63		
51 21	„	r	8 19.65								
52 33	„	r	17.42								
55 34	„	r	17.80								
August 9.											
12h 38m 18s	*F*	r	90° 8′ 29″.47	12 53 50.5	90° 7′ 51″.39	12h 56m 13s	*Br*	r	90° 11′ 23″.88	1h 2m 27s	90° 11′ 59″.08
44 38	„	r	30.07	56 18	50.74	58 17	„	r	22.16	32	57.91
45 48	„	r	29.56	50 48	48.67	59 47	„	r	23.72	22	59.07
46 43	„	r	30.35	40.5	49.40	1 4 57	„	l	12 36.15		
54 38	„	l	7 22.37			6 47	„	l	35.39		
55 48	„	l	21.69			8 41	„	l	36.01		
1 7 58	„	l	25.33								
9 23	„	l	27.23								

Mittlere Zeit Wangeroog	Beobachter	Lage des Fernrohrs	Wangeroog. Einzelne Zenitdistanzen von Helgoland	Mittel aus beiden Lagen + Reduktionen: mittlere Zeit Wangeroog	Mittel aus beiden Lagen + Reduktionen: Helgoland	Mittlere Zeit Wangeroog	Beobachter	Lage des Fernrohrs	Helgoland. Einzelne Zenitdistanzen von Wangeroog	Mittel aus beiden Lagen + Reduktionen: mittlere Zeit Wangeroog	Mittel aus beiden Lagen + Reduktionen: Wangeroog
1ʰ 12ᵐ 43ˢ	F	l	90° 7′ 17″.34	1ʰ 27ᵐ 5ˢ.5	90° 7′ 53″.31						
19 8	„	l	17.48	29 18	52.16						
39 28	„	r	8 30.95								
41 38	„	r	32.99								
						2ʰ 52ᵐ 18ˢ	B	r	90° 11′ 18″.02	3ʰ 3ᵐ 9ˢ	90° 12′ 3″.96
						54 8	„	r	27.06	1 42	3.56
						57 22	„	r	25.72	2 59 22	0.45
						3 2 32	„	l	12 36.91		
						9 26	„	l	41.79		
						14 0	„	l	41.64		
						14 25	„	l	39.61	3 25 53	2.08
						15 35	„	l	40.42	28.5	2.04
						22 25	„	l	39.98	24 31.5	3.00
						26 38	„	r	11 27.75		
						35 8	„	r	23.40		
						37 21	„	r	26.28		
						45 35	„	r	24.69	53 39	2.30
						49 35	„	r	26.21	54 39	3.25
						52 29	„	r	26.25	11	3.45
						57 3	„	l	12 41.39		
						59 43	„	l	42.03		
						4 1 43	„	l	41.65		
						3 27	„	l	42.05		
						4 38	„	l	42.49		
						6 27	„	l	42.16		
August 12.											
10ʰ 46ᵐ 5ˢ	F	l	90° 7′ 17″.85	10ʰ 49ᵐ 12ˢ.5	90° 8′ 0″.83						
47 5	„	l	16.43	2.5	0.69						
48 10	„	l	17.22	48 52.5	2.46						
49 35	„	r	8 51.62								
51 0	„	r	48.87								
52 20	„	r	47.73								
August 15.											
						10ʰ 9ᵐ 35ˢ	B	r	90° 11′ 25″.29	10ʰ 16ᵐ 47ˢ.5	90° 12′ 8″.33
						11 50	„	r	26.65	17 19	9.60
						13 5	„	r	26.19	16 41	9.55
						20 17	„	l	12 54.65		
						22 48	„	l	54.28		
						24 0	„	l	53.10		
						28 14	„	l	55.02	34 22	9.35
						30 57	„	l	55.86	54	9.65
						32 27	„	l	53.29	54	8.53
						37 11	„	r	11 23.52		
						38 51	„	r	25.17		
						40 30	„	r	25.42		

Wangeroog.

Mittlere Zeit Wangeroog	Beobachter	Lage des Fernrohrs	Einzelne Zenitdistanzen von Helgoland	Mittel aus beiden Lagen + Reduktionen: mittlere Zeit Wangeroog	Mittel aus beiden Lagen + Reduktionen: Helgoland
10h 41m 10s	F	l	90° 6' 21".80	10h 47m 47s.5	90° 8' 9".94
43 15	"	l	20.16	46 17.5	9.46
45 10	"	l	20.92	45 32.5	10.59
46 35	"	r	10 4.18		
49 20	"	r	3.37		
53 15	"	r	2.00		
54 5	"	r	2.33	11 7 40.5	7.87
58 40	"	r	*−0.60		
11 0 30	"	r	3.82	9 39	7.84
1 20	"	r	3.55	40	9.17
18 0	"	l	6 18.71		
19 28	"	l	15.78		
21 16	"	l	17.32		
25 0	"	l	16.12	39 2.5	8.62
25 50	"	l	15.92	32 30	8.70
27 5	"	l	16.78	31.5	8.68
37 38	"	r	10 4.49		
39 10	"	r	5.39		
52 5	"	r	4.97		
12 27 45	F	r	9 58.91		
29 9	"	r	10 1.70		
30 17	"	r	0.09		
2 53 34	W	l	6 2.88	2 57 1.5	7 52.50
54 45	"	l	3.13	56 50.5	53.82
55 56	"	l	4.18	50	54.22
57 44	"	r	9 48.17		
58 56	"	r	46.43		
3 0 29	"	r	46.03		
1 47	"	r	45.20	3 11 18	53.46
3 10	"	r	46.90	24.5	54.42
4 19	"	r	46.88	18	55.48
18 17	"	l	6 8.00		
19 39	"	l	5.83		
20 49	"	l	5.63		
24 10	F	r	9 51.00	29 54.5	55.79
25 14	"	r	52.48	52	56.80
26 9	"	r	52.71	53	56.40
33 37	"	l	6 4.00		
34 30	"	l	5.04		
35 39	"	l	4.50		

Helgoland.

Mittlere Zeit Wangeroog	Beobachter	Lage des Fernrohrs	Einzelne Zenitdistanzen von Wangeroog	Mittel aus beiden Lagen + Reduktionen: mittlere Zeit Wangeroog	Mittel aus beiden Lagen + Reduktionen: Wangeroog
10h 44m 40s	H	r	90° 11' 24".24	10h 51m 56s	90° 12' 7".48
46 24	"	r	24.40	52 8	8.03
49 3	"	r	25.52	51 57.5	8.32
54 32	"	l	12 52.83		
57 52	"	l	53.39		
59 12	"	l	52.46		
11 13 18	"	l	53.89	11 17 18.5	7.23
14 20	"	l	51.00	7	6.32
15 39	"	l	51.42	0.5	6.83
18 22	"	r	11 23.98		
19 54	"	r	23.38		
21 19	"	r	22.50		
24 56	"	r	23.74	28 37.5	7.15
25 27	"	r	24.36	14.5	7.53
26 43	"	r	22.92	16	6.48
29 49	"	l	12 51.78		
31 2	"	l	52.44		
32 19	"	l	53.29		
36 57	"	l	*49.37		
38 12	"	l	51.00	40 48	5.68
39 40	"	l	50.68	43.5	6.44
41 47	"	r	11 23.94		
43 25	"	r	22.09		

Wangeroog. Mittlere Zeit Wangeroog	Beobachter	Lage des Fernrohrs	Einzelne Zenitdistanzen von Helgoland	Mittel aus beiden Lagen + Reduktionen: mittlere Zeit Wangeroog	Helgoland	Helgoland. Mittlere Zeit Wangeroog	Beobachter	Lage des Fernrohrs	Einzelne Zenitdistanzen von Helgoland	Mittel aus beiden Lagen + Reduktionen: mittlere Zeit Wangeroog	Wangeroog
3ʰ 36ᵐ 55ˢ	F	l	90° 6′ 3″.91	3ʰ 44ᵐ 29ˢ.5	90° 7′ 56″.87	3ʰ 17ᵐ 15ˢ	B	l	90° 12′ 38″.70	3ʰ 33ᵐ 5ˢ.5	90° 11′ 54″.21
37 24	"	l	4.16	4	57.47	18 50	"	l	37.35	15	54.05
39 38	"	l	3.90	8.5	57.29	20 32	"	l	38.69	24	53.83
48 45	"	r	9 54.60			46 26	"	r	11 10.71		
50 44	"	r	54.70			47 36	"	r	12.49		
52 24	"	r	53.74			48 56	"	r	11.46		
54 48	W	r	50.91	4 5 6	58.67	52 24	"	r	*11.40		
56 28	"	r	52.03	6	58.88	53 33	"	r	11.08	4 5 10	55.38
57 33	"	r	50.67	4 30	58.76	54 40	"	r	11.41	4 13.5	56.28
4 11 27	"	l	6 10.77			4 14 7	"	l	12 42.88		
13 44	"	l	9.64			16 45	"	l	41.41		
15 24	"	l	10.36								
August 18.											
12ʰ 45ᵐ 32ˢ	F	r	90° 10′ 1″.54	1ʰ 5ᵐ 42ˢ	90° 8′ 9″.90	12ʰ 56ᵐ 51ˢ	B	l	90° 12′ 51″.81	1ʰ 17ᵐ 38ˢ.5	90° 12′ 5″.39
46 10	"	r	1.90	1 42.5	10.19	58 9	"	l	53.17	36.5	6.33
48 8	"	r	2.36	0 14	10.33	59 19	"	l	52.47	12 43	4.52
1 12 20	"	l	6 22.02			1 26 7	"	r	11 18.30		
17 15	"	l	22.39			37 4	"	r	21.23		
24 59	"	l	22.18			38 26	"	r	20.70		
26 7	"	l	*21.62								
38 20	"	l	20.13	47 41.5	8.76						
39 45	"	l	21.76	46 37	9.52	51 28	"	r	20.96		
40 55	"	l	20.65	45 59	8.33	56 53	"	r	20.21		
51 25	"	r	10 −0.08								
53 9	"	r	1.20								
57 3	"	r	1.30								
2 37 39	W	r	0.79	2 52 31	9.13	2 45 58	"	l	12 50.56		
39 47	"	r	0.76	0.5	8.93	47 12	"	l	50.38		
44 16	"	r	0.55	53 22.5	8.77	49 38	"	l	51.77		
3 2 29	"	l	6 20.90								
4 14	"	l	21.01								
7 23	"	l	21.38								
8 42	"	l	20.22	3 24 47	8.30						
13 46	"	l	19.93	48	9.01						
18 18	"	l	19.81	55	8.17						
31 32	"	r	10 0.43								
35 50	"	r	2.01								
40 52	"	r	0.30								
43 35	F	r	*3.03								
46 56	"	r	*1.44								
48 51	"	r	2.31	54 1	9.05						
59 11	"	l	6 19.71								
August 19.											
						10ʰ 25ᵐ 53ˢ	Hr	r	90° 11′ 22″.63	10ʰ 30ᵐ 22ˢ.5	90° 12′ 2″.31
						27 8	"	r	20.51	26	1.14
						30 6	"	r	22.26	31 9.5	2.40
						32 13	"	l	12 44.28		
						33 44	"	l	43.50		
						34 52	"	l	43.73		

Mittlere Zeit Wangeroog	Beobachter	Lage des Fernrohrs	Wangeroog. Einzelne Zenitdistanzen von Helgoland	Mittel aus beiden Lagen + Reduktionen: mittlere Zeit Wangeroog	Mittel aus beiden Lagen + Reduktionen: Helgoland	Mittlere Zeit Wangeroog	Beobachter	Lage des Fernrohrs	Helgoland. Einzelne Zenitdistanzen von Wangeroog	Mittel aus beiden Lagen + Reduktionen: mittlere Zeit Wangeroog	Mittel aus beiden Lagen + Reduktionen: Wangeroog
10ʰ 31ᵐ 19ˢ	*F*	r	90° 9′ 53″.13	10ʰ 48ᵐ 30ˢ.5	90° 8′ 5″.11	10ʰ 39ᵐ 35ˢ	*Br*	l	90° 12′ 46″.47	10ʰ 43ᵐ 17ˢ	90° 12′ 2″.55
39 27	"	r	51.96	51 32	2.96	40 39	"	l	46.38	9.5	2.95
57 56	"	r	54.71	59 5	3.35	41 51	"	l	45.39	42 50.5	2.96
11 0 14	"	l	6 15.90			43 50	"	r	11 22.26		
4 17	"	l	17.88			45 40	"	r	21.26		
6 22	"	l	21.00			46 59	"	r	20.57		
11 48	"	l	21.52	11 29 19	9.64	49 25	"	r	24.76	11 8 45.5	3.55
13 1	"	l	20.61	29.5	8.19	11 9 15	"	r	21.34	18 7.5	3.10
19 40	"	l	22.05	31 23	9.75	10 33	"	r	23.65	8.5	4.83
43 6	"	r	9 61.36			25 44	"	l	12 47.77		
45 14	"	r	*57.59			27 0	"	l	46.59		
45 58	"	r	59.69			28 6	"	l	46.07		
46 50	"	r	61.68								
12 24 53	*W*	r	57.68	12 44 0	8.83	12 49 24	"	l	49.69	12 57 45	7.98
27 15	"	r	58.55	43 8	9.14	50 37	"	l	47.50	44.5	9.52
29 1	"	r	59.35	41 3.5	8.85	52 52	"	l	47.81	52	6.63
53 6	"	l	6 22.26			1 2 52	"	r	11 27.18		
59 4	"	l	23.65			4 32	"	r	33.18		
1 3 5	"	l	23.90			6 6	"	r	28.00		
7 3	"	l	24.75	1 21 28.5	8.46	23 29	"	r	30.36	1 29 13.5	11.23
9 15	"	l	22.01	19 12	6.72	24 38	"	r	30.94	27 18.5	10.40
12 56	"	l	22.81	54.5	8.65	25 50	"	r	31.54	2	10.84
26 53	"	r	9 58.41			28 14	"	l	12 31.88		
29 9	"	r	55.34			29 59	"	l	31.59		
35 54	"	r	56.08			34 58	"	l	33.83		
40 4	*F*	r	59.67	49 40.5	10.50						
41 1	"	r	57.24	52	10.24						
43 10	"	r	*63.78								
43 53	"	r	59.54	48 48.5	10.31						
53 44	"	l	6 25.00								
57 43	"	l	27.15								
59 17	"	l	25.25								
2 22 46	"	r	10 3.89	2 31 9.5	14.66						
23 58	"	r	1.58	16.5	13.92						
24 57	"	r	2.77	6	14.00						
37 15	"	l	6 29.14								
38 35	"	l	29.17								
39 33	"	l	29.34								
43 15	"	l	27.47	47 20.5	14.24	2 47 49	*B*	l	55.29	2 52 42	12.56
44 19	"	l	25.18	46 56.5	13.34	49 33	"	l	54.95	24	13.10
45 13	"	l	27.11	50	16.17	50 54	"	l	52.64	23.5	12.07
48 27	"	r	10 9.24			53 53	"	r	11 33.24		
49 34	"	r	5.41			55 15	"	r	32.99		
51 26	"	r	4.93			57 35	"	r	31.57		

Mittlere Zeit Wangeroog	Beobachter	Lage des Fernrohrs	Einzelne Zenitdistanzen von Helgoland	Wangeroog. Mittel aus beiden Lagen + Reduktionen: mittlere Zeit Wangeroog	Helgoland	Mittlere Zeit Wangeroog	Beobachter	Lage des Fernrohrs	Einzelne Zenitdistanzen von Wangeroog	Helgoland. Mittel aus beiden Lagen + Reduktionen: mittlere Zeit Wangeroog	Wangeroog
2h 56m 33s	W	r	90° 10′ *0″.45			3h 7m 50s	B	r	90° 11′ 29″.30	3h 12m 21s	90° 12′ 11″.86
59 33	"	r	2.25	3h 5m 41s.5	90° 8′ 15″.07	8 58	"	r	29.49	9.5	9.83
3 6 19	"	r	2.92	8 21	14.69	10 24	"	r	32.25	11 38.5	12.27
7 23	"	r	3.00	14	14.82	12 53	"	l	12 54.13		
9 5	"	l	6 30.55			13 21	"	l	51.90		
10 23	"	l	30.37			16 52	"	l	56.15		
11 50	"	l	32.80								
14 56	"	l	28.32	21 31.5	13.40	19 14	"	l	51.44	27 7.5	11.14
17 3	"	l	30.15	34.5	15.44	26 33	"	l	53.66	30 9.5	12.69
18 13	"	l	30.05	20 46	14.43	28 19	"	l	57.29	28.5	12.08
23 19	"	r	10 2.72			32 38	"	r	11 28.61		
26 6	"	r	4.64			33 46	"	r	31.43		
28 7	"	r	2.40			35 1	"	r	32.58		
31 58	F	r	4.19	37 2.5	14.16	36 25	"	r	29.64	41 20	11.20
34 4	"	r	3.51	36 46.5	13.31	37 35	"	r	31.79	13.5	11.73
35 43	"	r	3.57	43	14.13	39 28	"	r	31.99	21	12.10
37 43	"	l	6 28.61			43 14	"	l	12 53.94		
39 29	"	l	27.03			44 52	"	l	53.44		
42 7	"	l	28.04			46 15	"	l	54.49		
45 32	"	l	30.39	51 2.5	13.80	47 52	"	l	54.71	53 56.5	11.21
46 31	"	l	31.54	50 18	16.45	49 22	"	l	55.50	54 9	11.76
50 12	"	l	31.27	51 19	16.42	51 12	"	l	55.25	22.5	11.69
52 26	"	r	10 5.49			57 33	"	r	11 29.86		
54 5	"	r	5.27			58 56	"	r	29.76		
56 33	"	r	5.12			4 0 2	"	r	29.44		
						1 32	"	r	*32.64		

August 20.

Mittlere Zeit Wangeroog	Beobachter	Lage des Fernrohrs	Einzelne Zenitdistanzen von Helgoland	Wangeroog. Mittel aus beiden Lagen + Reduktionen: mittlere Zeit Wangeroog	Helgoland	Mittlere Zeit Wangeroog	Beobachter	Lage des Fernrohrs	Einzelne Zenitdistanzen von Wangeroog	Helgoland. Mittel aus beiden Lagen + Reduktionen: mittlere Zeit Wangeroog	Wangeroog
10h 28m 47s	F	r	90° 10′ 23″.82	10h 42m 30s.5	90° 8′ 34″.55	10h 37m 8s	B	l	90° 13′ 8″.69	10h 41m 3s.5	90° 12′ 22″.13
30 39	"	r	26.85	41 25.5	32.80	38 12	"	l	9.88	40 53	23.23
35 53	"	r	20.79	43 35	32.14	39 34	"	l	8.19	50	23.46
39 2	"	r	23.82	15	32.48	42 6	"	r	11 40.46		
47 29	"	l	6 43.06			43 34	"	r	38.31		
51 17	"	l	47.42			45 3	"	r	37.30		
52 12	"	l	42.66								
56 14	"	l	49.19								
58 42	"	l	46.64	11 6 13	32.76	50 34	"	r	37.15	56 20.5	21.95
59 47	"	l	40.99	2	30.20	52 28	"	r	40.35	55 50.5	24.32
11 1 28	"	l	43.74	4 18	32.25	54 5	"	r	40.09	26	24.15
7 8	"	r	10 24.67			56 47	"	l	13 9.95		
9 32	"	r	*11.41			59 13	"	l	10.02		
12 17	"	r	23.32			11 2 7	"	l	8.48		
13 44	"	r	22.80								
20 7	W	r	19.62	29 31	32.22	15 47	"	l	9.63	11 20 38.5	22.44
22 41	"	r	23.39	27 31	31.80	16 55	"	l	10.29	27.5	23.13
25 34	"	r	19.18	58	30.14	17 57	"	l	7.48	23	21.66
26 44	"	r	22.01	43.5	29.47	22 49	"	r	11 37.58		
28 43	"	l	6 40.88			24 0	"	r	37.71		
30 22	"	l	45.01			25 30	"	r	36.99		
32 25	"	l	44.12								
38 59	"	l	48.54								

Wangeroog.

Mittlere Zeit Wangeroog	Beobachter	Lage des Fernrohrs	Einzelne Zenitdistanzen von Helgoland		Mittel aus beiden Lagen + Reduktionen: mittlere Zeit Wangeroog	Helgoland
12h 21m 47s	H'	r	90° 10'	28".07	12h 29m 5s.5	90° 8' 36".42
26 14	"	r		28.38	33.5	37.86
27 47	"	r		26.92	44	36.10
31 41	"	l	6	49.40		
32 53	"	l		51.25		
35 24	"	l		48.66		
39 10	"	l		53.85	47 55.5	38.70
40 36	"	l		50.65	48 12.5	36.33
50 28	"	l		*52.16		
51 48	"	l		52.25	53 17	36.28
54 46	"	r	10	24.23		
55 49	"	r		25.92		
56 41	"	r		27.46		
1 3 6	H'	r		26.97	1 7 33.5	35.01
4 19	"	r		26.28	6 44	33.67
6 18	"	r		27.16	7 14.5	36.13
8 11	"	l	6	49.02		
9 9	"	l		44.97		
11 1	"	l		46.97		
13 14	"	l		46.50	17 43	36.33
15 23	"	l		50.97	18 10	39.25
16 47	"	l		52.28	12	40.38
19 37	"	r	10	32.40		
20 57	"	r		31.44		
22 12	"	r		30.07		
26 29	W'	r		30.59	29 39	41.74
27 47	"	r		29.91	41	40.13
28 56	"	r		28.95	46	39.82
30 36	"	l	6	54.58		
31 33	"	l		54.26		
32 49	"	l		56.80		

Helgoland.

Mittlere Zeit Wangeroog	Beobachter	Lage des Fernrohrs	Einzelne Zenitdistanzen von Wangeroog		Mittel aus beiden Lagen + Reduktionen: mittlere Zeit Wangeroog	Wangeroog
11h 28m 18s	H	r	90° 11'	37".81	11h 32m 38s.5	90° 12' 22".84
30 24	"	r		35.86	33 4	22.29
31 40	"	r		35.19	32 56.5	22.38
34 23	"	l	13	9.31		
35 44	"	l		10.45		
36 59	"	l		9.61		
39 3	"	l		9.35		
40 6	"	l		10.04		
41 7	"	l		10.61		
12 38 7	"	r	12	44.51	12 43 5	28.96
40 50	"	r		41.55	32	25.73
42 5	"	r		43.87	32	26.72
44 59	"	l	13	11.31		
46 14	"	l		11.64		
48 3	"	l		15.14		
49 31	"	l		11.52	53 12.5	25.80
50 49	"	l		16.06	13.5	26.28
52 16	"	l		10.96	22	26.21
54 28	"	r	12	43.00		
55 38	"	r		38.24		
56 54	"	r		41.81		
59 7	"	r		44.22	1 4 38.5	27.38
1 0 30	"	r		44.28	3 35	27.54
1 51	"	r		42.32	37	26.45
5 23	"	l	13	13.32		
6 40	"	l		12.54		
10 10	"	l		12.28		

Wangeroog.

Mittlere Zeit Wangeroog	Beobachter	Lage des Fernrohrs	Einzelne Zenitdistanzen vom Helgoland	Mittel aus beiden Lagen + Reduktionen: mittlere Zeit Wangeroog	Mittel aus beiden Lagen + Reduktionen: Helgoland
1ʰ 33ᵐ 41ˢ	W	l	90° 6′ 55″.96	1ʰ 37ᵐ 5ˢ	90° 8′ 41″.39
35 17	„	l	57.20	22.5	41.27
36 30	„	l	53.19	27.5	38.92
38 25	„	r	10 28.07		
39 29	„	r	29.16		
40 29	„	r	30.74		
41 29	P	r	33.89	46 28.5	41.92
44 24	„	r	31.68	24.5	41.48
45 24	„	r	33.83	17	43.60
47 10	„	l	6 57.28		
48 25	„	l	54.10		
49 28	„	l	53.87		
50 23	„	l	51.52	54 3	38.63
51 17	„	l	53.71	53 42	41.11
53 28	„	l	48.54	54 22	39.02
54 54	„	r	10 33.42		
56 7	„	r	32.43		
57 43	„	r	29.76		
2 1 23	W	r	31.58	2 6 45	41.35
3 52	„	r	29.41	7 23.5	36.26
5 54	„	r	28.92	22.5	38.53
8 49	„	l	6 51.05		
10 35	„	l	48.13		
12 7	„	l	58.04		
13 49	„	l	54.92	17 2	42.67
14 59	„	l	57.14	4	43.25
16 15	„	l	57.96	5	41.83
17 53	„	r	10 29.63		
19 9	„	r	33.27		
20 15	„	r	34.33		
23 19	P	r	31.39	27 16	38.64
24 44	„	r	29.20	23.5	38.43
25 47	„	r	33.16	25	41.32
29 3	„	l	6 53.38		
30 7	„	l	54.57		
31 13	„	l	49.82		
32 15	„	l	50.96	37 22	38.98
33 17	„	l	50.11	27.5	42.57
35 28	„	l	55.85	52.5	43.35
36 34	„	l	53.21	42	41.09
38 50	„	r	10 32.89		
40 17	„	r	38.73		
41 38	„	r	38.95		
42 27	„	r	30.92		

Helgoland.

Mittlere Zeit Wangeroog	Beobachter	Lage des Fernrohrs	Einzelne Zenitdistanzen vom Wangeroog	Mittel aus beiden Lagen + Reduktionen: mittlere Zeit Wangeroog	Mittel aus beiden Lagen + Reduktionen: Wangeroog
1ʰ 31ᵐ 13ˢ	H	l	90° 13′ 13″.95	1ʰ 36ᵐ 51ˢ	90° 12′ 28″.22
33 32	„	l	18.22	37 24.5	30.01
37 24	„	l	19.05	38 42	31.29
39 58	„	r	11 45.27		
41 17	„	r	43.63		
42 31	„	r	44.02		
2 54 11	Hr	r	47.32	2 59 16.5	29.52
56 47	„	r	39.22	52	25.67
58 0	„	r	42.46	44	28.74
3 1 28	„	l	13 16.75		
2 57	„	l	13.96		
4 22	„	l	13.45		
7 17	„	l	13.72	3 12 7	26.96
9 14	„	l	14.31	14.5	27.90
10 46	„	l	14.79	15.5	27.83
13 45	„	r	11 42.65		
15 15	„	r	43.22		
16 57	„	r	41.95		
19 15	„	r	43.68	25 15	29.06
24 46	„	r	40.48	27 31	27.01
26 44	„	r	40.38	32	26.92
28 58	„	l	13 15.16		
30 18	„	l	15.27		
31 35	„	l	16.17		
34 27	„	l	17.82	38 26.5	29.89
35 42	„	l	15.67	8	29.08
36 57	„	l	16.21	5.5	29.27
39 14	„	r	11 44.06		
40 34	„	r	44.22		
42 26	„	r	43.67		

Wangeroog: Mittlere Zeit Wangeroog	Beobachter	Lage des Fernrohrs	Einzelne Zenitdistanzen von Helgoland	Mittel aus beiden Lagen + Reduktionen: mittlere Zeit Wangeroog	Helgoland	Helgoland: Mittlere Zeit Wangeroog	Beobachter	Lage des Fernrohrs	Einzelne Zenitdistanzen von Wangeroog	Mittel aus beiden Lagen + Reduktionen: mittlere Zeit Wangeroog	Wangeroog
						3h 45m 10s	Br	r	90° 10′ 39.67	3h 50m 39.5	90° 12′ 26.88
						46 20	"	r	43.27	32	27.95
						48 40	"	r	43.39	51 8.5	27.69
						53 37	"	l	13 13.73		
						54 44	"	l	14.37		
						56 9	"	l	15.82		
						57 46	"	l	11.72	4 1 15.5	25.85
						58 53	"	l	10.82	5	26.25
						4 0 48	"	l	11.66	17.5	26.60
						3 47	"	r	11 43.27		
						5 17	"	r	43.43		
						6 45	"	r	40.71		
August 21.											
11h 45m 1s	F	l	90° 6′ 5.21	11h 48m 43s	90° 8′ 16.65						
46 8	"	l	6.45	51.5	15.80						
47 42	"	l	5.53	46	17.29						
49 50	"	r	10 32.97								
51 35	"	r	29.06								
52 25	"	r	31.99								
						12h 50m 38s	Br	r	90° 11′ 30.77	1h 4m 13s	90° 12′ 15.93
						53 47	"	r	28.75	12 56 30.5	19.25
						55 27	"	r	32.87	55.5	19.34
						58 24	"	l	13 7.55		
						59 54	"	l	7.49		
						1 17 28	"	l	2.82		
						18 59	"	l	6.34	1 22 39.5	17.14
						20 13	"	l	5.89	37.5	17.91
						21 38	"	l	4.14	38	17.21
						23 38	"	r	11 32.02		
						25 2	"	r	31.66		
						26 10	"	r	30.07		
						29 55	"	r	30.79	38 42	16.90
						31 6	"	r	31.36	34 15	16.95
						32 48	"	r	30.36	24.5	15.05
						36 1	"	l	13 1.47		
						37 14	"	l	4.27		
						47 29	"	l	4.75		
						53 38	"	l	7.86		
						57 42	"	l	5.45		
						59 4	"	l	5.07		
2 42 46	W	r	37.62	2 48 44	27.24	2 46 27	"	r	11 34.79		
46 31	"	r	38.88	50 0.5	27.84	47 38	"	r	34.94		
47 49	"	r	39.50	49 55	27.00	48 59	"	r	36.80		
52 1	"	l	6 18.42								
53 28	"	l	20.72								
54 42	"	l	20.77								

Wangeroog.

Mittlere Zeit Wangeroog	Beobachter	Lage des Fernrohrs	Einzelne Zenitdistanzen von Helgoland	Mittel aus beiden Lagen + Reduktionen: mittlere Zeit Wangeroog	Mittel aus beiden Lagen + Reduktionen: Helgoland
2h 56m 51s	W	l	90° 6' 17".35	3h 0m 26s	90° 8' 25".93
58 27	"	l	17.26	29	26.42
59 32	"	l	19.55	24.5	25.08
3 0 57	"	r	10 34.52		
2 31	"	r	39.50		
4 1	"	r	38.42		
7 13	F	r	34.86	13 33	22.84
8 20	"	r	34.55	11 57	23.12
9 24	"	r	34.35	49	21.96
14 14	"	l	6 13.48		
15 34	"	l	15.80		
19 57	"	l	14.74		
22 21	"	l	13.79	29 8	22.13
23 46	"	l	10.87	30 21.5	20.90
28 36	"	l	10.34	31 1	21.07
33 26	"	r	10 35.71		
34 57	"	r	36.85		
36 5	"	r	34.38		
38 31	W	r	36.73	42 47.5	25.04
39 55	"	r	37.08	40	25.97
42 4	"	r	35.26	51	24.77
43 38	"	l	6 18.20		
45 25	"	l	18.78		
47 4	"	l	17.27		
48 29	"	l	17.38	56 38	21.71
50 9	"	l	16.54	54 9.5	22.24
53 40	"	l	19.33	25	24.81
55 10	"	r	10 34.20		
58 10	"	r	32.86		
4 4 47	"	r	31.96		

Helgoland.

Mittlere Zeit Wangeroog	Beobachter	Lage des Fernrohrs	Einzelne Zenitdistanzen von Wangeroog	Mittel aus beiden Lagen + Reduktionen: mittlere Zeit Wangeroog	Mittel aus beiden Lagen + Reduktionen: Wangeroog
2h 50m 29s	Br	r	90° 11' 33".75	2h 58m 10s.5	90° 11' 18".45
53 58	"	r	32.62	57 20	15.38
56 3	"	r	29.90	29	15.37
58 35	"	l	13 2.37		
3 0 42	"	l	−0.23		
2 12	"	l	0.88		
4 42	"	l	2.46	3 9 22	16.38
5 36	"	l	1.89	25.5	14.39
8 24	"	l	3.85	47	16.49
11 20	"	r	12 30.86		
12 55	"	r	28.63		
14 3	"	r	33.04		
29 10	"	r	29.38	33 13.5	14.45
30 17	"	r	30.63	9	14.65
31 7	"	r	31.11	32 52	15.36
34 37	"	l	13 2.34		
36 1	"	l	0.41		
37 22	"	l	1.25		
39 42	"	l	−0.33	43 8	14.70
40 50	"	l	3.20	4.5	16.22
42 3	"	l	1.18	9.5	13.99
44 14	"	r	12 28.54		
45 19	"	r	30.97		
46 34	"	r	31.46		
47 39	"	r	27.34	57 0	13.42
49 49	"	r	29.20	32	15.35
50 38	"	r	27.63	36	13.47
4 4 24	"	l	13 1.05		
5 15	"	l	3.64		
6 22	"	l	1.23		
7 42	"	l	*5.10		
8 31	"	l	*0.53		
9 49	"	l	1.07	4 10 32	14.41
11 15	"	r	12 29.48		

August 22.

Wangeroog.

Mittlere Zeit Wangeroog	Beobachter	Lage des Fernrohrs	Einzelne Zenitdistanzen von Helgoland	Mittel aus beiden Lagen + Reduktionen: mittlere Zeit Wangeroog	Mittel aus beiden Lagen + Reduktionen: Helgoland
10h 12m 9s	F	r	90° 10' 39".31	10h 20m 40s	90° 8' 8".60
13 13	"	r	37.68	38	5.90
14 11	"	r	40.86	10.5	9.16
26 10	"	l	5 41.57		
28 3	"	l	38.03		
29 21	"	l	41.80		
30 8	"	l	40.00	37 26.5	8.24
31 2	"	l	39.39	30	8.96
31 52	"	l	40.23	22	9.16
42 52	"	r	10 42.00		
43 58	"	r	42.24		
44 45	"	r	41.39		

Helgoland.

Mittlere Zeit Wangeroog	Beobachter	Lage des Fernrohrs	Einzelne Zenitdistanzen von Wangeroog	Mittel aus beiden Lagen + Reduktionen: mittlere Zeit Wangeroog	Mittel aus beiden Lagen + Reduktionen: Wangeroog
10h 31m 36s	Br	r	90° 11' 16".15	10h 36m 58s.5	90° 12' 6".89
32 54	"	r	16.68	36	6.76
36 14	"	r	14.40	37 38.5	6.97
39 3	"	l	12 61.28		
40 18	"	l	58.58		
42 22	"	l	59.37		

Mittlere Zeit Wangeroog	Beobachter	Lage des Fernrohrs	Einzelne Zenitdistanzen von Helgoland	Mittel aus beiden Lagen + Reduktionen: mittlere Zeit Wangeroog	Mittel aus beiden Lagen + Reduktionen: Helgoland
Wangeroog.					
10h 50m 38s	P.	r	90° 10′ 38″.19	10h 55m 16s	90° 8′ 8″.88
52 20	"	r	37.26	19	8.00
53 43	"	r	36.85	54 59	6.76
56 15	"	l	5 40.58		
58 18	"	l	41.66		
59 34	"	l	43.48		
11 1 20	"	l	42.52	11 7 6	9.48
2 44	"	l	43.72	4.5	9.71
4 0	"	l	44.87	6 45	12.62
9 30	"	r	10 44.28		
11 25	"	r	39.65		
12 52	"	r	40.35		
21 40	"	l	5 42.80	25 26	9.43
23 1	"	l	44.72	24.5	11.72
24 15	"	l	46.33	16	12.31
26 17	"	r	10 42.21		
27 48	"	r	42.64		
29 12	"	r	41.97		
43 16	"	l	5 44.04	49 34	10.39
44 32	"	l	43.35	40	8.64
45 59	"	l	44.48	18.5	10.59
47 8	"	l	*47.29		
52 38	"	r	10 40.61		
54 48	"	r	37.84		
55 52	"	r	41.06		
12 16 46	"	r	41.46	12 27 3.5	9.31
18 43	"	r	42.36	26	9.68
20 10	"	r	38.70	31.5	7.75
34 53	"	l	5 40.72		
36 9	"	l	40.92		
37 21	"	l	41.08		
38 43	"	l	42.66	46 45.5	9.54
39 54	"	l	43.97	42.5	9.55
41 7	"	l	45.67	34	9.20
52 1	"	r	10 36.64		
53 31	"	r	39.05		
54 46	"	r	40.34		
56 12	"	r	38.47	1 5 10	8.93
57 41	"	r	39.28	8.5	8.37
59 1	"	r	42.32	2.5	11.38
1 11 4	"	l	5 44.36		
12 36	"	l	41.38		
14 8	"	l	43.31		
16 20	"	l	42.07	15 12	8.98
17 42	"	l	43.34	11.5	9.90
18 54	"	l	41.89	4	8.24
31 14	"	r	10 38.50		
32 41	"	r	40.38		
34 24	"	r	39.80		

Mittlere Zeit Wangeroog	Beobachter	Lage des Fernrohrs	Einzelne Zenitdistanzen von Wangeroog	Mittel aus beiden Lagen + Reduktionen: mittlere Zeit Wangeroog	Mittel aus beiden Lagen + Reduktionen: Wangeroog
Helgoland.					
10h 44m 12s	Br.	l	90° 13′ 0″.62	10h 48m 14s	90° 12′ 6″.71
45 47	"	l	1.82	14	8.47
47 12	"	l	1.62	21	7.51
49 30	"	r	11 15.15		
50 41	"	r	16.86		
52 16	"	r	14.54		
54 54	"	r	14.91	59 4.5	5.81
56 45	"	r	15.55	22	6.43
58 0	"	r	14.80	22.5	4.43
11 0 45	"	l	12 55.80		
1 59	"	l	59.05		
3 15	"	l	58.45		
8 44	"	l	58.62	11 17 57	7.60
10 18	"	l	62.83	18 12	8.48
11 40	"	l	55.75	4	5.53
24 28	"	r	11 17.05		
26 6	"	r	15.86		
27 10	"	r	18.31		
34 4	"	r	16.40	38 15.5	7.31
35 49	"	r	18.89	25.5	7.17
37 19	"	r	17.95	26	7.08
39 33	"	l	12 57.95		
41 2	"	l	57.18		
42 27	"	l	59.95		
12 35 58	"	l	59.17	12 39 33	3.83
37 6	"	l	55.84	34.5	3.64
38 22	"	l	53.14	30	3.29
40 38	"	r	11 15.28		
42 3	"	r	13.18		
43 8	"	r	14.22		
58 25	"	r	18.47	1 2 36	4.13
1 0 2	"	r	15.39	37	4.33
1 15	"	r	16.95	34.5	6.45
3 34	"	l	12 57.68		
5 12	"	l	54.81		
6 47	"	l	51.53		
18 30	"	l	59.13	22 17	3.93
19 39	"	l	58.33	17.5	5.62
21 15	"	l	55.90	21.5	4.93
23 30	"	r	11 15.69		
24 56	"	r	14.64		
26 4	"	r	14.51		

Wangeroog.

Mittlere Zeit Wangeroog	Beobachter	Lage des Fernrohrs	Einzelne Zenitdistanzen von Helgoland	Mittel aus beiden Lagen + Reduktionen: mittlere Zeit Wangeroog	Helgoland
1h 35m 33s	F	r	90° 10′ 37.″90	1h 45m 33.s5	90° 8′ 8.″19
37 0	"	r	41.76	36.5	9.48
38 12	"	r	38.96	31	8.48
53 30	"	l	5 41.92		
54 53	"	l	41.11		
56 14	"	l	41.60		
2 37 41	"	r	10 38.60	2 53 49.5	8.22
39 5	"	r	39.00	37.5	8.04
40 27	"	r	38.47	52 26	8.17
3 4 5	"	l	5 41.78		
8 10	"	l	41.00		
9 58	"	l	41.73		
21 23	"	l	41.60	3 [illegible] 22.5	6.99
22 52	"	l	42.36	32	8.91
23 46	"	l	42.66	44.5	7.73
26 43	"	r	10 36.72		
28 12	"	r	39.37		
29 22	"	r	37.29		
30 37	"	r	38.87	40 31	8.75
32 8	"	r	38.47	40.5	7.55
33 18	"	r	39.45	35	8.86
47 52	"	l	5 37.18		
49 13	"	l	40.52		
50 25	"	l	42.53		
51 37	"	l	43.28	4 0 35	9.01
52 44	"	l	40.61	32.5	7.81
54 0	"	l	40.37	38	7.66
4 7 4	"	r	10 38.86		
8 21	"	r	38.92		
9 33	"	r	38.65		

Helgoland.

Mittlere Zeit Wangeroog	Beobachter	Lage des Fernrohrs	Einzelne Zenitdistanzen von Wangeroog	Mittel aus beiden Lagen + Reduktionen: mittlere Zeit Wangeroog	Wangeroog
1h 42m 6s	Br	r	90° 11′ 14.″76	1h 45m 57s	90° 12′ 4.″03
43 29	"	r	15.76	54.5	3.83
44 43	"	r	17.22	53	5.97
47 3	"	l	12 56.57		
48 30	"	l	53.64		
49 48	"	l	55.04		
2 40 21	"	l	52.07	2 44 2	0.53
41 26	"	l	53.20	43 49.5	2.93
42 47	"	l	53.24	49.5	1.41
44 52	"	r	11 11.42		
46 13	"	r	14.43		
47 43	"	r	10.73		
57 58	"	r	14.43	3 3 7.5	2.14
59 14	"	r	14.63	2 2	4.30
3 0 41	"	r	13.63	1 36	3.85
2 31	"	l	12 55.79		
4 50	"	l	55.84		
8 17	"	l	51.56		
18 48	"	l	55.38	21 8.5	4.02
19 54	"	l	55.94	21 58	3.50
20 58	"	l	53.70	53	2.08
22 58	"	r	11 12.48		
24 8	"	r	12.79		
25 47	"	r	14.36		
35 55	"	r	13.16	39 14.5	11 62.81
37 15	"	r	10.60	19.5	59.79
38 15	"	r	9.83	17	62.06
40 19	"	l	12 56.05		
41 24	"	l	50.72		
42 34	"	l	54.20		

August 23.

Wangeroog.

Mittlere Zeit Wangeroog	Beobachter	Lage des Fernrohrs	Einzelne Zenitdistanzen von Helgoland	Mittel: mittlere Zeit Wangeroog	Helgoland
10h 20m 42s	F	l	90° 3′ 35.″15	10h 30m 24s	90° 8′ 17.″34
22 33	"	l	31.75	37	14.53
24 21	"	l	34.83	48	17.46
37 24	"	r	13 4.06		
38 41	"	r	1.63		
40 6	"	r	3.34		
41 37	"	r	2.00	54 12	13.31
43 22	"	r	0.26	7.5	13.53
44 57	"	r	−1.20	53 44.5	14.18
11 1 32	"	l	3 33.88		
4 53	"	l	30.78		
6 47	"	l	28.91		

Helgoland.

Mittlere Zeit Wangeroog	Beobachter	Lage des Fernrohrs	Einzelne Zenitdistanzen von Wangeroog	Mittel: mittlere Zeit Wangeroog	Wangeroog
10h 29m 3s	Br	l	90° 12′ 60.″36	10h 33m 45s	90° 11′ 13.″84
30 18	"	l	60.22	32 57.5	13.8
31 28	"	l	58.83	50	13.51
34 12	"	r	11 29.92		
35 37	"	r	29.11		
38 27	"	r	28.92		
52 19	"	r	29.51	56 13.5	12.22
53 47	"	r	28.78	26	12.35
55 4	"	r	25.96	13.5	11.97
57 43	"	l	12 36.72		
59 3	"	l	37.41		
11 0 8	"	l	36.62		

Wangeroog. Mittlere Zeit Wangeroog	Beobachter	Lage des Fernrohrs	Einzelne Zenitdistanzen von Helgoland	Mittel aus beiden Lagen + Reduktionen: mittlere Zeit Wangeroog	Helgoland	Helgoland. Mittlere Zeit Wangeroog	Beobachter	Lage des Fernrohrs	Einzelne Zenitdistanzen von Helgoland	Mittel aus beiden Lagen + Reduktionen: mittlere Zeit Wangeroog	Wangeroog
11ʰ 9ᵐ 4ˢ	F	l	90° 3′ 31″.94	11ʰ 17ᵐ 19ˢ	90° 3′ 12″.24	11ʰ 11ᵐ 51ˢ	Er	l	90° 12′ 38″.44	11ʰ 15ᵐ 40ˢ.5	90° 12′ 10″.36
10 29	„	l	31.16	28.5	11.45	13 11	„	l	37.83	43	10.77
11 56	„	l	31.08	25.5	12.44	14 31	„	l	34.53	50.5	8.81
22 55	„	r	2 57.68			17 10	„	r	11 24.83		
24 28	„	r	55.65			18 15	„	r	25.44		
25 34	„	r	56.46			19 30	„	r	24.02		
26 44	„	r	57.24	34 41.5	11.18	31 36	„	r	25.86		
27 57	„	r	56.12	41.5	10.80	32 53	„	r	25.04		
29 10	„	r	55.97	27	9.38	34 7	„	r	25.98		
39 44	„	l	3 26.71								
41 26	„	l	29.40								
42 39	„	l	29.03								
12 13 16	„	r	2 51.97	12 25 27.5	4.97	12 23 39	„	r	21.54	12 29 13.5	4.02
14 41	„	r	53.81	29	4.76	24 54	„	r	20.49	10.5	3.25
16 1	„	r	50.93	24 42	4.80	26 4	„	r	21.38	8.5	3.16
33 23	„	l	3 22.57			32 13	„	l	12 46.67		
36 17	„	l	19.63			33 27	„	l	47.74		
37 39	„	l	21.89			34 48	„	l	48.18		
38 55	„	l	20.02	46 58.5	3.49	45 30	„	l	48.02	49 9.5	3.42
40 5	„	l	21.93	41	3.42	46 40	„	l	48.14	4.5	1.91
42 19	„	l	19.74	47 0.5	3.57	48 5	„	l	47.39	10	2.78
51 42	„	r	2 51.31			50 15	„	r	11 19.91		
53 17	„	r	48.83			51 29	„	r	17.41		
55 2	„	r	50.88			52 49	„	r	20.56		
56 45	„	r	46.68	1 6 23	0.55	1 8 47	„	r	18.91	1 12 26.5	1.04
58 16	„	r	49.11	23	1.67	9 57	„	r	20.19	26.5	3.08
59 43	„	r	48.15	18.5	1.50	11 1	„	r	18.33	16	1.93
1 12 54	„	l	3 18.77			13 31	„	l	12 47.25		
14 30	„	l	18.15			14 56	„	l	47.70		
16 1	„	l	18.33			16 6	„	l	44.90		
18 8	„	l	19.89	27 2.5	1.32	27 4	„	l	47.52	30 44.5	11 60.49
19 22	„	l	17.85	0.5	1.01	28 46	„	l	46.66	31 0	59.76
20 42	„	l	19.23	26 57.5	1.41	30 6	„	l	45.63	30 54.5	59.18
33 13	„	r	2 47.51			31 43	„	r	11 14.46		
34 39	„	r	48.09			33 14	„	r	14.59		
35 57	„	r	46.67			34 25	„	r	15.19		
37 22	„	r	48.45	47 38.5	7 60.23	44 19	„	r	15.97		
39 51	„	r	46.94	48 7	59.73	45 40	„	r	14.97		
41 13	„	r	45.84	6.5	58.37	46 48	„	r	14.72		
55 0	„	l	3 14.81								
56 23	„	l	16.48								
57 55	„	l	15.93								
2 28 54	„	l	9.53	2 40 5	49.00	2 42 2	„	r	10.69	2 48 8.5	52.38
30 47	„	l	9.23	14	49.00	46 16	„	r	9.86	49 37.5	52.65
32 14	„	l	7.79	12	48.34	48 16	„	r	10.07	39	52.08
48 10	„	r	2 31.81			51 2	„	l	12 35.82		
49 41	„	r	32.70			52 59	„	l	37.17		
51 16	„	r	32.39			54 13	„	l	35.80		

Mittlere Zeit Wangeroog	Beobachter	Lage des Fernrohrs	Wangeroog. Einzelne Zenit-distanzen von Helgoland	Mittel aus beiden Lagen + Reduktionen: mittlere Zeit Wangeroog	Helgoland	Mittlere Zeit Wangeroog	Beobachter	Lage des Fernrohrs	Helgoland. Einzelne Zenit-distanzen von Wangeroog	Mittel aus beiden Lagen + Reduktionen: mittlere Zeit Wangeroog	Wangeroog
2h 52m 55s	F.	r	90° 12′ 31″.96	3h 4m 40s	90° 7′ 44″.19	3h 4m 35s	Br	l	90° 12′ 35″.84	3h 8m 6s	90° 12′ 49″.10
55 20	"	r	32.03	5 7.5	44.64	6 5	"	l	35.02	14.5	48.72
57 11	"	r	32.46	4 50	44.83	7 21	"	l	33.60	15	48.51
3 12 29	"	l	3 1.22			9 9	"	r	11 5.15		
14 55	"	l	1.27			10 24	"	r	4.15		
16 25	"	l	0.34			11 37	"	r	4.10		
18 10	"	l	2 58.87	29 47	40.41	24 12	"	r	3.78	27 33.5	46.19
19 44	"	l	61.09	8	42.62	25 22	"	r	1.07	39	45.39
21 22	"	l	57.73	7	41.20	26 22	"	r	3.29	22	45.88
36 52	"	r	12 28.58			28 22	"	l	12 30.21		
38 32	"	r	28.06			29 56	"	l	31.44		
41 24	"	r	25.87			30 55	"	l	30.34		
43 21	"	r	21.76	55 16	35.58	40 32	"	l	28.22	44 14	41.2[illegible]
45 9	"	r	22.50	15.5	36.84	41 37	"	l	30.79	4	44.67
47 12	"	r	22.14	22.5	35.96	42 37	"	l	29.91	43 59	43.98
4 3 33	"	l	2 53.69			43 21	"	r	11 0.21		
5 22	"	l	54.09			46 31	"	r	0.18		
7 11	"	l	52.31			47 56	"	r	−2.74		

August 20.

Mittlere Zeit Wangeroog	Beobachter	Lage des Fernrohrs	Einzelne Zenitdistanzen von Helgoland	Mittlere Zeit Wangeroog	Helgoland	Mittlere Zeit Wangeroog	Beobachter	Lage des Fernrohrs	Einzelne Zenitdistanzen von Wangeroog	Mittlere Zeit Wangeroog	Wangeroog
10h 17m 46s	F.	l	90° 3′ 28″.56	10h 26m 24s	90° 8′ 5″.61						
20 46	"	l	28.84	27 9.5	5.58						
33 33	"	r	12 46.24								
35 2	"	r	46.58								
38 39	"	r	*42.30								
40 3	"	r	*41.77								
41 31	"	r	42.45	50 31	2.50						
45 52	"	r	42.53	51 37.5	2.44						
57 23	"	l	3 26.24								
59 31	"	l	26.46								
						11h 7m 19s	Br	r	90° 11′ 16″.95	11h 12m 9s.5	90° 12′ 0″.83
						8 50	"	r	16.53	2	1.25
						10 4	"	r	16.05	11 56.5	0.14
						13 49	"	l	12 45.97		
						15 14	"	l	47.72		
						17 0	"	l	46.44		
						18 49	"	l	44.55	22 53.5	11 59.23
						19 58	"	l	46.80	55	59.62
						21 13	"	l	46.75	23	59.49
						23 33	"	r	11 13.96		
						25 52	"	r	14.17		
						26 58	"	r	15.69		
11 33 11	"	r	12 39.48	11 37 24.5	7 56.40	29 12	"	r	14.16	34 51	59.42
36 35	"	r	40.49	38 41	58.0[illegible]	30 41	"	r	14.98	55.5	58.82
37 37	"	r	39.23	36	56.57	34 54	"	r	12.83	36 20	59.[illegible]4
39 35	"	l	3 17.82			37 46	"	l	12 48.38		
40 47	"	l	19.42			39 10	"	l	44.37		
41 38	"	l	17.24			40 30	"	l	45.79		
43 22	"	l	*15.21								
44 10	"	l	*18.20								

Mittlere Zeit Wangeroog	Beobachter	Lage des Fernrohrs	Wangeroog. Einzelne Zenitdistanzen von Helgoland	Mittel aus beiden Lagen + Reduktionen: mittlere Zeit Wangeroog	Mittel aus beiden Lagen + Reduktionen: Helgoland	Mittlere Zeit Wangeroog	Beobachter	Lage des Fernrohrs	Helgoland. Einzelne Zenitdistanzen von Wangeroog	Mittel aus beiden Lagen + Reduktionen: mittlere Zeit Wangeroog	Mittel aus beiden Lagen + Reduktionen: Wangeroog
August 27.											
10h 5m 48s	F	r	90°12′ 54".66								
15 44	"	r	54.17	10h 12m 38s.5	90° 8′ 6".81						
18 12	"	r	57.08	13 26	6.59						
19 5	"	r	52.91	22 53.5	5.60						
26 42	"	l	3 22.21								
28 40	"	l	20.02								
29 33	"	l	23.36								
31 56	"	l	21.47	41 38	5.26						
33 29	"	l	20.84	40 44	5.45						
34 27	"	l	22.31	39 22.5	5.16						
44 16	"	r	12 51.93								
47 59	"	r	53.98								
51 20	"	r	52.96								
11 1 42	W	r	48.87								
12 47	"	l	3 19.74	11 21 40	2.47						
14 41	"	l	21.65	20 44.5	1.07						
20 38	"	l	23.83	21 54.5	3.86						
23 11	"	r	12 47.80			11h 27m 49s	Br	r	90°11′ 18".14		
26 48	"	r	44.40			29 19	"	r	18.84		
30 33	"	r	49.12			32 19	"	r	17.94		
August 28.											
11h 4m 8s	F	l	90° 3′ 20".61	11h 12m 25s.5	90° 8′ 2".29						
5 25	"	l	19.62	8 57.5	1.50						
6 58	"	l	19.92	9 10	1.94						
11 22	"	r	12 47.88								
12 30	"	r	47.29								
20 43	"	r	47.89								
29 58	"	r	49.34	36 42.5	0.65						
31 12	"	r	49.57	51.5	0.43						
33 9	"	r	49.09	37 18.5	0.70						
41 28	"	l	3 16.12								
42 31	"	l	15.20								
43 25	"	l	15.88								
12 14 45	W	r	12 43.69	12 25 16	7 58.59						
18 4	"	r	43.79	26 14	58.99						
20 38	"	r	42.52	25 48	58.44						
30 58	"	l	3 18.27								
34 24	"	l	18.11								
35 47	"	l	17.41								
44 2	"	l	16.70	55 26	56.88	1h 8m 27s	Br	r	90°11′ 16".98	1h 12m 12s	90°11′ 58".11
46 12	"	l	17.68	35.5	58.12	9 36	"	r	17.25	13.5	58.66
48 51	"	l	17.52	14	58.74	10 41	"	r	17.77	11 45	58.53
1 1 37	"	r	12 43.88			12 49	"	l	12 42.02		
4 59	"	r	42.47			14 52	"	l	41.80		
6 50	"	r	40.98			15 57	"	l	40.98		

Wangeroog: Mittlere Zeit Wangeroog	Beobachter	Lage des Fernrohrs	Einzelne Zenitdistanzen von Helgoland	Mittel aus beiden Lagen + Reduktionen: mittlere Zeit Wangeroog	Helgoland	Helgoland: Mittlere Zeit Wangeroog	Beobachter	Lage des Fernrohrs	Einzelne Zenitdistanzen von Wangeroog	Mittel aus beiden Lagen + Reduktionen: mittlere Zeit Wangeroog	Wangeroog
1h 12m 17s	F	r	90° 12' 46".75	1h 16m 36s	90° 8' 0".96	1h 18m 15s	Br	l	90° 12' 41".15	1h 23m 16s.5	90° 11' 57".79
13 33	"	r	47.43	41.5	1.42	19 30	"	l	41.05	12	57.82
15 4	"	r	47.33	50.5	1.02	20 37	"	l	41.05	13	58.71
18 37	"	l	3 18.43			25 49	"	r	11 18.14		
19 50	"	l	19.33			26 54	"	r	16.33		
20 55	"	l	19.08			28 38	"	r	16.16		
39 32	"	r	12 47.00	48 43	7 59.63	34 22	"	r	17.13	37 49	58.96
41 1	"	r	48.61	47 52	60.69	35 37	"	r	18.04	53	58.86
43 8	"	r	46.47	46 20	60.38	36 42	"	r	17.89	52	58.24
50 32	"	l	3 18.20			39 2	"	l	12 40.35		
54 43	"	l	16.69			40 13	"	l	41.41		
57 34	"	l	16.22			41 16	"	l	42.52		
2 49 34	W	r	12 45.12	3 0 49.5	58.65	2 48 30	"	l	44.35	2 54 21.5	60.96
51 44	"	r	47.18	1 21.5	59.85	50 53	"	l	41.91	38	[illegible]
56 43	"	r	43.24	2 20.5	57.63	52 4	"	l	42.87	33	59.71
3 7 58	"	l	3 15.94			57 2	"	r	11 18.30		
10 59	"	l	16.44			58 23	"	r	17.35		
12 5	"	l	16.09			3 0 13	"	r	19.30		
16 37	"	l	17.57	25 25.5	57.78	14 41	"	r	17.38	3 21 40	59.26
21 15	"	l	15.37	27 18	55.90	21 20	"	r	17.87	24 19.5	59.52
22 30	"	l	15.21	20.5	55.53	23 30	"	r	17.33	34.5	58.6[illegible]
32 11	"	r	11 39.76			25 49	"	l	12 41.50		
33 21	"	r	40.14			27 19	"	l	43.50		
34 14	"	r	41.90			28 39	"	l	44.07		
36 52	F	r	44.60	45 33	59.12	44 51	"	l	45.07	49 53	60.[illegible]
39 9	"	r	43.96	46 6	58.83	46 56	"	l	45.08	50 23	60.64
40 53	"	r	44.43	25	60.33	50 35	"	l	42.86	51 40	59.9[illegible]
51 57	"	l	3 20.14			52 45	"	r	11 18.83		
53 3	"	l	17.61			53 50	"	r	17.93		
54 14	"	l	17.56			54 55	"	r	18.08		
55 11	"	l	17.80	4 5 18	8 1.37						
57 51	"	l	17.56	6 0	0.45						
4 0 24	"	l	19.06	44.5	1.30						
1 3	"	l	17.58	16.5	0.91						
11 30	"	r	12 48.15								
13 5	"	r	47.45								
14 9	"	r	47.25								
15 23	"	r	48.86								

August 30.

Wangeroog: Mittlere Zeit Wangeroog	Beobachter	Lage des Fernrohrs	Einzelne Zenitdistanzen von Helgoland	Mittel aus beiden Lagen + Reduktionen: mittlere Zeit Wangeroog	Helgoland	Helgoland: Mittlere Zeit Wangeroog	Beobachter	Lage des Fernrohrs	Einzelne Zenitdistanzen von Wangeroog	Mittel aus beiden Lagen + Reduktionen: mittlere Zeit Wangeroog	Wangeroog
10h 6m 27s	F	r	90° 12' 33".53	10h 16m 59s.5	90° 7' 46".54	10h 17m 29s	Br	l	90° 12' 26".95	10h 22m 56s	90° 11' 44".22
8 29	"	r	30.61	17 31.5	43.91	20 49	"	l	30.17	24 1	46.19
12 44	"	r	30.61	16 39	44.24	22 28	"	l	28.51	3	44.70
20 34	"	l	3 1.79			23 38	"	r	12 2.63		
26 34	"	l	1.13			27 13	"	r	3.94		
27 32	"	l	3.47			28 23	"	r	3.20		

Wangeroog. Mittlere Zeit Wangeroog	Beobachter	Lage des Fernrohrs	Einzelne Zenit-distanzen von Helgoland	Mittel aus beiden Lagen + Reduktionen: mittlere Zeit Wangeroog	Mittel aus beiden Lagen + Reduktionen: Helgoland	Helgoland. Mittlere Zeit Wangeroog	Beobachter	Lage des Fernrohrs	Einzelne Zenit-distanzen von Wangeroog	Mittel aus beiden Lagen + Reduktionen: mittlere Zeit Wangeroog	Mittel aus beiden Lagen + Reduktionen: Wangeroog
$10^h\ 28^m\ 28^s$	*P*	*l*	$90°\ 3'\ 2''.65$	$10^h\ 37^m\ 41^s$	$90°\ 7'\ 44''.10$						
29 42	"	*l*	3.32	36 3	42.97						
30 28	"	*l*	0.98	35 54.5	41.86						
41 21	"	*r*	12 26.65								
42 24	"	*r*	26.53			$10^h\ 41^m\ 37^s$	*Br*	*r*	$90°\ 11'\ 0''.55$		
46 54	"	*r*	29.47								
57 30	*W*	*r*	24.98	11 6 51.5	37.28						
11 0 8	"	*r*	22.74	7 36	36.17						
1 16	"	*r*	26.13	33	38.99						
2 14	"	*r*	23.68	23.5	39.90						
12 33	"	*l*	2 60.03								
13 50	"	*l*	55.77								
15 4	"	*l*	53.51								
16 13	"	*l*	53.49								
18 28	"	*l*	*53.77								
19 34	"	*l*	*52.45								
						11 29 23	"	*l*	12 17.46	$11^h\ 34^m\ 15^s.5$	$90°\ 12'\ 35''.70$
						33 10	"	*l*	19.33	35 14.5	36.91
						34 29	"	*l*	18.56	13.5	36.30
						36 8	"	*r*	10 55.78		
						37 19	"	*r*	56.23		
						39 8	"	*r*	55.67		
3 44 23	*F*	*r*	12 29.64	3 55 29.5	33.77	3 18 36	"	*r*	50.29	3 28 12.5	29.10
46 35	"	*r*	24.42	47	36.02	26 49	"	*r*	47.35	31 36	27.39
48 34	"	*r*	18.61	24.5	33.47	28 34	"	*r*	44.28	45.5	25.69
4 0 46	"	*l*	2 *54.59			34 57	"	*l*	12 8.84		
2 15	"	*l*	52.24			36 23	"	*l*	9.57		
4 39	"	*l*	51.54			37 49	"	*l*	9.74		
6 34	"	*l*	51.82								

1878.

ZENITDISTANZEN FÜR DAS NIVELLEMENT

ZWISCHEN

WANGEROOG (LEUCHTTURM)

UND

NEUWERK (LEUCHTTURM).

I.

In WANGEROOG: 10 zölliges U.-J. No. II, Beobachter: FISCHER und WESTPHAL.

In NEUWERK: 10 zölliges U.-J. No. I, Beobachter: SADEBECK und WERNER.

II.

In WANGEROOG: 10 zölliges U.-J. No. II, Beobachter: FISCHER.

In NEUWERK: 8 zölliges U.-J. Beobachter: WERNER.

I.

August ☉.

Mittlere Zeit Wangeroog	Beobachter	Lage des Fernrohrs	Wangeroog. Einzelne Zenitdistanzen von Neuwerk	Mittel aus beiden Lagen + Reduktionen: mittlere Zeit Wangeroog	Mittel aus beiden Lagen + Reduktionen: Neuwerk
10h 48m 16s	F	r	90° 8′ 1″.59	11h 3m 43s.5	90° 7′ 39″.46
11 11 16	"	r	7 55.34	14 46	37.30
12 16	"	r	55.58	14 46	36.79
17 16	"	l	6 18.00		
18 16	"	l	19.25		
19 21	"	l	17.33		
22 46	"	l	12.00	26 41	27.66
24 31	"	l	11.88	46	27.41
25 21	"	l	12.24	43.5	29.33
28 6	"	r	7 46.82		
29 1	"	r	42.93		
30 36	"	r	43.31		
36 16	W	r	43.25	39 46	30.39
37 31	"	r	45.86	38.5	30.50
38 31	"	r	43.36	33.5	30.48
40 36	"	l	6 17.60		
41 46	"	l	17.13		
43 16	"	l	17.52		
12 36 1	F	r	7 25.01	12 39 6	8.75
37 16	"	r	20.28	11	4.36
38 26	"	r	25.81	11	3.23
39 56	"	l	5 50.64		
41 6	"	l	48.84		
42 11	"	l	52.49		
46 16	W	l	56.70	55 56	2.14
50 26	"	l	50.25	55 13.5	−0.32
54 11	"	l	51.66	56	2.86
57 41	"	r	7 14.05		
1 0 1	"	r	9.10		
5 36	"	r	7.58		
4 26	F	r	9.97	1 7 36	6 52.49
5 26	"	r	6.82	36	50.30
6 31	"	r	5.83	43.5	50.34
8 56	"	l	5 35.25		
9 46	"	l	33.77		
10 46	"	l	35.01		
14 26	W	l	43.91	23 36	47.24
17 36	"	l	37.59	24 35.5	45.19
19 26	"	l	37.42	20 34	43.67
21 42	"	r	6 49.91		
31 35	"	r	52.79		
32 46	"	r	48.57		
35 16	"	r	*45.91		

Mittlere Zeit Wangeroog	Beobachter	Lage des Fernrohrs	Neuwerk. Einzelne Zenitdistanzen von Wangeroog	Mittel aus beiden Lagen + Reduktionen: mittlere Zeit Wangeroog	Mittel aus beiden Lagen + Reduktionen: Wangeroog
10h 52m 37s	S	r	90° 9′ 8″.50	10h 58m 7s	90° 8′ 42″.33
53 37	"	r	9.24	7	41.82
55 37	"	r	7.40	37	38.48
11 1 37	"	l	8 11.38		
2 37	"	l	15.61		
3 37	"	l	17.98		
5 37	Wr	l	17.33	11 22 37	34.03
15 37	"	l	17.36	25 37	31.76
17 37	"	l	13.05	37	32.43
33 37	"	r	51.62		
35 37	"	r	47.97		
39 37	"	r	52.35		
12 30 37	S	r	38.52	12 43 37	7.45
42 37	"	r	32.55	48 52	3.39
51 37	"	r	26.47	52 7	2.46
52 37	"	l	7 40.26		
55 7	"	l	37.05		
56 37	"	l	38.20		
1 14 37	Wr	l	36.90	1 22 7	7 54.74
17 37	"	l	31.93	21 37	51.26
20 7	"	l	27.8[illegible]	52	47.73
23 37	"	r	8 10.07		
25 37	"	r	12.4[illegible]		
29 37	"	r	14.4[illegible]		

Wangeroog.

Mittlere Zeit Wangeroog	Beobachter	Lage des Fernrohrs	Einzelne Zenitdistanzen von Neuwerk	Mittel aus beiden Lagen + Reduktionen: mittlere Zeit Wangeroog	Mittel aus beiden Lagen + Reduktionen: Neuwerk
1h 38m 41s	F	r	90° 6' 42".91	1h 42m 3s.5	90° 6' 28".68
40 32	"	r	39.34	32	27.77
41 21	"	r	33.07	16	22.96
43 11	"	l	5 10.85		
44 31	"	l	26.19		
45 26	"	l	24.44		
55 31	W	l	21.05		
57 6	"	l	8.88		
2 0 16	"	l	8.25		
49 46	F	r	31.01	3 4 23.5	5 5.35
50 46	"	r	30.85	6	6.89
52 51	"	r	41.17	3 41	23.07
54 21	"	r	39.65	0 3.5	18.74
3 5 46	"	l	3 57.83		
14 31	"	l	44.96		
17 26	"	l	42.93		
19 1	"	l	39.69		
22 16	W	l	32.82	34 46	4 26.67
24 16	"	l	37.65	33 28.5	27.18
27 16	"	l	29.33	1	29.61
33 16	"	l	33.74	35 16	32.72
37 16	"	r	4 31.70		
38 46	"	r	29.88		
42 41	"	r	26.71		
47 26	"	r	20.51		
August 8.					
9h 53m 4s	F	r	90° 9' 4".99	9h 59m 29s	90° 8' 54".67
54 9	"	r	10.09	39	58.48
55 4	"	r	13.01	31.5	59.75
10 3 39	"	l	7 46.49		
5 9	"	l	46.86		
5 54	"	l	44.33		

Neuwerk.

Mittlere Zeit Wangeroog	Beobachter	Lage des Fernrohrs	Einzelne Zenitdistanzen von Wangeroog	Mittel aus beiden Lagen + Reduktionen: mittlere Zeit Wangeroog	Mittel aus beiden Lagen + Reduktionen: Wangeroog
1h 34m 7s	S	r	90° 8' 7".08	1h 39m 7s	90° 7' 39".34
35 37	"	r	8.90	7	39.33
36 37	"	r	6.29	37 22	42.56
38 7	"	l	7 18.75		
42 37	"	l	11.57		
44 7	"	l	13.41		
51 7	Wr	l	10.36	52 22	30.18
53 37	"	r	52.82		
2 34 7	S	l	6 31.08	2 40 22	6 48.10
36 7	"	l	27.76	39 37	43.82
37 37	"	l	27.75	7	48.54
40 37	"	r	7 22.25		
43 7	"	r	2.70		
46 37	"	r	6.94		
50 37	W	r	5.68	58 7	34.38
53 37	"	r	3.20	7	36.15
55 37	"	r	0.09	57 37	31.90
59 37	"	l	6 5.55		
3 2 37	"	l	10.92		
5 37	"	l	4.77		
8 37	S	l	13.05	3 12 37	31.20
9 37	"	l	9.08	7	32.37
10 37	"	l	9.73	12 37	31.73
12 37	"	r	55.53		
14 37	"	r	57.48		
16 37	"	r	51.17		
22 37	Wr	r	47.17		
24 37	"	r	39.72	35 7	6.32
27 37	"	r	41.27	33 7	12.82
38 37	"	l	5 46.18		
45 37	"	l	34.73		
August 8.					
9h 57m 10s	S	r	90° 9' 58".00	10h 2m 16s	90° 9' 33".68
58 47	"	r	10 1.25	27	35.86
59 52	"	r	0.42	17	34.87
10 4 42	"	l	9 11.13		
6 7	"	l	12.28		
7 22	"	l	11.18		
10 37	Wr	l	12.41	19 29.5	35.04
12 27	"	l	12.52	17 42.5	34.57
14 12	"	l	12.90	22	34.09
20 32	"	r	57.10		
22 58	"	r	58.44		
28 22	"	r	59.49		

Wangeroog.

Mittlere Zeit Wangeroog	Beobachter	Lage des Fernrohrs	Einzelne Zenitdistanzen von Neuwerk	Mittel aus beiden Lagen + Reduktionen: mittlere Zeit Wangeroog	Mittel aus beiden Lagen + Reduktionen: Neuwerk
10h 46m 4s	W	r	90° 9' 12".59	10h 52m 44s	90° 9' 10".44
47 54	"	r	11.17	51.5	8.42
49 34	"	r	14.86	54	9.33
55 34	"	l	8 4.20		
57 49	"	l	5.63		
59 24	"	l	8.27		
11 24 19	F	r	9 37.73	11 29 6.5	17.01
26 49	"	r	34.16	36.5	15.75
28 4	"	r	38.41	59	19.83
31 54	"	l	8 21.24		
33 4	"	l	17.24		
33 54	"	l	16.29		
12 28 39	"	r	9 31.46	12 31 6.5	27.93
30 4	"	r	33.83	34	25.32
30 49	"	r	32.24	26.5	24.39
32 4	"	l	8 16.93		
33 4	"	l	16.81		
33 44	"	l	24.4[illegible]		
42 14	"	l	28.93	46 6.5	25.18
43 14	"	l	18.27	9	26.26
44 24	"	l	22.56	16.5	28.34
48 9	"	r	9 34.12		
49 4	"	r	34.25		
49 59	"	r	31.48		

Neuwerk.

Mittlere Zeit Wangeroog	Beobachter	Lage des Fernrohrs	Einzelne Zenitdistanzen von Wangeroog	Mittel aus beiden Lagen + Reduktionen: mittlere Zeit Wangeroog	Mittel aus beiden Lagen + Reduktionen: Wangeroog
10h 30m 37s	N	r	90° 10' 0".40	10h 35m 42s	90° 9' 37".22
32 45	"	r	4.37	41	39.24
33 52	"	r	3.91	37	41.31
36 42	"	l	9 20.52		
38 37	"	l	15.92		
40 47	"	l	13.85		
46 42	Wr	l	15.40	54 34.5	43.69
48 10	"	l	17.57	32	42.92
50 7	"	l	17.70	22	42.07
58 37	"	r	10 8.27		
11 0 52	"	r	10.07		
2 27	"	r	13.80		
5 47	N	r	12.62	11 11 2	49.04
8 2	"	r	12.24	14.5	48.65
9 22	"	r	11.44	12	48.56
13 2	"	l	9 17.50		
14 27	"	l	26.88		
16 17	"	l	27.22		
19 27	Wr	l	28.33	26 42	52.62
22 27	"	l	28.55	45	52.97
23 52	"	l	29.90	54	56.62
29 57	"	r	10 25.23		
32 3	"	r	29.20		
33 57	"	r	28.72		
37 47	N	r	23.08	38 54.5	58.13
40 2	"	l	9 33.03		
12 28 37	Wr	l	44.23	12 36 32	10 4.28
32 37	"	l	35.90	37 7	−0.57
34 52	"	l	36.23	19.5	−0.07
39 47	"	r	10 25.43		
41 37	"	r	24.78		
44 27	"	r	26.23		
51 47	N	r	24.72	56 44.5	0.33
53 29	"	r	23.80	50.5	−1.09
55 37	"	r	24.42	57 34	0.20
59 32	"	l	9 27.80		
1 0 22	"	l	33.83		
1 42	"	l	37.73		

Wangeroog.

Mittlere Zeit Wangeroog	Beobachter	Lage des Fernrohrs	Einzelne Zenitdistanzen von Neuwerk	Mittel aus beiden Lagen + Reduktionen: mittlere Zeit Wangeroog	Neuwerk
1h 6m 4s	W	r	90° 9' 34".16	1h 13m 54s	90° 9' 27".78
10 14	"	r	32.01	14 19	27.21
12 14	"	r	32.03	9	24.22
16 4	"	l	8 16.21		
18 24	"	l	22.20		
21 44	"	l	21.30		
40 4	"	l	10.20	44 42.5	27.13
41 34	"	l	13.18	50.5	20.48
42 49	"	l	15.84	43 45.5	21.81
44 42	"	r	9 27.78		
48 7	"	r	27.78		
49 21	"	r	24.05		
2 39 24	F	r	38.46	2 45 14	29.27
40 29	"	r	38.10	44 56.5	29.23
42 4	"	r	39.74	45 9	28.49
48 14	"	l	8 17.24		
49 24	"	l	20.35		
51 4	"	l	20.08		
3 3 4	"	l	23.62	3 7 42.5	31.47
4 44	"	l	25.43	54	31.50
7 4	"	l	23.48	8 25.5	30.89
9 47	"	r	9 38.29		
11 4	"	r	37.56		
12 21	"	r	39.31		

Neuwerk.

Mittlere Zeit Wangeroog	Beobachter	Lage des Fernrohrs	Einzelne Zenitdistanzen von Wangeroog	Mittel aus beiden Lagen + Reduktionen: mittlere Zeit Wangeroog	Wangeroog
1h 11m 32s	Wr	l	90° 9' 35".05	1h 15m 4s.5	90° 9' 56".35
13 37	"	l	34.03	14 57	58.04
14 57	"	l	32.38	15 7	56.61
17 7	N	l	38.36	16	61.76
18 45	"	l	37.35	7.5	61.38
20 47	"	l	38.38	12	60.60
25 37	"	r	10 24.43		
27 30	"	r	27.23		
29 25	"	r	26.97		
31 17	Wr	r	22.65		
36 17	"	r	23.87		
38 17	"	r	19.47		
43 12	N	r	25.10	47 47	60.24
45 42	"	r	23.13	2	60.01
48 22	"	l	9 38.70		
52 22	"	l	37.20		
54 37	Wr	l	32.10	55 42	55.03
56 47	"	r	10 19.77		
2 43 7	N	r	42.25		
45 0	"	r	36.55		

August 9.

Wangeroog.

Mittlere Zeit Wangeroog	Beobachter	Lage des Fernrohrs	Einzelne Zenitdistanzen von Neuwerk	Mittel aus beiden Lagen + Reduktionen: mittlere Zeit Wangeroog	Neuwerk
12h 48m 18s	F	r	90° 9' 31".40	12h 50m 58s	90° 9' 24".82
49 13	"	r	31.74	55.5	24.04
50 3	"	r	31.10	45.5	23.31
51 28	"	l	8 15.55		
52 38	"	l	16.33		
53 38	"	l	18.23		
1 20 58	"	l	26.07	1 24 8	32.11
22 8	"	l	26.93	3	34.16
23 8	"	l	25.07	23 45.5	32.74
24 23	"	r	9 40.40		
25 58	"	r	41.38		
27 18	"	r	38.14		

Neuwerk.

Mittlere Zeit Wangeroog	Beobachter	Lage des Fernrohrs	Einzelne Zenitdistanzen von Wangeroog	Mittel aus beiden Lagen + Reduktionen: mittlere Zeit Wangeroog	Wangeroog
1h 25m 37s	Wr	l	90° 10' 3".38	1h 35m 4s.5	90° 10' 14".33
29 37	"	l	3.90	36 17	13.43
32 42	"	l	−0.05	34 44	15.39
36 47	"	r	32.65		
42 57	"	r	28.82		
44 32	"	r	27.10		
49 23	"	r	*25.74		

Mittlere Zeit Wangeroog	Beobachter	Lage des Fernrohrs	Wangeroog. Einzelne Zenitdistanzen von Neuwerk	Mittel aus beiden Lagen + Reduktionen: mittlere Zeit Wangeroog	Neuwerk	Mittlere Zeit Wangeroog	Beobachter	Lage des Fernrohrs	Neuwerk. Einzelne Zenitdistanzen von Wangeroog	Mittel aus beiden Lagen + Reduktionen: mittlere Zeit Wangeroog	Wangeroog
2h 47m 31s	W	r	90° 9' 47".18	2h 55m 29s.5	90° 9' 41".96						
49 52	„	r	47.55	56 9	43.50						
51 14	„	r	49.77	49	43.59						
3 0 24	„	l	8 37.41								
2 16	„	l	39.46								
3 28	„	l	36.74								
10 28	„	l	36.83	3 15 5	41.39						
11 54	„	l	37.60	12.5	43.44						
13 8	„	l	35.35	0	42.18						
16 52	„	r	9 49.00								
18 31	„	r	49.27								
19 42	„	r	46.34								
26 32	„	r	47.26	29 49.5	41.47						
27 35	„	r	47.09	52	41.52						
28 37	„	r	46.60	32.5	42.04						
30 28	„	l	8 37.47								
32 9	„	l	35.95								
33 7	„	l	35.68								
August 10.											
						12h 19m 52s	Wr	r	90° 8' 22".02	12h 26m 19s.5	90° 7' 60".34
						21 37	„	r	19.42	7	61.12
						23 27	„	r	15.12	29.5	57.17
						29 32	„	l	7 41.03		
						30 37	„	l	44.63		
						32 47	„	l	40.48		
						34 47	N	l	37.48	40 18	49.91
						36 9	„	l	35.65	29.5	49.17
						37 20	„	l	35.08	39 58.5	49.32
						41 37	„	r	8 5.37		
						44 30	„	r	4.50		
						45 49	„	r	4.15		
12h 43m 12s	F	r	90° 7' 5".33	12h 50m 34s.5	90° 6' 44".09	47 16	Wr	r	7 61.32	52 18	43.20
46 17	„	r	5.46	27	43.01	50 33	„	r	55.67	53 23	41.92
47 22	„	r	2.93	22	42.16	52 2	„	r	56.69	7	42.19
53 22	„	l	5 21.39			54 12	„	l	29.50		
54 37	„	l	20.56			55 53	„	l	29.98		
55 57	„	l	22.85			57 30	„	l	30.90		
1 0 7	„	l	26.12	1 4 4.5	37.10	59 52	S	l	29.25	1 4 58	42.19
1 32	„	l	29.24	19.5	38.86	1 1 26	„	l	29.83	5 9	42.33
2 17	„	l	26.23	9.5	34.10	3 42	„	l	36.28	23.5	46.29
6 2	„	r	6 41.97			7 5	„	r	58.12		
7 7	„	r	48.48			8 32	„	r	56.65		
8 2	„	r	48.07			10 4	„	r	56.93		
11 52	W	r	47.87	16 40	33.17	11 40	Wr	r	49.97	18 17.5	41.01
13 7	„	r	40.86	29.5	31.38	13 37	„	r	48.97	32	39.07
15 31	„	r	41.25	51	31.03	15 17	„	r	50.20	17 59.5	39.41
18 11	„	l	5 20.81			20 48	„	l	30.43		
19 58	„	l	21.90			23 27	„	l	30.98		
21 28	„	l	18.47			24 55	„	l	33.87		

Wangeroog.

Mittlere Zeit Wangeroog	Beobachter	Lage des Fernrohrs	Einzelne Zenitdistanzen von Neuwerk	Mittel aus beiden Lagen + Reduktionen: mittlere Zeit Wangeroog	Mittel aus beiden Lagen + Reduktionen: Neuwerk
1ʰ 26ᵐ 52ˢ	W	l	90° 5′ 29″.65	1ʰ 31ᵐ 37ˢ	90° 6′ 38″.52
29 4	"	l	30.84	50.5	41.91
30 28	"	l	32.42	47	42.87
33 6	"	r	6 53.31		
34 37	"	r	52.98		
36 22	"	r	47.38		
2 40 17	"	r	42.93	2 46 10.5	20.44
42 26	"	r	49.58	45 48	27.25
45 17	"	r	39.57	46 24	21.54
47 31	"	l	5 3.51		
49 10	"	l	4.91		
52 4	"	l	4 57.94		
55 28	"	l	57.63	3 1 37	13.40
56 27	"	l	60.17	2 59 43.5	12.13
57 34	"	l	64.29	41	15.27
3 1 48	"	r	6 26.25		
3 4	"	r	24.09		
7 46	"	r	29.17		
14 57	F	r	*21.21		
15 32	"	r	13.81	3 26 7	15.37
21 48	"	r	34.52	24 35	25.71
23 12	"	r	43.34	17	31.29
25 22	"	l	5 19.24		
27 22	"	l	16.91		
36 42	"	l	16.93		
37 47	"	l	15.39	42 39.5	23.61
38 42	"	l	16.92	42 31.5	24.79
39 37	"	l	18.98	40 34	27.49
41 31	"	r	6 36.00		
46 21	"	r	32.66		
47 32	"	r	31.83		

Neuwerk.

Mittlere Zeit Wangeroog	Beobachter	Lage des Fernrohrs	Einzelne Zenitdistanzen von Wangeroog	Mittel aus beiden Lagen + Reduktionen: mittlere Zeit Wangeroog	Mittel aus beiden Lagen + Reduktionen: Wangeroog
1ʰ 26ᵐ 58ˢ	S	l	90° 7′ 14″.20	1ʰ 31ᵐ 28ˢ	90° 7′ 43″.05
28 22	"	l	32.32	25.5	44.01
30 1	"	l	35.28	20.5	46.19
32 40	"	r	58.92		
34 29	"	r	57.54		
35 58	"	r	53.72		
38 7	Wr	r	50.64	44 57	38.73
39 42	"	r	48.58	59.5	36.52
41 49	"	r	50.75	45 5.5	38.14
48 22	"	l	27.35		
50 17	"	l	26.28		
51 47	"	l	28.63		
2 29 20	S	r	54.70	2 32 51.5	41.48
30 32	"	r	58.09	57	44.10
31 36	"	r	62.51	47	47.22
33 58	"	l	33.75		
35 22	"	l	31.92		
36 23	"	l	32.05		
38 52	Wr	l	35.63	44 25.5	39.43
40 32	"	l	32.78	27.5	39.54
42 7	"	l	31.76	17	39.11
46 27	"	r	48.49		
48 23	"	r	48.12		
49 59	"	r	45.04		
53 54	S	r	54.73	58 1.5	38.81
55 29	"	r	54.85	4.5	38.81
57 13	"	r	53.65	20	37.18
59 27	"	l	22.58		
3 0 50	"	l	24.63		
2 9	"	l	26.75		
4 27	Wr	l	27.97		
16 42	"	l	30.20		
18 24	"	l	24.85		
21 16	S	l	26.42	3 25 32	40.92
22 31	"	l	28.97	55	42.62
23 48	"	l	28.53	24 45.5	40.63
25 43	"	r	54.55		
29 19	"	r	58.03		
30 28	"	r	57.23		
32 57	Wr	r	56.65	42 9.5	41.36
34 5	"	r	58.32	1	38.02
35 52	"	r	50.50	40 23.5	40.46
44 55	"	l	32.20		
49 57	"	l	25.53		
52 22	"	l	27.88		

Mittlere Zeit Wangeroog	Beobachter	Lage des Fernrohrs	Wangeroog. Einzelne Zenitdistanzen von Neuwerk	Mittel aus beiden Lagen + Reduktionen: mittlere Zeit Wangeroog	Neuwerk	Mittlere Zeit Wangeroog	Beobachter	Lage des Fernrohrs	Neuwerk. Einzelne Zenitdistanzen von Wangeroog	Mittel aus beiden Lagen + Reduktionen: mittlere Zeit Wangeroog	Wangeroog
August 13.											
10h 30m 5s	P'	l	90° 8' *10".03								
41 40	"	l	19.65	10h 52m 49s.5	90° 9' 28".20						
43 45	"	l	17.03	52.5	26.97						
44 45	"	l	15.25	50	26.40						
11 0 55	"	r	9 37.55								
2 0	"	r	36.90								
3 59	"	r	37.35								
6 35	"	r	34.82								
7 35	"	r	37.09								
8 25	"	r	35.62								
August 15.											
11h 3m 0s	P'	r	90° 11' 13".92	11h 6m 35s	90° 9' 53".38						
4 10	"	r	13.57	45	53.96						
5 35	"	r	12.71	52.5	52.60						
8 10	"	l	7 32.48								
9 20	"	l	34.34								
10 10	"	l	32.84								
28 50	"	l	24.59								
29 35	"	l	27.46								
31 0	"	l	25.53								
12 34 1	"	r	11 0.51	12 38 0.5	36.09						
35 39	"	r	10 57.33	11	35.32						
36 56	"	r	58.03	37 49	33.83						
38 42	"	l	7 9.63								
40 43	"	l	13.30								
42 0	"	l	11.66								
43 28	"	l	*12.36								
						1h 7m 37s	S	r	90° 9' 58".32	1h 11m 32s.5	90° 9' 43".18
						9 13	"	r	59.10	49	43.31
						10 32	"	r	58.00	33.5	43.65
						12 35	"	l	31.21		
						14 25	"	l	29.73		
						15 28	"	l	29.86		
						17 2	Wr	l	31.65	22 40.5	40.13
						18 27	"	l	28.70	40.5	39.40
						22 57	"	l	26.40	24 4.5	39.00
						25 12	"	r	53.42		
						26 54	"	r	51.92		
						28 19	"	r	50.43		
						30 17	S	r	53.50	35 18.5	37.34
						32 8	"	r	51.62	27.5	36.93
						33 34	"	r	50.97	33.5	36.59
						35 53	"	l	*27.85		
						37 33	"	l	24.03		
						38 47	"	l	24.06		
						40 20	"	l	23.00		

Wangeroog.

Mittlere Zeit Wangeroog	Beobachter	Lage des Fernrohrs	Einzelne Zenitdistanzen von Neuwerk	Mittel aus beiden Lagen + Reduktionen: mittlere Zeit Wangeroog	Neuwerk
2ʰ 33ᵐ 28ˢ	W	r	90° 10′ 38″.77	2ʰ 39ᵐ 58ˢ.5	90° 9′ 17″.92
36 44	„	r	40.15	40 56.5	18.78
38 41	„	r	41.52	41 23.5	19.45
44 6	„	l	6 57.37		
45 9	„	l	57.41		
46 29	„	l	57.07		
3 6 31	„	r	10 42.99	3 11 39	22.47
9 42	„	r	41.19	12 32	23.10
10 47	„	r	41.21	11 37	20.88
12 27	„	l	7 0.55		
15 22	„	l	5.00		
16 47	„	l	1.95		
27 14	F	r	10 46.20	29 48.5	21.43
28 21	„	r	44.12	57	19.49
29 8	„	r	43.23	44.5	20.33
30 21	„	l	6 57.42		
31 33	„	l	54.85		
32 23	„	l	56.65		
40 50	„	l	6 54.51	43 55	18.41
41 35	„	l	54.01	56.5	17.87
42 20	„	l	53.30	33	18.26
44 46	„	r	10 43.22		
46 18	„	r	41.72		
47 0	„	r	42.31		
59 54	W	r	43.02	4 4 14.5	20.77
4 1 8	„	r	43.30	16.5	21.27
2 8	„	r	43.81	3 27	21.13
4 46	„	l	6 58.44		
7 45	„	l	59.21		
8 35	„	l	58.51		

Neuwerk.

Mittlere Zeit Wangeroog	Beobachter	Lage des Fernrohrs	Einzelne Zenitdistanzen von Wangeroog	Mittel aus beiden Lagen + Reduktionen: mittlere Zeit Wangeroog	Wangeroog
2ʰ 37ᵐ 49ˢ	N	l	90° 9′ 18″.15	2ʰ 44ᵐ 55ˢ.5	90° 9′ 29″.48
40 52	„	l	17.32	45 19.5	29.45
43 7	„	l	17.12	2	28.21
46 57	„	r	41.12		
49 47	„	r	43.40		
52 2	„	r	42.62		
54 3	„	r	44.45	59 9.5	30.91
55 47	„	r	43.69	25	30.33
58 10	„	r	44.79	53.5	31.14
3 1 37	„	l	19.31		
3 3	„	l	18.78		
4 16	„	l	19.21		
7 37	W′r	l	18.02	3 15 34.5	32.19
9 23	„	l	16.4[illegible]	14 36.5	30.75
10 43	„	l	17.77	12 35	31.35
14 27	„	r	46.75		
19 50	„	r	46.92		
23 32	„	r	48.17		
28 25	N	r	52.60	37 21	34.28
40 6	„	r	46.99	42 34	32.84
41 25	„	r	47.00	20.5	33.39
43 26	„	l	21.60		
45 2	„	l	20.51		
46 27	„	l	19.28		
49 47	W′r	l	19.60	56 44	29.72
52 37	„	l	18.75	54	31.00
54 47	„	l	18.40	37.5	30.78
58 28	„	r	44.97		
4 1 11	„	r	45.07		
3 41	„	r	41.65		
6 0	N	r	45.30	4 7 26	32.46
8 38	„	l	21.43		

August 18.

Mittlere Zeit Wangeroog	Beobachter	Lage des Fernrohrs	Einzelne Zenitdistanzen von Neuwerk	Mittel: mittlere Zeit Wangeroog	Neuwerk
12ʰ 50ᵐ 10ˢ	F	r	90° 10′ 57″.92	12ʰ 55ᵐ 27ˢ.5	90° 9′ 35″.34
51 1	„	r	57.68	22	36.6
55 8	„	r	59.16	56 2	37.61
56 56	„	l	7 16.05		
59 43	„	l	15.66		
1 0 45	„	l	12.76		

Mittlere Zeit Wangeroog	Beobachter	Lage des Fernrohrs	Wangeroog. Einzelne Zenitdistanzen von Neuwerk	Wangeroog. Mittel aus beiden Lagen + Reduktionen: mittlere Zeit Wangeroog	Wangeroog. Mittel aus beiden Lagen + Reduktionen: Neuwerk	Mittlere Zeit Wangeroog	Beobachter	Lage des Fernrohrs	Neuwerk. Einzelne Zenitdistanzen von Wangeroog	Neuwerk. Mittel aus beiden Lagen + Reduktionen: mittlere Zeit Wangeroog	Neuwerk. Mittel aus beiden Lagen + Reduktionen: Wangeroog
1h 41m 45s	F	l	90° 7' 19".33	1h 45m 18s	90° 9' 39".56						
43 32	"	l	18.87	33	39.14						
44 21	"	l	18.28	6.5	38.39						
45 52	"	r	10 58.59								
47 34	"	r	59.40								
48 52	"	r	59.88								
2 47 30	W	r	57.96	2 51 46.5	37.68						
50 3	"	r	57.23	52 24.5	36.56						
52 35	"	r	56.70	53 2.5	37.14						
53 30	"	l	7 17.58								
54 46	"	l	15.98								
56 3	"	l	17.39								
3 20 41	"	l	18.68	3 25 3	37.95						
22 12	"	l	18.33	24 53	36.82						
23 43	"	l	17.77	36.5	37.07						
25 28	"	r	10 56.37								
27 34	"	r	55.28								
29 25	"	r	57.22								
31 2	F	r	11 2.37	34 17	39.04						
33 26	"	r	10 59.44	58	38.62						
34 6	"	r	58.86	44	37.22						
35 22	"	l	7 15.55								
36 40	"	l	17.77								
37 32	"	l	15.50								
August 19.											
10h 20m 42s	F	r	90° 10' 54".67								
22 0	"	r	54.64								
22 49	"	r	53.72								
11 7 46	"	l	7 13.91			11h 8m 27s	Wr	l	90° 9' 54".78		
9 3	"	l	18.82			10 9	"	l	56.20		
9 58	"	l	18.51			11 22	"	l	50.13		
						13 6	"	l	52.13		
22 20	"	l	18.20	11h 26m 11s.5	90° 9' 35".62	14 51	"	l	51.36	11h 19m 51s	90° 10' 2".82
24 47	"	l	20.03	57.5	36.73	17 23	"	l	48.78	20 20	0.01
25 42	"	l	18.90	42	35.91	18 57	"	l	50.70	12	2.11
27 42	"	r	10 51.92			21 27	"	r	10 15.33		
29 8	"	r	53.43			23 17	"	r	13.04		
30 3	"	r	53.04			24 52	"	r	16.03		
						26 47	"	r	14.70	30 59.5	0.71
						28 7	"	r	14.92	55.5	1.15
						29 24	"	r	13.10	44	−0.25
						32 4	"	l	9 48.22		
						33 44	"	l	49.20		
						35 12	"	l	48.53		
12 32 14	W	r	11 3.90	12 37 16.5	47.12						
35 1	"	r	2.06	58	46.32						
36 11	"	r	3.18	5	46.84						
37 59	"	l	7 30.50								
40 55	"	l	30.57								
42 19	"	l	30.33								

Mittlere Zeit Wangeroog	Beobachter	Lage des Fernrohrs	Wangeroog. Einzelne Zenitdistanzen von Neuwerk	Mittel aus beiden Lagen + Reduktionen: mittlere Zeit Wangeroog	Neuwerk	Mittlere Zeit Wangeroog	Beobachter	Lage des Fernrohrs	Neuwerk. Einzelne Zenitdistanzen von Wangeroog	Mittel aus beiden Lagen + Reduktionen: mittlere Zeit Wangeroog	Wangeroog
1h 14m 39s	W	l	90° 7′ 34.″00	1h 19m 43s	90° 9′ 51.″84						
17 22	"	l	32.06	20 33	52.25						
19 2	"	l	33.46	19 54	51.98						
20 46	"	r	11 10.49								
22 39	"	r	*8.23								
23 44	"	r	12.43								
24 47	"	r	9.62								
1 45 34	F	r	16.08	53 54.5	56.76						
46 23	"	r	17.99	46.5	57.60						
47 11	"	r	15.94	48 12	56.34						
49 13	"	l	7 36.73								
2 1 10	"	l	37.20								
2 15	"	l	37.44								
31 36	"	r	11 11.21								
32 36	"	r	13.14								
33 35	"	r	12.99								
August 21.											
10h 51m 24s	F	r	90° 11′ 39.″63	10h 57m 12.s5	90° 9′ 62.″18						
52 38	"	r	39.36	54 58.5	58.00						
53 39	"	r	40.14	47.5	56.61						
56 0	"	l	7 13.07								
57 19	"	l	16.63								
11 3 1	"	l	24.72								
5 3	"	l	*27.63								
August 23.											
12h 18m 20s	F	r	90° 13′ 45.″67	12h 25m 4.s5	90° 9′ 30.″84						
19 56	"	r	41.11	9.5	28.71						
26 8	"	r	42.21	27 16.5	29.05						
28 45	"	l	4 15.86								
30 23	"	l	16.31								
31 49	"	l	16.00								
43 0	"	l	12.95	46 35	27.19						
44 26	"	l	14.49	43	27.08						
45 42	"	l	13.28	40.5	26.71						
47 39	"	r	13 40.24								
49 0	"	r	39.66								
50 10	"	r	41.63								
1 1 32	"	r	39.70	1 6 10.5	26.45	12h 54m 7s	N	r	90° 10′ 0.″17	12h 54m 55s	90° 9′ 41.″[illegible]
3 22	"	r	40.58	28	26.00	55 43	"	l	9 27.18		
4 55	"	r	39.10	13	25.03	1 8 12	W r	l	24.18	1 9 31.5	39.24
7 31	"	l	4 10.96			10 52	"	r	57.32		
9 35	"	l	11.41								
10 50	"	l	13.19								

Mittlere Zeit Wangeroog	Beobachter	Lage des Fernrohrs	Wangeroog. Einzelne Zenitdistanzen von Neuwerk	Mittel aus beiden Lagen + Reduktionen: mittlere Zeit Wangeroog	Mittel aus beiden Lagen + Reduktionen: Neuwerk	Mittlere Zeit Wangeroog	Beobachter	Lage des Fernrohrs	Neuwerk. Einzelne Zenitdistanzen von Wangeroog	Mittel aus beiden Lagen + Reduktionen: mittlere Zeit Wangeroog	Mittel aus beiden Lagen + Reduktionen: Wangeroog
1h 22m 44s	F	l	90° 4′ 9″.37	1h 27m 1s	90° 9′ 21″.35	1h 25m 24s	S	r	90° 9′ 35″.31	1h 28m 20s	90° 9′ 36″.49
24 7	„	l	8.53	4	22.23	27 57	„	r	33.50	49.5	36.24
25 23	„	l	8.65	26 29	20.80	29 40	„	l	20.60		
27 35	„	r	13 32.94			31 16	„	l	19.18		
30 1	„	r	35.92								
31 18	„	r	33.32								
43 35	„	r	*36.48			43 2	Wr	l	16.02	44 14	33.08
45 36	„	r	30.71	49 24	17.95	45 20	„	r	31.95		
46 53	„	r	31.87	29.5	17.57						
48 31	„	r	32.55	40	17.86						
50 49	„	l	4 3.17								
52 6	„	l	3.27								
53 12	„	l	5.19								
2 34 15	„	l	3 *53.74								
35 56	„	l	49.48	2 40 49.5	2.37	2 32 44	S	l	*1.25		
38 44	„	l	49.55	41 26.5	2.13	34 22	„	l	*2.00		
40 6	„	l	51.74	22.5	3.53	36 3	„	l	8 58.70	2 44 45	13.10
42 39	„	r	13 15.31			53 27	„	r	9 19.32		
44 9	„	r	14.73								
45 43	„	r	13.86								
59 3	„	r	8.28	3 4 47.5	8 55.65	3 11 37	„	l	8 51.5	3 15 16	6.97
3 1 9	„	r	10.71	8.5	57.71	12 52	„	l	49.90	16	5.83
2 36	„	r	9.40	5	55.76	13 58	„	l	52.10	14 43.5	8.66
5 34	„	l	3 42.12			15 29	„	r	9 26.94		
7 8	„	l	44.70			17 41	„	r	23.58		
10 32	„	l	43.01			18 55	„	r	24.25		
23 45	„	l	39.17	29 6	53.44	30 4	Wr	r	18.55	36 30.5	−0.15
25 45	„	l	38.74	17	52.08	32 7	„	r	18.37	24.5	0.36
27 4	„	l	39.48	28 20	52.77	34 22	„	r	22.82	35 49.5	2.08
29 36	„	r	13 6.06			37 17	„	l	8 43.25		
32 49	„	r	5.41			40 48	„	l	44.17		
34 27	„	r	7.71			42 57	„	l	42.96		
49 48	„	r	2.87	55 46	48.70	55 24	S	l	*40.05		
52 20	„	r	5.43	56 14.5	51.13	56 53	„	l	*38.58		
53 37	„	r	3.64	54 47.5	50.60	58 6	„	l	41.83	59 6.5	−2.52
55 58	„	l	3 37.55			4 0 7	„	r	9 24.97		
4 0 9	„	l	36.82								
1 44	„	l	34.52								
August 24.											
						10h 29m 44s	Wr	r	90° 10′ 22″.60	10h 41m 53s	90° 9′ 57″.72
						37 12	„	r	15.90	44 34.5	56.05
						42 16	„	r	17.40	36	56.19
						46 56	„	l	9 36.80		
						51 57	„	l	38.02		
						54 2	„	l	35.65		

Wangeroog: Mittlere Zeit Wangeroog	Beobachter	Lage des Fernrohrs	Einzelne Zenitdistanzen von Neuwerk	Mittel aus beiden Lagen + Reduktionen: mittlere Zeit Wangeroog	Neuwerk	Neuwerk: Mittlere Zeit Wangeroog	Beobachter	Lage des Fernrohrs	Einzelne Zenitdistanzen von Wangeroog	Mittel aus beiden Lagen + Reduktionen: mittlere Zeit Wangeroog	Wangeroog
						10h 59m 44s	Wr	l	90° 9' 36".10	11h 8m 56s.5	90° 9' 52".19
						11 2 49	"	l	34.95	9 26.5	50.60
						4 54	"	l	35.13	6 49	52.21
						8 44	"	r	10 11.10		
						16 4	"	r	8.07		
						18 9	"	r	10.09		
						22 4	"	r	13.17	30 19	51.50
						25 39	"	r	10.87	44	51.79
						28 9	"	r	12.82	29 46.5	52.13
						31 24	"	l	9 34.75		
						35 49	"	l	34.52		
						38 34	"	l	31.65		

August 26.

10h 23m 0s	F	l	90° 4' 31".38	10h 26m 55s.5	90° 9' 41".52	10h 20m 47s	Wr	r	90° 9' 34".07	10h 28m 44s.5	90° 9' 39".28
25 54	"	l	34.34	27 52	43.05	23 22	"	r	33.77	30 20.5	38.99
27 0	"	l	33.20	54	42.55	27 17	"	r	31.52	29 49.5	39.00
28 48	"	r	13 51.99			32 22	"	l	28.30		
29 54	"	r	51.76			35 29	"	l	25.95		
30 52	"	r	51.68			36 42	"	l	26.30		
48 48	"	r	42.74	51 59.5	31.72						
50 2	"	r	43.07	52 8.5	31.93						
51 12	"	r	41.94	2.5	32.20						
52 53	"	l	4 22.45								
54 25	"	l	20.78								
55 22	"	l	20.69								
11 7 17	"	l	19.64	11 17 4	24.92						
8 27	"	l	17.98	9.5	24.74						
9 22	"	l	18.30	16 48.5	24.79						
24 16	"	r	13 31.28								
25 52	"	r	31.49								
26 51	"	r	30.20								

August 27.

12h 33m 48s	F	r	90° 13' 44".83	12h 43m 5s.5	90° 9' 28".83	12h 22m 57s	Wr	l	90° 9' 39".35	12h 32m 42s	90° 9' 50".65
37 26	"	r	43.64	44 22	27.73	28 7	"	l	40.83	34 8.5	51.08
38 42	"	r	44.36	43 18	28.05	30 23	"	l	40.30	32 57.5	51.08
47 54	"	l	4 11.74			35 32	"	r	10 3.68		
52 16	"	l	11.82			40 10	"	r	3.15		
53 23	"	l	12.82			42 27	"	r	3.77		
1 3 47	"	l	21.14	1 8 1	28.21	44 38	N	r	3.34	49 59	48.72
4 55	"	l	10.23	4.5	27.13	46 49	"	r	2.40	50 28	49.01
6 5	"	l	10.12	7 22.5	26.08	48 7	"	r	0.75	49 37	47.46
8 20	"	r	13 42.04			51 7	"	l	9 35.98		
11 24	"	r	44.03			54 7	"	l	37.43		
12 15	"	r	45.28			55 20	"	l	35.93		
						58 25	Wr	l	34.45		

Mittlere Zeit Wangeroog	Beobachter	Lage des Fernrohrs	Wangeroog. Einzelne Zenitdistanzen von Neuwerk	Mittel aus beiden Lagen + Reduktionen: mittlere Zeit Wangeroog	Neuwerk	Mittlere Zeit Wangeroog	Beobachter	Lage des Fernrohrs	Neuwerk. Einzelne Zenitdistanzen von Wangeroog	Mittel aus beiden Lagen + Reduktionen: mittlere Zeit Wangeroog	Wangeroog
August 28.											
10h 23m 18s	F.	r	90° 13′ 51″.21	10h 32m 9s	90° 9′ 31″.81						
24 51	"	r	49.42	24	30.72						
25 58	"	r	47.95	29 24	31.45						
32 50	"	l	4 14.85								
39 37	"	l	12.01								
41 0	"	l	12.39								
						10h 37m 51s	S	r	90° 9′ 53″.12	10h 43m 43s	90° 9′ 40″.33
						41 21	"	r	52.82	42	36.78
						42 35	"	r	53.71	43	39.59
						44 51	"	l	27.26		
						46 3	"	l	22.53		
						47 35	"	l	27.36		
						49 10	W'r	l	26.65	53 28	37.28
						50 27	"	l	24.55	9.5	35.79
						51 52	"	l	24.27	2	36.49
						54 12	"	r	50.62		
						55 52	"	r	48.85		
						57 46	"	r	49.72		
57 45	"	l	12.46	11 11 12	23.28	11 0 20	S	r	47.47	11 3 59	33.17
11 0 35	"	l	10.04	12 2.5	24.97	1 52	"	r	48.07	4 6	33.34
1 38	"	l	11.19	1.5	24.65	2 52	"	r	47.40	3 55.5	32.67
22 25	"	r	13 38.10			4 59	"	l	19.73		
23 28	"	r	39.83			6 20	"	l	20.43		
24 39	"	r	39.10			7 38	"	l	20.68		
26 35	"	r	38.68	33 14.5	23.29	9 5	W'r	l	19.77	12 42.5	32.60
27 44	"	r	39.41	12	24.51	10 28	"	l	19.97	41	32.39
28 42	"	r	39.80	10	23.34	11 27	"	l	19.70	32	32.42
37 38	"	l	4 10.88			13 37	"	r	46.95		
38 40	"	l	9.61			15 0	"	r	46.62		
39 54	"	l	7.90			16 18	"	r	47.25		
						18 37	S	r	48.35	22 44	34.35
						20 27	"	r	45.80	55	32.37
						21 56	"	r	45.75	46.5	32.42
						23 37	"	l	20.88		
						25 23	"	l	21.36		
						26 51	"	l	22.16		
						28 40	W'r	r	20.30		
						30 6	"	r	21.03		
						31 27	"	r	22.20		
12 21 55	W'	r	13 46.44	12 25 32	29.69						
23 21	"	r	39.57	38	26.87						
24 38	"	r	39.04	25	26.89						
26 10	"	l	4 14.73								
27 55	"	l	14.13								
29 9	"	l	12.94			12 43 43	S	r	50.77		
						46 13	"	r	53.19		

Wangeroog.

Mittlere Zeit Wangeroog	Beobachter	Lage des Fernrohrs	Einzelne Zenitdistanzen von Neuwerk	Mittel aus beiden Lagen + Reduktionen: mittlere Zeit Wangeroog	Mittel aus beiden Lagen + Reduktionen: Neuwerk
12h 51m 0s	W	l	90° 4' 11".22	12h 54m 51s	90° 9' 26".74
52 14	"	l	11.68	24.5	26.13
53 16	"	l	12.06	2	25.83
54 46	"	r	13 39.59		
56 35	"	r	39.77		
58 42	"	r	41.26		
1 27 40	F	l	4 23.47	1 31 12.5	35.27
29 1	"	l	21.61	24	35.06
29 50	"	l	19.58	30 42.5	34.87
31 35	"	r	13 50.25		
33 47	"	r	48.50		
34 45	"	r	47.07		
43 18	"	r	45.18	46 11	29.40
44 32	"	r	43.08	16	30.23
45 20	"	r	45.27	1.5	30.47
46 43	"	l	4 15.67		
48 0	"	l	17.37		
49 4	"	l	13.61		
2 58 15	W	r	13 46.39	3 1 28	32.28
59 37	"	r	45.40	37.5	31.83
3 0 47	"	r	44.75	38.5	31.50
2 30	"	l	4 17.85		
3 38	"	l	18.19		
4 41	"	l	18.16		
23 55	"	l	17.79	26 58.5	30.51
24 54	"	l	16.54	59	29.96
25 53	"	l	15.83	43.5	29.51
27 34	"	r	13 43.18		
29 4	"	r	43.37		
30 2	"	r	43.24		
42 26	F	r	46.49	46 18.5	31.81
43 38	"	r	47.49	45 23	33.58
44 49	"	r	47.07	24	31.83
45 59	"	l	4 16.58		
47 8	"	l	19.67		
50 11	"	l	17.83		
4 3 2	"	l	17.01	4 6 35.5	32.55
3 59	"	l	18.28	32.5	33.13
6 43	"	l	17.64	7 20	33.44
7 57	"	r	13 49.24		
9 6	"	r	47.99		
10 9	"	r	48.09		

Neuwerk.

Mittlere Zeit Wangeroog	Beobachter	Lage des Fernrohrs	Einzelne Zenitdistanzen von Wangeroog	Mittel aus beiden Lagen + Reduktionen: mittlere Zeit Wangeroog	Mittel aus beiden Lagen + Reduktionen: Wangeroog
1h 0m 59s	Wr	l	90° 9' 39".08	1h 5m 29s	90° 9' 53".33
2 28	"	l	38.83	26.5	49.46
4 2	"	l	35.68	18.5	48.01
6 35	"	r	10 2.15		
8 25	"	r	1.90		
9 59	"	r	9.40		
42 25	"	l	9 45.77	47 40.5	51.15
44 7	"	l	40.20	46 25.5	49.98
46 4	"	l	37.20		
48 44	"	r	10 1.57		
52 56	"	r	9 58.34		
3 43 32	N	r	10 5.98	3 48 21	51.40
46 9	"	r	6.85	46.5	50.91
47 28	"	r	4.03	23	52.55
49 24	"	l	9 42.90		
51 24	"	l	36.81		
53 10	"	l	38.63		

August 30.

Mittlere Zeit Wangeroog	Beobachter	Lage des Fernrohrs	Einzelne Zenitdistanzen von Wangeroog	Mittel aus beiden Lagen + Reduktionen: mittlere Zeit Wangeroog	Mittel aus beiden Lagen + Reduktionen: Wangeroog
9h 59m 2s	S	r	90° 9' 32".39		
10 0 57	"	r	32.74	10h 6m 5s	90° 9' 26".05
2 57	"	r	31.64	5 23	26.71
7 49	"	l	3.63		
11 13	"	l	1.18		

Wangeroog.

Mittlere Zeit Wangeroog	Beobachter	Lage des Fernrohrs	Einzelne Zenitdistanzen von Neuwerk	Mittel aus beiden Lagen + Reduktionen: mittlere Zeit Wangeroog	Mittel aus beiden Lagen + Reduktionen: Neuwerk
10h 14m 2s	P'	r	90° 13' 24".13	10h 16m 48s.5	90° 9' 8".03
15 12	„	r	20.19	53.5	5.70
16 14	„	r	18.78	53	5.86
17 32	„	l	3 52.93		
18 35	„	l	51.20		
19 35	„	l	51.27		
31 53	„	l	49.06	36 7	3.79
34 7	„	l	47.88	47	3.14
35 10	„	l	48.34	22	4.03
36 31	„	r	13 *21.72		
37 34	„	r	19.71		
39 27	„	r	18.40		
40 21	„	r	18.52		
11 3 17	W'	r	14.36	11 6 54.5	1.20
4 23	„	r	17.09	53	2.23
5 20	„	r	14.51	4	1.05
6 48	„	l	3 47.58		
9 23	„	l	47.37		
10 32	„	l	47.83		
20 57	„	l	43.05	26 16	−2.48
22 0	„	l	42.62	25 57.5	−4.01
26 56	„	l	41.03	27 49.5	−3.21
28 43	„	r	13 12.55		
29 55	„	r	9.35		
31 35	„	r	11.99		
3 35 58	P'	l	3 44.15	3 38 58	0.47
36 43	„	l	43.36	52	0.96
37 58	„	l	45.32	58	0.89
39 58	„	r	13 16.45		
40 59	„	r	18.56		
41 52	„	r	16.72		

Neuwerk.

Mittlere Zeit Wangeroog	Beobachter	Lage des Fernrohrs	Einzelne Zenitdistanzen von Wangeroog	Mittel aus beiden Lagen + Reduktionen: mittlere Zeit Wangeroog	Mittel aus beiden Lagen + Reduktionen: Wangeroog
10h 18m 42s	W'r	l	90° 9' 1".20		
24 17	„	l	1.96		
50 52	„	r	14.00		
53 27	„	r	22.15		
11 27 20	„	l	8 49.10		
29 2	„	l	52.35		
31 57	„	l	49.70		
2 27 47	„	l	47.55	2h 34m 18s.5	90° 9' 0".69
29 54	„	l	49.35	30.5	1.03
31 27	„	l	50.08	15.5	0.47
37 4	„	r	9 12.67		
39 7	„	r	14.52		
40 50	„	r	15.65		
44 53	N	r	*19.57		
46 24	„	r	*18.07		
49 27	„	r	15.70	50 24.5	0.41
52 22	„	l	8 46.93		
3 6 23	„	r	9 10.25	3 13 22.5	−2.12
9 52	„	r	8.05	14 17	−3.16
11 21	„	r	13.50	25.5	1.01
17 40	„	l	8 50.33		
18 42	„	l	47.45		
20 20	„	l	47.13		
32 19	„	r	9 15.22	36 20.5	3.92
33 40	„	r	20.07	54.5	6.14
40 9	„	l	8 54.03		
41 22	„	l	54.42		
42 53	W'r	l	55.00	46 44	7.03
44 52	„	l	56.48	48	7.72
48 44	„	r	9 20.78		
50 33	„	r	20.87		

Wangeroog: Mittlere Zeit Wangeroog	Beobachter	Lage des Fernrohrs	Einzelne Zenitdistanzen von Neuwerk	Mittel aus beiden Lagen + Reduktionen: mittlere Zeit Wangeroog	Neuwerk	Neuwerk: Mittlere Zeit Wangeroog	Beobachter	Lage des Fernrohrs	Einzelne Zenitdistanzen von Wangeroog	Mittel aus beiden Lagen + Reduktionen: mittlere Zeit Wangeroog	Wangeroog
September 1.											
						10h 41m 57s	Wr	r	90° 10' 18".07	10h 47m 9s	90° 9' 59".08
						44 47	"	r	13.37	59.5	57.58
						46 41	"	r	13.52	54	57.86
						49 7	"	l	9 42.81		
						51 12	"	l	43.62		
						52 21	"	l	41.90		
11h 8m 15s	F	r	90° 13' 44".74	11h 12m 28s.5	90° 9' 30".00	55 29	"	l	41.90	11 0 33	51.08
9 32	"	r	45.79	12	29.47	57 3	"	l	36.93	27.5	48.71
10 23	"	r	45.96	2.5	30.54	59 23	"	l	37.88	36.5	50.66
13 44	"	l	4 15.12			11 1 50	"	r	10 5.15		
14 52	"	l	13.01			3 52	"	r	2.32		
16 42	"	l	15.96			5 37	"	r	1.95		
19 31	"	l	14.26	28 32	24.14						
20 35	"	l	13.8	26 51.5	24.65						
30 52	"	l	*9.85								
33 8	"	r	13 35.5								
37 33	"	r	34.01								
12 52 46	W	r	26.25	1 14 56.5	24.70	1 23 30	S	l	9 16.43	1 26 58.5	30.19
53 52	"	r	24.42	13 39	23.14	24 52	"	l	13.81	58.5	28.41
57 7	"	r	25.72	12 23	20.92	25 53	"	l	14.73	49	28.12
1 27 39	"	l	3 56.08			27 45	"	r	43.33		
33 26	"	l	61.85			29 5	"	r	44.89		
37 7	"	l	63.15			30 27	"	r	46.17		
41 28	"	l	4 4.86	47 21	18.61	33 44	Wr	r	45.85	41 14.5	27.09
47 3	"	l	3.92	49 45.5	16.77	37 6	"	r	45.09	55.5	26.65
48 9	"	l	1.36	49.5	15.87	40 10	"	r	39.12	42 38.5	23.44
51 30	"	r	13 30.38			44 57	"	l	13.58		
52 28	"	r	29.50			46 45	"	l	10.03		
53 14	"	r	32.32			48 45	"	l	10.15		
						50 52	"	l	5.25		
2 41 24	F	l	4 3.85	2 53 36	19.96	2 34 17	"	r	36.95		
42 33	"	l	4.97	41.5	21.05						
43 37	"	l	2.60	39.5	19.36						
3 0 4	"	r	14 *11.81								
3 42	"	r	13 56.12								
4 50	"	r	57.12								
5 48	"	r	56.06								
6 58	"	r	54.64	3 11 9	37.43						
8 5	"	r	53.84	9	37.69						
11 30	"	r	50.22	12 17.5	36.43						
13 5	"	l	4 22.63								
14 13	"	l	21.54								
15 20	"	l	20.22								

Mittlere Zeit Wangeroog	Beobachter	Lage des Fernrohrs	Wangeroog. Einzelne Zenitdistanzen von Neuwerk	Mittel aus beiden Lagen + Reduktionen: mittlere Zeit Wangeroog	Neuwerk	Mittlere Zeit Wangeroog	Beobachter	Lage des Fernrohrs	Neuwerk. Einzelne Zenitdistanzen von Wangeroog	Mittel aus beiden Lagen + Reduktionen: mittlere Zeit Wangeroog	Wangeroog
				II.							
				August 22.							
10h 15m 32s	F'	r	90° 11' 46".92	10h 20m 1s	90° 9' 17".86						
16 27	"	r	50.46	0	18.21						
17 20	"	r	47.27	18 3.5	16.77						
18 47	"	l	6 48.12								
23 33	"	l	47.81								
24 30	"	l	50.66								
						10h 39m 25s	Wr	l	90° 17' 33".53	11h 6m 1s	90° 10' 36".63
						11 2 37	"	l	34.97	5 4.5	36.27
						7 32	"	r	3 39.39		
						12 37	"	r	41.54		
11 17 38	"	l	47.37	11 25 21	14.39	24 55	"	l	17 26.93		
18 46	"	l	47.78	18	13.77	27 3	"	l	30.57		
20 2	"	l	48.22	18.5	14.21						
30 33	"	r	11 42.07								
31 50	"	r	42.61								
33 4	"	r	43.27								
34 18	"	r	42.10	38 1	14.06	35 27	"	l	32.93	40 22	34.12
35 21	"	r	40.38	37 55	13.53	45 17	"	r	3 38.22		
36 36	"	r	*43.65								
37 34	"	r	40.98	38 28	14.43						
39 22	"	l	6 49.74								
40 28	"	l	48.53								
41 44	"	l	48.87								
12 23 26	"	r	11 44.10	12 28 14	18.94	12 17 57	"	r	35.06	11 23 30.5	33.15
24 40	"	r	46.51	18.5	19.11	29 44	"	l	17 33.26		
25 52	"	r	48.28	6	20.37						
30 20	"	l	6 54.31								
31 57	"	l	53.56								
33 12	"	l	55.63								
42 24	"	l	55.16	46 54	20.74	36 37	"	l	36.67	38 25.5	34.97
44 8	"	l	53.65	20.5	16.98	40 14	"	r	3 35.08		
45 7	"	l	52.23	26	17.88						
47 25	"	r	11 46.38								
48 39	"	r	42.16								
52 24	"	r	48.17								
1 0 48	"	r	44.63	1 4 54.5	15.82	50 37	"	r	32.16	52 57.5	32.72
2 20	"	r	43.14	57	16.42	55 18	"	l	17 36.09		
3 27	"	r	42.46	53	18.27	1 3 57	"	l	29.93	1 10 7	29.73
6 19	"	l	6 55.94			8 57	"	l	23.63	1	29.44
7 44	"	l	52.55			11 5	"	r	3 37.06		
9 2	"	l	48.84			14 17	"	r	32.33		
21 12	"	l	50.17	25 26	17.37						
22 41	"	l	52.46	22.5	18.67						
24 10	"	l	54.07	23.5	17.53						
26 37	"	r	11 42.84								
28 4	"	r	45.93								
29 20	"	r	46.43								

Wangeroog.

Mittlere Zeit Wangeroog	Beobachter	Lage des Fernrohrs	Einzelne Zenitdistanzen von Neuwerk	Mittel aus beiden Lagen + Reduktionen: mittlere Zeit Wangeroog	Neuwerk
1ʰ 40ᵐ 31ˢ	F.	r	90° 11′ 45″.36	1ʰ 45ᵐ 55ˢ.5	90° 9′ 18″.47
41 46	"	r	48.51	57	19.83
43 0	"	r	*44.13		
44 16	"	r	49.84	46 28.5	20.00
48 41	"	l	6 52.01		
50 8	"	l	53.00		
51 20	"	l	53.44		
2 51 30	"	r	11 58.19	2 56 43.5	28.86
53 30	"	r	65.78	57 9.5	33.00
54 42	"	r	59.10	10.5	32.42
56 2	"	r	61.72	2.5	30.97
58 3	"	l	7 2.06		
59 39	"	l	7.60		
3 0 49	"	l	2.07		
1 57	"	l	1.39		
16 47	"	l	6.30	3 20 56	32.43
18 37	"	l	5.12	21 1	31.73
19 39	"	l	5.3	20 40	32.59
21 41	"	r	12 2.74		
22 51	"	r	11 *56.08		
23 59	"	r	12 0.10		
25 5	"	r	0.46		
35 19	"	r	11 58.44	40 38.5	31.63
36 39	"	r	12 3.52	3.5	33.00
38 9	"	r	1.67	10.5	32.50
42 12	"	l	7 5.19		
43 28	"	l	4.34		
45 58	"	l	6.67		
56 16	"	l	2.35	4 0 44	28.59
57 59	"	l	4.30	46	26.59
59 21	"	l	6.33	46.5	25.20
4 2 1	"	r	11 45.93		
3 33	"	r	50.73		
5 12	"	r	56.68		

Neuwerk.

Mittlere Zeit Wangeroog	Beobachter	Lage des Fernrohrs	Einzelne Zenitdistanzen von Wangeroog	Mittel aus beiden Lagen + Reduktionen: mittlere Zeit Wangeroog	Wangeroog
1ʰ 32ᵐ 12ˢ	W'r	r	90° 3′ 28″.27	1ʰ 35ᵐ 55ˢ	90° 10′ 29″.23
35 5	"	r	26.57	36 4.5	31.2[illegible]
37 4	"	l	17 37.64		
39 38	"	l	32.05		
46 27	"	l	*36.20		
48 38	"	l	40.75	49 36	38.11
50 34	"	r	3 37.28		
53 9	"	r	*20.96		
2 34 22	"	r	36.93	2 39 29.5	37.13
36 17	"	r	43.58	38 27	42.84
37 55	"	r	40.58	40	42.46
39 25	"	l	17 46.13		
40 37	"	l	43.92		
44 37	"	l	39.15		
53 52	"	l	44.28	57 5	42.13
54 38	"	l	42.79	8.5	39.96
55 33	"	l	44.17	56 39	40.55
57 45	"	r	3 38.74		
59 39	"	r	38.95		
3 0 38	"	r	41.80		
9 41	"	r	45.06	3 13 4	41.71
10 57	"	r	38.89	12 58.5	35.28
12 7	"	r	41.60	13 2.5	40.20
13 58	"	l	17 39.61		
15 0	"	l	33.37		
16 27	"	l	40.17		
27 22	"	l	36.58	30 27.5	36.58
28 16	"	l	37.13	20.5	38.29
29 20	"	l	35.26	13	36.23
31 6	"	r	3 39.01		
32 25	"	r	37.26		
33 33	"	r	38.40		
44 25	"	r	44.72	48 13.5	38.20
45 15	"	r	41.96	47 28.5	37.26
46 22	"	r	41.58	22	37.49
48 22	"	l	17 35.22		
49 42	"	l	34.18		
52 2	"	l	33.49		
4 1 15	"	l	37.94	4 3 45	38.27
2 22	"	l	34.85	27	37.90
4 32	"	r	3 41.76		
6 15	"	r	40.41		

Mittlere Zeit Wangeroog	Beobachter	Lage des Fernrohrs	Wangeroog. Einzelne Zenitdistanzen von Neuwerk	Mittel aus beiden Lagen + Reduktionen: mittlere Zeit Wangeroog	Neuwerk	Mittlere Zeit Wangeroog	Beobachter	Lage des Fernrohrs	Neuwerk. Einzelne Zenitdistanzen von Wangeroog	Mittel aus beiden Lagen + Reduktionen: mittlere Zeit Wangeroog	Wangeroog
					August 23.						
						10ʰ 6ᵐ 23ˢ	H'r	r	90° 3' 35ʺ.62	11ʰ 9ᵐ 8ˢ.5	90° 10' 32ʺ.64
						7 47	„	r	29.92	8 53.5	30.47
						10 0	„	l	17 32.83		
						11 52	„	l	31.47		
10ʰ 26ᵐ 17ˢ	F	l	90° 4' 26ʺ.37	10ʰ 30ᵐ 58ˢ	90° 9' 9ʺ.14	19 17	„	l	36.01	27 22.5	30.96
27 28	„	l	27.89	58.5	10.67	20 39	„	l	34.49	26 33.5	32.06
28 43	„	l	27.74	41.5	10.32	33 12	„	r	3 29.43		
32 40	„	r	13 54.73			35 28	„	r	27.73		
34 29	„	r	53.31								
35 39	„	r	53.77								
46 40	„	r	53.03	50 51	7.54						
48 7	„	r	52.98	57.5	7.32						
49 21	„	r	50.18	41	5.12						
52 1	„	l	4 21.91								
53 48	„	l	23.51								
55 2	„	l	23.90								
11 13 44	„	l	21.26	11 17 38.5	3.55						
15 29	„	l	21.46	18 0	4.16						
16 43	„	l	22.06	17 48.5	3.69						
18 54	„	r	13 47.17								
20 31	„	r	48.72								
21 33	„	r	47.70								
30 40	„	r	47.94	34 29.5	4.34						
32 18	„	r	47.46	42.5	3.48						
33 32	„	r	46.65	29.5	1.19						
35 27	„	l	4 17.59								
37 7	„	l	21.38								
38 19	„	l	22.59								
					August 27.						
10ʰ 11ᵐ 3ˢ	F	r	90° 13' 38ʺ.93	10ʰ 18ᵐ 3ˢ	90° 9' 10ʺ.07						
12 11	„	r	62.08	13.5	12.46						
13 6	„	r	38.61	6	10.48						
23 6	„	l	4 24.20								
24 16	„	l	24.69								
25 3	„	l	23.06								
36 11	„	l	90 4 24.91	10 39 12	90 9 9.51						
37 40	„	l	27.38	29.5	9.98						
38 44	„	l	24.57	31.5	9.41						
40 19	„	r	13 56.12								
41 19	„	r	54.45								
42 13	„	r	55.99								

Wangeroog.

Mittlere Zeit Wangeroog	Beobachter	Lage des Fernrohrs	Einzelne Zenit-distanzen von Neuwerk	Mittel aus beiden Lagen + Reduktionen: mittlere Zeit Wangeroog	Mittel aus beiden Lagen + Reduktionen: Neuwerk
10h 56m 4s	F.	r	90° 13' 50".46	11h 3m 39s	90° 9' 3".34
57 16	"	r	53.84	3.5	3.93
59 12	"	r	51.05	26	2.38
11 7 40	"	l	14 13.57		
8 51	"	l	15.88		
11 14	"	l	18.08		
32 18	"	r	13 50.52		
33 30	"	r	48.65		
37 10	"	r	46.64		

Neuwerk.

Mittlere Zeit Wangeroog	Beobachter	Lage des Fernrohrs	Einzelne Zenit-distanzen von Wangeroog	Mittel aus beiden Lagen + Reduktionen: mittlere Zeit Wangeroog	Mittel aus beiden Lagen + Reduktionen: Wangeroog
11h 1m 19s	W.r	l	90° 17' 29".87	11h 6m 37s	90° 10' 27".62
3 19	"	l	24.75	39	22.50
5 33	"	l	24.85	34.5	23.02
8 16	"	r	18 23.00		
10 39	"	r	22.07		
12 35	"	r	27.19		
18 50	"	r	24.75	23 6	22.37
20 57	"	r	28.27	13	24.80
23 37	"	l	17 *20.85		
25 29	"	l	23.14		
27 22	"	l	21.81		
29 12	"	l	24.29	31 32	22.06
33 52	"	r	18 21.64		

1878.

ZENITDISTANZEN FÜR DAS NIVELLEMENT

ZWISCHEN

HELGOLAND (ASTRONOMISCHER PFEILER)

UND

NEUWERK (LEUCHTTURM).

I.

In HELGOLAND: 13 zölliges U.-J., Beobachter: BRUNS und A. BÖRSCH.
In NEUWERK: 10 zölliges U.-J. No. I, Beobachter: SADEBECK und WERNER.

II.

In HELGOLAND: 13 zölliges U.-J., Beobachter: BRUNS und A. BÖRSCH.
In NEUWERK: 8 zölliges U.-J. Beobachter: WERNER.

Mittlere Zeit Wangerooge	Beobachter	Lage des Fernrohrs	Helgoland. Einzelne Zenitdistanzen von Neuwerk	Helgoland. Mittel aus beiden Lagen + Reduktionen: mittlere Zeit Wangerooge	Helgoland. Mittel aus beiden Lagen + Reduktionen: Neuwerk	Mittlere Zeit Wangerooge	Beobachter	Lage des Fernrohrs	Neuwerk. Einzelne Zenitdistanzen von Helgoland	Neuwerk. Mittel aus beiden Lagen + Reduktionen: mittlere Zeit Wangerooge	Neuwerk. Mittel aus beiden Lagen + Reduktionen: Helgoland
I.											
August 8.											
9h 57m 52s	Br	r	90° 12′ 6″.01	10h 24m 40s.5	90° 13′ 7″.83						
10 2 7	„	r	4.50	26	7.04						
7 21	„	r	5.35	25 28	7.46						
43 35	„	l	13 18.96								
47 25	„	l	18.97								
51 29	„	l	19.04								
56 53	„	l	21.65								
11 0 3	„	l	21.03								
2 28	„	l	20.06								
12 48 5	„	r	12 7.54	1 9 4	8.15						
49 45	„	r	4.09	8 57	4.61						
51 29	„	r	6.63	51.5	6.79						
1 26 24	„	l	13 16.35								
28 9	„	l	14.32								
30 3	„	l	18.15								
32 3	„	l	*16.97								
34 23	„	l	*17.42								
35 38	„	l	14.88	48 48.5	5.53						
2 1 59	„	r	12 5.58								
50 1	„	r	10.53								
51 40	„	r	7.04								
53 20	„	r	10.29								
August 9.											
2h 13m 10s	Br	l	90° 13′ *23″.64								
15 29	„	l	26.08	1h 37m 50s.5	90° 13′ 17″.85						
16 49	„	l	27.53	33	18.82						
58 17	„	r	12 19.51								
3 0 22	„	r	19.02								
August 15.											
1h 2m 8s	B	r	90° 12′ *19″.96								
6 37	„	r	*17.72								
16 12	„	r	7.88	1h 22m 30s	90° 13′ 16″.93						
17 45	„	r	9.20	21 48	17.39						
19 23	„	r	7.79	54.5	14.83						
24 34	„	l	13 32.27								
25 51	„	l	34.98								
28 48	„	l	35.37								
3 24 27	„	l	29.74	3 29 25	2.84						
25 39	„	l	20.06	20	2.01						
28 47	„	l	20.57	30 14	2.21						
31 41	„	r	12 53.25								
33 1	„	r	53.36								
34 23	„	r	53.34								

Mittlere Zeit Wangeroog	Beobachter	Lage des Fernrohrs	Helgoland. Einzelne Zenitdistanzen von Neuwerk	Helgoland. Mittel aus beiden Lagen + Reduktionen: mittlere Zeit Wangeroog	Helgoland. Mittel aus beiden Lagen + Reduktionen: Neuwerk	Mittlere Zeit Wangeroog	Beobachter	Lage des Fernrohrs	Neuwerk. Einzelne Zenitdistanzen von Helgoland	Neuwerk. Mittel aus beiden Lagen + Reduktionen: mittlere Zeit Wangeroog	Neuwerk. Mittel aus beiden Lagen + Reduktionen: Helgoland
3h 37m 12s	B	r	90° 12' 58".55	4h 3m 50s	90° 13' 7".69						
4 3 33	"	r	58.00	6 28	7.44						
5 13	"	r	58.61	28	8.35						
7 43	"	l	13 27.49								
9 3	"	l	26.27								
10 28	"	l	26.22								
August 16.											
10h 56m 20s	B	l	90° 13' 33".98	11h 0m 14s	90° 13' 10".95						
57 31	"	l	31.73	12	9.55						
59 11	"	l	30.78	28	8.73						
11 1 43	"	r	12 36.08								
3 51	"	r	36.76								
4 8	"	r	37.32								
15 11	"	r	34.79	19 41.5	6.90						
16 21	"	r	34.09	9	6.37						
17 23	"	r	32.99	0.5	6.60						
20 38	"	l	13 29.65								
21 57	"	l	28.04								
24 12	"	l	28.41								
August 18.											
1h 2m 19s	"	l	90° 13' 38".03	2h 20m 44s.5	40° 13' 17".32						
2 59	"	l	36.99	17 51.5	16.03						
4 10	"	l	38.17	37	16.57						
31 4	"	r	12 4.37								
32 44	"	r	4.46								
40 20	"	r	6.00								
42 43	"	r	*7.48								
43 26	"	r	5.74								
46 7	"	r	5.97								
48 24	"	r	5.36								
2 55 1	"	l	13 39.24	3 3 54	18.47						
57 47	"	l	37.62	0 18.5	16.39						
58 30	"	l	37.29	4	17.01						
3 1 38	"	r	12 6.22								
2 50	"	r	4.56								
12 47	"	r	7.09								
28 39	"	r	7.28	39 40.5	17.33						
30 3	"	r	6.55	38 13	17.48						
31 29	"	r	4.85	36 6	15.04						
40 53	"	l	13 34.62								
46 27	"	l	37.81								
50 42	"	l	36.78								
56 52	"	l	37.94	4 3 7.5	16.54						
58 20	"	l	38.87	1 58.5	16.80						
59 42	"	l	37.12	30.5	16.48						
4 3 20	"	r	12 5.23								
5 37	"	r	4.13								
9 24	"	r	4.53								

Mittlere Zeit Wangeroog	Beobachter	Lage des Fernrohrs	Einzelne Zenitdistanzen von Neuwerk	Helgoland. Mittel aus beiden Lagen + Reduktionen: mittlere Zeit Wangeroog	Helgoland. Mittel aus beiden Lagen + Reduktionen: Neuwerk	Mittlere Zeit Wangeroog	Beobachter	Lage des Fernrohrs	Einzelne Zenitdistanzen von Helgoland	Neuwerk. Mittel aus beiden Lagen + Reduktionen: mittlere Zeit Wangeroog	Neuwerk. Mittel aus beiden Lagen + Reduktionen: Helgoland
August 19.											
10h 30m 31s	Br	r	90° 12′ 6″.21								
11 32 29	"	l	13 36.42								
42 46	"	l	38.27								
12 31 26	"	l	*44.23								
33 29	"	l	*30.71								
44 45	"	l	41.59	12h 58m 39s.5	90° 13′ 26″.03						
1 12 34	"	r	12 29.87								
August 23.											
12h 19m 25s	Br	r	90° 12′ 7″.31	12h 29m 30s.5	90° 13′ 24″.22	12h 35m 37s	S	l	90° 10′ 0″.12	12h 41m 32s	90° 10′ 11″.94
28 28	"	r	5.19	33 22.5	23.47	38 17	"	l	9 33.58	40 57	9.16
29 58	"	r	4.68	25	22.44	39 37	"	l	55.90	41	11.42
36 52	"	l	13 29.79			41 45	"	r	10 30.35		
38 17	"	l	31.15			43 37	"	r	28.15		
39 36	"	l	30.32			47 27	"	r	27.17		
41 11	"	l	30.87	49 56	10.93	49 18	"	r	19.67	55 5	8.22
42 21	"	l	29.73	57	10.46	50 48	"	r	26.65	3.5	7.83
43 31	"	l	29.79	42.5	10.14	52 16	"	r	28.79	1.5	6.24
55 54	"	r	12 59.89			57 47	"	l	9 47.10		
57 33	"	r	60.58			59 19	"	l	52.42		
58 41	"	r	60.43			1 0 52	"	l	50.18		
1 4 32	"	r	60.81	1 13 3.5	9.86	2 37	Wr	l	47.98	1 10 23	0.44
6 2	"	r	59.27	12 56	7.68	4 22	"	l	49.88	10.5	4.96
7 7	"	r	60.51	48.5	8.21	6 17	"	l	49.60	24.5	3.44
18 30	"	l	13 23.30			14 32	"	r	10 20.70		
19 50	"	l	23.08			15 59	"	r	23.45		
21 35	"	l	28.30			18 9	"	r	16.32		
23 5	"	l	24.84	30 44.5	4.66	20 51	S	r	17.80	28 48.5	9 56.37
24 14	"	l	25.55	42.5	4.84	21 47	"	r	18.87	13	57.10
25 29	"	l	25.10	46.5	4.94	24 6	"	r	18.19	31.5	57.29
36 4	"	r	12 54.18			32 57	"	l	9 39.81		
37 11	"	r	53.52			34 39	"	l	38.75		
38 24	"	r	53.88			36 46	"	l	38.35		
40 13	"	r	53.38			39 10	Wr	l	39.42	44 46	53.36
41 20	"	r	52.81			41 7	"	l	36.87	26	51.43
42 35	"	r	55.08			47 45	"	r	10 9.40		
						50 22	"	r	10.72		
						52 40	"	r	*6.58		
2 36 34	"	r	45.06	2 47 39	12 52.36	2 24 54	S	l	9 25.68	2 33 32	40.00
37 43	"	r	45.32	29.5	52.19	27 28	"	l	25.50	34 6.5	40.52
39 2	"	r	48.09	35.5	53.89	29 1	"	l	25.03	6	40.03
56 9	"	l	13 9.09			39 11	"	r	58.45		
57 16	"	l	8.45			40 45	"	r	58.95		
58 44	"	l	9.06			42 10	"	r	57.74		

Helgoland.

Mittlere Zeit Wangeroog	Beobachter	Lage des Fernrohrs	Einzelne Zenitdistanzen von Neuwerk	Mittel aus beiden Lagen + Reduktionen: mittlere Zeit Wangeroog	Mittel aus beiden Lagen + Reduktionen: Neuwerk
3h 0m 26s	Wr	l	90° 13′ 9″.32	3h 8m 21s	90° 12′ 48″.69
1 44	"	l	6.07	13.5	46.99
2 48	"	l	7.90	7 57.5	48.35
13 7	"	r	12 38.21		
14 47	"	r	37.30		
15 56	"	r	37.45		
19 49	"	r	36.20	27 8.5	45.22
21 6	"	r	37.87	13.5	44.82
22 18	"	r	36.54	23.5	44.26
32 29	"	l	13 1.18		
33 23	"	l	1.16		
34 28	"	l	3.63		
36 5	"	l	1.86	43 17	40.65
37 12	"	l	1.45	13.5	40.82
38 50	"	l	0.84	44 22	40.50
49 54	"	r	12 29.55		
53 15	"	r	29.58		
54 29	"	r	28.84		

Neuwerk.

Mittlere Zeit Wangeroog	Beobachter	Lage des Fernrohrs	Einzelne Zenitdistanzen von Helgoland	Mittel aus beiden Lagen + Reduktionen: mittlere Zeit Wangeroog	Mittel aus beiden Lagen + Reduktionen: Helgoland
2h 46m 44s	Wr	r	90° 9′ 55″.42	2h 55m 28s.5	90° 9′ 33″.44
49 23	"	r	52.99	56 0	32.72
50 50	"	r	54.07	55 52.5	32.69
56 17	"	r	50.97	57 46	31.11
59 5	"	l	16.68		
3 0 59	"	l	14.72		
2 37	"	l	15.82		
4 13	"	l	14.82		
6 42	N	l	13.67	3 14 49.5	28.44
8 19	"	l	13.40	15 2.5	27.60
9 58	"	l	12.70	8	27.48
20 6	"	r	45.37		
21 46	"	r	45.22		
22 57	"	r	46.62		
24 47	Wr	r	45.97	36 51	22.55
26 37	"	r	44.93	48.5	22.84
28 5	"	r	44.93	37	22.70
45 9	"	l	3.87		
47 0	"	l	4.13		
48 57	"	l	2.50		
51 22	N	l	2.85	58 37.5	16.70
52 35	"	l	2.80	42	17.02
53 28	"	l	4.85	28	18.09
4 3 28	"	r	34.67		
4 47	"	r	34.62		
5 53	"	r	33.97		

August 24.

Mittlere Zeit Wangeroog	Beobachter	Lage des Fernrohrs	Einzelne Zenitdistanzen von Helgoland	Mittel: mittlere Zeit Wangeroog	Mittel: Helgoland
1h 13m 57s	Wr	l	90° 9′ 28″.98	1h 20m 33s	90° 9′ 32″.15
17 5	"	l	24.35	21 13	34.38
18 47	"	l	20.95	6	33.37
23 25	"	r	49.20		
25 21	"	r	48.23		
27 13	"	r	48.93		
30 14	S	r	49.20	43 16.5	28.57
32 32	"	r	48.72	57.5	27.84
33 56	"	r	46.94	44 0	27.42
34 4	"	l	11.32		
35 23	"	l	10.38		
36 19	"	l	11.35		

August 25.

Mittlere Zeit Wangeroog	Beobachter	Lage des Fernrohrs	Einzelne Zenitdistanzen von Helgoland	Mittel: mittlere Zeit Wangeroog	Mittel: Helgoland
1h 47m 57s	Wr	l	90° 9′ 43″.03	1h 54m 33s	90° 9′ 51″.96
51 30	"	l	43.40	55 30	52.36
53 20	"	l	41.43	20	49.30
57 20	"	r	60.57		
59 30	"	r	65.14		
2 1 9	"	r	64.30		

Helgoland.

Mittlere Zeit Wangeroog	Beobachter	Lage des Fernrohrs	Einzelne Zenit-distanzen von Neuwerk	Mittel aus beiden Lagen + Reduktionen: mittlere Zeit Wangeroog	Mittel aus beiden Lagen + Reduktionen: Neuwerk
3h 0m 37s	Br.	r	90° 11' 50".20	3h 5m 4s.5	90° 12' 58".50
1 0	"	r	47.28	4.5	56.58
3 19	"	r	49.62	6.5	58.04
6 54	"	l	13 15.85		
8 9	"	l	13.27		
9 32	"	l	16.20		
11 58	"	l	17.92	18 39.5	54.05
13 39	"	l	16.13	20.5	55.01
16 37	"	l	15.50	19 6	54.91
21 35	"	r	11 43.72		
23 2	"	r	43.28		
25 21	"	r	39.58		
26 31	"	r	39.81	29 47.5	48.65
27 28	"	r	39.26	41.5	49.90
28 25	"	r	40.70	25	51.22
30 25	"	l	13 11.14		
31 33	"	l	9.93		
33 4	"	l	6.88		
34 9	"	l	4.46	45 17.5	46.76
35 14	"	l	6.99	15	46.55
41 48	"	l	7.30	47 53.5	44.69
53 59	"	r	11 31.48		
55 16	"	r	35.51		
56 26	"	r	38.45		

Neuwerk.

Mittlere Zeit Wangeroog	Beobachter	Lage des Fernrohrs	Einzelne Zenit-distanzen von Helgoland	Mittel aus beiden Lagen + Reduktionen: mittlere Zeit Wangeroog	Mittel aus beiden Lagen + Reduktionen: Helgoland
2h 33m 8s	N	r	90° 9' 53".72	2h 38m 8s	90° 9' 38".95
37 55	"	r	52.31	40 1.5	36.63
39 17	"	r	53.84	8.5	39.51
41 0	"	l	18.60		
42 8	"	l	24.35		
43 8	"	l	27.60		
44 53	Wr	l	24.32	51 59	34.04
48 47	"	l	27.78	52 58	36.76
51 7	"	l	24.97	33.5	37.00
54 0	"	r	52.45		
57 9	"	r	49.15		
59 5	"	r	47.17		
3 2 44	S	r	43.30	3 5 52.5	29.67
3 25	"	r	43.54	50	29.83
4 25	"	r	45.97	37	30.64
6 49	"	l	18.73		
8 25	"	l	19.53		
9 59	"	l	19.46		
11 54	Wr	l	18.85	30 10.5	21.72
14 4	"	l	25.03	30.5	20.90
16 13	"	l	24.93	5	19.78
43 57	"	r	28.05		
46 57	"	r	30.19		
48 27	"	r	28.00		
50 25	S	r	31.37	53 46.5	20.39
51 49	"	r	34.97	58.5	22.73
53 5	"	r	37.90	51	25.09
54 37	"	l	15.70		
56 8	"	l	13.90		
57 8	"	l	12.82		
58 40	Wr	l	10.43	4 2 56	19.31
4 0 7	"	l	12.38	58.5	21.03
1 27	"	l	6.51	37.5	26.99
3 48	"	r	30.89		
5 50	"	r	33.10		
7 22	"	r	31.60		

August 26.

Mittlere Zeit Wangeroog	Beobachter	Lage des Fernrohrs	Einzelne Zenit-distanzen von Helgoland	Mittel aus beiden Lagen + Reduktionen: mittlere Zeit Wangeroog	Mittel aus beiden Lagen + Reduktionen: Helgoland
12h 28m 55s	S	l	90° 9' 32".31	12h 33m 31s	90° 9' 41".49
30 43	"	l	29.86	41.5	41.92
32 12	"	l	28.90	24.5	42.22
34 37	"	r	58.73		
36 40	"	r	57.40		
38 7	"	r	54.09		
39 15	"	r	*58.25		

Mittlere Zeit Wangeroog	Beobachter	Lage des Fernrohrs	Helgoland. Einzelne Zenit-distanzen von Neuwerk	Helgoland. Mittel aus beiden Lagen + Reduktionen: mittlere Zeit Wangeroog	Helgoland. Mittel aus beiden Lagen + Reduktionen: Neuwerk	Mittlere Zeit Wangeroog	Beobachter	Lage des Fernrohrs	Neuwerk. Einzelne Zenit-distanzen von Helgoland	Neuwerk. Mittel aus beiden Lagen + Reduktionen: mittlere Zeit Wangeroog	Neuwerk. Mittel aus beiden Lagen + Reduktionen: Helgoland
						3h 23m 37s	S	r	90° 9' 64.07"	3h 30m 19s	90° 9' 45.67"
						29 15	„	r	61.85	32 25.5	44.54
						30 57	„	r	61.32	29	44.94
						34 1	„	l	31.98		
						35 36	„	l	29.65		
						37 1	„	l	30.68		
						37 45	Wr	l	30.86	44 8.5	38.73
						41 11	„	l	30.40	54	38.62
						43 57	„	l	28.42	45 25.5	36.75
						46 54	„	r	50.50		
						48 37	„	r	50.15		
						50 32	„	r	50.02		

August 28.

11h 17m 14s	Br	r	90° 11' 58.75"	11h 25m 42s	90° 13' 4.10"						
20 13	„	r	58.41	45	5.80						
22 30	„	r	59.58	2	6.16						
27 44	„	l	13 22.14								
31 17	„	l	22.58								
34 10	„	l	18.85								
38 56	„	l	19.42			11h 33m 25s	S	l	90° 9' 35.73"	11h 36m 54s	90° 9' 47.77"
41 7	„	l	20.15			34 52	„	l	35.35	37 7.5	46.61
44 23	„	l	21.61			36 13	„	l	35.05	10	46.65
						38 7	„	r	61.67		
						39 23	„	r	61.30		
						40 23	„	r	63.23		
						12 14 42	„	r	62.94	12 18 51	46.29
						16 7	„	r	61.18	51	44.75
						17 57	„	r	62.47	19 4.5	45.44
						20 15	„	l	31.83		
						21 35	„	l	31.73		
						23 0	„	l	33.06		
						25 23	Wr	l	33.20	31 21	46.30
						27 7	„	l	32.28	30 54.5	46.87
						29 52	„	l	32.95	54	46.13
						31 57	„	r	62.72		
						34 42	„	r	64.87		
						36 59	„	r	62.88		
12 37 26	„	l	13 *19.7[illegible]			39 36	S	r	63.57	45 29	46.33
38 46	„	l	*19.90			41 7	„	r	62.75	42.5	45.99
40 16	„	l	18.97	12 44 45.5	2.58	42 22	„	r	62.15	37.5	46.69
49 15	„	r	11 55.58			48 53	„	l	34.65		
						50 18	„	l	32.65		
						51 22	„	l	32.55		
						55 9	Wr	l	34.55	1 5 33.5	48.37
						57 30	„	l	34.53	56	48.31
						58 55	„	l	33.73	41	47.41
						1 12 27	„	r	64.52		
						14 22	„	r	65.93		
						16 2	„	r	66.00		

Helgoland. Mittlere Zeit Wangeroog	Beobachter	Lage des Fernrohrs	Einzelne Zenit-distanzen von Neuwerk	Mittel aus beiden Lagen + Reduktionen: mittlere Zeit Wangeroog	Mittel aus beiden Lagen + Reduktionen: Neuwerk	Neuwerk. Mittlere Zeit Wangeroog	Beobachter	Lage des Fernrohrs	Einzelne Zenit-distanzen von Helgoland	Mittel aus beiden Lagen + Reduktionen: mittlere Zeit Wangeroog	Mittel aus beiden Lagen + Reduktionen: Helgoland
						1ʰ 18ᵐ 57ˢ	*S*	r	90° 9′ 66″.72	1ʰ 27ᵐ 0ˢ	90° 9′ 52″.13
						20 15	"	r	67.95	25 21.5	52.41
						22 1	"	r	69.32	23 34	52.21
						25 7	"	l	36.52		
						30 28	"	l	38.28		
						33 8	"	l	38.95		
1ʰ 30ᵐ 8ˢ	*Br*	r	90° 11′ 56″.89	1ʰ 39ᵐ 49ˢ	90° 13′ 4″.34	36 32	*Wr*	l	38.01	48 14.5	53.46
31 43	"	r	54.66	39	4.25	38 20	"	l	40.18	21	54.72
32 58	"	r	54.41	6.5	3.43	39 47	"	l	40.68	25	55.22
45 13	"	l	13 21.85			57 3	"	r	10 13.17		
47 33	"	l	23.24			58 22	"	r	12.67		
49 30	"	l	21.18			59 57	"	r	12.32		
						2 36 40	*S*	r	19.80	2 42 33.5	10 2.17
						39 17	"	r	17.62	41 52	2.27
						41 1	"	r	18.02	40 9	0.55
						43 17	"	l	9 46.50		
						44 27	"	l	50.33		
						48 27	"	l	47.95		
2 42 26	"	l	22.93	2 55 1.5	5.22	52 17	*Wr*	l	49.75	59 20.5	3.39
43 26	"	l	23.75	54 9	6.28	53 20	"	l	*48.50		
45 45	"	l	22.95	19	5.28	58 49	"	l	52.47	3 2 20	2.52
3 2 53	"	r	11 57.00			3 0 52	"	l	50.52	24.5	3.05
4 52	"	r	58.01			3 57	"	r	10 19.00		
7 47	"	r	56.89			5 51	"	r	16.97		
						7 24	"	r	20.45		
9 22	"	r	58.99	3 22 22.5	6.57	10 37	*S*	r	19.50	25 37	2.75
11 51	"	r	57.31	34.5	6.37	13 22	"	r	19.13	16 6	3.52
13 1	"	r	57.52	24.5	6.16	14 37	"	r	20.07	15 55	3.52
31 48	"	l	13 24.20			17 13	"	l	9 50.38		
33 18	"	l	24.81			18 50	"	l	51.32		
35 23	"	l	23.55			20 37	"	l	49.42		
						24 57	*Wr*	l	51.45	31 2	3.29
						26 48	"	l	51.05	29 50.5	2.28
						28 33	"	l	52.00	46	4.73
						30 59	"	r	10 21.87		
						32 53	"	r	16.72		
						34 37	"	r	*15.63		
						37 7	"	r	18.54		
36 37	"	l	24.20	48 50.5	6.52	39 33	*S*	r	20.87	50 3.5	5.67
40 42	"	l	23.75	49 53	7.39	40 58	"	r	18.30	50 5.5	5.43
41 47	"	l	24.67	43.5	6.74	42 21	"	r	26.70	49 27.5	4.54
57 44	"	r	11 58.20			56 24	"	l	9 55.80		
59 4	"	r	58.42			59 13	"	l	55.98		
4 0 44	"	r	58.23			4 0 34	"	l	53.88		
						3 57	*Wr*	l	53.71	4 8 50	4.08
						5 58	"	l	52.85	56	4.57
						7 33	"	l	52.20	9 1.5	5.10
						10 30	"	r	10 21.42		
						12 0	"	r	19.70		
						13 43	"	r	17.87		

Mittlere Zeit Wangeroog	Beobachter	Lage des Fernrohrs	Helgoland. Einzelne Zenitdistanzen von Neuwerk	Mittel aus beiden Lagen + Reduktionen: mittlere Zeit Wangeroog	Mittel aus beiden Lagen + Reduktionen: Neuwerk	Mittlere Zeit Wangeroog	Beobachter	Lage des Fernrohrs	Neuwerk. Einzelne Zenitdistanzen von Helgoland	Mittel aus beiden Lagen + Reduktionen: mittlere Zeit Wangeroog	Mittel aus beiden Lagen + Reduktionen: Helgoland
			August 30.								
10ʰ 12ᵐ 42ˢ	Br	l	90° 13′ 0.″36	10ʰ 24ᵐ 8.ˢ5	90° 12′ 43.″72	9ʰ 52ᵐ 55ˢ	S	r	90° 9′ 47.″03	10ʰ 6ᵐ 21ˢ	90° 9′ 26.″13
14 5	"	l	3.39	8.5	43.46	56 22	"	r	45.10	5 42	26.00
15 25	"	l	0.22	23 16	44.13	57 33	"	r	43.02	38	24.82
31 7	"	r	11 37.44			10 13 43	"	l	10.03		
34 12	"	r	36.92			15 2	"	l	10.31		
35 35	"	r	36.47			20 27	"	l	8.85		
37 36	"	r	35.17	47 16	41.34	27 29	Wr	l	12.23	36 52	20.72
38 39	"	r	35.47	14	41.44	29 28	"	l	10.91	37 11.5	20.15
39 51	"	r	35.82	6	41.17	31 11	"	l	10.61	10	19.54
54 21	"	l	12 55.91			43 9	"	r	31.89		
55 49	"	l	56.80			44 55	"	r	32.80		
56 56	"	l	56.90			46 15	"	r	33.61		
58 48	"	l	56.21	11 5 52	37.71	59 32	S	l	3.20	11 4 14.5	15.78
59 54	"	l	55.21	30	37.83	11 2 57	"	l	3.22	5 22.5	16.33
11 1 48	"	l	54.98	44	36.82	4 7	"	l	2.88	20	16.17
9 40	"	r	11 28.06			6 33	"	r	32.88		
11 6	"	r	29.85			7 48	"	r	32.85		
12 56	"	r	28.61			8 57	"	r	31.77		
14 1	"	r	28.27	18 42.5	36.11	12 4	Wr	r	30.50		
15 15	"	r	30.19	40	38.09	13 39	"	r	33.05		
16 25	"	r	26.82	22.5	37.45	15 20	"	r	31.84		
20 20	"	l	12 57.47								
22 5	"	l	55.18								
23 24	"	l	53.35								
24 52	"	l	51.94	33 59	32.47						
26 4	"	l	51.77	58	32.56						
27 13	"	l	52.36	57	33.71						
40 41	"	r	11 24.16								
41 52	"	r	22.74								
43 6	"	r	22.40								
						2 24 27	S	l	8 59.78	2 31 0	9.56
						27 54	"	l	56.13	43	6.54
						29 55	"	l	56.60	22	6.87
						32 49	"	r	9 20.55		
						35 32	"	r	20.37		
						37 33	"	r	22.75		
						39 50	"	r	22.49	43 52	4.30
						41 27	"	r	22.77	44 1	6.27
						42 30	"	r	19.35	43 57.5	4.31
						44 25	"	l	8 53.08		
						46 35	"	l	54.18		
						47 54	"	l	49.93		
						51 45	Wr	r	9 20.28	3 4 7	2.67
						53 56	"	r	19.75	31	1.47
						55 30	"	r	18.30	43.5	0.37
						3 13 57	"	l	8 47.66		
						15 6	"	l	46.62		
						16 29	"	l	48.35		

Helgoland. Mittlere Zeit Wangeroog	Beobachter	Lage des Fernrohrs	Einzelne Zenitdistanzen von Neuwerk	Mittel aus beiden Lagen + Reduktionen: mittlere Zeit Wangeroog	Neuwerk	Neuwerk. Mittlere Zeit Wangeroog	Beobachter	Lage des Fernrohrs	Einzelne Zenitdistanzen von Helgoland	Mittel aus beiden Lagen + Reduktionen: mittlere Zeit Wangeroog	Helgoland
3h 21m 47s	Br	r	90°11' 18".59	3h 26m 40s	90°12' 18".73	3h 22m 20s	N	r	90° 9' 18".30		
23 22	„	r	22.87	27	15.03	37 7	„	r	19.29		
39 32	„	l	12 26.58			38 25	„	r	15.22		
41 33	„	l	28.25								
55 40	„	l	*44.42								
57 0	„	l	41.52	4 2 2.5	29.74	53 24	Wr	r	24.25	3h 58m 32s	90° 9' 11".80
58 14	„	l	43.99	2 44.5	26.68	58 40	„	r	31.75	4 0 19.5	16.63
59 59	„	l	42.67	29	24.32	4 1 59	„	l	4.92		
4 2 59	„	r	11 15.34			3 40	„	l	2.77		
5 5	„	r	18.76			5 38	„	l	1.86	6 23.5	13.87
7 5	„	r	23.35			7 15	„	r	29.30		
8 53	„	r	23.96	12 29	33.28	10 58	S	r	29.84	11 40.5	14.09
10 9	„	r	22.63	33	32.76	12 23	„	l	1.75		
11 47	„	r	25.74	47	33.23						
13 47	„	l	12 50.18								
14 57	„	l	50.29								
16 5	„	l	51.99								

II.

August 22.

Helgoland. Mittlere Zeit Wangeroog	Beobachter	Lage des Fernrohrs	Einzelne Zenitdistanzen von Neuwerk	Mittel aus beiden Lagen + Reduktionen: mittlere Zeit Wangeroog	Neuwerk	Neuwerk. Mittlere Zeit Wangeroog	Beobachter	Lage des Fernrohrs	Einzelne Zenitdistanzen von Helgoland	Mittel aus beiden Lagen + Reduktionen: mittlere Zeit Wangeroog	Helgoland
						10h 10m 32s	Wr	r	90° 4' 18".02	10h 18m 49s.5	90°10' 69".18
						13 4	„	r	22.82	17 43.5	66.52
						13 16	„	r	7.96	16 23.5	62.27
						17 31	„	l	17 58.00		
						22 23	„	l	64.62		
						26 46	„	l	63.75		
						28 22	„	l	59.62	35 24	59.87
						29 47	„	l	*49.86		
						32 29	„	l	52.80	36 30.5	56.40
						34 39	„	l	57.43	33 30.5	56.43
						36 22	„	r	3 58.85		
						40 32	„	r	64.02		
						42 26	„	r	63.53		
						47 57	„	r	60.75	56 42.5	52.52
						49 44	„	r	56.14	52 38	52.09
						51 7	„	r	54.79	42	50.54
						54 27	„	l	17 49.70		
						55 32	„	l	49.46		
						11 5 28	„	l	45.70		
11h 24m 6s	Br	l	90°13' 58".79	11h 18m 4s.5	90°13' 6".07	10 20	„	r	3 61.70	11 16 43.5	56.35
25 22	„	l	59.22	17 56	9.04	15 32	„	r	59.22	18 39	56.54
26 37	„	l	64.63	52	11.50	17 52	„	r	58.92	19 10.5	52.78
29 7	„	r	12 19.67			20 49	„	l	17 50.07		
20 30	„	r	20.17			22 6	„	l	57.28		
22 3	„	r	14.64			23 7	„	l	54.42		

Helgoland.

Mittlere Zeit Wangeroog	Beobachter	Lage des Fernrohrs	Einzelne Zenitdistanzen von Neuwerk	Mittel aus beiden Lagen + Reduktionen: mittlere Zeit Wangeroog	Neuwerk
11h 29m 27s	Br	r	90° 22' 24".98	11h 38m 25s.5	90° 13' 14".27
30 55	"	r	15.46	23.5	8.63
32 14	"	r	25.72	26	13.18
44 38	"	l	14 1.94		
45 52	"	l	3.09		
47 24	"	l	4.86		
12 31 20	"	l	13 59.88	12 40 41.5	7.76
32 32	"	l	57.55	39 32	10.10
33 56	"	l	57.90	29	7.77
45 2	"	r	12 18.93		
46 32	"	r	23.93		
50 3	"	r	16.93		
52 53	"	r	22.89	1 2 42.5	4.02
54 16	"	r	19.13	23	6.27
55 41	"	r	17.14	32.5	5.51
1 9 24	"	l	13 55.18		
10 30	"	l	54.71		
12 32	"	l	56.44		
13 56	"	l	57.46	22 29	5.19
15 23	"	l	58.57	18	7.39
16 32	"	l	58.98	12.5	5.31
27 53	"	r	12 12.93		
29 13	"	r	17.92		
31 2	"	r	24.22		
37 19	"	r	29.36	45 45.5	6.75
38 46	"	r	23.96	49	3.57
40 6	"	r	23.15	53	2.60
51 40	"	l	13 53.34		
52 52	"	l	54.47		
54 12	"	l	55.43		
2 35 48	"	l	48.02	2 44 5	—0.31
37 0	"	l	50.62	43 56.5	—0.50
38 18	"	l	53.73	46.5	2.72
49 15	"	r	12 13.63		
50 53	"	r	9.68		
52 22	"	r	12.66		

Neuwerk.

Mittlere Zeit Wangeroog	Beobachter	Lage des Fernrohrs	Einzelne Zenitdistanzen von Helgoland	Mittel aus beiden Lagen + Reduktionen: mittlere Zeit Wangeroog	Helgoland
11h 30m 7s	Wr	l	90° 17' 51".97	11h 36m 56s.5	90° 10' 53".40
32 17	"	l	52.09	37 18	50.80
33 25	"	l	49.63	2	52.07
40 37	"	r	3 55.92		
42 19	"	r	56.93		
43 46	"	r	58.25		
12 21 7	"	r	64.72	12 24 37.5	54.85
22 10	"	r	57.02	38.5	52.55
23 14	"	r	55.78	9.5	54.16
25 5	"	l	17 55.96		
27 7	"	l	51.50		
28 8	"	l	48.40		
33 33	"	l	55.58	39 26.5	50.70
34 28	"	l	55.95	18.5	53.55
35 32	"	l	49.48	13	50.60
42 54	"	r	3 55.23		
44 9	"	r	54.56		
45 20	"	r	49.24		
47 3	"	r	50.32	53 10	47.95
48 51	"	r	52.72	53 16.5	48.25
57 42	"	l	17 48.20		
59 17	"	l	49.00		
1 0 37	"	l	*48.05		
2 54	"	l	49.67	2 9 53	43.77
3 10	"	l	46.35	55.5	44.83
4 6	"	l	48.56	44	47.46
15 22	"	r	3 49.77		
16 41	"	r	46.72		
17 52	"	r	41.29		
22 19	"	r	42.25	32 41.5	42.42
24 51	"	r	33.90	33 29	38.57
26 5	"	r	30.95	37.5	36.87
41 10	"	l	17 45.01		
42 7	"	l	42.66		
43 4	"	l	46.20		
44 23	"	l	52.42	49 59	47.48
45 10	"	l	51.62	51.5	46.05
54 33	"	r	3 43.86		
55 45	"	r	47.14		
2 29 27	"	r	46.94	2 38 58	43.04
30 49	"	r	49.54	39 10.5	45.68
31 51	"	r	47.05	38 59	43.12
46 7	"	l	17 42.59		
47 32	"	l	43.26		
48 29	"	l	42.55		

Helgoland.

Mittlere Zeit Wangeroog	Beobachter	Lage des Fernrohrs	Einzelne Zenitdistanzen von Neuwerk	Mittel aus beiden Lagen + Reduktionen: mittlere Zeit Wangeroog	Mittel aus beiden Lagen + Reduktionen: Neuwerk
2h 53m 47s	Br	r	90° 12′ 9″.88	3h 3m 17s	90° 13′ 3″.23
55 2	"	r	11.32	10.5	2.39
56 22	"	r	10.78	13	0.29
3 10 4	"	l	13 51.09		
11 19	"	l	54.75		
12 47	"	l	57.87		
14 57	"	l	57.29	23 4	1.48
16 10	"	l	54.53	10.5	2.97
17 18	"	l	56.50	10	3.01
29 2	"	r	12 10.82		
30 11	"	r	12.70		
31 11	"	r	6.96		
32 31	"	r	12.55	40 54.5	0.43
33 28	"	r	11.36	50.5	1.89
34 28	"	r	11.91	20.5	2.64
46 13	"	l	13 54.66		
48 13	"	l	53.72		
49 18	"	l	49.61		

Neuwerk.

Mittlere Zeit Wangeroog	Beobachter	Lage des Fernrohrs	Einzelne Zenitdistanzen von Helgoland	Mittel aus beiden Lagen + Reduktionen: mittlere Zeit Wangeroog	Mittel aus beiden Lagen + Reduktionen: Helgoland
2h 50m 4s	Wr	l	90° 17′ 43″.35	2h 57m 5s.5	90° 10′ 42″.67
50 57	"	l	47.61	6	43.87
52 3	"	l	42.50	1.5	43.60
3 2 0	"	r	3 48.12		
3 15	"	r	43.55		
4 7	"	r	45.40		
6 23	"	r	52.06	3 13 29	44.46
7 21	"	r	48.00	21	42.18
8 18	"	r	46.19	12	41.64
18 6	"	l	17 40.50		
19 21	"	l	39.98		
20 35	"	l	40.28		
24 11	"	l	35.44	30 43	36.61
25 4	"	l	40.73	41	39.10
26 7	"	l	41.36	28	41.24
34 49	"	r	3 44.53		
36 18	"	r	40.89		
37 15	"	r	41.10		
40 33	"	r	47.78	47 55	41.63
41 55	"	r	51.59	48 7.5	44.05
42 52	"	r	48.51	7.5	43.88
53 23	"	l	17 42.67		
54 20	"	l	39.92		
55 17	"	l	38.90		
58 55	"	l	44.51	4 3 47	40.56
59 52	"	l	40.97	43.5	39.63
4 7 35	"	r	3 41.70		
8 39	"	r	40.03		

August 23.

Helgoland.

Mittlere Zeit Wangeroog	Beobachter	Lage des Fernrohrs	Einzelne Zenitdistanzen von Neuwerk	Mittel aus beiden Lagen + Reduktionen: mittlere Zeit Wangeroog	Mittel aus beiden Lagen + Reduktionen: Neuwerk
10h 23m 39s	Br	l	90° 14′ 5″.78	10h 34m 0s	90° 13′ 20″.43
24 59	"	l	7.28	33 45	21.14
26 39	"	l	23.12	56	21.96
41 13	"	r	12 32.09		
42 31	"	r	36.30		
44 2	"	r	36.38		

Neuwerk.

Mittlere Zeit Wangeroog	Beobachter	Lage des Fernrohrs	Einzelne Zenitdistanzen von Helgoland	Mittel aus beiden Lagen + Reduktionen: mittlere Zeit Wangeroog	Mittel aus beiden Lagen + Reduktionen: Helgoland
10h 2m 16s	Wr	r	90° 4′ 6″.89	10h 9m 0s	90° 11′ 6″.75
3 53	"	r	4.81	14	3.96
14 33	"	l	18 6.33		
15 44	"	l	10.03		
23 23	"	l	6.25	25 46.5	6.14
24 33	"	l	10.71	33	6.84
26 13	"	r	4 6.39		
28 10	"	r	9.43		
29 46	"	r	*10.17		
38 13	"	r	13.45	44 22.5	10.54
39 57	"	r	10.59	0.5	10.10
41 57	"	r	12.36	43 54	11.57
45 57	"	l	18 14.20		
48 4	"	l	13.03		
50 32	"	l	11.05		

Mittlere Zeit Wangeroog	Beobachter	Lage des Fernrohrs	Einzelne Zenit-distanzen von Neuwerk	Helgoland. Mittel aus beiden Lagen + Reduktionen: mittlere Zeit Wangeroog	Neuwerk	Mittlere Zeit Wangeroog	Beobachter	Lage des Fernrohrs	Einzelne Zenit-distanzen von Helgoland	Neuwerk. Mittel aus beiden Lagen + Reduktionen: mittlere Zeit Wangeroog	Helgoland
$10^{h}\ 46^{m}\ 32^{s}$	Br	r	90°12' 36".59	$10^{h}\ 56^{m}\ 7^{s}$	90°13' 12".32	$10^{h}\ 51^{m}\ 32^{s}$	Wr	l	90°17' 55".65	$10^{h}\ 56^{m}\ 25^{s}$	90°10' 49".90
47 40	"	r	37.35	2	12.86	55 13	"	l	52.43	35.5	47.51
49 0	"	r	38.47	55 57	14.37	57 58	"	r	3 46.01		
11 2 54	"	l	13 51.57			11 1 18	"	r	47.57		
4 22	"	l	49.67								
5 42	"	l	49.34								
						3 11	"	r	39.26	11 7 49	40.46
						6 50	"	r	41.51	8 4	44.14
						9 18	"	l	17 50.19		
						12 27	"	l	45.07		
7 7	"	l	46.36	11 15 18	0.02	16 12	"	l	42.42	21 31	40.95
8 27	"	l	50.46	23	2.48	19 17	"	l	44.70	22 2	42.95
9 41	"	l	50.14	22.5	2.18	24 47	"	r	3 44.62		
21 4	"	r	12 15.51			26 50	"	r	42.90		
22 19	"	r	15.80								
23 29	"	r	14.98								
35 42	"	r	11.48			31 37	"	r	45.56	34 45	39.95
36 43	"	r	13.73			33 28	"	r	44.48	40	42.64
37 52	"	r	11.54			35 58	"	l	17 44.22		
						37 53	"	l	37.75		
						39 22	"	l	*40.14		
						12 20 53	"	r	3 40.46	12 26 22	39.42
						23 29	"	r	34.66	43	34.88
						25 12	"	r	38.74	41.5	32.66
						28 11	"	l	17 29.99		
						29 57	"	l	38.31		
						31 51	"	l	41.79		
						34 17	"	l	*34.1[illegible]		
August 27.											
$10^{h}\ 30^{m}\ 59^{s}$	Br	r	90°12' 13".23	$10^{h}\ 38^{m}\ 55^{s}$	90°12' 57".46	$10^{h}\ 27^{m}\ 57^{s}$	Wr	r	90° 3' 49".02	$10^{h}\ 38^{m}\ 34^{s}$	90°10' 47".88
32 33	"	r	14.13	52	60.21	29 57	"	r	50.63	4	48.76
34 3	"	r	11.41	50	56.46	33 33	"	r	53.76	37 2	52.72
43 37	"	l	13 42.79			40 31	"	l	17 55.09		
45 11	"	l	47.58			46 11	"	l	50.30		
46 51	"	l	42.98			49 21	"	l	50.15		
48 26	"	l	46.58	57 29.5	59.35						
49 46	"	l	41.86	34.5	57.32						
51 25	"	l	44.87	56 38.5	58.02						
11 1 52	"	r	12 12.44								
5 23	"	r	14.07								
6 33	"	r	13.41								
15 37	"	r	14.94								
18 51	"	r	14.05								
21 27	"	r	13.87								

1881.

ZENITDISTANZEN FÜR DAS NIVELLEMENT

ZWISCHEN

HELGOLAND (ALTER FEUERTURM)

UND

NEUWERK (LEUCHTTURM).

In HELGOLAND: 10zölliges U.-J. No. II, Beobachter: FISCHER und WESTPHAL.

In NEUWERK: 10zölliges U.-J. No. I, Beobachter: SADEBECK, WERNER und BÖRSCH.

Mittlere Zeit Neuwerk	Beobachter	Lage des Fernrohrs	Helgoland. Einzelne Zenit-distanzen von Neuwerk	Helgoland. Mittel aus beiden Lagen + Reduktionen: mittlere Zeit Neuwerk	Helgoland. Mittel aus beiden Lagen + Reduktionen: Neuwerk	Mittlere Zeit Neuwerk	Beobachter	Lage des Fernrohrs	Neuwerk. Einzelne Zenit-distanzen von Helgoland	Neuwerk. Mittel aus beiden Lagen + Reduktionen: mittlere Zeit Neuwerk	Neuwerk. Mittel aus beiden Lagen + Reduktionen: Helgoland
Juli 19.											
10h 17m 28s	K	r	90° 12′ 33″.15	10h 20m 58s	90° 12′ 43″.73						
18 28	"	r	36.98	58	41.64						
20 28	"	r	32.95	58	42.57						
21 28	"	l	51.40								
23 28	"	l	43.61								
24 28	"	l	53.53								
33 28	"	l	13 8.31	41 28	56.40						
34 28	"	l	4.60	40 58	53.21						
41 28	"	l	18.40	43 28	61.43						
43 28	"	r	12 43.67								
47 28	"	r	41.04								
49 28	"	r	43.70								
52 28	"	r	33.35	11 0 28	37.73						
55 28	"	r	30.23	1 28	36.37						
57 28	"	r	28.89	58	37.52						
11 6 28	"	l	43.97								
7 28	"	l	41.73								
8 28	"	l	41.33								
12 28	"	l	14.30	17 28	11 54.69						
13 28	"	l	11.98	28	52.08						
14 28	"	l	7.30	28	49.63						
20 28	"	r	11 31.17								
21 28	"	r	51.40								
22 28	"	r	34.30								
23 28	"	r	*33.35								
25 28	"	r	*26.75								
28 28	"	r	36.57	29 28	54.00						
30 28	"	l	12 10.65								
12 12 28	W	r	10 35.28	12 13 58	10 46.96						
13 28	"	r	33.21	58	44.36						
14 28	"	r	35.92	58	45.70						
17 28	"	l	36.70								
18 28	"	l	54.82								
19 28	"	l	57.85								
20 28	"	l	59.63	23 58	11 2.90						
21 28	"	l	11 3.17	58	2.68						
23 28	"	l	14.20	24 28	6.56						
25 28	"	r	10 58.24								
26 28	"	r	11 2.40								
27 28	"	r	5.38								
27 58	"	r	0.57	30 13	12.31						
28 28	"	r	2.34	29 58	14.44						
29 28	"	r	1.94	58	13.69						
30 28	"	l	24.66								
31 28	"	l	26.75								
32 28	"	l	21.87								

Mittlere Zeit Neuwerk	Beobachter	Lage des Fernrohrs	Helgoland. Einzelne Zenit-distanzen von Neuwerk	Mittel aus beiden Lagen + Reduktionen: mittlere Zeit Neuwerk	Neuwerk	Mittlere Zeit Neuwerk	Beobachter	Lage des Fernrohrs	Neuwerk. Einzelne Zenit-distanzen von Helgoland	Mittel aus beiden Lagen + Reduktionen: mittlere Zeit Neuwerk	Helgoland
12ʰ 34ᵐ 28ˢ	*W*	*l*	90° 12′ 23″.72	12ʰ 37ᵐ 43ˢ	90° 12′ 14″.33						
35 28	„	*l*	26.55	58	14.37						
37 28	„	*l*	32.61	38 28	15.40						
39 28	„	*r*	10 37.40								
40 28	„	*r*	11 1.40								
40 58	„	*r*	4.19								
41 28	„	*r*	2.79	44 58	16.34	12ʰ 38ᵐ 15ˢ	*Wr*	*r*	90° 7′ *43″.98		
42 28	„	*r*	4.37	58	18.41	39 15	„	*r*	42.77	12ʰ 44ᵐ 15ˢ	90° 6′ 53″.42
43 28	„	*r*	—1.25	58	13.58	41 15	„	*r*	30.22	15	49.80
46 28	„	*l*	27.63			43 15	„	*r*	33.20	15	56.48
47 28	„	*l*	31.66			45 15	„	*l*	6 20.90		
48 28	„	*l*	29.11			47 15	„	*l*	10.41		
						49 15	„	*l*	5.11		
49 28	„	*l*	18.25	52 58	10 39.09	51 15	„	*l*	5 49.21	56 45	32.52
50 28	„	*l*	23.86	58	36.24	53 15	„	*l*	48.66	45	34.42
52 28	„	*l*	27.81	53 28	32.56	55 15	„	*l*	52.17	45	32.93
54 28	„	*r*	10 26.52			58 15	„	*r*	7 22.73		
55 28	„	*r*	27.83			1 0 15	„	*r*	21.19		
56 28	„	*r*	29.14			2 15	„	*r*	26.94		
57 28	„	*r*	32.24	59 58	40.93						
58 28	„	*r*	34.19	58	41.06						
58 58	„	*r*	23.03	43	35.11						
1 0 28	„	*l*	46.41								
1 28	„	*l*	47.15								
2 28	„	*l*	48.83								
2 58	„	*l*	49.03	1 6 43	34.14	4 15	„	*r*	17.37	1 10 45	35.55
3 58	„	*l*	53.23	28	37.91	6 15	„	*r*	23.80	15	39.44
4 58	„	*l*	54.63	13	36.66	8 15	„	*r*	24.45	15	31.80
7 28	„	*r*	17.90			12 15	„	*l*	5 50.28		
8 58	„	*r*	21.78			14 15	„	*l*	56.21		
10 28	„	*r*	18.67			17 15	„	*l*	54.77		
10 58	„	*r*	13.12	14 13	24.49						
11 28	„	*r*	12.42	13 58	25.52						
12 28	„	*r*	9.39	58	23.24						
15 28	„	*l*	36.32								
16 28	„	*l*	37.82								
17 28	„	*l*	35.08								
18 28	„	*l*	35.96	21 58	24.59	19 15	„	*l*	32.32	23 45	24.82
18 58	„	*l*	36.80	43	23.79	21 15	„	*l*	34.28	45	27.66
19 58	„	*l*	35.50	43	23.32	26 15	„	*r*	6 62.28		
23 28	„	*r*	10.35			28 15	„	*r*	59.35		
24 28	„	*r*	10.00			29 15	„	*r*	*50.30		
25 28	„	*r*	12.43								
2 14 28	*F*	*r*	9 34.72	2 17 28	9 49.14						
15 28	„	*r*	30.27	28	45.85						
16 28	„	*r*	41.85	28	42.04						
18 28	„	*l*	10 2.45								
19 28	„	*l*	0.65								
20 28	„	*l*	2.78								

Mittlere Zeit Neuwerk	Beobachter	Lage des Fernrohrs	Helgoland. Einzelne Zenit-distanzen von Neuwerk	Mittel aus beiden Lagen + Reduktionen: mittlere Zeit Neuwerk	Neuwerk	Mittlere Zeit Neuwerk	Beobachter	Lage des Fernrohrs	Neuwerk. Einzelne Zenit-distanzen von Helgoland	Mittel aus beiden Lagen + Reduktionen: mittlere Zeit Neuwerk	Helgoland
2h 21m 28s	F.	l	90° 9′ 55″.97	2h 25m 28s	90° 9′ 57″.14						
22 28	„	l	54.77	24 28	50.70						
23 58	„	l	58.26	43	50.26						
25 28	„	r	41.27								
26 28	„	r	45.84								
29 28	„	r	57.52								
30 28	„	r	10 3.27	33 58	10 23.32						
32 28	„	r	7.02	34 28	23.03						
33 28	„	r	8.78	28	22.33						
35 28	„	l	33.10								
36 28	„	l	38.25								
37 28	„	l	42.57								
38 28	„	l	40.16	41 58	26.40						
40 28	„	l	43.77	43 28	27.92						
43 28	„	l	41.33	44 28	29.15						
45 28	„	r	16.19								
46 28	„	r	11.28								
47 28	„	r	11.85								
48 28	„	r	14.17	52 28	29.26						
48 58	„	r	16.35	13	29.15						
49 28	„	r	12.82	51 58	26.59						
50 28	„	r	16.25	28	26.37						
52 28	„	l	35.70								
54 28	„	l	39.58								
55 28	„	l	41.17								
56 28	„	l	43.56								
58 28	„	l	41.33	3 1 28	33.84						
59 28	„	l	41.93	28	35.82						
3 0 28	„	l	48.67	28	37.85						
2 28	„	r	26.25								
3 28	„	r	28.92								
4 28	„	r	25.57								
5 28	„	r	25.04	8 58	40.87	3h 0m 21s	W'r	r	90° 6′ 51″.15		
6 28	„	r	25.85	58	38.03	3 21	„	r	41.01	3h 13m 51s	90° 5′ 53″.22
8 28	„	r	21.97	9 28	36.74	5 21	„	r	40.75	21	52.43
10 28	„	l	50.72			21 21	„	l	5 5.15		
11 28	„	l	49.45			24 21	„	l	6.46		
12 28	„	l	55.91								
13 28	„	l	56.81	20 28	40.17						
14 28	„	l	56.33	28	40.58						
15 28	„	l	58.10	19 58	40.09						
24 28	„	r	21.29								
26 28	„	r	24.05								
27 28	„	r	22.75								
28 28	„	r	24.40								
29 28	„	r	28.50								
30 28	„	r	28.48								

Mittlere Zeit Neuwerk	Beobachter	Lage des Fernrohrs	Helgoland. Einzelne Zenitdistanzen von Neuwerk	Mittel aus beiden Lagen + Reduktionen: mittlere Zeit Neuwerk	Mittel aus beiden Lagen + Reduktionen: Neuwerk	Mittlere Zeit Neuwerk	Beobachter	Lage des Fernrohrs	Neuwerk. Einzelne Zenitdistanzen von Helgoland	Mittel aus beiden Lagen + Reduktionen: mittlere Zeit Neuwerk	Mittel aus beiden Lagen + Reduktionen: Helgoland
						Juli 20.					
						9ʰ 59ᵐ 1ˢ	Wr	r	90° 9′ 51″.28	10ʰ 3ᵐ 31ˢ	90° 9′ 6″.76
						10 1 1	"	r	48.60	4 1	5.29
						3 1	"	r	50.25	1	5.68
						5 1	"	l	8 22.15		
						7 1	"	l	23.02		
						8 1	"	l	22.38		
						9 1	"	l	24.69	12 31	1.98
						11 1	"	l	24.41	13 1	1.64
						12 1	"	l	23.10	1	1.15
						14 1	"	r	9 42.23		
						15 1	"	r	39.90		
						16 1	"	r	41.32		
						18 1	H	r	45.83	16 31	8 49.55
						20 1	"	r	46.25	31	52.69
						22 1	"	r	42.01	31	50.30
						31 1	"	l	7 59.62		
						33 1	"	l	60.09		
						35 1	"	l	54.38		
						36 1	Wr	l	56.44	40 1	41.52
						37 1	"	l	55.17	1	41.02
						38 1	"	l	55.46	39 31	39.84
						41 1	"	r	9 25.18		
						43 1	"	r	27.88		
						44 1	"	r	27.64		
						45 1	"	r	29.44	48 31	42.45
						46 1	"	r	32.07	1	43.58
						48 1	"	r	27.59	31	41.52
						49 1	"	l	7 56.99		
						50 1	"	l	56.12		
						52 1	"	l	56.58		
						53 1	H	l	56.45	59 1	29.35
						54 1	"	l	48.71	58 31	26.82
						56 1	"	l	50.36	31	28.72
						11 1 1	"	r	9 8.22		
						3 1	"	r	6.01		
						5 1	"	r	3.28		
11ʰ 3ᵐ 28ˢ	W	r	90° 21′ 26″.18	11ʰ 10ᵐ 28ˢ	90° 21′ 43″.51	7 1	Wr	r	8 59.32	11 10 1	9.32
6 28	"	r	25.30	58	44.87	8 1	"	r	53.78	1	9.59
10 28	"	r	30.43	12 28	41.77	9 1	"	r	54.48	1	9.12
14 28	"	l	52.33			11 1	"	l	7 24.81		
15 28	"	l	63.66			12 1	"	l	26.44		
17 28	"	l	60.06			13 1	"	l	20.37		
18 28	"	l	55.08			14 1	"	l	18.47	18 1	7 58.98
23 58	"	l	54.10			16 1	"	l	20.79	1	60.89
28 28	"	l	53.78			18 1	"	l	18.38	31	57.97
						19 1	"	r	8 36.80		
						20 1	"	r	41.93		
						22 1	"	r	40.38		
						23 1	H	r	*43.80		

Mittlere Zeit Neuwerk	Beobachter	Lage des Fernrohrs	Helgoland. Einzelne Zenitdistanzen von Neuwerk	Helgoland. Mittel aus beiden Lagen + Reduktionen: mittlere Zeit Neuwerk	Helgoland. Mittel aus beiden Lagen + Reduktionen: Neuwerk	Mittlere Zeit Neuwerk	Beobachter	Lage des Fernrohrs	Neuwerk. Einzelne Zenitdistanzen von Helgoland	Neuwerk. Mittel aus beiden Lagen + Reduktionen: mittlere Zeit Neuwerk	Neuwerk. Mittel aus beiden Lagen + Reduktionen: Helgoland
						12h 0m 10s	B	r	90° 7' 42".14		
						2 10	„	r	45.10		
						14 10	„	r	62.33		
						18 10	„	r	45.06		
Juli 22.											
10h 12m 28s	W	r	90° 13' 29".99	10h 16m 58s	90° 13' 41".00	10h 15m 44s	W'r	r	90° 10' 17".08	10h 20m 44s	90° 9' 44".19
18 28	„	r	27.90	22 28	42.16	17 44	„	r	21.10	21 14	41.76
22 28	„	r	27.10	23 28	39.06	19 44	„	r	26.49	20 44	45.04
24 28	„	l	50.13			21 44	„	l	9 4.62		
26 28	„	l	55.63			24 44	„	l	3.45		
31 28	„	l	51.23			25 44	„	l	2.33		
31 28	„	l	52.33	34 43	43.84	27 44	„	l	3.40	32 14	43.58
32 58	„	l	55.18	43	43.12	29 44	„	l	7.14	44	41.95
33 58	„	l	56.96	43	47.02	30 44	„	l	4.35	14	42.56
35 28	„	r	36.30			33 44	„	r	10 21.81		
36 28	„	r	30.27			35 44	„	r	19.80		
36 58	„	r	38.57			36 44	„	r	24.80		
37 58	„	r	33.70	41 13	45.71	38 44	H	r	*19.75		
38 58	„	r	34.50	28	47.57	40 44	„	r	27.92	45 44	45.55
41 28	„	r	33.22	58	42.67	42 44	„	r	21.63	44	46.18
42 28	„	l	50.13			43 44	„	l	26.16	14	47.81
43 58	„	l	59.86			46 44	„	l	9 10.50		
44 28	„	l	56.93			48 44	„	l	11.77		
						50 44	„	l	4.21		
45 58	„	l	65.27	50 13	48.11						
47 28	„	l	58.15	28	46.98						
48 58	„	l	57.18	13	44.42						
53 28	„	r	30.87								
55 28	„	r	35.03								
56 28	„	r	32.17								
57 28	„	r	32.45	11 0 43	48.37						
58 28	„	r	28.17	43	45.18						
11 0 28	„	r	29.87	1 28	43.86						
2 28	„	l	57.07								
2 58	„	l	61.41								
3 58	„	l	63.51								
4 58	„	l	58.07	8 13	42.11	11 2 44	W'r	l	5.25	11 9 14	43.35
5 28	„	l	57.43	7 28	46.13	5 44	„	l	2.28	10 14	42.88
6 28	„	l	59.87	6 58	41.61	8 44	„	l	6.97	44	43.57
7 28	„	r	22.57			12 44	„	r	10 21.81		
9 28	„	r	24.02			14 44	„	r	24.51		
11 28	„	r	25.37			15 44	„	r	22.48		
12 28	„	r	32.55	15 43	47.31	18 44	B	r	22.18		
13 58	„	r	33.54	43	47.24	20 44	„	r	27.15		
14 58	„	r	36.74	28	49.04	21 44	„	r	30.43		
15 58	„	l	60.55								
17 28	„	l	58.13								
17 58	„	l	61.48								

Mittlere Zeit Neuwerk	Beobachter	Lage des Fernrohrs	Helgoland. Einzelne Zenitdistanzen von Neuwerk	Helgoland. Mittel aus beiden Lagen + Reduktionen: mittlere Zeit Neuwerk	Helgoland. Mittel aus beiden Lagen + Reduktionen: Neuwerk	Mittlere Zeit Neuwerk	Beobachter	Lage des Fernrohrs	Neuwerk. Einzelne Zenitdistanzen von Helgoland	Neuwerk. Mittel aus beiden Lagen + Reduktionen: mittlere Zeit Neuwerk	Neuwerk. Mittel aus beiden Lagen + Reduktionen: Helgoland
11h 18m 58s	W	l	90° 13' 37".70	11h 21m 28s	90° 13' 44".52						
19 58	„	l	66.45	28	50.38						
20 28	„	l	66.58	28	53.39						
21 28	„	r	39.41								
22 58	„	r	33.53								
23 58	„	r	30.55								
12 8 28	P	r	29.74	12 11 58	44.11	12h 6m 47s	Wr	r	90° 10' 16".50	12h 10m 47s	90° 9' 48".10
10 28	„	r	35.16	12 28	48.61	9 47	„	r	23.74	11 47	49.59
11 28	„	r	29.34	28	45.68	10 47	„	r	27.22	47	48.02
13 28	„	l	61.23			12 47	„	l	9 9.87		
14 28	„	l	61.27			13 47	„	l	14.47		
15 28	„	l	57.70			14 47	„	l	10.74		
16 28	„	l	59.85	18 58	49.49	16 47	„	l	13.49	19 47	52.55
17 28	„	l	63.45	58	51.58	17 47	„	l	14.50	47	50.68
18 28	„	l	63.05	58	51.11	18 47	„	l	17.59	17	52.66
19 28	„	r	38.40			19 47	„	r	10 28.32		
20 28	„	r	38.93			21 47	„	r	27.90		
21 28	„	r	38.35			22 47	„	r	32.65		
25 28	„	r	32.89	27 43	46.81	24 47	B	r	37.47	29 47	55.74
26 28	„	r	36.55	58	50.04	26 47	„	r	25.96	47	50.41
26 58	„	r	35.27	43	50.29	28 47	„	r	24.58	47	50.[illegible]
28 58	„	l	64.52			30 47	„	l	9 18.21		
29 28	„	l	62.75			32 47	„	l	15.89		
29 58	„	l	59.93			34 47	„	l	15.05		
33 28	„	l	63.22	36 28	53.63	35 47	Wr	l	16.25	39 17	55.61
34 28	„	l	60.45	28	51.34	37 47	„	l	14.70	47	53.39
35 28	„	l	59.93	28	52.52	38 47	„	l	19.61	47	55.09
37 28	„	r	44.32			40 47	„	r	10 31.48		
38 28	„	r	41.44			41 47	„	r	33.51		
39 28	„	r	43.29			42 47	„	r	36.00		
40 28	„	r	38.28	42 58	51.63						
40 58	„	r	39.07	43	52.58						
41 58	„	r	38.80	43	51.54						
43 28	„	l	14 3.50								
44 28	„	l	5.30								
45 28	„	l	4.20								
46 28	„	l	2.70	49 28	55.06	43 47	„	r	36.68	46 47	58.28
47 28	„	l	0.17	28	50.53	44 47	„	r	34.63	47	57.85
48 28	„	l	7.83	28	54.93	45 47	„	r	38.69	17	59.37
50 28	„	r	13 41.84			46 47	„	l	9 21.09		
51 28	„	r	40.10			48 47	„	l	22.08		
52 28	„	r	46.63			49 47	„	l	20.98		
53 28	„	r	43.08	56 58	55.11	50 47	S	l	18.37	55 47	55.82
54 28	„	r	46.48	58	56.99	52 47	„	l	21.89	56 17	56.18
55 28	„	r	40.77	28	51.90	53 47	„	l	20.76	55 17	57.62
57 28	„	l	14 1.25			56 47	„	r	10 35.09		
59 28	„	l	6.72			59 47	„	r	31.51		
1 0 28	„	l	6.35			1 0 47	„	r	34.30		

Mittlere Zeit Neuwerk	Beobachter	Lage des Fernrohrs	Helgoland. Einzelne Zenitdistanzen von Neuwerk	Helgoland. Mittel aus beiden Lagen + Reduktionen: mittlere Zeit Neuwerk	Helgoland. Mittel aus beiden Lagen + Reduktionen: Neuwerk	Mittlere Zeit Neuwerk	Beobachter	Lage des Fernrohrs	Neuwerk. Einzelne Zenitdistanzen von Helgoland	Neuwerk. Mittel aus beiden Lagen + Reduktionen: mittlere Zeit Neuwerk	Neuwerk. Mittel aus beiden Lagen + Reduktionen: Helgoland
1ʰ 0ᵐ 58ˢ	F	l	90° 14′ 8″.90	1ʰ 9ᵐ 13ˢ	90° 13′ 54″.86	1ʰ 2ᵐ 47ˢ	W.r	r	90° 10′ 40″.07	1ʰ 3ᵐ 47ˢ	90° 9′ 58″.85
3 28	"	l	8.48	58	53.93	3 47	"	r	39.17	47	57.62
5 28	"	l	7.06	6 28	53.06	4 47	"	r	39.19	47	60.08
6 28	"	r	13′ 33.30			6 47	"	l	9′ 22.01		
7 28	"	r	38.27			7 47	"	l	17.09		
16 28	"	r	38.60			8 47	"	l	18.66		
17 28	"	r	40.04								
						9 47	"	l	19.05	12 47	57.36
						10 47	"	l	17.92	47	55.55
						12 47	"	l	21.86	13 17	59.04
						13 47	"	r	10′ 37.25		
						14 47	"	r	34.23		
						15 47	"	r	36.72		
						16 47	B	r	39.22	23 17	62.67
						18 47	"	r	36.32	17	59.47
						20 47	"	r	39.46	17	61.84
						23 47	"	l	9′ 18.70		
						25 47	"	l	27.26		
						27 47	"	l	23.86		
						29 47	"	l	27.15		
2 30 28	W	r	35.30	2 35 58	46.67						
32 28	"	r	45.20	36 28	51.68						
34 28	"	r	39.82	58	49.29						
39 28	"	l	57.98								
40 28	"	l	57.38								
41 28	"	l	57.25								
42 28	"	l	57.30	45 28	47.47						
43 28	"	l	59.81	28	48.05						
44 58	"	l	55.17	43	46.92						
46 28	"	r	37.89								
47 28	"	r	35.50								
48 28	"	r	36.85								
49 58	"	r	32.92	53 43	47.18						
50 58	"	r	34.70	43	47.61						
52 28	"	r	36.59	52 58	48.83						
53 28	"	l	60.28								
56 28	"	l	59.73								
57 28	"	l	60.66								
3 0 28	"	l	60.42	3 3 13	47.15						
1 28	"	l	56.13	13	44.78						
2 28	"	l	53.17	2 58	42.36						
3 28	"	r	30.77								
4 58	"	r	32.65								
5 58	"	r	33.10								
6 28	"	r	32.37	8 58	46.43						
7 28	"	r	35.24	58	46.89						
8 28	"	r	33.54	58	46.01						
9 28	"	l	57.70								
10 28	"	l	57.75								
12 28	"	l	59.71								

Helgoland. Mittlere Zeit Neuwerk	Beobachter	Lage des Fernrohrs	Einzelne Zenitdistanzen von Neuwerk	Mittel aus beiden Lagen + Reduktionen: mittlere Zeit Neuwerk	Neuwerk	Neuwerk. Mittlere Zeit Neuwerk	Beobachter	Lage des Fernrohrs	Einzelne Zenitdistanzen von Helgoland	Mittel aus beiden Lagen + Reduktionen: mittlere Zeit Neuwerk	Helgoland
3h 12m 28s	W	l	90° 13′ 35.70″	3h 15m 58s	90° 13′ 41.71″						
13 28	„	l	32.28	28	43.55						
15 28	„	l	33.23	58	44.73						
16 28	„	r	35.45								
17 28	„	r	38.03								
19 28	„	r	26.93								
20 28	„	r	30.12	22 43	42.65						
20 58	„	r	34.85	28	47.43						
21 58	„	r	38.02	43	44.18						
23 28	„	l	49.36								
23 58	„	l	39.25								
24 58	„	l	32.40								
25 28	„	l	35.08	27 58	45.99						
26 28	„	l	35.40	58	46.39						
27 28	„	l	38.11	58	47.76						
28 28	„	r	36.63								
29 28	„	r	38.60								
30 28	„	r	36.12								
August 23.											
						10h 5m 54s	Wr	r	90° 10′ 32.08″	10h 9m 24s	90° 9′ 49.47″
						7 54	„	r	34.12	54	52.58
						8 54	„	r	33.03	54	50.56
						10 54	„	l	9 9.13		
						11 54	„	l	12.08		
						12 54	„	l	7.89		
						13 54	„	l	8.32	16 24	45.58
						14 54	„	l	6.44	9	45.03
						15 24	„	l	6.01	23 39	46.45
						15 54	„	r	10 27.92		
						17 24	„	r	24.69		
						18 54	„	r	23.89		
10h 22m 28s	F	r	90° 13′ 13.25″	10h 26m 28s	90° 13′ 33.42″	19 54	N	r	26.92	24 24	44.87
24 28	„	r	10.25	58	32.97	21 54	„	r	23.24	24	44.18
26 28	„	r	19.19	27 28	37.00	22 54	„	r	20.02	23 54	44.50
28 28	„	l	54.02			24 54	„	l	9 10.01		
29 28	„	l	53.70			26 54	„	l	4.16		
30 28	„	l	52.80			28 54	„	l	3.85		
30 58	„	l	50.87	32 58	32.34	30 54	„	l	6.37	34 54	43.44
31 28	„	l	52.08	43	33.26	31 54	„	l	0.94	24	37.89
32 28	„	l	53.38	58	34.46	33 54	„	l	0.94	54	40.89
33 28	„	r	14.75			35 54	„	r	10 21.88		
33 58	„	r	13.65			36 54	„	r	25.88		
34 58	„	r	13.02			38 54	„	r	21.35		
35 28	„	r	12.70	37 43	30.06						
36 28	„	r	10.58	58	28.32						
36 58	„	r	11.87	43	29.24						
38 28	„	l	45.82								
39 28	„	l	45.28								
39 58	„	l	47.63								

Mittlere Zeit Neuwerk	Beobachter	Lage des Fernrohrs	Helgoland. Einzelne Zenit-distanzen von Neuwerk	Mittel aus beiden Lagen + Reduktionen: mittlere Zeit Neuwerk	Neuwerk	Mittlere Zeit Neuwerk	Beobachter	Lage des Fernrohrs	Neuwerk. Einzelne Zenit-distanzen von Helgoland	Mittel aus beiden Lagen + Reduktionen: mittlere Zeit Neuwerk	Helgoland
10h 40m 58s	F	l	90° 13′ 47″.43	10h 42m 43s	90° 13′ 29″.35	10h 39m 54s	B	r	90° 10′ 17″.43	10h 43m 24s	90° 9′ 34″.28
41 28	"	l	45.73	43	28.69	41 54	"	r	16.54	54	35.05
42 28	"	l	48.33	58	30.77	42 54	"	r	22.09	24	32.47
43 28	"	r	12.43			43 54	"	l	8 53.88		
43 58	"	r	10.87			45 54	"	l	54.60		
44 28	"	r	10.47			46 54	"	l	52.15		
45 28	"	r	9.65	47 58	26.92	47 54	"	l	53.25	50 24	31.37
46 28	"	r	10.83	58	27.46	48 54	"	l	53.60	24	33.01
46 58	"	r	10.43	43	27.12	49 54	"	l	50.00	24	31.22
48 28	"	l	43.03			50 54	"	r	10 13.47		
49 28	"	l	43.30			51 54	"	r	13.43		
50 28	"	l	43.40			52 54	"	r	10.52		
51 28	"	l	42.87	53 58	24.36	54 54	Wr	r	8.16	56 54	27.17
51 58	"	l	42.63	53 43	26.18	55 24	"	r	9.79	39	28.01
52 58	"	l	44.00	43	26.25	55 54	"	r	5.70	24	25.03
54 28	"	r	7.52			56 54	"	l	8 45.39		
55 28	"	r	8.95			57 54	"	l	47.26		
11 0 28	"	r	5.07			58 54	"	l	47.21		
1 28	"	r	5.00	11 3 43	23.07	59 54	"	l	43.65	11 2 54	24.38
2 28	"	r	5.39	58	23.11	11 0 54	"	l	45.57	54	25.60
2 58	"	r	5.44	43	24.28	1 54	"	l	45.73	2 9	25.29
4 28	"	l	42.33			2 24	"	r	10 5.89		
5 28	"	l	40.05			2 54	"	r	6.67		
5 58	"	l	40.35			3 54	"	r	6.14		
6 28	"	l	40.33	8 28	20.29	4 54	N	r	6.57	9 24	22.19
7 28	"	l	39.32	43	18.14	5 54	"	r	0.83	8 54	18.06
7 58	"	l	37.78	28	18.68	8 54	"	r	6.22	10 9	25.09
8 58	"	r	−1.22			12 24	"	l	8 45.10		
9 58	"	r	−3.83			12 54	"	l	32.33		
10 28	"	r	−0.73			13 54	"	l	36.84		
10 58	"	r	−1.78	13 13	16.11						
11 58	"	r	−4.13	13	15.25						
12 28	"	r	−3.32	13	15.70						
13 58	"	l	33.93								
14 28	"	l	33.85								
15 28	"	l	33.22								
16 28	"	l	32.25	18 58	12.86	15 54	"	l	42.36	22 54	22.20
16 58	"	l	32.30	43	13.90	16 54	"	l	31.55	24	14.77
17 28	"	l	31.26	28	13.87	18 54	"	l	42.34	20 9	22.65
19 28	"	r	−4.30			22 24	"	r	10 4.99		
20 28	"	r	−4.28			25 54	"	r	−0.97		
21 28	"	r	−7.32			27 54	"	r	3.08		
22 28	"	r	−7.87	25 28	10.52						
23 58	"	r	−9.43	58	9.91						
24 58	"	r	−5.60	26 13	12.52						
27 28	"	l	29.83								
27 58	"	l	28.46								
28 28	"	l	28.13								

Helgoland. Mittlere Zeit Neuwerk	Beobachter	Lage des Fernrohrs	Einzelne Zenit-distanzen von Neuwerk	Mittel aus beiden Lagen + Reduktionen: mittlere Zeit Neuwerk	Neuwerk	Neuwerk. Mittlere Zeit Neuwerk	Beobachter	Lage des Fernrohrs	Einzelne Zenit-distanzen von Helgoland	Mittel aus beiden Lagen + Reduktionen: mittlere Zeit Neuwerk	Helgoland
11h 29m 28s	F	l	90° 13′ 25.″46	11h 31m 43s	90° 13′ 6.″66						
30 28	"	l	27.48	43	7.32						
30 58	"	l	24.22	28	6.15						
31 58	"	r	12 47.29								
32 58	"	r	46.32								
33 58	"	r	47.08								
12 4 28	W	r	29.84			12h 7m 54s	H	l	90° 8′ 19.″93		
5 28	"	r	16.89			9 54	"	l	22.48		
7 28	"	r	27.14			11 54	"	l	24.83		
August 6.											
11h 23m 28s	W	r	90° 13′ 25.″93								
24 58	"	r	24.58								
25 58	"	r	28.65								
59 28	F	r	*22.77								
12 16 28	"	r	18.53	12h 22m 58s	90° 13′ 43.″48						
17 28	"	r	20.77	58	45.05						
17 58	"	r	20.84	13	44.90						
26 28	"	l	14 8.17								
28 28	"	l	8.55								
29 28	"	l	7.65								
29 58	"	l	9.43	33 13	50.76						
30 28	"	l	7.96	32 58	50.52						
32 28	"	l	9.90	33 13	50.19						
33 58	"	r	13 29.70								
35 28	"	r	32.30								
36 28	"	r	32.29								
37 58	"	r	28.68	41 13	50.44						
38 58	"	r	29.77	13	50.51						
40 28	"	r	29.93	28	51.07						
42 28	"	l	14 21.40								
43 28	"	l	20.47								
44 28	"	l	21.41								
45 58	"	l	20.43	51 13	54.59						
46 28	"	l	20.73	50 43	52.80						
48 58	"	l	23.37	52 13	53.51						
53 28	"	r	13 36.87								
54 58	"	r	34.07								
56 28	"	r	37.95								
1 4 28	"	r	*37.18								
August 7.											
10h 47m 28s	F	r	90° 13′ 29.″27								
49 28	"	r	30.27								
11 27 28	"	r	28.67								
12 10 28	"	r	23.52	12h 12m 58s	90° 13′ 43.″45	12h 0m 59s	Wr	r	90° 10′ 48.″00	12h 5m 59s	90° 9′ 52.″72
11 28	"	r	24.58	58	44.71	2 59	"	r	46.59	59	53.80
12 28	"	r	24.27	58	43.81	4 59	"	r	48.82	6 29	54.89
13 28	"	l	14 2.68			7 59	"	l	9 2.00		
14 28	"	l	4.21			8 59	"	l	2.05		
15 28	"	l	2.60			10 59	"	l	−1.53		

Helgoland.						Neuwerk.					
Mittlere Zeit Neuwerk	Beobachter	Lage des Fernrohrs	Einzelne Zenit-distanzen von Neuwerk	Mittel aus beiden Lagen + Reduktionen: mittlere Zeit Neuwerk	Mittel aus beiden Lagen + Reduktionen: Neuwerk	Mittlere Zeit Neuwerk	Beobachter	Lage des Fernrohrs	Einzelne Zenit-distanzen von Helgoland	Mittel aus beiden Lagen + Reduktionen: mittlere Zeit Neuwerk	Mittel aus beiden Lagen + Reduktionen: Helgoland
12h 15m 58s	F	l	90° 14′ 2″.48	12h 19m 43s	90° 13′ 40″.96	12h 12m 59s	Wr	l	90° 9′ 1″.32	12h 16m 59s	90° 9′ 54″.24
19 28	"	l	2.71	20 58	41.31	13 59	"	l	−0.72	59	52.86
20 28	"	l	3.80	21 13	41.72	14 59	"	l	0.34	29	51.56
21 58	"	r	13 28.85			17 59	"	r	10 43.82		
22 28	"	r	19.13			20 59	"	r	47.47		
23 28	"	r	18.65			21 59	"	r	48.22		
24 28	"	r	19.44	27 58	41.63	24 59	B	r	*36.53		
25 28	"	r	17.45	58	40.41	26 59	"	r	*30.74		
26 28	"	r	19.32	58	41.61	28 59	"	r	*36.06		
29 28	"	l	14 3.12			30 59	"	r	38.24	32 29	47.22
30 28	"	l	2.58			33 59	"	l	8 57.24		
31 28	"	l	3.03								
32 28	"	l	3.98	34 58	41.78						
32 58	"	l	3.03	58	42.00						
33 28	"	l	3.13	43	42.32						
35 58	"	r	13 20.72								
36 58	"	r	18.18								
37 28	"	r	20.80								
39 58	"	r	23.80	42 13	43.70						
40 28	"	r	21.19	41 58	43.34						
41 28	"	r	21.67	58	41.58						
42 28	"	l	14 0.70								
43 28	"	l	4.70								
44 28	"	l	2.82								
45 58	"	l	3.21								
46 28	"	l	4.73			54 59	Wr	l	50.74		
49 28	"	l	4.18			58 59	"	l	62.38		
2 2 58	W	r	13 17.48	2 5 43	38.43	1 58 58	"	r	10 38.86	2 2 43	41.95
3 58	"	r	17.88	43	37.08	59 58	"	r	39.31	28	43.01
4 58	"	r	18.10	43	39.20	2 1 28	"	r	40.48	13	41.03
6 28	"	l	59.52			2 58	"	l	8 42.62		
7 28	"	l	55.50			4 58	"	l	47.74		
8 28	"	l	58.60			6 28	"	l	46.08		
9 58	"	l	57.56	12 28	36.25	7 58	"	l	50.52	11 28	42.52
11 28	"	l	59.83	43	39.03	8 58	"	l	43.68	28	39.62
11 58	"	l	59.13	43	39.57	10 28	"	l	45.30	28	41.14
13 28	"	r	19.22			12 28	"	r	10 38.02		
13 58	"	r	17.44			13 58	"	r	36.59		
14 58	"	r	14.15			14 58	"	r	33.55		
15 28	"	r	11.88	17 58	36.28	16 58	B	r	32.96	25 13	36.92
16 28	"	r	13.77	58	36.35	17 58	"	r	34.18	23 58	38.23
17 28	"	r	16.67	58	36.97	19 58	"	r	32.76	24 28	36.24
18 28	"	l	56.48			28 58	"	l	8 40.75		
19 28	"	l	58.15			29 58	"	l	43.31		
20 28	"	l	59.90			31 28	"	l	*29.32		
						33 28	"	l	41.90		

Mittlere Zeit Neuwerk	Beobachter	Lage des Fernrohrs	Helgoland. Einzelne Zenitdistanzen von Neuwerk	Helgoland. Mittel aus beiden Lagen + Reduktionen: mittlere Zeit Neuwerk	Helgoland. Mittel aus beiden Lagen + Reduktionen: Neuwerk	Mittlere Zeit Neuwerk	Beobachter	Lage des Fernrohrs	Neuwerk. Einzelne Zenitdistanzen von Helgoland	Neuwerk. Mittel aus beiden Lagen + Reduktionen: mittlere Zeit Neuwerk	Neuwerk. Mittel aus beiden Lagen + Reduktionen: Helgoland
2h 20m 58s	W	l	90° 13′ 57.8?	2h 23m 13s	90° 13′ 35.94						
21 28	„	l	58.00	22 58	36.52						
22 28	„	l	54.37	23 13	35.42						
23 58	„	r	15.67								
24 28	„	r	14.25								
25 28	„	r	13.30								
28 28	„	r	11.9?	31 58	30.57						
29 28	„	r	11.8?	58	30.86						
30 28	„	r	11.93	58	32.79						
35 28	„	l	52.87								
36 28	„	l	49.13								
37 28	„	l	48.38								
37 58	„	l	50.95	42 13	28.37	2h 35m 58s	H	l	90° 8′ 39.31	2h 40m 28s	90° 9′ 36.34
38 58	„	l	54.20	13	30.84	36 58	„	l	40.90	39 58	35.2?
40 28	„	l	51.80	41 58	29.75	38 58	„	l	36.83	40 13	29.05
43 28	„	r	6.92			41 28	„	r	10 22.31		
45 28	„	r	6.7?			42 58	„	r	31.87		
46 28	„	r	5.00			44 58	„	r	34.41		
47 28	„	r	6.40	50 28	27.59	46 58	W′r	r	30.67	50 13	33.35
48 58	„	r	4.22	43	27.55	47 58	„	r	30.09	49 58	33.51
49 28	„	r	5.65	28	27.93	48 58	„	r	28.22	43	31.39
51 28	„	l	49.43			50 28	„	l	8 35.59		
52 28	„	l	50.20			52 58	„	l	37.97		
53 28	„	l	48.00			53 28	„	l	37.07		
54 28	„	l	47.92	57 28	27.39	55 58	„	l	*42.21		
55 28	„	l	52.82	28	30.35	56 58	„	l	34.09	60 28	32.43
56 58	„	l	52.15	58	29.23	57 58	„	l	38.46	13	33.21
58 58	„	r	5.52			58 58	„	l	40.06	59 58	35.09
59 28	„	r	7.09			3 0 58	„	r	10 31.25		
3 0 28	„	r	6.08			2 28	„	r	29.00		
						3 58	„	r	31.81		
1 28	„	r	8.00	3 4 13	26.46	4 58	B	r	30.62	3 7 58	34.90
2 28	„	r	8.00	28	26.45	5 58	„	r	27.35	58	31.87
3 28	„	r	7.88	13	26.97	6 58	„	r	25.51	58	29.99
4 58	„	l	45.28			8 58	„	l	8 35.50		
6 28	„	l	44.22			9 58	„	l	37.43		
6 58	„	l	44.13			10 58	„	l	40.22		
7 28	„	l	43.06	9 58	25.55						
8 28	„	l	44.63	10 13	26.36						
9 28	„	l	44.30	13	27.03						
10 58	„	r	8.98								
11 58	„	r	7.30								
12 28	„	r	7.25								
13 28	„	r	6.35	15 58	27.83	11 58	„	l	40.82	15 43	34.09
14 28	„	r	6.87	58	28.55	12 58	„	l	42.77	28	33.85
14 58	„	r	7.97	58	26.39	14 58	„	l	38.73	43	32.58
16 58	„	l	44.02			16 28	„	r	10 27.46		
17 28	„	l	49.45			17 58	„	r	25.96		
18 28	„	l	48.53			19 28	„	r	28.39		

Mittlere Zeit Neuwerk	Beobachter	Lage des Fernrohrs	Einzelne Zenitdistanzen von Neuwerk	Helgoland. Mittel aus beiden Lagen + Reduktionen: mittlere Zeit Neuwerk	Neuwerk
3h 18m 58s	W	l	90°13′ 47.″36	3h 21m 13s	90°13′ 16.″08
20 58	"	l	47.65	22 13	16.06
21 28	"	l	47.53	21 58	27.88
22 28	"	r	7.44		
23 28	"	r	3.69		
24 28	"	r	4.02		
25 58	"	r	5.10	27 58	24.88
26 28	"	r	5.13	43	25.65
27 28	"	r	4.87	58	23.13
28 28	"	l	40.60		
28 58	"	l	45.38		
29 58	"	l	43.78		
30 28	"	l	41.83	32 28	23.68
31 28	"	l	42.35	43	24.45
31 58	"	l	44.40	28	25.53
32 58	"	r	3.87		
33 58	"	r	5.77		
34 28	"	r	3.73		
35 28	"	r	6.00	37 28	25.67
35 58	"	r	4.74	13	25.73
36 28	"	r	7.22	36 58	25.33
37 28	"	l	42.65		
38 28	"	l	45.93		
39 28	"	l	44.56		
39 58	"	l	*41.73		
40 58	"	l	*42.60		

Mittlere Zeit Neuwerk	Beobachter	Lage des Fernrohrs	Einzelne Zenitdistanzen von Helgoland	Neuwerk. Mittel aus beiden Lagen + Reduktionen: mittlere Zeit Neuwerk	Helgoland
3h 20m 58s	Wr	r	90°20′ 29.″11	3h 23m 28s	90° 9′ 33.″36
21 58	"	r	27.55	28	31.23
22 58	"	r	30.18	28	31.80
23 58	"	l	8 34.46		
24 58	"	l	35.95		
25 58	"	l	38.65		
26 58	"	l	37.09	30 13	32.78
27 58	"	l	34.31	29 58	30.38
28 58	"	l	35.44	43	29.90
30 28	"	r	10 25.39		
31 58	"	r	27.89		
33 28	"	r	29.50		

August 10.

Mittlere Zeit Neuwerk	Beobachter	Lage des Fernrohrs	Einzelne Zenitdistanzen von Neuwerk	Helgoland. Mittel aus beiden Lagen + Reduktionen: mittlere Zeit Neuwerk	Neuwerk
10h 12m 28s	F	r	90°13′ 22.″90	h 15m 43s	90°13′ 41.″69
14 28	"	r	31.48	16 13	48.55
15 28	"	r	26.22	15 58	43.45
16 28	"	l	59.90		
17 58	"	l	64.83		
18 58	"	l	59.70		
19 28	"	l	59.18	22 13	41.83
19 58	"	l	56.41	21 58	40.27
22 28	"	l	55.80	22 58	40.70
23 28	"	r	24.82		
23 58	"	r	23.33		
24 58	"	r	23.70		
27 28	"	r	20.75	39 58	37.41
28 58	"	r	21.97	40 28	38.29
29 28	"	r	23.89	39 58	37.79
50 28	"	l	50.91		
51 58	"	l	53.82		
52 28	"	l	53.28		

Mittlere Zeit Neuwerk	Beobachter	Lage des Fernrohrs	Einzelne Zenitdistanzen von Helgoland	Neuwerk. Mittel aus beiden Lagen + Reduktionen: mittlere Zeit Neuwerk	Helgoland
10h 9m 20s	S	r	90°10′ *41.″33		
16 50	"	r	38.71	10h 25m 5s	90° 9′ 44.″69
22 10	"	r	37.81	26 20	43.94
24 20	"	r	34.05	25 50	43.59
27 20	"	l	8 54.16		
30 20	"	l	51.11		
33 20	"	l	51.71		
37 20	"	l	55.28	42 50	42.25
38 50	"	l	43.28	5	40.52
41 20	"	l	48.54	50	43.81
44 20	"	r	10 40.11		
45 20	"	r	38.80		
48 20	"	r	30.23		

Helgoland.

Mittlere Zeit Neuwerk	Beobachter	Lage des Fernrohrs	Einzelne Zenitdistanzen von Neuwerk	Mittel aus beiden Lagen + Reduktionen: mittlere Zeit Neuwerk	Mittel aus beiden Lagen + Reduktionen: Neuwerk
11h 17m 28s	F	l	90° 13' 56".10	11h 19m 13s	90° 13' 39".80
17 58	"	l	56.33	13	39.03
18 58	"	l	54.76	28	38.68
19 58	"	r	21.82		
20 28	"	r	20.95		
20 58	"	r	22.78		
21 28	"	r	25.60	23 58	41.43
22 28	"	r	27.20	58	42.61
23 28	"	r	26.82	58	42.94
24 28	"	l	58.28		
25 28	"	l	57.33		
26 28	"	l	56.48		
26 58	"	l	53.90	28 43	38.89
27 28	"	l	55.88	28	40.18
27 58	"	l	54.37	28	40.86
28 58	"	r	26.57		
29 28	"	r	23.70		
30 28	"	r	23.20		
31 28	"	r	26.29		
34 58	"	r	22.83		
36 28	"	r	21.20		

Neuwerk.

Mittlere Zeit Neuwerk	Beobachter	Lage des Fernrohrs	Einzelne Zenitdistanzen von Helgoland	Mittel aus beiden Lagen + Reduktionen: mittlere Zeit Neuwerk	Mittel aus beiden Lagen + Reduktionen: Helgoland
10h 49m 20s	Wr	r	90° 10' 43".73	10h 52m 50s	90° 9' 48".32
50 20	"	r	39.12	50	46.64
51 20	"	r	40.47	50	44.53
52 20	"	l	8 49.63		
53 20	"	l	55.19		
54 20	"	l	53.94		
55 20	"	l	54.60	57 50	47.60
56 20	"	l	53.86	58 5	47.37
57 20	"	l	55.67	57 50	47.69
58 20	"	r	10 40.73		
59 50	"	r	41.91		
11 0 20	"	r	41.64		
1 20	B	r	40.50	11 4 50	46.49
2 20	"	r	36.58	50	44.26
3 50	"	r	42.65	20	47.71
4 50	"	l	8 53.81		
7 20	"	l	52.92		
8 20	"	l	53.52		
9 50	"	l	49.84	12 50	43.07
10 20	"	l	47.61	20	42.98
11 20	"	l	52.36	5	44.98
12 50	"	r	10 38.63		
14 20	"	r	39.38		
15 50	"	r	41.33		
17 20	S	r	42.07	21 50	43.48
19 20	"	r	37.37	22 20	42.73
21 20	"	r	36.14	20	42.83
23 20	"	l	8 49.36		
25 20	"	l	49.27		
26 20	"	l	43.92		

Mittlere Zeit Neuwerk	Beobachter	Lage des Fernrohrs	Helgoland. Einzelne Zenit-distanzen von Neuwerk	Helgoland. Mittel aus beiden Lagen + Reduktionen: mittlere Zeit Neuwerk	Helgoland. Mittel aus beiden Lagen + Reduktionen: Neuwerk	Mittlere Zeit Neuwerk	Beobachter	Lage des Fernrohrs	Neuwerk. Einzelne Zenit-distanzen von Helgoland	Neuwerk. Mittel aus beiden Lagen + Reduktionen: mittlere Zeit Neuwerk	Neuwerk. Mittel aus beiden Lagen + Reduktionen: Helgoland
12h 6m 28s	B'	r	90°13' 22″.60	12h 9m 28s	90°13' 41″.96						
8 28	„	r	27.62	58	42.62						
9 28	„	r	24.70	58	41.55						
10 28	„	l	57.62								
11 28	„	l	56.83								
12 28	„	l	60.53								
20 28	„	l	59.12	22 43	42.54	12h 11m 20s	Wr	r	90°10' 52″.75	12h 19m 20s	90° 9' 57″.09
21 28	„	l	61.60	58	45.57	12 20	„	r	51.08	18 50	54.50
22 28	„	l	55.87	58	41.63	14 20	„	r	54.94	20	60.08
23 28	„	r	26.60			22 20	„	l	9 6.26		
24 28	„	r	27.75			25 20	„	l	−1.05		
24 58	„	r	25.17			27 20	„	l	2.47		
25 28	„	r	27.39	27 58	43.21	28 20	„	l	3.36	32 20	56.09
26 28	„	r	30.53	58	46.52	29 20	„	l	4.13	20	53.70
27 28	„	r	29.74	58	46.60	30 20	„	l	5.30	30 50	57.47
28 28	„	l	62.67			31 20	„	r	10 50.67		
29 28	„	l	61.73			35 20	„	r	44.50		
30 28	„	l	58.25			36 20	„	r	49.86		
31 28	„	l	57.43	34 28	43.66						
33 58	„	l	60.53	35 28	44.56						
34 58	„	l	59.72	28	46.10						
35 58	„	r	31.69								
36 58	„	r	28.00								
37 28	„	r	29.10								
38 28	„	r	32.40	43 58	45.71	37 50	B	r	52.07	42 5	57.89
38 58	„	r	29.75	43	46.93	38 20	„	r	46.49	39 50	53.88
39 28	„	r	28.10	28	45.32	39 20	„	r	52.00	50	55.72
47 28	„	l	62.15			40 20	„	l	9 0.45		
48 28	„	l	63.58			41 20	„	l	2.50		
49 28	„	l	58.23			46 20	„	l	4.75		
49 58	„	l	63.45	52 13	45.28	47 20	„	l	−2.70	50 50	50.77
50 58	„	l	60.65	13	46.25	48 50	„	l	2.55	51 5	53.79
51 28	„	l	61.93	51 58	43.67	49 20	„	l	2.21	50 5	54.56
52 28	„	r	28.63			50 50	„	r	10 48.94		
53 28	„	r	31.07			53 20	„	r	47.07		
54 28	„	r	26.53			54 20	„	r	45.27		
55 28	„	r	27.38	57 28	46.35	55 20	B	r	55.43	1 0 5	56.95
55 58	„	r	22.42	28	42.70	57 20	„	r	54.97	20	57.10
56 28	„	r	22.07	23	40.28	58 20	„	r	45.78	12 59 50	53.42
57 58	„	l	57.70			1 1 20	„	l	9 2.09		
58 58	„	l	62.10			3 20	„	l	0.47		
59 28		l	64.53			4 50	„	l	−0.50		
1 0 28	„	l	61.68	1 2 58	43.70						
0 58	„	l	62.43	58	43.76						
1 28	„	l	62.43	1 58	45.01						
2 28	„	r	26.80								
4 58	„	r	28.30								
5 28	„	r	24.94								

Helgoland.

Mittlere Zeit Neuwerk	Beobachter	Lage des Fernrohrs	Einzelne Zenitdistanzen von Neuwerk	Mittel aus beiden Lagen + Reduktionen: mittlere Zeit Neuwerk	Mittel aus beiden Lagen + Reduktionen: Neuwerk
1ʰ 6ᵐ 28ˢ	F	r	90° 13′ 31″.87	1ʰ 9ᵐ 28ˢ	90° 13′ 46″.56
7 28	"	r	26.68	28	44.68
9 28	"	r	27.98	58	44.70
10 28	"	l	60.63		
11 28	"	l	61.90		
12 28	"	l	60.46		
13 28	"	l	62.20	18 28	50.02
14 28	"	l	56.31	28	42.88
15 28	"	l	61.65	17 28	43.32
19 28	"	r	28.10		
22 28	"	r	28.67		
23 28	"	r	30.45		
26 28	"	r	27.65	27 58	44.63
26 58	"	r	23.20	58	42.87
27 28	"	r	29.62	43	44.68
27 58	"	l	58.95		
28 58	"	l	61.76		
29 28	"	l	60.85		
30 28	"	l	58.96	32 13	45.36
30 58	"	l	60.95	13	46.57
31 28	"	l	62.26	31 58	44.38
32 28	"	r	25.72		
33 28	"	r	31.40		
33 58	"	r	30.98		

Neuwerk.

Mittlere Zeit Neuwerk	Beobachter	Lage des Fernrohrs	Einzelne Zenitdistanzen von Helgoland	Mittel aus beiden Lagen + Reduktionen: mittlere Zeit Neuwerk	Mittel aus beiden Lagen + Reduktionen: Helgoland
1ʰ 6ᵐ 50ˢ	S	l	90° 9′ 0″.67	1ʰ 13ᵐ 20ˢ	90° 9′ 55″.03
8 20	"	l	1.36	12 50	58.08
9 50	"	l	7.52	50	61.37
15 50	"	r	10 56.25		
17 20	"	r	55.83		
19 50	"	r	50.43		
23 20	Wr	r	44.29	25 50	51.26
24 20	"	r	45.29	50	49.98
24 50	"	r	43.75	35	49.53
26 20	"	l	8 56.34		
27 20	"	l	55.70		
28 20	"	l	59.27		
29 20	"	l	62.85	32 5	54.92
29 50	"	l	59.50	5	51.22
31 20	"	l	53.46	31 50	49.99
32 20	"	r	10 47.55		
34 20	"	r	43.97		
34 50	"	r	48.03		
2 3 49	H	r	43.07	2 10 34	47.05
10 49	"	r	43.65	12 34	48.48
11 19	"	r	42.57	4	47.79
12 49	"	l	8 54.04		
14 19	"	l	54.35		
17 19	"	l	52.07		
24 19	"	l	55.59	26 49	45.96
25 19	"	l	50.48	49	44.75
25 49	"	l	52.93	34	45.06
27 19	"	r	10 39.22		
28 19	"	r	40.05		
29 19	"	r	37.37		
31 19	Wr	r	38.04	34 19	44.22
32 19	"	r	35.60	19	42.77
33 19	"	r	36.37	4	43.76
34 49	"	l	8 52.18		
36 19	"	l	50.98		
37 19	"	l	51.44		
38 19	"	l	51.20	40 34	45.15
38 49	"	l	51.97	19	44.02
39 49	"	l	48.93	19	44.18
40 49	"	r	10 40.46		
41 49	"	r	37.10		
42 49	"	r	40.13		

Helgoland.

Mittlere Zeit Neuwerk	Beobachter	Lage des Fernrohrs	Einzelne Zenit-distanzen von Neuwerk	Mittel aus beiden Lagen + Reduktionen: mittlere Zeit Neuwerk	Neuwerk
2h 38m 58s	W	r	90°13′ 22″.39	2h 44m 43s	90°13′ 39″.70
42 28	„	r	30.25	45 58	44.76
43 58	„	r	32.02	44 43	44.43
45 28	„	l	56.06		
49 28	„	l	58.48		
50 28	„	l	56.22		
52 28	„	l	60.25	54 43	43.96
53 28	„	l	60.50	58	43.20
54 28	„	l	59.33	58	44.83
55 28	„	r	29.55		
56 28	„	r	29.22		
56 58	„	r	30.89		
58 58	„	r	27.80		
59 58	„	r	27.97		
3 10 28	„	r	33.50	3 13 28	47.10
11 58	„	r	29.62	28	45.54
12 58	„	r	32.69	28	45.25
13 58	„	l	57.02		
14 58	„	l	60.68		
16 28	„	l	59.92		
17 28	„	r	58.95		
17 58	„	r	55.30		

Neuwerk.

Mittlere Zeit Neuwerk	Beobachter	Lage des Fernrohrs	Einzelne Zenit-distanzen von Helgoland	Mittel aus beiden Lagen + Reduktionen: mittlere Zeit Neuwerk	Helgoland
2h 43m 49s	B	r	90°10′ 35″.81	2h 46m 4s	90° 9′ 44″.91
44 49	„	r	39.33	„ 4	43.53
45 19	„	r	41.43	45 49	45.85
46 19	„	l	8 52.30		
47 19	„	l	48.77		
48 19	„	l	55.04		
49 19	„	l	54.65	51 49	43.88
50 19	„	l	55.71	49	43.48
51 19	„	l	56.28	49	46.59
52 19	„	r	10 37.94		
53 19	„	r	36.18		
54 19	„	r	38.14		
55 19	Wr	r	38.41	57 34	43.91
56 19	„	r	38.16	34	43.28
56 49	„	r	39.67	19	43.36
57 49	„	l	8 52.08		
58 49	„	l	53.44		
59 49	„	l	54.44		
3 0 19	„	l	52.86	3 2 49	43.78
1 19	„	l	49.10	49	44.31
2 19	„	l	50.85	49	42.72
3 19	„	r	10 35.63		
4 19	„	r	40.56		
5 19	„	r	35.74		
6 19	B	r	38.70	8 34	42.51
7 19	„	r	36.73	49	41.48
7 49	„	r	36.95	34	43.06
9 19	„	l	8 50.20		
10 19	„	l	47.26		
10 49	„	l	47.37		
11 19	„	l	43.55	13 49	42.45
12 19	„	l	48.21	49	41.76
13 19	„	l	43.74	49	38.99
14 19	„	r	10 35.27		
15 19	„	r	36.34		
16 29	„	r	40.39		
17 49	Wr	r	34.06	20 49	40.15
19 19	„	r	36.77	22 4	42.21
20 19	„	r	37.01	20 49	41.87
21 19	„	l	8 47.76		
22 49	„	l	48.69		
23 49	„	l	47.27		
24 49	„	l	*48.80		
25 19	„	l	*49.41		
26 19	„	l	45.76	27 4	42.22
27 49	„	r	10 39.72		

1881.

ZENITDISTANZEN FÜR DAS NIVELLEMENT

ZWISCHEN

NEUWERK (LEUCHTTURM)

UND

KUGELBAKE (PFEILER).

In NEUWERK: 10 zölliges U.-J. No. I, Beobachter: WERNER und BÖRSCH.
Auf KUGELBAKE: 10 zölliges U.-J. No. II, Beobachter: FISCHER und WESTPHAL.

August 22.

Neuwerk.

Mittlere Zeit Neuwerk	Beobachter	Lage des Fernrohrs	Einzelne Zenit-distanzen von Kugelbake	Mittel aus beiden Lagen + Reduktionen: mittlere Zeit Neuwerk	Mittel aus beiden Lagen + Reduktionen: Kugelbake
10h 29m 46s	Wr	r	90° 11′ 26″.40	10h 33m 46s	90° 10′ 51″.95
31 16	„	r	27.33	34 1	50.30
31 46	„	r	26.10	32 31	49.44
33 16	„	l	10 5.71		
36 46	„	l	6.20		
37 46	„	l	10.43		
38 46	„	l	4.63		
39 46	„	l	6.12		
40 46	„	l	6.90		
11 28 16	„	r	11 42.83	11 29 1	52.79
29 46	„	l	9 55.69		
12 1 16	B	l	53.53	12 4 31	51.58
2 46	„	l	52.20	46	51.99
3 46	„	l	53.07	46	52.34
5 46	„	r	11 44.54		
6 46	„	r	44.72		
7 46	„	r	42.56		
8 46	„	r	43.47	11 46	53.50
9 46	„	r	43.46	46	52.94
10 46	„	r	40.73	31	51.96
12 16	„	l	9 54.13		
13 46	„	l	55.36		
14 46	„	l	56.47		
16 46	Wr	l	53.57	19 16	50.87
17 46	„	l	55.47	31	52.39
18 46	„	l	52.26	31	50.03
20 16	„	r	11 40.73		
21 16	„	r	40.24		
21 46	„	r	41.11		

Kugelbake.

Mittlere Zeit Neuwerk	Beobachter	Lage des Fernrohrs	Einzelne Zenit-distanzen von Neuwerk	Mittel aus beiden Lagen + Reduktionen: mittlere Zeit Neuwerk	Mittel aus beiden Lagen + Reduktionen: Neuwerk
10h 48m 10s	W	r	89° 57′ 14″.14	10h 51m 40s	89° 55′ 15″.58
49 10	„	r	13.47	40	16.29
50 10	„	r	14.12	10	16.53
52 10	„	l	53 19.36		
54 10	„	l	19.32		
55 10	„	l	17.43		
56 40	„	l	19.15	11 0 25	20.20
58 10	„	l	18.40	40	19.39
58 40	„	l	17.17	10 59 55	18.03
11 1 10	„	r	57 19.30		
3 10	„	r	20.80		
4 10	„	r	21.67		
5 10	„	r	19.99		
7 10	„	r	20.69		
29 10	„	r	18.29	29 40	19.77
30 10	„	l	53 22.78		
32 10	„	l	*23.46		
12 2 10	„	r	57 24.60	12 5 10	24.02
3 10	„	r	24.25	4 55	24.18
4 10	„	r	23.23	55	22.99
5 40	„	l	53 23.17		
6 40	„	l	24.52		
8 10	„	l	23.85		
9 10	„	l	26.18	12 10	22.98
10 10	„	l	22.36	10	19.07
10 40	„	l	23.98	11 55	22.33
13 10	„	r	57 21.13		
14 10	„	r	26.20		
15 10	„	r	20.19		

Mittlere Zeit Neuwerk	Beobachter	Lage des Fernrohrs	Neuwerk. Einzelne Zenit-distanzen von Kugelbake	Mittel aus beiden Lagen + Reduktionen: mittlere Zeit Neuwerk	Kugelbake
12ʰ 22ᵐ 46ˢ	Wr	r	90° 9′ 39″.90	12ʰ 25ᵐ 46ˢ	90° 10′ 51″.71
23 46	"	r	41.40	46	50.76
25 16	"	r	42.44	26 1	52.92
26 46	"	l	9 56.33		
27 46	"	l	53.06		
28 46	"	l	56.46		
29 46	H	l	55.50		
30 46	"	l	55.55		
49 46	"	l	55.68	50 16	52.23
50 46	"	r	11 41.71		
51 46	"	r	*39.65		
52 46	"	r	*40.09		
53 46	"	r	40.94	56 16	51.15
54 46	"	r	41.51	16	50.14
55 46	"	r	42.56	16	52.07
56 46	"	l	9 54.51		
57 46	"	l	50.70		
58 46	"	l	54.29		
1 0 16	W′r	l	52.52	1 5 31	50.13
1 46	"	l	54.51	4 46	51.78
2 46	"	l	54.57	46	51.40
6 46	"	r	11 41.26		
7 46	"	r	41.98		
10 46	"	r	40.68		
11 16	"	r	42.18	13 31	50.95
11 46	"	r	40.25	16	49.74
12 46	"	r	40.37	16	51.16
13 46	"	l	9 54.89		
14 46	"	l	58.17		
15 46	"	l	53.65		

Mittlere Zeit Neuwerk	Beobachter	Lage des Fernrohrs	Kugelbake. Einzelne Zenit-distanzen von Neuwerk	Mittel aus beiden Lagen + Reduktionen: mittlere Zeit Neuwerk	Neuwerk
12ʰ 20ᵐ 10ˢ	F	r	89° 57′ 28″.77	12ʰ 24ᵐ 40ˢ	89° 55′ 21″.83
22 10	"	r	28.12	40	22.08
23 10	"	r	25.58	40	19.95
26 10	"	l	53 14.73		
27 10	"	l	16.35		
29 10	"	l	15.32		
31 10	"	l	12.07	33 55	18.50
32 40	"	l	13.91	40	19.00
34 10	"	l	14.93	34 40	20.96
35 10	"	r	57 27.40		
35 40	"	r	24.50		
36 40	"	r	25.34		
39 10	"	r	27.47	41 10	20.34
39 40	"	r	26.17	10	20.24
40 10	"	r	26.63	10	20.67
42 10	"	l	53 15.12		
42 40	"	l	14.73		
43 10	"	l	13.62		
43 40	"	l	13.48	45 55	19.18
44 40	"	l	13.41	55	19.81
45 10	"	l	11.96	40	17.29
46 10	"	r	57 23.04		
47 10	"	r	26.62		
48 10	"	r	25.29		
51 10	"	r	26.18	53 40	20.25
52 10	"	r	22.23	40	15.54
53 10	"	r	24.12	40	17.81
54 10	"	l	53 11.81		
55 10	"	l	9.26		
56 10	"	l	14.73		
58 40	"	l	11.61	1 0 55	17.89
59 10	"	l	8.77	40	16.94
1 0 10	"	l	9.73	40	16.95
1 10	"	r	57 24.39		
2 10	"	r	25.52		
3 10	"	r	24.59		
4 10	"	r	25.07	6 10	19.09
5 10	"	r	22.99	15	17.24
5 40	"	r	22.37	10	17.11
6 40	"	l	53 12.27		
7 40	"	l	11.91		
8 10	"	l	13.57		
9 10	"	l	11.95	10 55	18.83
9 40	"	l	11.35	40	18.70
10 10	"	l	11.55	25	17.49
10 40	"	r	57 23.85		
11 40	"	r	26.47		
12 40	"	r	26.13		

Neuwerk.

Mittlere Zeit Neuwerk	Beobachter	Lage des Fernrohrs	Einzelne Zenitdistanzen von Kugelbake	Mittel aus beiden Lagen + Reduktionen: mittlere Zeit Neuwerk	Mittel aus beiden Lagen + Reduktionen: Kugelbake
1h 16m 46s	B	l	90° 9' 52".23	1h 20m 16s	90° 10' 50".23
17 46	"	l	55.04	1	51.46
18 46	"	l	55.63	19 46	51.97
20 46	"	r	11 41.23		
22 16	"	r	40.81		
23 46	"	r	41.17		
24 46	"	r	39.32	28 16	49.88
25 46	"	r	40.55	16	49.64
26 46	"	r	39.28	27 46	49.49
28 46	"	l	9 52.64		
30 46	"	l	51.66		
31 46	"	l	53.38		
2 0 46	W'r	l	*51.69		
1 46	"	l	*52.14		
2 46	"	l	49.58	2 3 16	49.33
3 46	"	r	11 42.06		
3 10 46	"	r	41.79		
11 46	"	r	41.35		
12 46	"	r	38.89	3 16 31	49.60
14 16	"	r	39.50	46	50.11
15 46	"	r	38.82	31	49.52
17 16	"	l	9 53.15		
19 16	"	l	53.65		
20 16	"	l	53.25		
21 16	B	l	53.82	24 1	50.35
22 46	"	l	54.07	16	50.39
23 46	"	l	55.15	16	49.90
24 46	"	r	11 37.58		
25 46	"	r	39.64		
26 46	"	r	39.81		
28 46	"	r	*40.45		

Kugelbake.

Mittlere Zeit Neuwerk	Beobachter	Lage des Fernrohrs	Einzelne Zenitdistanzen von Neuwerk	Mittel aus beiden Lagen + Reduktionen: mittlere Zeit Neuwerk	Mittel aus beiden Lagen + Reduktionen: Neuwerk
1h 15m 10s	K	r	89° 57' 24".20	1h 18m 10s	89° 55' 20".32
16 10	"	r	26.48	10	21.05
17 10	"	r	23.97	10	19.07
19 10	"	l	53 14.58		
20 10	"	l	16.03		
21 10	"	l	16.86		
22 10	"	l	16.88	24 55	19.88
24 10	"	l	15.95	25 40	22.37
25 10	"	l	17.31	40	20.87
26 10	"	r	57 24.84		
27 10	"	r	27.20		
27 40	"	r	23.29		
2 15 10	W'	r	31.45	2 17 40	25.42
16 10	"	r	32.34	40	25.78
17 10	"	r	33.47	40	26.45
18 10	"	l	53 19.85		
19 10	"	l	19.65		
20 10	"	l	19.80		
20 40	"	l	19.58	22 55	24.63
21 10	"	l	20.62	40	26.38
22 10	"	l	19.50	55	24.88
23 40	"	r	57 30.67		
24 10	"	r	32.55		
25 10	"	r	30.10		

August 23.

Neuwerk.

Mittlere Zeit Neuwerk	Beobachter	Lage des Fernrohrs	Einzelne Zenitdistanzen von Kugelbake	Mittel aus beiden Lagen + Reduktionen: mittlere Zeit Neuwerk	Mittel aus beiden Lagen + Reduktionen: Kugelbake
9h 54m 49s	W'r	r	90° 11' 37".09	9h 57m 19s	90° 10' 50".69
55 49	"	r	38.72	19	51.15
56 19	"	r	37.07	4	51.41
57 49	"	l	9 58.68		
58 49	"	l	56.32		
59 49	"	l	57.23		
10 0 19	"	l	56.72	10 2 34	50.70
0 49	"	l	57.82	34	51.86
1 49	"	l	56.07	34	50.03
3 19	"	r	11 36.93		
4 19	"	r	38.83		
4 49	"	r	37.62		

Kugelbake.

Mittlere Zeit Neuwerk	Beobachter	Lage des Fernrohrs	Einzelne Zenitdistanzen von Neuwerk	Mittel aus beiden Lagen + Reduktionen: mittlere Zeit Neuwerk	Mittel aus beiden Lagen + Reduktionen: Neuwerk
9h 54m 10s	W	r	89° 57' 17".04	9h 56m 25s	89° 55' 17".16
55 10	"	r	22.00	40	18.68
56 10	"	r	17.87	40	18.03
57 10	"	l	53 18.65		
58 10	"	l	15.78		
58 40	"	l	17.70		
59 10	"	l	17.98	10 1 10	16.56
59 40	"	l	17.27	0 55	17.11
10 0 10	"	l	14.25	40	15.00
1 10	"	r	57 16.17		
2 10	"	r	17.37		
3 10	"	r	15.55		

Mittlere Zeit Neuwerk	Beobachter	Lage des Fernrohrs	Einzelne Zenitdistanzen von Kugelbake		Neuwerk. Mittel aus beiden Lagen + Reduktionen: mittlere Zeit Neuwerk	Kugelbake
10ʰ 5ᵐ 49ˢ	B	r	90° 11′	36″.60	10ʰ 8ᵐ 4ˢ	90° 10′ 50″.02
6 49	"	r		37.46	19	49.28
7 19	"	r		38.29	4	49.96
8 49	"	l	9	54.56		
9 49	"	l		54.03		
10 19	"	l		56.38		
10 49	"	l		55.96	12 49	50.77
11 49	"	l		55.84	49	50.63
12 19	"	l		55.99	34	49.68
12 49	"	r	11	36.31		
13 49	"	r		38.35		
14 49	"	r		38.52		
15 49	Wr	r		37.46	17 34	50.50
16 19	"	r		37.83	34	51.77
16 49	"	r		38.06	19	50.59
17 49	"	l	9	56.05		
18 49	"	l		58.63		
19 19	"	l		56.48		
20 19	"	l		58.33	22 34	51.69
20 49	"	l		58.68	19	52.91
21 49	"	l		57.93	19	51.24
22 49	"	r	11	37.49		
23 49	"	r		40.07		
24 49	"	r		37.99		
25 19	B	r		38.26	28 4	51.13
25 49	"	r		38.34	27 49	50.90
26 49	"	r		38.97	49	51.66
28 49	"	l	9	57.29		
29 49	"	l		56.39		
30 49	"	l		57.04		
31 19	"	l		56.07	33 34	51.04
31 49	"	l		54.85	19	50.06
32 49	"	l		58.95	19	52.32
33 49	"	r	11	38.63		
34 49	"	r		38.22		
35 49	"	r		38.94		
36 49	Wr	r		38.75	38 49	52.47
37 49	"	r		37.30	49	50.85
38 19	"	r		38.02	49	52.07
39 19	"	l	9	59.05		
39 49	"	l		57.33		
40 49	"	l		59.23		
41 49	"	l		58.23	46 4	50.98
42 49	"	l		58.74	45 49	50.38
43 49	"	l		58.50	49	51.57
47 49	"	r	11	37.58		
48 49	"	r		34.96		
50 19	"	r		36.67		

Mittlere Zeit Neuwerk	Beobachter	Lage des Fernrohrs	Einzelne Zenitdistanzen von Neuwerk		Kugelbake. Mittel aus beiden Lagen + Reduktionen: mittlere Zeit Neuwerk	Neuwerk
10ʰ 3ᵐ 40ˢ	W	r	89° 57′	16″.92	10ʰ 5ᵐ 40ˢ	89° 55′ 16″.99
4 10	"	r		14.52	40	14.94
5 10	"	r		12.70	40	13.72
6 10	"	l	53	13.13		
7 10	"	l		15.78		
7 40	"	l		17.48		
8 40	"	l		15.52	10 40	16.62
9 10	"	l		16.28	40	16.22
10 10	"	l		16.33	40	17.76
11 10	"	r	57	19.60		
12 10	"	r		16.57		
12 40	"	r		18.12		
13 10	"	r		18.17	15 10	17.08
14 10	"	r		16.35	25	15.61
14 40	"	r		16.00	25	15.94
16 10	"	l	53	16.30		
16 40	"	l		13.08		
17 10	"	l		16.40		
18 10	"	l		16.70	20 10	15.72
19 10	"	l		13.85	25	14.13
19 40	"	l		15.85	10	13.57
20 40	"	r	57	21.70		
21 40	"	r		14.82		
22 10	"	r		15.15		
23 40	"	r		14.80	25 55	14.08
24 10	"	r		13.13	55	14.10
25 10	"	r		13.83	40	13.78
26 10	"	l	53	14.15		
27 40	"	l		13.46		
28 10	"	l		13.78		
29 10	"	l		13.28	31 25	16.48
30 10	"	l		15.22	25	16.10
30 40	"	l		15.10	10	15.39
31 40	"	r	57	16.09		
32 40	"	r		17.40		
33 40	"	r		20.10		
34 10	"	r		19.12	36 25	18.29
35 10	"	r		16.87	40	16.07
36 10	"	r		15.84	40	14.60
37 10	"	l	53	13.78		
38 10	"	l		15.68		
38 40	"	l		17.88		
39 40	"	l		17.36	41 40	18.52
40 10	"	l		15.73	40	17.33
41 10	"	l		19.07	40	19.46
42 10	"	r	57	20.27		
43 10	"	r		19.35		
43 40	"	r		20.08		

Neuwerk.

Mittlere Zeit Neuwerk	Beobachter	Lage des Fernrohrs	Einzelne Zenitdistanzen von Kugelbake	Mittel aus beiden Lagen + Reduktionen: mittlere Zeit Neuwerk	Mittel aus beiden Lagen + Reduktionen: Kugelbake
10h 50m 49s	B	r	90° 11' 36".46	10h 55m 49s	90° 10' 52".02
51 49	"	r	38.87	49	53.16
52 49	"	r	38.37	54 49	50.85
56 49	"	l	9 56.26		
59 49	"	l	60.39		
11 0 49	"	l	58.51		
2 49	"	l	57.14	11 5 19	51.16
3 49	"	l	57.51	19	51.47
4 19	"	l	57.93	4	50.84
5 49	"	r	11 36.69		
6 49	"	r	38.37		
7 49	"	r	38.12		
8 49	W'r	r	37.94	11 34	50.86
9 19	"	r	38.46	10 34	51.32
10 19	"	r	37.46	34	51.77
10 49	"	l	9 59.01		
11 49	"	l	57.11		
14 19	"	l	56.72		
14 49	B	l	54.76	19 49	49.99
16 19	"	l	55.41	18 4	49.91
17 49	"	l	56.81	19	50.77
18 49	"	r	11 37.66		
19 49	"	r	37.34		
24 49	"	r	38.16		
25 49	"	r	39.54		
26 19	"	r	36.42		

Kugelbake.

Mittlere Zeit Neuwerk	Beobachter	Lage des Fernrohrs	Einzelne Zenitdistanzen von Neuwerk	Mittel aus beiden Lagen + Reduktionen: mittlere Zeit Neuwerk	Mittel aus beiden Lagen + Reduktionen: Neuwerk
10h 45m 40s	W	r	89° 57' 17".75	10h 48m 10s	89° 55' 12".26
46 10	"	r	16.45	47 55	12.83
47 10	"	r	16.60	48 10	13.42
49 10	"	l	53 10.65		
49 40	"	l	9.63		
50 40	"	l	7.18		
51 10	"	l	12.20	53 25	13.23
52 10	"	l	13.00	40	14.28
52 40	"	l	13.53	25	12.18
54 10	"	r	57 11.25		
55 10	"	r	13.97		
55 40	"	r	15.68		
56 10	"	r	16.15	58 40	16.74
57 10	"	r	17.05	40	15.78
58 10	"	r	16.30	40	17.43
59 10	"	l	53 18.98		
11 0 10	"	l	14.80		
1 10	"	l	17.75		
1 40	"	l	15.25	11 3 55	15.62
2 40	"	l	15.05	4 10	14.90
3 40	"	l	13.93	10	14.57
4 40	"	r	57 15.62		
5 40	"	r	15.17		
6 10	"	r	16.40		
7 10	"	r	14.98	9 10	14.39
8 10	"	r	15.59	25	15.34
8 40	"	r	15.04	10	12.64
9 40	"	l	53 10.66		
10 40	"	l	15.50		
11 10	"	l	14.27		
12 10	"	l	13.92	14 10	16.64
12 40	"	l	13.78	13 55	15.32
13 10	"	l	15.38	40	15.89
14 10	"	r	57 16.82		
15 10	"	r	17.32		
16 10	"	r	19.77		
16 40	"	r	17.07	18 55	18.00
17 10	"	r	19.50	40	17.93
18 10	"	r	20.70	40	19.05
19 10	"	l	53 17.82		
20 10	"	l	16.78		
21 10	"	l	19.55		
21 40	"	l	15.42	23 40	20.07
22 10	"	l	12.48	40	16.53
23 10	"	l	22.98	40	15.00
24 10	"	r	57 18.44		
25 10	"	r	21.00		
25 40	"	r	25.13		

Mittlere Zeit Neuwerk	Beobachter	Lage des Fernrohrs	Neuwerk. Einzelne Zenitdistanzen von Kugelbake	Mittel aus beiden Lagen + Reduktionen: mittlere Zeit Neuwerk	Kugelbake	Mittlere Zeit Neuwerk	Beobachter	Lage des Fernrohrs	Kugelbake. Einzelne Zenitdistanzen von Neuwerk	Mittel aus beiden Lagen + Reduktionen: mittlere Zeit Neuwerk	Neuwerk
12h 2m 20s	Wr	r	90° 11' 36".77	12h 5m 5s	90° 10' 48".78						
3 20	„	r	39.19	5	50.49						
4 20	„	r	38.46	4 50	51.29						
5 20	„	l	9 57.05								
6 50	„	l	54.72								
7 50	„	l	53.73								
8 50	„	l	56.03	10 50	53.76	12h 8m 10s	F	r	89° 57' 23".45	12h 10m 25s	89° 55' 22".07
9 20	„	l	55.67	35	52.01	9 10	„	r	20.95	25	20.61
10 20	„	l	55.32	50	51.47	9 40	„	r	22.90	25	22.53
11 20	„	r	11 40.55			11 10	„	l	53 22.58		
11 50	„	r	41.30			11 40	„	l	20.70		
12 50	„	r	44.43			12 40	„	l	21.10		
13 50	B	r	40.24	16 20	52.14	13 10	„	l	20.72	14 55	20.91
14 50	„	r	36.71	20	49.28	13 40	„	l	21.31	55	20.36
15 50	„	r	36.19	35	46.65	14 10	„	l	20.42	55	20.54
17 20	„	l	9 50.05			15 40	„	r	57 21.08		
17 50	„	l	54.79			16 10	„	r	19.82		
18 50	„	l	56.98			16 40	„	r	21.54		
						17 10	„	r	17.19	18 55	17.77
						18 10	„	r	21.13	19 10	18.87
						18 40	„	r	18.09	18 55	17.99
						19 10	„	l	53 18.30		
						20 10	„	l	17.02		
						20 40	„	l	18.76		
19 50	„	l	54.95	23 20	50.57	21 40	„	l	16.45	23 55	17.34
20 50	„	l	55.70	35	50.15	22 10	„	l	19.18	40	18.87
21 50	„	l	54.73	35	48.82	23 10	„	l	22.93	40	21.78
25 20	„	r	11 35.83			24 10	„	r	57 21.04		
26 20	„	r	37.53			25 10	„	r	18.97		
26 50	„	r	39.13			26 10	„	r	18.65		
28 20	Wr	r	39.97	30 20	50.61	26 40	„	r	19.32	28 40	18.51
28 50	„	r	40.17	20	53.44	27 40	„	r	21.27	55	19.02
29 50	„	r	39.42	20	51.76	28 10	„	r	17.27	40	17.84
30 50	„	l	9 57.04			29 10	„	l	53 18.93		
31 50	„	l	59.64			30 10	„	l	17.18		
32 20	„	l	54.19			30 40	„	l	18.13		
33 20	„	l	54.62	35 50	50.10	31 40	„	l	18.01	34 25	19.80
34 20	„	l	55.51	50	50.94	32 10	„	l	18.35	10	19.44
34 50	„	l	57.60	20	51.38	33 40	„	l	16.85	25	18.83
35 50	„	r	11 38.49			35 10	„	r	57 22.22		
37 20	„	r	39.30			36 10	„	r	20.95		
38 20	„	r	38.72			37 10	„	r	22.00		
40 50	B	r	35.83	43 20	49.91	38 10	„	r	19.77	40 40	19.28
41 50	„	r	36.44	20	49.92	39 10	„	r	22.17	40	18.20
42 20	„	r	36.82	5	48.97	40 10	„	r	20.85	40	19.20
43 50	„	l	9 54.05			41 10	„	l	53 17.77		
44 50	„	l	56.33			42 10	„	l	15.63		
45 50	„	l	56.93			43 10	„	l	19.20		

Neuwerk.

Mittlere Zeit Neuwerk	Beobachter	Lage des Fernrohrs	Einzelne Zenitdistanzen vom Kugelbake	Mittel aus beiden Lagen + Reduktionen: mittlere Zeit Neuwerk	Mittel aus beiden Lagen + Reduktionen: Kugelbake
12h 46m 20s	B	l	90° 9' 55".13	12h 48m 20s	90° 10' 49".22
46 50	"	l	54.25	20	49.42
47 50	"	l	52.88	20	48.56
48 50	"	r	11 37.17		
49 50	"	r	37.53		
50 20	"	r	36.25		
51 50	Wr	r	36.15	54 5	48.97
52 50	"	r	37.72	5	50.85
53 20	"	r	39.27	53 50	49.88
54 20	"	l	9 53.42		
55 20	"	l	56.91		
56 20	"	l	54.72		
56 50	"	l	53.03	59 5	47.72
57 50	"	l	54.45	5	49.30
58 20	"	l	51.76	5	47.25
59 50	"	r	11 35.67		
1 0 20	"	r	37.08		
1 20	"	r	35.33		
1 50	B	r	35.46	1 4 20	46.58
2 50	"	r	34.09	20	46.63
3 20	"	r	35.40	5	47.84
4 50	"	l	9 53.21		
5 50	"	l	52.10		
6 50	"	l	50.64		
7 50	"	l	53.08	9 50	48.19
8 20	"	l	55.13	55	50.08
8 50	"	l	55.73	20	50.05
9 50	"	r	11 37.30		
10 50	"	r	37.77		
11 50	"	r	36.23		
12 50	Wr	r	37.07	15 50	47.97
13 50	"	r	37.78	50	48.45
14 50	"	r	35.78	55	48.13
16 20	"	l	9 53.42		
17 50	"	l	52.06		
18 50	"	l	51.81		
19 50	"	l	51.29	22 35	46.44
20 50	"	l	52.51	35	47.23
21 50	"	l	52.80	20	46.61
22 50	"	r	11 33.36		
24 20	"	r	34.89		
25 20	"	r	34.53		
26 20	"	r	35.59	28 5	46.85
27 20	"	r	35.91	27 50	48.20
28 20	"	l	9 53.42		
29 50	"	l	51.05		
30 50	"	l	50.81	31 20	46.05
31 50	"	r	11 34.23		

Kugelbake.

Mittlere Zeit Neuwerk	Beobachter	Lage des Fernrohrs	Einzelne Zenitdistanzen von Neuwerk	Mittel aus beiden Lagen + Reduktionen: mittlere Zeit Neuwerk	Mittel aus beiden Lagen + Reduktionen: Neuwerk
12h 44m 10s	F'	l	89° 53' 20".46	12h 46m 10s	89° 53' 18".66
44 40	"	l	19.97	45 55	18.48
45 10	"	l	19.22	55	17.42
46 40	"	r	57 16.15		
47 10	"	r	17.40		
48 10	"	r	17.27		
49 40	"	r	*23.79		
50 40	"		14.95	53 25	15.79
52 10	"	r	16.69	40	17.11
53 10	"	r	17.45	40	18.12
54 10	"	l	53 19.20		
55 20	"	l	17.95		
56 10	"	l	17.05		
57 10	"	l	15.45	59 40	17.75
58 10	"	l	16.75	40	18.47
58 40	"	l	16.40	25	17.90
1 0 10	"	r	57 19.82		
1 10	"	r	20.42		
2 10	"	r	20.47		
3 10	"	r	19.10	1 5 25	19.11
4 10	"	r	18.58	40	17.98
4 40	"	r	19.30	25	19.44
6 10	"	l	53 20.00		
7 10	"	l	17.80		
7 40	"	l	19.53		
8 40	"	l	19.17	10 25	17.64
9 10	"	l	18.98	25	17.80
10 10	"	l	18.27	40	16.77
11 10	"	r	57 15.69		
11 40	"	r	17.03		
12 10	"	r	16.53		
13 10	"	r	16.43	15 25	15.59
14 10	"	r	16.55	25	17.17
14 40	"	r	16.45	25	15.34
16 10	"	l	53 14.65		
16 40	"	l	18.20		
17 40	"	l	15.15		
18 10	"	l	15.56	20 40	15.48
19 10	"	l	16.97	40	18.52
20 10	"	l	14.95	40	16.27
21 10	"	r	57 18.00		
22 10	"	r	20.48		
23 10	"	r	15.82		
24 10	"	r	17.32	26 10	16.29
25 10	"	r	15.67	25	16.12
25 40	"	r	17.74	25 55	16.40
26 10	"	l	53 15.48		
27 40	"	l	16.98		
28 10	"	l	15.67		

Mittlere Zeit Neuwerk	Beobachter	Lage des Fernrohrs	Neuwerk. Einzelne Zenitdistanzen von Kugelbake	Mittel aus beiden Lagen + Reduktionen: mittlere Zeit Neuwerk	Mittel aus beiden Lagen + Reduktionen: Kugelbake	Mittlere Zeit Neuwerk	Beobachter	Lage des Fernrohrs	Kugelbake. Einzelne Zenitdistanzen von Neuwerk	Mittel aus beiden Lagen + Reduktionen: mittlere Zeit Neuwerk	Mittel aus beiden Lagen + Reduktionen: Neuwerk
10h 5m 49s	B	r	90° 11′ 36″.60	10h 8m 4	90° 10′ 50″.02	10h 3m 40s	W	r	89° 57′ 16″.92	10h 5m 40s	89° 55′ 16″.99
6 49	"	r	37.46	19	49.28	4 10	"	r	14.52	40	14.94
7 19	"	r	38.29	4	49.96	5 10	"	r	12.70	40	13.72
8 49	"	l	9 54.56			6 10	"	l	53 15.15		
9 49	"	l	54.03			7 10	"	l	15.78		
10 19	"	l	56.38			7 40	"	l	17.48		
10 49	"	l	55.96	12 49	50.77	8 40	"	l	15.52	10 40	16.61
11 49	"	l	55.84	49	50.63	9 10	"	l	16.28	40	16.22
12 19	"	l	55.99	34	49.68	10 10	"	l	16.33	40	17.76
12 49	"	r	11 36.31			11 10	"	r	57 19.60		
13 49	"	r	38.35			12 10	"	r	16.57		
14 49	"	r	38.52			12 40	"	r	18.12		
15 49	Wr	r	37.46	17 34	50.50	13 10	"	r	18.17	15 10	17.08
16 19	"	r	37.85	34	51.77	14 10	"	r	16.35	25	15.61
16 49	"	r	38.06	19	50.59	14 40	"	r	16.00	25	15.94
17 49	"	l	9 56.05			16 10	"	l	53 16.30		
18 49	"	l	58.63			16 40	"	l	15.28		
19 19	"	l	56.48			17 10	"	l	16.40		
20 19	"	l	58.33	22 34	51.69	18 10	"	l	16.70	20 10	15.72
20 49	"	l	58.62	19	52.91	19 10	"	l	13.85	25	14.13
21 49	"	l	57.93	19	51.24	19 40	"	l	15.85	10	13.57
22 49	"	r	11 37.49			20 40	"	r	57 11.70		
23 49	"	r	40.07			21 40	"	r	14.82		
24 49	"	r	37.99			22 10	"	r	15.15		
25 19	B	r	38.16	28 4	51.13	23 40	"	r	14.80	25 55	14.08
25 49	"	r	38.34	27 49	50.90	24 10	"	r	15.15	55	14.10
26 49	"	r	38.97	49	51.66	25 10	"	r	13.83	40	13.78
28 49	"	l	9 57.29			26 10	"	l	53 14.15		
29 49	"	l	56.39			27 40	"	l	13.46		
30 49	"	l	57.04			28 10	"	l	13.78		
31 19	"	l	56.07	33 34	51.04	29 10	"	l	13.28	31 25	16.48
31 49	"	l	54.85	19	50.06	30 10	"	l	15.22	25	16.10
32 49	"	l	58.95	19	52.32	30 40	"	l	15.10	10	15.39
33 49	"	r	11 38.63			31 40	"	r	57 16.09		
34 49	"	r	38.21			32 40	"	r	17.40		
35 49	"	r	38.94			33 40	"	r	20.10		
36 49	Wr	r	38.75	38 49	52.47	34 10	"	r	19.22	36 25	18.29
37 49	"	r	37.30	49	50.85	35 10	"	r	16.87	40	16.07
38 19	"	r	38.02	49	52.07	36 10	"	r	15.84	40	14.60
39 19	"	l	9 59.05			37 10	"	l	53 13.78		
39 49	"	l	57.33			38 10	"	l	15.68		
40 49	"	l	59.13			38 40	"	l	17.88		
41 49	"	l	58.23	46 4	50.98	39 40	"	l	17.36	42 40	18.51
42 49	"	l	58.74	45 49	50.38	40 10	"	l	15.73	40	17.33
43 49	"	l	58.50	49	51.57	41 10	"	l	19.07	40	19.46
47 49	"	r	11 37.58			42 10	"	r	57 20.37		
48 49	"	r	34.96			43 10	"	r	19.35		
50 19	"	r	36.67			43 40	"	r	20.08		

Neuwerk.

Mittlere Zeit Neuwerk	Beobachter	Lage des Fernrohrs	Einzelne Zenitdistanzen von Kugelbake	Mittel aus beiden Lagen + Reduktionen: mittlere Zeit Neuwerk	Mittel aus beiden Lagen + Reduktionen: Kugelbake
10h 50m 49s	B	r	90° 11′ 36″.46	10h 55m 49s	90° 10′ 51″.02
51 49	"	r	38.87	49	53.16
52 49	"	r	38.37	54 49	50.85
56 49	"	l	9 36.26		
59 49	"	l	60.39		
11 0 49	"	l	58.51		
2 49	"	l	57.14	11 5 19	51.26
3 49	"	l	57.51	19	51.47
4 19	"	l	57.93	4	50.84
5 49	"	r	11 36.69		
6 49	"	r	38.37		
7 49	"	r	38.12		
8 49	H′r	r	37.96	11 34	50.86
9 19	"	r	38.48	10 34	51.32
10 19	"	r	37.46	34	52.77
10 49	"	l	9 39.01		
11 49	"	l	37.11		
14 19	"	l	36.72		
14 49	B	l	34.76	19 49	49.99
16 19	"	l	35.41	18 4	49.91
17 49	"	l	36.81	19	50.77
18 49	"	r	11 37.66		
19 49	"	r	37.34		
24 49	"	r	38.16		
25 49	"	r	39.24		
26 19	"	r	36.42		

Kugelbake.

Mittlere Zeit Neuwerk	Beobachter	Lage des Fernrohrs	Einzelne Zenitdistanzen von Neuwerk	Mittel aus beiden Lagen + Reduktionen: mittlere Zeit Neuwerk	Mittel aus beiden Lagen + Reduktionen: Neuwerk
10h 45m 40s	W	r	89° 57′ 17″.75	10h 48m 10s	89° 55′ 12″.36
46 10	"	r	16.45	47 55	12.83
47 10	"	r	16.60	48 10	13.42
49 10	"	l	53 10.65		
49 40	"	l	9.63		
50 40	"	l	7.18		
51 10	"	l	11.20	53 25	13.23
52 10	"	l	13.00	40	14.28
52 40	"	l	13.53	25	12.18
54 10	"	r	57 11.25		
55 10	"	r	15.97		
55 40	"	r	15.68		
56 10	"	r	16.15	58 40	16.74
57 10	"	r	17.05	40	15.72
58 10	"	r	16.30	40	17.43
59 10	"	l	53 18.98		
11 0 10	"	l	14.80		
1 10	"	l	17.75		
1 40	"	l	15.25	11 3 55	15.62
2 40	"	l	15.05	4 10	14.90
3 40	"	l	13.93	10	14.57
4 40	"	r	57 15.62		
5 40	"	r	15.17		
6 10	"	r	16.40		
7 10	"	r	14.92	9 10	14.39
8 10	"	r	15.59	25	15.34
8 40	"	r	15.04	10	12.64
9 40	"	l	53 10.86		
10 40	"	l	15.50		
11 10	"	l	14.27		
12 10	"	l	13.91	14 10	16.64
12 40	"	l	13.78	13 55	15.34
13 10	"	l	15.38	40	15.89
14 10	"	r	57 16.82		
15 10	"	r	17.32		
16 10	"	r	19.77		
16 40	"	r	17.07	18 55	18.00
17 10	"	r	19.30	40	17.93
18 10	"	r	20.70	40	19.05
19 10	"	l	53 17.82		
20 10	"	l	16.78		
21 10	"	l	19.33		
21 40	"	l	15.42	23 40	20.07
22 10	"	l	12.48	40	16.53
23 10	"	l	11.98	40	15.00
24 10	"	r	57 18.44		
25 10	"	r	21.00		
25 40	"	r	15.13		

Neuwerk.

Mittlere Zeit Neuwerk	Beobachter	Lage des Fernrohrs	Einzelne Zenitdistanzen von Kugelbake	Mittel aus beiden Lagen + Reduktionen: mittlere Zeit Neuwerk	Mittel aus beiden Lagen + Reduktionen: Kugelbake
12h 2m 20s	Wr	r	90° 11′ 36″.77	12h 5m 5s	90° 10′ 48″.78
3 20	"	r	39.19	5	50.19
4 20	"	r	38.46	4 50	51.29
5 20	"	l	9 37.05		
6 50	"	l	54.72		
7 50	"	l	53.73		
8 50	"	l	56.03	10 50	53.76
9 20	"	l	55.67	35	52.02
10 20	"	l	55.32	50	51.40
11 20	"	r	11 40.55		
11 50	"	r	41.30		
12 50	"	r	44.43		
13 50	B	r	40.24	16 20	52.14
14 50	"	r	36.71	20	49.28
15 50	"	r	36.19	35	46.65
17 20	"	l	9 50.05		
17 50	"	l	54.79		
18 50	"	l	56.98		
19 50	"	l	54.95	23 20	50.57
20 50	"	l	55.70	35	50.15
21 50	"	l	54.73	35	48.81
25 20	"	r	11 35.83		
26 20	"	r	37.53		
26 50	"	r	39.13		
28 20	Wr	r	39.97	30 20	50.61
28 50	"	r	40.17	20	53.44
29 50	"	r	39.42	20	51.76
30 50	"	l	9 57.04		
31 50	"	l	59.64		
32 20	"	l	54.19		
33 20	"	l	54.61	35 50	50.20
34 20	"	l	55.54	50	50.94
34 50	"	l	57.60	20	51.58
35 50	"	r	11 38.49		
37 20	"	r	39.30		
38 20	"	r	38.72		
40 50	B	r	35.83	43 20	49.91
41 50	"	r	36.44	20	49.92
42 20	"	r	36.82	5	48.97
43 50	"	l	9 54.05		
44 50	"	l	56.33		
45 50	"	l	56.93		

Kugelbake.

Mittlere Zeit Neuwerk	Beobachter	Lage des Fernrohrs	Einzelne Zenitdistanzen von Neuwerk	Mittel aus beiden Lagen + Reduktionen: mittlere Zeit Neuwerk	Mittel aus beiden Lagen + Reduktionen: Neuwerk
12h 8m 10s	F	r	89° 57′ 23″.45	12h 10m 25s	89° 55′ 22″.07
9 10	"	r	20.95	25	20.62
9 40	"	r	22.90	25	22.53
11 10	"	l	53 22.58		
11 40	"	l	20.70		
12 40	"	l	21.10		
13 10	"	l	20.72	14 55	20.91
13 40	"	l	21.31	55	20.36
14 10	"	l	20.42	55	20.54
15 40	"	r	57 21.08		
16 10	"	r	19.82		
16 40	"	r	21.54		
17 10	"	r	17.19	18 55	17.77
18 10	"	r	21.13	19 10	18.87
18 40	"	r	18.09	18 55	17.99
19 10	"	l	53 18.30		
20 10	"	l	17.02		
20 40	"	l	18.76		
21 40	"	l	16.45	23 55	17.34
22 10	"	l	19.18	40	18.87
23 10	"	l	22.93	40	22.78
24 10	"	r	57 21.04		
25 10	"	r	18.97		
26 10	"	r	18.63		
26 40	"	r	19.32	28 40	18.52
27 40	"	r	21.17	55	19.08
28 10	"	r	17.17	40	17.84
29 10	"	l	53 18.93		
30 10	"	l	17.18		
30 40	"	l	18.13		
31 40	"	l	18.01	34 25	19.80
32 10	"	l	18.35	10	19.44
33 40	"	l	16.85	25	18.83
35 10	"	r	57 21.22		
36 10	"	r	20.95		
37 10	"	r	22.00		
38 10	"	r	19.77	40 40	19.28
39 10	"	r	21.17	40	18.20
40 10	"	r	20.85	40	19.10
41 10	"	l	53 17.77		
42 10	"	l	15.65		
43 10	"	l	19.20		

Mittlere Zeit Neuwerk	Beobachter	Lage des Fernrohrs	Einzelne Zenitdistanzen von Kugelbake	Neuwerk. Mittel aus beiden Lagen + Reduktionen: mittlere Zeit Neuwerk	Kugelbake
12h 46m 20s	B	l	90° 9′ 55″.13	12h 48m 20s	90° 10′ 49″.22
46 50	„	l	54.25	20	49.42
47 50	„	l	52.88	20	48.56
48 50	„	r	11 37.17		
49 50	„	r	37.53		
50 20	„	r	36.25		
51 50	Wr	r	36.15	54 5	48.97
52 50	„	r	37.72	5	50.85
53 20	„	r	39.27	53 50	49.88
54 20	„	l	9 53.42		
55 20	„	l	56.91		
56 20	„	l	54.72		
56 50	„	l	53.03	59 5	47.71
57 50	„	l	54.45	5	49.30
58 20	„	l	51.76	5	47.25
59 50	„	r	11 55.67		
1 0 20	„	r	37.08		
1 20	„	r	35.33		
1 50	B	r	35.46	1 4 20	46.58
2 50	„	r	34.09	20	46.63
3 20	„	r	35.40	5	47.84
4 50	„	l	9 53.21		
5 50	„	l	52.10		
6 50	„	l	50.64		
7 50	„	l	53.08	9 50	48.19
8 20	„	l	55.13	35	50.08
8 50	„	l	55.73	20	50.05
9 50	„	r	11 37.30		
10 50	„	r	37.97		
11 50	„	r	36.23		
12 50	Wr	r	37.07	15 50	47.97
13 50	„	r	37.78	50	48.45
14 50	„	r	35.78	35	48.13
16 20	„	l	9 53.42		
17 50	„	l	52.06		
18 50	„	l	51.81		
19 50	„	l	51.29	22 35	46.44
20 50	„	l	52.51	35	47.23
21 50	„	l	52.80	20	46.61
22 50	„	r	11 33.36		
24 20	„	r	34.89		
25 20	„	r	34.53		
26 20	„	r	35.39	28 5	46.25
27 20	„	r	35.91	27 50	48.20
28 20	„	l	9 53.48		
29 50	„	l	51.05		
30 50	„	l	50.81	31 20	46.05
31 50	„	r	11 34.23		

Mittlere Zeit Neuwerk	Beobachter	Lage des Fernrohrs	Einzelne Zenitdistanzen von Neuwerk	Kugelbake. Mittel aus beiden Lagen + Reduktionen: mittlere Zeit Neuwerk	Neuwerk
12h 44m 10s	F′	l	89° 53′ 20″.46	12h 46m 10s	89° 55′ 18″.66
44 40	„	l	19.97	45 55	18.48
45 10	„	l	19.11	55	17.42
46 40	„	r	57 16.15		
47 10	„	r	17.40		
48 10	„	r	17.27		
49 40	„	r	*13.79		
50 40	„	r	14.95	53 25	15.79
52 10	„	r	16.69	40	17.11
53 10	„	r	17.45	40	18.12
54 10	„	l	53 19.10		
55 10	„	l	17.95		
56 10	„	l	17.05		
57 10	„	l	15.45	59 40	17.75
58 10	„	l	16.95	40	18.47
58 40	„	l	16.40	25	17.90
1 0 10	„	r	57 19.82		
1 10	„	r	20.42		
2 10	„	r	20.47		
3 10	„	r	19.10	1 5 25	19.11
4 10	„	r	18.58	40	17.98
4 40	„	r	19.30	25	19.44
6 10	„	l	53 20.00		
7 10	„	l	17.80		
7 40	„	l	19.53		
8 40	„	l	19.17	10 25	17.64
9 10	„	l	18.98	25	17.80
10 10	„	l	18.27	40	16.77
11 10	„	r	57 15.69		
11 40	„	r	17.03		
12 10	„	r	16.53		
13 10	„	r	16.45	15 25	15.59
14 10	„	r	16.55	25	17.17
14 40	„	r	16.45	25	15.34
16 10	„	l	53 14.65		
16 40	„	l	18.20		
17 40	„	l	15.15		
18 10	„	l	15.56	20 40	15.48
19 10	„	l	16.97	40	18.52
20 10	„	l	14.95	40	16.27
21 10	„	r	57 18.00		
22 10	„	r	20.48		
23 10	„	r	15.82		
24 10	„	r	17.32	26 10	16.29
25 10	„	r	15.67	25	16.12
25 40	„	r	17.74	25 55	16.40
26 10	„	l	53 15.48		
27 40	„	l	16.98		
28 10	„	l	15.67		

Neuwerk.

Mittlere Zeit Neuwerk	Beobachter	Lage des Fernrohrs	Einzelne Zenitdistanzen vom Kugelbake	Mittel aus beiden Lagen + Reduktionen: mittlere Zeit Neuwerk	Mittel aus beiden Lagen + Reduktionen: Kugelbake
1h 59m 48s	B	r	90° 11′ 40″.50	2h 2m 18s	90° 10′ 48″.26
2 0 48	"	r	43.50	18	51.11
1 48	"	r	40.32	18	50.77
2 48	"	l	9 54.16		
3 48	"	l	51.65		
4 48	"	l	48.96		
5 48	"	l	51.07	8 18	49.60
6 18	"	l	50.97	3	49.74
6 48	"	l	49.29	7 48	49.04
8 48	"	r	11 41.72		
9 48	"	r	41.45		
10 48	"	r	41.07		
11 48	Wr	r	41.85	14 18	50.26
12 48	"	r	42.14	18	50.58
13 48	"	r	42.17	18	49.35
14 48	"	l	9 49.46		
15 48	"	l	51.95		
16 48	"	l	51.60		
17 48	"	l	53.60	20 3	49.12
18 18	"	l	53.36	19 48	49.75
18 48	"	l	50.54	33	47.74
20 18	"	r	11 37.87		
21 18	"	r	39.08		
22 18	"	r	37.58		
23 48	B	r	41.09	26 3	48.81
24 18	"	r	40.31	3	49.59
24 48	"	r	37.01	25 48	47.59
26 48	"	l	9 52.12		
27 48	"	l	51.80		
28 18	"	l	49.47		
29 18	"	l	49.85	31 33	49.03
30 18	"	l	47.99	33	46.85
30 48	"	l	50.56	18	48.27
31 48	"	r	11 40.22		
32 48	"	r	38.65		
33 48	"	r	42.24		

Kugelbake.

Mittlere Zeit Neuwerk	Beobachter	Lage des Fernrohrs	Einzelne Zenitdistanzen von Neuwerk	Mittel aus beiden Lagen + Reduktionen: mittlere Zeit Neuwerk	Mittel aus beiden Lagen + Reduktionen: Neuwerk
1h 29m 10s	F	l	89° 53′ 16″.13	1h 30m 55s	89° 55′ 17″.21
29 40	"	l	17.86	55	18.09
30 10	"	l	16.63	40	16.61
31 10	"	r	57 17.00		
32 10	"	r	18.73		
32 40	"	r	18.70		
2 5 10	W	r	20.45	2 7 40	20.83
6 10	"	r	22.18	40	21.34
7 10	"	r	19.52	40	19.84
8 10	"	l	53 20.58		
9 10	"	l	20.91		
10 10	"	l	21.63		
11 10	"	l	18.45	13 10	19.18
11 40	"	l	19.95	12 55	20.89
12 10	"	l	18.73	40	19.66
13 10	"	r	57 21.00		
14 10	"	r	22.24		
15 10	"	r	20.33		
15 40	"	r	19.82	17 40	18.66
16 10	"	r	22.80	40	19.89
17 10	"	r	22.27	40	20.70
18 10	"	l	53 19.55		
19 10	"	l	17.40		
19 40	"	l	17.92		
20 10	"	l	18.57	22 40	19.18
21 40	"	l	15.55	55	17.04
22 10	"	l	17.85	40	17.89
23 10	"	r	57 18.35		
24 10	"	r	18.94		
25 10	"	r	20.20		
25 40	"	r	22.72	27 55	19.73
26 10	"	r	24.02	55	20.35
27 10	"	r	21.23	40	17.32
28 10	"	l	53 13.82		
29 40	"	l	17.10		
30 10	"	l	17.16		
31 10	"	l	15.83	33 10	18.58
32 10	"	l	15.52	10	17.80
32 40	"	l	15.18	10	16.52
33 40	"	r	57 18.27		
34 10	"	r	20.50		
35 10	"	r	21.73		

Neuwerk. Mittlere Zeit Neuwerk	Beobachter	Lage des Fernrohrs	Einzelne Zenitdistanzen von Kugelbake	Mittel aus beiden Lagen + Reduktionen: mittlere Zeit Neuwerk	Mittel aus beiden Lagen + Reduktionen: Kugelbake	Kugelbake. Mittlere Zeit Neuwerk	Beobachter	Lage des Fernrohrs	Einzelne Zenitdistanzen von Neuwerk	Mittel aus beiden Lagen + Reduktionen: mittlere Zeit Neuwerk	Mittel aus beiden Lagen + Reduktionen: Neuwerk
2h 34m 48s	Wr	r	90° 11′ 42.10″	2h 37m 18s	90° 10′ 49.64″	2h 36m 10s	W	r	89° 57′ 20.82″	2h 38m 10s	89° 55′ 20.35″
35 48	„	r	41.80	18	49.62	36 40	„	r	21.59	37 55	21.02
36 48	„	r	41.49	18	49.69	37 40	„	r	22.52	38 10	20.43
37 48	„	l	9 50.81			38 40	„	l	53 18.75		
38 48	„	l	50.38			39 10	„	l	20.86		
39 48	„	l	50.11			40 10	„	l	20.30		
40 48	„	l	51.72	43 18	48.72	40 40	„	l	19.27	42 55	19.60
41 48	„	l	51.39	18	48.42	41 40	„	l	18.48	55	20.67
42 48	„	l	50.64	18	48.92	42 10	„	l	20.61	40	19.57
43 48	„	r	11 40.14			43 10	„	r	57 18.93		
44 48	„	r	38.38			44 10	„	r	23.28		
45 48	„	r	38.67			45 10	„	r	20.35		
46 18	B	r	37.13	48 33	46.52	45 40	„	r	20.23	48 10	17.84
47 18	„	r	38.10	33	47.02	46 10	„	r	19.07	47 55	19.49
47 48	„	r	37.89	18	46.85	47 10	„	r	19.62	40	18.66
48 48	„	l	9 48.75			48 10	„	l	53 18.12		
49 48	„	l	48.88			49 40	„	l	20.33		
50 48	„	l	48.85			50 40	„	l	13.83		
51 18	„	l	51.96	53 33	48.52	51 40	„	l	15.62	54 55	19.30
51 48	„	l	51.63	18	47.86	52 40	„	l	16.13	40	17.32
52 48	„	l	49.52	18	47.56	53 40	„	l	16.86	25	20.16
53 48	„	r	11 38.55			55 10	„	r	57 23.87		
54 48	„	r	37.03			56 40	„	r	18.90		
55 48	„	r	37.99			58 10	„	r	23.40		
56 48	Wr	r	41.21	59 18	48.89	59 10	„	r	23.64	3 1 10	20.29
57 48	„	r	42.13	18	48.31	59 40	„	r	24.57	0 55	19.13
58 48	„	r	39.65	18	48.79	3 0 10	„	r	22.95	55	20.98
59 48	„	l	9 50.87			1 40	„	l	53 19.42		
3 0 48	„	l	47.42			2 10	„	l	14.10		
1 48	„	l	49.51			3 10	„	l	17.35		
2 18	„	l	48.76	3 4 33	47.91	4 10	„	l	18.66	6 10	18.65
2 48	„	l	49.45	18	48.49	4 40	„	l	16.53	5 55	16.71
3 48	„	l	50.30	33	49.22	5 10	„	l	18.43	40	18.34
5 18	„	r	11 41.07			6 10	„	r	57 18.67		
5 48	„	r	40.46			7 10	„	r	17.30		
6 48	„	r	39.99			8 10	„	r	19.05		
7 48	B	r	40.23	10 3	48.73	9 10	„	r	18.75	10 55	20.25
8 48	„	r	41.20	18	49.89	9 40	„	r	24.85	55	22.45
9 18	„	r	41.08	3	47.65	10 10	„	r	19.75	40	17.96
10 48	„	l	9 47.25			11 10	„	l	53 16.58		
11 48	„	l	51.52			12 10	„	l	20.47		
12 18	„	l	50.17			12 40	„	l	22.16		
12 48	„	l	48.62	15 3	49.05	13 10	„	l	16.58	15 10	20.48
13 48	„	l	48.23	18	48.24	14 10	„	l	18.66	10	22.48
14 48	„	l	49.80	18	48.68	14 40	„	l	19.61	10	20.90
15 48	„	r	11 40.50			15 40	„	r	57 22.60		
16 48	„	r	41.28			16 10	„	r	24.72		
17 18	„	r	42.42			17 10	„	r	24.80		

Mittlere Zeit Neuwerk	Beobachter	Lage des Fernrohrs	Neuwerk. Einzelne Zenit-distanzen von Kugelbake	Neuwerk. Mittel aus beiden Lagen + Reduktionen: mittlere Zeit Neuwerk	Neuwerk. Mittel aus beiden Lagen + Reduktionen: Kugelbake	Mittlere Zeit Neuwerk	Beobachter	Lage des Fernrohrs	Kugelbake. Einzelne Zenit-distanzen von Neuwerk	Kugelbake. Mittel aus beiden Lagen + Reduktionen: mittlere Zeit Neuwerk	Kugelbake. Mittel aus beiden Lagen + Reduktionen: Neuwerk
3h 18m 48s	Wr	r	90°11' 41".30	3h 22m 18s	90°10' 49".38	3h 17m 40s	W	r	89°37' 26".48	3h 19m 55s	89°55' 23".56
19 48	"	r	38.80	18	48.78	18 40	"	r	24.68	53	22.72
20 18	"	r	40.69	3	50.01	19 10	"	r	25.17	40	21.61
21 48	"	l	9 52.27			20 10	"	l	53 18.46		
22 48	"	l	51.70			21 10	"	l	21.26		
23 48	"	l	50.40			22 10	"	l	21.05		
24 48	"	l	49.16	26 48	47.97	22 40	"	l	18.90	24 40	21.42
25 18	"	l	49.40	33	48.52	23 40	"	l	22.10	55	24.09
25 48	"	l	50.94	18	49.15	24 10	"	l	21.42	40	21.95
26 48	"	r	11 40.30			25 10	"	r	57 22.89		
27 48	"	r	40.57			26 10	"	r	27.50		
28 48	"	r	39.72			26 40	"	r	24.35		

August 27.

Mittlere Zeit Neuwerk	Beobachter	Lage des Fernrohrs	Neuwerk. Einzelne Zenit-distanzen von Kugelbake	Neuwerk. Mittel aus beiden Lagen + Reduktionen: mittlere Zeit Neuwerk	Neuwerk. Mittel aus beiden Lagen + Reduktionen: Kugelbake	Mittlere Zeit Neuwerk	Beobachter	Lage des Fernrohrs	Kugelbake. Einzelne Zenit-distanzen von Neuwerk	Kugelbake. Mittel aus beiden Lagen + Reduktionen: mittlere Zeit Neuwerk	Kugelbake. Mittel aus beiden Lagen + Reduktionen: Neuwerk
9h 58m 39s	Wr	r	90°11' 41".23	10h 2m 24s	90°10' 54".80	10h 2m 10s	W	r	90°1' 8".07	10h 6m 10s	89°55' 32".49
10 0 39	"	r	43.35	54	54.25	3 10	"	r	11.70	5 40	35.16
1 39	"	r	43.36	54	55.93	4 10	"	r	8.39	5 10	31.85
4 9	"	l	9 61.48			6 10	"	l	89 49 55.73		
5 9	"	l	58.08			8 10	"	l	59.03		
6 9	"	l	61.30			10 10	"	l	57.33		
7 9	"	l	58.34	10 39	53.72	11 10	"	l	57.13	13 40	30.17
9 9	"	l	59.73	11 9	54.17	12 10	"	l	54.38	55	30.91
10 9	"	l	59.10	9	54.13	13 10	"	l	55.46	40	26.32
12 9	"	r	11 42.09			14 10	"	r	90 1 −2.40		
13 9	"	r	42.52			15 40	"	r	7.85		
14 9	"	r	42.04			16 10	"	r	3.62		
17 39	B	r	41.24	20 24	52.38						
19 9	"	r	40.72	39	52.06						
20 9	"	r	38.38	39	50.40						
21 9	"	l	9 55.35								
22 9	"	l	56.35								
23 9	"	l	56.48								
24 9	"	l	55.39	27 24	50.74						
25 9	"	l	54.66	9	50.76						
26 9	"	l	55.67	26 39	50.83						
27 9	"	r	11 38.96								
29 9	"	r	39.79								
30 39	"	r	39.03								
31 39	Wr	r	40.64	34 24	51.88	31 10	"	r	2.13	34 10	24.93
32 9	"	r	38.63	39	51.38	32 10	"	r	3.65	10	28.06
32 39	"	r	39.37	24	51.07	33 10	"	r	3.77	33 40	26.22
35 9	"	l	9 55.72			34 10	"	l	89 49 49.08		
36 9	"	l	57.07			36 10	"	l	52.88		
37 9	"	l	56.08			37 10	"	l	48.13		
38 9	"	l	*57.18			38 40	"	l	46.38	41 25	22.05
39 9	"	l	*56.63			40 10	"	l	48.28	40	24.25
40 9	"	l	54.93	40 39	49.93	41 10	"	l	48.43	40	22.17
41 9	"	r	11 37.87			42 10	"	r	90 0 56.32		
						43 10	"	r	60.63		
						44 10	"	r	55.94		

August 28.

Neuwerk. Mittlere Zeit Neuwerk	Beobachter	Lage des Fernrohrs	Einzelne Zenitdistanzen von Kugelbake	Mittel aus beiden Lagen + Reduktionen: mittlere Zeit Neuwerk	Kugelbake	Kugelbake. Mittlere Zeit Neuwerk	Beobachter	Lage des Fernrohrs	Einzelne Zenitdistanzen von Neuwerk	Mittel aus beiden Lagen + Reduktionen: mittlere Zeit Neuwerk	Neuwerk
9h 53m 22s	Wr	r	90° 11′ 42″.30	9h 55m 52s	90° 10′ 54″.28						
54 22	„	r	42.67	52	54.96						
55 22	„	r	43.07	52	55.71						
56 22	„	l	9 61.28								
57 22	„	l	60.19								
58 22	„	l	59.19								
59 22	„	l	59.69	10 1 52	53.27	9h 54m 10s	W	r	90° 1′ 12″.55	9h 59m 40s	89° 55′ 33″.43
10 0 22	„	l	61.59	52	55.35	55 10	„	r	17.68	40	38.83
0 52	„	l	61.86	37	56.74	56 40	„	r	13.98	58 55	35.22
2 22	„	r	11 44.55			10 1 10	„	l	89 49 56.87		
3 22	„	r	42.05			4 10	„	l	60.40		
4 22	„	r	39.78			5 10	„	l	54.72		
5 22	B	r	42.74	7 52	54.76	6 10	„	l	57.20	10 9 40	37.59
6 22	„	r	41.29	52	54.52	7 10	„	l	58.25	25	38.10
6 52	„	r	42.93	22	52.78	8 10	„	l	57.50	25	40.64
7 52	„	l	9 55.57			10 40	„	r	90 1 24.10		
9 22	„	l	60.69			11 40	„	r	18.37		
10 22	„	l	59.71			13 10	„	r	18.40		
11 22	„	l	62.33	13 52	56.90						
12 22	„	l	61.93	52	54.67						
12 52	„	l	60.88	37	54.98						
14 22	„	r	11 42.02								
15 22	„	r	40.34								
16 22	„	r	44.40								
17 52	Wr	r	41.59	20 52	54.24	14 40	„	r	17.41	18 25	41.54
18 52	„	r	43.47	52	55.25	15 40	„	r	15.50	17 55	38.14
20 52	„	r	40.01	21 22	55.36	17 10	„	r	13.20	18 10	35.92
21 52	„	l	9 63.64			19 10	„	l	89 50 —0.95		
22 52	„	l	59.97			20 10	„	l	1.30		
23 52	„	l	59.83			22 10	„	l	6.08		
24 22	„	l	62.06	26 52	55.46	24 10	„	l	3.60	27 40	38.74
25 22	„	l	62.23	37	55.43	26 10	„	l	3.85	28 10	39.67
25 52	„	l	60.17	37	54.91	27 10	„	l	1.25	27 55	40.41
27 22	„	r	11 42.58			28 40	„	r	90 1 19.98		
27 52	„	r	41.56			30 10	„	r	15.90		
29 22	„	r	41.79			31 10	„	r	14.30		
30 22	B	r	44.43	32 52	57.39						
31 52	„	r	42.37	33 7	55.50						
32 22	„	r	41.59	7	54.33						
33 52	„	l	9 60.00								
34 22	„	l	61.57								
35 22	„	l	63.29								
36 22	„	l	60.66	38 52	54.24	32 10	„	r	12.40	35 40	35.50
37 22	„	l	58.51	52	53.91	33 10	„	r	16.57	25	36.74
38 22	„	l	60.09	52	53.87	34 40	„	r	17.15	40	36.55
39 22	„	r	11 40.58			36 40	„	l	89 49 56.37		
40 22	„	r	42.14			37 40	„	l	57.33		
41 22	„	r	40.76			39 10	„	l	59.02		

Neuwerk.

Mittlere Zeit Neuwerk	Beobachter	Lage des Fernrohrs	Einzelne Zenitdistanzen von Kugelbake	Mittel aus beiden Lagen + Reduktionen: mittlere Zeit Neuwerk	Mittel aus beiden Lagen + Reduktionen: Kugelbake
10h 42m 22s	Wr	r	90° 11′ 42″.24	10h 45m 22s	90° 10′ 53″.98
43 22	„	r	37.93	22	53.68
44 22	„	r	44.46	22	56.05
46 22	„	l	9 60.58		
47 22	„	l	62.37		
48 22	„	l	58.65		
48 52	„	l	62.06	51 37	54.81
50 22	„	l	60.82	52	55.41
51 22	„	l	65.67	52	56.82
52 22	„	r	11 42.90		
53 22	„	r	42.93		
54 22	„	r	40.49		
55 22	B	r	40.59	58 22	51.97
56 22	„	r	45.42	57	57.32
57 22	„	r	39.85	52	55.89
11 0 22	„	l	9 60.86		
0 52	„	l	62.14		
1 22	„	l	56.29		
2 22	„	l	59.59	11 6 57	52.16
3 22	„	l	62.96	22	55.53
4 22	„	l	63.71	7	56.64
7 52	„	r	11 42.50		
9 22	„	r	40.64		
10 52	„	r	37.85		
12 52	Wr	r	41.31	15 22	54.34
13 52	„	r	42.56	57	55.29
14 52	„	r	41.83	37	55.70
16 22	„	l	9 58.50		
17 22	„	l	60.95		
17 52	„	l	60.71		
18 22	„	l	61.52	20 52	55.04
19 22	„	l	61.65	21 7	55.89
20 22	„	l	61.84	7	55.72
21 52	„	r	11 42.54		
22 52	„	r	43.07		
23 22	„	r	41.50		
25 22	D	r	*44.04		
25 52	„	r	*41.92		
26 22	„	r	40.58	26 52	51.81
27 22	„	l	9 55.98		
12 1 54	„	l	59.38	12 4 54	53.90
3 24	„	l	56.73	5 9	51.74
4 24	„	l	60.17	4 54	54.63
5 24	„	r	11 42.03		
6 54	„	r	39.66		
7 54	„	r	41.96		

Kugelbake.

Mittlere Zeit Neuwerk	Beobachter	Lage des Fernrohrs	Einzelne Zenitdistanzen von Neuwerk	Mittel aus beiden Lagen + Reduktionen: mittlere Zeit Neuwerk	Mittel aus beiden Lagen + Reduktionen: Neuwerk
10h 40m 10s	W	l	89° 50′ 1″.93	10h 42m 40s	89° 55′ 40″.74
41 10	„	l	0.83	55	38.72
42 10	„	l	0.38	40	38.78
43 10	„	r	90 1 17.60		
44 40	„	r	17.03		
45 10	„	r	19.97		
46 10	„	r	20.74	49 40	44.80
47 10	„	r	18.65	40	42.28
48 20	„	r	22.07	40	45.42
51 10	„	l	89 50 9.18		
52 10	„	l	6.55		
53 20	„	l	9.27		
54 10	„	l	4.30	56 25	44.59
54 40	„	l	5.43	25	45.05
55 40	„	l	6.55	25	46.36
57 10	„	r	90 2 26.58		
58 10	„	r	25.08		
58 40	„	r	25.30		
11 1 10	„	r	21.82	11 3 55	42.74
2 10	„	r	23.57	55	45.48
3 10	„	r	22.70	40	45.49
4 10	„	l	89 50 8.70		
5 40	„	l	4.01		
6 40	„	l	4.08		
8 10	„	l	4.83	10 40	40.87
9 10	„	l	6.48	40	42.15
10 10	„	l	7.08	40	42.42
11 10	„	r	90 2 18.18		
12 10	„	r	18.23		
13 10	„	r	17.33		
14 10	„	r	22.90	16 55	40.46
15 40	„	r	28.25	17 25	44.58
16 40	„	r	27.84	20	44.38
17 40	„	l	89 50 1.33		
19 10	„	l	2.32		
19 40	„	l	−1.57		
20 40	„	l	−1.17	25 55	43.08
21 40	„	l	2.38	55	44.97
22 10	„	l	4.77	20	45.21
24 10	„	r	90 1 26.07		
26 10	„	r	27.98		
27 10	„	r	27.75		
12 3 10	„	r	12.03	12 6 10	32.43
4 10	„	r	11.62	20	32.07
5 40	„	r	11.67	25	33.78
7 10	„	l	89 49 56.50		
8 10	„	l	52.95		
9 10	„	l	53.85		

Mittlere Zeit Neuwerk	Beobachter	Lage des Fernrohrs	Neuwerk. Einzelne Zenitdistanzen von Kugelbake	Neuwerk. Mittel aus beiden Lagen + Reduktionen: mittlere Zeit Neuwerk	Neuwerk. Mittel aus beiden Lagen + Reduktionen: Kugelbake	Mittlere Zeit Neuwerk	Beobachter	Lage des Fernrohrs	Kugelbake. Einzelne Zenitdistanzen von Neuwerk	Kugelbake. Mittel aus beiden Lagen + Reduktionen: mittlere Zeit Neuwerk	Kugelbake. Mittel aus beiden Lagen + Reduktionen: Neuwerk
11h 8m 24s	B	r	90°11' 41".28	11h 10m 54s	90°10' 52".07	11h 10m 10s	W'	l	89°49' 49".25	11h 12m 40s	89°55' 28".83
9 24	"	r	38.13	54	52.03	10 40	"	l	47.75	25	27.08
10 24	"	r	41.53	54	52.80	11 40	"	l	48.75	25	29.89
11 24	"	l	9 55.01			13 10	"	r	90 1 11.45		
12 24	"	l	58.87			14 10	"	r	6.83		
13 24	"	l	55.79			15 10	"	r	8.82		
14 24	Wr	l	58.58	16 54	52.70	15 40	"	r	7.35	18 40	31.80
15 24	"	l	56.00	54	50.22	16 40	"	r	9.87	40	31.53
16 24	"	l	55.80	54	52.27	17 10	"	r	10.15	10	32.39
17 24	"	r	11 39.68			19 10	"	l	89 49 55.05		
18 24	"	r	37.38			20 40	"	l	53.60		
19 24	"	r	39.76			21 40	"	l	56.67		
20 24	"	r	41.55	22 39	52.87						
20 54	"	r	43.21	24	53.05						
21 54	"	r	40.66	39	54.32						
22 24	"	l	9 60.91								
23 54	"	l	55.83								
24 54	"	l	57.23								
25 24	B	l	58.37	27 24	53.53	22 10	"	l	50.68	24 55	29.30
26 24	"	l	56.49	39	52.74	23 10	"	l	52.58	55	30.87
26 54	"	l	57.12	24	53.73	24 10	"	l	53.23	55	31.71
27 54	"	r	11 43.28			25 40	"	r	90 1 10.60		
28 54	"	r	41.93			26 40	"	r	9.58		
29 24	"	r	41.62			27 40	"	r	8.33		
30 24	"	r	41.74	32 24	52.22	28 40	"	r	13.03	32 25	33.36
31 24	"	r	39.24	24	49.23	29 40	"	r	15.39	25	36.14
31 54	"	r	38.65	9	52.31	30 40	"	r	12.25	10	33.95
32 24	"	l	9 56.91			31 40	"	l	89 49 57.06		
33 24	"	l	52.16			33 10	"	l	57.30		
34 24	"	l	55.63			34 10	"	l	52.17		
35 54	Wr	l	55.94	38 24	52.61	35 10	"	l	55.00	37 55	31.63
36 24	"	l	55.57	24	52.63	36 10	"	l	47.12	55	27.29
37 54	"	l	60.00	39	54.44	37 10	"	l	53.76	55	30.50
39 24	"	r	11 41.81			38 40	"	r	90 1 7.65		
40 24	"	r	42.70			39 40	"	r	7.88		
40 54	"	r	40.21			40 40	"	r	8.67		
41 24	"	r	41.95	44 24	52.94	41 40	"	r	8.17	44 25	31.32
42 24	"	r	43.73	9	53.76	42 40	"	r	9.29	10	29.99
43 24	"	r	41.16	9	53.89	43 10	"	r	9.70	43 40	27.39
44 54	"	l	9 59.36			44 10	"	l	89 49 45.50		
45 54	"	l	56.72			45 40	"	l	51.11		
47 24	"	l	56.86			47 10	"	l	54.88		
48 24	B	l	55.63	51 24	50.87	47 40	"	l	55.67	50 25	31.93
49 24	"	l	53.85	39	53.86	48 40	"	l	52.33	25	28.65
50 24	"	l	56.36	39	52.99	49 40	"	l	50.85	25	29.51
52 54	"	r	11 42.56			51 10	"	r	90 1 8.60		
53 54	"	r	44.80			52 10	"	r	4.99		
54 24	"	r	39.02			53 10	"	r	8.60		

Neuwerk.

Mittlere Zeit Neuwerk	Beobachter	Lage des Fernrohrs	Einzelne Zenitdistanzen von Kugelbake	Mittel aus beiden Lagen + Reduktionen: mittlere Zeit Neuwerk	Mittel aus beiden Lagen + Reduktionen: Kugelbake
12ʰ 55ᵐ 24ˢ	B	r	90° 11′ 41″.40	12ʰ 57ᵐ 39ˢ	90° 10′ 52″.97
55 54	"	r	40.60	57 24	50.20
56 54	"	r	44.32	9	53.07
57 24	"	l	9 54.76		
58 54	"	l	52.74		
59 54	"	l	57.48		
1 0 54	Wr	l	56.61	1 3 24	52.24
1 54	"	l	60.06	39	53.72
2 24	"	l	57.52	24	54.46
4 24	"	r	11 44.34		
5 24	"	r	40.32		
5 54	"	r	38.81		
6 54	"	r	41.59	9 24	52.90
7 54	"	r	38.26	24	50.84
8 24	"	r	40.74	9	53.53
9 54	"	l	9 59.29		
10 54	"	l	56.35		
11 54	"	l	57.15		
13 54	B	l	57.30	16 24	52.37
14 24	"	l	53.43	54	51.02
15 24	"	l	56.32	54	52.66
18 24	"	r	11 41.94		
19 24	"	r	41.53		
19 54	"	r	40.38		
21 24	"	r	38.72	24 39	52.01
22 54	"	r	42.90	54	55.24
24 24	"	r	43.28	54	54.28
25 24	"	l	9 58.22		
26 54	"	l	60.57		
27 54	"	l	58.23		
59 55	Wr	l	58.52	2 2 40	53.03
2 1 25	"	l	58.56	55	53.88
2 25	"	l	57.53	55	54.15
3 25	"	r	11 43.71		
4 25	"	r	42.13		
5 25	"	r	44.52		
6 55	"	r	43.41	9 25	55.25
7 55	"	r	42.58	25	54.13
9 25	"	r	43.63	55	53.21
10 25	"	l	9 55.72		
10 55	"	l	58.62		
11 55	"	l	60.02		

Kugelbake.

Mittlere Zeit Neuwerk	Beobachter	Lage des Fernrohrs	Einzelne Zenitdistanzen von Neuwerk	Mittel aus beiden Lagen + Reduktionen: mittlere Zeit Neuwerk	Mittel aus beiden Lagen + Reduktionen: Neuwerk
12ʰ 54ᵐ 10ˢ	W	r	90° 1′ 13″.34	12ʰ 56ᵐ 40ˢ	89° 55′ 31″.30
55 10	"	r	11.62	40	36.71
56 10	"	r	8.17	40	30.19
57 10	"	l	89 49 52.63		
58 10	"	l	62.22		
59 10	"	l	49.68		
1 0 10	"	l	53.25	1 3 10	31.42
1 10	"	l	51.98	10	31.52
2 10	"	l	50.70	10	31.07
4 10	"	r	90 1 11.85		
5 10	"	r	11.47		
6 10	"	r	10.00		
7 10	"	r	13.72	9 40	31.33
8 10	"	r	13.77	55	31.61
9 10	"	r	12.98	40	30.59
10 10	"	l	89 49 48.61		
11 40	"	l	49.86		
12 10	"	l	49.35		
13 10	"	l	49.95	15 40	28.30
14 10	"	l	53.20	40	28.90
14 40	"	l	55.52	25	32.57
16 10	"	r	90 1 10.04		
17 10	"	r	5.02		
18 10	"	r	7.07		
19 10	"	r	7.29	21 25	30.41
19 40	"	r	10.22	25	30.95
20 40	"	r	9.59	10	32.36
21 40	"	l	89 49 53.53		
23 10	"	l	52.10		
23 40	"	l	53.95		
24 40	"	l	53.35	27 10	34.20
25 40	"	l	53.25	10	33.40
26 40	"	l	53.63	25	34.23
28 10	"	r	90 1 15.24		
28 40	"	r	13.99		
29 40	"	r	15.27		
2 0 10	"	r	10.22	2 2 55	33.91
1 10	"	r	10.17	40	32.72
2 10	"	r	10.65	40	32.20
3 10	"	l	89 49 51.97		
4 10	"	l	55.68		
5 40	"	l	58.02		
6 40	"	l	53.53	9 10	32.43
7 10	"	l	55.88	8 55	30.92
8 10	"	l	51.63	40	33.79
9 10	"	r	90 1 16.35		
10 40	"	r	6.37		
12 40	"	r	9.95		

Neuwerk. Mittlere Zeit Neuwerk	Beobachter	Lage des Fernrohrs	Einzelne Zenit-distanzen von Kugelbake	Mittel aus beiden Lagen + Reduktionen: mittlere Zeit Neuwerk	Mittel aus beiden Lagen + Reduktionen: Kugelbake	Kugelbake. Mittlere Zeit Neuwerk	Beobachter	Lage des Fernrohrs	Einzelne Zenit-distanzen von Neuwerk	Mittel aus beiden Lagen + Reduktionen: mittlere Zeit Neuwerk	Mittel aus beiden Lagen + Reduktionen: Neuwerk
2h 12m 25s	B	l	90° 9′ 59″.63	2h 14m 40s	90° 10′ 54″.49	2h 13m 40s	W	r	90° 1′ 7″.20	2h 15m 25s	89° 55′ 30″.86
13 25	„	l	59.43	55	53.67	14 10	„	r	12.30	40	35.92
13 55	„	l	57.42	40	53.94	15 10	„	r	14.63	40	34.72
15 25	„	r	11 43.40			16 10	„	l	89 49 55.23		
16 25	„	r	40.84			17 10	„	l	59.75		
16 55	„	r	42.28			18 10	„	l	54.93		
17 25	„	r	41.95	19 55	52.69	19 10	„	l	57.00	22 25	34.12
18 25	„	r	41.52	55	53.86	20 10	„	l	52.07	10	29.91
19 25	„	r	42.90	55	53.94	21 10	„	l	54.80	21 40	33.26
20 25	„	l	9 57.92			22 10	„	r	90 1 12.13		
21 25	„	l	57.94			24 10	„	r	8.17		
22 25	„	l	56.36			25 40	„	r	11.65		
22 55	Wr	l	58.21	25 10	53.00						
23 55	„	l	57.66	10	52.95						
24 25	„	l	58.23	10	53.54						
25 55	„	r	11 41.78								
26 25	„	r	41.18								
27 25	„	r	40.72								
28 25	„	r	41.13	30 25	52.69	27 10	„	r	12.30	30 40	31.63
28 55	„	r	41.60	25	53.39	28 10	„	r	5.80	25	29.22
29 25	„	r	42.48	10	52.50	29 10	„	r	10.30	10	31.86
30 55	„	l	9 55.45			31 10	„	l	89 49 55.85		
31 55	„	l	58.21			32 40	„	l	53.05		
32 25	„	l	57.29			34 10	„	l	51.37		
33 25	B	l	57.28	35 25	52.50						
34 25	„	l	56.77	40	54.70						
34 55	„	l	59.09	40	53.51						
36 25	„	r	11 40.86								
36 55	„	r	45.57								
37 25	„	r	40.66								
38 25	„	r	42.18	40 25	52.58	35 10	„	l	49.37	38 25	27.43
39 25	„	r	39.73	25	50.47	36 10	„	l	55.93	25	32.75
39 55	„	r	40.75	10	51.53	37 10	„	l	55.08	25	34.01
40 25	„	l	9 55.24			39 40	„	r	90 1 13.42		
41 25	„	l	54.14			40 40	„	r	9.99		
42 25	„	l	55.92			41 40	„	r	5.90		
43 25	Wr	l	58.40	45 40	52.54	43 10	„	r	11.67	45 55	31.60
44 25	„	l	57.31	40	51.92	44 10	„	r	12.72	55	31.35
44 55	„	l	56.74	25	53.29	45 10	„	r	7.50	40	28.07
45 55	„	r	11 42.78			46 10	„	l	89 49 49.05		
46 55	„	r	39.46			47 40	„	l	50.40		
47 55	„	r	39.62			48 40	„	l	51.95		
48 55	„	r	42.05	52 10	53.72	49 10	„	l	48.70	51 40	26.73
49 25	„	r	41.19	50 55	52.99	50 10	„	l	50.78	55	28.73
50 25	„	r	43.23	55	53.61	51 10	„	l	50.90	55	28.80
51 25	„	l	9 57.03			52 40	„	r	90 1 7.12		
52 25	„	l	57.73			53 40	„	r	7.10		
53 25	„	l	58.33			54 10	„	r	5.17		

Mittlere Zeit Neuwerk	Beobachter	Lage des Fernrohrs	Neuwerk. Einzelne Zenitdistanzen von Kugelbake	Neuwerk. Mittel aus beiden Lagen + Reduktionen: mittlere Zeit Neuwerk	Neuwerk. Mittel aus beiden Lagen + Reduktionen: Kugelbake	Mittlere Zeit Neuwerk	Beobachter	Lage des Fernrohrs	Kugelbake. Einzelne Zenitdistanzen von Neuwerk	Kugelbake. Mittel aus beiden Lagen + Reduktionen: mittlere Zeit Neuwerk	Kugelbake. Mittel aus beiden Lagen + Reduktionen: Neuwerk
2h 54m 25s	B	l	90° 9' 58".41	2h 56m 40s	90°10' 53".58	2h 55m 10s	W	r	90° 2' 2".60	2h 57m 40s	89°55' 26".91
55 25	"	l	54.48	40	52.43	56 10	"	r	4.00	40	26.92
55 55	"	l	58.07	40	52.68	57 10	"	r	6.32	25	28.54
57 25	"	r	11 40.22			57 40	"	l	89 49 51.18		
57 55	"	r	41.31			59 10	"	l	50.25		
58 55	"	r	41.29			3 0 10	"	l	51.63		
59 25	"	r	41.24	3 1 25	52.49	0 40	"	l	47.75	3 2 55	28.18
59 55	"	r	39.26	10	51.02	1 40	"	l	48.75	55	29.56
3 0 25	"	r	40.52	0 55	51.44	2 10	"	l	46.78	40	26.61
1 25	"	l	9 55.29			3 10	"	r	90 2 6.85		
2 25	"	l	55.72			4 10	"	r	10.78		
3 25	"	l	56.62			5 10	"	r	9.02		
4 25	Wr	l	58.77	6 25	51.53	7 10	"	r	9.77	8 55	28.44
5 25	"	l	59.38	40	52.97	7 40	"	r	9.39	55	28.34
5 55	"	l	57.40	25	51.98	8 10	"	r	9.77	40	28.24
6 55	"	r	11 39.49			9 10	"	l	89 49 47.12		
7 55	"	r	39.49			10 10	"	l	47.70		
8 25	"	r	39.22			10 40	"	l	47.52		
9 25	"	r	41.54	11 25	52.95						
9 55	"	r	40.73	10	52.79						
10 25	"	r	41.83	10	53.29						
11 55	"	l	9 57.69								
12 25	"	l	57.78								
13 25	"	l	57.29								
14 25	B	l	56.87	16 25	51.84	21 40	"	l	*49.87		
14 55	"	l	56.80	10	53.08	22 10	"	l	*49.62		
15 25	"	l	56.86	15 55	52.69	23 10	"	l	49.68	16 10	28.10
16 25	"	r	11 41.46			29 10	"	r	90 2 6.94		
17 25	"	r	41.29								
18 25	"	r	39.75								
18 55	"	r	40.31	20 55	51.74						
19 25	"	r	40.41	55	52.05						
20 25	"	r	39.76	55	52.18						
21 25	"	l	9 57.53								
22 25	"	l	56.63								
22 55	"	l	56.11								
23 25	Wr	l	55.27	25 55	51.10						
24 55	"	l	57.22	55	52.16						
25 25	"	l	56.05	55	51.68						
26 25	"	r	11 40.24								
27 25	"	r	40.03								
28 25	"	r	39.87								
August 29.											
9h 52m 29s	Wr	l	90°10' 2".20	9h 55m 24s	90°10' 58".14	9h 53m 10s	W	r	90° 2' 28".17	9h 56m 10s	89°55' 35".32
53 29	"	l	0.81	29	57.77	54 10	"	r	32.60	10	39.45
54 29	"	l	0.33	54 59	56.60	55 10	"	r	31.85	55 55	35.69
55 29	"	r	11 45.81			56 40	"	l	89 49 39.95		
57 29	"	r	47.67			58 10	"	l	46.71		
57 59	"	r	47.02			59 10	"	l	42.86		

Mittlere Zeit Neuwerk	Beobachter	Lage des Fernrohrs	Neuwerk. Einzelne Zenitdistanzen von Kugelbake	Neuwerk. Mittel aus beiden Lagen + Reduktionen: mittlere Zeit Neuwerk	Neuwerk. Mittel aus beiden Lagen + Reduktionen: Kugelbake	Mittlere Zeit Neuwerk	Beobachter	Lage des Fernrohrs	Kugelbake. Einzelne Zenitdistanzen von Neuwerk	Kugelbake. Mittel aus beiden Lagen + Reduktionen: mittlere Zeit Neuwerk	Kugelbake. Mittel aus beiden Lagen + Reduktionen: Neuwerk
9h 58m 59s	Wr	r	90° 11′ 47″.92	10h 1m 14s	90° 10′ 57″.13	10h 0m 10s	W	l	89° 49′ 44″.50	10h 3m 40s	89° 55′ 35″.94
59 29	„	r	48.84	0 59	58.22	1 10	„	l	43.25	40	35.66
10 0 29	„	r	49.39	59	58.25	2 10	„	l	42.90	40	37.61
1 29	„	l	9 60.05			3 10	„	r	90 1 32.73		
2 29	„	l	60.54			4 10	„	r	26.48		
3 29	„	l	59.28			5 10	„	r	27.80		
4 29	B	l	58.57	6 59	56.10	6 10	„	r	26.74	8 55	36.18
5 29	„	l	58.34	59	55.40	7 10	„	r	27.44	55	34.14
6 29	„	l	57.26	59	55.48	8 10	„	r	28.50	55	36.05
7 29	„	r	11 46.64			9 40	„	l	89 49 44.02		
8 29	„	r	45.39			10 40	„	l	41.25		
9 29	„	r	46.76			11 40	„	l	46.03		
10 29	„	r	48.81	13 29	57.14	12 40	„	l	45.53	18 25	36.28
11 29	„	r	50.66	29	58.34	13 40	„	l	43.27	25	34.41
13 29	„	r	45.46	59	56.47	15 10	„	l	41.58	20	34.88
14 29	„	l	9 60.41			21 10	„	r	90 1 28.60		
15 29	„	l	58.96			23 10	„	r	26.02		
16 29	„	l	58.41			24 10	„	r	27.45		
20 59	Wr	l	58.19	23 14	56.17						
21 59	„	l	58.18	14	57.27						
22 29	„	l	58.35	22 59	57.37						
23 29	„	r	11 49.33								
24 29	„	r	48.90								
25 29	„	r	47.08								
26 59	„	r	48.12	34 29	57.02	25 10	„	r	28.59	27 40	35.68
28 59	„	r	48.62	30 44	57.01	26 10	„	r	31.10	40	33.87
29 29	„	r	44.84	24	55.17	26 40	„	r	30.00	25	33.21
30 59	„	l	9 58.43			28 10	„	l	89 49 36.83		
32 29	„	l	58.32			29 10	„	l	37.05		
41 59	„	l	58.85			30 10	„	l	43.18		
						31 10	„	l	44.56	34 10	34.55
						32 10	„	l	39.36	10	32.96
						33 10	„	l	40.83	33 40	33.54
						34 10	„	r	90 1 26.67		
						36 10	„	r	24.97		
						37 10	„	r	24.93		
42 29	B	l	57.18	46 44	55.83	38 10	„	r	24.67	42 40	30.68
43 29	„	l	55.98	59	55.16	39 10	„	r	28.60	10	26.55
47 29	„	l	56.26	48 29	55.35	40 10	„	r	17.63	10	26.61
49 29	„	r	11 47.38			44 10	„	l	89 49 36.00		
50 29	„	r	47.47			45 10	„	l	34.91		
50 59	„	r	47.42			47 10	„	l	37.12		
52 29	„	r	*48.00			49 10	„	l	33.67	55 10	25.42
52 59	„	r	46.45	54 44	53.37	50 40	„	l	32.53	25	27.64
53 29	„	r	48.36	53 59	56.23	51 40	„	l	32.90	25	29.43
54 29	„	l	9 57.04			59 10	„	r	90 1 26.37		
56 29	„	l	55.23			11 0 10	„	r	23.57		
11 16 29	„	l	55.01			1 10	„	r	17.57		

Mittlere Zeit Neuwerk	Beobachter	Lage des Fernrohrs	Neuwerk. Einzelne Zenitdistanzen von Kugelbake	Neuwerk. Mittel aus beiden Lagen + Reduktionen: mittlere Zeit Neuwerk	Neuwerk. Mittel aus beiden Lagen + Reduktionen: Kugelbake
11h 17m 29s	Wr	l	90° 9′ 55″.73	11h 20m 14s	90° 10′ 54″.84
18 29	"	l	56.44	14	55.28
19 29	"	l	56.22	19 59	55.51
20 29	"	r	11 47.74		
21 59	"	r	47.06		
22 59	"	r	46.89		
23 59	"	r	*47.87		
24 29	"	r	45.61	25 59	55.05
25 29	"	r	46.84	59	56.04
26 29	"	l	9 58.18		
27 29	"	l	57.42		
12 15 25	B	r	11 41.10	12 17 40	50.01
16 25	"	r	40.66	55	49.98
17 25	"	r	44.08	55	51.16
18 25	"	l	9 51.18		
19 25	"	l	52.23		
19 55	"	l	51.85		
20 25	"	l	52.85	22 55	51.09
21 25	"	l	51.11	55	50.48
22 25	"	l	52.31	55	53.26
23 25	"	r	11 47.14		
24 25	"	r	42.78		
25 25	"	r	42.26		
26 25	Wr	r	43.76	28 25	52.37
27 25	"	r	44.34	25	52.27
27 55	"	r	44.19	25	52.77
28 55	"	l	9 54.28		
29 25	"	l	53.13		
30 25	"	l	53.92		
31 25	"	l	54.38	33 40	52.51
31 55	"	l	54.88	25	52.76
32 55	"	l	54.09	25	51.66
33 55	"	r	12 42.16		
34 55	"	r	43.57		
35 55	"	r	43.57		

Mittlere Zeit Neuwerk	Beobachter	Lage des Fernrohrs	Kugelbake. Einzelne Zenitdistanzen von Neuwerk	Kugelbake. Mittel aus beiden Lagen + Reduktionen: mittlere Zeit Neuwerk	Kugelbake. Mittel aus beiden Lagen + Reduktionen: Neuwerk
11h 17m 40s	W	r	90° 1′ 16″.55		
18 40	"	r	22.02		
19 40	"	r	20.22		
12 2 10	"	r	20.32	12h 5m 10s	89° 55′ 24″.77
3 10	"	r	16.19	10	24.25
4 10	"	r	18.69	4 40	24.46
5 10	"	l	89 49 30.65		
7 10	"	l	32.72		
8 10	"	l	29.63		
9 10	"	l	29.10	11 40	22.80
10 10	"	l	33.58	40	24.56
10 40	"	l	29.71	25	24.67
12 10	"	r	90 1 20.04		
13 10	"	r	15.95		
14 10	"	r	16.92		
16 10	"	r	16.69	18 40	26.72
17 10	"	r	20.38	55	28.16
18 10	"	r	21.09	40	27.13
19 10	"	l	89 49 33.58		
20 40	"	l	36.56		
21 10	"	l	37.26		
22 10	"	l	31.47	24 40	23.77
22 40	"	l	33.00	25	29.18
23 40	"	l	34.50	25	29.32
25 10	"	r	90 1 24.55		
26 10	"	r	23.78		
27 10	"	r	15.48		
28 10	"	r	18.58	30 40	23.57
29 10	"	r	18.52	40	23.42
30 10	"	r	16.89	40	22.95
31 10	"	l	89 49 37.42		
32 10	"	l	28.72		
33 10	"	l	29.17		
34 10	"	l	30.43	36 40	23.51
35 10	"	l	32.28	40	25.68
36 10	"	l	31.48	40	25.17
37 10	"	r	90 1 19.57		
38 10	"	r	20.50		
39 10	"	r	16.60		

Mittlere Zeit Neuwerk	Beobachter	Lage des Fernrohrs	Neuwerk. Einzelne Zenit-distanzen von Kugelbake	Mittel aus beiden Lagen + Reduktionen: mittlere Zeit Neuwerk	Mittel aus beiden Lagen + Reduktionen: Kugelbake	Mittlere Zeit Neuwerk	Beobachter	Lage des Fernrohrs	Kugelbake. Einzelne Zenit-distanzen von Neuwerk	Mittel aus beiden Lagen + Reduktionen: mittlere Zeit Neuwerk	Mittel aus beiden Lagen + Reduktionen: Neuwerk
11ʰ 38ᵐ 25ˢ	H	r	90°11′ 41″.35	11ʰ 40ᵐ 25ˢ	90°10′ 51″.61						
39 25	"	r	43.26	40	51.10						
39 55	"	r	42.01	25	50.75						
40 55	"	l	9 52.41								
41 55	"	l	51.87								
42 25	"	l	52.80								
43 25	"	l	52.44	45 25	51.27	11ʰ 40ᵐ 10ˢ	W	r	90° 2′ 16″.87	11ʰ 42ᵐ 40ˢ	89°55′ 24″.12
43 55	"	l	53.79	10	51.43	41 10	"	r	19.20	40	25.42
44 25	"	l	53.39	44 55	51.56	42 10	"	r	16.42	40	23.82
45 25	"	r	11 42.66			43 10	"	l	89 49 31.63		
46 25	"	r	42.00			44 10	"	l	32.05		
47 25	"	r	43.04			45 10	"	l	31.78		
48 25	Wr	r	41.65	51 10	51.36						
49 25	"	r	42.08	10	50.24						
50 25	"	r	42.98	10	51.25						
51 55	"	l	9 52.45								
52 55	"	l	51.33								
53 55	"	l	54.00								
55 55	"	l	*54.39								

August 31.

Mittlere Zeit Neuwerk	Beobachter	Lage des Fernrohrs	Neuwerk. Einzelne Zenit-distanzen von Kugelbake	Mittel aus beiden Lagen + Reduktionen: mittlere Zeit Neuwerk	Mittel aus beiden Lagen + Reduktionen: Kugelbake	Mittlere Zeit Neuwerk	Beobachter	Lage des Fernrohrs	Kugelbake. Einzelne Zenit-distanzen von Neuwerk	Mittel aus beiden Lagen + Reduktionen: mittlere Zeit Neuwerk	Mittel aus beiden Lagen + Reduktionen: Neuwerk
10ʰ 26ᵐ 24ˢ	Wr	r	90°11′ 37″.86								
49 24	"	r	41.28	10ʰ 50ᵐ 54ˢ	90°10 53″.92						
50 24	"	r	40.95	51 9	54.07						
51 54	"	l	9 60.13								
52 24	"	l	58.60								
53 24	"	l	*59.74								
55 54	"	l	57.47	56 24	53.67						
54 24	"	l	57.09	24	52.89						
55 54	"	l	55.64	39	51.54						
57 24	"	r	11 40.38								
58 24	"	r	41.62								
58 54	"	r	42.81								
59 24	B	r	43.64								
11 0 24	"	r	43.58								
2 24	"	r	43.57			11ʰ 3ᵐ 10ˢ	W	r	90° 2′ *24″.82		
						4 10	"	r	18.90	11ʰ 12ᵐ 10ˢ	89°55′ 30″.00
						5 10	"	r	21.27	10	31.92
						6 10	"	r	23.62	10	32.21
						16 10	"	l	89 49 41.22		
						17 10	"	l	42.98		
						18 10	"	l	41.52		
						20 10	"	l	42.21	23 10	29.41
						21 10	"	l	36.91	10	28.90
						22 10	"	l	38.75	10	30.19
						24 10	"	r	90 2 22.03		
						25 10	"	r	21.30		
						26 10	"	r	19.02		

Neuwerk: Mittlere Zeit Neuwerk	Beobachter	Lage des Fernrohrs	Einzelne Zenitdistanzen von Kugelbake	Mittel aus beiden Lagen + Reduktionen: mittlere Zeit Neuwerk	Kugelbake	Kugelbake: Mittlere Zeit Neuwerk	Beobachter	Lage des Fernrohrs	Einzelne Zenitdistanzen von Neuwerk	Mittel aus beiden Lagen + Reduktionen: mittlere Zeit Neuwerk	Neuwerk
September 1.											
10h 5m 8s	Wr	r	90° 11′ 43″.51	10h 8m 53s	90° 10′ 52″.41	10h 8m 10s	W	r	90° 1′ 17″.20	10h 10m 40s	89° 55′ 30″.00
6 38	„	r	42.78	9 23	52.31	9 10	„	r	10.10	40	27.28
8 8	„	r	43.62	38	52.44	10 10	„	r	20.62	40	26.10
11 8	„	l	9 54.20			11 10	„	l	89 49 42.00		
12 8	„	l	55.78			12 10	„	l	44.88		
12 38	„	l	54.25			13 10	„	l	43.31		
13 8	„	l	55.04	15 23	51.76	16 10	„	l	43.86	19 25	27.31
14 8	„	l	53.72	38	51.44	17 10	„	l	42.22	25	25.20
15 8	„	l	55.15	38	51.15	18 10	„	l	45.67	18 40	30.53
16 8	„	r	11 40.11			19 10	„	r	90 1 25.80		
17 8	„	r	42.09			21 40	„	r	9.60		
17 38	„	r	42.42			22 40	„	r	11.17		
18 8	B	r	43.96	20 38	53.48						
19 8	„	r	45.09	38	53.05						
20 8	„	r	42.52	38	52.49						
21 8	„	l	9 54.39								
22 8	„	l	53.94								
23 8	„	l	55.93								
23 38	„	l	54.13	25 38	52.33	24 10	„	r	17.92		
24 8	„	l	52.96	38	52.13	25 10	„	r	13.69		
24 38	„	l	55.07	23	52.65	26 10	„	r	13.24		
26 8	„	r	11 43.17								
27 8	„	r	44.24								
27 38	„	r	43.47								
30 8	Wr	r	40.88	33 8	51.96						
31 8	„	r	40.96	8	51.64						
32 8	„	r	41.53	32 53	51.32						
33 38	„	l	9 54.04			41 20	„	l	89 49 56.18		
35 8	„	l	55.26			43 10	„	l	51.56		
36 8	„	l	55.98			44 10	„	l	49.65		
37 8	„	l	55.87	42 8	51.82	44 40	„	l	47.25	47 25	34.04
39 8	„	l	56.52	38	54.33	45 40	„	l	49.87	25	35.39
40 8	„	l	57.02	41 38	53.93	46 40	„	l	51.63	25	34.80
43 8	„	r	12 43.77			48 10	„	r	90 1 18.58		
46 8	„	r	45.08			49 10	„	r	21.32		
47 8	„	r	39.52			50 10	„	r	21.25		
47 38	B	r	45.64	51 23	54.77	51 10	„	r	22.37	54 40	37.14
48 8	„	r	43.69	49 38	53.10	52 10	„	r	20.94	53 40	37.82
49 8	„	r	40.29	38	50.98	53 10	„	r	20.75	40	37.34
50 8	„	l	9 54.60			54 10	„	l	89 49 54.35		
51 8	„	l	55.44			55 10	„	l	55.22		
53 8	„	l	56.83			58 20	„	l	52.32		
56 8	„	l	*58.22								

Mittlere Zeit Neuwerk	Beobachter	Lage des Fernrohrs	Neuwerk. Einzelne Zenitdistanzen von Kugelbake	Mittel aus beiden Lagen + Reduktionen: mittlere Zeit Neuwerk	Kugelbake	Mittlere Zeit Neuwerk	Beobachter	Lage des Fernrohrs	Kugelbake. Einzelne Zenitdistanzen von Neuwerk	Mittel aus beiden Lagen + Reduktionen: mittlere Zeit Neuwerk	Neuwerk
12h 1m 6s	Wr	l	90° 9′ 51″.73	12h 3m 21s	90° 10′ 50″.40						
1 36	"	l	54.02	6	50.91						
2 36	"	l	53.00	6	51.05						
3 36	"	r	11 42.03								
4 36	"	r	40.73								
5 36	"	r	41.00								
1 58 35	B	r	32.19			1h 57m 10s	W	r	90° 1′ 9″.84		
						58 10	"	r	7.75		
3 4 3	"	r	*31.59			2 0 10	"	r	6.82		
7 3	"	r	32.97	3 8 3	44.25						
9 3	"	l	9 48.46			3 8 10	"	r	0 53.65		
September [illegible].											
12h 19m 42s	Wr	l	90° 9′ 37″.81	12h 23m 57s	90° 10′ 30″.80						
21 12	"	l	33.15	24 27	29.82						
25 12	"	l	33.63	25 42	30.56						
26 12	"	r	11 18.42								
27 42	"	r	17.42								
28 12	"	r	16.72								
32 12	"	r	13.23	34 42	25.67	12h 32m 10s	W	r	90° 0′ 36″.65	12h 34m 40s	89° 54′ 54″.37
33 12	"	r	12.97	57	24.81	33 10	"	r	55.32	40	53.94
34 12	"	r	11.87	42	23.84	34 10	"	r	54.48	40	54.13
35 12	"	l	9 28.74			35 10	"	l	89 48 54.10		
36 42	"	l	30.58			36 10	"	l	52.97		
37 12	"	l	31.05			37 10	"	l	52.50		
55 42	B	l	27.89	59 12	23.63	53 10	"	l	50.50	55 55	53.99
56 42	"	l	31.44	12	26.64	54 10	"	l	50.50	55	54.23
57 42	"	l	29.39	58 42	23.33	55 10	"	l	51.70	56 10	54.73
59 42	"	r	11 10.22			57 10	"	r	90 0 58.22		
1 1 42	"	r	14.77			57 40	"	r	58.38		
2 42	"	r	12.31			58 40	"	r	57.90		
3 42	"	r	15.90	1 6 42	20.17	1 0 10	"	r	58.00	1 5 25	55.05
4 42	"	r	13.87	42	20.13	3 40	"	r	*61.85		
5 42	"	r	12.82	12	21.57	6 40	"	r	55.25	8 25	53.71
6 42	"	l	9 23.26			7 40	"	r	55.29	25	54.00
8 42	"	l	19.33			9 10	"	l	89 48 53.13		
9 42	"	l	17.38			10 10	"	l	52.58		
						10 40	"	l	52.52		
11 12	Wr	l	17.53	13 27	21.17	11 10	"	l	51.60	13 40	54.24
12 12	"	l	20.42	27	12.69	12 10	"	l	49.31	40	52.93
12 42	"	l	20.50	12	14.55	13 10	"	l	51.08	55	54.17
13 42	"	r	10 61.52			14 40	"	r	90 0 57.68		
14 42	"	r	57.89			15 10	"	r	56.97		
15 42	"	r	57.75			16 10	"	r	57.10		
16 42	"	r	58.67	19 42	13.80	17 10	"	r	56.67	19 40	53.25
17 42	"	r	60.13	42	14.23	18 10	"	r	51.32	40	50.19
18 42	"	r	61.77	27	13.62	19 10	"	r	51.20	40	47.99
20 12	"	l	9 22.40			20 10	"	l	89 48 45.20		
21 42	"	l	22.26			21 10	"	l	49.48		
22 42	"	l	21.86			22 10	"	l	50.05		
23 42	"	l	*23.72								

Neuwerk: Mittlere Zeit Neuwerk	Beobachter	Lage des Fernrohrs	Einzelne Zenitdistanzen von Kugelbake	Mittel aus beiden Lagen + Reduktionen: mittlere Zeit Neuwerk	Mittel aus beiden Lagen + Reduktionen: Kugelbake	Kugelbake: Mittlere Zeit Neuwerk	Beobachter	Lage des Fernrohrs	Einzelne Zenitdistanzen von Neuwerk	Mittel aus beiden Lagen + Reduktionen: mittlere Zeit Neuwerk	Mittel aus beiden Lagen + Reduktionen: Neuwerk
						1ʰ 23ᵐ 10ˢ	W	l	89° 48′ 48″.83	1ʰ 25ᵐ 40ˢ	89° 54′ 52″.63
						24 10	"	l	49.10	40	52.96
						24 40	"	l	50.23	25	53.63
						26 10	"	r	90 0 57.44		
						27 10	"	r	57.24		
						28 10	"	r	56.85		
1ʰ 56ᵐ 42ˢ	H	r	90° 11′ 10″.59	1ʰ 59ᵐ 12ˢ	90° 10′ 22″.76	54 10	"	r	61.60	56 40	61.07
57 42	"	r	10.48	12	23.21	55 10	"	r	62.28	40	61.56
58 42	"	r	14.14	12	25.57	56 10	"	r	60.37	40	58.79
59 42	"	l	9 29.93			57 10	"	l	89 48 57.63		
2 0 42	"	l	28.93			58 10	"	l	61.25		
1 42	"	l	27.87			59 10	"	l	60.95		
2 42	"	l	27.14	2 4 42	21.03	59 40	"	l	61.15	2 1 55	60.28
3 12	"	l	23.77	27	20.17	2 0 40	"	l	62.23	55	59.37
3 42	"	l	24.62	27	22.11	1 10	"	l	61.38	40	59.98
5 12	"	r	11 10.33			2 10	"	r	90 0 59.00		
5 42	"	r	9.50			3 10	"	r	56.92		
6 42	"	r	7.86			4 10	"	r	59.82		
						5 10	"	r	59.89	7 40	57.51
						6 10	"	r	57.07	55	55.79
						7 10	"	r	57.02	40	56.23
8 42	W'r	r	8.18			8 10	"	l	89 48 55.85		
9 42	"	r	7.41			9 40	"	l	54.93		
						10 10	"	l	55.55		
						11 10	"	l	56.72	13 40	56.73
						12 10	"	l	56.32	40	55.89
						13 10	"	l	55.47	40	54.96
						14 10	"	r	90 0 56.87		
						15 10	"	r	55.87		
						16 10	"	r	57.15		
						21 10	"	r	57.20	23 40	57.98
						22 40	"	r	59.50	25	58.83
24 42	"	r	14.73	25 27	28.21	22 40	"	r	58.80	25	55.81
26 12	"	l	9 34.62			24 10	"	l	89 48 53.23		
26 42	"	l	*35.88			25 10	"	l	59.08		
27 42	"	l	*34.80			26 10	"	l	59.18		
28 42	"	l	36.60	30 57	31.06	26 40	"	l	59.10	29 25	55 1.19
29 12	"	l	37.27	42	31.99	27 40	"	l	59.00	25	2.81
29 42	"	l	38.15	42	33.27	28 40	"	l	62.42	25	4.26
31 42	"	r	11 21.38			30 10	"	r	90 1 6.52		
32 12	"	r	19.65			31 10	"	r	7.03		
33 12	"	r	20.46			32 10	"	r	3.70		
37 42	B	r	23.58			35 10	"	r	5.87	37 00	6.03
38 42	"	r	26.28			38 10	"	r	4.05	39 55	5.64
						39 10	"	r	5.75	55	6.47
						40 40	"	l	89 49 7.60		
						41 40	"	l	7.65		
						42 10	"	l	6.60		

Neuwerk.						Kugelbake.					
Mittlere Zeit Neuwerk	Beobachter	Lage des Fernrohrs	Einzelne Zenitdistanzen von Kugelbake	Mittel aus beiden Lagen + Reduktionen: mittlere Zeit Neuwerk	Mittel aus beiden Lagen + Reduktionen: Kugelbake	Mittlere Zeit Neuwerk	Beobachter	Lage des Fernrohrs	Einzelne Zenitdistanzen von Neuwerk	Mittel aus beiden Lagen + Reduktionen: mittlere Zeit Neuwerk	Mittel aus beiden Lagen + Reduktionen: Neuwerk
						2h 43m 10s	W	l	89°49' 7".48	2h 46m 10s	89°55' 7".07
						44 10	"	l	4.10	10	6.64
						45 10	"	l	5.26	10	7.25
						47 10	"	r	90 1 9.65		
						48 10	"	r	9.62		
						49 10	"	r	7.07		
						51 10	"	r	6.08	55 10	5.21
						53 10	"	r	7.78	56 40	6.04
2h 54m 42s	B	r	90°12' 27".79	2h 55m 12s	90°10' 38".06	55 40	"	r	9.02	25	4.30
55 42	"	l	9 41.26			57 10	"	l	89 49 0.01		
56 42	"	l	*41.67			58 10	"	l	4.71		
57 42	"	l	*42.59			59 10	"	l	4.75		
58 42	"	l	41.12	3 0 42	36.88	3 0 10	"	l	4.00	3 2 25	6.12
59 12	"	l	40.36	42	36.90	0 40	"	l	4.03	25	5.19
59 42	"	l	40.85	12	38.95	1 10	"	l	5.42	1 55	8.56
3 0 42	"	r	11 29.98			2 40	"	r	90 2 12.12		
2 12	"	r	26.38			4 10	"	r	6.77		
2 42	"	r	25.58			4 40	"	r	8.65		
3 42	Wr	r	26.34	8 42	38.89	6 10	"	r	10.15	10 40	6.38
5 42	"	r	23.81	9 27	37.17	11 10	"	r	8.99	12 40	3.81
10 42	"	r	24.78	11 57	36.68	12 10	"	r	3.97	40	1.44
12 12	"	l	9 41.51			13 10	"	l	89 49 −0.67		
13 12	"	l	43.46			14 10	"	l	5.65		
13 42	"	l	44.18			15 10	"	l	3.03		
14 42	"	l	*42.88			16 10	"	l	1.75	18 40	6.14
15 42	"	l	*44.39			17 10	"	l	2.42	40	6.78
18 12	"	l	45.50	18 42	42.16	18 10	"	l	4.00	40	7.59
19 12	"	r	11 31.75			19 10	"	r	90 1 12.60		
						20 10	"	r	11.55		
						21 10	"	r	10.94		
31 42	"	r	*32.44								
32 42	"	r	*34.58								
34 12	"	r	36.58	34 57	46.52						
35 42	"	l	9 49.45								
43 42	B	l	49.18	45 42	47.84	37 10	"	r	14.43	41 10	11.24
44 12	"	l	52.33	57	48.78	38 10	"	r	19.31	10	14.06
44 42	"	l	51.66	12	47.69	40 10	"	r	17.88	40	11.79
45 42	"	r	11 36.66			43 10	"	l	89 49 6.12		
46 42	"	r	38.17			44 10	"	l	9.22		
47 42	"	r	39.49			45 10	"	l	8.47		
48 12	"	r	38.76	50 12	48.65	46 10	"	l	10.07	48 40	11.49
48 42	"	r	38.63	12	48.07	47 10	"	l	9.95	40	9.33
49 42	"	r	38.14	12	48.38	48 10	"	l	9.98	40	11.63
50 42	"	l	9 51.55			49 10	"	r	90 2 13.69		
51 42	"	l	50.45			50 10	"	r	9.13		
52 12	"	l	51.47			51 10	"	r	13.33		

Neuwerk.

Mittlere Zeit Neuwerk	Beobachter	Lage des Fernrohrs	Einzelne Zenitdistanzen von Kugelbake	Mittel aus beiden Lagen + Reduktionen: mittlere Zeit Neuwerk	Mittel aus beiden Lagen + Reduktionen: Kugelbake
3h 55m 42s	Wr	l	90° 9′ 51″.60	3h 57m 12s	90° 10′ 47″.87
56 42	"	l	50.29	58 12	47.76
57 42	"	l	51.22	12	48.09
58 42	"	r	11 37.90		
59 42	"	r	38.27		
4 0 42	"	r	37.07		
1 12	"	r	37.72	4 3 57	46.99
1 42	"	r	37.24	42	47.39
2 12	"	r	39.03	27	48.31
3 12	"	r	37.56	42	47.42
4 12	"	l	9 50.22		
4 42	"	l	50.53		
5 42	"	l	50.58		
6 42	"	l	49.10		
7 12	B	l	49.74	10 27	46.86
8 12	"	l	49.31	12	46.79
9 42	"	l	50.36	27	48.21
11 12	"	r	11 38.99		
12 12	"	r	37.20		
13 42	"	r	36.91		
14 42	"	r	38.91	17 12	47.34
15 42	"	r	36.81	12	46.63
16 42	"	r	37.34	12	48.09
17 42	"	l	9 51.58		
18 42	"	l	49.39		
19 42	"	l	48.71		
20 42	Wr	l	48.18	23 27	45.29
21 42	"	l	49.58	42	45.74
22 42	"	l	49.65	42	45.63
24 42	"	r	12 34.79		
25 42	"	r	34.84		
26 12	"	r	35.24		
27 12	"	r	35.59		
28 12	"	r	33.08		
29 12	"	r	34.32		

Kugelbake.

Mittlere Zeit Neuwerk	Beobachter	Lage des Fernrohrs	Einzelne Zenitdistanzen von Neuwerk	Mittel aus beiden Lagen + Reduktionen: mittlere Zeit Neuwerk	Mittel aus beiden Lagen + Reduktionen: Neuwerk
3h 52m 10s	W	r	90° 1′ 12″.93	3h 55m 40s	89° 55′ 9″.56
54 10	"	r	12.95	56 10	8.65
55 10	"	r	10.25	10	8.97
57 10	"	l	89 49 8.11		
58 10	"	l	4.76		
59 10	"	l	6.61		
4 0 10	"	l	6.40	4 2 40	10.08
1 10	"	l	5.55	40	9.78
2 10	"	l	5.83	40	9.63
3 10	"	r	90 1 13.85		
4 10	"	r	14.42		
5 10	"	r	14.18		
6 10	"	r	13.15	8 55	10.54
7 10	"	r	13.58	55	10.88
8 10	"	r	14.02	40	11.30
9 10	"	l	89 49 11.00		
10 40	"	l	8.65		
11 40	"	l	8.35		
12 10	"	l	10.08	14 40	10.73
13 10	"	l	8.55	40	9.52
14 10	"	l	8.07	40	8.83
15 10	"	r	90 1 10.00		
16 10	"	r	10.90		
17 10	"	r	11.80		

September 7.

Mittlere Zeit Neuwerk	Beobachter	Lage des Fernrohrs	Einzelne Zenitdistanzen von Kugelbake	Mittel: mittlere Zeit Neuwerk	Mittel: Kugelbake
10h 18m 36s	Wr	r	90° 11′ 33″.72	10h 23m 6s	90° 10′ 43″.82
20 36	"	r	32.95	22 51	43.52
22 36	"	r	33.92	23 21	42.76
24 6	"	l	9 44.53		
25 6	"	l	47.03		
27 36	"	l	46.85		
28 6	"	l	47.77	30 51	45.27
28 36	"	l	46.23	36	44.36
30 36	"	l	48.99	31 6	44.72
31 36	"	r	12 33.36		
32 36	"	r	35.42		
33 36	"	r	35.52		

Mittlere Zeit Neuwerk	Beobachter	Lage des Fernrohrs	Einzelne Zenitdistanzen von Neuwerk	Mittel: mittlere Zeit Neuwerk	Mittel: Neuwerk
10h 18m 10s	W	r	89° 59′ 26″.90	10h 21m 40s	89° 55′ 10″.03
20 10	"	r	28.45	22 10	10.77
22 10	"	r	28.97	10	11.45
23 10	"	l	50 54.35		
24 10	"	l	55.30		
25 10	"	l	55.57		
28 10	"	l	54.46	36 10	12.89
29 10	"	l	54.63	10	12.48
29 40	"	l	56.06	32 55	12.45
36 10	"	r	59 27.25		
43 10	"	r	28.74		
44 10	"	r	29.73		

Mittlere Zeit Neuwerk	Beobachter	Lage des Fernrohrs	Neuwerk. Einzelne Zenitdistanzen von Kugelbake	Neuwerk. Mittel aus beiden Lagen + Reduktionen: mittlere Zeit Neuwerk	Neuwerk. Mittel aus beiden Lagen + Reduktionen: Kugelbake	Mittlere Zeit Neuwerk	Beobachter	Lage des Fernrohrs	Kugelbake. Einzelne Zenitdistanzen von Neuwerk	Kugelbake. Mittel aus beiden Lagen + Reduktionen: mittlere Zeit Neuwerk	Kugelbake. Mittel aus beiden Lagen + Reduktionen: Neuwerk
10h 34m 6s	B	r	90° 11′ 34″.41	10h 37m 21s	90° 10′ 43″.40						
35 6	"	r	35.12	36	44.93						
35 36	"	r	35.16	21	44.57						
39 6	"	l	9 48.91								
40 6	"	l	47.67								
40 36	"	l	45.32								
41 36	"	l	45.86	44 36	43.11						
42 36	"	l	45.01	36	42.82						
43 6	"	l	45.77	21	44.63						
45 36	"	r	11 36.11								
46 36	"	r	33.57								
47 36	"	r	33.29								
48 36	Wr	r	32.19	50 51	42.41	10h 46m 10s	W	r	89° 59′ 28″.32	10h 49m 40s	89° 55′ 9″.41
49 36	"	r	33.55	51	42.54	47 10	"	r	26.95	40	9.16
50 6	"	r	31.70	51	42.28	48 10	"	r	24.80	40	6.15
51 36	"	l	9 46.00			51 10	"	l	50 47.91		
52 6	"	l	44.47			52 10	"	l	51.78		
53 6	"	l	43.57			53 10	"	l	50.92		
53 36	"	l	44.67	55 36	40.85	54 10	"	l	48.13	58 10	6.57
54 36	"	l	44.67	51	40.77	55 10	"	l	49.25	10	6.21
55 6	"	l	42.18	36	38.18	56 10	"	l	49.81	57 40	5.00
56 6	"	r	11 27.02			59 10	"	r	59 20.60		
57 6	"	r	29.80			11 1 10	"	r	23.58		
57 36	"	r	29.96			2 10	"	r	25.42		
59 36	B	r	31.12	11 1 51	39.03						
11 0 6	"	r	29.06	51	39.08						
0 36	"	r	29.18	21	39.62						
2 6	"	l	9 43.00								
3 36	"	l	42.04								
4 6	"	l	39.87								
4 36	"	l	40.29	7 6	37.46	3 10	"	r	25.92	11 5 40	6.36
5 36	"	l	38.99	6	37.68	4 10	"	r	22.35	40	4.21
6 36	"	l	40.08	6	37.63	5 10	"	r	21.47	40	3.61
7 36	"	r	11 28.22			6 10	"	l	50 46.18		
8 36	"	r	29.29			7 10	"	l	46.48		
9 36	"	r	27.56			8 10	"	l	47.21		
10 36	Wr	r	27.21	12 21	37.36	9 10	"	l	47.03	11 25	3.96
11 6	"	r	27.92	21	38.52	9 40	"	l	46.40	10	4.18
11 36	"	r	28.31	6	38.38	10 10	"	l	46.45	10 55	4.36
12 36	"	l	9 41.17			11 40	"	r	59 22.68		
13 36	"	l	42.06			12 40	"	r	22.38		
14 6	"	l	40.44			13 40	"	r	21.69		
14 36	"	l	41.80	17 6	36.10	14 10	"	r	18.65	17 10	0.96
15 36	"	l	41.42	6	37.39	15 10	"	r	19.27	10	1.00
16 6	"	l	41.10	16 51	36.21	16 10	"	r	19.87	16 55	2.39
17 36	"	r	11 24.26			17 40	"	l	50 45.33		
18 36	"	r	26.29			19 10	"	l	43.25		
19 36	"	r	23.34			20 10	"	l	43.68		

Neuwerk.

Mittlere Zeit Neuwerk	Beobachter	Lage des Fernrohrs	Einzelne Zenitdistanzen von Kugelbake	Mittel aus beiden Lagen + Reduktionen: mittlere Zeit Neuwerk	Mittel aus beiden Lagen + Reduktionen: Kugelbake
11h 20m 36s	B	r	90° 11′ 24″.33	11h 24m 36s	90° 10′ 29″.54
22 6	,,	r	24.36	51	29.95
23 36	,,	r	25.13	36	31.91
25 36	,,	l	9 31.62		
27 36	,,	l	28.47		
28 36	,,	l	27.68		
30 6	,,	l	30.56	30 51	27.31
31 36	,,	r	11 16.99		
12 7 36	Wr	r	*15.94		
9 36	,,	r	14.09	12 12 36	19.22
10 36	,,	r	8.34	36	16.80
11 36	,,	r	9.93	21	17.20
13 6	,,	l	9 17.41		
14 36	,,	l	18.19		
15 36	,,	l	17.28		
16 36	,,	l	15.40	25 36	16.29
17 36	,,	l	13.54	22 51	11.24
23 36	,,	l	25.53	24 6	11.44
24 36	,,	r	11 0.28		
28 6	,,	r	1.88		
34 36	,,	r	10.22		
35 36	B	r	11.45	38 6	23.69
37 36	,,	r	10.62	51	22.44
38 36	,,	r	13.27	39 6	23.01
39 36	,,	l	9 25.88		
40 6	,,	l	25.21		
40 36	,,	l	28.86		
41 36	,,	l	27.35	45 6	26.18
44 36	,,	l	30.31	46 6	27.72
45 36	,,	l	29.66	6	26.45
46 36	,,	r	11 16.18		
47 36	,,	r	18.07		
48 36	,,	r	17.94		
49 36	Wr	r	26.99	52 6	26.64
50 6	,,	r	20.63	51 21	27.57
50 36	,,	r	19.23	6	28.00
51 36	,,	l	9 19.70		
52 36	,,	l	17.44		
54 36	,,	l	29.22		

Kugelbake.

Mittlere Zeit Neuwerk	Beobachter	Lage des Fernrohrs	Einzelne Zenitdistanzen von Neuwerk	Mittel aus beiden Lagen + Reduktionen: mittlere Zeit Neuwerk	Mittel aus beiden Lagen + Reduktionen: Neuwerk
11h 20m 40s	W′	l	89° 50′ 43″.88	11h 23m 55s	89° 54′ 55″.25
22 10	,,	l	44.91	24 10	56.91
23 10	,,	l	44.93	10	56.63
25 10	,,	r	59 8.75		
26 10	,,	r	9.37		
27 10	,,	r	7.03		
12 5 10	,,	r	2.47	12 8 10	46.84
7 10	,,	r	4.89	40	47.92
8 10	,,	r	5.48	40	49.19
9 10	,,	l	50 33.38		
10 10	,,	l	32.37		
11 10	,,	l	31.63		
14 10	,,	l	30.46	19 40	45.56
15 10	,,	l	30.80	18 40	47.48
17 10	,,	l	31.10	17 40	49.85
18 10	,,	r	57 9.02		
22 10	,,	r	4.57		
25 10	,,	r	1.08		
26 10	,,	r	2.45	30 10	44.32
28 10	,,	r	−0.23	40	42.30
29 10	,,	r	2.82	10	42.22
31 10	,,	l	50 22.82		
33 10	,,	l	25.05		
34 10	,,	l	26.60		
35 10	,,	l	26.93	39 40	46.35
39 10	,,	l	29.60	41 10	48.35
39 40	,,	l	27.83	40 25	48.38
41 10	,,	r	59 9.34		
43 10	,,	r	7.32		
44 10	,,	r	6.19		
45 10	,,	r	4.39	48 10	48.22
46 10	,,	r	4.87	10	47.89
47 10	,,	r	8.79	10	48.82
49 10	,,	l	50 29.27		
50 10	,,	l	32.33		
51 10	,,	l	32.46		

Neuwerk.

Mittlere Zeit Neuwerk	Beobachter	Lage des Fernrohrs	Einzelne Zenitdistanzen von Kugelbake	Mittel aus beiden Lagen + Reduktionen: mittlere Zeit Neuwerk	Mittel aus beiden Lagen + Reduktionen: Kugelbake
12h 55m 36s	Wr	l	90° 9′ 27″.86	12h 57m 51s	90° 10′ 26″.29
56 36	"	l	34.00	58 6	30.59
57 6	"	l	32.10	57 51	29.28
58 36	"	r	11 19.39		
59 36	"	r	20.12		
1 0 6	"	r	17.65		
0 36	R	r	20.92	1 3 6	28.15
1 36	"	r	21.37	6	28.49
2 36	"	r	21.61	6	26.19
3 36	"	l	9 23.71		
4 36	"	l	28.55		
5 36	"	l	28.31		
6 36	"	l	27.43	8 36	21.70
7 6	"	l	27.33	21	22.76
7 36	"	l	29.21	6	27.26
8 36	"	r	11 18.21		
9 36	"	r	11.12		
10 36	"	r	8.91		
11 6	Wr	r	13.24	13 6	21.51
12 6	"	r	15.21	21	22.38
12 36	"	r	18.84	6	19.92
13 36	"	l	9 19.93		
14 36	"	l	20.49		
15 6	"	l	22.81		
15 36	"	l	23.76	17 36	18.59
16 36	"	l	26.00	51	21.41
17 6	"	l	25.12	36	23.56
18 6	"	r	11 14.93		
19 6	"	r	9.75		
19 36	"	r	6.36		
20 36	R	r	6.97	25 6	22.81
22 6	"	r	7.32	21	20.40
23 6	"	r	10.60	21	21.69
24 6	"	r	17.42	21	25.58
26 36	"	l	9 26.67		
27 36	"	l	25.72		
28 36	"	l	26.42		
29 36	"	l	29.59		
2 12 6	Wr	l	18.02		

Kugelbake.

Mittlere Zeit Neuwerk	Beobachter	Lage des Fernrohrs	Einzelne Zenitdistanzen von Neuwerk	Mittel aus beiden Lagen + Reduktionen: mittlere Zeit Neuwerk	Mittel aus beiden Lagen + Reduktionen: Neuwerk
12h 52m 10s	W	l	89° 50′ 31″.23	12h 55m 10s	89° 54′ 51″.27
53 10	"	l	31.67	10	49.52
54 10	"	l	30.62	54 40	50.02
55 10	"	r	59 9.84		
57 10	"	r	7.77		
58 10	"	r	11.72		
59 10	"	r	7.03	1 1 40	50.42
1 0 10	"	r	6.79	55	50.85
1 10	"	r	8.72	40	49.82
2 10	"	l	50 31.33		
3 40	"	l	35.33		
4 20	"	l	34.23		
5 20	"	l	34.36	7 55	49.95
6 10	"	l	37.98	55	54.19
7 10	"	l	36.26	55	53.62
8 40	"	r	59 11.40		
9 40	"	r	10.82		
10 40	"	r	5.95		
11 40	"	r	7.10	14 25	51.59
12 40	"	r	9.68	25	52.79
14 20	"	r	9.43	40	51.55
15 10	"	l	50 34.08		
16 10	"	l	36.32		
17 10	"	l	36.50		
18 10	"	l	33.81	20 40	49.86
19 10	"	l	32.00	40	50.64
20 10	"	l	33.97	40	52.90
21 10	"	r	59 10.25		
22 10	"	r	9.69		
23 10	"	r	6.32		

VERSCHIEDENE TABELLEN.

Bemerkungen über die Güte der Bilder.

1888		Schillig.		Wangeroog.		zu Seite
Juli	22			5h 22m—34m	R.H sehr schwach.	3
„	24			10 42 —46	R.H sehr schlecht.	4
				10 47	„ etwas besser.	
		5h 55m	R.H im Verbleichen Schatten.			
				6 44 —49	R.M unsicher.	6
				7 7 — 8	R.H schlecht.	
				7 11	R.M hell leuchten.	
Aug.	19	2 39	W.H sehr matt und springend.	2 20	R.M undeutlich.	8
				2 41	„ unsicher.	
		3 2— 3	W.M sehr verwasch.	2 53	„ undeutlich.	9
Juli	26	5 38 bis 6 51	oftmals Schatten.	5 37 —42	R.M undeutlich.	12
Aug.	9			9 44 —46	R.H sehr unruhig.	13
				10 14	„ „ „	
		10 22—23	R.H sehr schwach.	10 25	„ schlecht.	
		10 37—40	„ sehr springend.	10 44	„ sehr unruhig.	14
		10 52	„ „ „	11 14 —18	„ „ „	
		10 59	W.H „ „	11 28	N.H länglich.	
		3 7—10	W.H sehr springend.			15
„	10	10 9—11	R.H spring., verw.	10 18	R.H s. schwach und unsicher.	20
		10 15	W.H schwankend.			
		10 45	R.H spring. u. verw.	10 50	R.H ruhig.	21
		10 53 bis 11 19	viel Schatten.			
Juli	31	6 1—58	oftmals Schatten.			22
Aug.	5			5 17	R.M dunkel.	24
				10 37	N.H sehr unruhig.	26
				10 39	„ „ schwach.	
				11 4	„ „ unruhig.	27
Sept.	8	10 30	W.H sehr unruhig.	10 17 —22	R.M unsicher.	34
		10 46—51	R.M undeutlich.			
		2 31—32	R.M unsicher.			
		2 55	„ sehr schlecht.			35
		3 20—22	„ dergl.			
		5 27—32	„ hell leuchten.			
		5 41—42	„ dunkel.			36
		5 44	„ hell.			
		5 45	„ dunkel.			
		5 54	„ leuchtenden.			
		6 3	„ dergl.			
		6 17	„ dunkel.			
„	10			10 28 —59	viel Schatten.	37
		2 48—51	R.M unsicher.			
		2 54	W.T undeutlich.			
„	12	10 5— 9	R.M unsicher.			38
		10 32	„ „			39
		10 40	„ „			
		10 55—58	„ „			
		2 6— 8	R.M kaum einstellb.			
		2 31—33	„ noch schlechter.			40

1888		Schillig.		Wangeroog.		zu Seite
Sept.	12	3h 4m	R.M etwas besser			40
		6 25	„ sehr dunkel.			41
„	13	6 1	R.H ?			42
		12 6	„ sehr unruhig(?)	11h 43m	R.H ?	44
		12 39	W.H ?			45
„	14	6 36	W.H sehr unruhig.	6 35—39	S.H schwankt langsam hin u. her.	48
		6 40	R.H „ „			
		7 43	„ unbrauchbar.			49
				11 16	R.H sehr springend.	50
				11 31	„ „ diffus u. springend.	
„	20	6 13	R.M unsicher.			53
		7 6	„ kaum zu sehen.			54
„	27			10 59 bis 11 1	S.H unruhig und flackernd	71
		12 39	W.H ?			73
		5 14	„ ?			75
Aug.	25			10 58	J.H unruhig u. flack.	86
„	26	6 23	J.H sehr wallend.			88
„	27	2 29	„ verw. u. schw.; dann oft Schatt.			
„	13	10 12	J.H sehr schwach u. springend			90
„	16	10 31	L.H sehr bewegt.			91
				10 54	J.H unruhig u. verwaschen.	93
„	25			6 36—37	L.H schlecht.	94
„	31	3 4	J.H ?	3 1 bis 3 36	oft Schatten.	101
		3 12	L.H ?			
„	20			10 51	R.H sehr unruhig.	113
				11 18—19	„ „ „ u. verwaschen.	
				11 27	„ sehr unruhig.	
„	21			3 23	N.L ?	117
„	24	10 7	W.H sehr unruhig u. springend.	10 0	R.H unruhig.	119
		10 19	W.H sehr spring.	10 3	„ springend.	
		10 40	„ sehr grau u. verwaschen	10 26	„ verw. u. unruh.	
		10 53	W.H sehr flatternd, auf u. nieder.			120
		2 10	R.H sehr springend. Den ganzen Tag sehr unruhige Bilder.	2 14	S.H schlecht.	
				2 28	„ wallend.	
				2 43	R.H sehr unruhig.	121
Sept.	18	6 43	R.M ?			127
		10 19	W.H ?	10 15	R.H sehr schwach u. springend.	128
				2 4—25	Lichter unruhig und springend.	129
		5 47	H.H ?			131
„	19	2 23	W.L ?			132
		2 42	W.L ?			133

1878		Helgoland.		Neuwerk.		Wangeroog.
Aug. 6				*W.* nur in grossen Pausen kurze Zeit sichtbar, fast nie ein Kern.	12h 40m—42m	*N.* verschwommen, gross.
					1 6	„ sehr springend.
					1 54	„ sehr schlecht.
„ 8			5h 15m	*W.* nur von oben aus sichtbar.		
	9h 37m bis 1 54	*N.* und *W.* sehr unruhig, schwach und zuweilen verschwindend, später verwaschen, zuletzt ganz verschwommen.	9 37	„ planetenartig.	10 4	*N.* springend.
					10 46	„ desgl.
					10 50	„ sehr springend.
					10 58	„ ausserordentlich stark springend.
			11 13	„ beginnt unruhig zu werden, nicht mehr scheibenförmig, aber noch mit Kern.	11 31	„ sehr schwach.
					11 34	„ „ springend.
					12 18	„ desgl.
					12 35	*H.* sehr schwach.
					12 40	„ sehr springend.
					12 52 bis 1 4	*H.* meist sehr schwach und springend.
			1 37	„ sehr verwaschen und unruhig.	1 33	*H.* besser.
			2 45	„ verschwindet i. Dunst.		
„ 9					12 38—46	*H.* sehr schwach u. spring.
					12 49 u. 51	*N.* sehr springend.
	1 —	*W.* sehr unruh. u. schwach	1 25	*W.* flackernd und unruhig, bleibt dann aus.		
	1 3	„ scharf, aber unruhig.				
	1 13 bis 2 0	*N.* nicht ganz scharf, sehr unruhig, später verschwunden.				
	2 32 bis 3 37	*W.* unruhig, zuweilen verschwindend; darnach unruhig u. schwach.				
„ 10					12 45—47	*N.* sehr schwach, gross u. verwaschen, springend.
					12 54	„ sehr schwankend und springend.
			1 23	*W.* matt, weil Himmel schwach bedeckt.	1 0—3	„ sehr schwer einstellbar.
					1 22	„ sehr schwach.
			1 42	„ sehr unruhig.	2 42—45	„ verwaschen, springend, schwer einstellbar.
			2 29	„ sehr verschwommen.		
			2 50	„ tanzend.	3 15—47	„ sehr verwaschen, fack., schwankend.
			3 17	„ gut.		
			3 52	„ matt u. unruhig, bleibt aus.		
„ 12					10 43	*N.* springend.
					10 47	*H.* desgl.
					11 8	*N.* sehr schwach.
„ 15			3 —	*W.* nur von oben aus sichtb.		
	10 9—40	*W.* sternartig, schwach, etwas unruhig.			10 42	*H.* gut.
	10 45	„ heller.			11 3	*N.* *doppelt*, das obere Licht eingestellt.*)

*) In einem besonderen, von Prof. Fresen geführten Tagebuch steht noch folgendes: „Am 15. August erschien das Licht von Neuwerk im vertikalen Sinne furchtbar lang gezogen, mit 2 hellen Punkten; es ging bedeutend über die Fäden hinaus. Später zeigten sich 2 Lichter, von denen das eine das direkte, das andere der Reflex vom Wasser war. Dieser Reflex zeigte sich sonst immer namentlich nachmittags zwischen 2 und 4 Uhr. Da waren aber beide Lichter weit auseinander; hier aber gingen sie in einander über. Es war beim Eintreten des Hochwassers."

Die Fadendistanz ist bei den drei grösseren Instrumenten nahezu gleich demselben Betrag von 0,5.

1878		Helgoland.		Neuwerk.		Wangeroog.	
Aug.	15	11h 13m—43m	W. scharf, sternförm., sehr hell, etwas unruhig.			11h 8m	N. schwach.
						11 25—27	H. sehr springend.
						11 31	N. desgl.
						12 28	H. gut, aber springend.
						12 34	N. gut.
		1 1	N. flackernd, ausgezogen, Mitte eingestellt.	1h 8m	W. voll, koncentr. Ringe, im Horizont.		
		1 7	„ *doppelt*, unteres Bild eingestellt.*)	1 27	„ farbig, voll.		
				1 30	„ blass und klein; hebt sich mehr u. mehr vom Horizont ab, obwohl Wasser steigt.		
		1 16	„ einfach, sehr schwach.				
		1 18	„ besser.				
		1 25	„ gut, etwas schwankend.				
		3 17	W. sternartig, schwach, etwas unruhig.			3 0	H. sehr schwach.
						3 6	N. stark springend.
		3 24	N. sternförmig, etwas unruhig.			3 34	H. sehr schön.
						4 1	N. sehr schwach.
„	16	11 —	N. gut, Horizont sehr klar.				
						12 30	N. sehr springend, schwach.
„	18	1 —	W. unruhig, schwach, verschwindend.				
		1 1	N. unruhig, schwach.				
		2 46	„ sehr schwankend.				
		2 55	„ fackelnd, schwach.			2 40	H. sehr schwach.
						2 47 bis 3 58	N. meist stark springend.
„	19		N. verwaschen, unsicher, verschwindend.			10 21	N. *doppelt*, das obere Licht eingestellt.
		10 26	W. unruhig, aber scharf.			10 58	H. sehr schwach.
		10 40	„ flammig.				
				11 8	W. sehr unruhig, flackernd, nach oben in Fadendistanz ausgezogen.		
				12 11	„ rundet sich mehr und mehr.		
						11 24	N. sehr schwach.
						12 41	„ stark springend.
		12 50	„ unruhig, verwaschen.				
						1 3	H. sehr schwach.
						1 15	N. beide Bilder beisammen, daher ein sehr langes Bild, sehr schwach.
						2 23	H. verwaschen.
						2 31	N. langgestreckt und verwaschen.
		2 48 bis 4 1	„ zerflossen, schwank.				
„	20	10 37 bis 3 —	W. wiederholt flammig, zerflossen, flackernd.			10 29	H. gross und verwaschen.
						10 56	„ sehr spring., fackelnd.
						11 7—32	„ wiederholt sehr schw., verwaschen, spring.
						12 41—56	„ springend, z. T. gross u. verwaschen.
						1 4	„ sehr gross u. fackelnd.

*) Es ist wohl das *wirkliche* untere Bild gemeint, da im Beobachtungsbuch noch vermerkt ist: „wahrscheinlich Spiegelung" und hierbei wohl an eine solche durch den Meeresspiegel gedacht wurde.

1878		Helgoland		Neuwerk		Wangeroog	
Aug.	20					$1^h\ 22^m$	*H.* sehr lang.
						1 53	„ fackelnd, verwaschen.
						1 56	„ schlechte Bilder.
						2 24—42	„ sehr lange Bilder, springend, später *doppelt*.
„	21					10 51	*N.* sehr lang gestreckt, berührt beinahe *das refl. Bild*.
						11 3	„ sehr gross, verwaschen, fackelnd, sehr spring.
						11 5	„ besser, aber stark springend. Darnach nicht mehr einstellbar; später kein Licht.
		$12^h\ 51^m$	*W.* fackelnd } meist sehr hell u. mit blossem Auge sichtbar.				
		1 37	„ sehr schwach				
		2 49	„ zerflossen				
		3 13	„ schwach.			3 4	*H.* lang, über die Fäden springend.
		3 50 bis 4 11	„ desgl.				
„	22	10 32—47	*W.* schwach.	$10^h\ 15^m$	*H.* gross, aber fest.	10 16	*N.* lang.
		10 52	„ sehr unruhig, diffus	10 54	„ matt.	10 26	*H.* sehr schwach u. spring.
						10 32	„ gut.
		11 3	„ ebenso, sehr hell; später immer etwas zerflossen.				
		11 14 bis 3 49	*N.* immer eine zerflossene Masse, grösser als das Fadenintervall, kaum einstellbar.	10 59 bis 1 53	*W.* *doppelt*; in den Tabellen das Hauptbild*) angegeben.	11 13	*H.* sehr springend.
						12 19—20	*H.* desgl.
						12 42	*N.* sehr gross.
						1 6	„ sehr lang u. gross.
						1 21	„ lang.
				1 37	*W.* matt.		
				2 34	„ beide Bilder nicht mehr zu trennen.		
						2 52 bis 4 5	*N.* sehr lang, etwa 1′; vielleicht war das *direkte Licht mit seinem Reflex verschwommen*.
„	23	10 24	*N.* verwaschen, schwach.	10 2	*H.* matt.		Bilder meist gut, aber wegen Sturm Niveauschwankungen bis zu 3″.
		10 29	*W.* zerflossen, unruhig, schwach.	10 6—12	*W.* *doppelt* **), Hauptbild tanzt.		
		10 44—49	*N.* hohe Flamme (*doppelt?*)	10 30	„ ist nunmehr auch vom untern Stand (A. P.) zu sehen und erscheint hier bis $10^h\ 50^m$ *doppelt*, von wo ab die Nebenbilder verschwind.***)		

*) Das Nebenbild von Wangeroog wurde von 11^h bis 2^h fortlaufend beobachtet (Stand oben) und hatte gegen das Hauptbild folgende Durchschnittswerte von Δz:

$11^h\ 0^m$	$11^h\ 4^m$	11^h [illegible]	12^h [illegible]	$12^h\ 47^m$	1^h [illegible]	1^h [illegible]
+ [illegible]	+ 44″.9	+ [illegible]	+ [illegible]	+ 41″.2	+ [illegible]	+ [illegible]

**) Das Nebenbild hatte (auf dem oberen Stand) um $10^h\ 7^m$—11^m Δz = + [illegible].

***) Das Nebenbild hatte (auf dem unteren Stand) um $10^h\ 32^m$—44^m Δz = + [illegible].

1878		Helgoland.		Neuwerk.		Wangeroog.	
Aug.	23			10ʰ46ᵐ u. 50ᵐ	*H.* ist für den oberen Stand langgestreckt auf Fadendistanz; Mitte eingestellt.		
				10 52 u. später	„ oberer Stand: *doppelt.**)		
		11ʰ —ᵐ	*N.* besser, planetarisch, unruhig.				
		11 12	*W.* etwas diffuser, heller Stern, unruhig.				
				11 57	*H.* oberer Stand: *Nebenbild im Horizont.*		
		12 19	*N.* unruhiger Stern, später gut.				
		12 23	*W.* scharf, aber unruhig, später gut.	12 36	*H.* unterer Stand: flammig.		
		1 18	*N.* diffus } sonst gut.	2 24	*H.* flackernd.		
		2 42—54	*W.* schwach } sonst gut.	2 33	*W.* sehr matt.		
				2 36	*H.* unruhig.		
		3 9	*W.* } von hier ab sich stetig	3 20	„ mit Kern.		
		3 13	*N.* } verschlechternd.	3 30	*W.* sehr matt.		
„	24			1 14	*H.* matt und unruhig.		
„	25			1 51	*H.* schwach.		*N.* Licht zu schwach, dir. u. refl. Bild scheinen zusammenzufliessen.
				2 33	„ sehr unruhig		
				2 57	„ desgl.		
		3 0—36	*N.* scharf, aber Einstellung schwer wegen langsamer Undulationen.				
„	26		*W.* gut, zuletzt unruhig.		fehlen besondere Angaben.	10ʰ34ᵐ—39ᵐ	*H.* stark springend.
						10 49	*N.* sehr springend.
						10 57	*H.* springt stark.
						11 7—9	*N.* springend.
„	27	10 31 bis 11 21	*N. Doppelbild***), das höhere eingestellt, immer sehr schwierig, weil sehr schwach.	10 28—30	*H.* rot, u. ab u. zu *doppelt* } beide Bilder rund.***)	10 36—42	*N.* stark springend, unsicher.
				10 46	„ *doppelt* } beide Bilder rund.***)	11 15—20	*H.* sehr schwach.
				10 49	„ nur ein Bild.	11 34	*N.* stark springend.
		11 28	*W.* sehr schwach und unruhig.				
„	28	11 17	*N.* sternförmig, unruhig.	11 33	*H. auf dem Horizont*, von den Wellen ab und zu verdeckt.	11 21 u. 33	*H.* sehr schwach.
		12 37	*N.* u. *W.* gut, nach 3½ʰ zuweilen schwach.			12 15	„ desgl.
						12 28	*N.* stark springend.
						12 44	*H.* sehr schwach.
						1 41	„ desgl.
						1 49	*N.* stark springend.
						1 58	*H.* sehr schwach.

*) Das Nebenbild hatte (auf dem oberen Stand)

	um 10ʰ 54ᵐ	11ʰ 8ᵐ	11ʰ 11ᵐ	11ʰ 17ᵐ
$\Delta h =$	$+ 32''.5$	$+ 42''.7$	[illegible]	[illegible]

**) Distanz der Bilder etwa 12″.

***) Es scheint die Mitte eingestellt zu sein, doch lässt das Beobachtungsbuch im Unklaren darüber

1878	Helgoland.		Neuwerk.		Wangeroog.	
Aug. 28			$2^h\ 59^m$	*H.* sehr matt.	$3^h\ 0^m$ u. 3^m	*N.* sehr schwach.
			3 8	„ gut.		
			3 33	„ beim Beobachten für unbrauchbar erklärt.		
			4 4	„ unruhig u. sehr matt.		
„ 30	$10^h\ 15^m$	*N.* u. *W.* diffus, unruhig. *W.* etwas besser als *N.*	9 53	*H.* noch etwas unruhig.	10 6	*H.* sehr schwach.
			10 27	„ flackernd.	10 38	*N.* desgl.
			10 45	„ sehr matt.	11 0	*H.* desgl.
			11 29	*W.* gut	11 7 u. 9	*N.* desgl.
					11 30	„ desgl.
			2 52	*H.* durch Regen hindurch.		
			2 54	„ sehr schwach.		
	3 12	*N.* unruh., diffuse Scheibe.	3 53	„ desgl.	3 44—49	*H.* sehr schwach, unsicher.
	3 19	*W.* zerflossen.				
	3 57	*N.* zerflossen, matt.				
Sept. 1			10 42	*W.* sehr unruh., z. T. *doppelt.*		
			10 45	„ gut.		
			10 47—51	„ unruhig.		
					11 8	*N.* sehr schwach.
					2 41	„ durch Regenwolke.
					3 0	„ lang, unsicher.
						H. leuchtete nur $10^h\ 45^m$ kurze Zeit, dann nicht mehr, obgleich anscheinend in voller Sonnenbeleuchtung.

1881		Helgoland.		Neuwerk.	
Juli	19	10h 17m bis 11 30	N. sehr schwach, unterbrochen u. sehr schwer einzustellen.		
				12h 38m bis 1 26	H. matt, verwasch., kaum einstellbar.
				1 28	gut, später sehr schwach, verschwindet.
				3 0—5	sehr schwach.
				3 21—25	scharf.
"	20	11 3—28	sehr schwach u. fackelnd.	9 59	gut, dann schwach, spät. z. T. flack
"	22	10 1 bis 11 14	z. T. stark spring., fackelnd.	10 16	flackernd.
				11 3	sehr matt.
		12 25	verwaschen, st. springend.	12 7	gross und verwaschen.
		2 30 u. später	*doppelt*, das obere Bild eingestellt.	2 8	nicht einstellbar, 50" hoch.
				3 16	2 *Bilder*, nicht zu trennen.
"	24	bis Aug. 2 wegen zu geringer Refraktion nichts beobachtbar. In Neuwerk wurde zeitweise das Helgoländer Licht von der oberen Galerie aus dicht über dem Meereshorizont gesehen.			
Aug.	5	11 0—1	sehr schwach.	10 6	matt, ohne Kern.
		11 27	desgl.	10 9	zeigt sich ein 2. Bild
		12 7	desgl., verschw.	12 13	verschwindet.
"	6	12 26—28	sehr schwach.	12 —	von Helgoland nur einige schwache Lichtblitze erhalten.
		12 32—46	*doppelt*, d. obere*) B. eingestellt.		
		12 46	sehr schwach.		
		1 4	desgl.		
"	7			11 59	*doppelt*.
		12 10	sehr schwach.	12 8	sehr unruhig, dann nur in gröss. Pausen sichtbar.
				12 18	*Bilder nähern sich einander.***)
				1 59	sehr matt und unruhig.
		2 36	flackernd.	2 45	sehr schwach.
"	13				Helgoland zeitweise auf der oberen Galerie gesehen
"	14				
"	15				
Aug.	16			10h 41m u. 44m	*H. doppelt.*
				10 49	desgl., sehr gross, flackernd, aber *getrennt.***)
				11 9	immer nur momentan sichtb.
				12 11—14	grosse, verschwommene Masse.
		2h 30m	N. flackernd.		
		Kugelbake.			
"	22			10 33	K. sehr matt.
				10 39	blendend hell.
				10 41	sehr matt.
		2 21	N. unruhig.		
				3 14	desgl.
				3 27	desgl.
"	23			11 1	sehr matt.
				12 26	sehr flackernd.
		2 57	sehr schwach.		
		3 13 u. 21	flackernd.		
"	27	10 8	über die Fäden springend.	10 14	sehr matt.
		10 16	sehr flackernd.	10 25	desgl.
		10 34	gut.		
"	28	9 34 u. 55	schlecht, verw.	9 53	unruhig, flack.
		9 57	springt üb. d Fäd.	10 3	gross.
		10 1 u. 5	sehr schwach.		
		10 6 u. 9	sehr gross.		
		10 16—25	grell u. spring.	10 50 bis 11 4	ist ein scharfes *Nebenbild* sichtbar.
		12 3	gut.		
		12 59	springt üb. d. Fäd.		
"	29		sehr wechselnde Bewölkung,	11 20	ein *Nebenbild* sichtbar.
			z. T. Regen.	12 23	sehr matt. Veränderl. Wetter.
"	31	keine besonderen Bemerkungen.			
Sept.	1	10 58	sehr schwach, dann Regen.	10 46	sehr matt.
				10 47	gross, flackernd. Sehr veränderl.
		3 8	kaum zu ahnen.		
"	6	mehrfache Unterbrechungen durch Schatten.			
"	7	10 18	durch Nebel.	10 30—40	sehr gut.
		12 25	verwaschen.	12 8—28	sehr unruhig u. flack., meist ohne Kern.
		12 26—28	verwasch., springend.		
		12 43	sehr schwach.	12 45	gut.
				12 47—52	ziemlich gut.

*) Scheinbar unten im Fernrohr.
**) Welches Bild eingestellt wurde, ist nicht angegeben, vielleicht gilt die Mitte.

Nachträge sowie besondere Beobachtungen.

Standpunkt	Mittl. Zeit Wangeroog	Ziel	Fernrohrlage	Einzelne Zenitdistanzen	zu Seite
Wangeroog *A. P.*	1888 Juli 27 $10^h 30^m$ A.	*R.* Blickfeuer	*l*	89° 59' 36".90	18
			r	90 1 14.75	
	1888 Aug. 1 $11^h 0^m$	*Meereshorizont im N.* fast Ebbe	*l*	90 6 18.02	22 23
			l	23.50	
			r	8 26.97	
			r	28.33	
	1888 Aug. 3 $11^h 52^m$	*S. H* direkt	*r*	90 5 31.92	27
			r	33.65	
	12 0	„ „ Spiegelbild	*r*	9 28.50	
			r	32.47	
	1888 Aug. 14 $2^h 6^m—9^m$	*R. H*	*l*	93 3 57.20	91
			l	61.67	
			r	86 58 27.62	
			r	15.88	
Schillig Holzpfeiler	1888 Juli 31 Mittags	*W. H* direkt	*r*	90 2 37.28	21
		„ „ Spiegelbild	*r*	9 15.92	
		„ „ „	*l*	7 33.37	
		„ „ direkt	*l*	1 13.40	
	1888 Aug. 24 $6^h 15^m—22^m$	*R. H* anfangs sehr unruhig u. wallend	*l*	89 58 37.90	121
			l	43.10	
			l	41.13	
			r	59 20.73	
			r	18.07	
	$6^h 38^m—42^m$		*l*	89 58 48.50	122
			l	47.28	
			r	59 30.03	
			r	27.95	
	1888 Sept. 7 $7^h 54^m$ V.	*W. H* Spiegelbild	*l*	90 16 28.13	101
Helgoland *A. P.*	1878 Aug. 19	*Wangeroog*	*r*	90 11 25.45	142
			r	23.63	
	$5^h 23^m—32^m$ V.		*r*	24.08	
			l	12 44.30	
			l	46.56	
			l	43.81	
	1878 Aug. 23	*Wangeroog* zerflossen,	*l*	90 13 6.79	148
			l	7.37	
	$5^h 12^m—44^m$ V.	unruhig	*l*	7.41	
			r	11 42.14	
			r	37.05	
			r	38.22	
			r	38.24	
			r	40.40	
		schwach	*r*	39.78	
		„	*l*	13 6.04	
		„	*l*	4.64	
			l	9.46	
			l	6.23	
			l	5.32	
		Zenitkorrektion vor- u. nachher direkt bestimmt	*l* − / *r* +	44.26	

Standpunkt	Mittl. Zeit Wangeroog	Ziel	Fernrohrlage	Einzelne Zenitdistanzen	zu Seite
Neuwerk *A. P.*	1878 Aug. 22	*Helgoland*			—
	$4^h 27^m$ V.		*r*	90° 9' 25".02	
	34		*l*	8 55.63	
	38		*l*	51.21	
	41		*l*	54.83	
	45		*r*	9 16.75	
	47		*r*	18.57	
	51		*r*	18.55	
	52		*r*	18.20	
	54		*r*	21.83	
	56		*l*	8 54.43	
	58		*l*	56.58	
	5 —	Zenitkorrektion direkt bestimmt	*l* + / *r* −	12.68	
	1878 Aug. 15 $2^h 30^m$	*Meereshorizont*	*l*	90 9 31.85	164
			r	51.30	
	1878 Aug. 16 $10^h 0^m$	*Meereshorizont* nach Helgol. zu	*r*	90 10 35.47	180
			l	8.25	
	1878 Aug. 19	*Wangeroog*			165
	$10^h 31^m$	Hauptbild	*r*	90 10 8.98	
	32	Nebenbild	*r*	33.80	
	34	H.	*r*	11.95	
	35	N.	*r*	34.83	
	37	H.	*r*	9.30	
	38	N.	*r*	35.42	
	40	H.	*l*	9 41.28	
	42	N.	*l*	10 10.33	
	43	H.	*l*	9 39.86	
	45	N.	*l*	10 10.68	
	46	H.	*l*	9 41.36	
	47	N.	*l*	10 7.80	
	55	H.	*r*	8.35	
	58	N.	*r*	36.17	
	59	H.	*r*	8.09	
	11 1	N.	*r*	31.97	
	2	H.	*r*	9.62	
	4	N.	*r*	27.75	
		Beide Bilder gehen in ein langgestrecktes über			
	$10^h 51^m$	Zenitkorrektion direkt bestimmt	*l* + / *r* −	14.28	
	$11^h 28^m$	*Meereshorizont* nach Helgol. zu	*r*	90 10 31.17	
			l	12.65	
	1878 Aug. 21 $10^h 38^m$	*Meereshorizont* nach Wang. zu	*r*	90 11 34.75	166
			l	1.30	
	1878 Aug. 28 $9^h 38^m$	*Meereshorizont*	*r*	90 10 10.75	169
			l	9 42.53	
Neuwerk oberer Stand.	1878 Aug. 21	*Wangeroog*			166
	$11^h 1^m$	*ein* Bild	*r*	90 4 36.94	
	11 17	lang, sehr unruh.	*r*	9.32	
	19		*l*	17 36.37	
	47	volles Licht	*l*	61.60	
	48		*r*	3 50.02	
	51		*r*	55.12	
	55		*l*	17 56.82	

Standpunkt	Mittl. Zeit Wangeroog	Ziel	Fernrohrlage	Einzelne Zenitdistanzen	zu Seite
Wangeroog Turmpflr.	1878 Aug. 8 5ʰ 9ᵐ V.	*Neuwerk*	*l*	90° 8′ 10″.96	158
			r	9 29.33	
		Helgoland	*r*	90 8 19.90	137
	5ʰ 23ᵐ		*r*	17.97	
	10 7		*l*	6 50.21	
	10 31		*l*	45.00	
		sehr springend	*l*	52.81	
	11 4		*l*	56.79	
	41		*r*	8 16.53	
	1878 Aug. 9	*Neuwerk*, direkt	*l*	90 8 33.05	161
		reflektiert	*l*	9 33.88	
	4ʰ 1ᵐ	"	*l*	32.88	
		direkt	*l*	8 29.01	
		"	*r*	9 48.97	
		reflektiert	*r*	10 52.59	
	4ʰ 6ᵐ	"	*r*	53.49	
		direkt	*r*	9 49.17	
	1878 Aug. 20	*Helgoland*, dir.	*r*	90 10 34.04	144
		reflektiert	*r*	11 48.87	
	3ʰ 44ᵐ—53ᵐ	"	*r*	48.51	
		direkt	*r*	10 33.35	
		"	*r*	32.83	
		reflektiert	*r*	11 48.02	
		direkt	*l*	6 46.22	
		reflektiert	*l*	8 8.21	

Standpunkt	Mittl. Zeit Wangeroog	Ziel	Fernrohrlage	Einzelne Zenitdistanzen	zu Seite
Wangeroog Turmpflr.	1878 Aug. 23 5ʰ6ᵐ—26ᵐV.	*Helgoland*	*r*	90° 11′ 7″.63	148
			r	1.71	
			l	5 58.49	
			l	62.00	
			l	63.74	
			l	55.49	
			l	56.37	
			r	11 5.15	
		lang	*r*	2.46	
			r	1.69	
	5ʰ28ᵐ—42ᵐV.	*Helgoland*	*r*	90 11 3.82	
			r	8.79	
			r	2.60	
			l	5 57.47	
			l	61.47	
			l	63.29	
			l	62.82	
Neuwerk *A. P.*	1881 Juli 17	*Meereshorizont* nach Helgol. zu	*r*	90 11 12.76	—
			l	9 51.00	
			r	11 2.83	

Meteorologische Beobachtungen und Gezeiten.

1888	Schillig. Mittl. Zeit	Schillig. Luft Druck	Schillig. Luft Temp.	Wangeroog. Mittl. Zeit	Wangeroog. Luft Druck	Wangeroog. Luft Temp.	Schillig. Wind Richtung	Schillig. Wind Stärke	Schillig. Bewölkung	Schillig. Gezeiten
Juli		mm			mm					
22. N.	4h 55m	758.7	+19.2	4h 50m	759.2	+17.5				
	7 5	758.9	17.2	7 0	759.1	16.5				
24. V.	9 55	755.0	17.5	9 55	755.2	18.1	WSW	6 böig	Himmel bedeckt.	1/4 – 3/4 Flut.
	11 50	755.5	19.2	12 0	755.7	17.3	SW	6—7	vollständig bedeckt.	
N.				4 40	756.5	17.3				
	5 30	756.5	19.3							
	6 10	757.0	18.3							
				7 10	756.6	16.6				
26. V.	9 50	752.1	19.8				SW	4	ganz bed., hin u. wieder Sonne.	
	10 20			10 20	752.2	18.5	SW	5—6	bedeckt.	3 1/2h vor Hochwasser.
	11 15							Wind heftiger		
N.	12 20	752.7	20.3	12 20	752.8	19.5	SW	6	bewölkt.	
	4 50	754.8	18.3	4 20	754.6	17.6	SW	6	„	
	6 55	755.0	16.0	6 50	755.1	16.8	NW	4—5		
27. V.	10 0	757.8	18.3	10 0	757.7	17.5	SW	4	1/2 bewölkt.	1h nach Niedrigwasser.
	10 15						SW	5—6 böig		
N.	4 45	758.0	17.2	4 50	757.7	17.4	NW	2	klar.	2h nach Hochwasser.
	6 55	757.9	15.3	7 5	757.6	15.2	NNW	1—2	wolkenlos.	
30. V.				5 10	752.6	12.7				
	10 10	751.1	17.5	9 45	752.2	15.3	SW	0—1	ganz bedeckt, hin u. wieder schwache Sonne durch Wolken.	
	10 30			10 35	752.0	15.3			vollständig bedeckt.	
31. V.	10 0	752.0	15.7	10 10	751.4	13.8	NW	2	bedeckt, mitunter Sonne durch Wolken.	kurz vor Niedrigwasser.
				12 55	752.7	15.4				
N.	4 35	757.0	15.5	4 35	756.6	15.3	NW	2—3		1h vor Hochwasser.
	7 20	761.9	14.0	7 20	758.3	12.9				
Aug. 1. V.	9 20	761.9	17.9	9 45	762.3	13.9	NE	2	Im Süden bewölkt.	1 1/2h vor Niedrigwasser.
	11 20	762.3	16.9				NE	0—1	Süden vollständig bewölkt.	2h nach „
2. N.				6 10	762.9	13.9				
				7 0	762.9	13.9				
3. V.	4 50	764.9	12.6	5 10	764.6	12.8	NE	4	teilweise bewölkt.	Flut.
	6 55	764.9	14.5	7 10	764.5	14.3	NE	4		1/2h vor Hochwasser.
	9 55	765.8	24.5	9 30	765.1	13.6	NNW	4	teilweise bewölkt.	1 1/2h nach Hochwasser.
	11 55	765.7	15.2	12 5	765.3	14.0	NNW	4—5	Cumuli.	
N.	4 55	765.9	24.5	5 5	765.7	14.6	NW	3—4	teilweise bewölkt, Cumuli.	1/2 Flut.
	6 55	766.2	13.5	7 5	765.6	13.6	NW	4	Cumuli.	1/4 vor Ebbe.
4. V.	10 25	761.9	17.0				WSW	4—5	1/2 bedeckt.	Hochwasser.
				12 0	761.6	17.9				
	11 40	761.4	17.2				W	4	ganz bezogen, Regen u. Nebel.	
7. N.	6 5	764.1	13.5				W	3	Horizont bewölkt.	Ebbe.
	9 0	765.5	20.2				SW	3—4		kurz nach Niedrigw.

1888	Schillig. Mittl. Zeit	Schillig. Luft-Druck	Schillig. Luft-Temp.	Wangeroog. Mittl. Zeit	Wangeroog. Luft-Druck	Wangeroog. Luft-Temp.	Wind-Richtung	Wind-Stärke	Schillig. Bewölkung	Schillig. Gezeiten
Aug.										
9. V.				9^h 25^m	765.2	+20°.5				
	10^h 0^m	765.1	+21°.5	10 0	765.1	21.2	NW	3—4		1/4 Flut.
	11 55	765.1	24.0	11 10	765.3	21.3	NW	4		1/2 ,,
N.	2 10	765.1	23.2	1 5	765.3	22.1	N	1—2		unmittelb. nach Hochw.
				2 30	765.4	19.6				
				3 0	765.3	19.2				
				3 25	765.4	19.5				
	3 55	765.2	19.0	4 0	765.3	19.4		windstill		
10. V.	8 0	762.9	21.6				NW	3		Niedrigwasser.
	10 0	763.0	23.0	10 10	762.8	23.2	NW	4		nach Niedrigwasser.
	11 30	762.9	24.4	11 40	763.0	22.6	NW	3—4		1/2—3/4 Flut.
13. V.	9 50	756.0	19.6	9 50	755.5	18.5				
	11 5	756.0	18.0	11 20	755.3	18.3				
14. V.	9 50	761.7	15.5				W	6	fast ganz bed., selten Sonne.	1/4 Flut zu Ebbe.
				10 55	762.4	15.6				
N.	1 50	763.9	15.6	1 50	762.9	16.4	W	6	wechselnde Bewölkung.	1/2 Flut.
				3 15	763.3	15.6				
	4 10	764.3	14.3				W	6	,, ,,	
	6 0	764.4	13.25	6 0	763.7	13.8	W	6	bew., schnellziehende Cumuli.	1ʰ nach Hochwasser.
	7 10	764.4	12.4	7 0	764.1	12.9	W	6	,, ,, ,,	
15. V.	6 10	764.6	10.5	5 55	764.5	13.8	NW	3	im *W*, *N* u. *E* bewölkt.	1/2ʰ nach Hochwasser.
	7 25	764.2	13.5	7 30	764.3	14.8	W	2—3	klar.	
	10 0	764.2	15.5	9 55	763.8	16.5	W	3	wechselnde Bewölkung.	1/4—1/2 Ebbe.
	11 20	764.0	16.25	11 20	763.7	17.6	W	3	,, ,,	2ʰ vor Niedrigwasser.
N.	2 35	763.8	14.8	2 20	763.7	14.5	W	3	bedeckt, feiner Regen.	1/4 Flut.
	5 55	763.3	13.6	5 50	762.9	13.2	NW	3	fast vollständig bewölkt.	Flut.
16. V.	10 0	761.4	15.5	10 0	761.2	17.9	NNW	0—2	bedeckt.	3/4 Ebbe
	11 35	761.3	16.6	11 45	761.5	14.6	,,	1—2	bedeckt, dann u. wann Sonne.	Niedrigwasser.
N.	2 10	761.3	16.0	2 10	761.6	15.8	,,	3		1/4 nach Niedrigwasser.
	6 0	761.3	13.5				,,	2	bedeckt.	Hochwasser.
	6 35	761.4	13.3	6 30	761.5	13.4		3	vollständig bedeckt.	,,
17. V.	9 50	759.9	14.9				NW	1—2	ganz bedeckt, selten Sonne.	1/4 vor Niedrigwasser.
N.	1 15	759.3	17.6	2 0	759.2	14.5	N	0—1	teilweise bedeckt.	Niedrigwasser.
	3 25	759.3	16.4				N	1—2	ganz bedeckt.	1/4 Flut.
				3 55	759.1	14.6				
	5 20	759.0	14.6				NW	2	bedeckt.	1ʰ vor Hochwasser.
18. V.	6 0	761.0	15.4				NE	3	bedeckt.	1/2 Flut.
	10 10	762.0	17.0				N	3	fast ganz bewölkt.	1 1/2ʰ nach Hochwasser.
				10 35	762.1	16.3				
	11 35	762.2	17.2	11 40	761.9	15.6	N	3	halb bedeckt.	1/2 Ebbe.
N.	2 10	762.8	16.5	2 10	762.5	15.6	N	3—4	Zenit klar, Horizont bewölkt.	kurz vor Niedrigwasser.
	3 10	762.9	16.2	3 15	762.5	18.6	N	3—4	wolkig.	Niedrigwasser.
	5 50	763.4	14.0	6 5	763.0	13.8	NW	4	wechselnde Bewölkung.	2 1/2ʰ vor Hochwasser.
	6 55	764.0	13.6							
19. N.	2 5	764.4	16.4	2 5	763.8	15.2	NW	3—4	teilweise bedeckt.	1/4 vor Niedrigwasser.
	3 25	764.5	15.8	3 35	763.5	15.6	NW	3—4	,, ,,	Niedrigwasser.
	6 20	764.4	12.9				WNW	3	vollständig bedeckt.	1/2 vor Hochwasser.

1888	Schillig. Mittl. Zeit	Schillig. Luft-Druck	Schillig. Luft-Temp.	Wangeroog. Mittl. Zeit	Wangeroog. Luft-Druck	Wangeroog. Luft-Temp.	Wind-Richtung	Wind-Stärke	Schillig. Bewölkung	Schillig. Gezeiten
Aug. 20. V.	10h 10m	763.9 mm	+14°.6	10h 25m	763.4 mm	+14°.0	N	2—3	ganz bedeckt.	Hochwasser.
	11 45	763.8	13.6	11 45	763.5	13.8				
N.	2 10	763.2	14.1	2 0	763.3	14.4	NE	2		½ Ebbe.
	6 5	762.7		3 15	763.1	14.8	NE	2—3	klar, Horizont bewölkt.	Niedrigwasser.
	7 0	762.5	13.1				NE	3	ganz bedeckt.	¼ nach Niedrigwasser.
	10 0	762.2	12.8	9 55	762.2	12.7			bedeckt.	½ Flut.
	11 15	760.8	13.0	11 5	761.8	12.9	N	4	bewölkt.	nahezu Hochwasser.
21. V.	2 0	760.0	12.6	2 10	760.4	13.4	E	5	bedeckt.	
	3 20	759.4	12.4	3 25	759.5	13.0	NE	5	„	
	7 5	758.5	12.2				SE	4—5	ganz bedeckt.	¼ nach Niedrigwasser.
24. V.				7 0	759.3	14.7				
				7 45	759.6	15.4				
	9 50	759.8	20.1	9 50	759.6	19.1	SE	3—4	überall bewölkt.	Niedrigwasser.
	11 5	759.4	21.6	11 10	759.5	19.5	SE	3—4	klar.	1h nach Niedrigwasser.
N.	2 0	758.6	22.5	2 15	759.5	20.6	SE	3	klar.	Hochwasser.
	3 25	757.8	20.2	3 20	758.0	20.8	SE	2—3	klar.	¼ nach Hochwasser.
	5 55	757.1	19.3	6 0	757.2	19.8	SE	3—4	ganz klar.	¾ „ „
	7 0	757.8	18.25	6 55	756.7	18.6	SE	3—4	Zenit klar, im Horiz. Dunst und Wolken.	
	10 20	755.6								fast Niedrigwasser.
	11 25	756.3	16.0	11 15	756.0	16.6	SE	4—5	klar.	
25. V.				1 25	755.4	15.8				
	2 5	755.5	15.5				SE	5	im W Wolken.	
	3 15	755.0	15.3	3 18	754.8	15.6	SE	5		
	6 15	754.6	15.5	6 20	754.6	14.9	SE	4—5	klar, neblig, dunstig.	½ vor Niedrigwasser.
	7 5	754.6	16.6				SE	5	klar.	¼ „ „
				7 30	754.2	15.9				
									Wangeroog.	
29. N.	2 20	757.8	16.3	2 35	756.2	17.4	SW	6 Böen	teilweise bedeckt.	1h vor Hochwasser.
	3 10	758.1	15.8							
	6 0	758.9	15.5							
30. V.				6 10	759.4	11.6	SW	5	Horizont bedeckt.	1h nach Hochwasser.
	10 5	761.2	16.5	10 5	760.4	16.4	SW	4—5	teilweise bedeckt, Cirri.	2h vor Niedrigwasser.
	11 10	761.1	17.5	11 5	760.4	16.8	SW	3	ganz bedeckt, Regen.	Niedrigwasser.
N.				2 0	761.0	13.0	SW	2—3	„ „ im SW Gewitter.	½ nach Niedrigwasser.
	5 40	761.5	14.8	5 35	760.8	13.7	SW	4	meistens bedeckt, Regen.	Hochwasser.
	6 45	762.2	13.0	6 30	761.0	13.3	S	4	ziemlich bedeckt.	1h nach Hochwasser.
31. V.				6 0	762.9	10.0	SW	5	teilweise bedeckt.	Hochwasser.
	6 25	763.6	10.4							
	7 20	763.4	11.9	7 20	762.0	11.6	SW	5	„ „	
	9 55	763.8	15.9							
				10 25	763.0	17.0	S	3	teilweise bedeckt.	½ Ebbe.
	11 25	763.9	17.3	11 35	763.0	16.0		fast windstill	fast ganz bedeckt, Cumuli.	1h vor Niedrigwasser.
N.	2 30	764.2	16.8	2 30	763.5	15.5		„ „	„ „ „ „	1h nach „
	3 40	764.5	14.8	3 45	763.9	15.0	SW	0—1	bedeckt.	¼ „ „
	5 40	765.4	13.8	5 45	764.0		W	2—3	teilweise bedeckt.	1h vor Hochwasser.
	6 0	765.6	13.6							
				6 30	764.0	13.5	W	2—3	teilweise bedeckt.	
Sept. 1. V.	6 20	767.4	11.7	6 10	766.5	13.0	W	3	klar.	½ vor Hochwasser.
				6 45	766.5	14.4	NW	2—3	klar.	Hochwasser.
	7 20	767.9	13.4							
	10 5	767.9	13.9	10 5	767.7	17.2	NW	2	teilweise bedeckt, Cumuli.	½ Ebbe.
	11 25	768.0	14.4	11 25	767.7	15.5	NW	3	fast ganz bewölkt, Cumuli.	1h vor Niedrigwasser.

1888	Schillig. Mittl. Zeit	Schillig. Luft-Druck	Schillig. Luft-Temp.	Wangeroog. Mittl. Zeit	Wangeroog. Luft-Druck	Wangeroog. Luft-Temp.	Wind Richtung	Wind Stärke	Bewölkung	Gezeiten
Sept.		mm			mm					
1. N.	2h 15m	767.3	+16.7	2h 15m	767.4	+16.2	NW	2—3	Horizont bewölkt.	2h nach Niedrigwasser.
	3 40	767.5	13.9							
				5 30	766.8	15.6	NW	2	klar.	3/4 " "
	6 45	767.3	11.4	6 40	766.5	12.4	W	0—2	klar.	
4. V.				6 0	758.8	16.6	W	3	fast ganz bewölkt.	1/2h vor Niedrigwasser.
6. V.				10 25	760.5	13.9	NW	4	bedeckt.	3h vor Hochwasser.
N.				3 10	759.6	16.3	SW	4—5	"	Ebbe.
	5 30	760.6	15.6							
	6 20	760.4	15.4							
7. V.	7 20	760.2		7 20	757.5	13.0	NW	3	Zenit klar, Nebel.	
	8 20	760.1	14.0	8 15	758.7	14.9	SW	3—4	klar.	
	9 55	760.2	15.7	9 50	759.0	17.5	NW	4	klar.	1/4 auf Hochwasser.
	11 0	760.2	15.8	10 50	759.0	16.4	NW	4	Himmel fast ganz bed., Cumuli.	
N.				2 45	759.3	15.0	W	3	bedeckt.	
	3 50	760.3	14.0	3 50	758.9	14.4	SW	4	"	2h vor Niedrigwasser.
				5 30	759.4	12.5	NW	4—5	bed., im S Gewitt., etwas Regen.	1h " "
8. V.				6 10	760.8	12.0	NW	3	teilweise bed., mitunter Regen.	2h " "
				7 30	761.6	13.2	NW	5	bedeckt.	Niedrigwasser
	10 0	763.9	13.4	10 0	762.9	14.3	NW	5	meistens bedeckt.	2h nach Niedrigwasser.
				11 15	763.4	13.75	NW	5—6	fast ganz bed., hin u. wied. Sonne.	2h vor Hochwasser.
N.	2 25	765.3	14.0	2 15	764.4	14.8	NW	5	fast vollständig bedeckt.	1h nach "
	3 30	765.5	14.6							
	5 20	765.3	13.4	5 20	765.0	14.5	NW	2	teilweise bewölkt	
	6 25	765.6	11.9							
				7 25	765.0	12.8	NW	3	teilweise bedeckt.	Niedrigw. (Im Beob.-Buch steht Hochw.)
				9 55	766.4	12.5	NW	2—3	klar.	
9. V.				10 5	763.0	16.6	SW	3	bedeckt.	4h vor Hochwasser.
				11 10	763.1	18.5	SW	2	fast ganz bedeckt.	3h " "
10. V.	10 35	764.0	17.5							
N.				2 10	763.5	18.4		windstill.	ganz bedeckt.	Hochwasser.
	3 15	764.0	18.1	3 25	763.9	17.1	SW	2	bedeckt.	1h nach Hochwasser.
	3 30	764.1	17.7							
				5 15	763.9	16.6	W	3	fast vollständig bedeckt.	3h nach Hochwasser.
	6 15	764.4	17.1	6 5	763.8	15.3		windstill.	stark bewölkt.	1h vor Niedrigwasser
12. V.	10 0	769.2	14.9	9 55	767.9	16.2	NW	5	halber Horiz. bed., Zenit teilweise klar.	Niedrigwasser.
	11 5	769.4	16.3	11 0	767.5	15.5	NW	5—6	fast ganz bedeckt.	
N.				2 5	769.8	15.6	WNW	5—6	meistens bedeckt.	1/2 Flut
	2 40	770.7	14.8							
				3 0	769.8	15.0	WNW	5—6	bedeckt.	
	5 40	771.2	13.7	5 40	770.3	14.8	NW	5	"	Hochwasser.
	6 40	771.4	13.8	6 30	771.9	14.0	NW	3—4	teilweise bedeckt.	2h vor Niedrigwasser.
13. V.	5 35	773.4	12.6	6 0	772.8	13.8	NW	3—4	klar.	1h vor Hochwasser.
	7 0	773.6	12.7							
				7 45	773.1	16.1	NW	4	klar.	1/2 nach Hochwasser.
	10 35	774.4	17.6	10 55	774.8	17.4	NW	3—4	klar, einige Cirrusstreifen.	1h vor Niedrigwasser.
N.	1 5	774.3	17.8	12 50	774.8	18.0	NW	2—3	klar.	1h nach "
	4 30	773.6	14.9	4 30	774.3	16.5	NW	2	einzelne Cirrostratus.	4h " "
	6 10	773.7	14.3	6 10	773.9	13.9	E	0—1	Cirrostratus.	2h vor Hochwasser.

1888	Schillig. Mittl. Zeit	Schillig. Luft-Druck	Schillig. Luft-Temp.	Wangeroog. Mittl. Zeit	Wangeroog. Luft-Druck	Wangeroog. Luft-Temp.	Wind-Richtung	Wind-Stärke	Wangeroog. Bewölkung	Wangeroog. Gezeiten
Sept.		mm			mm					
14. V.	6h 30m	772.3	+12°.7	6h 15m	771.4	+11°.9	*E*	1—2	Cirrostratus.	1h vor Hochwasser.
	8 0	772.0	14.6	8 0	771.7	13.3	*NW*	0—1	Cirrostratus, im Horiz. Wolken.	Hochwasser.
	11 0	772.7	17.3	11 0	771.8	15.5	*ENE*	2—3	teilweise bewölkt.	2h vor Niedrigwasser.
N.	1 0	772.1	17.4	12 55	770.8	15.4	*NE*	3	Zenit klar, im Horizont Cumuli.	Niedrigwasser.
	4 35	769.6	14.9	4 35	769.8	15.6	*ENE*	3	Cirrostratus.	½ Flut.
	6 20	769.2	14.7	6 20	769.3	14.4	*ENE*	3	Cirrostratus, sonst sehr klar.	½h vor Hochwasser.
15. V.	6 10	767.3	11.9	6 0	766.3	12.2	*E*	4	*E* klar, sonst überall bed., Nebel.	1h vor Hochwasser.
				6 45					im *S* und *W* nebliger.	
	7 55	767.1	14.5	7 10	766.3	12.4	*E*	4	vollständig bed., nur im *E* ein blauer Streifen; Dunst.	Hochwasser.
	10 55	766.4	17.5	10 55	765.8	15.6	*E*	3—4	bedeckt.	¼ Ebbe.
N.	1 0	765.8	19.4	12 50	765.4	19.4	*E*	3	Zenit klar, in *NE* Wolken.	Niedrigwasser.
	4 35	764.4	18.7	4 30	764.3	17.5	*E*	1—3	*NE* bedeckt.	½ Flut.
	6 10	764.0	16.6	6 5	764.0	16.4	*NE*	3	wolkenlos, Dunst.	1h vor Hochwasser.
16. N.	4 40	763.4	16.3							
17. V.	6 15	766.1	12.4	6 0	764.9	13.0	*NE*	3—4	im Horizont Dunst, sonst klar.	½ Flut.
	8 10	766.5	14.0	8 0	765.5	13.6	*NE*	5	*NE* bewölkt.	1h vor Hochwasser.
	11 12	766.9	18.3	10 55	766.3	15.4	*NE*	5—6	klar.	¼ Ebbe.
N.	1 0	766.7	18.3	1 0	765.3	15.4	*NE*	5—6	klar	
				4 30	766.3	16.0	*NE*	5	klar.	Niedrigwasser.
	5 10	766.6	14.9							
	6 20	766.5	14.4	6 10	767.2	14.4	*NE*	5	klar.	
18. V.	6 0	768.1	11.6	5 55	767.4	12.0	*SE*	2—3	meistens bedeckt.	½ Flut.
	7 5	768.6	12.3	7 0	767.8	12.5	*SE*	2—3	" "	
	10 0	768.8	16.7	9 55	768.3			3—4	klar.	Hochwasser.
	11 10	769.0	16.6	11 0	768.4	13.0	*NE*	3—4	klar.	
N.	2 5	768.6	19.5	2 0	768.7	16.5	*NE*	2	klar.	½ Ebbe.
	3 10	768.7	14.8	3 0	768.8	15.7	*SE*	2	klar.	½ Ebbe.
	5 15	768.9	14.5	5 20	768.8	14.9	*NE*	3—4	klar.	
	6 20	769.1	13.8	6 15	768.8	14.9	*NE*	3—4	klar.	
				9 55	768.9	14.0			klar, Mondschein.	
	11 5	769.9	13.4	11 0	769.3	14.0	*NNE*	4—5	klar, im *S* Gewölk.	2½h vor Ebbe.
19. V.	2 0	770.1	12.1	2 0	768.9	12.5	*NNE*	4—5	klar.	¾ an Ebbe.
	3 15	770.0	11.5	3 5	768.9	11.5	*NNE*	4—5	"	
20. V.	6 5	771.3	11.1	6 0	770.4	11.4	*NE*	2	Cirrostratus.	Niedrigwasser.
	6 25	769.4	11.5	6 25	769.5	11.6	*NE*	2	"	
	7 0	769.5	11.7							
	7 20	771.5	12.7							
	8 0	771.6	13.4	7 55	770.9	13.2	*NE*	2	Cirrostratus, zahlreicher und dichter.	
	8 20	771.7	13.5	8 20	770.9	14.0	*NE*	2		
				8 55	771.2	14.6	*NE*	3—4	Cirrostratus werden dichter.	
				9 5	770.9	14.3	*NE*	3—4		
	9 25	771.7	15.3							
	10 0	771.6	15.9	9 55	771.3	15.0	*NE*	4	" " "	½ Ebbe zu Flut.
	10 25	771.4	16.3							
				10 55	771.3	15.4	*NE*	4		
	11 25	771.4	17.1	11 20	771.3	15.6	*NE*	4—5		

1888	Schillig. Mittl. Zeit	Schillig. Luft-Druck	Schillig. Luft-Temp.	Wangeroog. Mittl. Zeit	Wangeroog. Luft-Druck	Wangeroog. Luft-Temp.	Wangeroog. Wind Richtung	Wangeroog. Wind Stärke	Wangeroog. Bewölkung	Wangeroog. Gezeiten
Sept.		mm			mm					
20. N.				2h 0m	770.9	+16°.1	NE	4	Cirrostratus und Cirri.	1h nach Hochwasser.
	2h 30m	770.6	+17°.1	2 20	769.8	15.8	NE	4 - 5	meistens bedeckt.	
				3 0	770.7	16.0	NE	4 - 5	ganz bedeckt.	2h nach Hochwasser.
	3 25	770.6	16.3	3 20	770.4	16.0				
	4 0	770.4	15.8	3 55	770.4	16.1	NE	Wind heftiger	ganz bedeckt.	
	4 30	770.2	16.0	4 20	770.2	16.1				
	5 0	770.3	15.4	5 0	769.9	15.9	NE		ganz bedeckt.	
	5 25	769.3	15.2	5 20	769.8	15.5				
21. V.	6 10	769.4	11.4	6 0	768.6	11.4	NE	3—4	klar.	1h vor Niedrigwasser.
	6 35	769.4	11.6	6 20	768.4	11.5				
	7 0	769.4	12.0							
	7 25	769.3	12.3	7 20	768.4	12.8				
	8 0	769.2	13.0	7 55	769.4	12.4				
	8 15	769.2	13.0	8 30	768.4	14.9	E	4 — 5	klar.	
	9 20	769.1	14.8	9 20	768.4	15.5	E	5	klar.	1/4 Flut.
	10 0	769.0	16.3	9 55	768.3	15.6	E	5	klar.	1/2 Flut.
	10 25	768.8	15.8	10 20	768.3	16.2				
	11 0	768.7	17.3	10 55	768.3	16.2				
	11 25	768.5	17.3	11 20	768.3	15.5				
N.	2 0	767.4	16.6	1 55	767.5	16.9				
	2 25	767.5	17.0	2 20	767.3	16.6	NE	5	klar.	Hochwasser.
	3 0	767.5	17.4	2 55	767.3	16.6				
	3 20	767.4	16.8	3 20	767.2	16.9				
	4 0	767.5	16.6	3 55	767.3	18.5				
	4 20	767.2	16.5	4 20	766.8	16.5				
	5 0	767.2	16.3	4 55	766.7	15.0				
	5 20	767.1	15.9	5 20	767.2	15.8	NE	5	klar.	
22. V.	6 10	767.5	12.0	5 55	765.9	13.1	N	5	Zenit klar, Horizont Dunst.	1/2 Flut zu Ebbe.
	6 35	767.2	13.1	6 30	766.0	13.0				
	7 0	767.2	14.0	6 55	766.0	13.4				
	7 20	767.2	14.3	7 20	765.2	13.4				
	7 55	767.2	15.4	7 55	766.3	13.4				
	8 20	767.3	15.8	8 30	766.7	15.1				
	9 0	767.3	16.4							
	9 25	767.4	17.5	9 20	766.8	14.9	N	5	vollständig klar.	
	9 55	767.4	17.8	9 55	766.8	15.3				
	10 15	767.4	18.5	10 20	766.9	15.4				
	10 55	767.4	17.6	10 50	766.9	15.2		Wind heftiger		
	11 20	767.5	17.5	11 15	766.9	15.5	N	6		
N.	2 0	767.4	17.6	2 0	766.9	17.1	NE	5	klar.	Hochwasser.
	2 20	767.3	17.6	2 20	766.9	16.6				
	3 0	767.1	17.6	3 0	766.8	17.4	NE	5	klar.	1h nach Hochwasser.
	3 20	767.1	16.3	3 20	766.6	17.3				
	3 55	767.1	16.1	3 55	766.4	17.0				
	4 20	767.0	15.9							
	5 0	767.0	15.8	5 0	766.4	15.1				
	5 20	767.0	15.5	5 20	766.3	15.1	NE	4	klar.	Niedrigwasser.

1878	Helgoland. Mittl. Zeit	Luftdruck	Temperatur der Luft oben tr.	oben f.	unten tr.	unten f.	Neuwerk. Mittl. Zeit	Luftdruck	Temperatur der Luft oben tr.	oben f.	Mitte tr.	Mitte f.	unten tr.	unten f.	Wangeroog. Mittl. Zeit	Luft Druck	Luft Temp.
August. 6. V.							6h 0m	761.3	+16.7	+16.4	+18.0	+18.0	+17.0	+16.9			
	9h 57m	755.4	+17.7	+17.2	+18.2	+17.7	10 0				19.9	18.7	20.3	20.0	10h 7m	759	[illegible]
							11 45	757.8	22.2	19.9	22.4	20.1	23.0	21.1			
N.	12 0	754.4	20.2	18.8	20.8	20.3	12 15	757.5	20.8	20.0			23.1	21.2	12 4	759	[illegible]
							1 55	756.2	23.8	20.2	24.0	20.5	24.3	23.0	2 12	757	[illegible]
							4 15	756.0	23.2	20.2	23.8	21.0	23.7	23.2	3 54	757	[illegible]
							9 0	755.7	21.8	20.0	21.2	20.0	21.2	21.1	7 30		[illegible]
7. V.							4 13		19.0	18.0							
							5 30	755.7									
	6 0	753.5			16.9	16.8	6 0		17.6	16.9	18.0	17.9	17.6	17.5	8 0	756	[illegible]
N.	2 0	754.5	20.4	18.6	20.3	18.8	2 0	757.5	22.0	20.0	22.3	20.5	22.4	22.0	2 3	757	[illegible]
	10 0	756.5	16.7	16.7	16.5	16.2	9 0	759.1	18.5	18.0	18.6	18.0	18.2	17.8	8 0	758	[illegible]
8. V.	4 33	756.8	16.8	16.2	16.7	16.2	4 10	759.9	17.3	16.9	17.7	17.3	17.2	16.9	5 4	759	[illegible]
	5 53	756.8	16.8	16.2	18.5	16.8	6 0	760.0	19.7	18.0			19.3	17.8	8 3	761	[illegible]
	9 52	757.3	17.3	16.9	18.5	17.5									9 45	760	[illegible]
	11 42	758.0	17.3	16.6	18.8	17.6	11 45	761.2	20.3	18.7	21.2	19.2	22.4	19.5	12 0	761	[illegible]
N.	2 22	758.3	17.9	17.2	19.5	18.2	2 0	761.2	20.3	18.0	20.2	18.0	20.3	18.1	2 11	762	[illegible]
															3 14	762	[illegible]
	3 56	758.3	17.8	17.0	18.6	17.5									3 42	761	[illegible]
							9 0	762.7	17.9	16.1	18.2	17.0	18.1	16.7	8 0	762	[illegible]
	9 53	759.9	16.4	15.9	16.5	15.9											
9. V.	4 40	759.9	16.6	16.5	16.6	16.4									4 39	762	[illegible]
							6 0	762.8	17.8	16.9	17.6	17.1	17.9	17.0	8 0	762	[illegible]
	10 4	760.7	16.8	16.6	18.5	17.6									10 39	763	[illegible]
N.															12 13	763	[illegible]
	1 59	760.4	18.2	17.3	19.2	18.0	2 0	763.4	20.0	16.9	19.8	18.1	19.0	18.3	2 18	764	[illegible]
															4 10	764	[illegible]
	4 28	760.0	17.9	17.0	18.4	17.3									4 42	764	[illegible]
															4 53	764	[illegible]
															5 5	763	[illegible]
	10 32	759.9	15.8	15.2	13.7	15.1	9 0	762.7	17.7	16.8	17.9	17.0	17.1	16.7	8 0	762	[illegible]
10. V.							6 0	759.9	16.1	15.1	17.5	17.0	15.8	15.1	8 5	760	[illegible]
	10 10	756.3	17.0	16.5	17.8	16.8									10 24	759	[illegible]
															11 14	759	[illegible]
N.							1 0	757.2	23.2	18.7	21.8	19.2	23.6	18.4	12 24	759	[illegible]
	2 0	753.7	19.8	18.1	20.2	18.6	2 0	756.3	24.0	18.0	23.4	19.0	24.1	18.0	2 14	757	[illegible]
							4 15	754.5	24.2	17.6	23.0	19.0	24.6	18.5	4 0	756	[illegible]
	9 43	749.2	19.8	17.9	19.6	17.8	9 0	752.5	21.0	19.2	20.5	18.5	21.1	18.0	8 5	752	[illegible]
11. V.	6 22	746.1	17.8	16.9	17.8	16.9	6 0	749.0	18.8	18.0	18.8	18.0	18.9	18.0			
							10 0	750.1	19.0	17.7	19.8	17.7	19.9	18.0	8 4	750	[illegible]
N.	1 56	748.2	17.7	17.2	18.8	17.7	2 0	750.9	18.8	17.9	19.7	18.0	19.1	19.0	1 58	750	[illegible]
	9 59	751.2	15.8	14.5	15.9	14.6	9 0	753.6	17.4	15.9	17.5	15.8	17.1	15.9	8 0	753	[illegible]

…ung	Neuwerk. Mittl. Zeit	Wind. Richtung	Wind. Stärke	Bewölkung	Wangeroog. Mittl. Zeit	Wind. Richtung	Wind. Stärke	Bewölkung
	$6^{h}\ 0^{m}$	SE	mässig.	neblig.				
	10 0				$10^{h}\ 7^{m}$	ESE	heftig.	Cirrostratus, im Hor. Dunst.
					12 4	ESE	heftig.	" " "
	1 45	SE	stark.		2 12	ESE	heftig.	" " "
	4 15	E	mässig.	schwacher Seenebel.	3 54	ESE	heftig.	" " "
					8 0	SE	heftig.	ganz bew., im W Gewitter.
	4 15	W	schwach.	im E klar, sonst bedeckt.				
…gen.	6 0			Regen.	8 0	W	fast still.	umzogen, im W etwas klar.
…lkt.					2 5	WSW	fast still.	umzogen, im Hor. Dunst, Zenit klar.
					8 0	NW	fast still.	klar, einzelne Cirri, im Horizont Dunst.
…l. Hor.	4 10	W	sanft.	neblig am Hor.	5 4	SW	mässig stark.	Cirri.
					8 3	SW	mässig stark.	klar, im Horiz. Dunst.
…izont	10 0	W	mässig.		9 45	WSW	mässig stark.	" " " "
…izont	11 45	W	mässig.	Gewitterwolken in SE.	12 0	NW	heftig.	Cumuli.
					2 11	WNW	mässig stark.	klar.
					3 24	WNW	mässig stark.	Cirri.
	4 15	WNW		Hor. bew., Dunst.	3 42	WNW	mässig stark.	fast ganz umzogen, sehr dunstig.
					8 0	WNW	mässig stark.	klar, im Horizont Dunst.
…ew.								
	4 10	W	mässig.	heiter, Horizont dunstig.	4 59	WSW	mässig.	Nebel.
	6 0	W	sanft.	dunst. Hor., klar.	8 0	WSW	mässig.	dichter Nebel, im Zenit etwas klarer.
…nstig.					10 59	WSW	mässig.	Cirri u. Cirrostr., fast ganz umzogen.
					12 13	WNW	mässig.	fast ganz bewölkt.
	2 0	W	sanft.	" " "	2 18	WNW	mässig.	bewölkt, im Horiz. Dunst.
					4 10	NW	mässig.	im E, S und W bewölkt, Horizont dunstig.
…lkt.					4 42	NW	mässig.	bewölkt, Horiz. dunstig.
					4 55	NW	mässig.	" " "
					5 5	NW	mässig.	" " "
	9 0	W	ruhig.	dunst. Hor., klar.	8 0	NW	mässig.	" " "
	6 0	SE	sanft.	Seenebel.	8 5	ESE	mässig.	Cirrostr., Nebel.
					10 24	SE	zieml. stark.	Cirrostr. u. Cirrusschleier
					11 14	SE	zieml stark.	" "
					12 24	SE	zieml stark.	" "
					2 14	SE	stark.	Cirrusschleier, Dunst.
	4 15	SE	mittel.	schwach bezog.	4 0	SE	stark.	" "
					8 5	SE	heftig.	fast ganz bew., im Horiz. Dunst.
	6 0	SW	sanft.	bedeckt.				
	10 0	SW	mässig.	"	8 4	WNW	mässig.	ganz bew.
…lkt.	2 0	SW	"	Regen.	1 51	WNW	mässig.	" "
	9 0	W	stark.	"	8 0	WNW	mässig.	ganz bew., nachm. Regen.

1878	Helgoland. Mittl. Zeit	Helgoland. Luft-druck	Temperatur der Luft oben tr.	oben f.	unten tr.	unten f.	Neuwerk. Mittl. Zeit	Neuwerk. Luft-druck	Temperatur der Luft oben tr.	oben f.	Mitte tr.	Mitte f.	unten tr.	unten f.	Wangeroog. Mittl. Zeit	Luft Druck	Luft Temp.
August. 12. V.							5h 0m	753.9	+15.9	+14.2	+15.4	+14.9	+15.3	+14.9	8h 4m	753	+15.[illegible]
	6h 58m	750.6	+15.8	+14.6	+15.8	+14.7	6 0	754.2	15.7	13.8	15.4	14.4	15.2	13.9	10 0	754	18.4
N.	10 7	750.4	16.0	14.4	16.9	15.7	10 0	753.7	17.7	14.9	17.5	14.9	17.6	14.9	11 56	754	19.2
	2 7	749.4	17.9	16.2	18.3	16.8	2 0	753.4	19.0	15.9	19.0	15.4	19.1	15.5	1 47	752	19.0
	10 5	747.6	16.4	15.5	16.4	15.6	9 0	751.7	17.0	16.0	17.5	16.0	16.8	15.6	8 0	751	17.2
13. V.	6 4	746.6	15.7	15.5	15.9	15.7	6 0	750.2	16.7	16.1	16.4	15.6	16.6	15.4	4 26	750	14.9
															8 2	750	17.1
N.							9 30	750.4	18.6	17.9	18.9	16.9	18.3	16.1	9 52	750	18.8
	2 13	748.2	16.8	15.2	17.3	15.9	2 0	751.3	18.9	16.9	19.0	15.8	19.0	15.6	1 49	750	18.1
	10 16	747.1	16.4	15.8	16.7	16.0	9 0	752.1	16.0	14.9	16.4	15.8	16.2	15.1	8 0	750	16.0
14. V.	6 0	742.9	14.8	13.8	14.8	13.9	6 0	746.7	15.0	14.4	15.1	14.7	15.0	14.2	4 35	748	14.2
															8 4	745	16.1
N.	1 19	733.9	17.7	15.7	17.7	15.9	2 0	738.6	19.0	17.8	19.0	17.9	19.0	17.9	1 34	738	19.2
	9 47	740.9	15.6	13.4	15.3	13.6	9 0	741.3	15.9	14.8	16.4	15.0	16.3	15.0	8 0	741	16.1
15. V.	4 46	744.0	15.1	13.5	15.0	13.7	5 0	746.8	16.0	14.8							
	5 51	744.5	15.2	13.4	15.1	13.8	6 0	746.9	16.1	14.7	16.1	16.6	16.4	14.9	8 0	749	17.1
N.	9 45	746.1	15.8	13.9	16.8	14.9									9 40	750	17.1
	12 0	746.8	16.2	14.9	17.9	16.3									12 1	749	17.1
	2 0	746.9	14.9	14.4	16.0	15.0	2 0	750.0	18.1	15.9	18.6	15.9	18.8	16.9	2 15	750	18.[illegible]
	4 34	746.4	16.5	15.5	16.8	15.8	4 15	749.8	19.1	17.1	19.0	16.5	19.2	16.1	4 52	750	18.9
	10 8	746.9	16.1	15.6	15.9	15.5	9 0	750.1	16.6	14.9	16.7	15.3	16.1	14.9	8 0	749	17.1
16. V.	4 38	746.0	15.8	15.8	15.8	15.6	4 40	748.9	16.5	15.7							
	5 58	746.0	15.7	15.6	15.9	15.6	6 0	749.1	16.3	15.6	16.3	15.7	16.5	15.7	8 0	749	17.1
	11 18	745.6	17.1	15.9	17.0	15.8									9 47	748	18.1
N.	2 28	744.7	15.2	14.4	15.3	14.5	2 0	748.1	16.7	14.9			16.3	15.2	2 26	748	15.4
	10 5	745.0	16.0	15.6	15.9	15.3	9 0	746.4	16.6	15.4	16.9	15.9	16.5	15.2	8 18	746	15.6
17. V.	6 19	741.8	14.8	14.1	15.3	14.7	6 0	745.0	15.6	14.4	15.9	14.9	15.5	14.4	8 8	747	19.5
N.	2 13	748.2	16.5	14.9	16.5	15.4	2 0	750.8	15.9	14.5	16.6	14.9	16.7	14.9	1 54	749	19.3
	10 1	752.8	15.3	12.8	15.1	12.9	9 0	755.6	15.4	12.7	15.6	12.9	15.5	12.6	7 58	756	15.3
18. V.	6 5	753.2	16.3	14.9	16.3	15.2	6 0	757.2	15.0	14.7	15.0	15.0	15.0	14.4	8 4	757	16.5
	10 14	755.0	18.3	14.6	17.3	15.7											
N.															12 14	758	18.1
	2 19	756.1	16.7	15.1	17.3	15.7	2 0	759.1	18.0	15.9	17.9	15.3	18.0	15.5	2 15	759	18.2
	4 23	756.2	16.5	15.2	16.8	15.5									4 23	759	18.1
	9 45	756.4	15.3	13.9	15.3	13.9	9 0	759.4	16.0	14.9	16.0	14.8	16.0	14.4	7 50	758	11.[illegible]
19. V.	4 51	755.3	14.6	13.4	14.3	13.3	4 45	758.4	15.2	14.1	15.5	14.9	15.3	14.9	4 24	760	11.[illegible]
	6 1	755.1	14.8	13.4	16.5	13.3	6 0	758.1	15.8	14.0	15.9	14.7	15.7	14.7	8 8	758	[illegible]
	10 0	754.3	15.8	14.3	17.4	15.9									9 48	758	[illegible]
	12 0	753.9	16.4	14.5	18.5	15.9	11 45	756.9	17.2	13.9	18.0	15.3	17.2	14.9	12 0	757	[illegible]

Helgoland.				Neuwerk.				Wangeroog.			
Mittl. Zeit	Wind. Richtung	Wind. Stärke	Bewölkung	Mittl. Zeit	Wind. Richtung	Wind. Stärke	Bewölkung	Mittl. Zeit	Wind. Richtung	Wind. Stärke	Bewölkung
				5h 0m	W	mässig.	bew., nurstellenweise klar.	8h 4m	SSW	heftig.	ganz bew., (nachts klar).
6h 58m	SW	stark.	bewölkt.	6 0	W	mässig.	bew., nurstellenweise klar.	10 0	SSW	heftig.	ganz bewölkt.
10 7	SW	stark.	bewölkt.	10 0	SW	stark.	bedeckt.	11 56	S	heftig.	ganz bewölkt.
2 7	SSW	mittel.	bewölkt.	2 0	SW	stark.	etwas Regen.	1 47	S	sehr heftig.	ganz bewölkt.
10 5	WSW	sehr heftig.	bewölkt.	9 0	SW	stark.	bed u. Regen.	8 0	SW	steif.	ganz bew., nachm. leichte Niederschläge.
6 4	SW	sehr heftig.	bewölkt.	6 0	SW	stark	bedeckt.	4 16	SSW	steif.	Cirri, im Horizont Dunst, rasche Bewölkung.
								8 2	SSW	steif.	ganz bew.
				9 30			starker Regen.	9 52	SSW	steif.	bewölkt, N u. NE klarer.
2 13	SW	heftig.	bewölkt.	2 0	S	stark.	bedeckt.	1 49	SW	steif.	bewölkt.
10 16	SW	mittel.	bewölkt, Regen.	9 0	S	stark.	"	8 0	SW	steif.	bewölkt.
6 0	SSW	stark.	bewölkt	6 0	S	stark.	bedeckt	4 35	S	steif.	teilw. bew., im Hor. Dunst,
								8 4	SE	steif.	ganz bew., stark. Regen.
2 19	SW	sehr stark.	teilw. bewölkt.	2 0	SW	stark.	"	1 54	WSW	auss. heftig.	" " " "
				4 0	SW	sehr stark.	"				
9 47	NW	mässig.	schwach bew.	9 0	NW	stark.	bedeckt, zuweil. Regen.	8 0	NW	steif.	eine blaue Stelle.
4 46	NW	mittel.	schwach bew.	5 0	NW	stark.	Zenit klar, im Hor. Wolken.				
5 31	NW	mittel.	bis auf den Hor. klar.	6 0			Sonne, wolkig.	8 0	NW	heftig.	teilw. bewölkt.
9 43	WNW	schwach.	schwach bew.					9 40	WNW	heftig.	ganz bewölkt.
2 0	WNW	schwach.	" "					12 1	WNW	heftig.	" "
2 0	W	schwach.	bewölkt, Regen.	2 0	NW	stark.		2 15	W	heftig.	teilw. bewölkt.
4 34	WNW	schwach.	klar, Hor. dunstig	4 15	NW	mässig.	Cumuli.	4 22	W	heftig.	" "
0 8	W	schwach.	klar.	9 0	NW	ruhig.	klar.	8 0	W	mässig.	klar, im Horiz. Dunst.
4 38	SSW	mittel.	klar, bis auf den Horizont.	4 40	SW						
5 58	SW	schwach.	teilw. bewölkt.	6 0	SW	sanft.	bewölkt, einzelne Sonnenblicke.	8 0	SSW	mässig.	ganz bewölkt.
1 12	S	mittel.	bewölkt.					9 47	S	mässig.	bewölkt, im Zenit Cirri u. Cirrusschleier.
1 22	SSE	schwach.	bewölkt, Regen.	2 0		ruhig.	Gewitterbildung.	2 26	ESE	mässig.	ganz bew., vormitt. starke Gewitter.
5		windstill.	klar.	9 0	SW	sanft.	bewölkt.	8 18	S	mässig.	teilw. bewölkt.
19	W	ziemi. stark.	bewölkt, Regen.	6 0	SW	stark.	ganz bedeckt.	8 8	SW	heftig.	ganz bew., starker Regen.
13	WNW	mittel.	teilw. bewölkt.	2 0	W	stark.	teilw. bedeckt, Sonnenblicke.	1 54	WNW	heftig.	ganz bewölkt
2	NW	stark.	" "	9 0	W	sehr stark.	bewölkt.	7 58	NW	sehr heftig.	" "
5	WNW	stark.	stark bewölkt.	6 0	W	stark.	bewölkt.	8 4	WSW	sehr heftig.	fast ganz bewölkt.
14	W	stark.	wenig bewölkt.								
								12 14	W	heftig.	teilw. bewölkt.
19	W	mittel.	teilw. bewölkt.	2 0	W	stark.	klärt sich auf.	2 15	WNW	heftig.	" "
23	WNW	schwach.	" "					4 23	WNW	heftig.	" "
42	NW	schwach	Horiz. bewölkt.	9 0	W	sanft.	heiter.	7 50	WNW	heftig.	klar, im Horizont Dunst.
51		windstill.	Horiz. bewölkt.	4 45		ruhig.	schwach bew.	4 24	WNW	mässig.	teilweise bewölkt.
1		windstill.	" "	6 0		ruhig.	"	8 8	WNW	fast windstill.	" "
0		windstill.	teilw. bewölkt.	10 10	W	ganz mässig.	im Süden bew.	9 48	WNW	mässig.	klar, Horizont bewölkt.
0		windstill.	" "					12 0	N	mässig.	" " "

1878	Helgoland. Mittl. Zeit	Helgoland. Luftdruck	Helgoland. Temperatur der Luft oben tr.	Helgoland. oben f.	Helgoland. unten tr.	Helgoland. unten f.	Neuwerk. Mittl. Zeit	Neuwerk. Luftdruck	Neuwerk. Temperatur der Luft oben tr.	Neuwerk. oben f.	Neuwerk. Mitte tr.	Neuwerk. Mitte f.	Neuwerk. unten tr.	Neuwerk. unten f.	Wangeroog. Mittl. Zeit	Wangeroog. Luft- Druck	Wangeroog. Luft- Temp.
August.		mm						mm								mm	
19. N.	2h 20m	753.3	+16°.8	+14°.7	+17°.1	+14°.9	2h 0m	756.6	+16°.8	+13°.9	+17°.3	+14°.9	+17°.0	+14°.8			
	4 19	753.0	16.1	13.9	16.3	14.1									4h 13m	756	+16°.6
	10 8	752.5	14.4	11.9	14.2	12.3	9 0	755.2	15.3	13.0	15.3	13.3	15.4	14.4	7 56	755	15.6
20. V.	5 12	752.0	14.2	11.8	14.0	12.3	6 0	754.5	15.2	12.9	14.9	11.9	15.2	12.6	7 58	755	15.5
	10 12	752.3	14.8	11.8	16.1	12.6									10 8	755	16.0
N.	12 1	752.5	14.6	12.1	16.0	12.4									12 0	756	15.6
	2 12	753.0	14.9	12.7	15.9	12.9	2 0	755.7	15.4	12.9	15.9	15.0	16.2	13.9	2 16	756	16.0
	4 25	753.1	14.6	12.8	15.2	12.9									4 20	756	15.9
	9 44	754.0	13.4	12.8	13.5	12.6	9 0	756.9	14.9	12.0	14.9	12.0	15.0	13.6	7 58	756	13.5
21. V.	6 18	755.5	13.2	11.8	13.6	12.4	6 0	758.3	12.9	12.4	13.0	12.4	13.0	12.3	8 3	758	14.1
	10 2	756.5	14.8	13.0	16.6	14.2									10 0	760	15.1
							11 15	759.6	15.2	13.2	14.9	13.2	15.0	14.0	11 58	760	15.9
N.	12 32	757.5	14.2	12.5	15.5	13.6											
	2 17	757.5	14.5	13.0	15.7	13.8	2 0	760.3	15.1	13.0	15.8	13.4	15.0	13.6	2 20	760	15.6
	4 36	757.4	14.6	11.8	15.3	12.3									4 16	761	15.6
	9 5	758.0	13.8	11.6	13.8	11.6	9 0	760.9	14.7	12.3	14.7	12.2	14.8	11.9	7 58	760	13.5
22. V.	6 0				12.6	11.4	6 0	761.6	13.9	11.0	14.6	11.4	14.8	11.6	8 0	763	14.4
	10 9	759.7	14.4	12.2	16.3	13.2	10 0	762.6	14.9	12.2			14.7		9 58	764	15.9
							11 45	762.7	15.0	11.8	15.7	12.7	15.0	11.9			
N.	12 4	759.6	14.8	12.2	16.1	12.9									12 2	763	15.6
	2 14	759.3	16.8	13.0	16.1	12.3	2 0	762.5	15.0	12.0	15.8	12.8	15.3	12.9	2 24	763	15.6
	4 3	758.6	16.7	12.5	15.5	12.2	4 15	762.3	15.9	12.0	15.9	12.2	15.5	12.3	4 24	763	15.5
	10 22	759.1	14.0	11.5	13.8	10.9	9 0	761.8	14.3	12.2	13.9	11.9	14.3	11.9	8 1	762	13.0
23. V.	4 36	756.5	14.2	12.7	13.9	12.3	4 30	759.7	13.1	11.9					4 28	760	14.1
	6 6	756.1	14.2	12.7	14.3	12.6	6 0	759.0	13.8	12.4	13.9	13.0	14.0	12.4	5 58	759	14.6
															8 2	759	15.2
	10 5	755.0	15.3	13.3	15.8	13.3	10 0	757.4	16.0	13.1					9 59	758	15.6
	11 50	753.7	15.2	12.8	16.6	13.3	11 15	755.3	17.8	13.1	17.9	13.9	18.0	12.9	11 56	757	17.1
N.	2 0	753.0	17.8	14.2	17.9	14.3	2 0	755.6	18.4	13.9	18.9	14.7	19.1	14.4	2 13	756	18.2
	4 24	752.3	18.2	14.5	18.1	14.9	4 15	754.2							4 23	754	18.2
	9 48	750.0	16.6	14.4	16.8	14.9	9 0	753.2	16.9	13.9	17.0	14.8	17.0	13.9	8 1	753	17.2
24. V.	6 22	748.5	14.2	13.4	14.9	13.2	6 0	751.2	15.0	12.8	15.2	13.4	15.2	12.9	8 0	751	15.6
	10 6	747.9	16.0	14.8	16.7	14.8	10 0	751.0	16.9	14.4	17.0	14.9	17.0	14.1			
N.	12 56	747.6	17.3	15.8	17.8	15.5	12 15	750.5	18.6	15.2	19.0	15.4	19.0	15.2			
							2 0	750.3	19.9	16.3	20.0	16.7	20.3	16.4	2 0	751	[illegible]
	10 9	746.7	16.9		16.9	15.6	9 0	749.9	17.1	14.9	17.1	15.6	17.0	14.9	8 0	750	[illegible]
25. V.	6 8	745.7	15.4	14.6	15.4	14.9	6 0	748.6	14.9	14.0	15.0	14.9	15.0	14.0	8 0	749	[illegible]
							10 0	748.8	17.4	15.7	18.0	15.9	17.6	15.6	10 12	749	[illegible]
							11 45	749.0	17.9	15.9	18.2	16.3	18.9	16.4			
N.	2 2	745.6	17.4	15.8	18.0	16.5	2 0	748.6	19.9	16.8	20.1	17.1	20.1	16.9	2 0	749	[illegible]
	4 6	745.6	18.3	16.9	18.7	17.2	4 15	748.4	20.4	16.9	20.3	16.9	20.2	16.4			
	10 20	745.8	16.8	16.3	16.8	16.1	9 0	748.7	17.0	16.0	17.5	16.4	17.1	15.9	8 0	749	[illegible]
26. V.	5 59	745.9	15.5	15.4	15.8	15.4	6 0	748.9	15.8	14.9	15.2	14.7	15.3	14.7	8 0	749	[illegible]
	10 8	745.8	15.9	15.3	16.8	15.7	10 0	749.3	16.9	15.6	16.9	15.7	17.2	15.9	9 47	749	[illegible]
	11 48	745.8	16.9	15.9	17.8	16.2	11 45	749.0	18.4	16.3	18.8	16.5	19.2	16.7	12 2	749	[illegible]

Helgoland.				Neuwerk.				Wangeroog.			
Mittl. Zeit	Wind. Richtung	Wind. Stärke	Bewölkung	Mittl. Zeit	Wind. Richtung	Wind. Stärke	Bewölkung	Mittl. Zeit	Wind. Richtung	Wind. Stärke	Bewölkung
$2^h 10^m$	NNW	schwach.	Horiz. bewölkt.					$2^h 15^m$	N	mässig.	teilw. bewölkt.
4 19	NNW	sehr schwach.	teilw. bewölkt.					4 13	NW	"	Zenit Cirri, Horiz. bewölkt.
10 8	N	mittel.	" "	$9^h 0^m$	NW	mässig.	bedeckt.	7 56	NNE	heftig.	ganz bewölkt.
5 12	N	mässig.	bewölkt.	6 0	NW	stark.	etwas wolkig.	7 58	NNE	heftig.	teilw. bewölkt.
10 12	N	mittel.	etwas bewölkt.					10 2	WNW	heftig.	" "
12 1	NNW	"	schwach bew.					12 0	NW	heftig.	" "
2 11	NNW	"	teilw. bewölkt.					2 16	NW	heftig.	klar, Horizont bewölkt.
4 25	NNW	mässig.	bewölkt.					4 20	NW	heftig.	" " "
9 44	NW	stark.	teilw. bewölkt.					7 38	WNW	heftig.	ganz bewölkt.
6 18	NNW	schwach.	bewölkt.	6 0		ruhig.	bedeckt.	8 3	NW	mässig.	ganz bewölkt.
10 2	NNW	mittel.	"					10 0	WNW	mässig.	fast ganz bewölkt.
				11 15	W	sanft	bewölkt.	11 58	WNW	mässig.	teilw. bew., in N u. S Regen.
12 32	NNW	schwach.	bewölkt.								
2 17	NNW	mittel.	"	2 0	NW	mässig.	schwach bew.	2 20	WNW	mässig.	teilweise bewölkt.
4 36	NW	mässig.	teilw. bewölkt.					4 16	WNW	mässig.	" "
9 5	NNW	schwach.	bewölkt.	9 0	NW	"	bewölkt.	7 58	WNW	mässig.	ganz bewölkt.
6 0	N	schwach.	starker Regen.	6 0	NW	sanft.	bedeckt, etwas Regen.	8 0	N	mässig.	klar, im E Nebel; früh W- u. SW-winde.
10 9	NNW	"	schwach bew.	10 0	N	"	schwach bew.	9 38	N	"	teilw. bewölkt, Zenit klar.
12 4	NNW	schwach.	klar bis auf d. Hor.					12 2	NW	mässig.	teilweise bewölkt.
2 14		windstill.	" " "					2 24	WNW	schwach.	im Horizont Cirrostratus.
4 3		"	" " "	4 15	NW	schwach.	heiter.	4 24	WNW	"	" "
10 12		"	klar.	9 0		ruhig.	heiter.	8 1	NE	mässig.	Horizont umzogen.
4 36	ESE	mässig.	Horiz. bewölkt.	4 30	E	mässig	halb heiter.	4 28	E	stark.	bewölkt.
6 6	ESE	mittel.	bewölkt.	6 0	E	"	"	5 58	E	stark.	bewölkt, im Zenit Cirri.
				9 0	E	stark.	heiter.	8 1	ESE	steif.	bewölkt.
10 5	ESE	mittel.	schwach bew.					9 59	ESE	sehr heftig.	Cirrostratus.
12 30	ESE	"	" "					11 56	E	"	Cirrostr. u. Cirrusschleier.
2 0	SE	"	" "	2 0	E	stark.	heiter.	2 23	E	"	im S Cirrusschleier.
4 14	ESE	zieml. stark.	schwach bew.					4 23	E	"	bewölkt, Cirrusschleier.
9 48	ESE	stark.	bewölkt.	9 0	E	stark.	überzogen.	8 2	SE	"	ganz bewölkt.
6 12	ESE	zieml. stark.	bewölkt.	6 0	E	sehr stark.	ganz bedeckt.	8 0	ESE	heftig.	bew., im Zenit Cirri, Horiz. dunstig.
10 6	ESE	"	ziemlich bew.	10 0	E	stark.	Gewölk zerteilt sich.				
12 56	ESE	stark.	teilw. bewölkt.	12 15	E	stark.					
				1 0	ESE		teilw. bewölkt.				
				2 0	E	stark.	Bedeck. wieder zunehmend.	2 0	SE	mässig stark.	bewölkt.
10 9	ESE	stark.	bewölkt.	9 0	E	stark.	Regen.	8 0	SE	stark.	ganz bewölkt
6 8	SE	stark.	bewölkt.	6 0	E	sanft.	bedeckt.	8 0	SSE	mässig.	Nebel u. Dunst, Zenit klar.
				10 0	SE	ruhig.	Schleiergewölk.	10 12	SSE	"	" " " "
2 2	SE	schwach.	dunstig.	2 0	SE	"	lockeres Schleiergewölk, farb. Sonnenhof.	2 0	S	fast windstill.	bewölkt.
4 6	SE	schwach.	zieml. bewölkt.								
10 10	S	mittel.	klar bis auf d. Hor.	9 0			sanfter Regen.	8 0	SW	fast windstill.	ganz bewölkt.
5 59	SW	"	" " "	6 0	SW	sanft.	bedeckt.	8 0	SW	mässig stark.	im Horiz. Dunst u. Nebel, Zenit klar.
10 8	SW	"	Horiz. dunstig.	10 0	SW	mässig.	Cirrocumuli.	9 47	SW	"	im Horiz. Dunst u. Nebel, Zenit klar, im S Wolken.
11 48	SW	"	schwach bew.	11 45	SW	mässig.	Cirrocumuli.	12 2	SW	"	bewölkt.
				1 0			Regen.				

1878	Helgoland. Mittl. Zeit	Luftdruck	Temperatur der Luft oben tr.	oben f.	unten tr.	unten f.	Neuwerk. Mittl. Zeit	Luftdruck	Temperatur der Luft oben tr.	oben f.	Mitte tr.	Mitte f.	unten tr.	unten f.	Wangeroog. Mittl. Zeit	Luft- Druck	Tem[p.]
August 26. N.	$2^h\ 12^m$	744.8	+20°5	+18°4	+19°6	+17°8	$3^h\ 30^m$	749.2	+19°2	+17°2	+19°8	+17°5	+19°7	+17°3	$2^h\ 15^m$	749	+19.
							4 0	748.7	18.8	16.8	18.5	16.4	17.9	16.3			
	10 6	745.3	16.5	16.3	16.4	15.9	9 0	748.3	16.4	15.7	17.8	16.4	17.9	15.9	8 0	748	16.
27. V.							4 45	749.9	16.1	15.5	16.4	15.9	16.8	15.9	4 47	750	16.
	5 55	747.7	15.8	15.3	16.5	15.3	6 0	750.6	16.7	15.6	16.9	15.8	16.7	15.8	8 7	754	16.
	10 4	750.1	16.3	15.4	17.9	16.2	10 0	753.0	17.8	15.7	18.0	15.8	18.2	15.9	9 49	753	17.
	11 54	751.4	16.6	15.6	18.6	16.8	11 45	753.4	18.1	15.9	18.1	15.9	18.3	16.4	11 3	754	18.
N.	2 9	751.1	17.3	16.8	18.3	17.2	2 0	753.9	18.8	16.5	19.0	16.8	19.0	16.7	2 15	753	19.
	9 47	751.3	17.2	17.0	17.2	16.8	9 0	754.6	16.9	15.8	17.2	16.4	17.0	15.7	7 57	754	17.
28. V.							4 43	752.8	16.2	15.0							
	6 16	749.3	15.8	15.4	15.8	15.3	6 0	752.8	15.8	14.9	16.0	15.4	16.0	15.2	8 0	752	16.
	10 40	749.3	16.6	15.7	17.5	16.5	10 0	753.0	17.8	15.8	18.5	16.2	19.2	16.9	9 52	752	17.
	12 0	749.7	16.9	15.4	17.7	16.3	11 45	753.2	18.6	16.4	19.0	16.7	19.5	16.9	12 1	753	18.
N.	2 0	750.1	16.9	15.7	17.7	16.3	2 0	753.6	19.0	16.6	19.1	16.9	19.1	16.9	2 17	754	18.
	4 29	750.3	16.8	15.5	17.3	15.9	4 15	753.7	18.5	15.2	18.4	15.8	18.3	15.9	4 21	753	18.
	9 58	751.2	16.2	15.0	16.2	15.0	9 0	754.3	16.0	14.9	16.1	14.8	16.1	14.9	8 0	753	16.
29. V.	6 17	752.0	16.4	16.2	16.9	16.2	6 0	754.7	15.7	15.2	15.8	15.2	15.4	15.0	8 2	755	15.
	10 1	752.9	16.5	16.4	17.7	16.9											
N.							12 30	756.4	18.8	17.0	19.2	17.3	18.9	17.0			
	2 6	752.7	18.7	17.4	18.1	17.8	2 0	756.0	18.8	16.9	19.9	17.9	19.1	17.0	2 0	755	19.1
	9 59	749.2	17.5	16.9	17.7	16.9	9 0	755.9	17.9	15.8	18.3	17.0	17.9	15.9	8 0	754	18.5
30. V.	6 19	746.0	17.2	17.0	17.8	17.3	6 0	751.7	18.2	17.8	18.3	17.5	18.6	17.8	8 0	750	18.1
	9 58	746.0	17.5	16.3	18.1	16.8	10 0	749.6	19.2	16.9	20.0	17.7	21.1	18.1	10 0	750	19.
	11 53	746.4	18.2	16.6	18.4	16.8	11 45	750.2	19.6	16.9	20.0	17.0	20.3	17.1	12 2	750	19.
N.	2 3	746.4	18.3	16.4	18.2	16.4	2 0	750.1	19.9	16.9	20.0	17.0	20.1	16.7	2 0	749	19.1
															3 17	749	20.3
	4 27	745.8	18.8	16.9	18.5	16.8	4 15	749.6	20.0	16.2	19.9	16.8	19.8	16.7	4 22	750	19.5
	5 59	746.2	16.5	15.8	16.4	15.9											
							9 0	749.8	17.2	15.2	17.0	15.3	16.7	15.4	8 0	749	16.5
31. V.	6 30	747.0	15.2	14.8	15.3	14.8	6 0	750.7	15.9	14.8	15.9	14.8	15.8	14.7	8 0	751	16.1
							10 0	751.5	17.2	15.6			17.2	15.7			
N.							12 0		17.9	15.6	18.0	15.5	18.1	15.7			
	1 59	747.8	15.4	15.2	15.9	15.3	2 0		17.5	15.4	17.5	15.4	17.3	15.7	2 0	752	18.7
	9 52	748.1	15.3	14.9	15.3	14.8	9 0	752.3	15.9	14.4	15.9	14.9	16.0	14.7	8 0	751	16.5
September. 1. V.							6 0	752.2	15.9	15.3	16.2	14.9	16.3	15.2	8 0	754	15.
							10 0	754.2	17.2	15.4	17.9	16.0	19.0	16.0	10 27	754	17.
							12 30	754.5	18.4	15.9	18.9	16.5	19.5	16.4	12 7	754	[illegible]
N.	2 20	750.3	19.1	17.3	18.8	17.3	2 0	753.9	18.5	16.0	18.8	16.5	18.8	16.2	2 22	754	[illegible]
							4 15		17.7	16.2	17.8	15.9	17.9	15.9	3 22	754	[illegible]
							9 0	754.6	16.7	15.3	16.8	15.4	17.0	15.2	8 0	754	[illegible]

Helgoland.				Neuwerk.				Wangeroog.			
Mittl. Zeit	Wind. Richtung	Wind. Stärke	Bewölkung	Mittl. Zeit	Wind. Richtung	Wind. Stärke	Bewölkung	Mittl. Zeit	Wind. Richtung	Wind. Stärke	Bewölkung
2h18m	SSW	schwach.	schwach bew.	3h30m	NW	mässig.	bedeckt.	2h15m	SW	fast windstill.	im N u. E Regen.
				4 0	NW	mässig.	Regen.				
10 6		windstill.	klar.	9 0	NW	sanft	bedeckt u. Regen.	8 0	SE	mässig.	teilweise bewölkt.
				4 45	NW	sanft	Zenit klar, im Hor. Nebelwände	4 47	NW	mässig stark.	im W Cumuli, im Horizont Nebel und Dunst.
5 53	NNW	sehr schwach.	schwach bew.	6 0	NW	sanft.	wolkig.	8 7	W	mässig stark.	bewölkt.
10 4	WNW	schwach.	Horiz. dunstig.	10 0	NW	sanft	Zenit klar, im Hor. neblig.	9 49	W	mässig stark.	bewölkt, im Hor. Dunst.
11 54	W	schwach.	„ „	11 45	NW	sanft	„ „ „	12 3	W	mässig stark.	Horizont u. S bewölkt.
2 9	WSW	schwach.	sehr dunstig.	2 0	SW	mässig.	„ „ „	2 15	W	mässig stark.	bewölkt.
9 47	WNW	schwach.	Horiz. dunstig.	9 0	S	sanft.	„ „ „	7 57	SSE	mässig stark.	„
				4 45	SW	mässig.	bloss im Zenit klar.				
6 16	WSW	stark.	bewölkt.	6 0	SW	mässig.	bedeckt.	8 0	WSW	stark.	teilweise bewölkt.
10 40	WSW	stark.	Horiz. bewölkt.	10 0	SW	mässig.	halb heiter.	9 52	WSW	stark.	„ „
12 0	WSW	stark.	„ „	11 45	SW	mässig.	„	12 1	WSW	heftig.	teilweise bewölkt, Regen.
1 0	W	stark.	schwach bew.	2 0	NW	mässig.	zerstreut. Gewölk, zwischen 2h u. 3h Gewitterregen.	2 17	WNW	stark.	teilweise bewölkt.
				3 0	W	sehr windig.					
4 29	W	stark.	Horiz. bewölkt.	4 15	NW	mässig.	der Himmel bedeckt sich.	4 22	WNW	stark.	„ „
9 58	W	mittel.	bewölkt. Wetterleuchten.	9 0	NW	mässig.	sanfter Regen, Gewitter fern im N.	8 0	W	mässig stark.	ganz bew., Reg., 10h Gewitt
6 17		windstill.	Horiz. bewölkt.					8 2	WSW	mässig.	Nebel.
10 1	NW	schwach.	Hor. sehr dunstig.								
				12 30		ruhig.	Höhenrauch.				
1 6		windstill.	sehr dunstig.					2 0	SW	fast windstill.	ganz bew., Hor. u. Meer Neb.
9 59	SE	zieml. stark.	bewölkt.	9 0	NE	mässig.	bedeckt.	8 0	SE	mässig.	ganz bewölkt.
6 19	SW	mittel.	Horiz. dunstig	6 0	SW	mässig.	halb bedeckt.	8 0	S	mässig.	teilw. bew. dunstig; nachts Regen.
9 58	SW	heftig.	„ „	10 0	SW	stark.	halb heiter.	10 0	SW	steif.	teilweise bewölkt.
11 53	SW	heftig.	bewölkt.	11 45	SW	stark.	„	12 2	SSW	heftig.	vollständig bewölkt.
2 3	SW	heftig.	bewölkt.	2 0	SW	stark.	wolkig, gegen 3h zweimal Regen.	2 0	SSW	heftig.	teilweise bewölkt.
								3 17	SSW	heftig.	ganz bewölkt.
4 27	SW	heftig.	stark bewölkt.	4 15	SW	stark.	wolkig.	4 12	SSW	heftig	ganz bew., im NW Regen.
5 59	SSW	sehr stark.	klar.								
				9 0	SW	stark.	bedeckt, am Horiz. hier u. da hell.	8 0	SW	heftig.	ganz bewölkt.
6 30	SW	sehr heftig.	bewölkt.	6 0	SW	stark.	bedeckt.	8 0	SW	steif.	ganz bewölkt.
				10 0	SW	stark.	bewölkt.				
1 59	SW	sehr heftig.	Regen.	2 0	SW	stark.	bedeckt, einzelne Sonnenblicke, 3h kurz., stark. Reg	2 0	SW	steif.	ganz bewölkt, Regen.
9 52	SW	sehr heftig.	bewölkt.	9 0	SW	stark.	bedeckt.	8 0	SW	steif.	ganz bewölkt.
6 0			heftig. Unwetter.	6 0	SW	mässig.	bedeckt.	8 0	WSW	heftig.	teilweise bewölkt.
				10 0	SW	mässig.	wolkig, einzelne Sonnenblicke.	10 37	SW	heftig.	ganz bew., im Zenit klar.
				12 30	SW	mässig.	wolkig, einzelne Sonnenblicke.				
								12 7	SW	heftig.	ganz bewölkt.
2 20	SSW	schwach.	Horiz. dunstig.	2 0	SW	mässig.	wolkig.	2 22	SSW	heftig.	ganz bewölkt.
				4 15	SW	mässig.	wolkig.	3 22	SSW	heftig.	ganz bewölkt, Regen.
				9 0	SSW	schwach.	bedeckt.	8 0	N	heftig.	„ „ „

1878	Helgoland.						Neuwerk.								Wangeroog.		
	Mittl. Zeit	Luftdruck	Temperatur der Luft oben tr.	oben f.	unten tr.	unten f.	Mittl. Zeit	Luftdruck	Temperatur der Luft oben tr.	oben f.	Mitte tr.	Mitte f.	unten tr.	unten f.	Mittl. Zeit	Luft-Druck	Luft-Temp.
August. 6. V.							6h 0m	761.1	+16°.7	+16°.4	+18°.0	+18°.0	+17°.0	+16°.9			
	9h 57m	755.4	+17°.7	+17°.2	+18°.1	+17°.7	10 0				19.9	18.7	20.3	20.0	10h 7m	759	+21°.0
							11 45	757.8	21.3	19.9	22.4	20.1	23.0	21.1			
N.	12 0	754.4	20.2	18.8	20.8	20.1	12 15	757.5	20.8	20.0			23.1	21.1	12 4	759	23.4
							2 55	756.2	23.8	20.2	24.0	20.5	24.3	22.0	2 12	757	23.6
							4 55	756.0	23.3	20.2	23.8	21.0	23.7	22.2	3 54	757	23.6
							9 0	755.7	21.8	20.0	21.3	20.0	21.1	21.1	7 30		21.8
7. V.							4 55		19.0	18.0							
							5 30	755.7									
	6 0	755.5			16.9	16.8	6 0		17.6	16.9	18.0	17.9	17.6	17.5	8 0	756	20.2
N.	2 0	754.5	20.4	18.6	20.3	18.8	2 0	757.5	22.0	20.0	22.3	20.5	22.4	22.0	2 3	757	22.5
	10 0	756.5	16.7	16.7	16.5	16.2	9 0	759.1	18.5	18.0	18.6	18.0	18.2	17.8	8 0	758	17.9
8. V.	4 33	756.8	16.8	16.2	16.7	16.2	4 10	759.9	17.3	16.9	17.7	17.3	17.8	16.9	5 4	759	17.1
	5 53	756.8	16.8	16.2	18.3	16.8	6 0	760.0	19.7	18.0			19.3	17.8	8 3	761	18.2
	9 38	757.5	17.3	16.9	18.5	17.5									9 25	760	19.9
	11 42	758.0	17.3	18.8	18.8	17.6	11 45	761.2	20.3	18.7	21.2	19.2	22.4	19.5	11 0	761	22.2
N.	2 22	758.3	17.9	17.2	19.5	18.2	2 0	761.2	20.3	18.0	20.2	18.0	20.3	18.1	2 11	761	20.5
	3 56	758.3	17.8	17.0	18.6	17.5									3 14	761	20.8
															3 42	761	20.2
							9 0	762.7	17.9	16.1	18.2	17.0	18.1	16.7	8 0	762	17.9
	9 55	759.9	16.4	15.9	16.5	15.9											
9. V.	4 49	759.9	16.6	16.5	16.6	16.4									4 39	762	15.1
							6 0	762.8	17.8	16.9	17.6	17.1	17.9	17.0	8 0	762	17.9
	10 4	760.7	16.8	16.6	18.1	17.6									10 39	763	20.0
N.															12 23	763	20.2
	1 39	760.4	18.2	17.3	19.2	18.0	2 0	763.4	20.0	16.9	19.8	18.1	19.0	18.3	2 18	764	20.5
															4 18	764	19.1
	4 28	760.0	17.9	17.0	18.4	17.3									4 42	764	18.5
															6 55	764	18.6
															5 5	763	18.5
	12 38	759.9	14.8	15.2	15.7	15.1	9 0	762.7	17.7	16.8	17.9	17.0	17.2	16.7	8 0	762	16.9
10. V.							6 0	759.9	16.1	15.1	17.5	17.0	15.8	15.1	8 5	760	18.8
	10 10	756.3	17.0	16.5	17.8	16.8									10 24	759	20.4
															11 26	759	21.3
N.							1 0	757.2	23.2	18.7	22.8	19.2	23.6	18.4	12 24	759	22.2
	2 0	753.7	19.8	18.2	20.2	18.6	2 0	756.5	24.0	18.0	23.4	19.0	24.1	18.0	2 14	757	22.5
							4 15	754.5	24.2	17.6	23.0	19.0	24.6	18.5	4 0	756	23.8
	9 41	749.2	19.8	17.9	19.6	17.8	9 0	752.5	22.0	19.3	20.5	18.5	21.2	18.0	8 5	752	21.5
11. V.	6 22	746.1	17.8	16.9	17.8	16.9	6 0	749.0	18.8	18.0	18.8	18.0	18.9	18.0			
							10 0	750.1	19.0	17.2	19.8	17.7	19.9	18.0	8 4	750	19.1
N.	1 56	748.2	17.7	17.2	18.8	17.7	2 0	750.9	18.8	17.9	19.7	18.0	19.1	19.0	1 52	750	19.4
	9 39	751.3	15.8	14.5	15.9	14.6	9 0	753.6	17.4	15.9	17.5	15.8	17.1	15.9	8 0	753	17.1

Helgoland.				Neuwerk.				Wangeroog.			
Mittl. Zeit	Wind- Richtung	Wind- Stärke	Bewölkung	Mittl. Zeit	Wind- Richtung	Wind- Stärke	Bewölkung	Mittl. Zeit	Wind- Richtung	Wind- Stärke	Bewölkung
				6h 0m	SE	mässig.	neblig.				
9h 57m	SE	mässig.	dunstig.	10 0				10h 7m	ESE	heftig.	Cirrostratus, im Hor. Dunst.
11 0	SE	windig.	klar.					12 4	ESE	heftig.	" " "
				2 45	SE	stark.		2 12	ESE	heftig.	" " "
				4 15	E	mässig.	schwacher Seenebel.	3 14	ESE	heftig.	" " "
								8 0	SE	heftig.	ganz bew., im W Gewitter.
				4 15	W	schwach.	im E klar, sonst bedeckt.				
6 0		windstill.	bedeckt, Regen.	6 0			Regen.	8 0	W	fast still.	umzogen, im W etwas klar.
2 0	SSW	schwach.	teilw. bewölkt.					2 2	WSW	fast still.	umzogen, im Hor. Dunst, Zenit klar.
10 0		windstill.	klar.					8 0	NW	fast still.	klar, einzelne Cirri, im Horizont Dunst.
4 11	SSW	schwach.	klar bis auf d. Hor.	4 10	W	sanft.	neblig am Hor.	5 4	SW	mässig stark.	Cirri.
5 13	SSW	"	klar.					8 2	SW	mässig stark.	klar, im Horiz. Dunst.
9 12	WSW	windig.	heiter, Horizont dunstig.	10 0	W	mässig.		9 45	WSW	mässig stark.	" " " "
11 43	WSW	zieml. stark.	heiter, Horizont dunstig.	11 43	W	mässig.	Gewitterwolken in SE.	12 0	NW	heftig.	Cumuli.
2 22	WSW	schwach.	dunstig.					2 21	WNW	mässig stark.	klar.
								3 14	WNW	mässig stark.	Cirri.
3 56	W	schwach.	"	4 15	WNW		Hor. bew., Dunst.	3 42	WNW	mässig stark.	fast ganz umzogen, sehr dunstig.
								8 0	WNW	mässig stark.	klar, im Horizont Dunst.
9 55	WSW	zieml. stark.	schwach bew.								
4 49	WSW	mässig.	verschleiert.	4 10	W	mässig.	heiter, Horizont dunstig.	4 19	WSW	mässig.	Nebel.
				6 0	W	sanft.	dunst. Hor., klar.	6 0	WSW	mässig.	dichter Nebel, im Zenit etwas klarer.
10 4	WSW	mässig.	klar, Hor. dunstig.					10 39	WSW	mässig.	Cirri u. Cirrostr., fast ganz umzogen.
								12 13	WNW	mässig.	fast ganz bewölkt.
2 19	W	schwach.	dunstig.	2 0	W	sanft.	" " "	2 18	WNW	mässig.	bewölkt, im Horiz. Dunst.
								4 10	NW	mässig.	im E, S und W bewölkt, Horizont dunstig.
4 28		windstill.	teilw. bewölkt.					4 42	NW	mässig.	bewölkt, Horiz. dunstig.
								4 53	NW	mässig.	" " "
								5 5	NW	mässig.	" " "
10 38		windstill.	" "	9 0	W	ruhig.	dunst. Hor., klar.	6 0	NW	mässig.	" " "
				6 0	SE	sanft.	Seenebel.	8 5	ESE	mässig.	Cirrostr., Nebel.
10 10	SE	mässig.	dunstig.					10 22	SE	zieml. stark.	Cirrostr. u. Cirrusschleier.
								11 14	SE	zieml. stark.	" "
								12 24	SE	zieml. stark.	" "
2 0	SE	mässig.	"					2 12	SE	stark.	Cirrusschleier, Dunst.
				4 15	SE	mittel.	schwach bezog.	4 0	SE	stark.	" "
9 43	ESE	stark.	bewölkt.					8 5	SE	heftig.	fast ganz bew., im Horiz. Dunst.
6 22	W	gering.	bewölkt.	6 0	SW	sanft.	bedeckt.				
				10 0	SW	mässig.	"	8 4	WNW	mässig.	ganz bew.
1 56	W	mässig.	teilw. bewolkt.	2 0	SW	"	Regen.	2 51	WNW	mässig.	" "
9 52	NW	mittel.	zieml. klar.	9 0	W	stark.	"	8 0	WNW	mässig.	ganz bew., nachm. Regen.

1878		Helgoland. Mittl. Zeit	Luftdruck	Temperatur der Luft oben tr.	oben f.	unten tr.	unten f.	Neuwerk. Mittl. Zeit	Luftdruck	Temperatur der Luft oben tr.	oben f.	Mitte tr.	Mitte f.	unten tr.	unten f.	Wangeroog. Mittl. Zeit	Luft-Druck	Luft-Temp.
August. 12.	V.							5h 0m	753.9	+15°.9	+14°.2	+15°.4	+14°.9	+15°.3	+14°.9	8h 4m	753	+15°.6
		6h 58m	750.6	+15°.8	+14°.6	+15°.8	+14°.7	6 0	754.1	15.7	13.8	15.4	14.4	15.2	13.9	10 0	754	18.4
	N.	10 7	750.4	18.0	14.4	16.9	15.7	10 0	753.2	17.7	14.9	17.5	14.9	17.6	14.9	11 16	754	19.0
		2 7	749.4	17.9	16.2	18.1	16.8	2 0	751.4	19.0	15.9	19.0	15.4	19.1	15.5	1 47	753	19.0
		10 5	747.6	19.4	15.5	16.4	15.6	9 0	751.7	17.0	16.0	17.5	16.0	16.3	15.6	8 0	751	17.0
13.	V.	6 5	746.6	15.7	15.5	15.9	15.7	6 0	750.2	16.7	16.1	16.4	15.6	16.6	15.4	4 16	750	14.9
																8 2	750	17.3
	N.							9 30	750.4	18.6	17.9	18.9	16.9	18.3	16.1	9 52	750	18.8
		2 13	748.8	16.8	15.3	17.3	15.9	1 0	751.3	18.9	16.9	19.0	15.8	19.0	15.6	1 49	750	18.4
		10 16	747.1	16.4	15.8	16.7	16.0	9 0	751.1	16.0	14.9	16.6	15.8	16.2	15.1	8 0	750	16.0
14.	V.	6 0	742.9	14.8	13.8	14.8	13.9	6 0	746.7	15.0	14.4	15.1	14.7	15.0	14.2	4 35	748	14.8
																8 4	745	16.6
	N.	2 19	733.9	17.7	15.7	17.7	14.9	3 0	738.6	19.0	17.8	19.0	17.9	19.0	17.9	1 14	738	19.0
		9 47	740.9	15.6	13.4	15.3	13.6	9 0	741.3	15.9	14.8	16.4	15.0	16.3	15.0	8 0	741	16.5
15.	V.	4 46	744.0	15.1	13.5	15.0	13.7	5 0	746.8	16.0	14.8							
		5 51	744.5	15.3	13.4	15.1	13.8	6 0	746.9	16.1	14.7	16.1	16.6	16.4	14.9	8 0	749	17.5
	N.	2 45	748.1	15.6	13.9	16.8	14.9									2 40	750	17.8
		12 0	749.8	16.2	14.9	17.9	16.3									12 1	749	17.8
		2 0	749.9	14.9	14.4	16.0	15.0	2 0	750.0	18.1	15.9	18.6	15.9	18.8	16.9	2 15	750	18.2
		4 16	749.4	16.5	15.5	16.8	15.8	4 15	749.8	19.1	17.1	19.0	16.5	19.1	18.2	4 22	750	18.9
		10 8	746.9	16.1	15.6	15.9	15.5	9 0	750.1	16.6	14.9	16.7	15.3	16.2	14.9	8 0	749	17.1
16.	V.	4 58	746.0	15.8	15.8	15.8	15.6	4 40	748.9	16.5	15.7							
		5 58	746.0	15.7	15.6	15.9	15.6	6 0	749.1	16.3	15.6	16.3	15.7	16.5	15.7	8 0	749	17.2
		12 12	745.6	17.1	15.9	17.0	15.8									2 47	748	18.8
	N.	2 33	744.7	15.3	14.4	15.3	14.5	2 0	748.1	16.7	14.9			16.3	15.3	3 36	748	15.4
		10 5	743.0	16.0	15.6	15.9	15.3	9 0	746.4	16.8	15.4	16.9	15.9	16.5	15.2	8 18	746	15.6
17.	V.	6 19	741.8	14.8	14.5	15.1	14.7	6 0	745.0	15.6	14.8	15.9	14.9	15.5	14.4	8 8	747	19.6
	N.	2 15	748.2	16.5	14.9	16.5	15.4	2 0	750.8	15.9	14.5	16.6	14.9	16.7	14.9	6 56	749	16.5
		10 1	753.8	15.5	13.8	15.1	13.9	9 0	755.6	15.6	13.2	15.8	13.9	15.1	13.6	7 58	756	15.5
18.	V.	6 5	753.2	16.5	14.9	16.1	15.2	6 0	757.8	15.0	14.7	15.0	15.0	15.0	14.5	8 6	757	16.8
		10 16	755.0	16.3	14.6	17.3	15.7											
	N.															12 16	758	18.1
		2 19	756.1	16.7	15.5	17.3	15.7	2 0	759.1	18.0	15.9	17.9	15.3	18.0	15.5	2 15	759	18.1
		4 33	756.2	16.5	15.2	16.8	15.5									4 33	759	18.1
		9 48	756.4	15.3	13.9	15.3	13.9	9 0	759.4	16.0	14.9	16.0	14.8	16.0	14.4	7 59	758	16.8
19.	V.	6 31	755.3	14.6	13.4	14.3	13.3	4 45	758.4	15.8	14.1	15.5	14.9	15.3	14.9	4 34	760	15.6
		8 4	755.1	14.8	13.4	16.1	15.3	5 0	758.1	15.8	14.0	15.9	14.7	15.7	14.7	8 8	758	16.5
		10 0	754.3	15.8	14.3	17.4	15.9									9 48	758	17.0
		12 0	753.9	16.4	14.3	18.5	15.9	11 45	756.9	17.1	13.9	18.0	15.3	17.3	14.9	12 0	757	16.9

Helgoland.				Neuwerk.				Wangeroog.			
Mittl. Zeit	Wind. Richtung	Wind. Stärke	Bewölkung	Mittl. Zeit	Wind. Richtung	Wind. Stärke	Bewölkung	Mittl. Zeit	Wind. Richtung	Wind. Stärke	Bewölkung
				5h 0m	W	mässig.	bew., nur stellenweise klar.	8h 4m	SSW	heftig.	ganz bew., (nachts klar).
6h 58m	SW	stark.	bewölkt.	6 0	W	mässig.	bew., nur stellenweise klar.	10 0	SSW	heftig.	ganz bewölkt.
12 7	SW	stark.	bewölkt.	10 0	SW	stark.	bedeckt.	11 56	S	heftig.	ganz bewölkt.
2 7	SSW	mittel.	bewölkt.	2 0	SW	stark.	etwas Regen.	1 42	S	sehr heftig.	ganz bewölkt.
10 5	WSW	sehr heftig.	bewölkt.	9 0	SW	stark.	bed. u. Regen.	8 0	SW	steif.	ganz bew., nachm. leichte Niederschläge.
6 4	SW	sehr heftig.	bewölkt.	6 0	SW	stark	bedeckt.	4 26	SSW	steif.	Cirri, im Horizont Dunst, rasche Bewölkung.
								8 3	SSW	steif.	ganz bew.
				9 10			starker Regen.	9 52	SSW	steif.	bewölkt, N u. NE klarer.
3 11	SW	heftig.	bewölkt.	2 0	S	stark.	bedeckt.	1 49	SW	steif.	bewölkt.
10 26	SW	mittel.	bewölkt, Regen.	9 0	S	stark.	"	8 0	SW	steif.	bewölkt.
6 0	SSW	stark.	bewölkt	6 0	S	stark.	bedeckt	4 35	S	steif.	teilw. bew., im Hor. Dunst,
								8 4	SE	steif.	ganz bew., stark. Regen.
3 19	SW	sehr stark.	teilw. bewölkt.	2 0	SW	stark.	"	1 54	WSW	auss. heftig.	" " " "
				4 0	SW	sehr stark.	"				
9 47	NW	mässig.	schwach bew.	9 0	NW	stark.	bedeckt, zuweil. Regen.	8 0	NW	steif.	eine blaue Stelle.
4 46	NW	mittel.	schwach bew.	5 0	NW	stark.	Zenit klar, im Hor. Wolken.				
5 11	NW	mittel.	bis auf den Hor. klar.	6 0			Sonne, wolkig	8 0	NW	heftig.	teilw. bewölkt.
9 41	WNW	schwach.	schwach bew.					9 40	WNW	heftig.	ganz bewölkt.
12 0	WNW	schwach.	" "					12 1	WNW	heftig.	" "
2 0	W	schwach.	bewölkt, Regen.	2 0	NW	stark.		2 11	W	heftig.	teilw. bewölkt.
4 34	WNW	schwach.	klar, Hor. dunstig	4 15	NW	mässig.	Cumuli.	4 22	W	heftig.	" "
10 8	W	schwach.	klar.	9 0	NW	ruhig.	klar.	8 0	W	mässig.	klar, im Horiz. Dunst.
4 18	SSW	mittel.	klar, bis auf den Horizont.	4 40	SW						
5 58	SW	schwach.	teilw. bewölkt.	6 0	SW	sanft.	bewölkt, einzelne Sonnenblicke.	8 0	SSW	mässig.	ganz bewölkt.
12 12	S	mittel.	bewölkt.					9 42	S	mässig.	bewölkt, im Zenit Cirri u. Cirrusschleier.
2 22	SSE	schwach.	bewölkt, Regen.	2 0		ruhig.	Gewitterbildung.	2 26	ESE	mässig.	ganz bew., vormitt. starke Gewitter.
0 5		windstill.	klar.	9 0	SW	sanft.	bewölkt.	8 18	S	mässig.	teilw. bewölkt.
6 19	W	ziemI. stark.	bewölkt, Regen.	6 0	SW	stark.	ganz bedeckt.	8 8	SW	heftig.	ganz bew., starker Regen.
2 13	WNW	mittel.	teilw. bewölkt.	2 0	W	stark.	teilw. bedeckt, Sonnenblicke.	1 54	WNW	heftig.	ganz bewölkt
0 1	NW	stark.	" "	9 0	W	sehr stark.	bewölkt.	7 58	NW	sehr heftig.	" "
6 5	WNW	stark.	stark bewölkt.	6 0	W	stark.	bewölkt.	8 4	WNW	sehr heftig.	fast ganz bewölkt.
0 14	W	stark.	wenig bewölkt.								
								12 14	W	heftig.	teilw. bewölkt.
2 19	W	mittel.	teilw. bewölkt.	2 0	W	stark.	klart sich auf.	2 25	WNW	heftig.	" "
4 33	WNW	schwach.	" "					4 33	WNW	heftig.	" "
2 48	NW	schwach	Horiz. bewölkt.	9 0	W	sanft.	heiter.	7 59	WNW	heftig.	klar, im Horizont Dunst.
2 51		windstill.	Horiz. bewölkt.	5 41		ruhig.	schwach bew.	4 34	WNW	mässig.	teilweise bewölkt.
6 1		windstill.	" "	6 0		ruhig.	"	8 8	WNW	fast windstill.	" "
0 0		windstill.	teilw. bewölkt.	10 10	W	ganz mässig.	im Süden bew.	9 48	WNW	mässig.	klar, Horizont bewölkt.
2 0		windstill.	" "					12 0	N	mässig.	" " "

1878		Helgoland.						Neuwerk.								Wangeroog.		
		Mittl. Zeit	Luftdruck	Temperatur der Luft				Mittl. Zeit	Luftdruck	Temperatur der Luft						Mittl. Zeit	Luft-	
				oben		unten				oben		Mitte		unten				
				tr.	f.	tr.	f.			tr.	f.	tr.	f.	tr.	f.		Druck	Temp.
August.			mm						mm								mm	
19.	N.	1h 20m	753.3	+16°.8	+14°.7	+17°.1	+14°.9	2h 0m	756.6	+16°.8	+13°.9	+17°.3	+14°.9	+17°.0	+14°.8			
		4 19	753.0	16.1	13.9	16.3	14.1									4h 13m	756	+16°.6
		10 8	752.5	14.2	11.9	14.1	11.3	9 0	755.1	15.3	13.0	15.3	13.3	15.4	14.4	7 36	755	15.6
20.	V.	5 12	752.0	14.2	11.8	14.0	11.3	6 0	754.5	15.2	12.9	14.9	11.9	15.1	12.6	7 58	755	15.5
		10 11	753.3	14.8	11.8	16.2	12.6									10 2	755	16.0
	N.	12 1	753.5	14.6	11.1	16.0	13.4									12 0	756	15.6
		2 11	753.0	14.9	[illegible]	15.9	12.9	2 0	755.7	15.4	12.9	15.9	15.0	16.2	13.9	2 16	756	16.0
		4 35	753.1	14.6	12.8	15.2	12.9									4 20	756	15.9
		9 44	754.0	13.4	12.8	13.5	12.6	9 0	756.9	14.9	12.0	14.9	12.0	15.0	13.6	7 58	756	15.5
21.	V.	6 28	755.5	13.2	12.8	13.6	12.4	6 0	758.3	12.9	12.4	13.0	12.4	13.0	12.3	8 3	758	14.8
		10 2	756.5	14.8	13.0	16.6	14.1									10 0	760	15.1
								11 15	759.6	13.2	12.2	14.9	13.2	15.0	14.0	11 58	760	15.9
	N.	12 38	757.5	14.2	12.5	15.5	13.6											
		2 17	757.5	14.5	13.0	15.7	12.8	2 0	760.3	15.2	13.0	15.8	13.4	15.0	13.6	2 20	760	15.6
		4 36	757.4	14.6	12.8	15.3	12.3									4 16	761	15.6
		9 5	758.0	13.8	12.6	13.8	12.6	9 0	760.9	14.7	12.3	14.7	12.2	14.8	12.9	7 58	760	13.8
22.	V.	6 0				12.6	11.4	6 0	761.6	13.9	11.0	14.6	11.4	14.8	11.6	8 0	763	14.4
		10 9	759.7	14.4	12.2	16.3	13.2	10 0	762.6	14.9	12.2			14.7		9 58	764	15.9
								11 45	762.7	15.0	11.8	15.7	12.7	15.0	11.9			
	N.	12 4	759.6	14.8	12.2	16.1	12.9									12 2	763	15.6
		2 14	759.3	16.8	13.0	16.1	13.3	2 0	762.5	15.0	12.0	15.8	12.8	15.3	12.9	2 24	763	15.6
		4 3	758.6	16.7	12.5	15.5	12.2	4 15	762.3	15.9	12.0	14.9	12.2	15.5	12.3	4 24	763	15.5
		10 12	750.1	14.0	11.5	12.8	10.9	9 0	761.8	14.3	12.2	13.9	11.9	14.3	11.9	8 2	762	15.0
23.	V.	4 36	756.5	14.2	12.7	13.9	12.2	4 10	759.7	13.1	11.9					4 28	760	14.2
		6 6	756.1	14.2	12.7	14.1	12.6	6 0	759.0	13.8	12.4	13.9	13.0	14.0	12.4	5 58	759	14.2
																8 2	759	15.2
		10 5	755.0	15.3	13.3	15.8	13.3	10 0	757.4	16.0	13.1					9 39	758	15.6
		11 50	755.1	15.2	12.8	16.6	13.3	11 15	755.3	17.8	13.1	17.9	13.9	18.0	13.9	11 56	757	17.4
	N.	2 0	753.0	17.8	14.2	17.9	14.5	2 0	755.6	18.4	13.9	18.9	14.7	19.1	14.4	2 13	756	19.1
		4 14	751.3	18.1	14.4	18.1	14.9	4 15	754.1							4 23	754	18.2
		9 48	750.0	16.6	14.4	16.8	14.9	9 0	753.1	16.9	13.9	17.0	14.8	17.0	13.9	8 2	753	18.2
24.	V.	6 12	748.5	14.8	13.4	14.9	13.2	6 0	751.1	15.0	12.8	15.2	13.4	15.1	12.9	8 0	751	15.6
		10 6	747.9	18.0	14.8	18.7	14.8	10 0	751.0	16.9	14.4	17.0	14.9	17.0	14.2			
	N.	12 36	747.8	17.3	15.8	17.8	15.5	12 15	750.5	18.6	15.1	19.0	15.4	19.0	15.2			
								2 0	750.3	19.9	16.3	20.0	16.7	20.3	16.4	2 0	751	19.2
		10 9	746.7	16.9		16.9	15.6	9 0	749.9	17.1	14.9	17.1	15.6	17.0	14.9	8 0	750	18.0
25.	V.	6 8	745.7	15.4	14.6	15.4	14.9	6 0	748.5	14.9	14.0	15.9	14.9	15.0	14.0	8 0	749	15.4
								10 0	748.8	17.4	15.7	18.0	15.9	17.6	15.6	10 12	749	17.8
								11 45	749.0	17.9	15.9	18.2	16.3	18.9	16.4			
	N.	1 2	745.6	17.4	15.8	18.0	16.5	2 0	748.6	19.9	16.8	20.1	17.1	20.1	16.9	2 0	749	19.6
		4 6	745.6	18.3	16.9	18.7	17.2	4 15	748.4	20.4	16.9	20.3	16.9	20.2	16.4			
		10 20	745.8	16.8	16.3	16.8	16.2	9 0	748.7	17.0	16.0	17.5	16.4	17.1	15.9	8 0	749	17.8
26.	V.	5 32	745.9	15.5	15.4	15.8	15.4	6 0	748.9	15.8	14.9	15.2	14.7	15.3	14.7	8 0	749	15.5
		10 8	745.8	15.9	15.3	16.8	15.7	10 0	749.1	16.9	15.6	16.9	15.7	17.2	15.9	9 47	749	16.8
		11 48	745.8	16.9	15.9	17.8	16.2	11 45	749.0	18.4	16.3	18.8	16.5	19.2	16.7	12 2	749	18.9

Helgoland.				Neuwerk.				Wangeroog.			
Mittl. Zeit	Wind. Richtung	Wind. Stärke	Bewölkung	Mittl. Zeit	Wind. Richtung	Wind. Stärke	Bewölkung	Mittl. Zeit	Wind. Richtung	Wind. Stärke	Bewölkung
2h 30m	NNW	schwach.	Horiz. bewölkt.					2h 15m	N	mässig.	teilw. bewölkt.
4 19	NNW	sehr schwach.	teilw. bewölkt.					4 11	NW	„	Zenit Cirri, Horiz. bewölkt.
10 8	N	mittel.	„ „	9h 0m	NW	mässig.	bedeckt.	7 16	NNE	heftig.	ganz bewölkt.
5 12	N	mässig.	bewölkt.	6 0	NW	stark.	etwas wolkig.	7 18	NNE	heftig.	teilw. bewölkt.
10 11	N	mittel.	etwas bewölkt.					10 2	WNW	heftig.	„ „
12 1	NNW	„	schwach bew.					12 0	NW	heftig.	„ „
2 11	NNW	„	teilw. bewölkt.					2 16	NW	heftig.	klar, Horizont bewölkt.
4 55	NNW	mässig.	bewölkt.					4 20	NW	heftig.	„ „ „
9 44	NW	stark.	teilw. bewölkt.					7 58	WNW	heftig.	ganz bewölkt.
6 18	NNW	schwach.	bewölkt.	6 0		ruhig.	bedeckt.	8 3	NW	mässig.	ganz bewölkt.
10 2	NNW	mittel.	„					10 0	WNW	mässig.	fast ganz bewölkt.
				11 15	W	sanft	bewölkt.	11 58	WNW	mässig.	teilw. bew., in N u. S Regen.
11 12	NNW	schwach.	bewölkt.								
2 17	NNW	mittel.	„	2 0	NW	mässig.	schwach bew.	2 20	WNW	mässig.	teilweise bewölkt.
4 16	NW	mässig.	teilw. bewölkt.					4 16	WNW	mässig.	„ „
9 1	NNW	schwach.	bewölkt.	9 0	NW	„	bewölkt.	7 58	WNW	mässig.	ganz bewölkt.
6 0	N	schwach.	starker Regen.	6 0	NW	sanft.	bedeckt, etwas Regen.	8 0	N	mässig.	klar, im E Nebel; früh W u. SW winde.
10 2	NNW	„	schwach bew.	10 0	N	„	schwach bew.	9 58	N	„	teilw. bewölkt, Zenit klar.
11 4	NNW	schwach.	klar bis auf d. Hor.					12 2	NW	mässig.	teilweise bewölkt.
2 14		windstill.	„ „ „					2 24	WNW	schwach.	im Horizont Cirrostratus.
4 1		„	„ „ „	4 15	NW	schwach.	heiter.	4 24	WNW	„	„ „
10 12		„	klar.	9 0		ruhig.	heiter.	8 1	NE	mässig.	Horizont umzogen.
4 16	ESE	mässig.	Horiz. bewölkt.	4 10	E	mässig	halb heiter.	4 28	E	stark.	bewölkt.
6 6	ESE	mittel.	bewölkt.	6 0	E	„	„	5 58	E	stark.	bewölkt, im Zenit Cirri
				9 0	E	stark.	heiter.	8 1	ESE	steif.	bewölkt.
12 1	ESE	mittel.	schwach bew.					9 19	ESE	sehr heftig.	Cirrostratus.
11 50	ESE	„	„ „					11 56	E	„	Cirrostr. u. Cirrusschleier.
2 0	SE	„	„ „	2 0	E	stark.	heiter.	2 11	E	„	im S Cirrusschleier.
4 14	ESE	zieml. stark.	schwach bew.					4 31	E	„	bewölkt, Cirrusschleier.
9 48	ESE	stark.	bewölkt	9 0	E	stark.	überzogen.	8 1	SE	„	ganz bewölkt.
6 12	ESE	zieml. stark.	bewölkt.	6 0	E	sehr stark.	ganz bedeckt.	8 0	ESE	heftig.	bew., im Zenit Cirri, Horiz. dunstig.
10 6	ESE	„	ziemlich bew.	10 0	E	stark.	Gewölk zerteilt sich.				
12 16	ESE	stark.	teilw. bewölkt.	12 15	E	stark.					
				1 0	ESE		teilw. bewölkt.				
				2 0	E	stark.	Bedeck. wieder zunehmend.	2 0	SE	mässig stark.	bewölkt.
10 2	ESE	stark.	bewölkt.	9 0	E	stark.	Regen.	8 0	SE	stark.	ganz bewölkt
6 1	SE	stark.	bewölkt.	6 0	E	sanft.	bedeckt.	8 0	SSE	mässig.	Nebel u. Dunst, Zenit klar.
				10 0	SE	ruhig.	Schleiergewölk.	10 12	SSE	„	„ „ „ „
2 2	SE	schwach.	dunstig.	2 0	SE	„	lockeres Schleiergewölk, farb. Sonnenhof.	2 0	S	fast windstill.	bewölkt.
4 6	SE	schwach.	zieml. bewölkt.								
10 12	S	mittel.	klar bis auf d. Hor.	9 0			sanfter Regen.	8 0	SW	fast windstill.	ganz bewölkt.
5 59	SW	„	„ „ „	6 0	SW	sanft.	bedeckt.	8 0	SW	mässig stark.	im Horiz. Dunst u. Nebel, Zenit klar.
10 8	SW	„	Horiz. dunstig.	10 0	SW	mässig.	Cirrocumuli.	9 47	SW	„	im Horiz. Dunst u. Nebel, Zenit klar, im S Wolken.
11 48	SW	„	schwach bew.	11 45	SW	mässig.	Cirrocumuli. Regen.	12 2	SW	„	bewölkt.
				1 0							

1878		Helgoland. Mittl. Zeit	Luftdruck	Temperatur der Luft oben tr.	oben f.	unten tr.	unten f.	Neuwerk. Mittl. Zeit	Luftdruck	Temperatur der Luft oben tr.	oben f.	Mitte tr.	Mitte f.	unten tr.	unten f.	Wangeroog. Mittl. Zeit	Luft Druck	Luft Temp.
August			mm						mm								mm	
26.	N.	3h 18m	744.8	+20°.5	+18°.4	+19°.6	+17°.8	3h 30m	749.1	+19°.2	+17°.1	+19°.8	+17°.5	+19°.7	+17°.1	3h 15m	749	+19°.0
								6 0	748.7	18.8	16.8	18.5	16.4	17.9	16.3			
		10 6	745.5	16.5	16.3	16.4	15.9	9 0	748.3	16.4	15.7	17.8	16.4	17.9	15.9	8 0	748	16.2
27.	V.							4 45	749.9	16.1	15.5	16.4	15.9	16.8	15.9	4 47	750	16.8
		5 55	747.7	15.8	15.3	16.5	15.5	6 0	750.6	16.7	15.6	16.9	15.8	16.7	15.8	6 7	754	16.9
		10 4	750.1	16.3	15.4	17.9	16.2	10 0	753.0	17.8	15.7	18.0	15.8	18.1	15.9	9 49	753	17.6
		11 54	751.4	16.6	15.6	18.6	16.8	11 45	753.4	18.1	15.9	18.1	15.9	18.3	16.4	11 3	754	18.0
	N.	2 9	751.1	17.3	16.8	18.3	17.2	2 0	753.9	18.8	16.5	19.0	16.8	19.0	16.7	2 15	753	19.1
		9 47	751.3	17.2	17.0	17.2	16.8	9 0	754.6	16.9	15.8	17.8	16.4	17.0	15.7	7 57	754	17.9
28.	V.							4 45	752.8	16.1	15.0							
		6 16	749.1	15.8	15.4	15.8	15.5	6 0	752.8	15.8	14.9	16.0	15.4	16.0	15.3	8 0	751	16.0
		10 40	749.1	16.6	15.7	17.5	16.5	10 0	753.0	17.8	15.8	18.5	16.1	19.1	16.9	9 53	751	17.6
		12 0	749.7	16.9	15.4	17.2	16.3	11 45	753.3	18.6	16.4	19.0	16.7	19.5	16.9	12 5	753	18.2
	N.	2 0	750.1	16.9	15.7	17.7	16.3	2 0	753.6	19.0	16.6	19.1	16.9	19.1	16.9	2 27	754	18.2
		4 29	750.3	16.8	15.5	17.3	15.9	4 15	753.7	18.5	15.2	18.4	15.8	18.3	15.9	4 22	753	18.8
		9 58	751.1	16.2	15.0	16.2	15.0	9 0	754.3	16.0	14.9	18.1	14.8	16.1	14.9	8 0	753	16.5
29.	V.	6 17	752.0	16.4	16.2	16.9	16.2	6 0	754.7	15.7	15.1	15.8	15.2	15.4	15.0	8 2	755	15.5
		10 1	752.9	16.5	16.4	17.7	16.9											
	N.							12 30	756.4	18.8	17.0	19.3	17.3	18.9	17.0			
		2 6	752.7	18.7	17.4	18.2	17.8	2 0	756.0	18.8	16.9	19.9	17.9	19.1	17.0	2 0	755	19.2
		9 59	749.2	17.5	16.9	17.7	16.9	9 0	753.9	17.9	15.8	18.3	17.0	17.9	15.9	8 0	754	18.5
30.	V.	6 19	746.0	17.2	17.0	17.8	17.3	6 0	751.7	18.2	17.8	18.3	17.5	18.6	17.8	8 0	750	18.2
		9 58	746.0	17.5	16.3	18.1	16.8	10 0	749.6	19.2	16.9	20.0	17.7	22.8	18.1	10 0	750	19.0
		11 53	746.4	18.2	16.6	18.4	16.8	11 45	750.2	19.6	16.9	20.0	17.0	20.3	17.1	12 2	750	19.5
	N.	2 3	746.4	18.3	16.4	18.2	16.4	2 0	750.1	19.9	16.9	20.0	17.0	20.2	16.7	2 0	749	19.2
																3 52	749	20.5
		4 57	745.8	18.8	16.9	18.5	16.8	4 15	749.6	20.0	16.1	19.9	16.8	19.8	16.7	6 12	750	19.5
		5 59	746.1	16.5	15.8	16.4	15.9											
								9 0	749.8	17.1	15.8	17.0	15.3	16.7	15.4	8 0	749	16.5
31.	V.	6 30	747.0	15.6	14.8	15.3	14.8	6 0	750.7	15.9	14.8	15.9	14.8	15.8	14.7	8 0	752	16.1
								10 0	751.5	17.2	15.6			17.1	15.7			
	N.							12 0		17.9	15.6	18.0	15.5	18.1	15.7			
		1 59	747.8	15.4	15.2	15.9	15.3	2 0		17.3	15.4	17.3	15.4	17.3	15.7	2 0	752	16.8
		9 52	748.1	15.3	14.9	15.3	14.8	9 0	752.3	15.9	14.4	15.9	14.9	16.0	14.7	8 0	751	16.5
September																		
1.	V.							6 0	753.2	15.9	15.3	16.2	14.9	16.3	15.1	8 0	754	15.8
								10 0	754.2	17.2	15.4	17.9	16.0	19.0	16.0	10 37	754	17.4
								12 30	754.3	18.4	15.9	18.9	16.5	19.5	16.4	12 7	754	18.0
	N.	2 20	750.3	19.1	17.3	18.8	17.3	2 0	753.9	18.5	16.0	18.8	16.5	18.8	16.2	2 22	754	18.9
								4 15		17.2	16.2	17.8	15.9	17.9	15.9	3 52	754	17.8
								9 0	754.6	16.7	15.3	16.8	15.4	17.0	15.2	8 0	754	16.9

Helgoland.				Neuwerk.				Wangeroog.			
Mittl. Zeit	Wind. Richtung	Wind. Stärke	Bewölkung	Mittl. Zeit	Wind. Richtung	Wind. Stärke	Bewölkung	Mittl. Zeit	Wind. Richtung	Wind. Stärke	Bewölkung
2ʰ 18ᵐ	SSW	schwach.	schwach bew.	3ʰ 30ᵐ	SW	mässig.	bedeckt.	2ʰ 15ᵐ	SW	fast windstill.	im N u. E Regen.
				8 0	SW	mässig.	Regen.				
10 6		windstill.	klar.	9 0	NW	sanft	bedeckt u. Regen.	8 0	SE	mässig.	teilweise bewölkt.
				4 45	NW	sanft	Zenit klar, im Hor. Nebelwände	4 47	NW	mässig stark.	im W Cumuli, im Horizont Nebel und Dunst.
3 55	NNW	sehr schwach.	schwach bew.	6 0	NW	sanft.	wolkig.	8 7	W	mässig stark.	bewölkt.
10 4	WNW	schwach.	Horiz. dunstig.	10 0	NW	sanft	Zenit klar, im Hor. neblig	9 49	W	mässig stark.	bewölkt, im Hor. Dunst.
11 54	W	schwach.	„ „	11 45	NW	sanft	„ „ „	11 3	W	mässig stark.	Horizont u. S bewölkt.
2 9	WSW	schwach.	sehr dunstig.	2 0	SW	mässig.	„ „ „	2 15	W	mässig stark.	bewölkt.
9 47	WSW	schwach.	Horiz. dunstig.	9 0	S	sanft.	„ „ „	7 37	SSE	mässig stark.	„
				4 45	SW	mässig.	bloss im Zenit klar.				
6 16	WSW	stark.	bewölkt.	6 0	SW	mässig.	bedeckt.	8 0	WSW	stark.	teilweise bewölkt.
10 49	WSW	stark.	Horiz. bewölkt.	10 0	SW	mässig.	halb heiter.	9 52	WSW	stark.	„ „
12 0	WSW	stark.	„ „	11 45	SW	mässig.	„	12 1	WSW	heftig.	teilweise bewölkt, Regen.
2 0	W	stark.	schwach bew.	2 0	NW	mässig.	zerstreut. Gewölk, zwischen 2ʰ u. 3ʰ Gewitterregen.	3 17	WNW	stark.	teilweise bewölkt.
				3 0	W	sehr windig.					
4 59	W	stark.	Horiz. bewölkt.	4 15	NW	mässig.	der Himmel bedeckt sich.	4 22	WNW	stark.	„ „
9 18	W	mittel.	bewölkt, Wetterleuchten.	9 0	NW	mässig.	sanfter Regen, Gewitter fern im S.	8 0	W	mässig stark.	ganz bew., Reg., 10ʰ Gewitt
6 17		windstill.	Horiz. bewölkt.					8 2	WSW	mässig.	Nebel.
10 1	SW	schwach.	Hor. sehr dunstig.								
				12 10		ruhig.	Höhenrauch.				
2 6		windstill.	sehr dunstig.					2 0	SW	fast windstill.	ganz bew., Hor. u. Meer Neb.
9 59	SE	zieml. stark.	bewölkt.	9 0	NE	mässig.	bedeckt.	8 0	SE	mässig.	ganz bewölkt.
6 19	SW	mittel.	Horiz. dunstig	6 0	SW	mässig.	halb bedeckt.	8 0	S	mässig.	teilw. bew. dunstig; nachts Regen.
9 58	SW	heftig.	„ „	10 0	SW	stark.	halb heiter.	10 0	SW	steif.	teilweise bewölkt.
11 53	SW	heftig.	bewölkt.	11 45	SW	stark.	„	12 2	SSW	heftig.	vollständig bewölkt.
2 3	SW	heftig.	bewölkt.	2 0	SW	stark.	wolkig, gegen 3ʰ zweimal Regen.	2 0	SSW	heftig.	teilweise bewölkt.
								3 17	SSW	heftig.	ganz bewölkt.
4 37	SW	heftig.	stark bewölkt.	4 15	SW	stark.	wolkig.	4 12	SSW	heftig	ganz bew., im NW Regen.
5 19	SSW	sehr stark.	klar.								
				9 0	SW	stark.	bedeckt, am Horiz. hier u. da hell.	8 0	SW	heftig.	ganz bewölkt.
6 10	SW	sehr heftig.	bewölkt.	6 0	SW	stark.	bedeckt.	8 0	SW	steif.	ganz bewölkt.
				10 0	SW	stark.	bewölkt.				
2 59	SW	sehr heftig.	Regen.	2 0	SW	stark.	bedeckt, einzelne Sonnenblicke, 3ʰ kurz. stark Reg.	2 0	SW	steif.	ganz bewölkt, Regen.
9 53	SW	sehr heftig.	bewölkt.	9 0	SW	stark.	bedeckt.	8 0	SW	steif.	ganz bewölkt.
6 0			heftig. Unwetter.	6 0	SW	mässig.	bedeckt.	8 0	WSW	heftig.	teilweise bewölkt.
				10 0	SW	mässig.	wolkig, einzelne Sonnenblicke.	10 17	SW	heftig.	ganz bew., im Zenit klar.
				11 10	SW	mässig.	wolkig, einzelne Sonnenblicke.				
								12 7	SW	heftig.	ganz bewölkt.
2 20	SSW	schwach.	Horiz. dunstig.	2 0	SW	mässig.	wolkig.	2 22	SSW	heftig.	ganz bewölkt.
				4 15	SW	mässig.	wolkig.	3 22	SSW	heftig.	ganz bewölkt, Regen.
				9 0	SSW	schwach.	bedeckt.	8 0	N	heftig.	„ „ „

Neuwerk.

1881	Mittl. Zeit	Luft Druck	Luft Temperatur tr.	Luft Temperatur f.	Wind Richtung	Wind Stärke	Bewölkung
Juli 19. V.	9h 30m	756.4 mm	+22°.3	+19°.9	ESE	schwach.	etwas bew., Horiz. dunstig.
	11 15	755.4	26.2	22.2	E	schwach.	etwas bew., Horiz. dunstig.
N.	1 31	754.8	27.1	22.0	E	mässig.	etw. weniger bew., Hor. dunstig.
	3 35	754.1	29.4	23.6	ENE	mässig.	wie vorher.
20. V.	9 35	749.8	23.4	22.8	S	mässig.	fast wolkenlos, sehr dunstig.
	11 30	749.3	25.4	21.9	NNE	mässig.	fast wolkenlos, sehr dunstig.
N.	1 5	748.6	26.8	22.4	SW bis W wechselnd.		bewölkt, Gewitter.
	2 0	749.3	21.3	19.4	NW	sehr heft.	teilweise bewölkt, dunstig.
21. V.	9 50	757.8	14.9	11.4	NW	schwach.	teilweise bewölkt.
	12 30	757.6	15.8	11.7	NW	sehr schw.	" "
N.	1 30	757.2	17.2	13.0	NW	sehr schw.	" "
	3 30	756.7	19.9	13.0	NW	schwach.	" "
Aug. 1. V.	9 45	762.8	16.9	13.3	N	mittel.	dunstig.
	10 30	762.5	19.7	15.4	N	mittel.	dunstig.
N.	1 40	761.9	22.2	17.6	N	mittel.	dunstiger.
2. V.	9 50	760.9	17.6	15.8	W	mittel.	teilw. bew., dunstig.
N.	1 30	760.5	19.4	16.2	W	mittel.	" " "
	3 35	759.9	21.9	15.5	W	mittel.	" " "
16. V.	9 45	748.3	13.2	12.2	NW	schwach.	Wolken.
	11 45	748.2	16.2	12.6	W	schwach.	"
N.	1 55	747.7	17.0	13.5	W	schwach.	"
	3 45	747.3	18.0	14.0	W	schwach.	"
22. V.	10 15	754.1	14.8	12.8		windstill.	bedeckt.
	11 50	754.0	15.8	13.1	ENE	schwach.	Wolken, Sonnenschein.
N.	1 35	753.8	17.0	14.0	SW	schwach.	" "
	3 35	754.2	16.3	13.5	WNW	mässig.	" "

1881	Mittl. Zeit	Luft Druck	Luft Temperatur tr.	Luft Temperatur f.	Wind Richtung	Wind Stärke	Bewölkung
Aug. 23. V.	9h 51m	755.9 mm	+15°.2	+13°.0	SW	mittel.	Horiz. dunstig.
	11 35	755.7	18.6	14.2	SW	schwach.	" "
N.	1 30	755.2	17.6	14.1	NW	schwach.	" "
	3 35	754.0	19.4	15.6	E	sehr schw.	dunst., Sonnenhof.
27. V.	9 45	748.1	13.7	13.6	SW	etw. heft.	Wolken.
	11 30	749.2	15.8	12.9	NW	etw. heft.	"
28. V.	9 45	755.4	14.5	12.2	W	mittel.	Wolken.
	11 40	755.8	14.8	10.9	W	mittel.	"
N.	1 35	756.7	13.2	12.3	W	mittel.	Horizont dunstig.
	3 30	757.0	13.3	11.2	W	mittel.	bewölkt.
29. V.	9 30	759.3	13.1	12.8	WSW	heftig.	Horizont wolkig.
	11 35	759.5	13.4	12.5	SW	heftig.	" "
N.	1 15	759.2	13.8	12.1	SW	heftig.	Wolken, Unwetter.
31. V.	10 30	750.6	14.8	13.6	NNW	mässig.	Wolken
	11 55	750.7	16.2	14.9	NE	mässig.	Wolken u. Sonnenschein.
Sept. 1. V.	9 30	754.2	16.7	15.3	NE	mittel.	bewölkt.
	11 30	754.4	17.2	15.2	NE	mässig.	bew., sehr dunstig.
N.	2 0	754.5	19.2	16.3	NE	mässig.	" " "
	3 30	754.5	16.5	15.1	NNE	mittel.	bewölkt.
6. N.	12 30	750.0	16.5	14.7	SSE	mittel.	Wolken.
	1 30	750.2	17.6	15.5	S	schwach.	Hor. Wolk., Sonne.
	3 35	750.6			S	schwach.	" " "
	4 45	750.4	19.8	16.0	S	mittel.	" " "
7. V.	9 55	750.5	15.5	14.9	ESE	mittel.	nebl., Sonne dringt durch.
N.	12 15	749.9	17.9	16.4	ESE	mittel.	Wolken.
	2 7	750.1	18.2	15.8	SSW	mittel.	"

Gezeitentafel für Cuxhaven.

(Nach dem Preuss. Normalkalender.)

	1878				1881				1888			
	Vormittags		Nachmittags		Vormittags		Nachmittags		Vormittags		Nachmittags	
	Hoch-wasser	Niedrig-wasser	Hoch-wasser	Niedrig-wasser	Hoch-wasser	Niedrig-wasser	Hoch-wasser	Niedrig-wasser	Hoch-wasser	Niedrig-wasser	Hoch-wasser	Niedrig-wasser
Juli 16	1h 51m	8h 46m	2h 11m	9h 5m	4h 5m	10h 58m	4h 27m	11h 17m	5h 27m	—h—m	5h 51m	12h 13m
17	2 12	9 22	2 42	9 39	4 48	11 36	5 9	11 54	6 18	12 36	6 46	1 1
18	3 5	9 55	3 22	10 11	5 30	— —	5 53	12 22	7 19	1 33	7 55	2 2
19	3 38	10 28	3 56	10 44	6 14	12 11	6 40	12 56	8 13	2 45	9 11	3 26
20	4 13	11 0	4 30	11 15	7 8	1 22	7 40	1 53	9 49	4 7	10 26	4 46
21	4 47	11 32	5 4	11 45	8 16	2 28	8 54	3 9	11 0	5 22	11 30	5 55
22	5 21	11 59	5 37	— —	9 31	3 49	10 8	4 27	11 58	6 26	— —	6 55
23	5 56	12 26	6 17	12 34	10 42	5 1	11 13	5 36	12 25	7 23	12 51	7 49
24	6 40	12 55	7 8	1 21	11 43	6 7	— —	6 36	1 15	8 13	1 39	8 36
25	7 39	1 51	8 14	2 28	12 8	7 1	12 31	7 26	2 1	8 58	2 21	9 18
26	8 53	3 9	9 33	3 50	12 53	7 44	1 11	8 3	2 41	9 37	3 3	9 57
27	10 12	4 31	10 50	5 11	1 30	8 21	1 46	8 38	3 21	10 16	3 41	10 34
28	11 24	5 48	11 55	6 22	2 3	8 54	2 19	9 9	4 2	10 51	4 20	11 7
29	— —	6 52	12 23	7 19	2 34	9 23	2 49	9 38	4 38	11 24	4 57	11 40
30	12 47	7 42	1 9	8 5	3 4	9 54	3 20	10 10	5 15	11 55	5 33	— —
31	1 31	8 28	1 54	8 50	3 37	10 26	3 54	10 41	5 54	12 13	6 17	12 34
Aug. 1	2 15	9 12	2 37	9 34	4 10	10 56	4 26	11 12	6 43	12 58	7 13	1 26
2	3 0	9 56	3 22	10 17	4 41	11 26	5 0	11 41	7 45	1 57	8 17	2 30
3	3 44	10 37	4 5	10 57	5 17	— —	5 40	12 2	8 50	3 5	9 24	3 41
4	4 26	11 15	4 46	11 38	6 4	12 11	6 30	12 46	9 57	4 16	10 30	4 51
5	5 6	11 48	5 25	— —	7 1	1 15	7 40	1 52	11 2	5 25	11 30	5 55
6	5 46	12 7	6 9	12 28	8 21	2 36	9 8	3 25	11 55	6 22	— —	6 47
7	6 36	12 51	7 1	1 24	9 52	4 9	10 34	4 51	12 28	7 12	12 41	7 35
8	7 49	2 1	8 31	2 41	11 10	5 31	11 43	6 9	1 2	7 57	1 21	8 18
9	9 16	3 32	9 58	4 16	— —	6 41	12 12	7 10	1 43	8 38	2 2	8 57
10	10 38	4 58	11 14	5 37	12 39	7 37	1 4	8 2	2 22	9 17	2 42	9 37
11	11 44	6 10	— —	6 41	1 28	8 26	1 51	8 49	3 3	9 58	3 24	10 18
12	12 12	7 9	12 38	7 32	2 14	9 11	2 37	9 34	3 45	10 38	4 6	10 58
13	12 59	7 53	1 19	8 12	2 59	9 53	3 21	10 16	4 27	11 17	4 48	11 36
14	1 37	8 29	1 57	8 45	3 41	10 35	4 2	10 55	5 9	11 55	5 31	— —
15	2 10	9 1	2 26	9 16	4 22	11 12	4 41	11 38	5 54	12 15	6 21	12 39
16	2 41	9 31	2 57	9 47	5 0	11 43	5 18	12 0	6 51	1 6	7 24	1 37
17	3 13	10 2	3 28	10 16	5 38	— —	6 0	12 19	8 3	2 15	8 44	2 58
18	3 41	10 28	3 55	10 40	6 26	12 42	6 57	1 11	9 26	3 42	10 7	4 25
19	4 9	10 53	4 23	11 6	7 33	1 45	8 12	2 25	10 45	5 6	11 18	5 42
20	4 38	11 20	4 54	11 36	8 53	3 7	9 32	3 50	11 47	6 14	— —	6 41
21	5 12	11 53	5 31	— —	10 12	4 33	10 45	5 8	12 14	7 11	12 40	7 37
22	5 52	12 10	6 18	12 34	11 14	5 38	11 40	6 6	1 4	8 0	1 26	8 22
23	6 50	1 4	7 28	1 41	— —	6 31	12 4	6 56	1 46	8 40	2 5	8 58
24	8 12	2 25	8 57	3 12	12 26	7 18	12 46	7 38	2 23	9 16	2 41	9 33
25	9 43	4 0	10 25	4 45	1 5	7 57	1 23	8 15	2 58	9 49	3 15	10 5
26	11 2	5 25	11 34	6 0	1 40	8 31	1 56	8 46	3 32	10 20	3 48	10 35
27	— —	6 32	12 3	7 0	2 12	9 1	2 26	9 16	4 4	10 50	4 20	11 5
28	12 29	7 25	12 52	7 47	2 42	9 30	2 56	9 45	4 36	11 20	4 54	11 37
29	1 13	8 9	1 34	8 31	3 12	10 0	3 26	10 14	5 13	11 55	5 33	— —
30	1 56	8 54	2 19	9 15	3 42	10 29	3 57	10 44	5 54	12 13	6 17	12 33
31	2 41	9 37	3 2	9 56	4 14	10 59	4 31	11 15	6 44	12 58	7 16	1 39

1878

		Vormittags Hochwasser	Vormittags Niedrigwasser	Nachmittags Hochwasser	Nachmittags Niedrigwasser
Sept.	1	3ʰ22ᵐ	10ʰ14ᵐ	3ʰ41ᵐ	10ʰ32ᵐ
	2	4 0	10 48	4 18	11 4
	3	4 36	11 23	4 57	11 42
	4	5 19	— —	5 45	12 5
	5	6 16	12 33	6 51	1 5
	6	7 30	1 42	8 15	2 28
	7	9 1	3 17	9 45	4 2
	8	10 24	4 44	10 57	5 20
	9	11 27	5 53	11 52	6 20
	10	— —	6 45	12 15	7 7
	11	12 35	7 26	12 53	7 45
	12	1 11	8 3	1 29	8 20
	13	1 43	8 36	2 1	8 50
	14	2 15	9 3	2 18	9 14
	15	2 39	9 26	2 52	9 39
	16	3 6	9 51	3 18	10 4
	17	3 32	10 17	3 46	10 31
	18	4 2	10 48	4 20	11 5
	19	4 39	11 22	4 59	11 42
	20	5 22	— —	5 50	12 7
	21	6 24	12 38	7 5	1 17
	22	7 50	2 3	8 36	2 51
	23	9 23	3 40	10 6	4 23
	24	10 42	5 3	11 12	5 36
	25	11 39	6 6	— —	6 33

1881

		Vormittags Hochwasser	Vormittags Niedrigwasser	Nachmittags Hochwasser	Nachmittags Niedrigwasser
Sept.	1	4ʰ49ᵐ	11ʰ34ᵐ	5ʰ10ᵐ	11ʰ58ᵐ
	2	5 35	— —	6 4	12 22
	3	6 38	12 53	7 29	1 32
	4	8 4	2 17	8 52	3 7
	5	9 39	3 56	10 22	4 41
	6	10 59	5 21	11 30	5 55
	7	11 58	6 26	— —	6 52
	8	12 22	7 17	12 45	7 41
	9	1 8	8 5	1 31	8 28
	10	1 34	8 50	2 15	9 11
	11	2 36	9 30	2 56	9 49
	12	3 15	10 7	3 34	10 23
	13	3 52	10 39	4 8	10 55
	14	4 26	11 18	4 43	11 30
	15	5 6	11 50	5 29	— —
	16	5 54	12 28	6 24	11 39
	17	6 59	1 12	7 36	1 48
	18	8 16	2 28	8 55	3 10
	19	9 34	3 51	10 10	4 30
	20	10 40	5 2	11 7	5 32
	21	11 31	5 57	11 53	6 21
	22	— —	6 43	12 13	7 4
	23	11 33	7 24	12 52	7 43
	24	1 10	8 1	1 27	8 18
	25	1 43	8 33	1 58	8 48

1888

		Vormittags Hochwasser	Vormittags Niedrigwasser	Nachmittags Hochwasser	Nachmittags Niedrigwasser
Sept.	1	7ʰ53ᵐ	2ʰ 6ᵐ	8ʰ31ᵐ	2ʰ45ᵐ
	2	9 9	3 15	9 47	4 5
	3	10 24	4 44	10 57	5 19
	4	11 25	5 50	11 51	6 19
	5	— —	6 46	12 16	7 12
	6	12 39	7 34	1 1	7 56
	7	1 22	8 17	1 42	8 37
	8	2 2	8 58	2 23	9 19
	9	2 44	9 39	3 4	9 59
	10	3 25	10 19	3 46	10 38
	11	4 6	10 57	4 27	11 16
	12	4 48	11 35	5 10	11 55
	13	5 33	— —	5 58	12 17
	14	6 37	12 43	7 3	1 17
	15	7 48	1 59	8 31	2 45
	16	9 14	3 30	9 56	4 14
	17	10 34	4 55	11 6	5 30
	18	11 34	6 1	12 0	6 29
	19	— —	6 55	12 24	7 19
	20	12 46	7 41	1 6	8 0
	21	1 25	8 17	1 41	8 33
	22	1 58	8 49	2 14	9 4
	23	2 29	9 19	2 43	9 33
	24	3 1	9 50	3 16	10 4
	25	3 31	10 18	3 46	10 31

Unterschied der Ortszeit der Gezeiten gegen Cuxhaven:

	Hochwasser	Niedrigwasser	Mittl. Flutgrösse
Helgoland	1ʰ 19ᵐ	1ʰ 25ᵐ	2ᵐ.06
Wangeroog, Kirche	1 30	—	2.51
Horumersiel (Schillig)	1 2	—	—
Scharhörn (Neuwerk)	1 8	—	2.85
Roter Sand	1 —	—	—
	früher	früher	

Zenitpunktskorrektionen.

1888	Zehnzöller in Schillig. Mittel der Einstellungszeiten	aus den z der Marke	aus den z von Wangeroog	Stand	Achtzöller in Wangeroog. Mittel der Einstellungszeiten	aus den z der Marke	aus den z von Schillig	Stand
Juli 22. N.	4h 56m	+0° 0′ 28″.85		I	4h 50m	+0° 0′ 14″.87		I
	5 58		+0° 0′ 28″.39	I	6 2		+0° 0′ 19″.31	I
	7 0	+0 0 29.57		I	6 55	+0 0 17.96		I
24. V.	10 0	+0 0 28.75		I	9 55	+0 0 17.37		I
	10 48		+0 0 29.43	I	10 54		+0 0 16.90	I
	11 45	+0 0 30.80		I	12 0	+0 0 16.11		I
N.					4 44	+0 0 19.06		I
	5 44		+0 0 29.44	I	6 6		+0 0 17.28	I
	6 4	+0 0 29.08		I	7 14	+0 0 19.20		I
26. V.	10 0	+0 0 33.15		II				
	11 25		+0 0 32.41	II	11 54		+0 1 35.24	II
N.	12 15	+0 0 32.30		II	12 15	+0 1 34.90		II
	4 50	+0 0 33.77		II	4 25	+0 1 40.27		II
	5 58		+0 0 34.15	II	5 50		+0 1 37.09	II
	7 0	+0 0 33.21		II				
27. N.	4 40	+0 0 41.55		III	4 50	+0 0 47.13		III
	5 50		+0 0 39.28	III	5 58		+0 0 44.84	III
	6 55	+0 0 38.26		III	7 2	+0 0 43.44		III
31. N.	4 30	+0 0 37.56		IV	4 37	+0 1 2.17		IV
	5 46		+0 0 38.72	IV	5 26		+0 1 2.45	IV
	7 10	+0 0 38.97		IV	7 15	+0 1 2.85		IV
August 1. V.		+0 0 42.57		IV				
	10 40		+0 0 38.23	IV				
	11 10	+0 0 40.49		IV				
2. N.					6 17		+0 1 1.13	IV
					6 53	+0 1 1.46		IV
3. V.	4 49	+0 0 41.46		IV	4 57	+0 1 1.07		IV
	6 0		+0 0 40.15	IV	6 9		+0 1 0.87	IV
	6 53	+0 0 38.93		IV	7 5	+0 1 3.20		IV
	9 49	+0 0 42.22		IV	9 52	+0 1 3.62		IV
	10 52		+0 0 40.09	IV	10 51		+0 0 39.61	IV
N.					12 5	+0 0 39.85		IV
	4 49	−0 1 13.70		I	5 5	−0 2 49.71		I
	5 49		−0 1 13.89	I	6 0		−0 2 30.29	I
	6 54	−0 1 26.21		I	7 0	−0 2 49.64		I
4. V.	10 53		+0 0 28.95	III	10 55	+0 0 51.37		III
					11 10		+0 0 47.77	III
7. N.	6 30		+0 0 29.33	III				
9. V.	8 39	+0 0 28.01		II	9 27	+0 2 14.82		II
	10 35		+0 0 28.15	II	10 37		+0 2 14.30	II

1888	Zehnzöller in Schillig. Mittel der Einstellungszeiten	aus den z der *Marke*	aus den z von *Wangeroog*	Stand	Achtzöller in Wangeroog. Mittel der Einstellungszeiten	aus den z der *Marke*	aus den z von *Schillig*	Stand
August 9. N.					11ʰ 3ᵐ	+0° 2' 14".47		II
					1 58	−0 0 53.22		II
	3ʰ 14ᵐ		+0° 0' 29".27	II	3 11		−0° 0' 55".93	II
					3 20	−0 0 52.93		II
10. V.	7 49	+0° 0' 29".31		III				
	8 58		+0 0 28.08	III				
				III	10 5	−3 2 42.83		III
	10 32		+0 0 28.53	III	10 40		−3 2 38.64	III
					11 35	−3 2 42.09		III
13. V.					9 55	−3 2 43.39		III
	10 32		+0 0 30.32	III	10 33		−3 2 40.63	III
					11 10	−3 2 44.73		III
14. N.	1 49	+0 0 34.20		III	1 50	−3 1 47.93		III
	2 42		+0 0 32.22	III	2 32		−3 2 47.96	III
					3 7	−3 2 44.64		III
	5 49	+0 0 33.79		III	6 0	−3 2 47.37		III
	6 23		+0 0 32.81	III	6 30		−3 2 48.25	III
					7 0	−3 1 46.06		III
15. V.	6 9	+0 0 37.24		I	6 53		−0 2 39.34	I
	7 5		+0 0 35.87	I	7 25	−0 2 39.20		I
	9 49	+0 0 37.22		I	9 55	−0 2 38.28		I
	10 45		+0 0 35.77	I	10 38		−0 2 40.02	I
					11 11	−0 2 40.38		I
N.	2 31		+0 0 35.03	I	2 20	−0 2 39.79		I
					3 0		−0 2 41.52	I
	6 0		+0 0 35.63	I				
					5 58	−0 2 42.77		I
					6 12		−0 2 39.68	I
16. V.	9 59	+0 0 43.95		III				
	10 53		+0 0 44.35	III	10 45	−0 5 5.83		III
					11 6		−0 5 10.50	III
N.	2 4	+0 0 30.52		I				
	2 18		+0 0 32.06	I				
	6 27		+0 0 31.92	I				
17. N.					2 3	−0 1 57.08		I
	2 42		+0' 1 18.85	I	2 43		−0 1 55.56	I
	3 19	+0 1 17.48		I				
18. V.	9 59	+0 1 1.84		III	10 37	−0 4 44.75		III
	11 13		+0 1 1.01	III	11 12		−0 4 50.34	III
					11 35	−0 4 48.19		III
N.					2 10	−0 7 37.97		I
	2 42		+0 0 46.68	I	2 48		−0 7 41.74	I
					3 17	−0 7 41.85		I
19. N.	1 59	+0 0 18.53		I	2 5	−0 7 40.19		I
	2 44		+0 0 21.51	I	2 53		−0 7 42.31	I
					3 30	−0 7 39.14		I
	6 32		+0 0 23.21	I				

1888	Zehnzöller in Schillig. Mittel der Einstellungszeiten	aus den z der Marke	aus den z von Wangeroog	Stand	Achtzöller in Wangeroog. Mittel der Einstellungszeiten	aus den z der Marke	aus den z von Schillig	Stand
August 20. V.	10h 9m	+0° 0' 20".42		I	11h 3m		−0° 7' 44".19	I
	11 7		+0° 0' 21".99	I	11 42	−0° 7' 42".34		I
N.					1 0	−0 7 42.69		I
	2 41		+0 0 21.61	I	2 42		−0 7 45.73	I
					3 13	−0 7 42.81		I
	6 30		+0 0 23.50	I				
	10 34		+0 0 22.03	I	10 30		−0 7 48.39	I
21. V.	2 35		+0 0 22.72	I	2 46		−0 7 47.70	I
	6 48		+0 0 22.40	I				
24. V.	6 52		+0 0 19.84	I	7 1		−0 7 45.10	I
					7 41	−0 7 42.93		I
	9 49	+0 0 21.54		I	9 55	−0 7 41.43		I
	10 30		+0 0 20.39	I	10 30		−0 7 43.83	I
					11 5	−0 7 42.93		I
N.	2 43		+0 0 19.12	I	2 48		−0 7 40.06	I
					3 15	−0 7 39.03		I
					6 0	−0 7 38.76		I
	5 54	+0 0 21.90		I				
	6 29		+0 0 19.83	I	6 28		−0 7 41.20	I
	10 46		+0 0 21.15	I	10 52		−0 7 40.99	I
25. V.	2 40		+0 0 19.23	I	2 43		−0 7 41.37	I
					6 22	−0 6 24.42		III
	6 40		+0 0 2.37	III	6 59		−0 6 26.15	III
					7 25	−0 6 23.91		III
	Achtzöller in Schillig.				**Zehnzöller in Wangeroog.**			
29. N.					1h 50m	+0° 0' 14".54		III
	2h 42m		−0° 6' 30".63	III	3 2		+0° 0' 14".47	III
	3 19	−0° 6' 29".65		III				
30. V.	9 55	−0 6 25.79		III	10 0	+0 0 14.77		III
	10 25		−0 6 29.12	III	10 35		+0 0 14.47	III
	11 29	−0 6 25.66		III				
N.	5 39	−0 6 27.85		III				
	6 7		−0 6 29.51	III	6 8		+0 0 16.18	III
	6 44	−0 6 26.97		III				
31. V.	6 35		−0 9 0.50	I	6 53		+0 0 16.13	I
	6 39	−0 9 0.08		I	7 25	+0 0 17.24		I
	9 53	−0 8 56.42		I	10 20	+0 0 14.24		I
	10 50		−0 9 0.08	I	10 59		+0 0 16.28	I
	11 49	−0 8 56.86		I				
N.	2 29	−0 9 2.39		I				
	3 6		−0 8 58.03	I	3 9		+0 0 14.04	I
	3 33	−0 8 57.67		I				
	3 39	−0 9 2.53		I				
	5 53		−0 8 57.06	I	6 5		+0 0 15.23	I

1888	Achtzöller in Schillig.				Zehnzöller in Wangeroog.			
	Mittel der Einstellungszeiten	aus den z der *Marke*	aus den z von *Wangeroog*	Stand	Mittel der Einstellungszeiten	aus den z der *Marke*	aus den z von *Schillig*	Stand
September 1. V.	6h 14m	−0° 6′ 28″.59		III	6h 0m	+0° 0′ 13″.48		III
	6 48		−0° 6′ 30″.59	III	6 40		+0° 0′ 13″.72	III
	7 14	−0 6 25.76		III				
	10 2	−0 6 29.55		III				
	10 45		−0 6 29.64	III	10 43		+0 0 15.34	III
	11 17	−0 6 28.08		III				
N.	1 46		−0 6 31.17	III	1 44		+0 0 13.07	III
	3 19	−0 6 29.44		III				
	5 34	−0 6 32.19		III	5 25	+0 0 14.81		III
	6 10		−0 6 32.25	III	6 25		+0 0 13.13	III
	6 42	−0 6 29.31		III				
7. V.	7 48		−0 8 9.58	I	7 47		+0 0 7.06	I
	9 49	−0 8 8.99		I	9 46	+0 0 6.87		I
	10 25		−0 8 8.94	I	10 23		+0 0 6.61	I
	10 59	−0 8 8.03		I				
N.	1 34	−0 8 9.11		I				
	3 18		−0 8 9.82	I	3 18		+0 0 8.81	I
					3 56	+0 0 6.62		I
8. V.					6 51		+0 0 9.05	I
	9 52	−0 8 7.66		I	9 56	+0 0 8.93		I
	10 42		−0 8 6.33	I	10 34		+0 0 8.02	I
N.	2 58		−0 8 6.61	I	2 56		+0 0 6.30	I
	3 29	−0 8 9.36		I				
	5 14	−0 8 6.65		I				
	5 54		−0 8 8.84	I	5 52		+0 0 6.56	I
10. V.					9 56	+0 0 7.27		I
					10 43		+0 0 6.74	I
N.	3 4		−0 8 7.11	I	2 52		+0 0 4.80	I
	5 46		−0 8 8.23	I	5 43		+0 0 5.56	I
12. V.	9 54	−0 8 4.02		I	9 51	+0 0 5.32		I
	10 30		−0 8 5.88	I	10 39		+0 0 6.30	I
	11 7	−0 8 3.49		I				
N.	1 54	−0 8 6.17		I				
	2 41		−0 8 7.01	I	2 32		+0 0 5.90	I
	6 7		−0 8 6.54	I	6 5		+0 0 6.23	I
	6 39	−0 8 6.92		I				
					10 8		+0 0 7.52	I
13. V.	5 52	−0 8 6.22		I				
	6 32		−0 8 7.88	I	6 59		+0 0 6.42	I
	7 4	−0 8 6.45		I				
	10 52	−0 8 4.55		I				
	11 58		−0 8 6.73	I	11 52		+0 0 5.29	I
N.	1 0	−0 8 4.43		I				
	4 29	−0 8 5.18		I	4 26	+0 0 8.99		I
	5 25		−0 8 6.97	I	5 20		+0 0 7.41	I
	6 14	−0 8 8.44		I				

1888	Achtzöller in Schillig.				Zehnzöller in Wangeroog.			
	Mittel der Einstellungszeiten	aus den z der Marke	aus den z von Wangeroog	Stand	Mittel der Einstellungszeiten	aus den z der Marke	aus den z von Schillig	Stand
September 14. V.	7ʰ 10ᵐ		−0° 20′ 34.″61	II	7ʰ 14ᵐ		−0° 0′ 0.″61	II
	7 59	−0° 20′ 34.″13		II				
	10 54	−0 20 32.35		II	10 56	−0° 0′ 1.″89		II
N.	12 8		−0 20 31.32	II	12 6		−0 0 3.57	II
	12 54	−0 20 30.86		II				
	4 34	−0 20 30.44		II	4 26	−0 0 2.76		II
	5 32		−0 20 33.93	II	5 22		−0 0 2.55	II
15. V.	5 54	−0 19 22.43		III				
	6 31		−0 19 24.38	III	6 30		+0 0 0.54	III
	7 33	−0 19 22.25		III				
	10 49	−0 19 25.23		III	10 46	−0 0 4.32		III
	11 58		−0 19 23.91	III	11 33		−0 0 5.24	III
N.	12 59	−0 19 23.71		III				
	4 29	−0 19 20.51		III				
	5 14		−0 19 24.47	III	5 16		−0 0 5.29	III
	5 59	−0 19 21.52		III	6 1	−0 0 3.13		III
17. V.	5 54	−0 20 36.39		IV	5 56	−0 0 2.83		IV
	7 16		−0 20 32.40	IV	7 1		−0 0 3.13	IV
	8 24	−0 20 30.15		IV	10 52	−0 0 2.96		IV
	12 0		−0 20 32.75	IV	12 0		−0 0 5.34	IV
N.	12 59	−0 20 30.39		IV				
	4 24	−0 20 27.54		IV				
	5 24		−0 20 31.86	IV	5 24		−0 0 4.78	IV
18. V.	6 6	−8 36 20.26		I				
	6 34		−8 36 20.12	I	6 29		−0 0 5.12	I
					7 1	−0 0 4.30		I
	10 30		−8 36 21.05	I	10 32		−0 0 5.38	I
	11 4	−8 36 19.91		I				
N.	1 59	−8 36 21.84		I				
	2 38		−8 36 22.08	I	2 30		+0 0 0.39	I
	3 7	−8 36 21.53		I	3 6	+0 0 0.56		I
	5 9	−8 36 20.20		I	5 16	−0 0 0.03		I
	5 49		−8 36 23.11	I	5 50		−0 0 0.36	I
	6 19	−8 36 20.19		I				
	10 32		−8 36 24.33	I	10 28		−0 0 0.83	I
19. V.	2 42		−8 36 26.11	I	2 35		+0 0 0.93	I
20. V.	6 15		−0 1 14.68	II	6 14		+0 0 3.74	II
	6 59	−0 1 6.37		II				
	7 11		−0 1 7.52	II	7 11		+0 0 3.47	II
	8 11		−0 1 6.29	II	8 11		+0 0 4.28	II
	8 24	−0 1 6.29		II				
	9 11		−0 1 5.49	II	9 12		+0 0 4.67	II
	10 10		−0 1 5.20	II	10 12		+0 0 4.57	II
	10 24	−0 1 4.53		II				
	11 10		−0 1 5.80	II	11 7		+0 0 5.96	II

1888	Achtzöller in Schillig. Mittel der Einstellungszeiten	aus den z der Marke	aus den z von Wangeroog	Stand	Zehnzöller in Wangeroog. Mittel der Einstellungszeiten	aus den z der Marke	aus den z von Schillig	Stand
September 20. N.	12ʰ 39ᵐ	−0° 1′ 4″.68		II				
	2 14		−0° 1′ 4″.89	II	2ʰ 11ᵐ		+0° 0′ 6″.78	II
	3 10		−0 1 5.09	II	3 9		+0 0 4.45	II
	4 10		−0 1 5.28	II	4 9		+0 0 4.39	II
	4 24	−0 1 4.02		II				
	5 12		−0 1 5.17	II	5 10		+0 0 4.77	II
21. V.	6 21		−0 10 11.87	III	6 14		+0 0 16.14	III
	6 34	−0 10 9.69		III				
	7 10		−0 10 11.38	III	7 12		+0 0 16.69	III
	8 6		−0 10 9.62	III	8 5		+0 0 15.57	III
	9 20		−0 10 10.36	III	9 8		+0 0 15.69	III
	10 12		−0 10 9.21	III	10 12		+0 0 16.86	III
	11 9		−0 10 8.55	III	11 13		+0 0 13.87	III
	11 24	−0 10 6.27		III				
N.	1 49	−0 10 6.49		III				
	2 23		−0 10 5.81	III	2 9		+0 0 16.03	III
	3 6		−0 10 6.17	III	3 9		+0 0 15.73	III
	4 6		−0 10 8.96	III	4 9		+0 0 15.84	III
	5 8		−0 10 9.95	III	5 7		+0 0 15.20	III
	5 55	−0 10 8.25		III				
22. V.	6 22		−0 11 20.63	IV	6 15		+0 0 7.16	IV
	7 5		−0 11 23.07	IV	7 8		+0 0 7.00	IV
	7 22	−0 11 18.29		IV				
	8 8		−0 11 22.01	IV	8 5		+0 0 6.30	IV
	9 10		−0 11 21.19	IV	9 9		+0 0 7.31	IV
	10 6		−0 11 19.79	IV	10 9		+0 0 7.84	IV
	11 6		−0 11 20.22	IV	11 5		+0 0 6.10	IV
	11 19	−0 11 18.33		IV				
N.	1 49	−0 11 17.23		IV				
	2 9		−0 11 20.15	IV	2 10		+0 0 6.83	IV
	3 8		−0 11 21.15	IV	3 11		+0 0 7.25	IV
	4 8		−0 11 22.55	IV	4 7		+0 0 6.57	IV
	5 9		−0 11 19.42	IV	5 8		+0 0 8.38	IV

1878	Dreizehnzöller in Helgoland. Mittel der Zeiten	Beobachter	aus den z der Marke	aus den z von Wang.	aus den z von Neuw.	Zehnzöller No. I in Neuwerk. Mittel der Zeiten	Beobachter	aus den z der Marke	aus den z von Wang.	aus den z von Helg.	Zehnzöller No. II in Wangeroog. Mittel der Zeiten	Beobachter	aus den z der Marke	aus den z von Helg.	aus den z von Neuw.
								+	+				+		+
August 6. V						10ʰ 0ᵐ		22″.39			9ʰ 30ᵐ	F	45″.34		
							S		26″.80			F			47″.91
							Wr		27.33			W			43.04
						11 50		23.67			11 50	W	44.35		
N.							S		26.62		12 30	F	45.92		
							Wr		20.29			F			44.33
												W			36.87
						2 0	Wr	23.54			2 10	W	40.86		
							S		20.46		2 30	F	42.74		
							Wr		28.78			F			34.66
						4 15		24.51				W			25.66
											3 50	W	41.33		

1878	Dreizehnzöller in Helgoland. Mittel der Zeiten	Beobachter	aus den z der Marke	aus den z von Wang.	aus den z von Neuw.	Zehnzöller No. I in Neuwerk. Mittel der Zeiten	Beobachter	aus den z der Marke	aus den z von Wang.	aus den z von Helg.	Zehnzöller No. II in Wangeroog. Mittel der Zeiten	Beobachter	aus den z der Marke	aus den z von Helg.	aus den z von Neuw.
August			−	−	−			+	+				+	+	+
8. V.	8h50m	Br	36".42			9h50m		25".72			9h40m	F	37".24		
	9 20	Br	36.15				W'r		25".27			F			40".50
		Br		36".57	36".85		N		23.21			W			33.42
	11 40	Br	34.64			11 45	W'r	25.12			11 40	W	38.35		
N.		Br		37.21	35.01		W'r		23.36		12 20	F	39.30		
						12 50		26.77							
							N		23.64			F		41".79	36.62
							W'r		24.03			W		35.09	36.58
	2 12	Br	34.16			2 5	N	27.19			2 0	W	37.94		
	3 40	Br	36.09								2 30	F	38.12		
												F			39.77
						4 10	W'r	16.04				W			37.11
9. V.	4 30	Br	35.09			4 10	W'r	17.40							
	9 50	B	34.57												
	10 0	Br	36.19												
N.											12 30	F	37.84		
		Br		36.30	33.77		W'r		13.56			F		37.65	37.17
	1 40	Br	34.95			2 0	N	14.65			2 0	F	37.84		
	2 40	B	34.98								2 30	W	35.03		
		B		37.28								W			35.42
	4 20	B	36.38								3 30	W	35.65		
10. V.	10 20	B	37.03				W'r		18.40						
							N		14.30						
N.						12 40	N	14.13			12 40	F	42.10		
							W'r		11.38			F			45.49
							N		12.06			W			40.80
						2 10	N	13.04			1 40	W	39.53		
							N		14.16		2 30	W	40.27		
							W'r		9.61			W			46.93
						4 15	W'r	12.77				F			37.32
											3 50	F	40.62		
11. V.						5 0	N	10.80							
12. V.						5 0		12.68							
	10 20	B	37.69			10 0		13.98			10 20	F	46.62		
						10 50	N	12.36				F		46.12	40.08
											11 50	F	45.55		
13. V.						10 0		13.58							
14. N.	2 20	B	49.52												
15. V.	5 0	B	45.71												
	9 35	B	44.34			9 55		12.83			10 20	F	110.21		
		B		44.24								F		112.76	110.09
	12 0	B	44.17								11 40	F	112.12		
N.		B			42.79		N		14.13						
							W'r		12.50						
	1 40	B	45.09			1 45	N	12.96			12 20	F	111.94		
							N	13.44				F			113.35
							N		12.92		2 30	W	111.34		
							W'r		13.72			F		114.48	114.17
		B		44.19	43.77	4 15	W'r	14.33				W		110.60	111.14
	4 30	B	44.12			4 20	N	14.17			4 20	W	109.68		

1878	Dreizehnzöller in Helgoland. Mittel der Zeiten	Beob-achter	aus den z der Marke	aus den z von Wang.	aus den z von Neuw.	Zehnzöller No. I in Neuwerk. Mittel der Zeiten	Beob-achter	aus den z der Marke	aus den z von Wang.	aus den z von Helg.	Zehnzöller No. II in Wangeroog. Mittel der Zeiten	Beob-achter	aus den z der Marke	aus den z von Helg.	aus den z von Neuw.
August			—	—	—			+	+				+	+	+
16. V.	4h 30m	H	42.66												
		B			47.54										
17. N.	2 0	H	41.71												
18. V.	10 10	H	46.02												
N.											12h 40m	F'	111.26		
		H		46.20	46.39							F'		109.94	110.99
											2 0	F'	111.43		
	2 10	H	45.14								2 30	W'	109.82		
												W'		110.13	109.58
		H			45.94							F'		111.30	112.01
	4 20	H	45.22								4 10	F'	109.72		
19. V.	4 40	H	39.22								5 10	F'	109.85		
	10 10	H	40.51			10h 51m	Wr	14.22			10 20	F'	107.18		
		Br		41.84			Wr		12.53			F'		108.63	107.04
	11 50	H	42.82			11 40	Wr	12.28			11 50	F'	108.13		
N.											12 10	W'	106.60		
		Hr		40.08	40.86							W'		107.17	107.57
												F'		106.51	109.77
	2 10	H	41.10								2 10	F'	108.38		
												W'		106.22	
		H		41.76								F'		107.98	
											4 0	F'	108.16		
	4 10	H	40.68								4 10	W'	105.39		
20. V.	10 20	H	44.64								10 20	F'	111.00		
		H		45.72								F'		109.46	
	11 50	H	45.80									W'		108.21	
											11 50	W'	108.60		
N.											12 20	W'	107.46		
		H		45.42								W'		107.50	
												F'		110.02	
	2 0	Hr	45.24								2 0	F'	109.72		
	2 50	Hr	43.09								2 10	W'	108.12		
		Br		45.98								W'		108.48	
	4 10	Hr	44.75									F'		110.74	
											4 0	F'	110.15		
21. V.	10 30	Hr	46.53								10 40	F'	131.63		
												F'		132.80	130.79
N.		Hr		46.78							12 15	W'	131.35		
	2 10	Hr	46.59								2 30	W'	131.29		
												F'		130.81	
		Hr		45.66								W'		128.92	
	4 20	Hr	46.55								4 10	W'	127.69		
											4 10	F'	128.98		
22. V.	10 20	Hr	51.42								10 10	F'	147.22		
		Hr		51.51	50.99							F'		149.00	147.61
	11 50	Hr	50.41												
N.											12 10	F'	148.41		
		Hr		50.20	49.98							F'		148.63	146.32

1878	Dreizehnzöller in Helgoland. Mittel der Zeiten	Beob-achter	aus den z der Marke	aus den z von Wang.	aus den z von Neuw.	Zehnzöller No. I in Neuwerk. Mittel der Zeiten	Beob-achter	aus den z der Marke	aus den z von Wang.	aus den z von Helg.	Zehnzöller No. II in Wangeroog. Mittel der Zeiten	Beob-achter	aus den z der Marke	aus den z von Helg.	aus den z von Neuw.
August			−	−	−			+	+	+			+	+	+
22. N.	2ʰ 0ᵐ	Br	50".44								2ʰ 0ᵐ	F	148".60		
											2 30	F	149.26		
		Br		50".61	51".20							F		148".63	147".12
	4 0	Br	51.29								4 20	F	148.97		
23. V.	4 50	Br	44.46								4 50	F	152.05		
	6 0	Br	44.07								5 50	F	151.89		
	10 20	Br	44.83								10 20	F	284.25		
		Br		45.08	43.35							F		283.92	283.67
	11 40	Br	42.32								11 50	F	283.51		
N.							S		16".96	18".30	12 10	F	283.88		
		Br		44.30	43.98		Wr		17.27	15.68		F		285.00	283.48
	1 50	Br	42.87			2ʰ 2ᵐ	Wr	17".69			2 0	F	283.46		
							S		16.49	16.07	2 20	F	281.36		
		Br		44.36	43.75		Wr		18.24	19.76		F		284.05	283.16
	4 0	Br	43.90			4 16	S	17.88			4 10	F	284.20		
24. V.	10 20	B	44.08			11 45	S	16.82							
N.							Wr			13.68					
							S			18.64					
						2 0	Wr	15.61							
						2 12	S	14.02							
25. V.						9 50		14.50			10 20	F	277.23		
N.							Wr			9.90					
	2 50	Br	44.48				S			12.01					
		Br			45.20	4 11	Wr	12.08							
	4 0	Br	44.73			4 22	S	13.46							
26. V.	10 30	Br	44.29			9 55	S	12.33			10 20	F	277.99		
		Br		45.64			Wr		13.14			F		279.46	278.75
	11 50	Br	44.67								11 50	F	279.70		
							S			14.51	12 0	F	277.48		
27. V.						10 0		14.92			10 0	F	284.56		
												F		286.07	286.84
		Br			45.66							W		282.68	
	11 40	Br	45.51								11 50	W	283.16		
N.							Wr		11.69		12 10	F	286.41		
							S		12.86			F			286.36
						1 0	Wr	14.12							
28. V.	11 10	B	43.16				S		13.42	13.35	10 10	F	284.23		
		Br			41.14		Wr		18.93			F		285.30	285.74
	11 50	B	42.62			11 42	Wr	14.91			11 50	F	286.45		
N.	12 30	Br	42.15								12 20	W	283.38		
							Wr		12.38	15.83		W		282.64	284.08
		Br		41.98	42.96		S			14.94		F		284.65	284.00
	2 0	Br	43.64			2 5	Wr	14.24			2 0	F	284.22		
											2 30	W	281.15		
		Br		42.70	43.12		Wr			13.81		W		283.38	283.50
							S		13.08	13.80		F		284.20	285.01
	4 20	Br	42.55			4 20	Wr	14.09			4 20	F	283.07		

1878	Dreizehnzöller in Helgoland.					Zehnzöller No. I in Neuwerk.					Zehnzöller No. II in Wangeroog.				
	Mittel der Zeiten	Beobachter	aus den z der Marke	aus den z von Wang.	aus den z von Neuw.	Mittel der Zeiten	Beobachter	aus den z der Marke	aus den z von Wang.	aus den z von Helg.	Mittel der Zeiten	Beobachter	aus den z der Marke	aus den z von Helg.	aus den z von Neuw.
August			—	—	—			+	+	+			+	+	+
29. V.	10h 24m	Br	41″.97												
30. V.	10 0	Br	41.60			10h 20m	Wr	13″.87			10h 0m	F	284″.04		
							N		14″.89	16″.18		F		283″.67	284″.88
		Br		41″.96	42″.79		Wr			10.93		W		284.34	284.20
	11 30	Br	42.47			11 45	Wr	14.25			11 30	W	281.19		
N.							Wr		12.64						
							S		14.39						
						2 0	Wr	14.02			12 10	F	281.99		
	2 40	Br	41.58				N		11.35	13.26					
		Br		41.06	41.07		Wr		12.54	14.12	3 20	F	284.14		
	4 20	Br	41.83			4 16	Wr	15.33				F		284.51	286.49
Septbr. 1. V.							Wr		14.22		10 40	F	283.08		
						11 10	Wr	14.53				F			283.32
N.							N		14.90		12 30	W	283.82		
							Wr		16.05			W			283.12
						2 0	Wr	15.70			2 0	W	281.96		
											2 30	F	283.40		
												F			291.02
								Achtzöller.							
August								—	—	—					
22. V.							Wr		6′ 56″.90	6′ 56″.30					
						11h 50m	Wr	6′ 50″.72							
N.							Wr		7 0.51	7 0.66					
						2 0	S	6 52.94							
							Wr		6 58.97	6 57.82					
						4 15	N	6 56.09							
23. V.						10 0		6 59.28							
							Wr		7 1.52	7 0.95					
						11 50		7 2.90							
							Wr			6 59.42					
27. V.							Wr		7 0.15	7 0.36					
						11 44		7 0.43							

1881	Zehnzöller No. I in Neuwerk. Mittel der Zeiten	Beobachter	aus den z der Marke	aus den z von Helg.	Zehnzöller No. II in Helgoland. Mittel der Zeiten	Beobachter	aus den z der Marke	aus den z von Neuw.
Juli			+	+			−	−
19. V.	10h10m	Wr	39″.84			F		12″.24
					11h30m	F	12″.31	
N.						W	12.27	
		Wr		40″.96		W		12.97
	1 35	Wr	41.89		1 30	W	11.40	
					2 0	F	13.24	
		Wr		47.54		F		12.42
	3 30		44.33		3 30	F	13.38	
20. V.	10 0	Wr	43.37		9 50	W	12.58	
		Wr		43.51				
		B		43.16		W		13.69
	11 30	Wr	43.36		11 30	W	12.52	
22. V.	9 55		38.93		9 50	W	13.54	
		Wr		39.42		W		13.02
		B		38.21				
	11 30	Wr	37.80		11 30	W	10.86	
					11 50	F	10.61	
N.		Wr		38.17				
		N		36.63		F		12.18
		B		36.30				
	1 43	B	37.65		1 20	F	10.28	
					2 0	W	9.88	
						W		10.76
					3 30	W	9.98	
Aug.								
3. V.	9 40	Wr	40.88		9 40	F	16.31	
		Wr		40.56		F		18.46
		N		40.68				
		B		40.50				
	11 25	Wr	41.90		11 40	F	16.59	
6. V.					11 50	W	17.68	
N.						F		20.37
					1 2	F	19.36	
7. V.	9 40	Wr	55.13		11 50	F	21.33	
N.		Wr		53.29				
		B		50.50				
	1 30	Wr	56.45					
		Wr		56.17		F		21.20
		B		54.80		W		20.38
	3 35	Wr	56.59		3 40	W	19.96	
16. V.	9 50	Wr	53.83		9 50	F	16.86	
		N		53.82		F		16.21
		Wr		53.73				
		B		54.08				
	11 35	Wr	58.59		11 40	F	17.32	

1881	Zehnzöller No. I in Neuwerk. Mittel der Zeiten	Beobachter	aus den z der Marke	aus den z von Kugelb.	Zehnzöller No. II in Kugelbake. Mittel der Zeiten	Beobachter	aus den z der Marke	aus den z von Neuw.
Aug.			+	+			+	+
22. V.	10h20m	Wr	37″.62					
		Wr		39″.58				
	11 20	Wr	51.71					
		Wr		53.57		W		119″.02
	11 53	Wr	52.91					
N.		B		54.10				
		Wr		53.42		F		125.89
	1 50	Wr	55.04		1h30m	F	125″.10	
		Wr		53.72		W		125.97
		B		52.33				
	3 30	Wr	52.37					
23. V.	9 40	Wr	42.33					
		Wr		49.99		W		120.94
		B		50.68	11 40	W	122.58	
	11 50	Wr	49.54		11 50	F	119.11	
N.		Wr		52.71				
		B		51.26		F		120.36
	1 50	B	52.82		1 40	F	120.29	
		B		54.96	2 0	W	120.29	
		Wr		54.86		W		121.65
	3 30	Wr	54.29		3 30	W	122.53	
27. V.	9 40	Wr	50.09		10 0	W	334.30	
		Wr		51.41		W		335.30
		B		52.02				
	11 30	Wr	51.53					
28. V.	9 40	Wr	50.53		9 50	W	337.50	
		Wr		50.50		W		338.94
		B		50.69				
	11 35	Wr	51.26		11 40	W	339.01	
N.		B		52.34		W		338.84
		Wr		51.72				
	2 0	Wr	52.70		1 35	W	339.95	
		Wr		52.92		W		338.58
		B		52.17				
	3 35	Wr	50.55		3 30	W	338.23	
29. V.	9 40	Wr	55.62		9 50	W	353.48	
		Wr		54.42		W		353.23
		B		54.97				
	11 40	Wr	54.20					
N.		B		55.26				
		Wr		54.77				
	2 0	Wr	54.72					
31. V.	10 45	Wr	50.68					
		Wr		51.70		W		350.32
	11 55	Wr	52.84		11 30	W	350.71	
Sept. 1. V.	10 0	Wr	51.70					
		Wr		53.39				
		B		54.32		W		344.50
	11 50	Wr	53.68		11 0	W	345.87	

1881	Zehnzöller No. I in Neuwerk.				Zehnzöller No. II in Helgoland.			
	Mittel der Zeiten	Beob-achter	aus den z der *Marke*	aus den z von *Helg.*	Mittel der Zeiten	Beob-achter	aus den z der *Marke*	aus den z von *Neuw.*
Aug.			+	+			−	−
16 N.		*Wr*		53.70				
		B		53.69		*F*		16.46
		S		55.39				
	1h40m	*Wr*	53.19					
		B		53.80		*W*		14.72
		Wr		53.38	3 0	*W*	15.31	
						W		13.64
	3 45	*Wr*	54.78					

1881	Zehnzöller No. I in Neuwerk.				Zehnzöller No. II in Kugelbake.			
	Mittel der Zeiten	Beob-achter	aus den z der *Marke*	aus den z von *Kugelb.*	Mittel der Zeiten	Beob-achter	aus den z der *Marke*	aus den z von *Neuw.*
Sept.			+	+			+	+
1. N.		*Wr*		56.00				
		B		52.25				
	3h30m	*B*	53.09					
6. N.		*Wr*		50.19				
		B		54.87		*W*		362.68
	1 30	*Wr*	49.94		1h30m	*W*	362.43	
		B		52.34		*W*		361.29
		Wr		51.35				
	3 30	*Wr*	52.67		3 30	*W*	361.54	
		B		53.77		*W*		362.61
		Wr		53.44				
	4 40	*Wr*	52.69					
7. V.		*Wr*		53.13		*W*		256.84
		B		54.80	11 30	*W*	254.10	
N.		*Wr*	54.86			*W*		257.61
		B	53.52		1 30	*W*	253.36	

Helgoland.

Ansicht von NNE.

Leuchtturm, Feuerturm,
dazwischen die
Beob.-Bude 1878.

Ansicht von West

Die Südspitze der
Jnsel.

Triangulation
für die Höhenbestimmung.
1:5000.

Der alte Feuerturm
und die trig. Punkte.
1:200.

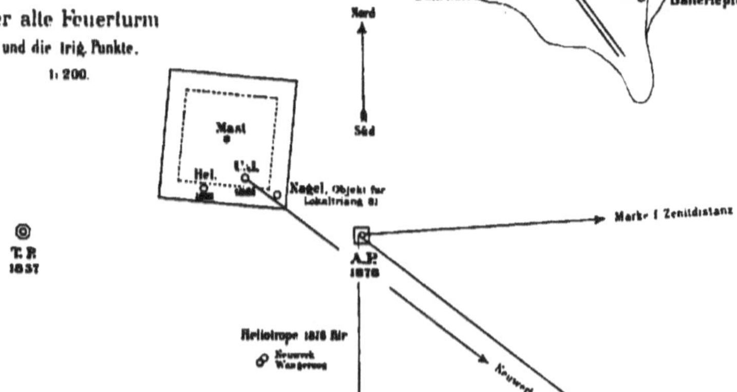

Neuwerk

Grosser Leuchtturm.

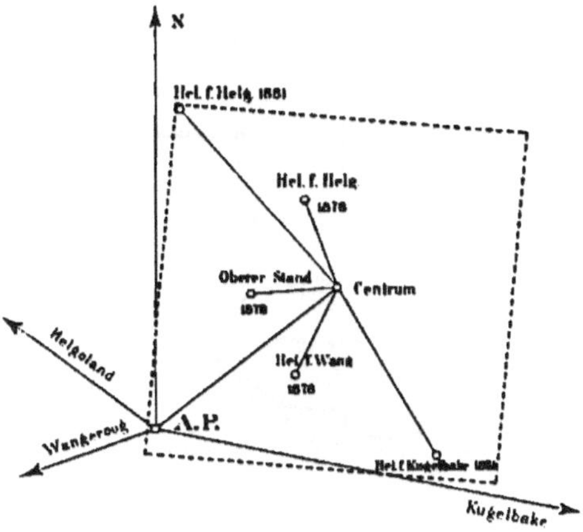

Wangeroog

Leuchtturm.

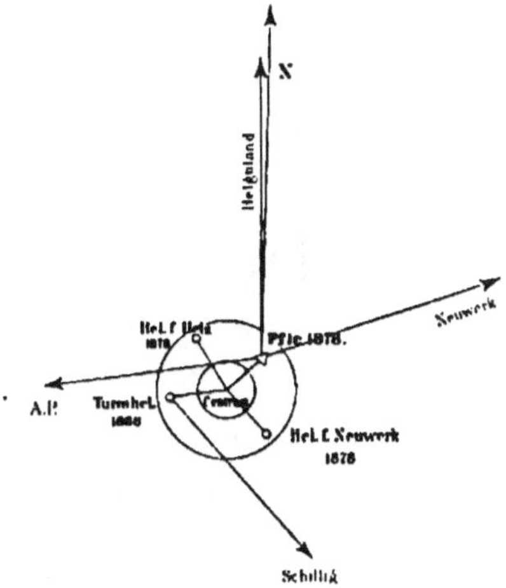

Mafsstab 1:200.

Wangeroog A. P. 1888.

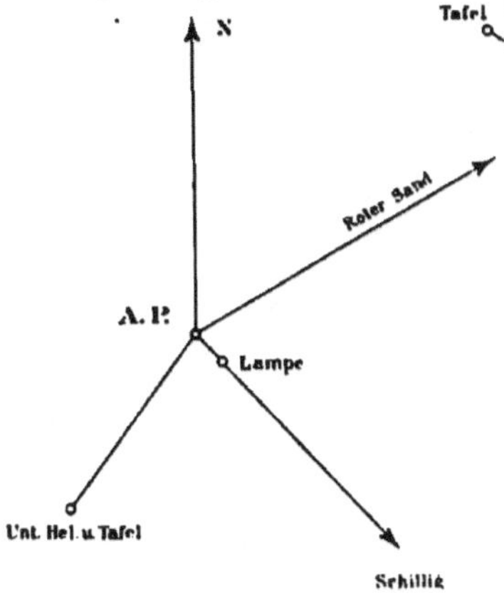

Schillig, Holzpfeiler.

1888.

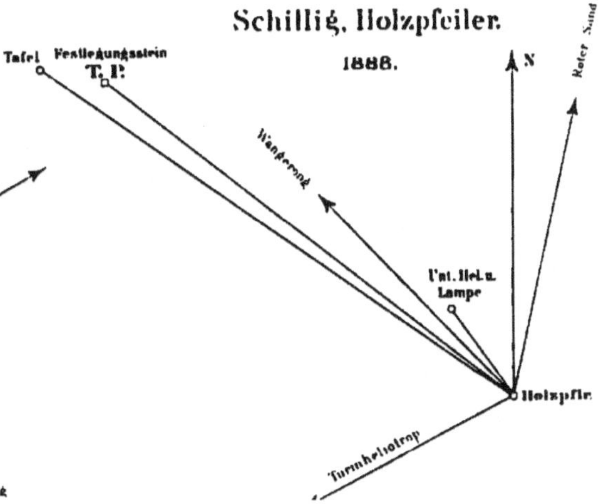

Neuwerk

Grosser Leuchtturm.

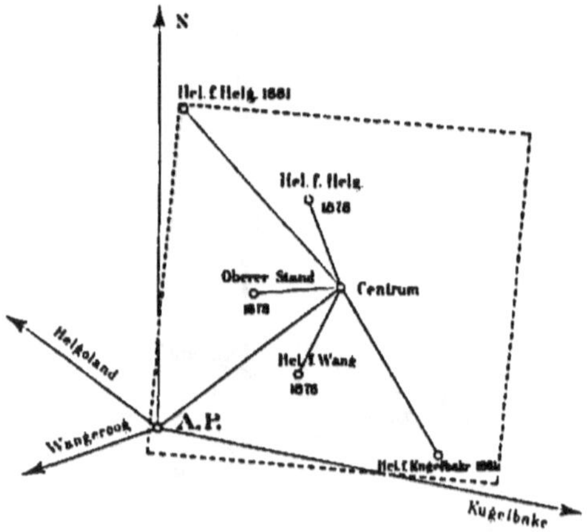

Wangeroog

Leuchtturm.

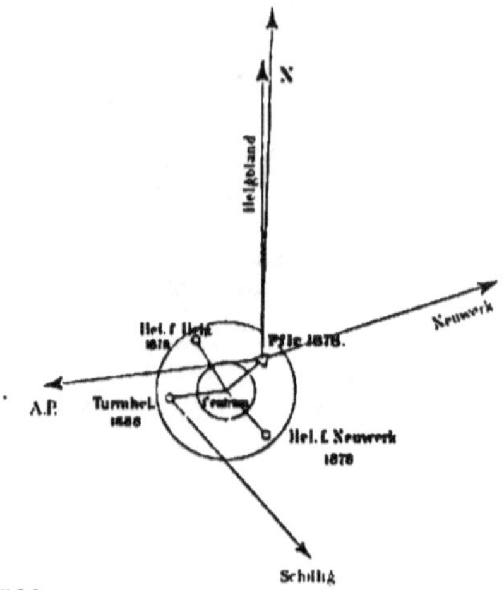

Mafsstab 1:200.

Wangeroog A.P. 1888.

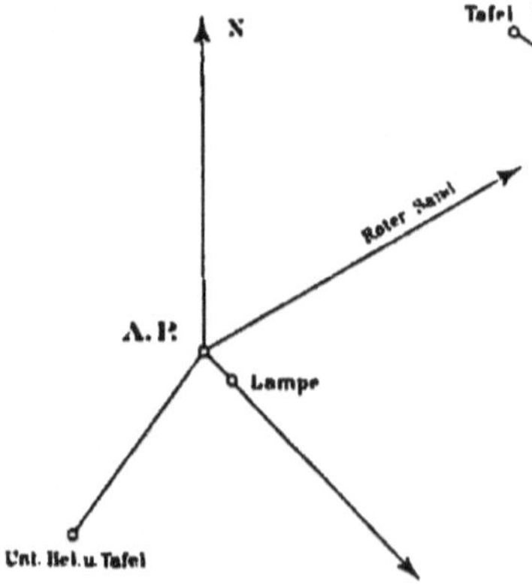

Schillig, Holzpfeiler.

1888.

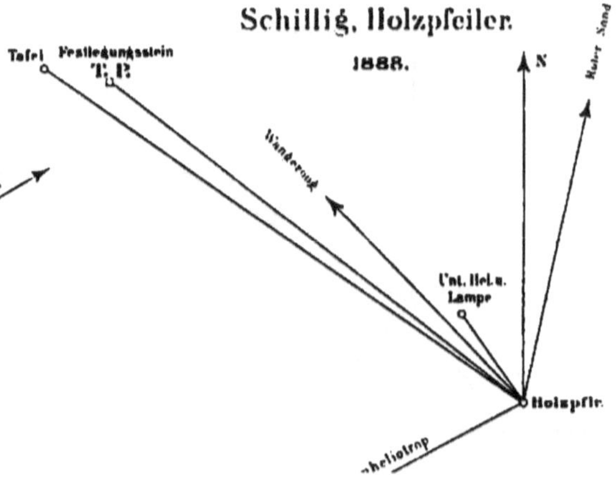

www.ingramcontent.com/pod-product-compliance
Lightning Source LLC
Chambersburg PA
CBHW020245240426
43672CB00006B/639
* 9 7 8 3 3 3 7 1 4 9 3 2 1 *